suhrkamp taschenbuch
wissenschaft 1007

Die Semiotik ist eines der bedeutendsten theoretischen Paradigmen des 20. Jahrhunderts, dessen Ursprünge in drei ganz unterschiedlichen Denktraditionen verankert sind: der amerikanischen um Charles Sanders Peirce, der französischen um Ferdinand de Saussure und der osteuropäischen um Roman Jakobson. Gerade der Schule um Jakobson kommt das Verdienst zu, die materielle Struktur der Zeichen und deren ästhetisches Potential erschlossen zu haben. Roman Jakobson war darüber hinaus der wichtigste Mittler zwischen den verschiedenen Zentren der osteuropäischen Semiotik und eine der Schlüsselfiguren für die Entwicklung und Verbreitung der Semiotik insgesamt. Der Band enthält grundlegende Aufsätze Jakobsons zur Sprach- und Literaturwissenschaft, zur allgemeinen Ästhetik und zur Kultursemiotik.

Roman Jakobson
Semiotik

Ausgewählte Texte
1919-1982

Herausgegeben von
Elmar Holenstein

Suhrkamp

Bibliografische Information der Deutschen Nationalbibliothek
Die Deutsche Nationalbibliothek verzeichnet diese Publikation
in der Deutschen Nationalbibliografie;
detaillierte bibliografische Daten sind im Internet über
http://dnb.d-nb.de abrufbar.

3. Auflage 2017
Erste Auflage 1992
suhrkamp taschenbuch wissenschaft 1007
© Suhrkamp Verlag Frankfurt am Main 1988
Suhrkamp Taschenbuch Verlag
Alle Rechte vorbehalten, insbesondere das der Übersetzung,
des öffentlichen Vortrags sowie der Übertragung
durch Rundfunk und Fernsehen, auch einzelner Teile.
Kein Teil des Werkes darf in irgendeiner Form
(durch Fotografie, Mikrofilm oder andere Verfahren)
ohne schriftliche Genehmigung des Verlages reproduziert
oder unter Verwendung elektronischer Systeme
verarbeitet, vervielfältigt oder verbreitet werden.
Printed in Germany
Umschlag nach Entwürfen von
Willy Fleckhaus und Rolf Staudt
ISBN 978-3-518-28607-4

Inhalt

Elmar Holenstein
Einführung: Semiotica universalis 9

Erster Teil
Zur Geschichte der Semiotik

Futurismus [1919] 41
Über die heutigen Voraussetzungen der russischen
Slavistik [1929]. 50
Gemeinsame Kultursprache [1935] 71
Suche nach dem Wesen der Sprache [1965] 77
Peirce, Bahnbrecher in der Sprachwissenschaft [1977] . 99
Ein Blick auf die Entwicklung der Semiotik [1975]. . . 108

Zweiter Teil
Schwerpunkte der Jakobsonschen Semiotik

1. Phonologie

Die eigenartige Zeichenstruktur des Phonems [1939] . 139
Zur sogenannten Vokal-Alliteration im
germanischen Vers [1963] 182

2. Poesie

Schluß mit der dichterischen Kleinkrämerei [1925] . . 196
»Die Katzen« von Charles Baudelaire
[Mitverfasser: Claude Lévi-Strauss 1962] 206
Henri Rousseaus poetischer Zusatz zu seinem
letzten Bild [1970] 233
Die Anwesenheit Diotimas:
Ein Briefwechsel zwischen Michael Franz und
Roman Jakobson [1980] 243

Dritter Teil
Nichtsprachliche Zeichensysteme

1. Film

Die entschwindende Welt: Ein Film der sterbenden
Folklore [1932] 251
Vom Stumm- zum Tonfilm: Verfall des Films? [1933] . 256
Gespräch über den Film [1967] 267

2. Musik und Malerei

Musikwissenschaft und Linguistik [1932] 281
Visuelle und auditive Zeichen [1964/67] 286

Vierter Teil
Kultursemiotik

Russische Folklore [1966] 303
Der russische Frankreich-Mythus [1931] 315
Um den russischen Wortschatz [1936] 327
Mittelalterliches Spottmysterium [1958] 335

Fünfter Teil
Zur Zeichenstruktur des Lebens

Die Biologie als Kommunikationswissenschaft
[1970/74] 367
Leben und Sprechen: Ein Gespräch mit
François Jacob [1968] 398

Sechster Teil
Zur Zeichenstruktur der Sprache

1. Ziel und System

Zeichen und System der Sprache [1962] 427
Die Struktur der Sprache und ihre mathematischen
Aspekte [1961] 437

Anstrengungen zu einem Mittel/Ziele-Modell der
Sprache in der europäischen Linguistik der
Zwischenkriegszeit [1963] 440
Strukturalismus und Teleologie [1975] 448

2. Zwischensprachliche Beziehungen

Angleichung zur Kommunikation: Über die phono-
logischen Sprachbünde [1931] 452
Absonderung zur Identifikation: Der Anfang der
nationalen Selbstbestimmung in Europa [1945] 461
Grundsätzliche Übersetzbarkeit: Linguistische
Aspekte der Übersetzung [1959] 481
Universale Grundlage: Implikationen der sprach-
lichen Universalien für die Linguistik [1963] 492

Siebter Teil
Zur Zeichenstruktur des menschlichen Geistes

Brief an zwei Prager Kabarettisten über Noetik und
Semantik von Jux [1937] 515
Über die linguistische Einstellung zum Problem des
Bewußtseins und des Unbewußten [1978] 522
Mehr über den Aufklärer [1982] 544

Anhang

Quellennachweis 549
Sammelwerke 554
Kommentarwerke 554
Namenregister 555

Elmar Holenstein
Einführung: Semiotica universalis

Der Titel ist nicht Roman Jakobson entnommen, sondern Immanuel Kant. Die Einleitung zum zweiten Teil der *Anthropologie* (1798: 285), überschrieben »Die anthropologische Charakteristik: Von der Art, das Innere des Menschen aus dem Äußeren zu erkennen«, beginnt mit dem Satz: »In pragmatischer Rücksicht bedient sich die allgemeine, *natürliche* (nicht bürgerliche) Zeichenlehre (*semiotica universalis*) des Wortes *Charakter* in zweifacher Bedeutung...«[1]

1. Die Besonderheit der allgemeinen Semiotik

Im Unterschied zu früheren Blütezeiten der Semiotik scheint heute unklar zu sein, was unter allgemeiner Semiotik zu verstehen ist. Manch einer zweifelt, ob man überhaupt sinnvoll und nicht trivial von einer solchen sprechen kann. Symptomatisch sind die Änderungen, die an Lockes schlichter Einführung der Disziplin der Semiotik als »Lehre von den Zeichen« vorgenommen werden. Man versucht die Semiotik zu beschränken, zum Beispiel funktional auf kommunikative Handlungen oder genetisch/strukturell auf menschliche Zeichen (vgl. Nöth 1985: 2, 253 f.). Für solche Einschränkungen gibt es höchstens äußere und temporäre Gründe, abhängig vom jeweiligen Forschungsstand. Von grundsätzlicher Warte aus sind sie bedenklich, in der Semiotik noch mehr als in anderen Wissenschaften mit ähnlichen Problemen bezüglich ihrer allgemeinen Qualifikation und Definition. Aus zwei Gründen: Funktionen sind wechselseitig voneinander abhängig, und zum Verständnis von Zeichen gehört ihre Übersetzung in andere Zeichen. Jede Begrenzung der Semiotik bringt so die Gefahr einer Verarmung des zurückbehaltenen Teilbereichs mit sich. Lockes Titel »Lehre von den Zeichen« ist nicht einzuschränken, sondern auszugestalten und aufzufüllen.

Im allgemeinen Teil einer Wissenschaft befaßt man sich mit ihrer Definition, mit ihrer Ausgrenzung in intensionaler (qualitativer) und extensionaler Hinsicht, nach Inhalt(skriterien) und Umfang. So befaßt sich auch die allgemeine Semiotik mit dem, was ein Zeichen zu einem Zeichen macht, mit den Strukturen und deren Elementen, die für Zeichen konstitutiv sind, und mit der Möglichkeit der Aufteilung der Zeichen in Typen. Die Frage nach *dem* Zeichen, nach seiner Identität (seinen Kennzeichen sozusagen), und die Frage nach *den* Zeichen, nach ihrer Vielfalt, sind nicht unverbundene Fragen. Wie etwas als Zeichen fungiert, hängt von seinem Material ab, und wie ein Zeichen strukturiert ist, von seiner Funktion. Material und Funktion können von Zeichentyp zu Zeichentyp variieren. Die allgemeine Semiotik ist so immer auch abhängig vom Stand der Forschung in den speziellen Semiotiken.

Zeichen sind häufig plurifunktional. Die kommunikative Funktion, die in den vergangenen Jahrzehnten von der Pragmatik in den Vordergrund gerückt wurde, ist nur eine von mehreren und nicht einmal unbedingt die primäre, weder der Genesis noch der Sache nach (vgl. Holenstein 1986). Selbst sich so autonom gebende Funktionen wie die ästhetische sind in der Weise ihrer Verwirklichung und ihrer Wirkung abhängig von der jeweils dominanten Funktion des Zeichens (vgl. Jakobson 1979b: 67ff., 212ff.). Eine Beschränkung auf eine einzelne Funktion mit oder ohne Zurückführung aller anderen auf sie, und sei es eine noch so wichtige wie die kommunikative, ist daher willkürlich. Ebenso willkürlich ist die Grenzziehung zwischen menschlichen und nicht-menschlichen oder konventionellen und natürlichen Zeichen. Die Grenze zwischen Natur und Konvention verläuft weniger zwischen Zeichen als zwischen Zeichenkomponenten und ist eine flüssige. Besonders hinderlich ist eine solche Grenzziehung, wenn man es, wie in einer fortgeschrittenen Wissenschaft üblich, über die Beschreibung hinaus auf Erklärung abgesehen hat. Durch sie wird etwas getrennt, was wechselseitig voneinander abhängig ist. Der Zeichengebrauch des Menschen ist nicht nur von seiner Natur geprägt, diese ist auch umgekehrt von ihm abhängig; Stichwort: Koevolution von Natur und Kultur.

Ein allgemeines Zeichen gibt es so wenig wie ein allgemeines Dreieck. Aber wenn es auch kein allgemeines Zeichen gibt, so läßt sich doch sagen, was ein Zeichen zu einem Zeichen macht, worin die Zeichenhaftigkeit eines Zeichens besteht, nicht anders, als sich sagen läßt, was ein Dreieck zu einem Dreieck macht. Und wenn es auch kein allgemeines Zeichen gibt, so gibt es doch prototypische Zeichen, die in der allgemeinen Semiotik eine exemplarische Rolle spielen und von denen her sich alle übrigen Zeichen bestimmen lassen.

Für die Lehre von Dreiecken spielen die Transformationen eine unentbehrliche Rolle, mit denen ein Dreieck in andere Dreiecke überführt werden kann und unter denen ein Dreieck seine spezifischen Eigenschaften bewahrt. Für Zeichen ist nicht nur bemerkenswert, daß sie Transformationen unterzogen werden können, unter denen sie ihren Zeichencharakter bewahren, sondern daß es von vornherein zu ihrem Verständnis gehört, daß sie in andere Zeichen übersetzt werden können. Die Deutung eines Zeichens geschieht in seiner Übersetzung in andere Zeichen. Seine Bedeutung ergibt sich aus seinen Übersetzungen (siehe unten, S. 101, 114, 430f., 482f.).

2. *Allgemeine Zeichensysteme?*

Niemand vertritt die Ansicht, daß es ein allgemeines Zeichen gibt. Wohl aber vertreten nicht wenige die Ansicht, daß es ein allgemeines Zeichensystem gibt oder gar – im Plural – allgemeine Zeichensysteme. Das Wort ›allgemein‹ wird dabei funktional verstanden. Ein allgemeines Zeichensystem ist eines, mit dem sich alles machen läßt, was sich mit beliebigen besonderen Zeichensystemen machen läßt. In diesem Sinn wäre ein Computer, mit dem sich alle Probleme lösen ließen, für die je spezielle Computer entwickelt werden, ein universaler Computer (*a general problem solver*).

Die natürlichen menschlichen Sprachen werden am ehesten als solche allgemeine Zeichensysteme erwogen, mit denen sich alles mitteilen läßt, was ist und was möglich ist, alles, für was im Verlauf der Zeit je besondere Zeichensysteme aufgekommen sind. Vorausgesetzt ist dafür natürlich eine dynamische Konzeption der Sprachen. Sie müssen (zur Erfassung neuer Entdeckungen, zum Beispiel zur Aufnahme neuer Fachterminologien) erweitert werden können, ohne daß sie ihre Identität verlieren. Wichtig ist auch, daß man dabei die Darstellungs- und die (emotionale und ästhetische) Ausdrucksfunktion der Sprache auseinanderhält. Alles zum Gegenstand der Rede zu machen und alles sprachlich zum Ausdruck bringen sind zweierlei. Mindestens ein (zeitweiliger) Vertreter der universalen »Effabilitätsthese«, Franz Kafka, den man nicht so leicht der Ideologie verdächtigen wird, scheint im besonderen an die Ausdrucksfunktion gedacht zu haben.

Ich bin nicht der Meinung, daß einem jemals die Kraft fehlen kann, das, was man sagen oder schreiben will, auch vollkommen auszudrücken. Hinweise auf die Schwäche der Sprache und Vergleiche zwischen der Begenztheit der Worte und der Unendlichkeit des Gefühls sind ganz verfehlt. Das unendliche Gefühl bleibt in den Worten genau so unendlich, wie es im Herzen war. (Kafka 1913: 305f.)

Innerhalb der Sprachen gibt es Teilsprachen, für die ebenfalls ein universaler Anspruch erhoben wird, die Wissenschaftssprache im allgemeinen und die physikalische Sprache im besonderen. Der klassische Vertreter dieses Anspruchs im 20. Jahrhundert ist Rudolf Carnap (1932/33). Anders als Kafka dachte Carnap nur an die Darstellungsfunktion der Sprache: Alles, was sich in psychologischer oder welcher Sprache auch immer sagen läßt, das läßt sich auch (und allein angemessen) in physikalischer Sprache sagen.

Es kann nicht behauptet werden, daß die These einer Universalsprache eine *quaestio indisputata* ist, heute noch weniger als zu den Lebzeiten von Kafka und Carnap. Aber selbst wenn das Projekt in seiner Kafkaschen oder Carnapschen (kafkaesken?) Gestalt *ad acta historica* (*vel utopica*) zu legen ist, bleibt es als Frage fruchtbar und nicht nur für Künstler und Philosophen, für die es eine in der Gabe des Ausdruckschaffens und des Verstehens grundgelegte Versuchung bleibt. Wenn Zeichensysteme nicht in alle anderen Zeichensysteme oder zumindest in ein universales Zeichensystem übersetzbar sind, dann ist es für ihr Verständnis aufschlußreich, in welcher Hinsicht sie es nicht sind.

Jede Wissenschaft operiert mit Zeichen und setzt so die Semiotik als eine universale Metawissenschaft voraus neben der Psychologie, der Soziologie und der Mathematik, die mit unterschiedlicher Relevanz für die einzelnen Wissenschaften universal eine metawissenschaftliche Rolle spielen, soweit sie sich mit der wissenschaftlichen Tätigkeit, der Fähigkeit zu ihr, ihrer Organisation und ihrem Medium befassen. Ist aber die Semiotik nicht auch in dem Sinn eine universale Wissenschaft, daß nicht nur jede Einzelwissenschaft Zeichenprozesse als ihr *Medium*, als ihr Instrument gebraucht, sondern auch Zeichenprozesse zu ihrem (eigentlichen) *Gegenstand* hat?

Einen solchen Anspruch gibt es seit dem Aufkommen der Informationstheorie. Es scheint leichter zu sein, alle *Energie* umwandelnden und weiterleitenden Vorgänge als *Information* verarbeitende und weiterleitende Vorgänge zu analysieren, als umgekehrt alle informativen Vorgänge, mit denen sich speziell die Humanwissenschaften befassen, auf energetische Vorgänge zu reduzieren. Beim Versuch einer Reduktion der Prozesse der Informationsverarbeitung auf kausale Prozesse kommt es zudem nicht zu einer *Komplexitätsreduktion*, wie es dem Ideal der Einheitswissenschaft entsprechen würde, sondern gerade umgekehrt zu einer *Komplexitätsamplifikation* mit nicht absehbaren Grenzen. Ein und dieselbe Information kann ja in physikalisch unendlich verschiedenen Strukturen realisiert sein.

Aber Möglichkeit und Wirklichkeit decken sich hier nicht. Die grundsätzlich mögliche informationstheoretische Wende ist in der Physik nur partiell durchgeführt worden. Von Billardkugeln nehmen wir nach wie vor an, daß sie einander Energien und nicht Informationen weiterleiten. Für das Selbstverständnis der Semiotik ist die Tatsache viel wichtiger, daß diejenigen Wissenschaften, in die man die Semiotik (im allgemeinen und die Linguistik im besonderen) eingebettet sieht und auf die man sie zu ihrer Erklärung – in der herkömmlichen Ausdrucksweise – »reduziert«, ihrerseits eine gewichtige semiotische Komponente erhalten, sofern Zeichenprozesse einer ihrer zentralen Untersuchungsgegenstände sind: Psychologie und Biologie. Das bedeutet, daß die psychologische und biologische Erklärung der menschlichen Zeichensysteme, der Sprache im besonderen, in einem weiten und lange Zeit nicht in Betracht gezogenen Ausmaß semiotikintern bleibt.

Chomskys Erklärung der Linguistik zu einem Teilgebiet der Psychologie wurde weithin als ein Angriff auf den autonomen Status der Sprachwissenschaft verstanden, der vom älteren Strukturalismus, mit ihrer Einbettung (als ein partielles Zeichensystem) in die Semiotik, vertreten wurde. Die Semiotik erschien als ein Garant dafür, daß die genuin sprachlichen Beziehungen (die grammatischen und semantischen Beziehungen) nicht vorschnell auf psychologische oder biologische Beziehungen (wie Assoziationen oder Adaptionen) reduziert wurden. Der Unterschied zwischen Chomsky (1968/72: 33), der die Linguistik zu einem Teilgebiet der Psychologie erklärt, und Saussure (1916: 33; vgl. Engler 1970), für den sie ein Teil der »Semiologie« ist, reduziert sich jedoch bei näherem Hinsehen entsprechend der allgemeinen Wissenschaftsentwicklung in diesem Jahrhundert darauf, daß die Linguistik von Saussure in *deskriptiver* Hinsicht der *allgemeinen* Semiotik zugeordnet wird, von Chomsky jedoch in *explanatorischer* Hinsicht einer *speziellen* Semiotik, der in klassischen Zeiten prominent gewesenen semiotischen Teildisziplin mentaler Repräsentationen (alias Ideen), die heute unter dem Titel ›kognitive Wissenschaft‹ einen Neuaufschwung erlebt.

So selbstverständlich die Frage nach den kognitiven Unterlagen des Zeichengebrauchs von klassischer Warte aus und auf dem Hintergrund der Entwicklung der kognitiven Wissenschaft seit dem Ende der fünfziger Jahre ist, so ungewohnt erscheint sie auf dem Hintergrund der heute gängigen Selbstdarstellungen der Semiotik. Diese bewegen sich noch immer im Rahmen der besonderen (antimentalistischen) Wissenschaftsentwicklung zwischen 1913 und 1959, den zwei Eckdaten des Behaviorismus, Watsons Manifest und Chomskys Verriß dieser Bewegung. Diese hatte außer acht gelassen, daß es keine Handlung ohne Zielvorstellung gibt, keine komplexe Handlung ohne Plan und so auch keine Pragmatik ohne kognitive Wissenschaft.

3. Die kognitive Wissenschaft ist eine semiotische Wissenschaft[2]

Zur Einführung der kognitiven Wissenschaft und ihrer semiotischen Natur geht man am besten von einer Unterscheidung aus, die in der Philosophie geläufig ist. Man hält hier ›linguistische Philosophie‹ und ›Philosophie der Sprache‹ auseinander. Die linguistische Philosophie wird *forschungsstrategisch/methodologisch* umschrieben, die Philosophie der Sprache *inhaltlich*. Diese, die Sprachphilosophie, befaßt sich – mehr oder weniger in einem kontinuierlichen Übergang zur Sprachwissenschaft – mit den als philosophisch relevant angesehenen Strukturen der Sprachen. Sie ist eine philosophische Teildisziplin neben anderen, der Geschichtsphilosophie, deren Gegenstand die Geschichte ist, der Naturphilosophie, deren Gegenstand die Natur ist, usf. Für die linguistische Philosophie, im Deutschen besser bekannt unter dem Titel ›sprachanalytische Philosophie‹, ist die Sprache dagegen primär Mittel, nicht Gegenstand der Forschung. Ihr Gegenstand sind die jahrhundertealten Probleme der Philosophie, die sie dadurch zu klären versucht, daß sie die Sprache analysiert, die man bei ihrer Formulierung verwendet bzw. in der sich die Probleme der Philosophie abzeichnen, wenn sie, wie einige ihrer Vertreter glauben, nicht überhaupt erst durch den Gebrauch der Sprache verursacht werden.

In Analogie zu dieser Unterscheidung zwischen sprachanalytischer Philosophie und Sprachphilosophie lassen sich auch kognitive Wissenschaft und Kognitionswissenschaft auseinanderhalten. Wie man nach der sprachanalytischen Philosophie zur Klärung der traditionellen philosophischen Probleme auf die einschlägigen *sprachlichen* Kategorien zurückzugreifen hat, so nach der kognitiven Wissenschaft zur Analyse von intelligenten menschlichen und tierischen, aber auch von maschinellen Leistungen auf *kognitive* Kategorien, insbesondere auf ›Repräsentation‹ und ›Computation‹. Der so – nicht ohne kühne ontologische Verpflichtung – *methodologisch/forschungsstrategisch* definierten kognitiven Wissenschaft steht die *inhaltlich* definierte Kognitionswissenschaft gegenüber mit den verschiedenen kognitiven Phänomenen (Wahrnehmung, Denken, Gedächtnis usw.) als Untersuchungsgegenstand, aufgeteilt in Kognitionspsychologie und Erforschung künstlicher Intelligenz.

Die kognitive Wissenschaft kann in dieser Sicht auch als eine Dachdisziplin verstanden werden, die unter sich das Studium der natürlichen Intelligenz biologischer Organismen und der künstlichen Intelligenz menschengemachter Maschinen befaßt – mit besonderer Berücksichtigung der wechselseitigen Modellfunktion der beiden Teildisziplinen füreinander. Einerseits sind Computermodelle für die Psychologie ein unbestreitbarer Gewinn. Aus zwei Gründen: (1) In einem expliziten Sinn hat man etwas erst dann verstanden, wenn man es auch konstruieren kann, am eindrücklichsten in der Form einer funktionstüchtigen Maschine. (2) Man kann nicht etwas in der Psychologie infolge philosophischer Bedenken als unmöglich abtun, was in Maschinen realisiert ist. Was in Maschinen Wirklichkeit ist, z. B. Operationen, die angemessen nur mit einer kognitiven Begrifflichkeit analysiert werden, ist für Menschen mindestens als eine widerspruchsfreie, ontologisch unproblematische Möglichkeit anzunehmen. Wenn man die Züge eines maschinellen Schachspielers nur verstehen kann, indem man die sichtbaren, auf einem Brett stattfindenden Operationen, aus unsichtbaren, im »Inneren« des Spielers stattfindenden Operationen kognitiver Art kausal ableitet, dann ist eine solche Erklärung bei einem menschlichen Schachspieler nicht länger aus ontologischen Gründen abzulehnen. Andererseits lassen es die engen und alle anfänglich hochfliegenden Hoffnungen so bitter enttäuschenden Grenzen von maschinellen Intelligenzleistungen den ›Wissensingenieuren‹ wohl geraten sein, sich nach jedem Teilerfolg weiter daran zu orientieren, wie der menschliche Geist bzw. das menschliche Gehirn die vorgenommenen Aufgaben löst.

Die Analyse von menschlichen und maschinellen Intelligenzleistungen mit Hilfe kognitiver Kategorien unterscheidet sich radikal von der physikalischen Analyse der Prozesse, in denen sie sich realisieren. Dies wird besonders deutlich bei einem begriffsanalytischen Vergleich der kognitiven mit den physikalischen Kategorien, an die sich ein traditioneller

Physikalist hält. Seine Kategorien sind (neben räumlichen und zeitlichen Kategorien) *Stoß, Druck, Attraktion, Repulsion, Impuls, Spannung, Ladung* und dergleichen. Ihnen ist gemeinsam, daß sie die Kategorie der *Kraft* oder der *Energie* voraussetzen. Im Behaviorismus, der menschliches Verhalten ausschließlich mit mechanischen Kategorien zu erklären versuchte, kam bezeichnenderweise als eine weitere Kategorie *Verstärkung* hinzu. Den Kategorien der kognitiven Wissenschaft ist dagegen gemeinsam, daß es sich um semiotische oder hermeneutische Kategorien handelt. Es sind eigentliche Zeichenkategorien (*Repräsentation, Signal, Symbol, Information*) oder solche, die sich auf den Zeichengebrauch beziehen (*Code, Programm* und *Computation* – ein Begriff, unter dem eine geregelte Zeichenmanipulation verstanden wird). Wie es dem Zeichengebrauch universal entspricht, ist für die Verwendung dieser Kategorien entscheidend, daß die von ihnen beschriebenen Prozesse sinnvoll sind, nicht nur in der allgemeinen Bedeutung von ›funktional‹, sondern auch in der engeren kognitiven Bedeutung von ›verständlich‹ bzw. ›intelligent‹. So kann man ebensogut statt von ›kognitiver Wissenschaft‹ von ›semiotischer‹ oder gar (und provokativer) von ›hermeneutischer‹ Wissenschaft sprechen.

physikalische Kategorien	*kognitive/semiotische Kategorien*
Stoß	Repräsentation
Druck	Signal
Attraktion	Symbol
Repulsion	Modell
Impuls	Information
Spannung	Computation
Ladung	Code
Verstärkung	Programm

In Disziplinen wie der Soziologie, der Psychologie und der Biologie, aber auch der Computerwissenschaft, sind also grundsätzlich eine energetische (physikalische) und eine semiotische (kognitive oder hermeneutische) Analyse ein und derselben Prozesse auseinanderzuhalten. Von Zeichenprozessen her, lautsprachlichen und schriftlichen Äußerungen, die immer auch physikalische Prozesse sind (von physikalischen Zeichenvehikeln befördert werden, wie man es in Anlehnung an Morris' Terminologie ausdrücken kann), ist jedem Semiotiker eine solche doppelbödige, zugleich physikalische und semiotische Analyse wohlvertraut. Ebenso und in einer beachtenswerten Weise von der Psychoanalyse her. Die Psychoanalyse befaßt sich mit Prozessen, die einerseits energetischen Gesetzen zu unterliegen scheinen (es ist von Triebabreaktion und -entspannung die Rede), die andererseits aber ebenso ausgeprägt einen hermeneutischen Aspekt aufweisen (das Triebverhalten geht mit Vorstellungen einher, kann sinnvoll gedeutet und über diese Deutung beeinflußt werden). Ricoeur (1965) unterscheidet daher zu Recht zwischen einem energetischen und einem hermeneutischen Diskurs in der Psychoanalyse.

Die kognitive Renaissance in den Humanwissenschaften ist eng mit der Entwicklung verknüpft, die diese in den USA genommen haben. Ende der fünfziger Jahre war es einer Reihe amerikanischer Psychologen (vgl. Miller, Galanter und Pribram 1960) schlichtweg zu dumm geworden, das menschliche Verhalten weiterhin bloß behavioristisch mit dürftigen Reiz/Reaktion-Ketten und einer ebenso dürftigen physikalischen Begrifflichkeit zu erklären, nachdem die Computerwissenschaften längst mit viel komplexeren Strukturen und philosophisch anspruchsvolleren Kategorien – den angeführten kognitiv-semiotisch-hermeneutischen – arbeiteten, die überdies früher als spezifisch humanwissenschaftliche Kategorien angesehen worden waren. Etwas, das in Maschinen möglich ist, kann Menschen nicht *a priori* abgesprochen werden. Heute und für jemand, der in einer anderen wissenschaftlichen und kulturellen Tradition aufgewachsen ist, mag es pervers klingen, wenn einer der Psychologen, der damals die »kognitive Wende« einleiten half, Jerome Bruner, in seiner Autobiographie (1983: 104) von »der befreienden Wirkung des Computers auf die Vorstellung des Psychologen von dem, was menschenmöglich ist«, schreibt. Aber das war die erste Wirkung der künstlichen Intelligenz des Computers auf die natürliche Intelligenz des Menschen.

Die Beschränkung der Humanwissenschaften auf das, *was*

die Menschen beobachtbar tun, erwies sich, wie Chomsky (1959) mit seiner in der damaligen Situation als sensationell empfundenen Behaviorismuskritik darlegte, für eine Wissenschaft, die sich an die in jeder Naturwissenschaft selbstverständlichen explanatorischen Anforderungen hält, als völlig unzulänglich. Das Tun ist zu erklären. Entscheidend ist dabei, *zu was Menschen fähig sind.* Zu was Menschen fähig sind, hängt davon ab, so die introspektiv naheliegendste und die bisher fruchtbarste Erklärung, *was die Menschen wissen und wie das Wissen in ihnen repräsentiert ist.* Die Dispositionen, mit denen sich viele Philosophen der vierziger und fünfziger Jahre – trotz der Molière-Assoziation von der *vis dormitiva,* die ein bloßer Rückgriff auf Dispositionen weckt – begnügten, sind mit Repräsentationen und deren Computation explanatorisch zu unterbauen.

Man kann in der Entwicklung der Semiotik[3] in diesem Jahrhundert drei Phasen der Hinwendung zum Subjekt, zum Zeichengebraucher, festhalten, zuerst um 1930 eine Hinwendung zum beobachtbaren Tun der Zeichengebraucher, dann um 1960 eine Hinwendung zur kognitiven Kompetenz der Zeichengebraucher, zu ihren Repräsentationen, und kurz darauf um 1970 eine Hinwendung zum Medium ihrer Kompetenz, zum Format ihrer Repräsentationen, zur Frage, ob gewisse Intelligenzleistungen des Menschen statt mit satzhaft strukturierten mentalen Repräsentationen nicht besser mit bildhaft strukturierten erklärt werden, mit mentalen Bildern oder mit abstrakteren, weder eigentlich satzhaft noch eigentlich bildhaft strukturierten mentalen Modellen.

Drei Phasen in der Zuwendung zum Zeichengebraucher
um 1930: Zuwendung zum beobachtbaren Verhalten
um 1960: Zuwendung zur kognitiven Kompetenz
um 1970: Zuwendung zum Medium der kognitiven Kompetenz

Die Bedeutung der bekannten »linguistischen Wende«, die unter dem Einfluß des Behaviorismus durch die Philosophie der Zwischenkriegszeit eingeleitet wurde, sehen viele in der Verabschiedung so problemreicher Phänomene, wie es ›Ideen‹ sind. ›Idee‹ scheint ein Ausdruck zu sein, der sich auf eine heterogene Klasse von unscharfen, empirisch wie begrifflich fragwürdigen Konstrukten bezieht; ›Sprache‹ gilt dagegen als ein Begriff, mit dem etwas intersubjektiv Beobachtbares und logisch Analysierbares gemeint ist. Im Verlauf der vergangenen Jahrzehnte sind Linguisten und Logiker zurückhaltender geworden. Auch ›Sprache‹ erscheint zusehends als ein Titel für ein durch und durch hybrides Gebilde und für etwas anderes als eine homogene ›natürliche Klasse‹ von Strukturen zu sein.

Positiver ist eine andere Einsicht zu würdigen; sie ist den Computern zu verdanken. Gemeint ist die Einsicht, daß sich gar nicht nur sprachliche Strukturen funktional, ohne Rückgriff auf eine subjektive Erfahrung, definieren lassen, sondern auch solche, die von der älteren Philosophie mentalen Bildern und anderen vorsprachlichen Gegebenheiten zugeschrieben wurden. Der Code, dem Gehirnprozesse folgen, braucht kein sprachlicher zu sein. Es kann ebensogut ein bildlicher sein. Empirische Daten legen nahe, daß zur Lösung bestimmter Aufgaben in der Tat, wie es mit Berufung auf die Introspektion immer behauptet worden war, ein piktorial zu nennender Code maßgebend ist. Sowenig etwas akustischer Natur oder von der Natur artikulatorischer Bewegungen im Rachen und Mund eines Menschen zu sein braucht, um wie eine Sprache zu funktionieren, so wenig braucht etwas ein Bild an einer Wand zu sein, um wie ein solches zu funktionieren. Auch neuronale Prozesse können es.

Wenn es zum wissenschaftlichen Selbstverständnis gehört, möglichst auf subjektives Bewußtsein zu verzichten, indem physikalische Strukturen, die intersubjektiv überprüfbar sind, funktional definiert werden, so daß sie leisten, was in der Vergangenheit allein mit der Annahme von Bewußtsein erklärbar schien, ist die behavioristische Hinwendung zu hörbaren Geräuschen nur eine Alternative. Eine andere, mit mannigfaltigen semiotischen Deutungsmöglichkeiten, ist der Rückgriff auf Gehirnprozesse.

Gegen die Annahme mentaler Bilder lassen sich empirische Gründe anführen, nicht aber, wie das von philosophischer Seite ein halbes Jahrhundert lang in Anspruch genommen wurde, begriffliche. Die Technik hat zu verstehen gelehrt, daß ein physikalischer Apparat Informationen ebensogut nach einem bildlichen wie nach einem sprachlichen Code verarbeiten kann.

In der Zwischenkriegszeit hatte man sich über die bloß strukturale (syntaktische und semantische) Analyse von Zeichenprozessen hinaus ihrem Bezug auf das menschliche Subjekt zugewandt. Aber unter dem Druck des zeitgenössischen Behaviorismus kam es nicht zu einer kognitiven, sondern nur zu einer pragmatischen Wende. In den Vordergrund gerückt wurde das soziale oder gar nur – von den Fundamentalisten unter den Behavioristen – das motorische Verhalten, das zu sprachlichen Äußerungen führt oder das umgekehrt sprachliche Äußerungen zur Folge hat. Von Kognition war kaum die Rede, anfänglich ebensowenig von Meinen und Verstehen. Dabei ist das, was man mit Zeichen vor allem tut, eben dies, daß man mit ihnen etwas meint und daß man sie versteht. Die dritte Teildisziplin der Semiotik, die Pragmatik, ist – so gesehen – in ihrem ersten Hauptstück Hermeneutik. Und diese Hermeneutik ist in Anbetracht der intuitiven Komponenten der mentalen Modelle, auf die sich Meinen und Verstehen stützen, nicht nur »grammatisch«, sondern ebenso »divinatorisch«.[4]

Der Bogen, den heute Hermeneutiker unter dem Druck einer »linguistischen Wende« in der Philosophie um die divinatorische Komponente in Schleiermachers Hermeneutik-Konzeption machen wie der Teufel um das Wort, aus dem ›Divination‹ abstammt, wirkt – belegbar – sterilisierend. Problematisch ist die Divination als Methode nur, wenn man ihre Ergänzungsbedürftigkeit unterschlägt, wenn man übersieht, daß »grammatische« und »divinatorische« Analyse komplementäre Komponenten des Verstehens sind. Wie nach Kant Begriffe ohne Intuition »leer« bleiben, ein sprödes und zerbrechliches Gerüst, und Intuition ohne Begriffe »blind«, ein Tappen im dunkeln, so befürchtet Schleiermacher (vielleicht in Anlehnung an Kant), daß ein Hermeneutiker, der sich auf die grammatische Analyse beschränkt, statt ein »Virtuose« ein »Pedant« wird, und einer, der sich mit der Divination begnügt, statt ein »Künstler« ein »Nebulist«. Die »grammatische« Hermeneutik bedarf aus heuristischen

Gründen und zur Belebung der »divinatorischen«, die »divinatorische« Hermeneutik bedarf zu Kontrollzwecken und zur Begründung der »grammatischen«. Für die Flügel braucht man Luft und unter den Füßen Boden.

Der hermeneutische Aspekt der Pragmatik verrät sich bei Charles Morris darin, daß er die traditionelle Bezeichnung ›Interpret‹ für den Zeichengebraucher beibehält. Im übrigen bietet sich die Hermeneutik nicht erst bei heutigen Überlegungen zum Zeichengebrauch als eine Teildisziplin der Semiotik an.[5] Bereits im 18. Jahrhundert führt Baumgarten (1779: §349) die Hermeneutik als eine Teildisziplin der *Scientia signorum* oder *Characteristica* (»allgemeine Zeichenkunst«) ein, nach der Heuristik (die sich mit der Erfindung von Zeichen befaßt) und neben der Mantik (deren besonderer Gegenstand die prognostischen Zeichen sind). In der *Hermeneutica universalis* (»allgemeine Auslegungs-Kunst«) geht es nach Baumgarten »de cognoscendis signorum signatis«, um die Erkenntnis des von den Zeichen Bezeichneten.[6]

Der erste, der im Rahmen von Morris' Dreiteilung der Semiotik in Syntaktik, Semantik und Pragmatik die überfällige kognitive Revision vorgenommen hat, war meines Wissens ein Chemiker, der sich bei der Verfassung eines Lehrbuchs für die theoretische (quantenmechanische) Chemie zu wissenschaftstheoretischen Überlegungen veranlaßt sah, Hans Primas (1981: 19 ff.). Eine wissenschaftliche Theorie soll nach Primas drei Ansprüchen genügen, die sich den drei Teilbereichen eines semiotischen Systems, als das jede Wissenschaft anzusehen ist, zuordnen lassen. In syntaktischer Hinsicht soll eine Theorie logisch konsistent sein, in semantischer Hinsicht empirisch bewährt und in pragmatischer Hinsicht verständlich. Im Vordergrund steht dabei für Primas das intuitive Verständnis: »A good theory is consistent, confirmed, and intuitable.«

Drei Anforderungen an eine Wissenschaft
(1) syntaktisch logische Konsistenz
(2) semantisch empirische Bewährung
(3) pragmatisch/ Verständlichkeit
    hermeneutisch (mit intuitiver Komponente)

Daß ausgerechnet ein Quantentheoretiker der Intuition das Wort redet, mag überraschen. Es war nicht zuletzt die Diskussion über die konterintuitiven theoretischen Konstrukte der Quantenphysik, die zu einer Ausblendung der Intuition aus der wissenschaftstheoretischen Forschung geführt hat. Aber es sollte nicht übersehen werden, daß in den Wissenschaften, deren Untersuchungsgegenstände sich der Intuition entziehen, das Erkenntnis*medium* anstelle des Erkenntnis*gegenstandes*, die Zeichen anstelle des Bezeichneten als Feld intuitiver Betrachtungen und intuitiver (unter anderem ästhetischer) Ansprüche nachrücken. Man denke an die Rolle, die bei kreativen Forschern anschauliche Modelle, auch solche mentaler Art (beim Cambridger Physiker Stephen W. Hawking der Sage nach »hinter geschlossenen Augenlidern«), und die konkrete Gestalt mathematischer Formeln spielen.

Der Anwendungsbereich der Intuition
alt: *signata* – Erkenntnisgegenstand
neu: *signantia* – Erkenntnismedium

Man kann in der Wissenschaftstheorie der letzten hundert Jahre eine Entwicklung feststellen von (1) der Auffassung der Wissenschaft als einem induktiven Aufarbeiten objektiver Daten zu (2) der Einsicht in die Theoriebestimmtheit aller Erfahrung und schließlich zu (3) der Wiederentdeckung der Abhängigkeit jeder Theorie von Bildern und der »Einbildungskraft«. Die Theorieabhängigkeit der Erfahrung ist heute ein Gemeinplatz. »Seeing is a ›theory-laden‹ undertaking«, lautet ein Kernsatz eines der Promotoren dieser These (Hanson 1958: 19). Daß auch alle Theorie intuitionabhängig ist, gewinnt nunmehr unter dem Einfluß der kognitiven Wissenschaft langsam wieder an breiterer Beachtung. »When scientists hold a theory, they hold a particular mode of imagery as well«, heißt hier ein neuer Schlüsselsatz (Miller 1984: 312).

Drei Phasen in der Geschichte der Wissenschaftstheorie
 (1) Vom induktiven Aufarbeiten objektiver Daten über
 (2) die Theorie-Abhängigkeit jeder Erfahrung zur
 (3) Bild-Abhängigkeit jeder Theorie.

Die Wissenschaftstheorie wird, von ihrer Geschichte her begreiflich, in erster Linie als philosophische Disziplin betrieben. Als solche befaßt sie sich hauptsächlich mit Problemen der Rechtfertigung des Wissens und mit normativen Fragen. Die Wissenschaftstheorie untersucht, wie wissenschaftliches Wissen im Idealfall logisch strukturiert ist. Der Erwerb des Wissens wird als Forschungsgegenstand teils der Wissenschaftsgeschichte, teils der empirischen Psychologie zugewiesen. Aber der Erwerb von wissenschaftlichem Wissen führt zu Erklärungen, die auf (zum Teil nicht-logische und nicht-sprachliche) kognitive Kategorien zurückgreifen, die voller philosophischer Probleme sind. So ist es verständlich, daß die Vertreter der kognitiven Wissenschaften (Linguistik, Psychologie, Neurologie, Anthropologie und Informatik), die heute den Kontakt mit der Philosophie suchen – von der sich zum Beispiel die Psychologen unter ihnen in den ersten Jahrzehnten dieses Jahrhunderts unter Berufung auf ihre empirische (und das hieß damals: induktive) Arbeitsweise emanzipiert hatten –, nicht mehr nur, wie um die Jahrhundertmitte, von formalen, methodologischen Problemen umgetrieben werden, von Fragen der logischen Struktur wissenschaftlicher Erklärungen, von der Frage etwa, ob funktionale Erklärungen vom anerkannten deduktiv-nomologischen Schema wissenschaftlicher Erklärungen gedeckt werden. Was sie heute umtreibt, sind vielmehr inhaltliche, ontologische Fragen, die Frage etwa, ob mentale Strukturen mit der funktionalen Organisation von physikalischen Strukturen zu tun haben und wie jede funktionale Organisation in physikalisch ganz und gar verschiedenen Systemen (in Lochkarten, Chips oder Neuronen) gleicherweise realisiert sein können. Gefragt ist über *philosophy of science* hinaus wiederum *philosophy of mind*, und zwar eine *philosophy of mind*, deren zentrale

Kategorien semiotische Kategorien wie *Repräsentation* und *Informationsverarbeitung* sind und zu deren zentralen Problemen die Frage nach der Möglichkeit von mentalen Bildern, von nicht-sprachlich strukturiertem Wissen gehört.
Die Semiotik wurde in der Vergangenheit hauptsächlich als eine beschreibende Wissenschaft betrieben. Im Vordergrund stand die Klassifikation der Zeichen. Was Chomsky nachhaltig für die Linguistik gefordert hat, ihre Etablierung als eine erklärende Wissenschaft, ist für die Semiotik ganz allgemein erforderlich. Eine solche Hinwendung zu Fragen der Erklärung bleibt, wie gesagt, brisanterweise weitgehend semiotikintern. Sie führt den Gebrauch sinnlich erfahrbarer Zeichen und weite Abschnitte des kommunikativen Handelns zurück auf die Verfügung über mentale Repräsentationen. Sie führt damit zurück in die vorbehavioristische Semiotik von der Stoa bis zu Locke und von diesem bis zum jungen, sich mit der Grundlegung der Mathematik befassenden Husserl.

4. John Locke redivivus

Lockes Dreiteilung der Wissenschaft (1690: § 4.21) in *physikē*, *praktikē* und *sēmeiōtikē* ist wohlbekannt. Wie Lockes Aufgreifen von griechischen Fachausdrücken anzeigt, handelt es sich um ein traditionelles Einteilungsschema. Es ist der stoischen Philosophie entnommen. Die auffälligste Abweichung Lockes von den antiken Vorläufern sind die neuen alternativen Bezeichnungen, die er vorschlägt. Von Interesse ist hier allein der Ausdruck ›Semiotik‹ für die dritte Disziplin: »*the Doctrine of Signs*, the most usual whereof being Words, it is aptly enough termed also *logikē*, Logick«. In der Tat war die übliche stoische Bezeichnung dieser dritten Disziplin entweder ›Logik‹ oder aber ›Dialektik‹ (vgl. Diogenes Laertius, § 1.17 f.; 7.39–47; 10.29–31).
Die Bedeutung der Semiotik für Locke wird gewöhnlich mit der nachträglichen Einschiebung eines »Buches über Wörter« in seine »Abhandlung über Erkenntnis«, wie er den *Essay Concerning Human Understanding* (1690) auch nennt, in Verbindung gebracht. Die Zwischenschaltung einer

sprachtheoretischen Untersuchung begründete er selber mit der zunehmenden Einsicht in die Rolle von Wörtern und Sätzen beim Erwerb und bei der Überprüfung unseres Wissens (§§ 3.9.21; 4.6.1 f.).

Aber Locke unterscheidet im Schlußkapitel (§ 4.21.4) wie schon zuvor (§ 3.3.11) ausdrücklich zwei Arten von Zeichen: *Ideen* und *Wörter*. Er nennt zwar die Wörter »die gewöhnlichsten« der Zeichen, aber nach der Genesis und nach der Güte der Erkenntnisvermittlung nehmen die sprachlichen Zeichen bei ihm als »Signs of our *Ideas*« nur den zweiten Platz ein (vgl. §§ 4.6.1 und 4.21.4). Ihre Funktion ist – ganz und gar traditionell – zur Hauptsache die Kommunikation (»the chief end of language«, § 3.5.7) und im Eigengebrauch die Erinnerungsstütze (§§ 2.22.4 f.; 2.32.7; 4.21.4). Die Ideen nehmen den ersten Platz ein. Sie dienen dem Geist, dem die Dinge nicht unmittelbar gegenwärtig sind, »as a Sign or Representation of the thing it considers« (§ 4.21.4).

So läßt sich mutmaßen, daß Locke den neuen Titel ›Semiotik‹ gerade deshalb einführte, weil der herkömmliche Titel ›Logik‹ im engeren Sinn nur sprachliche Zeichen abdeckt. Man ist weiter geneigt, die auffälligen Paarbildungen bei der Beschreibung der Zeichen im Schlußkapitel – »the ways and means where by the knowledge ... is (1) attained and (2) communicated«; »(1) the understanding of Things, or (2) conveying its knowledge to others« – je auf die beiden Zeichentypen, (1) die Ideen und (2) die Wörter (»distinctly weighed, and duly considered«), aufzuteilen (vgl. §§ 4.21.1 und 4).[7]

In der stoisch-lockeschen Tradition kann die Semiotik in ihrem ersten Teil als eine kognitive Wissenschaft bezeichnet werden, genauso wie von der anderen Seite her die kognitive Wissenschaft der letzten Jahrzehnte in Anbetracht ihrer zentralen Kategorien und Problemstellungen als eine semiotische Wissenschaft bestimmt werden kann. Daß diese nicht von Anfang an als solche thematisiert worden ist, obwohl es für die Computation nicht an Umschreibungen wie *symbol manipulation* und für die Computerwissenschaft nicht an Losungen wie *physical symbol systems* gefehlt hat, ist historisch erklärbar. Eine Semiotik mit einer kognitiv oder herme-

neutisch interpretierten Pragmatik als Teildisziplin fehlte Ende der fünfziger und Anfang der sechziger Jahre, zur Zeit der (Wieder-)Geburt der kognitiven Wissenschaft. Außerdem war im Zuge des grassierenden Antimentalismus der Jahrhundertmitte die traditionelle stoisch-lockesche Konzeption der Semiotik ins Abseits geraten.
Es braucht nicht dargelegt zu werden, daß die traditionellen Lehren von mentalen Repräsentationen in vielen, auch in wichtigen Aspekten der Revision bedürfen. Aber an der Tatsache mentaler Repräsentationen und an ihrer Rolle beim Gebrauch sprachlicher Zeichen und in kommunikativen Handlungen ganz allgemein können nur Verblendete vorbeisehen. Locke sah sich im Verlauf seines »Treatise of Knowledge« veranlaßt, dem Buch über die Ideen ein eigenes Buch über die Wörter anzufügen. Nach der Mitte dieses Jahrhunderts sah man sich bei der Aufklärung des Sprachgebrauchs (und ebenso im Rahmen der psychologischen Handlungstheorien) veranlaßt, ein neues Buch über mentale Repräsentation anzufangen.

5. Drei Stränge in der Semiotik des 20. Jahrhunderts

In der Semiotik der letzten hundert Jahre heben sich drei Hauptstränge ab, ein amerikanischer, ein französischer und ein russisch-tschechischer. Die ersten beiden gehen von Einzelpersonen aus, von Charles Sanders Peirce und Charles Morris der amerikanische Strang, von Saussure der französische. Der osteuropäische Strang wird von Arbeitskreisen geprägt, vom *Moskovskij lingvističeskij kružok*, der Petersburger »Gesellschaft zur Erforschung der poetischen Sprache« (OPOJAZ), dem *Cercle linguistique de Prague*, den erst seit den späten fünfziger Jahren wirksam gewordenen Kreisen um Bachtin in Nevel, Vitebsk und Leningrad und heute von den »Schulen« in Moskau (um V. V. Ivanov und V. N. Toporov) und Tartu (um Ju. M. Lotman).[8]
Der spezifische Beitrag der beiden ersten Stränge erscheint kompakt und griffig und ist entsprechend allgemein aner-

kannt. Das gleiche läßt sich vom osteuropäischen Strang nicht behaupten. Sein Beitrag oder seine Beiträge, wie man zu sagen geneigt ist, scheinen diffuser, disparater und auch eklektischer zu sein.

Von Peirce stammt die erfolgreichste von unzähligen Zeichenklassifikationen (die Einteilung der Zeichen in Indizes, Ikons und Symbole), von Morris die erfolgreichste Unterteilung der Semiotik (in Syntaktik, Semantik und Pragmatik). Dazu kommt bei Peirce die Herausstellung der zeichenhaften Struktur aller Erkenntnis, so daß Karl-Otto Apel im Anschluß an ihn zu Recht eine »semiotische Transformation der Transzendentalphilosophie« fordert.

Von Saussure stammt die konziseste Darstellung der Systembedingtheit jedes Zeichens. Die Bedeutung eines Zeichens ist abhängig vom Zeichensystem, in das es – oppositiv, relativ und negativ zu den übrigen Zeichen – vernetzt ist. Wichtig geworden ist weiter Saussures These, daß eine immanente und strukturale Analyse der Sprache diese als ein Zeichensystem und darüber hinaus als eine soziologische Gegebenheit anzugehen hat. Die Beziehungen, die Saussure für Sprache als grundlegend ansieht, sind – durchweg gegensatzhaft formuliert – die zwischen *langue* und *parole* (bzw. *code* und *message*, Zeichengebilde und Zeichenhandlung), paradigmatischer und syntagmatischer Achse, Synchronie und Diachronie, individualisierender und universalisierender Tendenz.

Der dritte, russisch-tschechische Strang zeichnet sich äußerlich neben dem Teamwork-Charakter durch einen regen Kontakt zwischen Theoretikern und Künstlern (Malern, Dichtern und Filmemachern) aus. In thematischer Hinsicht heißen die Leitworte: Teleologie, Dynamik, intersemiotische Beziehung und vor allem semiotische Ästhetik. Wie keiner der anderen Stränge der Semiotik ist der osteuropäische im unmittelbaren Kontakt mit der modernen (avantgardistischen) Kunst aufgekommen, und zwar mit Stilrichtungen und mit einer neuen Kunstgattung, in denen der Zeichencharakter und das dynamische Verhältnis zwischen *signans* und *signatum* und dessen beiden Polen, dem *denotatum* und dem *connotatum* erst destruiert und dann von Grund auf neu und neuwertig konstruiert worden war (vgl. Jakobson 1962/71:

SW I 632), der gegenstandslosen Malerei, der futuristischen (transrationalen und surrealen) Dichtung und dem Film. Nach dem Zweiten Weltkrieg kam eine starke Orientierung an der Informationstheorie hinzu. In einem gewissen Sinn haben die neuen Technologien die avantgardistischen Künste als Inspirationsquelle semiotischer Grundlagenforschung abgelöst.

Die Pionierarbeiten des Russischen Formalismus zur Filmtheorie, die den ersten, rasch einander ablösenden Entwicklungsphasen dieser neuen Kunst folgen, stammen von Šklovskij, Ejchenbaum und Tynjanov (vgl. Hansen-Löve 1978: 338 ff.). Auf ihnen bauen in Prag Jakobson und Mukařovský auf. Der Film ist das dynamische Zeichensystem *par excellence*. Es ist kaum ein Zufall, daß in Jakobsons Filmstudie von 1933 zum ersten Mal in seinen Schriften sowohl der Zeichenbegriff (im Rückgriff auf den semiotischen Klassiker Augustinus und nicht etwa auf Saussure oder den ihm damals noch unbekannten Peirce) als auch die beiden Kunstgriffe der Metapher und der Metonymie einen zentralen Platz einnehmen. Daß die Kunst auf »Verfahren« beruht, ist im Film besonders manifest. Ein anderes wichtiges semiotisches Thema, zu dem der Film anregte, war das Verhältnis zwischen den semiotischen Systemen, im besonderen das Verhältnis zwischen den verschiedenen visuellen Zeichensystemen (Malerei, Photographie, Theater und Film) und mit der Verfilmung von Literatur das Problem der Überführbarkeit eines Zeichensystems in ein anderes.

Der wichtigste Ertrag der grundsätzlich teleologischen Konzeption der Zeichensysteme, der Sprache im besonderen, im osteuropäischen Strang der Semiotik ist die Herausarbeitung (1) der Plurifunktionalität der Zeichen und (2) der Autonomie der ästhetischen Funktion (ihrer Abhebung sowohl von der kognitiven wie von der emotiven Funktion, auf die sie häufig reduziert wird; vgl. Holenstein 1980).

Studien zu einer semiotischen Ästhetik finden sich auch bei Morris, aber die Etablierung der Semiotik als einer grundlegenden Richtung der Ästhetik (neben bewußtseins-, gestalt- und gesellschaftstheoretischen Richtungen) ist doch das Werk des osteuropäischen Strangs der Semiotik, das Werk namentlich von Roman Jakobson, Jan Mukařovský und Michail Bachtin. Es ist eine historische Leistung. Nach der Psychoanalyse und der Gestalttheorie ist die Semiotik *der* genuine Beitrag des 20. Jahrhunderts zur allgemeinen Ästhetik.

Aus der Sicht des osteuropäischen Strangs der Semiotik erscheint als die Hauptschwäche des französischen Strangs die statische Konzeption des Zeichensystems. Das Verhältnis zwischen den Polen der Gegensatzbeziehungen, die in den Zeichensystemen auszumachen sind, ist jedoch vielmehr das einer ständigen und dynamischen Interdependenz (vgl. Holenstein 1975).

Aus derselben Sicht ist die wichtigste Grenze des amerikanischen Stranges das Fehlen einer vierten Disziplin in Morris' Einteilung der Semiotik; einer Disziplin, die sich – der Phonetik und Phonemik/Phonologie in der Linguistik entsprechend – mit der Beziehung der Zeichen zum Material bzw. zum (auditiven, visuellen, taktilen usw.) Medium beschäftigt, in dem die Zeichen realisiert sind. Auch die kognitive Dimension in der Pragmatik, in der Beziehung der Zeichen zu ihren Gebrauchern, kommt aus osteuropäischer Perspektive in der amerikanischen Tradition zu kurz.

Fragen der Zeichenbildung wurden in der traditionellen Semiotik immer als eine wichtige Aufgabe angesehen, wenn man auch nicht behaupten kann, daß sie systematisch in Angriff genommen wurde. Man beschäftigte sich hauptsächlich mit der Bildung künstlicher Zeichen.[9] Baumgarten hatte für sie, wie bereits angeführt, den Titel ›Heuristik‹ vorgesehen. Naheliegender dürfte ein Neologismus[10] wie ›Signetik‹ (oder bei besonderer Berücksichtigung von funktionalen Aspekten, ›Signemik‹) sein – in Anlehnung an ›Phonetik‹ und ›Phonemik‹ und auch in Assoziation zu ›Signet‹, einem Zeichentyp, bei dem die gestaltmäßig prägnante Bildung besonders gepflegt wird. Zeichenmaterial und -medium spielen besonders in natürlichen Zeichensystemen eine nicht zu unterschätzende Rolle und sind mit der Zuwendung zu mentalen Bildern neuerdings auch zu einem zentralen Thema der kognitiven Wissenschaft geworden. Formalismus und Strukturalismus unterscheiden sich (nach Jakobson) dadurch, daß der Strukturalismus im Gegensatz zum Formalismus eine Abhängigkeit von Form und Funktion eines Zeichensystems vom Material, in dem es realisiert ist, annimmt.

Zur Textauswahl

Mit dem vorliegenden Band sind Jakobsons wichtigste Arbeiten, soweit sie von transdisziplinärem Interesse sind, in deutschsprachigen Sammelbänden zugänglich.[11] Für die Auswahl dieser jüngsten Anthologie waren nicht allein sachliche und systematische Gesichtspunkte ausschlaggebend, sondern auch die Abstimmung auf die bereits vorhandenen Sammelbände. Als wichtigste Ergänzungen für eine systematische Darstellung der Jakobsonschen Semiotik wären aus den früheren Sammelbänden die beiden Aufsätze »Zur Struktur des russischen Verbums« (1932) und »Zwei Seiten der Sprache und zwei Typen der Aphasie« (1956) heranzuziehen. Sie sind die aufschlußreichsten Texte zur Merkmalhaltigkeitsbeziehung (dem Verhältnis zwischen dem merkmallosen und dem merkmalhaltigen Glied einer Opposition) und zur Unterscheidung zwischen metaphorischen und metonymischen Beziehungen, denen in vielen Zeichensystemen, exemplarisch in der Sprache, eine grundlegende Rolle zukommt. In einer Darstellung von Jakobsons »universaler Semiotik« sind aus dem letzten Kapitel seiner letzten großen Monographie die Ausführungen über Lautsymbolik, Sprachtabu, Glossolalie und »Wortkunst« der Kinder mindestens zu erwähnen. Die Monographie liegt mittlerweilen unter dem Titel *Die Lautgestalt der Sprache* ebenfalls in deutscher Übersetzung vor.[12]

Es wurde auch eine Reihe von kleineren Schriften aus der Zwischenkriegszeit und den letzten Lebensjahren Jakobsons in die vorliegende Textsammlung aufgenommen, die mehr von historischem und dokumentarischem als von systematischem Gewicht sind. Mehrere der nicht leicht zugänglichen älteren Texte werden in diesem Band zum ersten Mal neu aufgelegt. Sie sollen etwas von der Ambiance von Jakobsons Lebenswerk erschließen. In seinen Prager und Brünner Jahren (1920–1938) veröffentlichte Jakobson nahezu zwei Dutzend kleinere Arbeiten kulturwissenschaftlicher Art in der *Slavischen Rundschau* und über zwei Dutzend Kurzberichte in der *Prager Presse*. Die *Slavische Rundschau* war eine »berichtende und kritische Zeitschrift für das geistige Leben

der slavischen Völker« (so der Untertitel), herausgegeben 1929 bis 1939 von der »Deutschen Gesellschaft für slavistische Forschung in Prag« und gedruckt vom Verlag Walter de Gruyter, Berlin–Leipzig–Prag. Jakobson war Redaktionsmitglied. Als Leiter des »Ostslavischen Referats« stand ihm das Sekretariat der Zeitschrift für Schreibarbeiten zur Verfügung, eine nicht zu unterschätzende Hilfe in der finanziell schwierigen Zeit vor seiner Ernennung zum Professor für russische Philologie 1933 in Brünn. Die *Prager Presse* war eine von der jungen Tschechoslovakischen Republik unterstützte »offiziöse« Prager Tageszeitung. In ihrem Feuilleton veröffentlichten Schriftsteller wie Heinrich Mann, Robert Musil, Robert Walser, Ernst Weiss, Stefan Zweig und Franz Werfel. Die kleineren Schriften aus den letzten Jahren sind Zeugnisse für seine Sichtweise der jüngsten Wissenschaftsentwicklung und für den Stil seiner Selbstdarstellung.[13]
Wie im *Poetik*-Band (1979b) wurden die einzelnen Aufsätze zur Einführung und zur Übersicht mit einem (kursiv gesetzten) »Vorspann« versehen.
In den von Jakobson in der Zwischenkriegszeit deutsch geschriebenen Texten wurde seine Schreibweise slavischer Namen zum Teil belassen; in den übersetzten Texten wurde in Anlehnung an seine *Selected Writings* einheitlich seine nach dem Zweiten Weltkrieg bevorzugte Transkription benutzt. Die Schreibung von ›slavisch‹ mit einem *w* blieb für Jakobson zeit seines Lebens ein Germanismus, der ihn an die unguten Zeiten der (kultur-)politischen Auseinandersetzungen in den dreißiger Jahren in der Tschechoslovakei erinnerte.
Für aufschlußreiche Diskussionen über Jakobsons Moskauer und Prager Zeit habe ich Jindřich Toman zu danken, für die Mithilfe bei der zeitaufwendigen editorischen Arbeit Dieter Münch, Peter Grzybek und vor allem Thomas Dewender und für die Schreibarbeiten Frau Gudrun Sikora.

Anmerkungen

1 Kants Unterscheidung zwischen »natürlicher« und »bürgerlicher« Zeichenlehre scheint der geläufigeren Unterscheidung zwischen »natürlichen« und »konventionellen« oder »willkürlichen« Zeichen zu entsprechen. *Character* wird in der Philosophie des 18. Jahrhunderts mit ›Kennzeichen‹, im engeren Sinn schlicht mit ›Zeichen‹ und im engsten Sinn mit ›schriftliches Zeichen‹ ins Deutsche übersetzt. Vgl. Asoh u.a. 1987.
2 Dieser und der folgende Paragraph über Locke decken sich streckenweise mit »Kognitive oder semiotische Wissenschaft«, einem Vortrag, den ich auf dem Bochumer Kolloquium über *Wissenschaftstheorie der Semiotik* (1986) unter der Leitung von Walter A. Koch und Roland Posner gehalten habe.
3 Diese Entwicklung gilt in erster Linie für die amerikanische Semiotik. Innerhalb der europäischen Semiotik ist das Bild ein anderes. Was hier die Entwicklung prägt, ist eine »Dezentrierung des Ich«, eine Ausdifferenzierung des Subjekts, eine Hinwendung vom Ich zu unbewußten und zu intersubjektiven Trägern der Zeichenprozesse. Vgl. Holenstein 1975: 55 ff. und in diesem Band, 522 ff.
4 Schleiermachers Gegensatzpaare sind »grammatisch« vs. »psychologisch« und »komparativ« vs. »divinatorisch«/»ahnend«.
5 Das Verhältnis von Semiotik und Hermeneutik ist naturgemäß ein verwickeltes, ein richtiger hermeneutischer Zirkel. Sofern das Verstehen von Zeichen sich immer auch auf das Verhältnis der Zeichen zueinander, zum Bezeichneten und auf ihre pragmatischen Umstände und Auswirkungen erstreckt, ist die Hermeneutik nicht nur eine Teildisziplin der Semiotik, sondern zugleich eine Disziplin, welche die gesamte Semiotik in sich schließt. So war mein Buchtitel *Linguistik–Semiotik–Hermeneutik* (1976) gemeint, als eine Aufzählung von drei konzentrisch angeordneten, zunehmend umfassenderen Wissenschaften.
6 Man beachte, daß der Gegenstand der Hermeneutik nach Baumgartens Formulierung nicht das Zeichen- oder Textverständnis ist, sondern das der bezeichneten Sache. Ein Verdienst der späteren Hermeneutik ist es, die Abhängigkeit alles Sachverstandes von dem Ausdruck, dem man den Sachen verschafft, von den Zeichen, die man für sie braucht, herausgestellt zu haben. Heute, beim Versuch, sprachkompetente Maschinen zu bauen, ist die umgekehrte Abhängigkeit in den Vordergrund gerückt, die Abhängigkeit des Sprachverstehens vom Sachverstand (»Expertenwissen«, »Weltwissen«). Die Abhängigkeit ist eine wechselseitige. Das bedeutet auch, daß

Linguistik, Semiotik und Hermeneutik nur relativ autonome Strukturwissenschaften sind und der Ergänzung durch sachhaltig definierte Wissenschaften bedürftig sind.
7 Die Unterscheidung zwischen mentalen und sprachlichen Zeichen ist selbstverständlich ebenfalls ein Traditionsgut der antiken Semiotik. Vgl. Diogenes Laertius, § 7.43.
8 Für einen Überblick über die sovjetische Semiotik in Jakobsonscher Perspektive siehe Rudy 1986. – Jakobson wurde mit Bachtins Werk bereits in der Prager Zeit bekannt. Seinem beharrlichen Verweisen auf diesen wichtigen Kritiker des Russischen Formalismus, dem Jakobson selber angehört hatte, ist Bachtins Entdeckung Ende der fünfziger Jahre in der Sovjetunion und dann auch im Westen zu verdanken. – Jakobsons Bedeutung im besonderen ist Umberto Eco (1981) in einer Studie systematischen Charakters nachgegangen. Für Eco ist Jakobson »der wichtigste Katalysator in der zeitgenössischen ›semiotischen Reaktion‹« gewesen, in der Etablierung der Semiotik seit den sechziger Jahren nicht als eine eigene akademische Disziplin, wohl aber und sachlich angemessen als ein interdisziplinärer Focus der Forschung. Eco geht von acht Grundannahmen aus, »auf die sich die heutige semiotische Forschung stützt«, und versucht zu belegen, »daß Jakobsons Werk von größter Bedeutung dafür war, daß jede dieser Grundannahmen im wissenschaftlichen Milieu heute weitgehend akzeptiert ist«. Ecos Hochschätzung für Jakobson versteht sich vom verwandten kulturgeschichtlichen Hintergrund her, der auch Jakobson veranlaßt haben mag, privat von einer »Jakobson-Eco-Achse« zu sprechen.
9 Vgl. dazu die Ausführungen Bolzanos 1837: §§ 4.637ff.
10 Mit Neologismen ist man freilich gut beraten, zurückhaltend zu sein. Gerade die Semiotik ist zu einem Tummelplatz steril gebliebener Neologismen geworden.
11 Vgl. die Liste im Anhang, 554.
12 Statt sich bei den sprachwissenschaftlichen Fachausdrücken an den deutschsprachigen Veröffentlichungen von Jakobson oder auch von Trubetzkoy und Karl Bühler aus der Zwischenkriegszeit zu orientieren, halten sich die Übersetzer an die anglisierende Terminologie, die heute in der deutschen Linguistik mehr oder weniger üblich ist. Wer als Semiotiker an Terminologie- und Stilwandel in den Wissenschaften interessiert ist, vergleiche die Rückübersetzung eines längeren Zitats aus »Zur Struktur des Phonems« (1939; in diesem Band, 151f.) in Roman Jakobson, *Die Lautgestalt der Sprache* (1986: 48f.). Le style, c'est l'homme!
13 Zur Ergänzung ist bei den kleineren Schriften hauptsächlich auf eine

Gelegenheitsstudie über die *Ja-* und *Nein*-Gestik zu verweisen (Jakobson 1970). Vgl. deren Auswertung in Holenstein 1985: 143–145.

Literatur

Asoh, Ken, und andere, 1987, *Onomastikon der Philosophie im 18. Jahrhundert: Latein-Deutsch, Deutsch-Latein*, Tokyo: Tokyo Universität (Komaba), Abt. für deutsche Sprache.

Baumgarten, Alexander Gottlieb, 1779, *Metaphysica*, Hildesheim: Olms 1963.

Bolzano, Bernhard, 1837, *Wissenschaftslehre*, Sulzbach: Seidel.

Bruner, Jerome, 1983, *In Search of Mind. Essays in Autobiography*, New York: Harper & Row.

Carnap, Rudolf, 1932/33, »Psychologie in physikalischer Sprache«, in: *Erkenntnis* 3, 107–142.

Chomsky, Noam, 1959, Rezension von Skinner, *Verbal Behavior* (1957), in: *Language* 35, 26–58.

–, 1968/72, *Language and Mind*, New York: Harcourt. Deutsch: *Sprache und Geist*, Frankfurt: Suhrkamp 1973.

Diogenes Laertius, *Lives and Opinions of Eminent Philosophers* (gr. und engl.), The Loeb Classical Library, Cambridge, MA: Harvard University Press; deutsch: *Leben und Meinungen berühmter Philosophen*, Hamburg: Meiner [1]1967.

Eco, Umberto, 1981, »Der Einfluß Roman Jakobsons auf die Entwicklung der Semiotik«, *Die Welt als Zeichen. Klassiker der modernen Semiotik*, hg. von Martin Krampen et al., Berlin: Severin & Siedler, 173–204.

Engler, Rudolf, 1970, »Semiologische Lese (Betrachtungen zu Saussure u.a.)«, in: *Linguistique contemporaine: Hommage à E. Buyssens*, Bruxelles: Éd. de l'Institut de Sociologie, 61–73.

Hansen-Löve, Aage A., 1978, *Der russische Formalismus*, Wien: Österreichische Akademie der Wissenschaften.

Hanson, Norwood R., 1958, *Patterns of Discovery*, Cambridge: Cambridge University Press.

Holenstein, Elmar, 1975, *Roman Jakobsons phänomenologischer Strukturalismus*, Frankfurt: Suhrkamp.

–, 1976, *Linguistik–Semiotik–Hermeneutik*, Frankfurt: Suhrkamp.

–, 1980, »Für Schönheit«, in: *Poetica* 12, 488–508.

–, 1985, *Menschliches Selbstverständnis*, Frankfurt: Suhrkamp.

- , 1986, »Vom Ursprung der Sprache«, in: *Neue Rundschau* 97, Heft 2/3, 190–207.
Jakobson, Roman, 1932, »Zur Struktur des russischen Verbums«, in *Form und Sinn*, München: Fink, 1974, 55–67; englisch in: Jakobson, 1971, 3–15.
- , 1956, »Zwei Seiten der Sprache und zwei Typen aphatischer Störungen«, in: *Aufsätze zur Linguistik und Poetik*, München: Nymphenburger, 1975, 117–141; englisches Original in: Jakobson, 1971, 239–259.
- , 1962/71, *Selected Writings* I, The Hague: Mouton.
- , 1970, »Motor Signs for ›Yes‹ and ›No‹«, *Language in Society* 1 (1971), 91–96; russisches Original in: Jakobson 1971: 360–365.
- , 1971, *Selected Writings* II, The Hague: Mouton.
- , (zusammen mit Linda R. Waugh), 1979a, *The Sound Shape of Language*; Wiederabdruck in: *Selected Writings* VIII, Berlin: Mouton de Gruyter 1988; deutsch: *Die Lautgestalt der Sprache*, Berlin: de Gruyter 1986.
- , 1979b, *Poetik*, Frankfurt: Suhrkamp.
Kafka, Franz, 1967, *Briefe an Felice*, Frankfurt: Fischer, Brief vom 18./19. 2. 1913.
Kant, Immanuel, 1798, *Anthropologie in pragmatischer Hinsicht*, in: *Werke* (Akademie-Ausgabe) VII, Berlin: de Gruyter 1968.
Locke, John, 1690, *An Essay Concerning Human Understanding*, hg. von Peter H. Nidditch, Oxford: Clarendon 1975. Deutsch: *Versuch über den menschlichen Verstand*, Hamburg: Meiner ^{4}1981.
Miller, Arthur I., 1984, *Imagery in Scientific Thought*, Boston: Birkhäuser.
Miller, George A., Eugene Galanter und Karl Pribram, 1960, *Plans and the Structure of Behavior*, New York: Holt.
Morris, Charles, 1938, »Foundations of the Theory of Signs«, in: *Writings on the General Theory of Signs*, The Hague: Mouton 1971, 13–71. Deutsch: *Grundlagen der Zeichentheorie*, München: Hanser 1972.
Nöth, Winfried, 1985, *Handbuch der Semiotik*, Stuttgart: Metzler.
Peirce, Charles Sanders, 1931 ff., *Collected Papers*, Cambridge, MA: Harvard University Press.
- , *Semiotische Schriften* I, Frankfurt: Suhrkamp 1986.
Primas, Hans, 1981, *Chemistry, Quantum Mechanics and Reductionism*, Berlin: Springer.
Ricoeur, Paul, 1965, *De l'interprétation. Essai sur Freud*, Paris: Seuil; deutsch: *Die Interpretation. Ein Versuch über Freud*, Frankfurt: Suhrkamp 1974.

Rudy, Stephen, 1986, »Semiotics in the U.S.S.R.«, in: Thomas A. Sebeok und Jean Umiker-Sebeok (Hg.), *The Semiotic Sphere,* New York: Plenum, 555–582.

Saussure, Ferdinand de, 1916, *Cours de linguistique générale,* Paris: Payot ³1932; deutsch: *Grundfragen der allgemeinen Sprachwissenschaft,* Berlin: de Gruyter ²1967.

Schleiermacher, Friedrich, 1977, *Hermeneutik und Kritik,* hg. von Manfred Frank, Frankfurt: Suhrkamp.

Watson, John B., 1913, »Psychology as the Behaviorist Views It«, in: *Psychological Review* 20, 158–177.

Erster Teil
Zur Geschichte der Semiotik

Futurismus
[1919]

Die ersten drei Texte führen in den geschichtlichen Hintergrund des osteuropäischen Stranges des semiotischen Aufbruchs in diesem Jahrhundert ein.¹ – »Futurismus« ist eine überschwengliche Jugendschrift und ein Dokument dafür, wie Jakobsons Denken seit seiner Studienzeit von einer gewissen Konvergenz² von Kunst (Kubismus und Futurismus), Philosophie (phänomenologische Bewegung) und Wissenschaften (Relativitätstheorie) in den ersten Jahrzehnten des 20. Jahrhunderts bestimmt ist. Die Illusion des Realismus von der Möglichkeit einer statischen und schönen Wiedergabe eines absolut, beziehungslos, substanzhaft Gegebenen weicht der Freilegung (obnaženie, ›Entblößung‹, wie der Ausdruck der Formalisten lautet) der künstlerischen Verfahren (insbesondere der Deformation, der erschwerten Wahrnehmung), der Vielfalt der Perspektiven, der Paradoxie der Ergebnisse, der Korrelation unselbständiger Teile wie Farbe und Form, Raum und Zeit, der allherrschenden Dynamik.

Zum ersten Mal im 20. Jahrhundert bricht die bildende Kunst konsequent mit den Tendenzen des naiven Realismus. Im 19. Jahrhundert verpflichtet sich das Bild, sinnliche Wahrnehmung zu vermitteln; der Künstler ist Sklave der Routine, er ignoriert bewußt die alltägliche und wissenschaftliche Erfahrung. Als ob das, was wir über den Gegenstand wissen, eine Sache für sich wäre und der unmittelbare Gehalt der Vorstellung von Gegenständen eine davon unabhängige andere. Als ob wir den Gegenstand nur von einer Seite, nur von einem Standpunkt kennen würden, so wie wir die Stirn sehen und vergessen, daß es auch den Nacken gibt, den Nacken, gleichsam die andere, unbekannte und seltsame Hemisphäre des Mondes. Ebenso werden uns in alten Romanen Ereignisse nur insoweit vermittelt, wie sie dem Helden bekannt sind. Es gibt zwar auch in der alten Malerei Versuche einer Vergrößerung der Perspektive zum Gegenstand, nachweisbar an der Reflexion einer Landschaft oder eines Körpers im Wasser oder im Spiegel. Vergleichen Sie auch das Verfahren der altrussischen Malerei, einen Märtyrer auf einem Bild zweimal oder dreimal in aneinandergrenzenden Phasen der sich entwickelnden Handlung darzustellen! Aber erst der Kubismus kanonisierte die Vielfalt der Perspektiven. Die Deformation verwirklichte sich in der älteren Malerei in unbedeutendem Maße; geduldet wurde etwa die Hyperbel, und die Deformation erschien im Humor (der Karikatur), in der Ornamentik (zum Beispiel der Teratologie) oder schließlich in Phänomenen der Natur selbst gerechtfertigt, etwa in Lichtkontrasten (hell/dunkel). Die Akte Cézannes befreien die Deformation von den Motiven der Rechtfertigung, und sie kanonisiert sich im Kubismus.

Schon die Impressionisten stützten sich auf die wissenschaftliche Erfahrung und zerlegten das Licht in seine Bestandteile. Die Farbe war nicht mehr von der Wahrnehmung der dargestellten Natur abhängig. Es erscheinen Farbflecken, sogar chromatische Verbindungen, die nichts kopieren, die dem Bild nicht von außen aufgedrängt wurden. Die schöpferische Besitzergreifung der Farbe führt gleichsam selbstverständlich zur Einsicht in folgende Gesetzmäßigkeit: Jeder Wandel in der Form wird von einer Veränderung der Farbe begleitet, jede Veränderung der Farbe läßt eine neue Form entstehen (eine Formulierung von Gleizes und Metzinger[3]).

Es scheint, daß Stumpf, einer der Pioniere der neuen Psychologie[4], dieses Gesetz zum ersten Mal in der Wissenschaft aufgestellt hat, indem er von der Korrelation zwischen Farbcharakter und der im Raum gekennzeichneten Form sprach: Die Qualität ist an der Veränderung der Dimension beteiligt. Durch die Veränderung der Dimension verwandelt sich auch die Qualität. Qualität und Dimension sind in ihrer Natur voneinander nicht getrennt und können in der Vorstellung nicht unabhängig voneinander existieren. Etwas anderes als dieser notwendige Zusammenhang ist die empirische Verbindung zweier Teile, die keinen zwingenden Charakter besitzt, zum Beispiel die von Kopf und Rumpf. Diese können wir uns jeweils einzeln vorstellen.

Die Einstellung auf die Natur schuf für den Kunstmaler die Notwendigkeit der Verbindung gerade solcher Teile, die ihrem Wesen nach getrennt sind, während die wechselseitige Bedingtheit von Form und Farbe nicht bewußt wurde. Umgekehrt: die Einstellung auf den malerischen Ausdruck forderte die schöpferische Einsicht in die Unentbehrlichkeit der letztgenannten Verbindung, während der Gegenstand beliebig zerteilt wird (der sogenannte Divisionismus). Die Linie, die Fläche konzentrieren die Aufmerksamkeit des Künstlers auf sich, er kann nicht ausschließlich die Grenzen der Natur kopieren; der Kubist zerschneidet bewußt die Natur mit ihren Flächen und führt willkürliche Linien ein.

Die Emanzipation der Malerei vom elementaren Illusionismus hat eine intensive Bearbeitung verschiedener Bereiche des bildnerischen Ausdrucks zur Folge. Räumliche Korrelationen, konstruktive Asymmetrie, Farbdissonanz und Faktura tauchen im klaren Blickfeld der künstlerischen Erkenntnis auf.

Aus diesen Einsichten ergibt sich:

1. Die Kanonisierung einer Reihe von Verfahren, die im wesentlichen auch ermöglichen, vom Kubismus als einer Schule zu sprechen.

2. Bloßlegung des Verfahrens. So sucht die klar erkannte Faktura für sich keinerlei Rechtfertigung mehr, wird autonom, fordert für sich neue Methoden der künstlerischen Gestaltung, des neuen Materials. Auf dem Bild kleben Stücke von Papier, wird Sand verstreut. Schließlich entwickeln sich Karton, Holz, Blech etc.

Der Futurismus bringt fast keine neuen künstlerischen Verfahren, er verwendet weitgehend die kubistischen Methoden. Dies ist keine neue Schule der Malerei, sondern eher eine neue Ästhetik. Die Einstellung zum Bild, zur Malerei, zur Kunst selbst verändert sich. Der Futurismus gibt Bild-Losungen, malerische Demonstrationen. In ihm gibt es keinen Bodensatz eines sich herauskristallisierenden Bildungskanons. Der Futurismus ist der Antipode des Klassizismus.

Außerhalb der Intention (psychologischer Terminus), außerhalb des Stils (kunstwissenschaftlicher Terminus) gibt es keine Vorstellungen vom Gegenstand. Für das 19. Jahrhundert ist das Bemühen charakteristisch, so zu sehen, wie man früher sah, Kunst wie Raffael, wie Botticelli zu sehen. Die

Gegenwart wird in die Vergangenheit projiziert, der Zukunft drängt man das Vergangene auf, gemäß dem berühmten Vermächtnis: »So ist denn dieser Tag vergangen, Gott sei Dank. Gebe Gott, daß es auch morgen so wird.«
Welche Kunst, wenn nicht die bildende, könnte mit solchem Erfolg als Basis einer Tendenz geeignet sein, den Augenblick der Bewegung festzuhalten, die Dynamik in eine Reihe einzelner statischer Elemente zu zergliedern. Aber die statische Wahrnehmung ist eine Fiktion. In Wirklichkeit »bewegt sich alles, wird alles schnell transformiert. Ein Profil pflegt niemals unbeweglich vor unseren Augen zu sein, es erscheint und verschwindet fortlaufend. Angesichts der Standhaftigkeit des Bildes vor der Netzhaut vermehren sich die Gegenstände, werden deformiert, verfolgen einander wie hastige Vibrationen in einem durchlaufenen Raum. Wie hier galoppierende Pferde nicht vier Beine, sondern zwanzig haben, so ist auch ihre Bewegung dreieckig« (Manifest der futuristischen Künstler).
Die statische, einseitige, isolierte Wahrnehmung ist ein künstlerisches Überbleibsel, so etwas wie klassische Musen, Götter und Lyra. Aber wir feuern nicht aus Arkebusen, wir fahren nicht in einer Kalesche. Die neue Kunst machte Schluß mit statischen Formen, machte Schluß mit dem letzten Fetisch der Statik – der Schönheit. In der Malerei ist nichts absolut. Was für die gestrigen Künstler die Wahrheit war, ist heute eine Lüge, sagt das futuristische Manifest.
Die Überwindung der Statik, die Vertreibung des Absoluten, das ist das wesentliche Pathos der neuen Zeit, das aktuelle Tagesgespräch. Negative Philosophie und Panzer, wissenschaftliches Experiment und sovjetische Abgeordnete, das Relativitätsprinzip und das futuristische »Nieder!« reißen die Umzäunungen der alten Kultur nieder. Die Einheit der Fronten ist überraschend.
»In der Gegenwart«, sagen uns Physiker, »erleben wir von neuem eine Zeit des Abbruchs des alten wissenschaftlichen Gebäudes, einen Abbruch, wie ihn die Geschichte der Wissenschaft bisher nicht gekannt hat. Aber das ist nicht alles. Es werden auch solche Wahrheiten zerstört, die niemals und von niemandem ausgesprochen oder betont wurden, weil sie ganz

offenkundig zu sein schienen, weil man sie unbewußt benutzt und zur Grundlage aller möglichen Erörterungen gemacht hat.« Als ein besonders charakteristischer Zug der neuen Lehre erscheint die beispiellose Paradoxie vieler und selbst der einfachsten Schlußfolgerungen; sie widersprechen unverkennbar dem, was man als »gesunden Menschenverstand« bezeichnet. Erinnern wir mahnend an diese Schlußfolgerungen!

Aus der physikalischen Welt verschwindet die letzte Spur der Substanzen. »Wie stellen wir uns selbst die Zeit vor? Als etwas Ununterbrochenes und gleichmäßig Vorbeiströmendes, mit ewiger, überall gleichbleibender Schnelligkeit. Ein und dieselbe Zeit fließt durch die ganze Welt, nein, auch dem Anschein nach können es nicht zwei Zeiten sein, die an verschiedenen Stellen des Weltalls mit uneinheitlicher Schnelligkeit strömen. Hiermit eng verbunden sind unsere Vorstellungen über die Gleichzeitigkeit zweier Ereignisse, mit dem ›Früher‹ und ›Später‹, oder aber diese drei elementarsten Vorstellungen, die einem Kind zugänglich sind, haben einen einheitlichen Sinn, von wem und wo auch immer sie verwendet werden. In unserem Begriff von Zeit verbirgt sich etwas für uns Absolutes, etwas völlig Beziehungsloses. Die neue Lehre verneint den absoluten Charakter der Zeit und deshalb auch die Existenz einer Weltzeit. Jedes der sich unabhängig voneinander bewegenden Systeme hat seine eigene Zeit, die Schnelligkeit des Zeitverlaufs ist für sie nicht einheitlich.«

»Existiert ein absoluter Ruhezustand, wenn auch in Form eines abstrakten Begriffs, der in der Natur keine reale Verwirklichung findet? Aus dem Relativitätsprinzip ergibt sich, daß es keinen absoluten Ruhezustand gibt.«

»In alle räumlichen Dimensionen mischt sich die Zeit. Wir können keine geometrische Form eines Körpers bestimmen, der sich in Relation zu uns bewegt. Wir ermitteln immer seine kinetische Form. Auf diese Weise sind unsere räumlichen Dimensionen tatsächlich nicht in dreidimensionaler, sondern in vierdimensionaler Gestalt gegeben.«

»Diese Bilder im Bereich philosophischer Gedanken sollen einen größeren Umsturz verursachen als die Verschiebung

der Erde aus dem Zentrum des Weltalls durch Kopernikus.«
Ist nicht die Macht der Naturwissenschaften zu vernehmen
beim Übergang vom zweifelsfreien, experimentellen Faktum – der Unmöglichkeit, die absolute Bewegung der Erde zu
bestimmen – zu Fragen der Psychologie? Der Philosoph, ein
Zeitgenosse in Verlegenheit, ruft aus: »Jenseits von Wahrheit
und Lüge.«
»Das Neueröffnete gibt genügend Beispiele für die Konstruktion der Welt, aber sie zerstören ihre frühere, uns bekannte
Architektur und können nur in einen neuen Stil hineinpassen,
der durch ihre freien Linien weit über die Grenzen nicht nur
der alten äußeren Welt hinausläuft, sondern auch über die
der fundamentalen Formen unseres Denkens« (Prof. O. D.
Chvol'son, *Das Relativitätsprinzip*; Prof. N. A. Umov, *Charakteristische Züge und Aufgaben des zeitgenösischen naturwissenschaftlichen Denkens*).
Wesentliche Tendenzen des kollektivistischen Denkens: die
Vernichtung des abstrakten Fetischismus, die Zerstörung der
Reste der Statik (A. Bogdanov, *Die Wissenschaft der sozialen
Erkenntnis*).
Folglich sind die Leitlinien des Augenblicks in allen Bereichen
der Kultur offensichtlich.
Wenn die Kubisten, dem Vermächtnis Cézannes folgend, ein
Bild konstruierten, das von einfachsten Volumina ausgeht,
dem Kubus, dem Kegel, der Kugel, die auf ihre Weise eine
primitive Malerei ergeben, so führen die Futuristen auf der
Suche nach kinematischen Formen den krummen Kegel, den
schiefen Zylinder, das Zusammenstoßen der Kegel mit ihren
Spitzen, gekrümmte Ellipsen usw. in das Bild ein; mit einem
Wort, sie zerstören das optische Gerüst der Volumina (vgl.
Carràs Manifest[5]).
Wenn sich Wahrnehmungen wiederholen, werden sie alle
mechanisiert, nicht wahrgenommene Objekte werden leichtgläubig als gegeben gesehen. Der Malerei widerstrebt die
Automatisierung der Wahrnehmung; sie signalisiert den Gegenstand. Aber sind sie einmal etabliert, werden auch die
künstlerischen Formen leichtgläubig akzeptiert. Der Kubismus und der Futurismus verwenden weitgehend das Verfahren der erschwerten Wahrnehmung, dem in der Dichtung das

abgestufte Konstruieren entspricht, das von zeitgenössischen Theoretikern aufgedeckt wurde.

Die Tatsache, daß sich sogar das scharfsichtigste Auge mit Mühe auf Gegenstände einstellt, die völlig neu gestaltet sind, besitzt einen besonderen Zauber. Das Bild liefert sich mit solcher Zurückhaltung aus, als ob es wirklich darauf wartet, daß man es immer wieder befragt. Geben wir aus diesem Anlaß Leonardo da Vinci das Wort zur Verteidigung des Kubismus: »Wir erkennen klar«, sagt Leonardo da Vinci, »daß das Sehvermögen mit raschen Beobachtungen an einem Punkt eine unendliche Anzahl von Formen entdeckt; nichtsdestoweniger erfaßt es nur eine Sache auf einmal. Nehmen wir an, du, Leser, sähest mit einem Blick diese ganze Seite vollbeschrieben und urteiltest sofort, daß sie mit verschiedenartigen Buchstaben bedeckt ist, aber du würdest nicht in eins erkennen, daß es diese Buchstaben sind, noch was sie bedeuten. Du hättest von einem Wort zum andern zu gehen, Zeile um Zeile, wenn du diese Buchstaben als solche erfassen willst, wie du, um auf die Spitze eines Gebäudes zu gelangen, Treppe um Treppe nehmen mußt und anders diese Spitze nicht erreichen kannst« (zitiert nach Gleizes und Metzinger).[6] Ein spezieller Fall der erschwerten Erkenntnis in der Malerei (das heißt die Konstruktion eines Typs: das ist ein Löwe und kein Hund) sind jene Rätsel, die uns absichtlich zu einem vorgetäuschten Schlüssel führen; vergleiche die sogenannte falsche Erkenntnis in der klassischen Poetik oder den negativen Parallelismus des slavischen Epos.

Aristoteles[7]: »Bilder sieht man darum mit Vergnügen, weil man bei ihrem Anblick lernen und den Schluß ziehen kann, was etwas ist. Hat man den dargestellten Gegenstand vorher nicht gesehen, machen sie zwar nicht als Nachahmung Vergnügen, wohl aber durch die Weise ihrer Anfertigung, ihre Farbe oder aus irgend einem anderen Grund.«

Mit anderen Worten, schon Aristoteles war verständlich: Neben der Malerei, die die Wahrnehmung der Natur signalisiert, gibt es eine Malerei, die unsere chromatische und räumliche Wahrnehmung unmittelbar aufzeigt (denn ob der Gegenstand unbekannt ist oder einfach aus dem Bild rutschte, ist im wesentlichen bedeutungslos).

Wenn der Kritiker, der ähnliche Bilder sieht, unschlüssig ist: was könnte dies bedeuten, ich verstehe es nicht (und was beabsichtigt er eigentlich zu erfassen?), so gleicht er einem fabulösen Metaphysiker: man will ihn aus einer Grube ziehen, er aber fragt: Was für ein Gegenstand ist ein Seil? Kurz gesagt: für ihn gibt es keine selbstwertige Wahrnehmung. Dem Gold zieht er Kleinkredite vor, wie auch eher literarische (dem Verständnis zugängliche) Werke.

Anmerkungen des Herausgebers

1 Siehe dazu meinen anläßlich der Verleihung des Hegel-Preises an Jakobson (1982) geschriebenen Essay: E. Holenstein, »›Die russische ideologische Tradition‹ und die deutsche Romantik«, in: R. Jakobson/H. G. Gadamer/E. Holenstein, *Das Erbe Hegels* II, Frankfurt: Suhrkamp 1983, 21–142. – Neue empfehlenswerte Einführungen in den Russischen Formalismus und den Prager Strukturalismus sind: Aage A. Hansen-Löve, *Der russische Formalismus*, Wien: Österreichische Akademie der Wissenschaften 1978; Peter Steiner, *Russian Formalism*, Ithaca, NY: Cornell University Press 1984, und F. W. Galan, *Historic Structures. The Prague School Project*, Austin: University of Texas Press 1985.
2 Zu Jakobsons Sicht einer Affinität zwischen dem Kubismus und der Relativitätstheorie – trotz der ihm bekannten Vorbehalte Einsteins – und ihrem Einfluß auf die strukturale Sprachwissenschaft siehe: R. Jakobson, »Einstein und die Wissenschaft der Sprache«, in: E. Holenstein, *Von der Hintergehbarkeit der Sprache*, Frankfurt: Suhrkamp 1980, 167–170. Dazu die Bedenken des Wissenschaftsgeschichtlers Gerald Holton in: G. Holton und Y. Elkana (Hg.), *Albert Einstein*, Princeton: Princeton University Press 1982.
3 Albert Gleizes und Jean Metzinger, *Du cubisme*, Paris 1912, 58; Neuauflage 1947; eine nach Jakobsons mündlicher Mitteilung unter den russischen Futuristen und Formalisten einflußreiche Schrift.
4 Carl Stumpf (1848–1936), Brentano-Schüler und Husserl-Lehrer, Tonpsychologe, der für Jakobsons Wahrnehmungsanalysen der Sprachlaute, insbesondere des phonologischen Dreiecks, wichtig geworden ist. Siehe E. Holenstein, *Linguistik–Semiotik–Hermeneutik*, Frankfurt: Suhrkamp 1976, 18.

5 Carlo Carrà (1881–1966), Mitunterzeichner des ersten futuristischen Manifests vom 20. 2. 1909 (deutsch in: Umbro Apollonio, *Der* [italienische] *Futurismus*, Köln: DuMont, 1972, 33 ff.). In Carràs Manifest vom 11. 8. 1913 »Die Malerei der Töne, Geräusche und Gerüche« (ebd. 153–157) heißt es: »Die Malerei der Töne, Geräusche und Gerüche will: [...] 7. Die Kugel, die rotierende Ellipse, den auf den Kopf gestellten Kegel, die Spirale und alle anderen dynamischen Formen, die die unendliche Potenz des Künstlergenies entdecken wird.«
6 Gleizes und Metzinger, *Du cubisme*, a.a.O., 29.
7 Aristoteles, *Poetik*, 1448b, 5–6. Das Aristoteles-Zitat wurde von Rudolf Rehn identifiziert.

Über die heutigen Voraussetzungen der russischen Slavistik
[1929]

Unter dem unscheinbaren Titel dieses Aufsatzes, erschienen in einer deutschsprachigen Prager Zeitschrift für »das geistige Leben der slavischen Völker«, verbirgt sich ein wissenschafts- und kulturgeschichtlich überaus aufschlußreiches Zeitdokument. Der Aufsatz ist ein zweifaches Plädoyer, (1) für den Strukturalismus, eine strukturale Wissenschaft sozusagen aus dem Geiste dessen, was Jakobson damals »die russische ideologische Tradition«, die russische Ideengeschichte nannte, und (2), nicht weniger brisant, für »slavische Solidarität«, eine Solidarität, die der zitierten Ideologie gemäß nicht genetisch zu begründen ist, sondern wie die nationale Selbstbestimmung zweck- und willensmäßig. Sein damaliger Glaube, daß nicht nur die kulturellen, sondern auch die wirtschaftlichen und politischen Interessen eine Annäherung der slavischen Länder an Rußland »gebieterisch erheischen«, war für Jakobson später, nachdem diese Annäherung anders realisiert worden war, als sie ihm vorschwebte, Anlaß, diesen Aufsatz zu seinen Lebzeiten nicht mehr neu aufzulegen. Er erwog jedoch eine Teilveröffentlichung jener einprägsamen Passagen, in denen von der Kultur (speziell derjenigen Rußlands und Eurasiens) als einem »strukturalen Ganzen«, einem »System von korrelativen Reihen« (die nicht genetisch/kausal, sondern funktional zu erklären sind) die Rede ist und von ihrer Geschichte als einer »Nomogenesis«, einer »immanent gesetzmäßigen Evolution« – so wie es von »der traditionellen teleologischen Einstellung und dem Strukturalismus der russischen Wissenschaft« her gar nicht anders erwartet werden könne.

Allgemeine theoretische Probleme einerseits, Rußlandkunde andererseits – dies ist der Grundinhalt einer ganzen Reihe von russischen Wissenschaften – der Geographie, Ethnographie, Sprachwissenschaft, Geschichte, Literatur- und Kunstwissenschaft. Auf die rußlandkundlichen Disziplinen folgt, was Intensivität der Arbeit und Bedeutsamkeit der Errungenschaften anlangt, die russische Orientalistik. Die russische Forschungsarbeit auf dem Gebiete der romano-germanischen Welt, bei allem hohen Wert der einzelnen Errungenschaften (zum Beispiel dessen, was die russischen Historiker zur Wirtschaftsgeschichte Englands, oder zur Erforschung der Französischen Revolution beigetragen haben), war stets durch gewisse Episodenartigkeit und Parasitismus gekennzeichnet. Den letzten Terminus gebrauchen wir in dem Sinne, daß es keine einheitliche russische Konzeption der romanogermanistischen Disziplinen gegeben hat und daß die russischen Forschungen auf diesem Gebiete lediglich Nebenbauten, mitunter erstklassige, am fremden und fremdartigen Gebäude waren. Die russische Slavistik zu Anfang dieses Jahrhunderts ist vor allem Rußlandkunde. Ihr Inhalt sind die russischen, oder, wie einige heute zu sagen vorziehen, die ostslavischen Völker, deren Sprachen, sowie die gemeinslavische Sprache, auf welche diese zurückgehen, und schließlich die altkirchenslavische Sprache und Literatur, die eine wesentliche Komponente der russischen Kultur ausmachen. Was die russischen Gelehrten auf dem Gebiete des Studiums der süd- und westslavischen Völker, sowie der gegenseitigen Beziehungen zwischen den slavischen Völkern leisteten, ist öfters sehr wertvoll, jedoch ist im allgemeinen sowohl quantitativ als auch am Ende qualitativ die Bearbeitung dieser Probleme in der neueren russischen Wissenschaft entschieden schwächer als die der slavistischen Probleme, die sich unmittelbar auf Rußlandkunde beziehen, und als die Probleme der Orientalistik (vgl. Bartol'd, *Istorija izučenija vostoka v Evrope i Rossii* – Geschichte der Orientforschung in Europa und Rußland). Die russische Slavistik mit Ausnahme der Russistik und der Fragen, die mit der urslavischen und der altkirchenslavischen Sprache zusammenhängen, ist in kein System gebracht und nicht mit jener Strengheit und Tiefe der Methode ausgearbeitet, die für die Grundgebiete des russischen Wissens charakteristisch sind. Sie ist episodisch, ähnlich wie die Romano-Germanistik, und hat keine echte Lebenstradition geschaffen.

Von der russischen Wissenschaft des letzten Jahrzehnts kann

im allgemeinen dasselbe gesagt werden, was Prof. Egorov von der heutigen russischen Mathematik sagt: »Sie ging naturgemäß im allgemeinen in den gleichen Richtungen, die von den vorhergehenden Jahren ihrer Entwicklung vorgezeichnet waren« (Sammelschrift *Nauka i technika SSSR 1917–1927*, Wissenschaft und Technik der UdSSR Bd. 1). Ebenso ist sie in der Kräfteverteilung ihrer Vergangenheit treu. Dies nicht genug, die vorherigen Verhältnisse haben sich noch mehr zugespitzt und verdichtet: Vollkommene Verödung in der Romano-Germanistik; breit und vielseitig entwickelt sich die Orientforschung. In einer Reihe von Gebieten, zum Beispiel in der Literaturwissenschaft, Kunstwissenschaft, Linguistik, wird erbittert über prinzipielle theoretische Fragen debattiert, und schließlich kommt immer stärker und konsequenter, sowohl in der Wissenschaft der UdSSR als auch in der russischen Auslandswissenschaft, die rußlandkundliche Weichenstellung zur Geltung. Es genügt, auf die breite Entwicklung der landeskundlichen Arbeit hinzuweisen, auf die nie dagewesene intensive Erforschung der Geographie Rußlands, auf die vollständige Revision und detaillierte Bearbeitung der Geschichte der russischen Literatur und Kunst, auf die andauernden Forschungen auf dem Gebiete der russischen Archäologie, auf die Verwirklichung mehrerer Kapitalwerke, wie zum Beispiel der Geographie der Räteunion von Tanfil'ev, der russischen Volkskunde von Zelenin, der Geschichte der russischen Philosophie von Špet und anderen, auf die fruchtbare Arbeit der Bundesakademie der Wissenschaften, sowie der Akademien und anderen wissenschaftlichen Institute der einzelnen Völker und Gebiete Rußlands zur Erforschung seines Nationalitätenbestandes, namentlich derjenigen ethnischen Einheiten, die vorhin im Schatten blieben – der Ukrainer, Weißrussen, ugrofinnischen, türkischen, mongolischen und kaukasischen Stämme.
Mehr als einmal wurde auf das auffallende Übergewicht des Forschungsinteresses für all diese Stämme hingewiesen (so zum Beispiel *Kraevedenije* 1928, 266); in den einzelnen wissenschaftlichen Disziplinen trat in den Hintergrund die Erforschung der Großrussen, dieses Grundkernes der Union,

der die absolute Mehrheit ihrer Bevölkerung ausmacht (nach der Volkszählung von 1926 kommen auf 144,3 Mill. Einwohner 77,7 Mill. Großrussen der Nationalität und 84,1 Mill. der Sprache nach). Aber diese Erscheinung ist nichts grundsätzlich Neues. Die Tradition der russischen Wissenschaft ist eine intensivere Erforschung der Peripherie im Vergleich zum Zentrum. Die Folklore der Gouvernements Archangel'sk und Olonec ist besser erforscht als die Folklore des Gouvernements Moskau, eben jetzt beginnt die linguistische Erforschung der Hauptstädte, die alte Kunst Novgorods war bis vor kurzem noch gründlicher bekannt gewesen als die Kunst Moskaus usw. Neu ist nur, daß die wissenschaftlichen Disziplinen, die sich einst mit der Peripherie der großrussischen Welt befaßten, ihren Kreis erweitert haben. Doch ist sowohl diese fortschreitende Bewegung der Grenzlinie als auch die eigentliche Tatsache der gesteigerten Aufmerksamkeit für sie in verschiedenen Zweigen der russischen Wissenschaft eine tief traditionelle Erscheinung.
Ein anderer charakteristischer Zug der Rußlandkunde hat ebenfalls seine Tradition, doch kommt er in der zeitgenössischen Forschungsarbeit besonders grell zum Ausdruck und wird zum ersten Male klar erfaßt: das ist die Auffassung Rußlands als eines strukturalen Ganzen. Natürlich war die Provinz geneigt, sich in den Landesrahmen einzuschließen, doch war für die Avantgarde des russischen wissenschaftlichen Gedankens stets die Tendenz maßgebend, die gesamte russische Welt mit einem Blick zu umfassen und die einzelnen räumlichen und zeitlichen Äußerungen dieser Welt unter dem Gesichtswinkel dieses Ganzen zu betrachten. Immer deutlicher tritt in das Bewußtsein die historische Einheitlichkeit und Untrennbarkeit, die Eigenartigkeit und Originalität dieser Welt; immer klarer kommt die These auf: »Rußland ist eine besondere geographische Welt« (Savickij, Tanfil'ev und andere). Die physische und ökonomische Geographie bringt immer neue wesentliche Merkmale hervor, die das Territorium von Rußland-Eurasien als Einheit charakterisieren. Die Untersuchungen über die Blutagglutination (Bunak, Višnevskij und andere) ergaben eine Ähnlichkeit des Rassenkoeffizients der Völker Rußlands und lieferten auf diese Weise das

anthropologische Merkmal der eurasischen Welt. Die ethnographischen Untersuchungen der letzten Zeit (Zelenin, Trubetzkoy) decken Schritt für Schritt »die Einheitlichkeit des eurasischen Kulturzyklus[1] und seiner Verschiedenheit von den Kulturen der anderen Länder der Welt« auf. Schließlich ist eine Vorbereitungsarbeit an der Erforschung der strukturalen Gemeinsamkeit der ursprünglich nicht verwandten Sprachen Rußlands im Gange. Wir verweisen auf die Untersuchungen Bubrichs hinsichtlich der Fragen der strukturalen Beziehung zwischen der großrussischen und mordovischen Sprache, auf die Arbeiten Seliščevs und Georgievskijs, die einzelne interessante Fälle der Symbiose der russischen Sprache mit benachbarten Sprößlingen anderer Sprachfamilien beleuchten.

Den russischen theoretischen Gedanken charakterisieren seit jeher einige spezifische Tendenzen. Freilich gibt es keine monopole russische wissenschaftliche Methodologie, die man der Methodologie gegenüberstellen könnte, die uneingeschränkt im Westen herrscht; freilich gibt es Leitmotive, die nicht den Entwicklungsort, sondern die Epoche charakterisieren und international sind; doch muß man bei aller Internationalität der einen oder anderen Strömung immer mit dem lokalen günstigen oder widrigen Milieu rechnen; in dem einen Milieu zeitigt eine Richtung die wertvollsten Ergebnisse; hingegen stoßen hier Strömungen entgegengesetzter Art auf unvermeidliche Hemmungen; und dies äußert sich mit besonderer Deutlichkeit darin, daß neben der gegebenen Richtung, sei es an der Peripherie, sei es eine dem Zeitgeist zuliebe auf jede Weise zurückgedrängte Antithese zum Durchbruch kommt.

Das russische Milieu dürfte wohl als ein dem Positivismus feindliches bezeichnet werden; es genügt der Hinweis, daß die Blüte des Positivismus in Rußland eine qualitativ durchaus mittelmäßige war, während die gleichzeitigen oppositionellen Nebenlinien der Entwicklung, namentlich auf dem Gebiete der russischen Philosophie, großartige Früchte trugen (Danilevskij, Dostoevskij, Fedorov, Leont'ev, Solovev). Die Abneigung gegen den Positivismus ist für sämtliche Lebensäußerungen des russischen Gedankens – im gleichen

Maße für Dostoevskij wie für den russischen Marxismus – charakteristisch. Für die russische geistige Anschauung ist das Übergewicht des »Wozu« über das »Warum« typisch. Vinogradov hat recht, wenn er die teleologische Färbung des russischen Gedankens in der Person ihrer größten Vertreter hervorhebt. Wie ein roter Faden geht durch die russische Naturphilosophie die antidarwinistische Tendenz hindurch; abgesehen von dem mit der russischen Wissenschaft untrennbar verknüpften Deutschen Baer, genügt der Hinweis auf die Argumentation Danilevskijs, Strachovs, Vavilovs, Bergs, die sich heute in die harmonische, durch und durch von der Idee der Zielstrebigkeit durchdrungene Lehre von der Nomogenesis kristallisierte. Die Kategorie der mechanistischen Kausalität ist in der russischen Wissenschaft fremdartig. Soll etwa dieser Zweifel an dem Gesetz der eindeutigen Kausalität die Vorwärtsbewegung der heutigen russischen Physik beschleunigt haben? Für die grundlegende, eigenartigste Linie der russischen Wissenschaft, namentlich der heutigen, ist charakteristisch: Die Korrelativität zwischen einzelnen Reihen wird nicht in Kausalitätstermini gedacht – die eine Reihe wird nicht von der anderen abgeleitet; das Grundbild, mit dem die Wissenschaft operiert, ist ein System von korrelativen Reihen, eine immanent zu betrachtende Struktur, die mit einer inneren Gesetzmäßigkeit ausgestattet ist. Sind etwa grellere Beispiele nötig als die Lehre des berühmten Geographen Dokučaev von der Landschaft, vom Gebiete, auf welchem der Charakter des Reliefs, des Klimas, der Pflanzen- und Bodendecke sowie der Bevölkerung in ein harmonisches Ganzes ausklingt, das sich typisch längs einer bestimmten Erdzone wiederholt. Dokučaev fordert zum Studium der Korrelation auf – »jener gesetzmäßigen Beziehung, die zwischen Kräften, Körpern und Erscheinungen existiert, zwischen der toten und lebendigen Natur, zwischen dem Pflanzen-, Tier- und Mineralienreich einerseits und dem Menschen, seinem Leben und selbst seiner geistigen Welt andererseits«. Diese Lehre, die an der Wende zweier Jahrhunderte Gestalt bekam, liegt der ganzen weiteren Entwicklung der russischen geographischen Wissenschaft zugrunde.
Der traditionellen teleologischen Einstellung und dem Struk-

turalismus² der russischen Wissenschaft wurde stets eine größere oder kleinere Dosis von eigentlich nicht zu vereinbarenden Prinzipien beigemengt. Doch sind die besagten methodologischen Tendenzen in der zeitgenössischen russischen Wissenschaft bereits von eklektischen Beimengseln häufig entblößt³ und sichtbar zugespitzt. Sie treten heute ebenfalls in der westlichen Wissenschaft auf, in ihnen spiegelt sich der Zeitgeist wider; in der westlichen Wissenschaft der zweiten Hälfte des 19. Jahrhunderts waren diese Bestrebungen kaum vernehmbare Obertöne gewesen; das waren episodische Oppositionsversuche, die von der herrschenden Doktrin unterdrückt wurden. Auf der anderen Seite formt sich jene ganze Ideenwelt, von welcher sich die russische strukturale Wissenschaft abgesondert hat, zu einer einheitlichen wissenschaftlichen Weltanschauung, die der ersteren feindselig gegenübersteht. Eine der charakteristischen Äußerungen des entblößten³ Strukturalismus in der heutigen russischen Wissenschaft ist die literaturwissenschaftliche formalistische Schule. Sie betrachtet die Geschichte der künstlerischen Formen als immanent gesetzmäßige Evolution und spricht der Problematik der außerhalb des Systems stehenden Genesis (das heißt der Tendenz, eine kausale Beziehung zwischen heterogenen Tatsachen herzustellen) jeglichen Erkenntniswert ab. In den letzten Jahren sind die Untersuchungen auf dem Gebiete der dichterischen Sprache ebenfalls auf Sprachsysteme ausgedehnt worden, die durch andere Funktionen charakterisiert werden; Schritt für Schritt wird die strukturale Linguistik aufgebaut.

Auf dem Hintergrund der soeben umrissenen allgemeinen theoretischen Voraussetzungen der zeitgenössischen russischen Wissenschaft und der charakteristischen Züge der heutigen Rußlandkunde wollen wir in einigen Worten den jetzigen Stand und die Möglichkeiten der russischen Slavistik skizzieren. In der reichhaltigen russischen sprachwissenschaftlichen Literatur der letzten 15 Jahre gibt es eine Reihe höchst wertvoller Untersuchungen auf dem Gebiete der Slavistik, die außerhalb der Grenzen der Russistik liegen. Hierher gehört das Buch von Ščerba über den Ostlausitzer Dialekt, das Werk Bubrichs über das System des nordkaschubischen Akzents, die Arbeiten Kul'bakins auf dem Gebiete der serbischen Sprache, Seliščevs auf dem Gebiete der makedonischen Dialekte, Durnovos auf dem Gebiete der altkirchenslavischen Sprache, die Abhandlungen Trubetzkoys über die Urgeschichte der slavischen Sprachen, Bulachovskijs über die vergleichende slavische Akzentologie. Außerhalb der Sprachwissenschaft liegen die Dinge bedeutend schlechter, das Aktiv ist dürftig, ausgenommen die fruchtbare Arbeit der Schüler und Nachfolger Kondakovs auf dem Gebiete der mittelalterlichen südslavischen bildenden Kunst, eine Arbeit, die im Kontext der reichen russischen byzantologischen Tradition verwirklicht wird. Was aber ist von der russischen Wissenschaft beispielsweise auf dem Gebiete der slavischen Literaturen geleistet worden? Der Aufschwung der russischen Literaturwissenschaft, das reiche Requisit von neuen Ideen, methodologischen Errungenschaften, Problemen – all dies ist an den slavischen Literaturen vorbeigegangen. Diese sind in die Bahn der russischen Forschungen nicht miteinbezogen worden. Freilich erscheinen von Zeit zu Zeit von russischen Gelehrten gesammelte Materialien über slavische Literaturen, über Berührungspunkte zwischen dem andersslavischen und dem russischen literarischen Leben, über die Geschichte der kulturellen Wechselbeziehungen. Das Sammeln dieser Materialien ist an sich eine nützliche und achtungswerte Arbeit. Jedoch wird allein durch das Kollektionieren von Rohmaterialien noch keine Wissenschaft geschaffen. Die russische slavistische Arbeit ist immer noch episodisch und disparat. Die russische Orientalistik, die russische Byzantologie – ganz abgesehen von der Rußlandkunde –, das alles sind Gebäude, die auf eigenem Fundamente errichtet sind, während die russische Slavistik immer noch kein einheitliches wissenschaftliches System ist. Sie verfügt über keinen einheitlichen Plan. Dessen Dienst versieht eine eklektische Legierung aus verschiedenartigen und verschiedenwertigen Teilen. Die russische Slavistik hat bisher keine Schule gemacht. Die Rolle des gruppenmäßigen kollektiven Schaffens, das so vorteilhaft eine Reihe von Gebieten der russischen Wissenschaft hervorhebt, ist in der russischen Slavistik unbedeutend. Bisher haben wir stets mit individuel-

len Anstrengungen von Gelehrten, wenn auch hervorragenden, so doch wenigen und vereinzelten, zu tun.
Die heutigen äußeren Verhältnisse gestalten sich für die russische Slavistik überaus ungünstig. Was das russische Ausland betrifft, so sind freilich einzelne russische Gelehrte, die sich in verschiedenen slavischen Ländern niedergelassen haben, in die Lage gekommen, diese Länder gründlicher kennenzulernen, als dies die einstigen kurzfristigen akademischen Dienstreisen ermöglichten. Aber in den Verhältnissen der Diaspora kann natürlich von der Schaffung einer slavistischen Schule keine Rede sein. In Rußland aber haben die regierenden Kreise für die Slavistik und ihre Bedürfnisse nie ein Ohr gehabt, nie haben sie ihre konkrete Bedeutung begriffen, nie drang in ihr Bewußtsein die Notwendigkeit, über einen Kader von Menschen zu verfügen, die gründlich und allseitig mit den slavistischen Fragen vertraut wären, sowie über ein Kontingent von Forschern, die gründlich vom Standpunkt der russischen wissenschaftlichen Gebräuche und der russischen Bedürfnisse und Interessen diese Probleme bearbeiten sollten. Nur ein oberflächlicher Beobachter würde die »slavische« Phraseologie, die gelegentlich in den russischen regierenden Kreisen in die Mode kam, mit dem wirklichen Verständnis der besagten Aufgaben identifizieren. In den heutigen regierenden Kreisen werden leider diese beiden grundverschiedenen Begriffe häufig verwechselt, und die Feindseligkeit gegen den offiziellen Slavismus des alten Regimes ruft eine abergläubische Entfremdung wider die Slavenkunde hervor. Indessen ist das Repertoire der konkreten Fragen beträchtlich, die Rußland mit den slavischen Ländern vielseitig verknüpfen. Ein Blick auf die Karte Polens genügt, um festzustellen, daß der Mangel an planmäßigen und aufmerksamen russischen Studien in dieser Richtung eine unverzeihliche Kurzsichtigkeit ist. Es genügt, die wirtschaftlichen und außenpolitischen Interessen der Čechoslovakei in Betracht zu ziehen, die gebieterisch die Annäherung dieses Landes an Rußland erheischen. Kann Rußland seinerseits gleichgültig dem Vorhandensein eines Landes im Zentrum Europas gegenüberstehen, welches nicht nur keine realen Reibungsflächen mit Rußland hat, sondern an einer Annähe-

rung durch natürliche Verhältnisse interessiert ist? Die Antwort ist eindeutig, somit ist das Kennenlernen dieses Landes eine unaufschiebbare Aufgabe. Der verwickelte Interessenkomplex, der stets, wie sich auch die Tonfarbe der russischen Politik ändern mochte, Rußland mit den Balkanslaven verband, verbindet und verbinden wird, steht außer jedem Zweifel.
Betrachten wir nun die slavischen Länder im Lichte der Interessen der russischen Kultur, so muß man immer wieder die traditionelle Gleichgültigkeit beklagen, die in diesem Falle sowohl von den russischen regierenden Kreisen als auch in der russischen gebildeten Gesellschaft, bis auf wenige Ausnahmen, herrscht. Der verstorbene Professor Jastrebov nannte mir nicht wenige krasse Beispiele tiefer Unwissenheit der russischen Intelligenz in den slavischen Fragen. Das waren Tatsachen, viele davon sind dokumentarisch belegt und klingen geradezu anekdotisch. Ist denn der langjährige Vorsitzende der berühmten Slavischen Wohltätigen Gesellschaft, Graf Ignat'ev, nicht prächtig, der in seiner Jugend Palacký überreden wollte, der čechische Patriotismus sei eine gute Sache, wozu aber brauchen die Čechen die glagolitische Schrift? Er war bis ins tiefe Alter überzeugt, daß er recht hatte. Nicht besser, wenn nicht schlimmer, liegen die Dinge heute. Wir wollen nur einige čechische Beispiele anführen. Čapek galt bis vor kurzem in der Moskauer Presse als englischer Schriftsteller, Hašek als deutscher; in einer der solidesten Moskauer Revuen war ein Artikel erschienen, der die bekannten Fälschungen Hankas als echte altčechische Denkmäler behandelte, usw. usw. Die Expansion der russischen Kultur wird immer mehr zu einer wesentlichen Ingredienz des internationalen geistigen Lebens. Doch geht diese Expansion elementar, vollkommen planlos vor sich; die planmäßig organisierte Aufstellung der Probleme des russischen Kulturexportes, die rationelle zielbewußte Regelung desselben, sind für das denkende Rußland wesentliche Fragen. Herrschaftliche Geringschätzung und Gleichgültigkeit sind nicht mehr zulässig. Man muß – wir wollen einen merkantilen Terminus gebrauchen – die Märkte des Kulturabsatzes kennen, deren Aufnahmefähigkeit und Möglichkei-

ten, man muß diejenigen Mittelpunkte ausfindig machen, wo die Einimpfung der russischen wissenschaftlichen Tradition, die Kreuzung mit den russischen Kulturwerten produktive Ergebnisse zeitigen kann. Man darf nicht vergessen, was die großen Völker des Westens längst begriffen haben: die ausländische Kulturexpansion der Sprache kann nicht vom Standpunkte der Interessen des Wachstums der gegebenen Kultur als gleichgültig betrachtet werden. Wissen denn viele, daß beispielsweise in der Geschichte der polnischen Literatur zum ersten Male die russische Strömung so stark ist, daß die polnische Dichtung zum ersten Male durch kongeniale Übersetzungen russischer Meisterwerke brilliert und daß im polnischen literarischen Leben zum ersten Male eine russische Orientation beobachtet wird? Wer wiederum weiß in Rußland, daß an Zahl der herauskommenden Übersetzungen aus dem Russischen die Čechoslovakei an zweiter Stelle, unmittelbar nach Deutschland, zu stehen kommt (bis 100 Bücher jährlich), daß ins Čechische, bis auf wenige Ausnahmen, alles mehr oder weniger Bedeutende aus der zeitgenössischen russischen Kunstprosa übersetzt ist, daß die Verbreitung der Kenntnis der russischen Sprache ein wesentlicher Faktor des čechischen Kulturlebens ist? Geben sich viele Rechenschaft darüber, warum bei all dem die čechische Literatur in ihren verschiedenen Verzweigungen dem russischen künstlerischen Einfluß nicht unterliegt? – jedenfalls ist alles Wertvolle in dieser Literatur unter Umgehung dieses Einflusses entstanden, so daß zum Beispiel in der französischen Literatur, bei einer zweifellos geringeren Bekanntschaft mit der russischen Literatur, der Einfluß der letzteren ungleich bedeutender und produktiver ist. Rußland war im Laufe des ganzen 19. Jahrhunderts ein wesentlicher Bestandteil der čechischen Ideologie gewesen, jedoch wie dies mehrmals in der zeitgenössischen čechischen Literatur bemerkt wurde, war es ein erdichtetes Rußland, ein Rußlandmythus, eine Projektion der eigenen čechischen Willensbestrebungen und Hoffnungen gewesen. Erst im 20. Jahrhundert fängt das echte Rußland an, im čechischen intellektuellen Leben, namentlich in der Wissenschaft, als Faktor aufzutreten, und lediglich in den letzten Jahren läßt sich eine gewisse Reaktion gegen die herrschende westlerische Orientierung der čechischen Wissenschaft in Verbindung mit den entsprechenden Versuchen beobachten, einen Anschluß an den russischen wissenschaftlichen Gedanken herzustellen.

Dieser ganze Komplex von Problemen muß von der russischen Wissenschaft in Betracht gezogen und beleuchtet werden. Im zeitgenössischen politischen und kulturellen Sprachgebrauch figurieren die Termini »slavische Völker«, »Slaventum«, »slavische Idee«, »slavische Beziehungen«, »slavische Wechselseitigkeit«, sogar »slavisches Fühlen«. Diese Termini bleiben unerschlossen, ihre wissenschaftliche Analyse steht aus. Die Wissenschaft des gestrigen Tages definierte das Slaventum genetisch, und letzten Endes hat es sich herausgestellt, daß die slavische Einheitlichkeit vom genetischen Gesichtspunkt lediglich in der Gemeinsamkeit der Ursprache besteht, auf welche die slavischen Sprachen zurückgehen. Die slavischen Völker kennen weder ein gemeinsames kulturelles Erbe, noch eine anthropologische Gleichheit, noch gemeinsame charakteristische ethnographische Merkmale (vgl. die Ergebnisse von Meillet, Polivka, Weingart, Trubetzkoy, Lednicki). Ist vom genetischen Standpunkt das Slaventum eine Gemeinschaft von ähnlicher Ordnung, wie etwa die Gemeinschaft der indogermanischen Völker, das heißt ein Begriff der vergleichenden Sprachwissenschaft, was haben dann beispielsweise Kongresse slavischer Ärzte oder slavischer Feuerwehr zu bedeuten? Ein Kongreß indogermanischer Feuerwehrleute würde sich wie eine hundertprozentige Groteske ausnehmen. Die Sache ist die, daß die slavischen Fragen nicht nur im genetischen, sondern auch im funktionalen Aspekte betrachtet werden können. Die Beziehung zwischen der Ideologie der slavischen Solidarität und der genetischen slavischen Gemeinschaft ist eine ähnliche wie zwischen der volkstümlichen und der historischen Etymologie – die eine kann sich mit der anderen decken, doch ist auch eine vollständige Unstimmigkeit zwischen beiden Plänen möglich. Derlei slavische Fragen, wie slavische Solidarität, Annäherung oder die konkreten Beziehungen zwischen zwei slavischen Völkern, können vollkommen abstrahiert von genetischen Untersuchungen als rein willensmäßige Zweckbegriffe betrachtet werden, ähnlich wie zum Beispiel der Begriff der nationalen Selbstbestimmung. Freilich befaßt sich die Wissenschaft mit der Frage, was eigentlich dieser Tendenz in Wirklichkeit entspricht, was für objektive Gemeinsamkeitsmerkmale vorhanden sind, doch sind auch hier die genetischen Probleme vollkommen nebensächlich; es gilt, im synchronischen Querschnitt festzustellen, ob eine Gemeinsamkeit existiert, und die Stammesmerkmale hervorzuheben. Gibt es eine charakteristische Gemeinsamkeit der Reaktionen auf Erscheinungen der einen oder anderen Ordnung, eine Gemeinsamkeit der Empfindungen? Kann die Völkerpsychologie eine besondere slavische Mentalität entdecken? Gewinnen internationale Kulturerscheinungen (Kunstströmungen, ideologische Umschichtungen und dergleichen) eine gemeinsame spezifische Färbung, ähnliche Modifikationen, bei allen slavischen Völkern oder vielleicht bei gewissen einzelnen Gruppen der slavischen Völker? Diese Fragen werden naturgemäß von der Problematik historischer Ordnung ergänzt. Aber auch hier liegt wiederum der Kern nicht in dem *patrimonium commune*, nicht in dem gemeinsamen Schatz der überlieferten urslavischen Güter, sondern in dem Maße der Konvergenz der Entwicklung. Im besonderen wurde schon häufig auf den deutlichen Parallelismus der unabhängigen Evolution hingewiesen, der für die slavischen Sprachen charakteristisch ist (Meillet, Mazon). Vor dem Hintergrunde dieser Ähnlichkeiten ist besonders lehrreich die Erforschung der Divergenzen – der verschiedenartigen Entwicklungswege der einzelnen slavischen Sprachen. Dies ist der Ausgangspunkt auch für die individuelle Charakteristik der einen oder anderen slavischen Sprache sowie für die Typologie der Sprachtradition.

Die auf zahlreichen Merkmalen beruhende Ähnlichkeit der slavischen Sprachen untereinander ist eine Eigentümlichkeit, die nicht nur für die vergleichende Sprachwissenschaft im eigentlichen Sinne dieses Wortes wertvoll ist. Der Grad der gegenseitigen Verständlichkeit, die Ähnlichkeit der Sprachen als stimulierendes Mittel, das die kulturellen Beziehungen fördert – das sind die praktischen konkreten Probleme, die eines vertieften Studiums bedürfen. Das vergleichende Studium der Dichtung der slavischen Völker (namentlich der Folklore), deren Rhythmik, Schallform, Semantik und Wortschatzes, kann die Tatsache der launenhaften Verquickung der Divergenzen und Konvergenzen in der Evolution der slavischen Sprachen ersprießlich verwerten. Neben dem Studium des Problems des Druckes der Form auf das Material steht vor der vergleichenden Poetik das Problem des Druckes des Materials auf die Form. Der *vers libre* ist eine internationale Erscheinung, die in den letzten Jahrzehnten in mehreren Literaturen aufgekommen ist. Es genügt aber, den russischen und den französischen freien Vers zu vergleichen, um sich zu überzeugen, wie grundverschieden diese Formen sind, eben weil die entsprechenden sprachlichen Strukturen verschieden sind.

Die russische formalistische Schule hat die Prinzipien des Studiums der Wortkunst in ihrem Sein und Werden ausgearbeitet. In der Vergleichung der Ergebnisse, die ein und dieselbe poetische Bestrebung bei verschiedenem slavischem Sprachmaterial zeitigt, können diese Prinzipien ausgiebig und fruchtbar verwendet werden. Hier liegt die *raison d'être* der vergleichenden Literaturgeschichte: ist doch die mechanische Zusammenschweißung der Geschichten einzelner slavischer Literaturen keine vergleichende Wissenschaft im eigentlichen Sinne. Die vergleichende Literaturgeschichte kann sich aber auch mit der Aufdeckung der gegenseitigen Beeinflussung nicht begnügen. Erstens sind die gegenseitigen Einflüsse der slavischen Literaturen bis auf wenige Ausnahmen weniger bedeutend als die nichtslavischen Einflüsse auf die neuen slavischen Literaturen. So fällt zum Beispiel der Einfluß der romano-germanischen Literaturen auf die neue russische zweifellos schwerer ins Gewicht als der Einfluß der slavischen Literaturen, ebenso wie der Einfluß der russischen Literatur auf die romano-germanischen Literaturen viel fruchtbringender ist als deren Einfluß auf die slavischen Literaturen. Doch darum geht es nicht. Die Hauptsache ist, daß die Konstatierung eines Einflusses an sich noch nichts erklärt. Auch hier muß das genetische Problem vor dem funktionalen Problem in den Hintergrund treten; die Hauptfrage ist, welchen Sinn hat, welche Rolle spielt die Entlehnung vom Gesichtspunkt des empfangenden Systems, in welcher Richtung wird das entlehnte Material von dem System umgearbeitet. Außerhalb dieser Systeme ist der Katalog der Entlehnungen ein stummer Haufen von Materialien, da die Tatsachen ohne Rücksicht auf die Vielartigkeit ihrer Funktionen zusammengetragen wurden. Ohne immanente Erforschung der künstlerischen Formen und deren Evolution bleibt der Hinweis auf eine Entlehnung, wie überhaupt auf jegliche heterogene Elemente, vollkommen wirkungslos. Gleichermaßen sind Tatsachen aus dem Gebiete der interslavischen Kulturbeziehungen durchaus interessant, aber auch hier lastet mitunter das Rohmaterial allzu schwer, auch hier wird die funktionale Verschiedenartigkeit der Beziehungen, die Rolle und das spezifische Gewicht dieser Beziehungen im Zusammenhang der gegebenen Kultur nicht genügend berücksichtigt. Um wieviel die funktionale Analyse der Entlehnungen im Vergleich mit der rein genetischen fruchtbarer ist, zeigen zum Beispiel die Arbeiten von Vinogradov und Trubetzkoy über die kirchenslavischen Elemente in der russischen Literatursprache, aus denen hervorgeht, wie diese Schicht in die russische Sprache eindrang, darin fortlebt und verschiedenartige Funktionen erfüllt, die die Sprache bereichern.

Die Aufhebung des Primats der genetischen Probleme ist angesichts der theoretischen Interessen der Slavistik notwendig. Die praktischen Interessen erheischen ihrerseits eine Einschränkung des ungeteilt herrschenden Historismus in der Slavistik. Im Mittelpunkt des Interesses müssen das zeitgenössische Slaventum stehen sowie die aktuellen Probleme, mit denen es sich befaßt. Man würde entgegnen: aktuell sind die Lehren der Vergangenheit, historische Traditionen und Präzedenzfälle können für die Gegenwart lebendige Faktoren sein. Je nun, mag die Geschichte ein Schlüssel zum Verständnis des heutigen Tages sein, in der Slavistik aber ist sie öfters eine »Form, die über ihre Funktion hinausgewachsen ist«, um eine beliebte Redewendung der Formalisten zu gebrauchen. Das ist besonders schädlich beim Studium der Slavistik, bei der Popularisierung slavistischer Kenntnisse gewesen. Wir haben zum Beispiel an der historisch-philologischen

Fakultät der Moskauer Universität einen ausführlichen Kurs der Geschichte der čechischen Literatur gehört, der aber mit Kollár schloß; aus einem prächtigen Kurs der Geschichte der polnischen Sprache erfuhren wir in allen Einzelheiten von der Evolution der Nasalen, aber für das System der zeitgenössischen polnischen Sprache blieb keine Zeit übrig. Die Ferien begannen kurz vor dem »Übergang zur Gegenwart«. Mögen dies extreme Fälle sein, aber es wird immerhin kaum eine Übertreibung sein, wenn wir sagen, daß die slavischen Altertümer – die sprachlichen, literarischen, sozialpolitischen – bis auf den heutigen Tag in den meisten Fällen in den slavischen Seminaren den Vorrang vor dem Studium der *zeitgenössischen* slavischen Völker, ihrer Sprachen, ihres kulturellen und sozialen Lebens haben.

Gerade in der russischen Wissenschaft mit ihren strukturalen und teleologischen Bestrebungen sind methodologische Voraussetzungen vorhanden, die das Slaventum (bzw. die einzelnen interslavischen Beziehungen) nicht nur als genealogisches Problem betrachten lassen, sondern auch einerseits als Zielstrebigkeit und andererseits als Tatsache, die eine strukturale Analyse erfordert (sowohl im zeitgenössischen als auch im historischen Querschnitt). Hier gibt es Voraussetzungen, die die Erforschung des funktionalen Wertes der besagten Struktur sowie der Möglichkeiten ihrer planmäßigen Verwertung begünstigen. Die Rußlandkunde bietet ein ausgezeichnetes methodologisches Beispiel der Aufdeckung einer Einheitlichkeit in der Vielfältigkeit. Schon die unmittelbaren Bedürfnisse der Rußlandkunde – das Problem der Festlegung der spezifischen Merkmale der russischen Welt – erheischen eine aufmerksame Erforschung der angrenzenden Gebiete, namentlich der Gebiete der nordwestlichen und südwestlichen Slaven. Der geographische Interessenkreis des Rußlandforschers muß eine neue Erweiterung erfahren.

Daß die nordwestlichen Slaven eine Zwischenstellung zwischen der eurasischen und romano-germanischen Welt einnehmen, ist ein Gemeinplatz. Die Feststellung genügt aber nicht. Es gilt, den Grad und die Richtungen der Übergangsstellung aufzudecken: der Hybridencharakter einer jeden Zwischenbildung erfordert eine besondere Raffiniertheit der wissenschaftlichen Methode. Jede Einseitigkeit droht hier, eine Deformierung des zu erforschenden Materials herbeizuführen. Wir sehen das deutlich zum Beispiel an der Geschichte der čechischen Kultur, namentlich der čechischen Kunst. Wenn die Geschichte der čechischen mittelalterlichen Kunst mit den Worten beginnt, daß die ganze Kulturstrebung dieser Epoche in Böhmen als »dohánění Evropy« (»Einholung Europas«) charakterisiert werden kann, so dürfen wir mit Recht befürchten, daß man das nicht-romanogermanische Substrat dieser Kunst und die nichtwestlichen Einwirkungen darauf in gehörigem Maße nicht berücksichtigen würde, und in der Tat fällt die für die Geschichte der čechischen Kultur kardinale altkirchenslavische Epoche bei dieser Behandlung aus dem Kontexte heraus.

Aber nicht genug damit, selbst die allgemeinen Forschungsprinzipien, die von der romanogermanischen Wissenschaft ausgearbeitet wurden, können nicht mechanisch auf einen anderen Boden verpflanzt werden. Diese häufige Unanwendbarkeit der Ausgangspunkte der westlichen Wissenschaft auf die Bearbeitung andersartigen Materials ist unter anderem von Nekrasov und anderen zeitgenössischen russischen Kunstforschern glänzend für die altrussische Kunst bewiesen worden. Das gleiche wurde bewiesen von Savickij für die Geographie Rußlands, von Zelenin für dessen Ethnographie (siehe sein Buch *Tabu slov u narodov Vostočnoj Evropy i Severnoj Azii* — Worttabu bei den Völkern Osteuropas und Nordasiens, 1929), von Trubetzkoy für die außereuropäischen Kulturen. Eine Revision der Geschichte des russischen Reiches, der russischen Kultur, Philosophie, eine Revision der russischen Folkloristik im Sinne des Verzichtes auf unkontrollierte Verpflanzung der Gebräuche der westlichen Wissenschaft würde noch zweifellos üppige Früchte tragen. Wir wollen nicht sagen, daß die russischen Ausgangsprinzipien eine hundertprozentige Anwendung auch bei der Bearbeitung von westslavischem Material finden können, doch glauben wir, daß sie ein gewisses fruchtbringendes Korrektiv zum einseitigen Westlertum einiger westslavischer wissenschaftlicher Disziplinen liefern können. Vielleicht würde sich der häufig von der Wissenschaft konstatierte Abgrund, der gewisse westslavische Erscheinungen von den entsprechenden russischen trennt, in einigen Fällen bei näherer Betrachtung nur deshalb so tief erweisen, weil jene Wissenschaft, die diese westslavischen Erscheinungen charakterisierte, so sehr orthodox westlerisch ist.

Zum Schluß! Wir haben einige Züge der heutigen russischen Wissenschaft berührt. Der sovjetistischen? Der der Emigranten? Der künftige Historiker würde über die Beharrlichkeit staunen, mit welcher die Registratoren unserer Zeit die kulturelle Produktion der UdSSR und der russischen Emigration voneinander scheiden. Sollte das wirkliche Bild ganz und gar schematisiert und sollten die beiden geographischen Kategorien in politischer Hinsicht auch gegenübergestellt werden, so kann dennoch von zwei getrennten Kulturen keine Rede sein. Der Vielartigkeit der politischen Bestrebungen, die die russische Gegenwart charakterisiert, entspricht eine reiche Skala von Tendenzen und Formen des kulturellen Schaffens, doch berechtigt die Feststellung einer gewissen formalen Übereinstimmung zwischen einer bestimmten politischen Ideologie und einer wissenschaftlichen sowie künstlerischen Strömung keinesfalls zu der Annahme, daß auch die Kader der Träger in all diesen Fällen identisch seien. Das wäre eine naive Simpelei. Kennen wir denn keine flammenden politischen Revolutionäre, die vor Bildern des Pariser Salons vor Wonne zerfließen, oder beispielsweise in der Musik, die den neuen Strömungen des wissenschaftlichen Tages verständnislos gegenüberstehen? Professor Bloch hat eine interessante und überzeugende Parallele gezogen. »Die Geschichte lehrt uns«, sagt er, »daß Revolutionsepochen im Leben mit Revolutionsepochen in der Chemie zusammentreffen. Die große Französische Revolution traf mit den grundlegenden Arbeiten von Lavoisier zusammen.« Das hat sie nicht gehindert, Lavoisier auf die Guillotine zu schicken. Die Hypothese, daß die Zugehörigkeit zu einer gegebenen politischen Gruppierung den ganzen Komplex der geistigen Welt vorausbestimme, ist ein charakteristisches Merkmal derjenigen Ideologie, die der Politik den Primat unter allen übrigen sozialen Werten einräumt.

Wenn wir von diesen allgemeinen Betrachtungen zu den

Tatsachen übergehen, so können wir uns leicht überzeugen, daß die äußere Spaltung des russischen geistigen Lebens sowohl wie alle äußeren Eingriffe keinen Einfluß auf die innere Entwicklung der russischen Kultur ausgeübt haben, – ihre Evolution pflanzt sich parallel fort, in der Räteunion sowohl wie in der Diaspora, und fügt sich gleichsam einer eigenartigen immanenten Gesetzmäßigkeit. Die beiden Zweige werden nicht nur durch das überlieferte gemeinsame Erbe vereint, sondern auch durch ähnliche Entwicklungstendenzen sowie durch die konkreten Ergebnisse dieser Tendenzen. Wie relativ ist es, Stravinsky und Prokof'ev in die Emigration oder in die Metropole einzureihen! Allein ihre Zugehörigkeit zu der russischen Musik steht außer jedem Zweifel. Bezeichnend ist, daß diese Gemeinsamkeit nicht nur in den Gipfelerrungenschaften, sondern auch in der mittleren Lage, ja selbst in den Kulturabfällen zum Ausdruck kommt. Nicht nur Pasternak und Cvetaeva werden sich in einer ungeteilten Rubrik der Geschichte der russischen Dichtung zusammenfinden, sondern auch jenes Schmarotzertum, jene Massenfabrikation von als Literatur geschminktem Kitsch, die den speziellen Terminus »chaltura« geschaffen hatte, ist »an beiden Seiten der Barrikaden« überraschend ähnlich; sollten wir den politischen Schlüssel wegwerfen, so würden wir nicht in der Lage sein, einen Trennungsstrich zwischen Krasnovs *Vom Doppeladler zur roten Fahne* und den zahllosen Moskauer Agitationsmachwerken, die das gleiche Thema variieren, zu ziehen.

Es könnte scheinen, daß der Marxismus als prinzipielle Basis die Wissenschaft der UdSSR im Gegensatz zu der russischen Auslandswissenschaft charakterisiere. Jedoch kommen in Rußland neben marxistischen und marxistisch gefärbten wissenschaftlichen Arbeiten auch nichtmarxistische, mitunter recht markante Arbeiten heraus, auf der anderen Seite gibt es unter den wissenschaftlichen Arbeitern der Emigration solche, die marxistische Thesen anwenden. Auf dem Gebiete der Literaturwissenschaft zum Beispiel stehen in der UdSSR außerhalb der marxistischen Problematik die Arbeiten der eigenartigsten Schule – der formalistischen, während in der Emigration einen angesehenen Platz Svjatopolk-Mirskij einnimmt, der mit einer Reihe von marxistischen Begriffen (in deren leninistischen Interpretation) operiert. Selbst die marxistische Methodologie ist in ihrer Anwendung auf geistige Wissenschaften höchst unklar, vor allem aber stimmt mit dem Raine zwischen der marxistischen und nichtmarxistischen Wissenschaft die grundlegende Spaltung des zeitgenössischen russischen Denkens in zwei Richtungen nicht überein – in die eine, strukturale, die immanente Gesetze für das System und dessen Evolution sucht, die die Elemente des Systems unter dem Gesichtspunkt ihrer Funktionen und die Evolution unter dem Gesichtspunkt der Ziele betrachtet, und die andere, genetische, die Erscheinungen gleicher Ordnung durch heterogene Erscheinungen zu erklären, die einen von den anderen abzuleiten sucht und jegliche Teleologie ausschließt. Unter dem einen Dache der sogenannten marxistischen Wissenschaft leben *de facto* die beiden Richtungen nebeneinander. So streichen die einen aus der marxistischen Wissenschaft den Begriff der mechanistischen Kausalität und verlangen, daß »die Bedeutung der gegebenen ideologischen Veränderungen im Kontexte der entsprechenden Ideologie bestimmt werden soll, da jede Sphäre qualitativ verschieden ist und ihre eigene spezifische Gesetzmäßigkeit besitzt«, und daneben betrachten andere Marxisten jede ideologische Tatsache als »durch die Basis bestimmt«, als heterogen determiniert, und bestreiten die Möglichkeit der wissenschaftlichen Erkenntnis außerhalb der Kategorie der genetischen Kausalität. Indessen bildet die Kontroverse dieser beiden Richtungen, die nicht weniger scharf von der russischen Wissenschaft des Auslands durchgemacht wird (vollkommen unabhängig vom Marxismus), den eigentlichen Kern der heutigen Etappe der Geschichte des russischen Gedankens.

Anmerkungen des Herausgebers

1 Kulturkreis. – Nach einer mündlichen Mitteilung Jakobsons hat er nicht alle seine in der Prager Zeit deutsch veröffentlichten Aufsätze selber in dieser Sprache verfaßt, sondern sich auf die Übersetzung

eines ukrainischen Bekannten verlassen. Einige ungewöhnliche Wendungen dürften mit diesem Umstand zusammenhängen.

2 Jakobson selber war lange Zeit der Meinung, daß er das Losungswort ›Strukturalismus‹ als erster benutzt habe, und zwar 1929 unter anderem an dieser Stelle (vgl. E. Holenstein, *Roman Jakobsons phänomenologischer Strukturalismus*, Frankfurt, Suhrkamp 1975, 11). Das gilt höchstens für die Sprachwissenschaft und/oder Europa. Er selber entdeckte dann Ende der siebziger Jahre eine frühere Verwendung durch den Psychologen Albert Paul Weiss (1879–1931), unter dessen Einfluß Bloomfield zum Behavioristen geworden war. Weiss (»Relation between Structural and Behavior Psychology«, in: *Psychological Review* 24 [1917], 301–317) gebraucht den Ausdruck ›Strukturalismus‹ kritisch zur Bezeichnung der strukturalen Psychologie, wie sie in den USA vor allem von Titchener vertreten wurde (vgl. Holenstein a.a.O., 23 f.), eine Psychologie, deren Ziel nach Weiss' Darstellung die Zerlegung mentaler Komplexe in ihre Elemente (daher die Bezeichnung) und deren Methode die Introspektion war. In Weiss' Sicht vertragen sich Strukturalismus und Behaviorismus nur oberflächlich (vgl. R. Jakobson, *Selected Writings* VII, Berlin: Mouton de Gruyter 1985, 275), was in einem auffälligen Kontrast zur nahezu synonymen Verwendung in den sechziger Jahren im Umkreis von Chomsky von ›Strukturalismus‹ und ›Behaviorismus‹ für die post-Bloomfieldsche Linguistik steht. – Weitere frühe Verwendungen des Ausdrucks ›Strukturalismus‹ finden sich (für die neue Phonologie) bei N. Trubetzkoy, »La phonologie actuelle«, in: *Journal de psychologie* 30 (1933), 245 f., und (für die Gestaltpsychologie) bei L. S. Vygotskij (Wygotski), *Denken und Sprechen* (1934), Frankfurt: Fischer 1969, 298.

3 »Entblößung« [*obnaženie*] – Freilegung von etwas aus den Verbindungen, die es zu Recht oder zu Unrecht eingegangen ist, um es in seiner Selbstwertigkeit und Autonomie neu zu sehen – war eines der vom Russischen Formalismus in den Vordergrund gerückten künstlerischen Verfahren. Die heute ungewohnt wirkende Verwendung des Adjektivs ›entblößt‹ findet sich vergleichbar auch bei Max Weber. Vgl. »Wissenschaft als Beruf« (1919), in: *Gesammelte Aufsätze zur Wissenschaftslehre*, Tübingen: Mohr 1985, 592.

Gemeinsame Kultursprache
[1935]

Die charakteristische Ausformung der Wissenschaften in Rußland – darauf verweisen die verwandten Züge mit der Literatur des Landes – versteht sich aus der russischen Kulturgeschichte, vom petrinischen und, noch weiter zurückreichend, vom byzantinischen Erbe her, auf dessen Hintergrund »die ständige Neigung des russischen Denkens zum Hegelianismus« zu sehen ist, sowie aus den geopolitischen Bedingungen des Landes. Das ganzheitliche, globale Verfahren der russischen Wissenschaften bedarf einer zeitgemäßen Synthese mit den in den einzelnen Wissenschaften erforderlichen Techniken. Ziel ist eine »gemeinsame Kultursprache« – auch zur Abwehr der am Horizont sich abzeichnenden Gefahr, die von den nationalsozialistischen Ansprüchen ausgeht. – Von diesen sah sich Jakobson in den dreißiger Jahren zusehends zu einer kulturpolitischen Stellungnahme herausgefordert.

Die Ideologen des heutigen Rußland haben mehr als einmal gegen die vulgäre Identifizierung des internationalen Gedankens mit dem nationslosen Kosmopolitismus Einspruch erhoben. Sie kämpfen gegen die Erhebung der nationalen Abgeschiedenheit zu einem selbstgenügenden Götzen, sie tragen jedoch der nationalen Eigenart als einem wichtigen und wertvollen geistigen Faktor Rechnung und betrachten die Kultur und namentlich die Wissenschaft als national in ihrer Form und international in ihrem objektiven Gehalt. Die Formen der Beherrschung der objektiven Wirklichkeit sind mannigfaltig. Einer der führenden Vertreter der neuen russischen Wissenschaft, der unlängst verstorbene hervorragende Kulturhistoriker Oldenburg[1], betonte mit Recht, daß »jedes Volk, freilich aus verschiedenen Gründen, deren viele uns noch nicht ganz klar sind, seine spezifischen Eigentümlichkeiten sowohl in der Wahl der wissenschaftlichen Disziplinen, für die es sich besonders interessiert, als auch in den Methoden und Arten ihrer Erforschung besitzt«.

Ein Kenner der Spitzenleistungen der russischen Wissenschaft wird darin mühelos verwandte Züge mit der klassischen russischen Literatur entdecken. Diese Eigentümlichkeiten treten ebenfalls in der Wissenschaft der Sovjetunion zutage, in welcher das russische wissenschaftliche Erbe und das aktuelle russische Denken begreiflicherweise eine führende Rolle spielt, ohne jedoch die Eigenart des Kulturlebens der einzelnen Nationalitäten der Union zu unterdrücken. Neben den nationalen Besonderheiten kommen hier unvermeidlich die für Rußland spezifischen historischen Bedingungen zum Ausdruck. So wurde beispielsweise die schwache Entfaltung der russischen klassischen Philologie mit Recht als Folge des Fehlens einer humanistischen Strömung in der Vergangenheit betrachtet; die ständige Neigung des russischen Denkens zum Hegelianismus wurde mit der Tradition der byzantinischen Dialektik in Verbindung gestellt; die traditionelle Verstaatlichung der Wissenschaft, eine Begleiterscheinung der besonderen Entwicklung des russischen Staatswesens und Gesellschaftslebens, hatte, wie Oldenburg treffend bemerkte, die weiteren Schicksale der russischen Wissenschaft vorbestimmt, und in dieser Hinsicht ist die Sovjetwissenschaft »ein direkter Erbe der revolutionären petrinischen Wissenschaft«. Die außerordentliche Zuspitzung der sozialwirtschaftlichen Gegenstände im russischen Leben des 19. Jahrhunderts bedingte im Vergleich mit dem Westen ein erhöhtes Interesse der russischen historischen Wissenschaften für die entsprechende Problematik, so daß die Sovjetwissenschaft auch in dieser Hinsicht die ältere Tradition nur fortsetzt und vertieft. Auch die geopolitischen Bedingungen mußten dem wissenschaftlichen Leben ihren Stempel aufprägen; ein Territorium, das sich über ein Sechstel der Welt ausbreitet, rief dringend nach einer breit angelegten synthetischen Erforschung, während die kleinliche Mikrologie, die in der Heimatkunde kleinerer Länder eine nicht geringe Rolle spielt, hier naturgemäß in den Hintergrund trat. Nicht nur der Umfang, sondern auch die qualitativen Eigentümlichkeiten des russischen Raumes diktierten der dortigen Wissenschaft ihre spezifischen Forderungen. Die grundlegende Verschiedenheit der sozialpolitischen Verhältnisse in der Sovjetunion und im Westen mußte natürlich auch die Eigenart des wissenschaftlichen Schaffens wesentlich steigern.

Bedarf es eines Hinweises, daß die besondere Art der heutigen russischen Wissenschaft, ihre charakteristische Auswahl und Behandlung der Frage eine erhöhte Aufmerksamkeit der westeuropäischen kulturellen Elite für diese besondere wissenschaftliche Welt erfordert? Muß man daran erinnern, daß es mehrere Gebiete gibt, die entweder ausschließlich von der modernen russischen Wissenschaft oder wenigstens von ihr am gründlichsten und tiefsten bearbeitet sind? Hierher gehören zum Beispiel Bodenkunde, Geochemie, physikalisch-chemische Analyse, Reflexologie, mathematische Wahrscheinlichkeitstheorie, Arktisforschung, Mongolenkunde, Nomadenkunde, einige Fragenkreise der Volkskunde, einige Zweige der Medizin. Es mangelt nicht an Anerkennungen berufener Vertreter der westlichen Wissenschaft für die neuen Errungenschaften der russischen Natur- und Geisteswissenschaften, der reinen sowie der angewandten.

Abgesehen von wenigen Ausnahmen ist jedoch der wissenschaftliche Kontakt des Westens mit der UdSSR immer noch viel zu gelegentlich, episodisch, privat, unorganisiert. Infolgedessen werden im Auslande einzelne, isolierte Erscheinungen des sovjetrussischen wissenschaftlichen Lebens bekannt, einzelne Fragmente, nicht aber das ganzheitliche Bild der Wissenschaft des neuen Rußland in ihren Grundtendenzen. Indessen sind an der neuen Sovjetwissenschaft nicht so sehr die Einzelheiten belehrend, als ihr allgemeines ununterbrochenes Streben, die Zerstückelung des Wissens zu überwinden und die *membra disjecta* der Einzelfächer durch ein einheitliches gebundenes System der koordinierten Wissenschaften zu ersetzen.

Die europäische romantische Wissenschaft war ein Versuch einer allgemeinen globalen Konzeption des Weltalls, die Antithese dieser Epoche – die positivistische Wissenschaft – opferte den Totalitätsgedanken um den Preis der Anhäufung eines möglichst reichhaltigen Tatsachenmaterials, um den Preis der Eroberung verschiedenartigster Teilwahrheiten; die Gegenwart sucht nach einer Synthese, sie will den allgemeinen Sinn, die gesetzmäßige Struktur des Geschehens nicht aus dem Auge verlieren, dabei aber rechnet sie mit dem großen Tatsachenvorrat, der von der vergangenen Epoche angehäuft wurde. In ihrem Kampfe um die Überwindung des atomistischen Verfahrens muß die heutige europäische Wissenschaft den imponierenden Sovjetversuch, eine ganzheitliche wissenschaftliche Weltanschauung aufzubauen, die sämtliche Einzeldisziplinen umfaßt, berücksichtigen und nach Gebühr würdigen, sie muß diesen Versuch zur Kenntnis nehmen, mögen ihr seine Ausgangspostulate noch so fern und fremd sein. Mit dem Kampf der europäischen Wissenschaft gegen den Atomismus des Wissens ist ebenfalls das Bestreben nach der Überwindung der Anarchie des wissenschaftlichen Schaffens, des von der jüngsten Vergangenheit übernommenen äußersten Individualismus der Forschung verbunden. Die russischen großzügigen Versuche der Planung[2] der Wissenschaft sind daher für die westlichen Gelehrten besonders aufschlußreich – trotz ihrer unvermeidlichen Fehler und Mißgriffe, zum Teil auch gerade wegen dieser Fehler und Mißgriffe.

Die Bekanntschaft der westlichen Welt mit der russischen geplanten[2] Wissenschaft müßte eine planmäßige sein, um Früchte zu tragen. Die Wissenschaft der Sovjetunion bedarf ihrerseits eines dauernden planmäßigen Kontaktes mit der westlichen wissenschaftlichen Welt. Lediglich unter der Voraussetzung eines derartigen unmittelbaren Kontaktes können, um eine beliebte Redensart der Sovjetblätter zu gebrauchen, an der breiten wissenschaftlichen Front die Grundpostulate verwirklicht werden, die von der Sovjetöffentlichkeit aufgestellt sind: sich der Technik zu bemächtigen und einen hochqualifizierten Nachwuchs zu schaffen. Wir täten der russischen Wissenschaft unrecht, wenn wir ihre reichen technischen Erfahrungen leugnen wollten, doch wirkte sich stets in der russischen Wissenschaft dieser Mangel an Arbeitern am ungünstigsten aus, und die allzu dünne Schicht ihrer Kräfte, ihre Qualität, die von keiner entsprechenden Quantität unterstützt wurde, machte öfters selbst ihre an sich hervorragenden Leistungen zunichte. Gerade darum erwies sich die geniale chemische Entdeckung des Russen Lomono-

sov als ergebnislos, während die spätere Entdeckung des nämlichen Gesetzes durch den Franzosen Lavoisier den Anfang einer neuen Ära in der Geschichte der internationalen Chemie machte. Die Geschichte der russischen Wissenschaft wimmelt von derartigen Beispielen. Daher gebricht es in Rußland sehr häufig an jener Technik der Wissenschaft, die eine große Zahl qualifizierter Arbeiter erfordert, und eben auf diesem Gebiete, zum Beispiel in der wichtigen Arbeit der Herstellung verschiedener Spezialatlanten, müßte man sich zu der westlichen Wissenschaft in die gründliche Lehre begeben. Nur durch ununterbrochene und allseitige Verfolgung der Entwicklung der westlichen Wissenschaft kann man sich vor der wiederholten »Entdeckung Amerikas« bewahren – einem Vorgang, der in den Chroniken der russischen Wissenschaft öfters vorkommt und eine zwecklose Vergeudung kostbarer Forschungsenergie bedeutet. Die geringe Zahl der wissenschaftlichen Kräfte bringt einen Mangel an qualifizierter streng wissenschaftlicher Kritik mit sich, was wiederum zu gelegentlicher Unterschätzung wichtiger Erscheinungen auf dem Gebiete der einheimischen Wissenschaft oder zu nicht minder schädlicher Überschätzung wertloser Neuerungen führt. Darum ist selbst vom Standpunkt der Erfolge der Sovjetwissenschaft die aktive Beteiligung der westlichen Kritik an der Besprechung der Neuerscheinungen der russischen Wissenschaft wünschenswert. Unbedingt notwendig ist die tätige Mitarbeit der Sovjetwissenschaftler an den westlichen wissenschaftlichen Kongressen und umgekehrt, sowie ein regerer und planmäßigerer Austausch von Büchern und wissenschaftlichen Arbeitern, namentlich von wissenschaftlichem Nachwuchs. Die Verschiedenheit der ideologischen Voraussetzungen ist kein Hindernis. Nicht selten trägt eine fremde Anregung, auf einen anderen ideologischen Boden verpflanzt, reiche Früchte. War denn das Verhältnis Marxens zur Lehre Hegels ein anderes gewesen?
In einer Rede, die Stalin Anfang vorigen Jahres gehalten hatte, heißt es: »Bekanntlich hatte das alte Rom auf die Vorfahren der heutigen Deutschen ebenso herabgeschaut, wie die Vertreter der ›höheren Rasse‹ heute auf die slavischen Stämme herabschauen. Bekanntlich hatte sie das alte Rom als

›niedrigere Rasse‹, als ›Barbaren‹ behandelt, die dazu da sind, um bei der ›höheren Rasse‹ in ewiger Botmäßigkeit zu bleiben, wobei das alte Rom dazu gewissermaßen berechtigt war, was keineswegs für die Vertreter der heutigen ›höheren Rasse‹ zutrifft. Was ist aber daraus geworden? Geworden ist daraus, daß alle ›Barbaren‹ sich gegen den gemeinsamen Feind vereinigt und Rom mit Krach umgestoßen hatten.« Wenn trotz verschiedener ideologischer Basen eine gemeinsame politische Sprache zur Verteidigung der Welt gegen abenteuerliche Angriffe möglich und notwendig ist, warum sollte nicht eine gemeinsame kulturelle Sprache möglich und erforderlich sein, um die Motivierung derartiger Angriffe zu kritisieren, um gemeinsam gegen eine »sonderbare Theorie« zu kämpfen, die, um ein weiteres Wort aus der zitierten Rede zu verwenden, »ebenso weit von der Wissenschaft entfernt ist wie der Himmel von der Erde«?

Anmerkungen des Herausgebers

1 Sergej Oldenburg (1863–1934).
2 Im Original steht hier ›Planierung‹ und im folgenden Satz statt ›geplanten‹ ›planierten‹. Vgl. dazu die Anm. 1 zum vorangehenden Aufsatz.

Suche nach dem Wesen der Sprache
[1965]

Jakobson pflegte Peirce als »die mächtigste Quelle der Inspiration« zu bezeichnen, die er in den USA gefunden habe.¹ Mit seiner Anlehnung an Peirce hatte er sich aber auch dem Verdacht des Eklektizismus und einer von biographischen Zufälligkeiten abhängigen Diskontinuität seines eigenen Werks ausgesetzt. Ein genaueres Hinsehen ergibt jedoch, daß Jakobson von neuentdeckten Autoren und von neuaufkommenden wissenschaftlichen Entwicklungen sensibel und originell gerade das aufnahm, was mit dem Gedankengut der »russischen ideologischen Tradition« konvergiert, in der er sich selber sah. So auch bei Peirce. Was ihn bei Peirce anzog, war hauptsächlich das Bestehen auf einer nicht-willkürlichen Komponente in den zeichenhaften Äußerungen.² Während von Saussure »die völlig willkürlichen Zeichen« als die optimalen sprachlichen Zeichen angesehen werden, sind dies nach Peirce solche, die ikonische, indexikalische und symbolische Eigenschaften verbinden. Bei den ikonischen Beziehungen zwischen einem sprachlichen Zeichen und seinem Gegenstand denkt man hauptsächlich an lautmalerische Beziehungen. Ein Verdienst von Jakobson ist es, im Anschluß an Peirce über ikonische Beziehungen in der Lautstruktur hinaus solche in der grammatischen Struktur des signans *im Verhältnis zu seinem* signatum *aufgezeigt zu haben. Relata einer ikonischen Beziehung sind nicht so sehr das einzelne Wort, sondern in bezug auf die Lautstruktur seine morphologischen Bestandteile (etwa Diminutivsuffixe) und in bezug auf die grammatische Struktur sprachliche Einheiten, die das einzelne Wort übersteigen, ganze Sätze und Satzkonstruktionen. So gibt es bevorzugte Entsprechungen zwischen der zeitlichen Reihenfolge der Redeteile und der zeitlichen Reihenfolge der berichteten Teile einer Ereigniskette sowie zwischen der Reihenfolge einer Aufzählung und der Rangfolge der aufgezählten Personen oder Sachen. Desgleichen geht das Subjekt des Satzes der Tendenz nach dem Objekt voraus, da es sich auf den Ausgangspunkt der Handlung bezieht, das* agens *und das Objekt auf den Zielpunkt, in dem die Handlung endet, auf das* patiens, *usw.*³

Da »in der menschlichen Rede unterschiedliche Laute unterschiedliche Bedeutung haben«, schloß Leonard Bloomfields einflußreiches Handbuch von 1933, daß »das Studium dieser Zuordnung bestimmter Laute zu bestimmten Bedeutungen das Studium der Sprache ist«. Und ein Jahrhundert zuvor lehrte Wilhelm von Humboldt, »daß es eine offensichtliche Verbindung zwischen Laut und Bedeutung gibt, die sich jedoch nur selten zu einer genauen Erhellung hergibt, oft nur intuitiv erfaßt wird und am häufigsten dunkel bleibt«. Diese Verbindung und Zuordnung ist ein ewiges, zentrales Problem in der jahrhundertealten Wissenschaft von der Sprache. Daß es trotzdem zeitweilig von den Sprachwissenschaftlern der jüngsten Vergangenheit vergessen wurde, zeigt die Tatsache, daß Ferdinand de Saussures Interpretation des Zeichens, insbesondere des sprachlichen Zeichens, als eine unauflösliche Einheit aus zwei Konstituenten – *signifiant* (Bezeichnendes) und *signifié* (Bezeichnetes) – wiederholt als erstaunliche Neuheit gepriesen wurde, obwohl diese Auffassung zusammen mit ihrer Terminologie ganz und gar von der zweiundzwanzig Jahrhunderte alten stoischen Lehre übernommen ist. Diese Lehre betrachtete das Zeichen (σημεῖον) als eine Entität, die sich durch die Verbindung eines Bezeichnenden (σημαῖνον) mit einem Bezeichneten (σημαινόμενον) konstituiert. Ersteres wurde als ›wahrnehmbar‹ (αἰσθητόν) und letzteres als ›intelligibel‹ (νοητόν) definiert, oder, um einen mehr sprachwissenschaftlichen Ausdruck zu gebrauchen, als ›übersetzbar‹. Darüber hinaus schien durch den Terminus τυγχάνον der gegenständliche Bezug von der Bedeutung klar getrennt zu sein. Die Schriften von Augustinus zeigen die Übernahme und Weiterentwicklung der stoischen Untersuchung der Wirkungsweise der Zeichen (σημείωσις) in lateinischen Ausdrücken, insbesondere umfaßt das *signum* sowohl das *signans* als auch das *signatum*. Dieses Paar korrelativer Begriffe und Bezeichnungen wurde von Saussure erst in der Mitte seiner letzten Vorlesung über allgemeine Sprachwissenschaft, vielleicht vermittelt über H. Gomperz' *Noologie*

(1908), übernommen. Die skizzierte Lehre liegt der mittelalterlichen Sprachphilosophie in ihrer herrlichen Größe, Tiefe und Mannigfaltigkeit der Methoden zugrunde. Der zweifache Charakter und das daraus folgende »doppelte Wissen« (Ockham) um jedes Zeichen wurden vom wissenschaftlichen Denken des Mittelalters vollkommen assimiliert.

Der vielleicht einfallsreichste und vielseitigste der amerikanischen Denker war Charles Sanders Peirce, der so groß war, daß keine Universität Platz für ihn hatte. Sein erster scharfsinniger Versuch einer Zeichenklassifikation – »On a New List of Categories« – erschien 1867 in den *Proceedings of the American Academy of Arts and Sciences*.[4] Vierzig Jahre später faßte der Autor »seine lebenslange Erforschung der Zeichennatur« zusammen: »Ich bin, soweit ich weiß, ein Pionier oder besser ein Hinterwäldler in der Arbeit an der Klärung und Aufbereitung dessen, was ich *Semiotik* nenne, das ist die Lehre von der wesentlichen Natur und grundlegenden Variationen möglicher Semiosen; und ich finde das Gebiet zu weit, die Arbeit zu groß für einen Avantgardisten.« Er erkannte klar die Inadäquatheit der allgemeinen theoretischen Voraussetzungen in den Untersuchungen seiner Zeitgenossen. Der Name für seine Wissenschaft von den Zeichen geht zurück auf die σημειωτική der Antike. Peirce rühmte die Kenntnisse der antiken und mittelalterlichen Logiker, »Denker ersten Ranges«, und machte reichlich Gebrauch von ihnen, während er das übliche »barbarische Toben« gegen »den unglaublichen Scharfsinn der Scholastiker« streng verurteilte. 1903 sprach er die feste Überzeugung aus, daß, wenn die damalige »Lehre von den Zeichen« nicht in Vergessenheit geraten, sondern mit Eifer und Geist weiter verfolgt worden wäre, das 20. Jahrhundert mit so lebenswichtigen Spezialwissenschaften wie zum Beispiel der Sprachwissenschaft hätte beginnen können, die »in einer fraglos fortgeschritteneren Verfassung wären, als man es sich unter den gegebenen Umständen für die Mitte dieses Jahrhunderts versprechen kann«.

Seit Ende des letzten Jahrhunderts ist von Saussure mit Nachdruck eine ähnliche Lehre vertreten worden. Er nannte sie, selbst vom griechischen Impetus angeregt, Semiologie und erhoffte sich von diesem neuen Wissenschaftszweig, daß er das Wesen der Zeichen und die ihnen innewohnenden Gesetze erhelle. Seiner Ansicht nach sollte die Sprachwissenschaft nur einen Teil dieser allgemeinen Wissenschaft ausmachen. Sie hätte festzustellen, welche Eigenschaften die Sprache zu einem gesonderten System innerhalb der Gesamtheit der »semiologischen Fakten« machen. Es wäre interessant, herauszufinden, ob es irgendeine genetische Beziehung zwischen den Bemühungen der beiden Gelehrten um diese vergleichende Untersuchung von Zeichensystemen gibt oder nur eine Konvergenz.

Die Entwürfe von Peirce zur Semiotik, die sich über einen Zeitraum von fünfzig Jahren erstrecken, sind von epochaler Bedeutung. Wären sie nicht zum größten Teil bis in die dreißiger Jahre unveröffentlicht geblieben oder hätten die Sprachwissenschaftler wenigstens seine veröffentlichten Werke gelesen, dann hätten die Entwürfe sicher einen beispiellosen Einfluß auf die internationale Entwicklung der Sprachtheorie ausgeübt.

Peirce unterscheidet ebenfalls klar zwischen den »materiellen Eigenschaften«, dem *signans* eines Zeichens, und seinem »unmittelbaren Interpretanten«, dem *signatum*. Zeichen (oder *representamina* in der Terminologie von Peirce) weisen drei Grundarten der Semiosis auf, drei unterschiedliche »Darstellungsqualitäten«, die auf unterschiedlichen Beziehungen zwischen *signans* und *signatum* beruhen. Dieser Unterschied ermöglicht es ihm, drei Grundtypen von Zeichen zu unterscheiden:

1. Das *Ikon* (Abbild) wirkt in erster Linie durch eine tatsächliche Ähnlichkeit zwischen seinem *signans* und seinem *signatum*, etwa zwischen dem Bild eines Tieres und dem gemalten Tier; ersteres steht für letzteres »nur weil es ihm ähnelt.«

2. Der *Index* (Anzeichen) wirkt in erster Linie durch eine tatsächliche vorgegebene Kontiguität zwischen seinem *signans* und seinem *signatum*, und »psychologisch gesehen ist die Wirkung von Indizes bedingt durch Assoziation durch Kontiguität«. Zum Beispiel ist Rauch ein Index für ein Feuer, und das sprichwörtliche Wissen »Wo Rauch ist, da ist auch Feuer« erlaubt einem Interpreten, von Rauch auf die Existenz

von Feuer zu schließen, unabhängig davon, ob das Feuer absichtlich angezündet wurde, um Aufmerksamkeit zu erregen, oder nicht. Robinson Crusoe fand einen Index; sein *signans* war ein Fußabdruck im Sand und das erschlossene *signatum* die Anwesenheit eines menschlichen Wesens auf seiner Insel. Die Beschleunigung des Pulses als mögliches Symptom für Fieber ist nach Peirce ein Index, und in solchen Fällen verschmilzt seine Semiotik tatsächlich mit der medizinischen Erforschung von Krankheitssymptomen, die Semeiotik, Semeiologie oder Symptomatologie genannt wird.

3. Das *Symbol* wirkt in erster Linie durch eine gesetzte, erlernte Kontiguität zwischen *signans* und *signatum*. Die Verbindung »besteht darin, daß sie eine Regel ist«, und hängt nicht von der Anwesenheit oder Abwesenheit irgendeiner Ähnlichkeit oder psychischen Kontiguität ab. Die Kenntnis dieser konventionellen Regel ist für den Interpreten jedes gegebenen Symbols notwendig, und einzig und allein wegen dieser Regel wird das Zeichen tatsächlich interpretiert. Ursprünglich wurde das Wort *Symbol* auch von Saussure und seinen Schülern in einem ähnlichen Sinne gebraucht; später jedoch war Saussure gegen diesen Ausdruck, weil er im herkömmlichen Sinne eine natürliche Verbindung zwischen dem *signans* und dem *signatum* einschließt (zum Beispiel das Symbol der Gerechtigkeit – eine Waage). In seinen Aufzeichnungen wurden die konventionellen Zeichen, die zu einem konventionellen System gehören, versuchsweise *Seme* genannt, während Peirce den Ausdruck *Sem* für einen speziellen, ganz anderen Zweck gewählt hatte. Es genügt, Peirce' Gebrauch des Ausdrucks *Symbol* den verschiedenen Bedeutungen von *Symbolismus* gegenüberzustellen, um die Gefahr ärgerlicher Mehrdeutigkeiten zu bemerken. Das Fehlen eines geeigneteren Ersatzwortes zwingt uns jedoch, den von Peirce eingeführten Ausdruck vorläufig beizubehalten.

Die bisher zusammengefaßten Überlegungen zur Semiotik lassen die Frage, die in Platons faszinierendem Dialog *Kratylos* scharfsinnig diskutiert wird, wieder aufleben: Verbindet die Sprache Form und Inhalt »von Natur aus« (φύσει), worauf der Titelheld besteht, oder »durch Übereinkunft« (θέσει) gemäß der Gegenargumente des Hermogenes? Sokrates, der Vermittler in Platons Dialog, ist geneigt, zuzustimmen, daß Darstellung durch Ähnlichkeit dem Gebrauch willkürlicher Zeichen überlegen ist, doch trotz der Plausibilität der Argumente für die Ähnlichkeit fühlt er sich gezwungen, einen komplementären Faktor – Konventionalität, Sitte, Gewohnheit – zuzugestehen.

Unter den Gelehrten, die diese Frage, den Spuren von Platons Hermogenes folgend, behandelt haben, nimmt Dwight Whitney (1827–1894), ein Sprachwissenschaftler von der Yale-Universität, einen wichtigen Platz ein. Whitney übte auf das sprachwissenschaftliche Denken Europas durch die These von der Sprache als einer sozialen Institution einen starken Einfluß aus. In seinen grundlegenden Werken der sechziger und siebziger Jahre des 19. Jahrhunderts wurde die Sprache als ein System willkürlicher und konventioneller Zeichen (Platons ἐπιτυχόντα und συνθήματα) definiert. Diese Lehre wurde von F. de Saussure übernommen und erweitert und fand Eingang in die posthume Ausgabe seines *Cours de linguistique générale*, die von seinen Schülern C. Bally und A. Sechehaye (1916) besorgt wurde.[5] Der Lehrer sagt: »Aber im wesentlichen scheint uns der amerikanische Linguist recht zu haben: Die Sprache ist eine Übereinkunft, und die Natur des Zeichens, bezüglich dessen man übereingekommen ist, bleibt gleichgültig« (26). Willkürlichkeit wird als erstes der beiden Grundprinzipien genannt, um die Natur des sprachlichen Zeichens zu bestimmen: »Das Band, das *signans* und *signatum* eint, ist willkürlich« (100). Der Kommentar vermerkt, daß dieser Grundsatz von niemanden bestritten worden sei, »aber es ist oft leichter, eine Wahrheit zu entdecken, als ihr den gehörigen Platz anzuweisen. Dieser Grundsatz beherrscht die ganze Wissenschaft von der Sprache; die Folgerungen daraus sind unzählig« (100). A. Meillet und J. Vendryès haben ebenso wie Bally und Sechehaye das »Fehlen einer Verbindung zwischen Laut und Bedeutung« betont, und Bloomfield wiederholte den gleichen Grundsatz: »Die Formen der Sprache sind willkürlich.«
Tatsächlich fand die Saussuresche Lehre von den willkürlichen Zeichen bei weitem nicht allgemeine Zustimmung.

Nach Otto Jespersens Meinung (1916) wurde die Rolle der Willkürlichkeit in der Sprache maßlos überbetont, und es sei weder Whitney noch Saussure gelungen, das Problem der Beziehung zwischen Laut und Bedeutung zu lösen. J. Damourette und E. Pichons sowie D. Bolingers Erwiderungen hierauf trugen den gleichen Titel: »Le signe n'est pas arbitraire« (1927), »The sign is not arbitrary« (1949). É. Benveniste betonte in seinem zeitgemäßen Essay »Nature du signe linguistique« (1939) die entscheidende Tatsache, daß das Band zwischen *signans* und *signatum* nur für einen außenstehenden fremden Betrachter bloßer Zufall sei, während diese Verbindung für den einheimischen Sprecher derselben Sprache eine Notwendigkeit darstelle.[6]
Saussures Grundforderung nach einer immanenten sprachlichen Analyse eines jeden idiosynchronischen Systems entkräftet offensichtlich den Hinweis auf Laut- und Bedeutungsunterschiede in Raum und Zeit als Argument für die willkürliche Beziehung zwischen den beiden Konstituenten des sprachlichen Zeichens. Die schweizerdeutsche Bauersfrau, die gefragt haben soll, warum Käse bei ihren französischen Landsleuten *fromage* heiße – »Käse ist doch viel natürlicher!« –, zeigt eine Einstellung, die weit mehr im Sinne von Saussure liegt als die Ansicht derjenigen, die behaupten, daß jedes Wort ein willkürliches Zeichen sei, an dessen Stelle irgendein anderes für den gleichen Zweck verwendet werden könne. Aber beruht diese natürliche Notwendigkeit ausschließlich auf reiner Gewohnheit? Fungieren sprachliche Zeichen – weil sie Symbole sind – »nur dadurch, daß es eine Gewohnheit gibt«, ein *signans* mit seinem *signatum* zu assoziieren?
Eines der wichtigsten Kennzeichen von Peirce' Zeichenklassifikation ist seine scharfsinnige Erkenntnis, daß der Unterschied zwischen den drei Grundklassen von Zeichen nur in einem Unterschied der relativen Hierarchie besteht. Weder das Vorhandensein oder Fehlen von Ähnlichkeit oder Kontiguität zwischen *signans* und *signatum* noch die rein faktische oder rein gesetzte, gewohnheitsmäßige Verbindung zwischen den beiden Konstituenten liegt der Einteilung der Zeichen in Ikons, Indizes und Symbole zugrunde, sondern allein die

Dominanz eines dieser Faktoren über die anderen. So bezieht sich der Gelehrte auf »Ikons, in denen die Ähnlichkeit von konventionellen Regeln unterstützt wird«. Man mag sich auch an die verschiedenen Techniken der Perspektive erinnern, die der Betrachter lernen muß, um die Gemälde verschiedener Kunstschulen richtig zu erfassen. Die Unterschiede in der Größe der Gestalten haben in den verschiedenen Codes der Malerei unterschiedliche Bedeutung. In gewissen mittelalterlichen Maltraditionen werden Schurken besonders und durchweg im Profil dargestellt, in der altägyptischen Kunst nur mit vollem Gesicht. Peirce behauptet: »Es wäre schwer, wenn nicht gar unmöglich, wollte man ein Beispiel für einen vollkommen reinen Index anführen oder ein Zeichen finden, das überhaupt keine indexikalische Qualität hat« (2.306).[7] Ein so typischer Index wie ein zeigender Finger hat in verschiedenen Kulturkreisen unterschiedliche Konnotationen; in gewissen südafrikanischen Stämmen zum Beispiel wird der Gegenstand, auf den gezeigt wird, auf diese Weise verdammt. Andererseits »wird das Symbol eine Art Index enthalten«, und »ohne Indizes ist es uns unmöglich, das, worüber man spricht, zu benennen«.

Peirce' Beschäftigung mit den verschiedenen Rangordnungen der Beteiligung der drei Funktionen an allen drei Zeichentypen und besonders seine gewissenhafte Beachtung der indexikalischen und ikonischen Komponenten in sprachlichen Symbolen sind eng mit seiner These verbunden, daß »die vollkommensten Zeichen« diejenigen seien, in denen »die ikonischen, indexikalischen und symbolischen Züge so gleichmäßig wie möglich miteinander verschmolzen sind« (4.448). Im Gegensatz dazu ist Saussures Beharren auf dem konventionellen Charakter der Sprache mit seiner Behauptung verbunden, daß »die völlig willkürlichen Zeichen am geeignetsten sind, das Optimum des Zeichenprozesses zu erfüllen.«

Die indexikalischen Elemente der Sprache sind in meinem Aufsatz »Shifters, Verbal Categories, and the Russian Verb«[8] behandelt. Wir möchten nun versuchen, uns der sprachlichen Struktur in ihrem ikonischen Aspekt zu nähern und eine Antwort auf Platons Frage zu geben, durch welche Art der

Nachahmung (μίμησις) die Sprache das *signans* mit dem *signatum* verbindet.

Die Verbkette *veni, vidi, vici* teilt uns in erster Linie etwas über die Reihenfolge von Caesars Taten mit, da die Folge der miteinander verbundenen Vergangenheitsformen dazu dient, die Abfolge der berichteten Ereignisse wiederzugeben. Die zeitliche Folge der Sprechereignisse zielt darauf ab, die Reihenfolge der berichteten Ereignisse in ihrer Zeit- und Rangfolge widerzuspiegeln. Eine Folge wie »der Präsident und der Staatssekretär nahmen an der Konferenz teil« ist bei weitem üblicher als die umgekehrte Reihenfolge, da die Anfangsstellung im Satz den Vorrang in der offiziellen Hierarchie wiedergibt.

Die Entsprechung in der Ordnung zwischen *signans* und *signatum* findet in den von Peirce skizzierten »Grundarten möglicher Semiosen« ihren richtigen Platz. Bei den Ikons stellte er zwei verschiedene Unterklassen heraus: Bilder (*images*) und Diagramme (*diagrams*). Das *signans* stellt bei den Bildern »die einfachen Eigenschaften« des *signatum* dar, wohingegen die Ähnlichkeit zwischen dem *signans* und dem *signatum* bei den Diagrammen »nur hinsichtlich der Beziehungen ihrer Teile besteht«. Peirce definierte das Diagramm als ein »Repräsentamen, das in erster Linie ein Ikon der Beziehung ist und das dabei von Konventionen gestützt wird«. Ein solches »Ikon intelligibler Beziehungen« kann an zwei Rechtecken verschiedener Größe exemplifiziert werden, die einen quantitativen Vergleich der Stahlproduktion in den USA und in der UdSSR veranschaulichen. Die Beziehungen im *signans* entsprechen den Beziehungen im *signatum*. In so typischen Diagrammen wie statistischen Kurven bietet das *signans* eine ikonische Analogie mit dem *signatum* sowie zur Beziehung seiner Teile. Wenn ein chronologisches Diagramm die Rate des Bevölkerungszuwachses mit einer gepunkteten Linie symbolisiert und die Sterblichkeit mit einer fortlaufenden Linie, dann sind dies in Peirce' Redeweise »symbolische Eigenschaften«. Die Theorie der Diagramme nimmt in Peirce' semiotischen Untersuchungen einen wichtigen Platz ein; er anerkennt ihre beträchtlichen Verdienste, die auf der »wahrhaft ikonischen, natürlichen Analogie zu dem dargestellten Gegenstand« beruhen. Die Diskussion verschiedener Arten von Diagrammen führt ihn zu der Versicherung, daß »jede algebraische Gleichung ein Ikon ist, insofern es mittels algebraischer Zeichen (die selbst keine Ikons sind) die Verhältnisse der entsprechenden Anzahlen darstellt«. Eine algebraische Formel scheint ein Ikon zu sein, »das durch die Regeln der Kommutation, Assoziation und Distribution der Symbole zu einem solchen geworden ist«. »So ist Algebra nichts anderes als eine Art Diagramm« und »Sprache ist nichts anderes als eine Art Algebra«. Peirce sah klar, daß »die Anordnung der Wörter im Satz zum Beispiel als Ikon dienen muß, damit der Satz verstanden werden kann«.

Bei der Diskussion der von J. H. Greenberg ermittelten grammatischen Universalien und Beinahe-Universalien bemerkte ich, daß die Anordnung bedeutungstragender Elemente aufgrund ihres greifbar ikonischen Charakters eine besonders deutliche universalistische Tendenz zeigt.[9] Genau deshalb ist die Voranstellung des Bedingungssatzes in bezug auf die Folgerung (*conclusio*) die einzig zulässige oder primäre, neutrale, merkmallose Reihenfolge in den Konditionalsätzen aller Sprachen. Wenn fast überall, wieder nach Greenbergs Daten, die einzige oder zumindest die vorherrschende Grundanordnung in Aussagesätzen mit einem nominalen Subjekt und Objekt eine solche ist, bei der das Subjekt vor dem Objekt steht, dann gibt offenbar dieses grammatische Verfahren die Hierarchie der grammatischen Begriffe wieder. Das Subjekt, von dem die Handlung ausgesagt wird, wird in Edward Sapirs Worten »als Ausgangspunkt, als der ›Ausführende‹ der Handlung verstanden« im Gegensatz zum »Endpunkt, dem ›Objekt‹ der Handlung«. Das Subjekt, das einzige unabhängige Glied im Satz, bestimmt, worüber die Mitteilung erfolgt. Welche tatsächliche Stellung das *agens* auch immer haben mag, es wird notwendigerweise zum Helden der Mitteilung gemacht, sobald es die Rolle des Subjekts der Mitteilung übernimmt. ›Der Knecht bedient den Herrn.‹ Trotz der Rangordnung richtet sich die Aufmerksamkeit zuallererst auf den Knecht als *agens,* wendet sich dann dem Bedienen, dem ›Ziel‹ seiner Handlung zu und dem Herrn, der bedient wird. Wenn jedoch das Prädikat statt der bewirkten

Handlung eine erlittene Handlung bezeichnet, dann erhält das *patiens* die Rolle des Subjekts: ›Der Herr wird vom Knecht bedient‹. Die nicht mögliche Auslassung des Subjekts und die fakultative Setzung des Objekts unterstreichen die erörterte Hierarchie: ›Der Knecht bedient; der Herr wird bedient‹. Die Prädikation ist, wie es Jahrhunderte grammatischer und logischer Untersuchungen ans Licht gebracht haben, so grundlegend verschieden von allen anderen semantischen Funktionen, daß ein krampfhaftes Rationalisieren mit dem Ziel, Subjekt und Objekt einander gleichzusetzen, kategorisch zu verwerfen ist.

Die Erforschung der Diagramme hat in der modernen Graphemik eine weitere Entwicklung erfahren. Wenn der Linguist das anregende Buch *Structural Models* (1965) von F. Harary, R. Z. Norman und D. Cartwright mit seiner eingehenden Beschreibung vielfältig angeordneter Graphen liest, so wird er von ihrer offensichtlichen Analogie zu grammatischen Strukturen beeindruckt sein. Die isomorphe Anordnung von *signans* und *signatum* zeigt in beiden semiotischen Gebieten sehr ähnliche Verfahren, die eine genaue Übertragung grammatischer, besonders syntaktischer Strukturen, in Graphen erleichtert. Solche sprachlichen Eigenschaften wie das Verbundensein sprachlicher Einheiten miteinander und mit der Anfangs- und Endgrenze der Folge, die unmittelbare Nachbarschaft und der Abstand, die Zentralität und die Peripheralität, die symmetrischen Beziehungen und die elliptische Auslassung einzelner Komponenten finden ihre genaue Entsprechung im Aufbau der Graphen. Die genaue Übersetzung eines ganzen syntaktischen Systems in eine Menge von Graphen erlaubt es uns, die diagrammatischen, ikonischen Formen der Beziehungen von den streng konventionellen, symbolischen Eigenschaften des Systems zu trennen.
Nicht nur die Verbindung von Wörtern zu syntaktischen Gruppen, sondern auch die Verbindung von Morphemen zu Wörtern zeigt eindeutig diagrammatischen Charakter. Sowohl in der Syntax wie auch in der Morphologie stimmt jede Teil-Ganzes-Beziehung mit Peirce' Definition der Diagramme und ihrem ikonischen Charakter überein. Der

wesentliche semantische Unterschied zwischen Wurzeln als lexikalischen und Affixen als grammatischen Morphemen findet einen graphischen Ausdruck in ihrer unterschiedlichen Stellung innerhalb des Wortes. Affixe, besonders Flexionssuffixe, unterscheiden sich in den Sprachen, in denen sie vorkommen, von anderen Morphemen normalerweise durch eine begrenzte und selektive Verwendung von Phonemen und deren Kombinationen. So sind die einzigen Konsonanten, die in den produktiven Flexionssuffixen des Englischen verwendet werden, dentale Dauer- und Verschlußlaute und ihre Kombination -st. Von den 24 Engelauten des russischen Konsonantensystems fungieren nur vier Phoneme, die in auffälliger Opposition zueinander stehen, als Flexionssuffixe.

Die Morphologie ist reich an Beispielen alternierender Zeichen, die eine gleichwertige Beziehung zwischen *signans* und *signatum* aufweisen. So findet man in verschiedenen indoeuropäischen Sprachen beim Positiv, Komparativ und Superlativ des Adjektivs eine allmähliche Zunahme der Anzahl der Phoneme, zum Beispiel *high – higher – highest, altus – altior – altissimus*. Auf diese Weise spiegelt das *signans* die Steigerungsleiter des *signatum*.

Es gibt Sprachen, in denen die Pluralformen vom Singular durch ein zusätzliches Morphem unterschieden werden, wohingegen es nach Greenberg keine Sprache gibt, in der diese Beziehung umgekehrt wäre und die Pluralformen im Gegensatz zu den Singularformen gänzlich ohne solch ein zusätzliches Morphem wären. Das *signans* des Plurals neigt dazu, die Bedeutung einer numerischen Zunahme durch eine zunehmende Länge in der Form nachzuahmen. Vergleiche die finiten Verbformen des Singulars und die entsprechenden Pluralformen mit längeren Endungen: 1. *je finis – nous finissons*, 2. *tu finis – vous finissez*, 3. *il finit – ils finissent*; oder im Polnischen: 1. *znam* (ich weiß) *– znamy*, 2. *znasz – znacie*, 3. *zna – znają*. Bei der Deklination der russischen Substantive sind die tatsächlichen (Nicht-Null-)Endungen im Plural länger als in der Singularform desselben grammatischen Kasus. Wenn man die verschiedenen historischen Prozesse verfolgt, die in verschiedenen slavischen Sprachen unablässig das Diagramm ›längere Pluralformen/kürzere Singularformen‹ aufbauten, dann erweist es sich, daß diese und viele ähnliche Faktoren sprachlicher Erfahrung im Widerspruch stehen zu Saussures Behauptung, daß »es in der Lautstruktur des *signans* nichts gibt, was irgendeine Ähnlichkeit mit dem Wert oder der Bedeutung des Zeichens haben könnte«.

Saussure selbst schwächte sein »Grundprinzip der Willkürlichkeit« durch die Einführung einer Unterscheidung zwischen »radikal« und »relativ« willkürlichen Elementen in der Sprache ab. Zur letztgenannten Kategorie rechnete er jene Zeichen, die auf der syntagmatischen Achse in Konstituenten – die auf der paradigmatischen Ebene identifizierbar sind – zerlegt werden können. Jedoch könnten auch solche Formen wie französisch *berger* (von *berbicarius*) ›Hirte‹, Saussures Meinung nach ein »völlig unmotiviertes Zeichen«, einer ähnlichen Analyse unterworfen werden, da *-er* mit anderen Exemplaren dieses Agenssuffixes verbunden ist und in anderen Wörtern der gleichen paradigmatischen Reihe dieselbe Stelle einnimmt wie in *vacher*, ›Kuhhirt‹, usw. Außerdem muß die Untersuchung der Verbindung zwischen *signans* und *signatum* grammatischer Morpheme nicht nur die Fälle in Betracht ziehen, in denen ihre formale Identität vollkommen ist, sondern auch solche, in denen verschiedene Affixe eine bestimmte grammatische Funktion und eine konstante phonologische Eigenschaft gemeinsam haben. So enthält der Instrumentalis im Polnischen in seinen verschiedenen Endungen für die verschiedenen Genera, Numeri und Redeteile stets eine nasale Eigenschaft in seinem letzten Konsonanten oder Vokal. Im Russischen erscheint das Phonem m (in der Form zweier automatischer Alternanten – eine mit, die andere ohne Palatalisierung) in den Endungen der Randkasus (Instrumentalis, Dativ, Lokativ), nie aber in den anderen Klassen der grammatischen Fälle. Daher können einzelne Phoneme oder distinktive Eigenschaften innerhalb der grammatischen Morpheme als autonome Anzeichen bestimmter grammatischer Kategorien dienen. Saussures Bemerkung über »die Funktion der relativen Motivation« kann auf solche Leistungen der morphologischen Untereinheiten angewandt werden: »Der Geist bringt es fertig, in bestimmte Teile des Zeichenkorpus ein Prinzip der Ordnung und Regelmäßigkeit einzuführen.«

Saussure erkannte zwei Tendenzen in der Sprache – die Tendenz, das lexikalische Werkzeug, das heißt das unmotivierte Zeichen zu benutzen, sowie den Vorzug des grammatischen Werkzeugs, mit anderen Worten, der Konstruktionsregeln. Das Sanskrit schien ihm ein Beispiel für ein äußerst grammatisches, maximal motiviertes System zu sein, wohingegen er im Französischen, verglichen mit dem Lateinischen, jene »absolute Willkürlichkeit« fand, »die in der Tat die eigentliche Voraussetzung für das sprachliche Zeichen ist«. Es ist bemerkenswert, daß Saussures Klassifikation nur auf morphologische Kriterien zurückgriff und die Syntax außer acht ließ.

Dieses übervereinfachte, bipolare Schema wird durch die Einsichten von Peirce, Sapir und Whorf in größere syntaktische Problemkomplexe wesentlich verbessert. Besonders Benjamin Whorf mit seiner Betonung des »algebraischen Charakters der Sprache« verstand es, die »Muster der Satzstrukturen« aus den einzelnen Sätzen zu abstrahieren, und vertrat die Ansicht, daß »der Gestaltungsaspekt (*patternment aspect*) der Sprache sich immer über die *lexation* oder den Namengebungsaspekt hinwegsetzt und ihn kontrolliert«. So werden die deutlich diagrammatischen Konstituenten im System der sprachlichen Symbole universal dem Wortschatz aufgeprägt.

Wenn wir die Grammatik verlassen und die streng lexikalischen Probleme der Wurzeln und nicht weiter zerlegbaren Einmorphemwörter (die στοιχεῖα und πρῶτα ὀνόματα des Lexikons, wie sie im *Kratylos* genannt werden) betrachten, dann müssen wir uns – wie es die Beteiligten von Platons Dialog – fragen, ob es ratsam wäre, an diesem Punkt aufzuhören und die Diskussion über die innere Beziehung von *signans* und *signatum* zu beenden, oder ob man ohne kluge Ausflüchte »das Spiel zu Ende spielen und in diese Fragen tiefer eindringen muß«.

Im Französischen ist *ennemi* nach Saussures Meinung »durch

nichts motiviert«. Trotzdem wird ein Franzose in dem Ausdruck *ami et ennemi* kaum die Verwandtschaft dieser beiden nebeneinander gestellten Reimwörter übersehen können. *Father*, *mother* und *brother* können nicht in eine Wurzel und ein Suffix zerlegt werden, die zweite Silbe dieser Verwandtschaftsbezeichnungen wird jedoch als eine Art phonologische Anspielung auf ihre semantische Verwandtschaft empfunden. Es gibt keine synchronischen Regeln, die die etymologische Verbindung zwischen *-ten*, *-teen* und *-ty* sowie zwischen *three*, *thirty* und *third* oder *two*, *twelve*, *twenty*, *twi-* und *twin* bestimmen, trotzdem verbindet noch immer eine offensichtlich paradigmatische Beziehung diese Formen zu geschlossenen Familien. Wie undurchsichtig auch das Wort *eleven* sein mag, man kann doch eine gewisse Verbindung mit der Lautform des Wortes *twelve*, die durch die unmittelbare Nachbarschaft der beiden Zahlwörter gestützt wird, erfassen.

Eine vulgarisierte Anwendung der Informationstheorie könnte uns verleiten, bei aufeinanderfolgenden Zahlwörtern eine Tendenz zur Dissimilation zu erwarten wie im Falle der Änderung von *zwei* zu *zwo*, die von der Berliner Telefonzentrale eingeführt wurde, um jede Verwechslung mit *drei* zu vermeiden. In verschiedenen Sprachen herrscht jedoch bei benachbarten Kardinalzahlen eine entgegengesetzte assimilatorische Tendenz vor. So kann man im Russischen feststellen, daß sich zwei benachbarte einfache Zahlwörter allmählich in ihrer Lautgestalt einander angleichen, zum Beispiel *sem'* (7) – *vosem'* (8), *devjat'* (9) – *desjat'* (10). Die Ähnlichkeit der *signantia* verstärkt die paarweise Gruppierung der Zahlzeichen. Bildungen wie *slithy* aus *slimy* und *lithe* und die vielen verschiedenen Bildungen von Misch- und Schachtelwörtern weisen auf eine gegenseitige Bindungskraft der einfachen Wörter hin, die zu einem engen Zusammenwirken ihrer *signantia* und *signata* führt.

Der oben zitierte Aufsatz von D. L. Bolinger dokumentiert in überzeugender Weise »die ungeheure Bedeutung gegenseitiger Beeinflussung« zwischen Laut und Bedeutung und gleichzeitig, »daß die Konstellationen von Wörtern, die ähnliche Bedeutung haben, an ähnliche Laute gebunden sind«, welches auch immer der Ursprung solcher Konstellationen sein mag (zum Beispiel *bash, mash, smash, crash, dash, lash, hash, rash, brash, clash, trash, plash, splash* und *flash*). Solche Wörter grenzen an lautmalende Wörter, wo Fragen nach dem Ursprung für die synchronische Analyse wiederum ganz unwesentlich sind.

Die Paronomasie, eine semantische Gegenüberstellung phonologisch ähnlicher Wörter ohne Rücksicht auf irgendeinen etymologischen Zusammenhang, spielt im Leben der Sprache eine erhebliche Rolle. So beruht das Wortspiel in der Überschrift eines Zeitungsartikels »Multilateral Force or Farce?« auf einer Vokalapophonie. In dem russischen Sprichwort *Síla solómu lómit* (›Macht bricht Stroh‹) wird die Beziehung zwischen dem Prädikat *lómit* und dem Objekt *solómu* durch eine Quasi-Einverleibung der Wurzel *lóm-* in die Wurzel *solóm-* vertieft. Das Phonem *l* in der unmittelbaren Nähe des betonten Vokals erscheint in allen drei Gliedern des Satzes und hält sie zusammen. Beide Konsonanten des Subjektes *síla* werden in der gleichen Reihenfolge im Objekt wiederholt, das sozusagen die phonologische Struktur des ersten und des letzten Wortes des Sprichwortes synthetisiert. Dennoch hat das Ineinanderspielen von Laut und Bedeutung auf einer rein lexikalischen Ebene nur latenten und virtuellen Charakter, wohingegen in Syntax und Morphologie (sowohl der Flexion als auch der Ableitung) die intrinsische, diagrammatische Beziehung zwischen *signans* und *signatum* offensichtlich und obligatorisch ist.

Eine Teilähnlichkeit zwischen zwei *signata* kann durch eine Teilähnlichkeit der *signantia* wiedergegeben werden, wie in den oben diskutierten Beispielen, oder durch eine völlige Identität der *signantia* wie im Falle lexikalischer Tropen. *Star* meint entweder einen Himmelskörper oder eine Person – beide zeichnen sich dadurch aus, daß sie alles andere überstrahlen. Eine charakteristische Eigenschaft solcher asymmetrischer Paare ist eine Hierarchie der beiden Bedeutungen – die erste Bedeutung ist die primäre, zentrale, eigentliche, kontextfreie, die andere die sekundäre, marginale, bildhafte, übertragene, kontextgebundene. Die Metapher (oder Metonymie) ist die Übertragung eines *signans* auf ein sekundäres *signatum*, das durch Ähnlichkeit (oder Kontiguität) mit dem primären *signatum* verbunden ist.

Die grammatischen Alternationen innerhalb der Wurzeln bringen uns wieder in das Gebiet der regelmäßigen morphologischen Prozesse zurück. Die Selektion alternierender Phoneme kann rein konventionell sein wie zum Beispiel der Gebrauch der Palatalvokale im jiddischen Umlautplural, der von Sapir angeführt wird: *tog* ›Tag‹ – *teg* ›Tage‹, *fus* ›Fuß‹ – *fis* ›Füße‹ usw. Es gibt jedoch Fälle analogischer grammatischer »Diagramme«, bei denen der ikonische Wert in den Alternanten selbst offenbar ist, wie zum Beispiel die teilweise oder völlige Wiederholung der Wurzel in den Plural-, Iterativ-, Durativ- oder Augmentativformen verschiedener afrikanischer und amerikanischer Sprachen. Die Vorstellung der Diminution wird in baskischen Dialekten durch die Palatalisierung, die die Tonalität der Konsonanten erhöht, erreicht. Der Ersatz tiefer Vokale oder Konsonanten durch helle, kompakter durch diffuse, andauernder durch nicht-andauernde, ungedeckte durch gedeckte (glottalisierte), der in einigen amerikanischen Sprachen verwendet wird, »um der Bedeutung eines Wortes eine Idee der Verkleinerung hinzuzufügen«, und die umgekehrten Ersetzungen, um einen augmentativen, intensiven Grad auszudrücken, beruhen auf einem latenten synästhetischen Wert, der gewissen phonologischen Gegensätzen eigen ist. Dieser Wert, der leicht durch Tests und Experimente der Lautwahrnehmung festgestellt werden kann und in der Kindersprache besonders offensichtlich ist, kann ganze Skalen »diminutiver« oder »augmentativer« Bedeutung bilden, die ihren neutralen Bedeutungen gegenübergestellt werden. Das Vorhandensein eines tiefen oder hellen Phonems in der Wurzel eines Dakota- oder Chinook-Wortes gibt für sich allein noch keinen höheren oder niederen Intensitätsgrad an. Dagegen bildet das gleichzeitige Vorhandensein zweier alternierender Lautformen ein und derselben Wurzel einen diagrammartigen Parallelismus zwischen dem Gegensatz zweier Tonebenen in den *signantia* und dem Ggensatz von zwei verschiedenen Werten in den entsprechenden *signata*.

Abgesehen von diesen relativ seltenen Fällen der Ausnutzung in der Grammatik, wird der autonome ikonische Wert phonologischer Gegensätze bei rein kognitiven Mitteilungen abgeschwächt, während er in der dichterischen Sprache besonders offensichtlich wird. Stéphane Mallarmé, der für die Lautstruktur der Sprache erstaunlich empfänglich war, bemerkt in seinem Essay »Crise de vers«, daß das Wort *ombre* tatsächlich den Eindruck von Schatten vermittle, *ténèbres* jedoch (mit seinen hellen Vokalen) kein Gefühl der Dunkelheit suggeriere; und er fühlte sich tief getäuscht durch die Zuweisung der Bedeutung ›Tag‹ zu dem Wort *jour* und ›Nacht‹ zu dem Wort *nuit*, trotz des dunklen Klanges des ersteren und des hellen beim letzteren. Die Dichtung jedoch »entschädigt für die Fehler der Sprache«, wie der Dichter sagt. Eine aufmerksame Lektüre der Tag- und Nachtbilder in der französischen Dichtung zeigt, wie *nuit* dunkler und *jour* heller wird, wenn *nuit* in der Umgebung eines Kontextes mit dunklen und tiefen Vokalen steht und wenn *jour* in einer Folge von hellen Phonemen aufgeht.[10] Selbst in der Alltagssprache kann, wie der Semantiker Stephan Ullmann bemerkte, eine passende phonologische Umgebung die expressive Qualität eines Wortes verstärken. Wenn die Vokalverteilung zwischen dem lateinischen *dies* und *nox* oder dem tschechischen *den* und *noc* genau richtig ist für das dichterische Chiaroscuro, so umgibt die französische Dichtung die »widersprüchlichen« Wörter mit geschickten Kontexten oder aber sie ersetzt das Bild des Tageslichtes und der Dunkelheit der Nacht durch die Gegenüberstellung eines schweren, drückenden Tages und einer luftigen Nacht, denn diese Gegenüberstellung wird durch eine weitere synästhetische Konnotation gestützt, die die tiefe Tonalität dunkler Phoneme mit Schwerem und entsprechend die hohe Tonalität heller Phoneme mit Leichtem assoziiert.

Die dichterische Sprache offenbart zwei Faktoren, die in der Lautstruktur wirksam sind: die Auswahl und die Verbindung der Phoneme und ihrer Komponenten. Die evokative Macht dieser beiden Faktoren ist, obwohl verborgen, in unserem alltäglichen Sprachverhalten gleichwohl enthalten.

Das letzte Kapitel von Jules Romains' Roman *Les amours*

enfantines trägt die Überschrift »Rumeur de la rue Réaumur«. Über den Namen dieser Straße in Paris sagt der Autor, er gleiche einem Lied ratternder Räder und verschiedener anderer Formen städtischen Treibens, Lärmens und Drängens. Diese Motive, die eng mit dem Thema des Hin- und Herströmens verwoben sind, sind in die Lautgestalt der *rue Réaumur* eingegangen. Die konsonantischen Phoneme dieses Namens sind nur sonorischer Natur; die Abfolge besteht aus vier stimmhaften Konsonanten (S) und vier Vokalen (V): SVSV – VSVS, eine Spiegelsymmetrie mit der Gruppe *ru* am Anfang und seiner Umkehrung *ur* am Ende. Die Anfangs- und Endsilben des Namens werden dreimal durch die sprachliche Umgebung wiederholt: *rue Réaumur, ru-meur, roues... mu*railles, tré*pida*tion, d'im*meu*bles. Die Vokale dieser entsprechenden Silben weisen drei phonologische Gegensätze auf: 1. dunkel (hinten) *versus* hell (vorne); 2. tief (gerundet) *versus* nicht-tief (ungerundet); 3. diffus (geschlossen) *versus* nicht-diffus (offen):

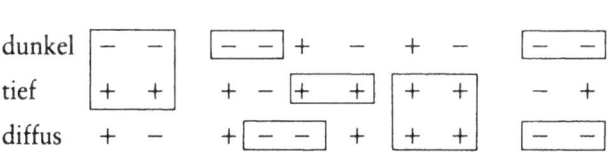

Das geschickte Ineinanderweben gleicher und kontrastierender Eigenschaften in diesem »Lied der ratternden Räder und rollenden Wägen«, das durch einen ganz gewöhnlichen Straßennamen wiedergegeben wird, gibt eine entschiedene Antwort auf Popes Forderung: »Der Laut muß ein Echo des Sinns sein.«

Als Saussure seine zwei Grundeigenschaften der Sprache – die Willkürlichkeit des Zeichens und die Linearität des *signans* – aufstellte, maß er beiden die gleiche grundlegende Bedeutung zu. Er war sich darüber im klaren, daß diese Gesetze, wenn sie zutreffen, »unberechenbare Folgen« haben und »den ganzen Sprachmechanismus« bestimmen würden. Das »System der Diagrammatisierung« jedoch, das im ganzen syntaktischen und morphologischen Bau der Sprache offenbar und obligatorisch, in seinem lexikalischen Aspekt jedoch latent und virtuell ist, entkräftet Saussures Lehre von der Willkürlichkeit, während das andere seiner beiden »Grundprinzipien« – die Linearität des *signans* – durch die Auflösung der Phoneme in distinktive Eigenschaften erschüttert worden ist. Mit der Aufhebung dieser Grundprinzipien erheischen ihre Korrelate ihrerseits eine Revision.

So eröffnet Peirce' anschaulicher und leicht eingänglicher Gedanke, daß »ein Symbol ein Ikon oder (lassen Sie mich diese Konjunktion in einer aktuellen Form schreiben: und/oder) ein Index in sich enthalten kann«, neue, dringende Aufgaben und weitreichende Ausblicke für die Sprachwissenschaft. Die Lehren dieses »Hinterwäldlers in der Semiotik« sind reich an lebenswichtigen Konsequenzen für die Sprachtheorie und -praxis. Die ikonischen und indexikalischen Konstituenten sprachlicher Symbole sind zu oft unterschätzt oder sogar überhaupt nicht beachtet worden; andererseits warten der überwiegend symbolische Charakter der Sprache und damit ihr grundlegender Unterschied zu anderen, in erster Linie indexikalischen oder ikonischen Zeichen ihrerseits auf eine angemessene Behandlung in der modernen linguistischen Methodologie.

Peirce' Lieblingszitat *Nominantur singularia, sed universalia significantur* stammt aus Johannes von Salisburys *Metalogicus*. Wieviel müßige und nichtssagende Polemiken hätten unter Sprachforschern vermieden werden können, wenn sie Peirce' *Speculative Grammar* beherrscht hätten und besonders ihre These, daß »ein echtes Symbol ein Symbol ist, das eine allgemeine Bedeutung hat« und daß diese Bedeutung ihrerseits »nur ein Symbol sein kann«, denn *omne symbolum de symbolo*. Ein Symbol vermag nicht nur auf einen bestimmten Gegenstand hinzuweisen und »bezeichnet notwendigerweise eine Art von Gegenstand«, sondern »es ist selbst eine Art und nicht ein einzelner Gegenstand«. Ein Symbol, zum Beispiel ein Wort, ist eine »allgemeine Regel«, die nur durch ihre Anwendung auf verschiedene Einzelfälle ihre Bedeutung erhält, nämlich die gesprochenen oder geschriebenen – gegenstandsähnlichen – *replicas*. Wie unterschiedlich auch die

Verkörperungen des Wortes sein mögen, es bleibt in allen Fällen seines Vorkommens »ein und dasselbe Wort«.

Die vorwiegend symbolischen Zeichen sind die einzigen, die kraft der ihnen innewohnenden allgemeinen Bedeutung Aussagen bilden können, während »Abbilder und Anzeichen nichts aussagen«. Eines von Peirce' posthumen Werken, das Buch *Existential Graphs* mit seinem beredten Untertitel »Mein Meisterwerk« beschließt die Analyse und Klassifikation der Zeichen mit einem kurzen Ausblick auf die schöpferische Kraft (ἐνέργεια) der Sprache: »Die Seinsweise des Symbols unterscheidet sich somit von der des Ikons und der des Index. Das Sein des Ikons gehört zur Erfahrung der Vergangenheit. Es existiert nur als ein Bild im Gedächtnis. Ein Index hat sein Sein in der Erfahrung des Augenblicks. Das Sein eines Symbols besteht in dem realen Faktum, daß, wenn bestimmten Bedingungen Genüge getan worden ist, etwas sicher zu einer Erfahrung werden wird. Es wird nämlich das Denken und Verhalten des Interpreten beeinflussen. Jedes Wort ist ein Symbol. Jeder Satz ist ein Symbol. Jedes Buch ist ein Symbol ... Der Wert eines Symbols liegt darin, daß es das Denken und Verhalten rational macht und uns gestattet, die Zukunft vorauszusagen.« Dieser Gedanke wurde von dem Philosophen wiederholt vorgebracht: dem indexikalischen *hic et nunc* hielt er ständig das »allgemeine Gesetz« entgegen, das jedem Symbol zugrunde liegt: »Was auch immer wirklich allgemein ist, bezieht sich auf die unbestimmte Zukunft, denn die Vergangenheit enthält nur eine bestimmte Sammlung solcher Fälle, die wirklich vorgekommen sind. Die Vergangenheit ist ein wirkliches Faktum. Ein allgemeines Gesetz kann jedoch nicht völlig verwirklicht sein. Es ist eine Möglichkeit; und seine Seinsweise ist ein *esse in futuro*.« Hier treffen sich das Denken des amerikanischen Logikers und die Vision von Velimir Chlebnikov, dem originellsten Dichter unseres Jahrhunderts, in dessen Kommentar von 1919 zu seinen eigenen Werken man liest: »Ich habe erkannt, daß die Heimat der Schöpfung in der Zukunft liegt; der Wind von den Göttern des Wortes weht von dorther.«

Anmerkungen des Herausgebers

1 Siehe den Eröffnungssatz des zweiten Bandes der *Selected Writings*, The Hague: Mouton 1971, V.
2 Zu Jakobsons Aversion gegen alles ›Nicht-Nomogenetische‹ in der Sprache siehe den Schlußsatz des zweiten Bandes der *Selected Writings*, The Hague: Mouton 1971, 722, ein Zitat von Joseph de Maistre: »Ne parlons donc jamais de *hasard* ni de signes arbitraires.« Vgl. dazu R. Jakobson/H. G. Gadamer/E. Holenstein, *Das Erbe Hegels* II, Frankfurt: Suhrkamp 1984, 76f.
3 Siehe dazu E. Holenstein, »Symmetrie und Symmetriebruch in der Sprache«, in: R. Wille (Hg.), *Symmetrie*, Berlin: Springer 1988 (mit neuerer Literatur zur ikonischen Struktur der Sprache).
4 C. S. Peirce, »Eine neue Liste der Kategorien«, in: ders., *Semiotische Schriften* 1, Frankfurt: Suhrkamp 1986, 147–159.
5 F. de Saussure, *Grundfragen der allgemeinen Sprachwissenschaft*, Berlin: de Gruyter ^{2}1967.
6 E. Benveniste, »Die Natur des sprachlichen Zeichens«, in: H. Naumann (Hg.), *Der moderne Strukturbegriff*, Darmstadt: Wiss. Buchgesellschaft 1973, 81–88.
7 Jakobson zitiert die *Collected Papers of Charles Sanders Peirce*, 8 Bände, Cambridge, MA: Harvard University Press 1931–1958, in der gebräuchlichen Dezimalnotierung. Die erste Ziffer bezeichnet den Band.
8 In R. Jakobson *Selected Writings* II, a.a.O., 130–147; deutsch: »Verschieber, Verbkategorien und das russische Verb«, in: R. Jakobson, *Form und Sinn*, hg. von E. Coseriu, München: Fink 1974, 35–44.
9 Vgl. R. Jakobson, »Implikationen der sprachlichen Universalien für die Sprachwissenschaft«, in diesem Band, 500.
10 Lévi-Strauss kompensierte das dunkle *u* in *jour* und das helle *i* in *nuit* mit der Assoziation des langen *u* in *jour* (zum Tag passend) mit etwas, das dauert, einem Zustand, und des abrupten *ui* in *nuit* mit etwas, das plötzlich hereinbricht, wie es die Redewendung *la nuit tombe* (›Die Nacht bricht herein‹) ebenfalls zum Ausdruck bringt. Vgl. seine Einleitung zu Jakobsons *Six leçons sur le son et le sens*, Paris: Minuit 1976, 17.

Peirce, Bahnbrecher in der Sprachwissenschaft[1]
[1977]

Eine Einladung zu einem Peirce-Symposium an dessen vorübergehender Wirkungsstätte, der Johns-Hopkins-Universität, bot Jakobson die Gelegenheit für ein Resümee seiner Affinität zu Peirce' Zugang zu Sprache und Sprachwissenschaft. Die Berührungspunkte sind die strukturale Methode, die Frage nach den Bedingungen des Zeichenseins, die ikonischen Aspekte der Syntax, die Wichtigkeit dyadischer Gegensätze, die Übersetzungstheorie der Bedeutung, die Frage nach dem Invarianten in einem System von Transformationen, die holistische Konzeption teleologischer Prozesse und der Zeit-Aspekt der Zeichenklassifikation.

Wenn man über eine These von Peirce nachdenkt, ist man stets überrascht. Was sind die Wurzeln seines Denkens? Wenn Peirce die Meinung eines anderen zitiert und neu interpretiert, wird sie originell und innovativ. Und sogar wenn Peirce sich selbst zitiert, entwickelt er oft einen ganz neuen Gedanken und hört nie auf, seinen Leser zu überraschen. Ich pflegte zu sagen, daß er so groß war, daß keine Universität Platz für ihn hatte. Es gab jedoch eine dramatische Ausnahme – die wenigen Semester einer Dozentur für Logik an der Johns-Hopkins-Universität –, und ich bin glücklich, an dieser Universität, wo er fünf Jahre verbrachte, über ihn sprechen zu dürfen. Während dieser Zeit entwickelte der Gelehrte hervorragende semiotische Gedanken in den *Studies in Logic,* die er 1883 herausgab. Dort beginnt seine fruchtbare Diskussion über das *universe of discourse.* Dieser Begriff wurde von A. De Morgan eingeführt und von Peirce revidiert und in ein fruchtbares Problem für die Sprachwissenschaft verwandelt (siehe nun seine *Collected Papers,* 2.517 ff.).[2] Dieselben *Studien zur Logik* enthielten in dem Absatz »Die Logik der Relationen« auch neue Betrachtungen über die Prädikation. Dort heißt es:

»Ein zweistelliger Relationsausdruck wie ›Liebhaber‹ [...] ist ein allgemeiner Name, der ein Paar von Gegenständen bezeichnet [...]. Jeder Relationsausdruck hat auch eine *Konverse,* die durch die Umkehrung des Paares hervorgebracht wird. So ist die Konverse von ›Liebhaber‹ ›geliebt‹« (3.328).

Zur selben Frage nach der Dualität, die noch heute die Linguisten und Semiotiker beschäftigt, kehrte Peirce 1899 in einer Diskussion mit William James über die dyadische Kategorie der Handlung zurück.

»Diese hat zwei Aspekte, Aktiv und Passiv, die aber nicht bloß gegensätzliche Aspekte sind, sondern sie betonen die relativen Gegensätze der verschiedenen Einflüsse, die diese Kategorie der Handlung ausdrücken kann, nämlich den eher aktiven und den eher passiven« (8.315).

In dem Schlußwort zur gemeinsamen Tagung von Anthropologen und Linguisten in Bloomington im Juli 1952 wurde gesagt, daß Charles Sanders Peirce, »einer der größten Pioniere der strukturalen Sprachanalyse«, nicht nur die Notwendigkeit der Semiotik behauptete, sondern auch ihren Grundriß selbst entwarf. Seine »lebenslange Erforschung der Zeichennatur, [...] die Arbeit der Aufklärung und Erschließung« der Wissenschaft der Semiotik, »die Lehre von der wesentlichen Natur und grundlegenden Variationen möglicher Semiosen« (5.488) und in diesem Zusammenhang seine lebenslange »sorgfältige Sprachforschung« (8.287) erlaubt es uns, Peirce »als einen echten und mutigen Vorläufer der strukturalen Sprachwissenschaft« zu betrachten. Die wesentlichen Themen der Zeichen im allgemeinen und der sprachlichen Zeichen im besonderen durchziehen Peirce' Lebenswerk. In einem Brief von 1905 heißt es:

»Am 14. Mai 1867, nach drei Jahren beinahe krankhaft konzentrierten Denkens, selbst durch Schlaf kaum unterbrochen, schuf ich meinen einen Beitrag zur Philosophie mit der ›New List of Categories‹, die in den *Proceedings of the American Academy of Arts and Sciences* VII, S. 287–289 [siehe 1.545 ff.] erschien [...].[3] Wir können Gegenstände nach dem Material, aus dem sie bestehen, klassifizieren, als hölzerne Dinge, eiserne Dinge, silberne Dinge, elfenbeinerne Dinge usw. Die Einteilung nach der STRUKTUR ist jedoch im allgemeinen wichtiger. Und genauso verhält es sich mit den Ideen [...]. Ich bin überzeugt, daß eine

Einteilung der Elemente des Denkens und des Bewußtseins nach ihrer formalen Struktur wichtiger ist [...]. Ich untersuche das Phaneron und bemühe mich, seine Elemente nach der Komplexität ihrer Strukturen zu ordnen« (8.213).

Wir begegnen also von Anfang an einem eindeutig strukturalen Zugang zu Problemen der Phänomenologie oder »Phaneroskopie«, wie der Ausdruck von Peirce lautet (cf. 1.284 ff.). In dem oben zitierten Brief fügt Peirce hinzu: »So gelangte ich zu meinen drei Kategorien [der Zeichen].« Der Herausgeber macht hierzu folgende Anmerkung: »Peirce beginnt dann eine lange Diskussion der Kategorien und Zeichen.« Leider blieb diese Diskussion bis heute unveröffentlicht.

Man sollte nicht vergessen, daß das Leben von Peirce ein sehr unglückliches war. Schreckliche äußere Bedingungen, ein täglicher Kampf, um am Leben zu bleiben, und das Fehlen einer kongenialen Umgebung erschwerten die Entwicklung seiner wissenschaftlichen Unternehmungen. Er starb am Vorabend des Ersten Weltkrieges, aber erst zu Beginn der dreißiger Jahre wurde mit der Veröffentlichung seiner Hauptschriften begonnen. Davor waren nur wenige von Peirce' Skizzen zur Semiotik bekannt – der erste Entwurf von 1867, ein paar Ideen, die er in seiner Zeit in Baltimore in groben Zügen dargestellt hatte, und einige flüchtige Passagen in seinen mathematischen Studien – aber zum größten Teil blieben seine semiotischen und linguistischen Perspektiven, die er sich im Laufe mehrerer Jahrzehnte, besonders um die Zeit der Jahrhundertwende, erarbeitet hatte, vollkommen unzugänglich. Leider konnte Saussures *Cours de linguistique générale*, der in der großen Zeit des wissenschaftlichen Umbruchs, die dem Ersten Weltkrieg folgte, erschien, mit den Argumenten von Peirce nicht mehr konfrontiert werden; ein solches Messen teils übereinstimmender, teils rivalisierender Ideen hätte vielleicht die Geschichte der allgemeinen Sprachwissenschaft und die Anfänge der Semiotik verändert.

Selbst als die Schriften von Peirce zwischen den dreißiger und fünfziger Jahren allmählich veröffentlicht wurden, gab es noch allerhand Schwierigkeiten für einen Leser, der eine enge Bekanntschaft mit seinem wissenschaftlichen Denken suchte. Zu viel Wichtiges fehlt in den *Collected Papers*. Die willkürliche Mischung von Fragmenten, die verschiedenen Perioden angehören, verwirrt den Leser manchmal, denn die Gedanken von Peirce haben sich entwickelt und verändert, und man würde gerne den Übergang seiner Konzepte von 1860 bis zu unserem Jahrhundert verfolgen und nachzeichnen können. So ist der Leser gezwungen, für sich selbst mit großem Arbeitsaufwand den ganzen Plan dieser Bände zu erarbeiten, um einen Einblick in das Ganze des Peirceschen Erbes zu bekommen und es zu bewältigen.

Man kann als Beispiel den wohl bedeutendsten französischen Linguisten unserer Zeit, Émile Benveniste, zitieren, einen bemerkenswerten Sprachtheoretiker. In seinem 1969 erschienenen Aufsatz »Sémiologie de la langue«, der die Zeitschrift *Semiotica* eröffnete, versuchte Benveniste eine vergleichende Bewertung von Saussure und Peirce. Letzteren kannte er nur aus den *Selected Writings,* einer nicht-semiotischen Anthologie, die P. P. Wiener 1958 zusammengestellt hatte: »Was die Sprache betrifft, formuliert Peirce weder etwas Genaues noch etwas Spezifisches [...]. Die Sprache reduziert sich für ihn auf die Wörter.« In Wirklichkeit spricht Peirce ganz im Gegenteil von der »Impotenz bloßer Wörter« (3.419), und die Wichtigkeit der Wörter ergibt sich für ihn aus der Anordnung, die sie im Satz haben (4.544), und aus dem Aufbau der Aussagen. Zitieren wir, um die Neuartigkeit seines Ansatzes deutlich zu machen, wenigstens Peirce' mutigen Hinweis, daß es in der Syntax jeder Sprache logische Ikons mimetischer Art gibt, »die von konventionellen Regeln gestützt werden« (2.281). Peirce, der »die weit und reich entwickelte Sprachwissenschaft« bewunderte (1.271), hat sich mit allen Ebenen der Sprache, von der ganzen Rede bis zu den letzten distinktiven Einheiten beschäftigt, wobei er die Notwendigkeit erkannte, die letzteren unter Berücksichtigung der Beziehung von Laut und Bedeutung zu behandeln (1.243).

In Peirce' Reaktion auf die 1892 erschienene englische Übersetzung von Lobačevskijs *Über die Anfangsgründe der Geometrie* [1829/30], die »eine Epoche in der Geschichte des Denkens beginnen lassen« und die »zweifellos bedeutsame« philosophische Folgen nach sich ziehen, ist offensichtlich eine autobiographische Anspielung versteckt. »So lange braucht eine reine Idee, um sich endlich durchzusetzen, wenn sie durch kein aggressiveres Interesse unterstützt wird als die Liebe zur Wahrheit« (8.91). Genau dasselbe läßt sich über Peirce sagen; vieles hätte früher und klarer verstanden werden können, wenn man die Peirceschen Wegmarken wirklich gekannt hätte. Ich muß gestehen, daß es mich seit Jahren mit Bitterkeit erfüllt, unter den Sprachwissenschaftlern vielleicht der einzige Peirce-Forscher zu sein. Selbst die kurze Bemerkung zur Semiotik in Leonard Bloomfields *Linguistic Aspects of Science* [1935] scheint eher auf Charles Morris' Ausführungen zurückzugehen als auf Peirce selbst.

Es sollte nicht vergessen werden, daß Peirce in seinem Grundentwurf, dem *System of Logic, from the point of view of Semiotic* (8.302), zu zeigen versucht, »daß ein *Begriff* ein *Zeichen* ist« und gleichzeitig sich darum bemüht, das Zeichen zu definieren und es »in seine letzten *Elemente*« zu zerlegen (8.302, 305). Die Semiotik schließt bei ihm eine Behandlung »der allgemeinen Bedingungen der Zeichen als Zeichen« ein. Es ist nach Peirce ebenso verkehrt, die semiotische Arbeit auf die Sprache zu begrenzen, wie die Sprache aus dieser Arbeit auszugrenzen. Es war sein Programm, die besonderen Eigenschaften der Sprache im Vergleich mit den Eigentümlichkeiten anderer Zeichensysteme zu untersuchen und die allgemeinen Eigenschaften, die Zeichen überhaupt charakterisieren, zu bestimmen. Für Peirce »erfolgt natürliche Klassifikation in Dichotomien« (1.438): Es »gibt in jeder Menge ein Element der Zweiheit [*twoness*]« (1.446). »Eine *Dyade* besteht aus zwei *Subjekten,* die in eine Einsheit [*oneness*] gebracht sind« (1.326). Peirce bestimmt die erwähnte Untersuchung als »eine Studie von Dyaden in den notwendigen Formen von Zeichen« (1.444). Er sieht in der formalen, grammatischen Struktur der Sprache ein System »relationaler Dyaden«. Die wesentliche dyadische Relation ist für Peirce eine Opposition; er bestand auf »der offenkundigen Wahrheit, daß Existenz in der Opposition liegt« und erklärte, daß »ein Gegenstand ohne Oppositionen *ipso facto* nicht existiert«. Nach Peirce ist die vorrangige Aufgabe, »die Konzeption von Sein durch Opposition« zu klären (1.457).

Eine der glücklichsten und glänzendsten Ideen, die die allgemeine Sprachwissenschaft und Semiotik von dem amerikanischen Denker erhielt, ist seine Definition der Bedeutung als »die Übersetzung eines Zeichens in ein anderes Zeichensystem« (4.127). Wie viele überflüssige Diskussionen über Mentalismus und Antimentalismus wären vermieden worden, wenn man den Begriff der Bedeutung vom Übersetzungsstandpunkt angegangen wäre, was kein Mentalist und kein Behaviorist zurückweisen könnte! Das Problem der Übersetzung ist in der Tat grundlegend für Peirce' Annahmen, und es kann und muß systematisch genutzt werden. Trotz all der Mißverständnisse und Verwirrungen, die um den Peirceschen Begriff des »Interpretanten« entstanden sind, möchte ich behaupten, daß der Satz von Interpretanten eine der genialsten Entdeckungen und wirkungsvollsten Verfahren ist, die Peirce durch die Semiotik im allgemeinen und durch die linguistische Analyse grammatischer und lexikalischer Bedeutungen im besonderen gewonnen hat. Die einzige Schwierigkeit im Gebrauch dieser Werkzeuge liegt in der augenscheinlichen Notwendigkeit, Peirce darin zu folgen, wie er die verschiedenen Arten voneinander abgrenzt. Danach ist »zuerst der *unmittelbare Interpretant* zu unterscheiden, das ist der Interpretant, wie er sich im rechten Verständnis des *Zeichens* selbst zeigt, und der gewöhnlich die *Bedeutung* des Zeichens genannt wird« (4.536). Ein solcher Interpretant eines Zeichens »ist all das, was im Zeichen selbst ausgedrückt ist, unabhängig von seinem Kontext und den Umständen der Äußerung« (5.474). Man kennt keine bessere Definition. Dieser von dem »kontextuellen« zu unterscheidende »selektive« Interpretant ist ein unentbehrlicher, aber allzu häufig übersehener Schlüssel, um die vitale Frage nach allgemeinen Bedeutungen in den verschiedenen Aspekten der sprachlichen und anderen Zeichensysteme zu lösen.

Peirce gehörte zu der großen Generation, die auf breiter Basis einen der bedeutsamsten Begriffe und Ausdrücke für die Geometrie, Physik, Linguistik, Psychologie und viele andere Wissenschaften entwickelte. Dies ist die fruchtbare Idee der INVARIANZ. Die rationale Notwendigkeit, die Invariante hinter den zahlreichen Variablen zu entdecken, die Frage der Zuweisung all dieser Varianten zu relationalen Konstanten, die von Transformationen nicht berührt werden, liegt der ganzen Peirceschen Zeichentheorie zugrunde. Die Frage der Invarianz taucht seit Ende der sechziger Jahre in den Skizzen von Peirce auf, und am Ende zeigt Peirce, daß es auf keiner Ebene möglich ist, sich mit Zeichen zu beschäftigen, ohne sowohl eine Invariante wie eine transformierende Variation zu beachten. Die Invarianz war das Hauptthema von Felix Kleins *Erlanger Programm* von 1872 (»Man soll die der Mannigfaltigkeit angehörigen Gebilde hinsichtlich solcher Eigenschaften untersuchen, die durch die Transformationen der Gruppe nicht geändert werden«). Zur selben Zeit verteidigte Baudouin de Courtenay in seinen Kazaner Vorlesungen die Notwendigkeit, die akzidentellen Variationen durch ihre »gemeinsamen Nenner« zu ersetzen. So kamen beinahe gleichzeitig konvergierende Ideen auf, die dazu bestimmt waren, unsere Wissenschaft und die Wissenschaften überhaupt zu verändern. Woher immer das Modell stammt, diese Ideen waren für ein weites Forschungsfeld an der Zeit und sind noch heute in der Lage, neue, fruchtbare Wechselwirkungen zwischen verschiedenen Disziplinen hervorzubringen. Im besonderen hat die Sprachwissenschaft sehr viel von der modernen Topologie zu lernen, aber auch von einer der ergiebigsten semiotischen Formulierungen von Peirce, mit der er auf die Frage der Invarianz antwortet: Ein Symbol »kann nicht ein einzelnes *Ding* anzeigen, es bezeichnet eine Art von Ding. Nicht nur das, es ist auch selbst eine Art und nicht ein Einzelding« (2.301). Demnach sind »das Wort und seine Bedeutung beides allgemeine Regeln« (2.292).

Peirce fragt: »Wie ist es für ein unzerlegbares Element möglich, irgendwelche Verschiedenheiten der Struktur aufzuweisen?«, und antwortet: »In bezug auf die interne logische Struktur wäre das natürlich unmöglich«, aber in bezug auf die Struktur seiner möglichen Zusammensetzungen sind »begrenzte Unterschiede der Struktur möglich«. Er verweist auf die *Gruppen* oder vertikalen Spalten von Mendeleevs Tabelle, bei denen man »allgemein und richtig erkannte, daß sie um vieles wichtiger sind, als die Serien oder horizontalen Reihen in derselben Tabelle« (1.289). So verneint Peirce (in der gleichen Art wie die Gestaltpsychologen) bei seiner Behandlung der Frage nach der Beziehung zwischen den Teilen und dem Zusammengesetzten die Möglichkeit, von Bestandteilen sprechen zu können, ohne die Strukturbeziehung zwischen den Bestandteilen und dem Ganzen zu untersuchen. Weit davon entfernt, in einem Ganzen ein bloßes Konglomerat zu sehen, das von den Gestaltpsychologen »Und-Verbindung« genannt wurde, betrachtet Peirce es als eine integrale Struktur. In seiner dynamischen Perspektive bleibt dieses Modell ebenfalls gültig. Nach Fragmenten seiner *Minute Logic*, die er 1902 entwarf, aber nie vollendete, »ist die Aussage, die Zukunft beeinflusse die Gegenwart nicht, eine unhaltbare Theorie« (2.86).[4] Hier unterscheidet Peirce zwei Aspekte von Ursachen: »Wirkursächlichkeit ist die Art von Ursächlichkeit, durch die die Teile das Ganze bilden; finale Ursächlichkeit ist die Art der Ursächlichkeit, durch die das Ganze die Teile hervorruft. Finale Ursächlichkeit ohne Wirkursächlichkeit ist hilflos. [...] Wirkursächlichkeit ohne finale Ursächlichkeit jedoch ist schlimmer als hilflos; [...] sie ist gar nichts.« (1.220). Es ist keine strukturale Klassifikation möglich ohne diese beiden Ursächlichkeiten, die zusammen gegenwärtig sind und sich wechselseitig beeinflussen, zu berücksichtigen.

Die bei weitem bekannteste von Peirce' allgemeinen Thesen ist, daß es drei Arten von Zeichen gibt. Die Dinge jedoch, mit denen wir am besten vertraut sind, werden leicht entstellt. Peirce verteilt die Zeichen ganz und gar nicht auf diese drei Klassen. Die Einteilung unterscheidet bloß drei Pole, die in einem einzigen Zeichen koexistieren können. So stellt er heraus, daß ein Symbol zugleich ein Ikon und/oder einen Index in sich enthalten kann und daß »die vollkommensten Zeichen solche [sind], in denen die ikonischen, indexikalischen und symbolischen Züge so gleich wie möglich miteinander verschmolzen sind« (4.448).

Auf die Peircesche Definition der drei semiotischen »Tempora« wurde kürzlich der scharfsinnige französische Topologe René Thom aufmerksam gemacht, der glücklich war, hier die Lösung zu finden, nach der er selbst seit Jahren mühsam gesucht hatte. So erlauben Sie mir, meine paar

Bemerkungen mit einer scheinbar verwickelten, aber im wesentlichen klaren Formulierung zu schließen, mit der Charles Sanders Peirce um die Jahrhundertwende ein Brückenschlag zwischen den Hauptproblemen von Semiotik und Grammatik gelungen ist.

»Der Seinsmodus des Symbols ist von dem des Ikons und von dem des Index verschieden. Ein Ikon hat ein solches Sein, das zur VERGANGENEN Erfahrung gehört [...]. Ein Index hat das Sein GEGENWÄRTIGER Erfahrung. Das Sein eines Symbols liegt in der realen Tatsache, daß irgend etwas erfahren wird, wenn bestimmte Bedingungen erfüllt werden« (4.447). – »Es ist eine Möglichkeit; und sein Seinsmodus ist *esse in futuro*. Die ZUKUNFT ist möglich, nicht wirklich (2.148).« – »Der Wert eines Ikons besteht darin, die Eigenschaften eines Zustandes von Dingen so zu zeigen, als ob er bloß eingebildet wäre. Der Wert eines Index liegt darin, daß er uns einer positiven Tatsache versichert. Der Wert eines Symbols ist, daß es dazu dient, Denken und Benehmen rational zu machen, und uns befähigt, die Zukunft vorauszusagen« (4.448).

Die hervorragende Rolle der Symbole in unserer sprachlichen (und nicht nur der sprachlichen) Kreativität könnte als die Haupteinsicht von Peirce' Lehre angesehen werden. Ich verabscheue es jedoch, das Etikett ›Lehre‹ zu gebrauchen. Der Denker erklärte selbst kategorisch, daß für ihn die Wissenschaft nicht Lehre sei, sondern Forschung.

Anmerkungen des Herausgebers

1 Zur Übersetzung des Titels vgl. Jakobsons Bezeichnung von Peirce als »Bahnbrecher der Zeichentheorie« in »Zeichen und System der Sprache« (1962), in diesem Band, 427–436.
2 *Collected Papers of Charles Sanders Peirce*, 8 Bände, Cambridge: Harvard University Press 1931–1958.
3 C. S. Peirce, »Eine neue Liste der Kategorien«, in: *Semiotische Schriften* I, Frankfurt: Suhrkamp 1986, 147–159.
4 C. S. Peirce, »Minutiöse Logik. Aus den Entwürfen zu einer Logik«, in: a.a.O., 376–408, hier: 383.

Ein Blick auf die
Entwicklung der Semiotik
[1975]

So wie nach Benveniste der Gegenstand der Linguistik zugleich die Sprache – im Singular – und die Sprachen – im Plural – sind, so sind nach Jakobson der Gegenstand der Semiotik ineins das Zeichen (was ein Zeichen zu einem Zeichen macht: die signans-signatum-*Struktur) und die Zeichen in ihren je besonderen und typologisch zu untersuchenden Ausprägungen. Die prominentesten unter ihnen sind für ihn die sprachlichen Zeichen und die der Kunst. Die zwei Paare distinktiver Eigenschaften* faktisch/thetisch *und* ähnlich/berührend *lassen zur Peirceschen Zeichentriade* Ikon *(faktische Ähnlichkeit),* Index *(faktische Kontiguität) und* Symbol *(thetische Kontiguität) hinzu nach einer möglichen vierten Klasse Ausschau halten, der Klasse des Kunstwerks[1] (thetische Ähnlichkeit), prototypisch realisiert in der Musik. – Jakobsons geschichtlicher Überblick wirkt eklektisch, ist aber keine Zufallsauswahl. Zu den allgemein anerkannten Großen der neuzeitlichen Semiotik-Geschichte (Locke und Lambert, Peirce und Saussure) hinzu werden Philosophen gewürdigt, die direkt oder indirekt der semiotischen Forschung im* Cercle linguistique de Prague *Pate gestanden haben (Hoene-Wroński, Bolzano, Husserl). Dazu kommt Jakobsons Anliegen, an den Rand der Wissenschaftsgeschichte geratenen Forschern zu einem ihnen angemesseneren Platz zu verhelfen.*

I. Von der Antike zu John Locke[2]

Émile Benveniste macht uns in seiner schönen Untersuchung *Coup d'oeil sur le développement de la linguistique* (1963), deren Titel ich für dieses Referat entlehne, darauf aufmerksam, daß »die Linguistik einen doppelten Gegenstand hat; sie ist Wissenschaft von *der* Sprache [*langage*] und Wissenschaft von *den* Sprachen [langues] [...]. Es sind die Sprachen, die den Linguisten beschäftigen, und die Linguistik ist zunächst die Theorie der Sprachen. Aber [...] den unendlich verschiedenen Problemen der Sprachen ist gemeinsam, daß sie sich bei einem gewissen Abstraktionsgrad immer in der Frage nach *der* Sprache treffen.« Es handelt sich um *die* Sprache, insofern universale Invarianten in Beziehung zu verschiedenen lokalen Sprachen, die sich nach Raum und Zeit verändern, betroffen sind. In derselben gedanklichen Folge soll die Semiotik zunächst die verschiedenen Zeichensysteme untersuchen und das Problem, das sich in einem methodischen Vergleich dieser verschiedenen Zeichensysteme freilegen läßt, das heißt das allgemeine Problem des Zeichens [*du signe*] herausarbeiten: das Zeichen als ein generischer Begriff in Beziehung zu den besonderen Klassen von Zeichen [*des signes*].

Die Frage nach dem Zeichen und nach den Zeichen wurde wiederholt von den Denkern der Antike, des Mittelalters und der Renaissance aufgegriffen. Gegen Ende des siebzehnten Jahrhunderts bezeichnete der berühmte *Essay* von John Locke in dem Schlußkapitel, das sich mit der Dreiteilung der Wissenschaften befaßt, dieses komplexe Problemfeld als eines der »drei großen Provinzen der intellektuellen Welt« und schlug vor, sie »σημειωτική oder die ›Lehre von den Zeichen‹, von denen die Wörter die gewöhnlichsten sind«, zu nennen. Er geht davon aus, daß

»für die Mitteilung unserer Gedanken untereinander wie auch für ihre Aufzeichnung zu unserem eigenen Gebrauch Zeichen für unsere Ideen notwendig sind. Diejenigen nun, die den Menschen am zweckdienlichsten erschienen und infolgedessen allgemein verwendet werden, sind gegliederte Laute« (IV. Buch, Kap. XXI, Abschnitt 4).

Den Wörtern, die als »die großen Werkzeuge der Erkenntnis« verstanden werden, ihrem Gebrauch und ihrer Beziehung zu den Ideen, widmet Locke das dritte Buch seines *Essay Concerning Human Understanding*.

II. Johann Heinrich Lambert [1728–1777]

Schon zu Beginn seines wissenschaftlichen Wirkens wurde Johann Heinrich Lambert mit dem *Essay* bekannt, und im Laufe der Arbeit an dem *Neuen Organon* (1764), das einen festen Platz in der Entwicklung des phänomenologischen Denkens einnimmt, sah er sich von den Ideen Lockes nachhaltig beeinflußt, obwohl er eine kritische Haltung gegenüber der sensualistischen Lehre der britischen Philosophie einnahm (cf. Eisenring 1942: 7, 12, 48 ff., 82). Jeder der beiden Bände des *Neuen Organon* zerfällt in zwei Teile, und von den vier Teilen der ganzen Abhandlung eröffnet der dritte Teil – *Semiotik oder Lehre von der Bezeichnung der Gedanken und Dinge,* der die *Phänomenologie* folgt – den zweiten Band (3–214) des Werkes, die der These Lockes (s. o.) sowohl den Ausdruck »Semiotik« wie den Gegenstand der Untersuchung verdankt – »die Untersuchung der Notwendigkeit der symbolischen Erkenntnis überhaupt, und der Sprache besonders« (§ 6). Dabei setzt er voraus, daß die symbolische Erkenntnis »uns ein unentbehrliches Hülfsmittel zum Denken ist« (§ 12).

Lambert macht uns in der Vorrede zu seinem Werk darauf aufmerksam, daß er sich in neun Kapiteln der *Semiotik* (2–10) mit der Sprache beschäftigt, aber nur in einem einzigen Kapitel mit anderen Zeichenarten, »da die Sprache nicht nur an sich notwendig und ungemein weitläufig ist, sondern bei jeden andern Arten von Zeichen ebenfalls vorkommt«. Der Autor will sich der Sprache zuwenden, »um ihre Struktur näher kennen zu lernen« (§ 70) und um »die allgemeine Sprachlehre, *Grammatica universalis,* welche man [...] noch erst sucht«, zu entdecken. Eindringlich erinnert er daran,

> »daß in unseren Sprachen das Willkürliche, Natürliche und Notwendige mit einander vermengt ist. Die allgemeine Sprachlehre müßte nun vornehmlich das Natürliche und Notwendige in der Sprache zum Gegenstande nehmen, und das Willkürliche, so viel immer möglich ist, teils wegschaffen, teils mit dem Natürlichen und Notwendigen in engere Verbindung setzen« (§ 71).

Nach Lambert zeigt der Unterschied dieser drei Elemente, die man in den Zeichen finden kann, eine enge Verbindung zur wichtigen Tatsache, »daß die ersten Ursachen der Sprache an sich schon in der menschlichen Natur sind«, und deshalb muß dies Problem genau untersucht werden (§ 3). Das Problem der Algebra und der Beziehung der anderen Systeme künstlicher Sprachen, wie man sie in den Wissenschaften findet, zu den »wirklichen Sprachen« wird bei Lambert (§§ 56 ff.) als eine Übersetzung behandelt (»gedoppelte Übersetzung«).

Das Buch untersucht den Unterschied zwischen dem Gebrauch natürlicher und willkürlicher Zeichen (§§ 47, 48), und »die natürlichen Zeichen von Affekten« finden als erstes seine Aufmerksamkeit (§ 19). Lambert berücksichtigt die bedeutsame Funktion, die Zeichen, wie zum Beispiel die Gesten, haben, »um den Begriff, der dunkel in der Seele ist, [...] aufzuklären, oder wenigstens, uns selbst oder andern anzudeuten« (§ 7). Er ahnt auch die semiotische Bedeutung der »Abbildungen« (die ein Jahrhundert später in Peirce' Liste unter den Titeln »Ikons« oder »Gleichnisse« [*likenesses*] wieder auftauchen: 1.558). Lambert betrachtet die Zeichen, deren interne Struktur in den Beziehungen der »Ähnlichkeiten« gründet, und indem er die Zeichen der metaphorischen Ordnung interpretiert, spricht er die Wirkungen der Synästhesie an (§ 18). Trotz des skizzenhaften Charakters seiner Bemerkungen zur nichtsprachlichen Kommunikation entgehen der Aufmerksamkeit des Forschers weder die Musik und die Choreographie, noch die Heraldik, die Sinnbilder und die Zeremonien. Die »Verwandlungen« der Zeichen und die »Verbindungskunst der Zeichen« sind für spätere Untersuchungen vorgesehen.

III. Józef Marja Hoene-Wroński [1778–1853]

Der schöpferischen Initiative von Locke und Lambert ist es zu verdanken, daß die Idee und der Name der Semiotik zu Beginn des neunzehnten Jahrhunderts wieder erschienen. Sehr früh entwarf der junge Józef Marja Hoene-Wroński, der mit dem Werk Lockes vertraut war, neben anderen spekulativen Versuchen, eine *Philosophie der Sprache*, die aber erst 1879 erschien. Der Autor, dessen Theorie sein Anhänger Jerzy Braun (1969) mit der Phänomenologie Husserls vergleicht und den er für den »größten polnischen Denker« hält, untersucht »die Fähigkeit zu bezeichnen *(facultas signatrix)*«. Die Natur der Zeichen (1879: 38) muß zunächst in ihrer Beziehung zu den Kategorien der Existenz untersucht werden, das heißt der MODALITÄT (eigentliche/uneigentliche Zeichen) und der QUALITÄT (bestimmte/unbestimmte Zeichen) sowie in ihrer Beziehung zu den Kategorien der Produktion, also der QUANTITÄT (einfache/zusammengesetzte Zeichen), der RELATION (natürliche/künstliche Zeichen) und der UNION (mittelbare/unmittelbare Zeichen). In dem Programm von Hoene-Wroński ist der »Gegenstand der *séméiotique*« (41) die *perfection des signes* (mit dem Ausdruck Lockes *perfection of language*, nach Lambert die »Vollkommenheit der Zeichen«). Es ist zu beachten, daß diese Theorie den Bereich der »Bezeichnung« *(signation)* auf Erkenntnisakte beschränkt: »Diese Bezeichnung ist möglich bei sinnlichen Formen, und bei dem sinnlichen oder intelligiblen Inhalt unserer Erkenntnisgegenstände«, während die »Bezeichnung der Akte des Willens und Gemüts« »unmöglich« zu sein scheint (38 ff.).

IV. *Bernhard Bolzano [1781–1848]*

Der Prager Philosoph Bernhard Bolzano räumt in seinem Hauptwerk, der *Wissenschaftslehre* (1837), der Semiotik breiten Raum ein, besonders in den beiden letzten der vier Bände. Der Verfasser zitiert häufig Lockes *Essay* und das *Neue Organon* und findet in den Schriften Lamberts »Über die Semiotik [...] viele, sehr schätzenswerte Bemerkungen«, obwohl sie wenig brauchbar seien »für die Entwicklung der allgemeinsten Regeln des wissenschaftlichen Diskurses«, eines der Ziele, die sich Bolzano stellt (§ 698).
In der *Wissenschaftslehre* erscheint das Kapitel »Semiotik« unter zwei Titeln, wobei der eine im Inhaltsverzeichnis

erscheint (Bd. IV, XVI) und der andere – »Zeichenlehre« – am Anfang des Textes steht (500); der darauffolgende § 637 identifiziert die beiden Bezeichnungen – »Zeichenlehre oder Semiotik«. Wenn der Verfasser auch in diesem Kapitel und in verschiedenen anderen Teilen des Werkes seine Aufmerksamkeit vor allem auf den Beweis der relativen »Vollkommenheit oder Zweckmäßigkeit« der Zeichen richtet und besonders der Zeichen, die dem logischen Denken dienen, versucht Bolzano doch schon zu Beginn des dritten Bandes, den Leser in die Grundbegriffe der Zeichentheorie einzuführen, nämlich im ganzen, von Einfällen überschäumenden § 285 (67–84), der mit »Bezeichnung unserer Vorstellungen« überschrieben ist.

Dieser Paragraph beginnt mit einer zweiseitigen Definition des Zeichens: »Ein Gegenstand, [...] durch dessen Vorstellung wir eine andere in einem denkenden Wesen mit ihr verknüpfte Vorstellung erneuert wissen wollen, heißt uns ein *Zeichen*« (III, 67). Es folgt eine ganze Kette von Begriffspaaren, die zum Teil ganz neu sind, zum Teil auf alte Quellen zurückgehen, aber von neuem präzisiert und vertieft sind. So wird in den semiotischen Überlegungen Bolzanos der Unterschied hervorgehoben, der zwischen der »Bedeutung« eines unveränderten Zeichens und dem »Sinn« besteht, den das Zeichen im Kontext der jeweiligen Umstände erhält; ferner zwischen dem Zeichen, wie es (1) vom »Urheber« hervorgebracht wurde und wie es (2) vom Empfänger aufgenommen wird, der sich zwischen »Verstehen« und »Mißverstehen« bewegt. Der Verfasser unterscheidet zwischen »gedachter und sprachlicher Auslegung« eines Zeichens, zwischen allgemeinen und besonderen Zeichen, zwischen »natürlichen« und »zufälligen« Zeichen, »willkürlichen« und »unwillkürlichen«, »hörbaren« und »sichtbaren«, »einzelnen« und »zusammengesetzten« (solchen, die »ein Ganzes, dessen Teile selbst Zeichen sind«, bezeichnen wollen), zwischen »eindeutigen« und »mehrdeutigen«, »ursprünglichen« und »abgeleiteten«, »deutlichen« und »unbestimmten«, »eigentlichen« und »entlehnten«, »metonymischen« und »metaphorischen«, »mittelbaren« und »unmittelbaren«. Neben dieser Einteilung finden sich erhellende Bemerkungen zu der wichtigen Unterscheidung zwischen »Zeichen« und »Kennzeichen« (Indizes), die ohne Adressat sind, sowie schließlich zu einem anderen wichtigen Thema, der Frage nach der Beziehung zwischen der Kommunikation, die sich »an Andere« richtet, und dem »Sprechen mit sich selbst«.

V. *Edmund Husserl [1859–1938]*

Die Untersuchung des jungen Edmund Husserl »Zur Logik der Zeichen (Semiotik)«, geschrieben 1890, aber erst 1970 veröffentlicht, ist ein Versuch, die Zeichenkategorien zu klassifizieren und die Frage zu beantworten, in welchem Sinne die Sprache, das heißt das wichtigste Zeichensystem, das wir besitzen, »das Denken fördert und andererseits wiederum hemmt«. Die Kritik der Zeichen und deren Vervollkommnung wird als eine für die *Logik* vordringliche Aufgabe verstanden:

»Die tiefere Einsicht in das Wesen der Zeichen und Zeichenkünste wird sie vielmehr befähigen, auch solche symbolische Verfahrensweisen, auf die der menschliche Geist noch nicht verfallen ist, zu ersinnen bzw. die Regeln für deren Erfindung festzusetzen« (373).

Das Manuskript von 1890 ist mit einer Bemerkung zu dem »Semiotik«-Kapitel der *Wissenschaftslehre* versehen, das sie »wichtig« nennt (530). In den zwei Zielen seines Essays, dem strukturalen und regulativen, folgt Husserl tatsächlich dem Beispiel Bolzanos, den er später den größten Logiker »aller Zeiten« nennen wird. Auch die semiotischen Gedanken der *Logischen Untersuchungen* erhielten, wie Husserl selbst bekennt, »entscheidende Anstöße von Bolzano«; der zweite Band der *Logischen Untersuchungen* mit seiner wichtigen Abhandlung zur allgemeinen Semiotik, die als ein System dargestellt wird, übte einen starken Einfluß auf die Anfänge der strukturalen Linguistik aus. Elmar Holenstein (1976: 206) weist uns darauf hin, daß Husserl in seinem Handexemplar der *Wissenschaftslehre* III von Bolzano mehrere Randbemerkungen zum § 285 gemacht und den Ausdruck ›Semiotik‹ ebenso wie die Definition in der deutschen Übersetzung von Lockes Essay *Über den menschlichen Verstand*, Leipzig 1897, unterstrichen hat.

VI. *Charles Sanders Peirce [1839–1914]*

»Die Natur der Zeichen« ist für Charles Sanders Peirce das Lieblingsthema seiner Studien gewesen. Die Beschäftigung mit ihm, die 1863 beginnt (cf. 5.488 und 8.376), erreicht einen ersten Höhepunkt in seinem glänzenden Glaubensbekenntnis – »On a New List of Categories« –, das 1867 von der Amerikanischen Akademie der Künste und Wissenschaften (cf. 1.545–59) veröffentlicht wurde; ihm folgten zwei einfallsreiche Beiträge im *Journal of Speculative Philosophy* im nächsten Jahr (cf. 5.213–317), und sie endet mit dem Material, das er 1909–10 für sein unvollendetes Buch *Essays on Meaning* (cf. 2.230–32; 8.300; Lieb 1953: 40) sammelte. Man wird bemerken, daß im Laufe seines Lebens seine Geisteskraft, die seine unermüdlichen Anstrengungen vorantrieb, die Wissenschaft der Zeichen zu begründen, an Tiefe und Breite gewann und daß er dabei seinen festen und redlichen Charakter bewahrte. Was die Ausdrücke *semiotic, semeiotic* oder *semeotic* anbelangt, so erscheinen sie in den Manuskripten nicht vor der Jahrhundertwende; zu dieser Zeit ergreift den großen Forscher die Theorie »der wesentlichen Natur und grundlegenden Variationen möglicher Semiosis« immer mehr (1.444; 5.488). Der Gebrauch des griechischen σημειωτική sowie die kurze Definition – »Zeichenlehre« (2.227) – führt uns auf die Spur von Locke, dessen »berühmter Essay« von dem Anhänger seiner Lehre oft erwähnt und zitiert wurde. Trotz der großartigen Verschwendung origineller und heilsamer Arbeit an seine Semiotik bleibt Peirce deutlich seinen Vorgängern verbunden – nämlich Lambert, »der größte formale Logiker seiner Zeit« (2.346), dessen *Neues Organon* (4.353) er zitiert, und Bolzano, den er durch seinen »wertvollen Beitrag zur Klärung der menschlichen Vorstellung« und durch sein »logisches Werk in vier Bänden« (4.651) kennt.

Gleichwohl ist es richtig, wenn Peirce erklärt hat: »Ich bin, soweit ich weiß, ein Pionier oder besser ein Hinterwäldler in der Arbeit der Aufklärung und Erschließung dessen, was ich *Semiotik* nenne, [...] und ich finde das Gebiet zu weit, die Arbeit zu groß für einen Avantgardisten« (5.488). Er, »der einfallsreichste und universalste der amerikanischen Denker« (cf. Jakobson 1965: 79) war es, der die schlüssigen Argumente gezogen und den Grund freigelegt hat, um auf eigenes Risiko das Gebälk der Wissenschaft aufzurichten, die zwei Jahrhunderte zuvor in Europa im philosophischen Denken vorweggenommen und erahnt worden war.

Das semiotische Gebäude von Peirce enthält die ganze Vielfalt der Bedeutungsphänomene, gleichgültig ob es ein Klopfen an die Tür, ein Fußabdruck, ein unwillkürlicher Schrei, ein Gemälde oder ein Musikstück, eine Unterhaltung, eine stille Meditation, ein Schriftstück, ein Syllogismus, eine algebraische Gleichung, ein geometrisches Diagramm, eine Wetterfahne oder ein einfaches Lesezeichen ist. Um die grundlegenden, aber bis dahin unbemerkten Gemeinsamkeiten und Verschiedenheiten aufzuklären, wurden von dem Forscher vergleichende Studien zu verschiedenen Zeichensystemen durchgeführt. Die Werke von Peirce zeigen einen besonderen Scharfsinn, wo er den kategorialen Charakter der Sprache behandelt, und zwar in dem phonischen, grammatischen und lexikalischen Aspekt der Wörter sowie in ihrer Anordnung zu Propositionen und in der Gestaltung dieser letzteren in Beziehung auf die Äußerung. Gleichzeitig beachtet der Verfasser, daß seine Studien »auf die ganze allgemeine Semiotik ausgedehnt werden müssen« und warnt seine Briefpartnerin Lady Welby: »Vielleicht besteht die Gefahr, daß Sie Irrtümer begehen, weil Sie sich so sehr auf das Studium der Sprache beschränken« (Lieb 1953: 39).

Leider ist der größte Teil der semiotischen Schriften von Peirce erst im Laufe der dreißiger Jahre unseres Jahrhunderts erschienen, d. h. ungefähr zwei Jahrzehnte nach dem Tode des Verfassers. Beinahe ein Jahrhundert dauerte es, bis einige seiner Texte gedruckt wurden; so ist das erstaunliche Vorlesungsfragment, das Peirce 1866/67 gehalten hat – »Bewußtsein und Sprache« – erst 1958 (7.579–596) erschienen; wir müssen außerdem darauf hinweisen, daß aus dem Nachlaß von Peirce vieles noch nicht veröffentlicht ist. Das späte Erscheinen seiner Arbeiten, die fragmentarisch und verstreut im Labyrinth der acht Bände der *Collected Papers of Charles Sanders Peirce* herausgegeben wurden, erschwerte lange Zeit ein genaues und vollständiges Verständnis ihrer Leitlinien. Leider verspätete sich auch ihr hilfreicher Einfluß auf die Sprachwissenschaft und die gleichmäßige Entwicklung der Semiotik.

Die Leser und Kommentatoren dieser Werke haben oft selbst die von Peirce eingeführten Grundbegriffe falsch verstanden, obwohl sie für das Verständnis seiner Zeichentheorie unbedingt erforderlich sind und obwohl diese Ausdrücke vom Verfasser, auch wenn sie manchmal gekünstelt sind, im Text immer eine sehr klare Definition erhalten. So haben die Bezeichnungen *interpreter* und *interpretant* bedauerliche Verwechslungen ermöglicht, trotz der Unterscheidung, die Peirce zwischen dem Ausdruck *interpreter,* der den Empfänger und Decodierer der Nachricht bezeichnet, und dem *interpretant* macht, das heißt dem Schlüssel, den der Empfänger bei der Decodierung der Nachricht für das Verständnis verwendet. Den Vulgarisatoren zufolge besteht die einzige Funktion des *Interpretanten* in der angeblich Peirceschen Lehre, daß jedes Zeichen durch seinen Kontext vermittelt bestimmt wird, während der tapfere Pionier der Semiotik im Gegenteil verlangt, »zuerst den *unmittelbaren Interpretanten* zu unterscheiden, das ist der Interpretant, wie er sich im rechten Verständnis des *Zeichens* selbst zeigt und der gewöhnlich die *Bedeutung* des Zeichens genannt wird« (4.536). Anders gesagt, der Interpretant ist »all das, was im Zeichen selbst ausgedrückt ist, unabhängig von seinem Kontext und den Umständen der Äußerung« (5.473); die Bedeutung ist nichts als »die Übersetzung eines Zeichens in ein anderes Zeichensystem« (4.127). Peirce stellt die Eigentümlichkeit aller Zeichen heraus, in eine unbegrenzte Folge anderer Zeichen übersetzbar zu sein, die sich in gewisser Hinsicht als wechselseitig äquivalent erweisen (2.293).

Nach dieser Theorie ist nichts weiter erforderlich, damit etwas ein Zeichen ist, als die Möglichkeit, interpretiert zu werden; selbst die Anwesenheit eines Empfängers ist nicht notwendig. Folglich werden Krankheitssymptome ebenfalls als Zeichen betrachtet (8.185, 335) und an einem gewissen Punkt grenzt die medizinische Semiologie an die Semiotik, die Zeichenwissenschaft.

Trotz aller Unterschiede in den Einzelheiten der Darstellung bleibt die Zweiseitigkeit des Zeichens und im besonderen die stoische Tradition, die das Zeichen (σημεῖον) als eine Verweisung von der Seite des Bezeichnenden (σημαῖνον) auf das Bezeichnete (σημαινόμενον) versteht, in der Lehre von Peirce in Geltung. Nach seiner Trichotomie der semiotischen Arten und den ziemlich unscharfen Namen, die er ihnen gibt, ist (1) der Index eine Beziehung des Bezeichnenden auf das Bezeichnete aufgrund einer tatsächlichen Kontiguität; (2) das Ikon eine Beziehung des Bezeichnenden auf das Bezeichnete kraft einer tatsächlichen Ähnlichkeit und (3) das Symbol eine Beziehung des Bezeichnenden auf das Bezeichnete kraft einer gesetzten (*imputed*), konventionellen und gewohnheitsmäßigen Kontiguität. Nach dieser Lehre (cf. besonders 2.249, 292 ff., 301 und 4.447 ff., 537) ist »der Seinsmodus des Symbols von dem des Ikons und von dem des Index verschieden«. Im Unterschied zu diesen beiden Kategorien ist das Symbol als solches kein Gegenstand; es ist nichts als ein Rahmengesetz, das deutlich von seiner Realisation in der Gestalt von Replikas und Fällen [*instances*], wie Peirce sie zu bezeichnen versucht, unterschieden werden muß. Die Aufklärung des eigentümlich generischen Charakters der *signantia* und *signata* im Sprachcode (jedes dieser Momente »ist eine Art und nicht ein Einzelding«) hat neue Perspektiven für das semiotische Studium der Sprache eröffnet. – Die in Frage stehende Trichotomie hat nun aber auch irrige Ansichten ermöglicht. Man hat Peirce die Ansicht unterstellen wollen, daß er alle menschlichen Zeichen in drei streng unterschiedene Klassen einteile, während der Verfasser lediglich drei Arten betrachtet, wobei die, die in einem gegebenen System dominiert *(»is predominant over the other«)*, nichtsdestoweniger manchmal mit den anderen beiden Arten oder einer von ihnen verbunden sein kann. Zum Beispiel:

»Ein Symbol kann ein Ikon oder einen Index in sich vereinigen« (4.447). – »Es ist häufig wünschenswert, daß ein Repräsentant nur eine dieser drei Funktionen unter Ausschluß der anderen beiden ausübt, oder zwei von ihnen unter Ausschluß der dritten, aber die vollkommensten Zeichen sind solche, in denen die ikonischen, indexikalischen und symbolischen Züge so gleichmäßig wie möglich miteinander verschmolzen sind« (4.448). – »Es wäre schwer, wenn nicht gar ganz unmöglich, wollte man ein Beispiel für einen vollkommen reinen Index anführen oder ein Zeichen finden, das überhaupt keine indexikalische Qualität hat« (2.306). – »Obwohl ein Diagramm gewöhnlich symbolische Eigenschaften hat sowie Eigenschaften, die der Natur der Indizes nahe kommen, ist es trotzdem im Grunde ein Ikon« (4.531).

Die immer wieder unternommenen Versuche, eine vollständige Klassifikation der semiotischen Phänomene anzulegen, hat Peirce mit der Skizzierung einer Tabelle beendet, die 66 Abteilungen und Unterabteilungen (cf. Lieb 1953: 51–55) enthält, die das Geschehen »von beinahe allen Zeichenarten«, das unter dem antiken Namen σημείωσις bekannt ist, zu erfassen sucht. So können die gewöhnliche Sprache ebenso wie die verschiedenen Arten der formalisierten Sprachen in die Semiotik von Peirce aufgenommen werden, die nicht nur den Vorrang der symbolischen Beziehung von *signans* und *signatum* in den sprachwissenschaftlichen Daten, sondern gleichzeitig auch die Verwobenheit mit ikonischen und indexikalischen Beziehungen hervorhebt.

VII. *Ferdinand de Saussure [1857–1913]*

Der Beitrag, den Ferdinand de Saussure für den Fortschritt der semiotischen Studien geleistet hat, ist augenscheinlich bescheidener und eingeschränkter. Seine Einstellung gegenüber der »Zeichenwissenschaft« und der Name ›Semiologie‹ (sporadisch *signologie,* cf. 1974: 47 ff.), den er von Anfang an verwendet, bleiben, wie es scheint, ganz und gar außerhalb der großen Tradition, die durch die Namen Locke, Lambert, Bolzano, Peirce und Husserl gekennzeichnet werden kann. Man kann bezweifeln, ob er deren semiotische Untersuchungen überhaupt gekannt hat. Trotzdem, in seinen Vorlesungen fragt er sich: »Warum gab es bis jetzt keine Semiologie?« (1967: 52). Die Frage nach dem Vorbild, die das von Saussure aufgestellte Programm inspiriert haben könnte, bleibt unbeantwortet. Seine Gedanken zur Zeichentheorie kennen wir nur aus verstreuten Bemerkungen, die ältesten aus den neunziger Jahren (cf. Godel 1957: 275) und aus den beiden letzten seiner drei Vorlesungen zur allgemeinen Linguistik (Saussure 1967: 33, 45–52, 153–55, 170ff.).

Seit Ende des Jahrhunderts versuchte Saussure – nach seinen eigenen Worten – zu »einem vernünftigen Begriff von dem, was ein semiologisches System ist«, zu kommen (cf. Godel 1957: 49) und das Wesentliche »der Sprache, wie des ganzen semiologischen Systems im allgemeinen« herauszufinden (Saussure 1954: 71). Dabei denkt er vor allem an Systeme »konventioneller Zeichen«. Die ältesten Bemerkungen von Saussure zur Zeichentheorie versuchen sie auf die phonische Dimension der Sprache anzuwenden, und die Thesen, die er bei der Behandlung dieses Themas in seiner letzten Vorlesung aufstellt, lassen in größter Klarheit »die Beziehung zwischen dem Laut und dem Gedanken« hervortreten; »die semiologische Wertigkeit des Phonems kann und muß unabhängig von aller historischen Voreingenommenheit untersucht werden, da das Studium auf der Ebene eines bestimmten Zustandes der Sprache vollkommen gerechtfertigt ist (und sogar, obwohl vernachlässigt und verkannt, notwendig ist), wenn es sich um eine semiologische Tatsache handelt« (zitiert nach Jakobson 1971: 228). Die Gleichsetzung »Phonem = semiologischer Wert« steht ganz vorn in seiner »semiologischen Phonetik«; es ist eine neue Disziplin, die Saussure schon zu Beginn seines Wirkens an der Universität von Genf ins Auge gefaßt hat (Jakobson 1971: 226ff.).

Die einzige Erwähnung semiologischer Gedanken, die zu Lebzeiten Saussures erschien, ist eine kurze Zusammenfassung, die sein Verwandter und Kollege A. Naville in seinem Buch aus dem Jahre 1901 (Kap. 5) gibt. Der Text des *Cours de linguistique générale,* der 1916 von Charles Bally und Albert Sechehaye nach Vorlesungsmitschriften von Saussures Hörern herausgegeben wurde, ist von den Herausgebern so stark überarbeitet und geglättet worden, daß er zu großen

Mißverständnissen der Lehre des Meisters Anlaß gab. Dank der schönen kritischen Ausgabe von Rudolf Engler (1967 ff.) sind wir heute in der Lage, die direkten Zeugnisse der Saussureschen Schüler zu vergleichen und uns ein sehr viel genaueres und adäquateres Bild von dem ursprünglichen Text seiner Vorlesungen zu machen.

Im Unterschied zu Peirce und Husserl, die sich beide bewußt waren, die Grundlagen der Semiotik gelegt zu haben, spricht Saussure nur von der Semiologie der Zukunft. Nach der von Saussure in den Vorlesungen von 1908 bis 1911 geäußerten Meinung, die von mehreren Hörern festgehalten wurde (cf. 1967: XI), ist die Sprache vor allem ein Zeichensystem und muß daher in die Zeichenwissenschaft eingeordnet werden (47). Diese Wissenschaft ist kaum entwickelt. Saussure schlägt vor, sie ›Semiologie‹ (nach dem griechischen Wort σημεῖον ›Zeichen‹) zu nennen. Man kann nicht sagen, was diese Zeichenwissenschaft sein wird, doch müssen wir feststellen, daß es sie sinnvollerweise geben sollte und daß die Linguistik die wichtigste Teildisziplin dieser Wissenschaft sein wird; »sie wird ein Spezialfall der großen semiologischen Tatsachen sein« (48). Die Linguisten werden den semiologischen Charakter der Sprache herauszuarbeiten haben, um ihre Stellung im System der Zeichen zu bestimmen (49); es wird die Aufgabe der neuen Wissenschaft sein, die Unterschiede der verschiedenen Zeichensysteme sowie ihre Gemeinsamkeiten zu zeigen. »Es wird allgemeine Gesetze der Semiologie geben« (47).

Saussure betont, daß die Sprache keineswegs das einzige Zeichensystem ist. Es gibt eine Reihe anderer: die Schrift, die sichtbaren Navigationssignale und die militärischen Trompetensignale, die Höflichkeitsgesten, die Zeremonien und die Gesamtheit der Riten (46 ff.); in den Augen Saussures »haben die Gewohnheiten einen semiologischen Charakter« (154). Die Transformationsgesetze dieser Zeichensysteme werden sich in völliger topischer Analogie zu den Transformationsgesetzen der Sprache befinden und uns andererseits die wesentlichen Unterschiede zeigen (45, 49). Saussure betrachtet bestimmte Unterschiede in der Natur der verschiedenen Zeichen und ihrer gesellschaftlichen Funktion: ob sich ein persönlicher oder unpersönlicher Faktor findet, ob ein reflektierter oder unbewußter Akt vorliegt, ob sie vom individuellen oder gesellschaftlichen Willen abhängig oder unabhängig sind, ob sie allgegenwärtig oder mehr gemäßigt/beschränkt sind. Wenn man die verschiedenen Zeichensysteme mit der Sprache vergleicht, werden, wie Saussure meint, Aspekte erscheinen, die man vorher gar nicht vermutet hatte; untersucht man Riten oder all die anderen Systeme für sich, so wird man erfahren, daß all diese Systeme wieder in eine allgemeine Untersuchung einmünden werden, in die des jeweiligen Lebens der Zeichen, in die Semiologie (51).

Saussure vertritt seit seinen Vorarbeiten, die er 1894 für eine unvollendet gebliebene Studie über William Dwight Whitney (zitiert in Jakobson 1971: 228) unternahm, die These, daß »die Sprache nichts weiter ist als ein *Sonderfall* der Zeichentheorie«:

»Dies wird die Hauptwirkung des Studiums der Sprache in der Zeichentheorie, dies wird für immer der neue Horizont sein, den dieses Studium eröffnet, daß sie *eine ganz neue Seite des Zeichens* erfaßt und enthüllt, nämlich daß man erst dann beginnt, das Zeichen wirklich zu begreifen, wenn man sieht, daß es etwas ist, das nicht nur übertragbar ist, sondern daß es seiner Natur nach *dazu bestimmt ist, übertragen zu werden.*«

(Das Zeichen verlangt also, um einen Ausdruck von Peirce zu gebrauchen, die Teilnahme eines *interpreter*.)

Saussure stellt daher der »komplexen Natur der besonderen Semiologie der gesprochenen Sprache« (a.a.O.) gleichzeitig die anderen semiologischen Systeme gegenüber. Nach der Saussureschen Lehre werden in den letzteren Zeichen verwendet, deren *signans* und deren *signatum* wenigstens ansatzweise durch eine Beziehung verknüpft sind, ›Ikons‹ im Peirceschen Sprachgebrauch, »Symbole«, wie Saussure sie in den *Grundlagen* später nennt: »Das Symbol ist ein Zeichen, aber immer vollkommen willkürlich« (1967: 155). Andererseits ist die Sprache »ein System unabhängiger Symbole«. Denn diese Zeichen, die Saussure 1894 rein konventionelle Zeichen nannte und im selben Sinn auch »willkürlich« (*arbitraires*), hießen bei Peirce »Symbole« (oder *legisigns*). In seinen frühen Bemerkungen sagt uns Saussure, es sei das Hauptmerkmal der »unabhängigen Symbole«, »daß keine

Art sichtbarer Verbindung zu dem zu bezeichnenden Gegenstand besteht«. Daraus folgt, »daß jeder, der das Gebiet der Sprache (*langue*) betritt, sich sagen kann, daß er sich von allen Analogien des Himmels und der Erde entfernt« (vgl. Jakobson 1971: 228).

Obwohl Saussure dazu neigt, in den »willkürlichen Systemen« das ureigenste Terrain der Semiologie zu sehen, erklärt er, daß sich das Gebiet dieser Wissenschaft ständig erweitern wird und es schwierig vorherzusagen ist, wo die Semiologie stehen bleiben wird (1967: 153 ff.). Die »Grammatik« des Schachspiels mit der entsprechenden Wertigkeit seiner Figuren erlaubt Saussure, das Spiel mit der Sprache zu vergleichen und zu schließen, daß in diesen semiologischen Systemen »sich der Begriff der Identität mit dem des Werts vermengt und umgekehrt« (1967: 249).

Es sind genau diese Fragen nach der Identität und des Werts, die sich, nach einer scharfsichtigen Bemerkung Saussures zu Beginn des Jahrhunderts, als entscheidend für das Studium des Mythos wie für »das Stammland der Linguistik« erwiesen haben: Auf der Ebene der Semiologie

»rühren alle Inkongruenzen des Denkens von einem ungenügenden Nachdenken über die Identität oder die Eigenschaften der Identität her, denn es handelt sich um ein inexistentes Sein, wie *das Wort* oder *die mythische Person* oder einen *Buchstaben des Alphabets*, die nichts anderes sind als unterschiedliche *Zeichen*formen, in einem philosophischen Sinn« (Saussure 1972: 275).

»Diese Symbole sind, ohne es zu ahnen, denselben Schicksalsschlägen und denselben Gesetzen unterworfen wie alle anderen Reihen von Symbolen [...] – Sie alle haben teil an der *Semiologie*« (vgl. Starobinski 1971: 15). Den Gedanken des semiologischen Seins, das *an sich* »keinen Augenblick« existiert (Saussure 1972: 277), nimmt Saussure in seine Vorlesungen von 1908/09 wieder auf, wo er »die wechselseitige Bestimmung der Werte durch ihre Koexistenz« behauptet, wobei er hinzufügt, daß es kein isoliertes semiologisches Sein gibt (1967: 50) und daß diese Bestimmung keinen anderen Ort hat als die synchronische Ebene, »denn ein Wertsystem kann nicht von einer Folge von Epochen getragen werden« (304).

Die semiotischen Prinzipien Saussures bewiesen im Laufe der letzten zwanzig Jahre seines Lebens eine überraschende Zähigkeit. Seine oben zitierten Skizzen von 1894 beginnen mit einem Grundsatz:

»Der Gegenstand, der als Zeichen dient, ist nicht zweimal *derselbe:* es ist gleich zu Beginn eine Untersuchung oder eine anfängliche Übereinkunft erforderlich, um zu wissen, in wessen Namen [und] in welchen Grenzen wir das Recht haben, es dasselbe zu nennen; dies ist der grundlegende Unterschied zu irgendeinem anderen Gegenstand« (Jakobson 1971: 229).

Diese Bemerkungen bestehen auf der entscheidenden Rolle des »Geflechts der ewig negativen Unterschiede«, das höchste Prinzip des Nicht-Zusammenfallens in der Welt der semiologischen Werte. Indem er semiologische Systeme betrachtet, versucht Saussure von »dem, was vorangegangen ist, abzusehen«, und von 1894 an nimmt er gern auf den Vergleich der synchronen Zustände in der Sprache und auf dem Schachbrett Bezug. Die Frage »nach dem antihistorischen Charakter der Sprache« wird sogar als Überschrift zu den letzten der von Saussure 1894 skizzierten Bemerkungen (Jakobson 1971: 231) und, könnte man hinzufügen, zu all seinen Überlegungen zum semiologischen Aspekt der Sprache und allen »symbolischen Werken« dienen (vgl. seine von Avalle veröffentlichten Bemerkungen, 1972: 28–38). Diese beiden in der Saussureschen Linguistik verflochtenen Prinzipien – »Die Willkürlichkeit des Zeichens« und der eigentümlich statische Begriff des Systems – hätten beinahe die Entwicklung der »allgemeinen Semiologie«, die von dem Meister vorweggenommen und gewünscht wurde, verhindert (vgl. Saussure 1967: 170ff.).

Der lebendige Gedanke der semiologischen Invarianz, der trotz aller kontextbedingten und individuellen Veränderungen in Geltung bleibt, ist nun von Saussure durch einen glücklichen Vergleich, der die Sprache und eine Symphonie in Beziehung setzt, erhellt worden: das musikalische Werk ist existierende Realität, die unabhängig von den Verschiedenheiten der Aufführungen besteht, die man macht; »sie erreicht das Werk selbst nicht«. »Die Aufführung eines Zeichens ist nicht sein wesentlicher Charakter«, bemerkt Saus-

sure; »die Aufführung einer Beethoven-Sonate ist nicht die Sonate selbst« (1967: 50, 53 ff.). Es handelt sich um die Beziehung der Sprache (*langue*) zur Rede (*parole*) und um das analoge Verhältnis, das zwischen der Einheitlichkeit des Werkes und der Vielheit seiner einzelnen Interpretationen besteht. Zu Unrecht sind die letzteren in dem von Bally und Sechehaye zusammengestellten Text als »Fehler, die der Ausführende begehen kann«, dargestellt worden.
Saussure muß geglaubt haben, daß die »arbiträren« Zeichen in der Semiologie eine grundlegende Stellung haben werden, aber man sucht vergeblich in den Nachschriften seiner Schüler eine Behauptung, die sich im Text von Bally und Sechehaye findet, daß nämlich »die vollkommen willkürlichen Zeichen besser als die anderen dem Ideal des semiologischen Verfahrens nahe kommen« (1967: 154).
In seiner expansionistischen Sicht hinsichtlich der werdenden Wissenschaft geht Saussure so weit, anzunehmen, daß »alles, was Form enthält, Gegenstand der Semiologie ist« (1967: 154). Diese Anregung scheint einen aktuellen Gedanken des Topologen René Thom vorwegzunehmen, der sich fragt, ob man nicht von vornherein versuchen muß, eine »allgemeine Theorie der Formen unabhängig von der besonderen Natur des zugrundeliegenden Raumes« zu entwickeln (1974: 244 ff.).

VIII. Ausweitung der Forschung

Die Beziehung der Wissenschaft der Sprache (*langage*) und der Sprachen (*langues*) zu der des Zeichens und der verschiedenen Zeichen wurde von dem Philosophen Ernst Cassirer in seiner Ansprache vor dem Linguistischen Zirkel von New York kurz und bündig definiert: »Die Linguistik ist ein Teil der Semiotik« (1945: 115).
Zweifellos gehören die Zeichen einem Gebiet an, das sich in gewisser Hinsicht von den anderen Vorkommnissen unserer Umgebung unterscheidet. Alle Teile dieses Gebiets müssen untersucht werden, wobei ihr generischer Charakter ebenso im Auge zu behalten ist wie die Gemeinsamkeiten und

Verschiedenheiten, die zwischen den verschiedenen Zeichenarten bestehen. Jeder Versuch, die Grenzen semiotischer Untersuchungen enger zu ziehen und bestimmte Zeichenarten auszuklammern, droht die Zeichenwissenschaft in zwei homonyme Disziplinen aufzuspalten, nämlich in die ›Semiotik‹ im weitesten Sinne des Wortes und in eine andere, gleichnamige Disziplin, deren Gebiet jedoch weniger weit ist. Man könnte etwa das Studium der sogenannten »arbiträren« Zeichen, wie man die Sprachzeichen zu nennen pflegt, zu einer eigenen Wissenschaft erheben wollen, obgleich die sprachlichen Symbole, wie Peirce gezeigt hat, sich leicht mit dem Ikon und dem Index in Beziehung setzen lassen.
Wer das System der Sprachzeichen als den einzigen Komplex ansieht, der es wert ist, Gegenstand der Zeichenwissenschaft zu sein, begeht eine *petitio principii*. Der Egozentrismus der Linguisten, die meinen, alle Zeichen von der Semiotik fernhalten zu müssen, die anderer Art sind als die der Sprache, reduzieren im Grunde ›Semiotik‹ auf ein einfaches Synonym von ›Linguistik‹. Aber manchmal gehen die Absichten, den Umfang der Semiotik einzuschränken, sogar noch weiter.
Auf allen Ebenen und in allen Aspekten der Sprache bleibt die wechselseitige Beziehung der beiden Seiten des Zeichens, des *signans* und des *signatum,* in Geltung; es ändert sich jedoch offensichtlich der Charakter des *signatum* und die Strukturierung des *signans*, wenn man verschiedene Ebenen des Phänomens Sprache betrachtet. In der besonderen Bedeutung des rechten Ohrs (und, richtiger gesagt, der linken Hirnhälfte), die es allein bei der Wahrnehmung von Sprachlauten hat, zeigt sich elementar ihre semiotische Wertigkeit, und alle phonischen Bestandteile (seien es distinktive, trennende, stilistische Eigenschaften oder sogar vollkommen redundante Elemente) fungieren genauso wie die entsprechenden Zeichen; zu jedem gehört ein eigenes *signatum*. Auf der jeweils höheren Ebene zeigen sich neue Besonderheiten des Bezeichnens: es tauchen durchaus substantielle Änderungen auf, wenn man vom Phonem zum Morphem aufsteigt, von dort zu den Wörtern (mit ihrer ganzen grammatischen und lexikalischen Hierarchie), zu den verschiedenen Ebenen der syntaktischen Strukturen bis zum Satz, den Satzgruppen

innerhalb einer Äußerung und schließlich zur Folge von Äußerungen im Dialog. *Jede* dieser aufeinanderfolgenden Stufen ist durch deutliche und spezifische Eigenschaften sowie durch den Grad gekennzeichnet, in dem sie den Regeln des Codes unterworfen und vom Kontext abhängig sind. Gleichzeitig hat jedes ihrer Elemente größtmöglichen Anteil an der Bedeutung des Ganzen. Die Frage, was ein Morphem, ein Wort, eine Phrase oder eine gegebene Äußerung bedeutet, kann auf der Ebene jeder dieser Einheiten gestellt werden. Die relative Komplexität von Zeichen, etwa einer syntaktischen Periode, eines Monologs oder einer Unterhaltung, ändert nichts an der Tatsache, daß notwendig in jedwedem sprachlichen Phänomen alles Zeichen ist. Von der distinktiven Eigenschaft bis zum Diskurs bleiben alle linguistischen Entitäten, trotz der Unterschiede ihrer Struktur, der Funktion und des Umfangs, einer gemeinsamen und einheitlichen Wissenschaft unterworfen, der Wissenschaft der Zeichen.

Zur Semiotik gehört ebenso das vergleichende Studium der Alltagssprache und formalisierter Sprachen, insbesondere die der Logik und der Mathematik. Hier hat uns die Analyse der verschiedenen Beziehungen, die zwischen dem Code und dem Kontext bestehen, bereits weite Perspektiven eröffnet. Darüber hinaus ist die Konfrontation der Sprache mit »den sekundären modellbildenden Strukturen« und besonders mit der Mythologie sehr fruchtbar, und sie ruft mutige Geister auf, eine analoge Arbeit zu unternehmen, die die Semiotik der Kultur zu umfassen sucht.

Bei den semiotischen Untersuchungen, die das Problem der Sprache behandeln, muß man sich davor in acht nehmen, vorschnell spezifisch sprachliche Eigentümlichkeiten auf andere semiotische Systeme zu übertragen. Gleichzeitig wird man sich hüten, von der Semiotik das Studium von Zeichensystemen, die wenig Ähnlichkeit mit der Sprache haben, fernzuhalten und diese Ächtung gar so weit zu treiben, daß man in der Sprache selbst eine mutmaßlich »nicht-semiotische« Schicht zu entdecken vermeint.

IX. *Das Kunstwerk*

Die Kunst hat sich lange der semiotischen Analyse entzogen. Zweifellos haben gleichwohl alle Künste Zeichencharakter, seien sie nun wesenhaft zeitlich, wie die Musik und die Poesie, oder von Natur aus räumlich, wie die Malerei und die Skulptur, oder auch synkretistisch raum-zeitlich, wie die Vorstellungen des Theaters, des Zirkus und des Kinos. Es ist keine verfehlte Metapher, wenn man von der ›Grammatik‹ einer Kunst spricht: Jede Kunst impliziert eine Organisation ihrer polaren und bedeutenden Kategorien, die in der Opposition von merkmalhaltigen und merkmallosen Ausdrücken gründet. Jede Kunst ist an einen Komplex künstlerischer Konventionen gebunden. Die einen sind allgemein; hierher gehört zum Beispiel die Anzahl der Koordinaten, die den Plastiken zugrunde liegen und einen folgenreichen Unterschied zwischen Gemälde und Statue bewirken. Der Stil des Landes und der Epoche beeinflussen den Künstler und sein zeitgenössisches Publikum oder legen ihnen sogar verbindliche Konventionen auf. Die Originalität des Werkes wird durch den künstlerischen Code beschränkt, der die entsprechende Epoche und Gesellschaft beherrscht. Nicht weniger als seine Entsprechung gegenüber bestimmten erwarteten Regeln wird von den Zeitgenossen die Revolte des Künstlers vor dem Hintergrund des Codes verstanden, den der Neuerer erschüttern will.

Alle Versuche, die Künste der Sprache gegenüberzustellen, drohen zu scheitern, wenn die vergleichende Untersuchung sie zur Alltagssprache in Beziehung setzt und nicht unmittelbar zu einem Sprachkunstwerk, das ein transformiertes System der Alltagssprache ist. Die Zeichen jeder beliebigen Kunst können den Charakter von allen drei semiotischen Arten haben, die Peirce beschrieben hat; sie können also dem Symbol, dem Ikon und dem Index näher stehen, aber es ist vor allem ihr künstlerischer Charakter, in dem ihr eigenes Bedeuten (σημείωσις) gründet. Worin besteht dieser besondere Charakter? Die klarste Antwort auf diese Frage gab 1865 ein junger College-Student, Gerard Manley Hopkins:

»Die kunstwerkliche [*artificial*] Seite der Poesie, vielleicht gar eines jeden Kunstwerks [*artifice*], läßt sich auf das Prinzip des Parallelismus zurückführen. Die Struktur der Poesie ist die eines fortlaufenden Parallelismus« (1959: 84).

Das Kunstwerk [*artifice*] gesellt sich zur Triade der semiotischen Modi, die von Peirce etabliert wurde. Diese Triade gründet sich auf zwei binäre Gegensätze: berührend/ähnlich und faktisch/gesetzt. Die Kontiguität der beiden Bestandteile der Zeichen ist eine faktische im Index und eine gesetzte im Symbol. Daher findet die faktische Ähnlichkeit, die dem Ikon eigentümlich ist, sein logisch vorhersehbares Gegenstück in der gesetzten Ähnlichkeit, die für das Kunstwerk typisch ist, und mit vollem Recht reiht sich diese in das Ganze einer künftigen Vierheit der semiotischen Modi ein.

Jedes Zeichen ist eine Verweisung [*renvoi*] nach der bekannten Formel *aliquid stat pro aliquo*. Der Parallelismus, den ein Meister und Theoretiker der Poesie, wie es Hopkins war, hervorgehoben hat, ist eine Verweisungsbeziehung eines Zeichens auf ein anderes, das ihm als Ganzes oder wenigstens in einem seiner beiden Seiten (des *signans* oder *signatum*) ähnlich ist. Eines der beiden »korrespektiven« Zeichen, wie sie Saussure nennt (vgl. Starobinski 1971: 34), verweist auf das andere, das im selben Kontext anwesend oder mitenthalten ist; dies wird man sich am Fall der Metapher verdeutlichen, wo allein der Vermittler [*véhicule*] *in praesentia* ist. Die einzige Schrift, die Saussure in seiner Zeit als Genfer Professor vollendet hat, ist eine klarblickende Arbeit über »die Sorge um Wiederholung« in der antiken Literatur, die die Wissenschaft von der Welt der Poesie erneuern könnte; sie ist jedoch zu Unrecht unveröffentlicht, und sogar heute sind uns die 140 Hefte des 70 Jahre alten gründlichen Werkes nur durch die faszinierenden Zitate von Jean Starobinski bekannt. Dieses Werk stellt die »›Paarung‹, will sagen eine Wiederholung in gerader Anzahl«, in der indoeuropäischen Poesie heraus, die der Analyse der »phonischen Substanz der Worte« zugänglich ist, »sei es, daß sie akustische Reihen schafft (zum Beispiel ein Vokal, der einen Gegenvokal fordert), sei es, daß sie eine bedeutsame Reihe schafft« (cf. 1971: 21 und 31 ff.). Indem die Dichter mit allen Mitteln versuchen, die Zeichen, die »sich natürlicherweise so finden, daß das eine das andere fordert« (55), hatten sie das traditionelle ›Code-Skelett‹ zu beherrschen und zuerst die strengen Regeln der anerkannten Ähnlichkeit, die zugelassenen Freiheiten mit eingeschlossen (oder, wie sich Saussure ausdrückt, die *transaction* zu bestimmten Variablen), dann die vorgeschriebenen Gesetze zur gleichmäßigen Verteilung der korrespondierenden Einheiten über den ganzen Text und schließlich die Ordnung (*consécutivité* oder *non-consécutivité*), die den im Verlauf der Zeit sich wiederholenden Elementen auferlegt ist (47).

Der ›Parallelismus‹ als eine charakteristische Eigenschaft eines jeden Kunstwerks ist die Verweisung von einer semiotischen Tatsache auf eine äquivalente Tatsache innerhalb desselben Kontextes; es schließt den Fall ein, wo der Zweck der Verweisung nichts ist als eine elliptische Einbeziehung. Die unfehlbare Zugehörigkeit der beiden Parallelen zum selben Kontext erlaubt es uns, das Zeitsystem, das Peirce seiner semiotischen Triadik zugeordnet hat, zu ergänzen: »Ein Ikon hat ein solches Sein, das zur vergangenen Erfahrung gehört [...] Ein Index hat das Sein gegenwärtiger Erfahrung. Das Sein eines Symbols [...] ist *esse in futuro*« (4.447; 2.148). Das Kunstwerk hat es mit der *außerzeitlichen* Beziehung der beiden Parallelen innerhalb ihres gemeinsamen Kontextes zu tun.

Stravinsky (1942) wird nicht müde zu wiederholen, daß »die Musik von dem Prinzip der Ähnlichkeit beherrscht wird«. In der Tonkunst bilden die Entsprechungen der in einem gegebenen Code als wechselseitig äquivalent oder als gegensätzlich erkannten Elemente das Hauptprinzip, wenn nicht sogar den einzigen semiotischen Wert – die »innermusikalisch verkörperte Bedeutung«, von der der Musikwissenschaftler Leonard Meyer folgende Beschreibung gibt:

»Im Kontext eines bestimmten musikalischen Stils zeigt ein Ton oder eine Tongruppe an – läßt sie einen geübten Hörer erwarten –, daß ein anderer Ton oder Tongruppe an einem mehr oder weniger bestimmten Ort im musikalischen Kontinuum erscheinen wird« (1967: 6f.).

Die Verweisung auf das Folgende wird von den Komponisten als das Wesen des musikalischen Zeichens empfunden. »Komponieren heißt einen Blick in die Zukunft des Themas werfen«, sagt Arnold Schönberg (vgl. Maegaard 1974). Die drei Grundoperationen des musikalischen Kunstwerks – die Vorwegnahme, der Rückblick und die Vereinigung – erinnern uns daran, daß das Studium einer Melodie, die Ehrenfels 1890 unternommen hat, ihm nicht nur den Begriff der Gestalt nahelegte, sondern ihn auch eine genaue Einführung in die Analyse musikalischer Zeichen schaffen ließ:

»Bei *zeitlichen* Gestaltqualitäten kann folgerichtig höchstens *ein* Element in Wahrnehmungsvorstellungen gegeben sein, während die übrigen als Erinnerungs- (oder als auf die Zukunft gerichtete Erwartungs-) Bilder vorliegen« (Ehrenfels 1890: 263 ff).

Während in der Musik die rein intrinsischen Beziehungen wichtiger sind als die Tendenzen zu einer ikonischen Ordnung, die sie sogar vollständig aufheben können, gewinnt andererseits die darstellende Funktion in der Geschichte der visuellen, notwendig räumlichen Künste leicht die Oberhand (vgl. Jakobson 1964/67). Trotzdem sind die Existenz und die großen Erfolge der abstrakten Malerei ein nicht umkehrbares Faktum. Das Spiel [*responsions*] zwischen den verschiedenen Farb- und Raumkategorien, das selbstverständlich auch eine Funktion in der darstellenden Malerei hat, ohne vorschreibend zu sein, wird zum einzigen semiotischen Wert der abstrakten Kunst. Die Gesetze der Opposition und Äquivalenz, die das räumliche Kategoriensystem, das in der Malerei am Werk ist, beherrschen, bieten ein beredtes Beispiel gesetzter Ähnlichkeiten, die durch den Code der jeweiligen Schule, Epoche oder des jeweiligen Landes zustande kommen. Selbstverständlich gründet nun die Konvention, wie in allen Fällen semiotischer Systeme, in dem Gebrauch und der Wahl universaler perzeptiver Möglichkeiten.

Statt der zeitlichen Sukzession, die beim Hörer musikalischer Phrasen Antizipationen und Erinnerungen weckt, läßt uns die abstrakte Malerei eine Simultaneität verbundener und verflochtener »Korrespektiva« sehen. Die musikalische Verweisung, die unsere Aufmerksamkeit von dem gegenwärtigen

Ton auf den erwarteten oder erinnerten Ton lenkt, ist in der abstrakten Malerei durch eine reziproke Verweisung der dort wichtigen Faktoren ersetzt. Die Beziehung der Teile und des Ganzen bekommt hier eine besondere Bedeutung, obwohl sich die Idee des integralen Werkes in jeder Kunst abzeichnet. In der Art des Teil-Seins zeigt sich der Zusammenhalt der Teile mit dem Ganzen; die Erscheinung jedes Bestandteils des Werkes ist von der Ganzheit abhängig. Diese gegenseitige Abhängigkeit des Ganzen und seiner Teile schafft eine offenkundige Verweisung der Teile auf das Ganze und umgekehrt. Man könnte in der reziproken Verweisung ein synekdochisches Verfahren sehen; die traditionelle Definition dieser Figur zum Beispiel bei Isodorus Hispalensis lautet: »synecdoche est conceptio, cum a parte totum vel a toto pars intellegitur« (vgl. Lausberg 1960: § 572). Kurz, die Zeichenhaftigkeit liegt allen Manifestationen des ›Kunstwerks‹ zugrunde.

X. Zusammenfassung

Man könnte für die Zusammenfassung eine tautologische Formulierung vorschlagen: Die Semiotik oder, anders gesagt, die Zeichenlehre (*the science of signs, la science du signe et des signes*) hat das Recht und die Pflicht, die Struktur aller Zeichenarten und -systeme zu untersuchen sowie ihre verschiedenen hierarchischen Beziehungen, das Netzwerk ihrer Funktionen und die gemeinsamen und verschiedenen Eigenschaften *aller* Systeme aufzuklären. Die Verschiedenheit der Beziehungen zwischen dem Code und der Nachricht (*code and message*) oder zwischen dem *signans* und dem *signatum* rechtfertigt auf keinen Fall die individuellen und willkürlichen Versuche, aus der semiotischen Forschung bestimmte Zeichenklassen auszuschließen, wie etwa die nicht-willkürlichen Zeichen oder solche, die den »Beweis der Vergesellschaftung« nicht angetreten haben und bis zu einem gewissen Grad individuell bleiben. Die Semiotik ist, eben weil sie die Wissenschaft von den Zeichen ist, aufgerufen, *alle* Spielarten des *signum* einzubeziehen.

Anmerkungen des Herausgebers

1 Jakobsons englischer Ausdruck ist *artifice*, eigentlich mit ›Kunstgriff‹ zu übersetzen. ›Symbol‹ bezeichnet nach Jakobson im Anschluß an Peirce ebenfalls mehr ein Verfahren *(frame-rule)* als einen Zeichengegenstand. Den verwandten Begriff des *artifact* gebraucht Jakobson für alle kulturellen Gebilde, mit Nachdruck für die Sprachlaute. Ein wichtiger Zug des *artifact* ist seine Zielgerichtetheit. ›Artefakt‹ war bereits in Prag, unter anderem in Mukařovskýs ästhetischen Studien, ein zentraler ästhetischer Begriff, für den Jurij Striedter (»Einleitung« zu: Felix Vodička, *Die Struktur der literarischen Entwicklung,* München: Fink 1976, XXII) als deutsches Synonym ›Werk-Sache‹ anführt.
2 Die Paragraphenüberschriften sind dem Inhaltsverzeichnis der französischen Originalausgabe entnommen.

Literatur

Avalle, D'Arco Silvio, 1973, »La sémiologie de la narrativité chez Saussure«, *Essais de la théorie du texte,* hg. von Charles Bouazis, Paris: Galilée.

Benveniste, Émile, 1963, *Coup d'oeil sur le développement de la linguistique,* Paris: Académie des inscriptions et belles-lettres.

Bolzano, Bernhard, 1837, *Wissenschaftslehre* I–IV, Sulzbach: Seidel; Nachdruck: Leipzig: Meiner, 1930/31.

Braun, Jerzy Bronislaw, 1969, *Aperçu de la philosophie de Wroński,* Rom: P.U.G.

Cassirer, Ernst A., 1945, »Structuralism in Modern Linguistics«, in: *Word* 1, 95–120.

Ehrenfels, Christian von, 1890, »Über ›Gestaltqualitäten‹«, in: *Vierteljahresschrift für wissenschaftliche Philosophie* 14, 249–292.

Eisenring, Max E., 1942, *Johann Heinrich Lambert und die wissenschaftliche Philosophie der Gegenwart,* Zürich: Müller.

Godel, Robert, 1957, *Les sources manuscrites du Cours de linguistique générale de F. de Saussure,* Genf: Droz.

Hoene-Wroński, Józef Marja, 1879, »Philosophie du langage«, *Sepi manuscrits inédits écrits de 1803 à 1806,* Paris: Au dépot des ouvrages de l'auteur.

Holenstein, Elmar, 1976, *Linguistik–Semiotik–Hermeneutik*, Frankfurt: Suhrkamp.

Hopkins, Gerard Manley, 1865, »Poetic Diction«, *The Journals and Papers*, hg. von H. House, London: Oxford University Press, 1959.

Husserl, Edmund, 1900/01, *Logische Untersuchungen* I–II, Halle: Niemeyer; *Husserliana* XVIII-XIX, Den Haag: Nijhoff, 1975–84.

– , 1890, »Zur Logik der Zeichen (Semiotik)«, in: *Husserliana* XII, Den Haag: Nijhoff, 1970, 340–373.

Jakobson, Roman, 1964/67, »Visuelle und auditive Zeichen«, in diesem Band, 286–300.

–, 1965, »Suche nach dem Wesen der Sprache«, in diesem Band, 77–98.

–, 1971, »Whitney's Principles of Linguistic Science«, in: *Selected Writings* VII, Berlin: Mouton de Gruyter, 1985, 219–236.

Lambert, Johann Heinrich, 1764, *Neues Organon* I–II, Leipzig: Wendler; Nachdruck: *Philosophische Schriften* I–II, Hildesheim: Olms, 1965.

Lausberg, Heinrich, 1960, *Handbuch der literarischen Rhetorik*, München: Hueber.

Lieb, Irwin C., 1953, *Charles S. Peirce's Letters to Lady Welby*, New Haven, CO: Whitlocks.

Locke, John, 1690, *An Essay Concerning Human Understanding*, Oxford: Clarendon 1975; deutsch: *Versuch über den menschlichen Verstand*, Hamburg: Meiner ⁴1981.

Maegaard, Jan, 1974, *Studien zur Entwicklung des dodekaphonen Satzes bei Arnold Schönberg*, Kopenhagen: Hansen.

Meyer, Leonard B., 1967, *Music, the Arts, and Ideas*, Chicago: University of Chicago Press.

Naville, Adrien, 1901, *Nouvelle classification des sciences: Étude philosophique*, Paris: Alcan.

Peirce, Charles Sanders, 1931–58, *Collected Papers* I–VIII, Cambridge, MA: Harvard University Press.

Saussure, Ferdinand de, 1967–74, *Cours de linguistique générale* I/II: Kritische Ausgabe, hg. von Rudolf Engler, Wiesbaden: Harrassowitz.

– , 1916, *Cours de linguistique générale*, hg. von Charles Bally und Albert Sechehaye, Paris: Payot ³1931; deutsch: *Grundfragen der allgemeinen Sprachwissenschaft*, Berlin: de Gruyter ²1967.

– , 1954, »Notes inédites«, *Cahiers Ferdinand de Saussure* XII, Genf: Droz.

–, 1972, »Noto sul ›segno‹«, hg. von D'Arco Silvio Avalle, in: *Strumenti critici* 21, Turin: Einaudi.

Sechehaye, Ch. Albert, 1908, *Programme et méthodes de la linguistique théorique*, Paris: Champion.

Starobinski, Jean, 1971, *Les mots sous les mots, Les anagrammes de Ferdinand de Saussure*, Gallimard; deutsch: *Wörter unter Wörtern. Die Anagramme von Ferdinand de Saussure*, Frankfurt/Berlin/Wien 1980.

Stravinsky, Igor, 1942, *Poétique musicale sous forme de six leçons*, Cambridge, MA: Harvard University Press.

Thom, René, 1974, »La linguistique, discipline morphologique exemplaire«, in: *Critique* 30, Paris: Minuit.

Zweiter Teil
Schwerpunkte der Jakobsonschen Semiotik

1. Phonologie
2. Poesie

Die eigenartige Zeichenstruktur des Phonems
[1939]

Derrida[1] macht Saussure in einer von der dezidiert formalistischen Sprachtheorie Hjelmslevs mitangeregten Kritik, in die er Jakobson einbezieht, den Vorwurf, die von ihm eingeleitete »Desubstanzialisierung« der sprachlichen Zeichen – metaphysisch befangen – nicht konsequent durchgehalten zu haben. Es hat sich jedoch herausgestellt, wie Hjelmslevs eigene, empirisch arbeitende Schüler (etwa Eli Fischer-Jörgensen) längst anerkannt haben, daß der formale Aufbau eines phonologischen Systems nicht unabhängig von der »stofflichen« Natur der Zeichen erklärt werden kann. Desgleichen ist das Bedeutungssystem einer Sprache nicht unabhängig vom Notationssystem (seiner stofflichen und grammatischen Struktur), in dem es realisiert ist, und dies in einer Weise, die geradezu als vorbildlich anzusehen ist für die Relativierung des Anspruchs der Künstlichen Intelligenz, daß grundsätzlich dasselbe Programm in verschiedenem Material (in Lochkarten, in Silikon, in einem Neuronennetz oder gegebenenfalls in dem ›Stoff‹, aus dem unsere Träume gemacht sind, in Bewußtsein) realisiert sein könne.[2] Ob Zeichensysteme derart desubstanzialisierbar sind, daß ein phonisches und ein graphisches System einander in jeder bedeutsamen Beziehung völlig gleichwertig sind und ohne semiotisch relevante Auswirkungen ineinander übersetzt werden können, ist empirisch zu entscheiden – wobei selbstverständlich die Theorieabhängigkeit aller Empirie zu entsprechender Umsicht gemahnt.
Ähnliches gilt für den Vorwurf des »Phonozentrismus«.[3] Alles deutet darauf hin, daß es diesen »Phonozentrismus« gibt, aber nicht ausschließlich kulturgeschichtlich bedingt (und kulturgeschichtlich überholbar), sondern zu einem guten Teil biologisch, in einer Koevolution von Natur und Kultur. Nichts deutet darauf hin, daß die Schriftentwicklung eine ähnlich prägende und bleibende Rückwirkung auf ein biologisches Organ gehabt hat, etwa die Hand, wie das für die Lautsprache in bezug nicht nur auf das menschliche

Gehirn, sondern selbst – und in biologisch riskanter Weise – auf den menschlichen Kehlkopf, dessen Senkung, vertreten wird.[4]

Der anthropologische Sonderstatus der Lautsprache wirft die Frage nach einem eventuellen strukturalen Sonderstatus ihrer Zeichen auf. Ein zweifacher ist auszumachen: einer in ihrem Verhältnis zu – fast – allen anderen Zeichen und ein zweiter im Verhältnis ihrer kleinsten Einheiten zu den übrigen sprachlichen Einheiten. Der erste besteht in der doppelten Artikulation. Der Gliederung der Lautsprache in Einheiten (Morpheme, Wörter usf.) mit positiv und konstant zugeordneten Bedeutungen geht eine Gliederung in Einheiten (Phoneme beziehungsweise nach Jakobsons späterer Auffassung nur mehr distinktive Lauteigenschaften) mit bloß negativer, bedeutungsunterscheidender Funktion voraus. Nur die Lautsprache und einige ihrer Derivate (die meisten, das lateinische Alphabet etwa, nur ansatzweise) und, wie sich vor kurzem erst erwiesen hat, der genetische Code weisen eine solche doppelte Gliederung auf.[5] *Die zweite Eigenart betrifft die Phoneme (beziehungsweise nach Jakobsons späterer Auffassung nur mehr die sogenannten Morphophoneme). Anders als für die übrigen sprachlichen Zeichen gilt Saussures Grundsatz der linearen Anordnung der Zeichen auf der zeitlichen Achse des Nacheinander nicht für die (Morpho-)Phoneme. In ihnen sind distinktive Eigenschaften in einem* cumul des signifiants *auf der Achse des Miteinander angeordnet.*

Der Aufsatz ist die Textunterlage zu zwei Vorträgen, die Jakobson 1939 auf der ersten Station seiner Flucht aus der Tschechoslovakei auf Einladung von Viggo Brøndal und Louis Hjelmslev in Kopenhagen hielt. Er setzt sich darin unter anderem mit Hjelmslevs Desubstanzialisierung der Phonologie im besonderen und der Semiotik im allgemeinen auseinander.[6]

Der Text deckt sich streckenweise mit den 1942/43 an der École libre *in New York vorgetragenen* Six leçons sur le son et le sens.[7] *Er präsentiert den Stand der Phonologie, der über Lévi-Strauss, seinen Kollegen und Zuhörer in New York, in der Anthropologie Schule gemacht hat.*[8]

I

Die Wege und Ziele der Sprachwissenschaft und ihrer einzelnen Disziplinen haben sich während der letzten Jahrzehnte so eingehend und scharf geändert, daß es uns heutzutage geradezu schwer fällt, sich in das Sprachbild der traditionellen Linguistik einzuleben. Am schärfsten erweist sich der Gegensatz zwischen der früheren und modernen Weltanschauung auf dem Gebiete der Lautlehre. Es war eine Zeit, wo die Phonetik, besonders die Instrumentalphonetik, sich ihrer ersten großartigen, einleuchtenden Erfolge rühmen konnte, aber gleichzeitig zeigte sich auch die Schattenseite dieses stolzen Aufmarsches.

Ein russischer romantischer Schriftsteller schilderte vor mehr als hundert Jahren einen wißbegierigen Helden, der nach einer vollkommenen Verfeinerung der äußeren Erfahrung strebte; eine böse Hexe erfüllte seinen Wunsch, und plötzlich zerlegte sich für ihn die Rede seiner Geliebten und die Musik der Dichtung in zahllose artikulatorische Bewegungen und unzählige Schalleindrücke, welche ganz sinnlos und reizlos blieben. Der Triumph des zerstückelnden naiven Naturalismus konnte nicht einsichtsvoller prophezeit werden als in diesem unheimlichen Traumbild des weisen Romantikers. Der Lautbestand der Sprache zerfiel dem naturalistisch eingestellten Forscher in eine Unmenge schwankender, sei es motorischer oder akustischer Atome, die er mühsam maß, aber auf deren Zweck und Sinn er bewußt verzichtet hat; und folgerichtig klängen auf diesem Hintergrund die Mahnungen eines Verrier oder eines Saran[9] – ein Gedicht bei der Versuntersuchung so aufzufassen, als ob seine Sprache vollkommen unbekannt und bedeutungslos wäre. Dieser Weg drohte zu einer trostlosen Verwilderung der Verslehre, und jeder Lautlehre überhaupt, und zu einer restlosen Ausschaltung der Lautlehre aus der sprachlichen, das heißt vor allem zeichenartigen, semiotischen Problematik zu führen.

Das abschreckende Bild der chaotischen Vielheit bedurfte des antithetischen Prinzips der ordnenden Einheit. Zwei geniale Sprachforscher, Baudouin de Courtenay und Ferdinand de Saussure, rollten die Frage nach dem Zwecke der Sprachklänge auf, und das Studium des lautlichen Feldes der Sprache unter dem Gesichtspunkt der sprachlichen Funktionen wurde von ihren Schülern und Nachfolgern eingeleitet. Die Lautform der Sprache, die bis dahin ein bloßer Gegenstand der Sinnepsychologie und -physiologie war, wurde endlich der Linguistik im wahren Sinne des Wortes einverleibt, das heißt die Lautform wurde unter dem Gesichtspunkt ihres Zeichenwertes und vor allem ihrer bedeutungsverleihenden Funktion untersucht. Die maßgebliche Frage, das »Wozu« der Sprachlaute, das heißt ihre unmittelbare *raison d'être*, kam endlich zur Geltung.

Die Verselbständigung der Phonologie als Formwissenschaft von der Phonetik als Stoffwissenschaft konnte nicht mit einem Schlage vollbracht werden. Trotz der grundsätzlich verschiedenen Fragestellung in den beiden Disziplinen übernahm die Phonologie natürlicherweise auf ihren ersten Entwicklungsstufen unbewußt und unwillkürlich viel Phonetisches, allzu Phonetisches, vieles, was im Rahmen der phonetischen Beschreibung gesetzmäßig ist, doch im Lichte der Phonologie eine Umwertung erfordert. Schritt um Schritt befreite sich die neue Disziplin von diesen artfremden Überbleibseln, doch muß man offen zugestehen, daß es trotz allem Streben nach einer systematischen sauberen Scheidung auch in den beiden neuesten epochalen Kompendiumsversuchen, den *Grundzügen der Phonologie* von Trubetzkoy[10] und der *Phonologie* von van Wijk[11], an Fällen einer sozusagen phonetischen Konterbande nicht mangelt. Um jeglichem Mißverständnis zu entgehen, möchte ich betonen, daß je rücksichtsvoller sich der Phonologe zu den reichhaltigen phonetischen Gegebenheiten stellt, desto fruchtbarer wird es für seine Arbeit sein; je mehr phonetischen Stoff die Phonologie prüft und verarbeitet, desto besser – doch müssen diese Gegebenheiten tatsächlich phonologisch verarbeitet werden, es darf kein rohes phonetisches Material sozusagen mit Haut und Haaren in die Phonologie glatt übernommen werden.

Kaum finden wir in der Lautlehre, ja sogar in der ganzen Sprachtheorie des vergangenen Jahrzehntes, einen Begriff, über welchen mehr gestritten wurde als über das PHONEM. Die Diskussionsbeiträge sind schon wegen der großen Anzahl der Sprachen, in denen sie geschrieben wurden, beinahe unabsehbar: zum Beispiel mangelt es nicht an Abhandlungen in japanischer, estnischer, finnischer, ungarischer, ukrainischer und rumänischer Sprache. Aber seltsamerweise wurde dabei die immanent semiotische und insbesondere sprachliche Problematik des Phonems nur in sehr geringem Maße und nur beiläufig angeschnitten. So wurden solche Fragen wie die Struktur des Phonems und sein Verhältnis zu den übrigen sprachlautlichen und überhaupt sprachlichen, oder, noch breiter, zu den semiotischen Werten, kaum angetastet. Die Lieblingsfrage der üblichen Phonemdebatten lautet: In welchem Sinne ist das Sein der Phoneme auszulegen? Welchem Felde der Realität gehört es an? Die Antworten unterscheiden sich nach der allgemeinen Weltanschauung der Verfasser. Verschiedenartige Tatbestände wurden zur Antwort herbeigezogen: Platons Ideenwelt, das ideelle Sein der Phänomenologen und ihr Begriff der »Bedeutungsintentionen«, das soziologische Gebiet und der Kulturbestand, der Bereich der Ideologie, das Einzelbewußtsein bzw. das Unterbewußtsein der Individualpsychologie. Oder soll endlich, wie manche einwenden, das Phonem bloß eine wissenschaftliche Abstraktion, bloß ein Ordnungsbegriff sein?[12]

Merkwürdigerweise suchten hier die Linguisten eine Frage zu lösen, deren Beantwortung streitlos außerhalb des Bereiches der Sprachwissenschaft liegt. Das nahezu ontologische Problem, welche Art von Realität hinter dem Phonem steckt, enthält wahrhaftig nichts, was sich speziell auf den Phonembegriff bezieht. Es ist lediglich ein Einzelfall der weiteren Problematik, welche Art von Realität hinter einem Sprachwert, ja sogar hinter jedem Wert überhaupt steckt. Wenden wir uns zum Beispiel dem kleinsten grammatischen Bestandteil des Wortes, dem sogenannten Morphem zu. Falls wir das Dasein EINES Morphems und DES Morphems, oder EINES Wortes und DES Wortes, EINER syntaktischen Norm und DER syntaktischen Norm, EINES Sprachgebildes und DES Sprachgebildes im Ganzen, ja kurz und gut, das Dasein der Werte und Wertsysteme PSYCHOLOGISCH fundieren wollen, da lösen wir *eo ipso* bejahend auch die Frage der rein psychologischen Grundlage der phonematischen Werte. Falls wir aber die

Werte als ein SOZIALES Gut deuten, so gilt diese Deutung automatisch auch für die Phoneme. Eine PHÄNOMENOLOGISCHE Auslegung der Werte, und der sprachlichen Werte im besonderen, hätte selbstverständlich auch eine phänomenologische Begründung des Phonems zur Folge. Und wer den Wertbegriff als eine FIKTION auffaßt, die in Wirklichkeit nicht zugegen ist, der wird notwendigerweise auch den Phonembegriff auf dieselbe Weise werten usw.

Die Frage der Beziehungsart des Phonems zu den verschiedenen Querschnitten der Realität ist sozusagen außerphonologisch, da sie nicht nur das Phonem, sondern im gleichen Maße alle Sprachwerte betrifft; aber auch die Sprachwissenschaft im allgemeinen ist kaum berechtigt, diese Frage entscheiden zu wollen, weil es eine allgemeine Frage der WERTTHEORIE ist. Die bisherige Diskussion der Sprachforscher über das Wesen des Phonems hat, außer wenigen Ausnahmen, die berühmten philosophischen Disputationen des Nominalismus und Realismus, des Psychologismus und Antipsychologismus usw. meistens mit ungenügenden Mitteln wiederholt; so ist ja schon zum Beispiel die ganze Beweisführung gegen die psychologische Deutung der Phoneme im bedeutsamen Feldzug Edmund Husserls gegen den werttheoretischen Psychologismus voll enthalten, und die Versuche einzelner Sprachforscher, die objektive Realität der Phoneme zu widerlegen, geben, im Grunde genommen, wenn auch unwillkürlich und sehr unvollkommen, die ausgeprägte Lehre Brentanos und seiner Nachfolger über die Sprachfiktionen und die Fiktivität der sozialen Werte wieder.

Derartige linguistische Eingriffe in fremde wissenschaftliche Gebiete sind aber nicht nur überflüssig, sondern direkt gefährlich in denjenigen – leider nicht allzu seltenen – Fällen, wo der Sprachforscher die gegenwärtige Methodologie der betreffenden Disziplin ungenügend beherrscht. So zeigen beispielsweise die psychologischen Einwände Alfred Schmitts gegen den Phonembegriff eine arge Unkenntnis der Psychologie. Der Erlanger Linguist stellt fest, daß meistens die Aufmerksamkeit der Sprecher und Hörer nicht auf ein einzelnes Phonem gerichtet ist, und daß meistens das Einzelphonem selbständig nicht vorkommt; er vergißt die Existenz zahlreicher unselbständiger Inhalte, die erlebt und dabei »normalerweise nicht gegenständlich bewußt sind«. Schmitt meint, das Wort wäre für uns das kleinste sprachliche Phänomen. Dieser Zustand ist aber einzig für den ataktisch Aphatischen zutreffend, einen Patienten, der seinen üblichen Wortschatz zwar behält und tadellos artikuliert, doch absolut nicht imstande ist, irgendeine neue Gruppe aus denselben Lauten und Silben nachzusprechen: er kann »kaffe« sagen, aber weder »keffa«, noch »feka«, noch »fake«. Von diesem Aphatiker und der Schmittschen Vorstellung eines normalen Sprechers unterscheidet sich der wirkliche normale Sprecher gerade dadurch, daß das Wort für ihn keine erstarrte, durchwegs automatisierte und weiter unteilbare Lautgruppe ist. Wenn es zum Beispiel ein Russe ist, der gewisse seltene Worte mundartlicher Färbung wie *log* ›eine Art von Tal‹, *lox* ›eine Art von Fisch‹ und *loj* ›eine Art von Fett‹ zum ersten Mal hört, nimmt er sie als unbekannte, aber trotzdem mögliche russische Worte wahr, weil alle Phoneme, welche in diesen Wörtern vorkommen, in der russischen Sprache vorhanden sind, und er erkennt, daß diese drei Wörter sich voneinander und von teilweise ähnlichen russischen Wörtern unterscheiden, zum Beispiel das Wort *log* von solchen Wörtern wie *lob, lov, lož', lot, lug, lak, laj, lëg, rog, bok, sok, tok* usw. Aber falls man den genannten russischen Wörtern erdachte Wörter entgegensetzt, die ein der russischen Sprache unbekanntes Phonem enthalten, zum Beispiel neben /loš/ ein Wort wie /loř/ mit einem tschechischen intermittierenden Zischlaut vorspricht, oder neben /lok/ eine erdachte Neubildung /loq/ mit einem kaukasischen Zäpfchenlaut, so entweder erkennt der Russe, daß es keine russischen Wörter sind, oder es entgeht ihm der für ihn irrelevante lautliche Unterschied, und er identifiziert /loq/ mit /lok/ oder /loř/ mit /loš/. Wir sehen folglich, daß Phoneme es uns sogar bei der Unbekanntheit der Wörter ermöglichen, solchen Wörtern eine potentielle Stelle in unserer Sprache anzuerkennen und sie als verschiedene, also Verschiedenes bedeutende Wörter zu deuten. Versuchen wir nun, die vernachlässigte Frage nach der Eigenartigkeit des Phonems zu stellen.

Aller Streit, der über das Wesen des Phonems geführt wird,

könnte mit gleichem Recht zum Ausgangspunkt auch ein beliebiges anderes Teilganzes im Rahmen des Sprachsystems wählen, beispielsweise das Morphem. Doch ist es kein Zufall, daß gerade das Phonem zum Leitthema dieser Erörterungen wurde. Man kann mit van Wijk feststellen, daß die Phonologie der erste im Rohbau verwirklichte Abschnitt der strukturellen Linguistik ist, und gerade deshalb fiel dem Phonem als einem phonologischen Grundbegriff die Rolle eines Prüfsteins des Strukturalismus zu; die rein linguistische Problematik des Phonems blieb dagegen verhältnismäßig im Schatten. Ja sogar in den Fällen, wo diese Problematik aufgerollt wurde, handelt es sich vorwiegend nicht um die eigentümlichen Merkmale des Phonems, sondern um diejenigen Züge, die ihm mit den übrigen Sprachwerten gemein sind.

So wurde besonders die Zugehörigkeit des Phonems zur *langue,* gemäß dem Wortgebrauch Saussures[13], oder zum »Sprachgebilde«, nach der Übertragung Bühlers[14], betont. Es ist sicher außer Zweifel, daß das Phonem, sowie die übrigen sprachlichen Werte, im Sprachgebilde verankert ist, aber dennoch möchte ich vor der zwar verbreiteten, doch allzu einfachen Auffassung warnen, welche das Phonem und überhaupt alles Phonologische als eine ausschließliche Angelegenheit des Sprachgebildes oder *langue* stempelt. Die von Victor Henri und Ferdinand de Saussure aufgedeckte Antinomie *langue–parole*[15], oder deutsch gesprochen, Sprachgebilde–Sprechhandlung, ist zweifellos eine wertvolle Errungenschaft der modernen Sprachlehre, doch bedarf dieser Doppelbegriff, wie übrigens jeder Antinomiebegriff, einer recht vorsichtigen und keineswegs mechanistischen Anwendung. Die Antinomie *langue–parole* ist nämlich ein komplexes Phänomen: mindestens drei selbständige Antinomien sind in ihm eigentlich verborgen, und zwar erstens der Gegensatz zwischen sprachlicher Norm und sprachlicher Äußerung, zweitens der Gegensatz zwischen der Sprache als ein ÜBERindividuelles, soziales Gut und der Sprache als ein INDIVIDUELLES, privates Eigentum, und drittens der Gegensatz zwischen dem Unifizierenden, Gemeinschaftlichen, Zentripetalen an der Sprache einerseits und dem Individualisierenden, Eigenartigen, Partikularistischen, Zentrifugalen andererseits.

In vielen Fällen decken sich zwar die drei erwähnten Antinomien miteinander, doch geschieht es nicht durchweg! So setzt zum Beispiel eine individuelle sprachliche Äußerung nicht nur eine soziale, sondern auch daneben eine dauernde individuelle Sprachnorm voraus; der Sprechende modifiziert mehr oder weniger die soziale Sprachnorm und prägt ihr eigene besondere Forderungen, Vorlieben, Gewohnheiten und Verbote ein, die er sich selbst bei allen seinen Sprechhandlungen imperativ auflegt. Der Begriff der Sprachnorm deckt sich also nicht mit demjenigen des Überindividuellen. Andererseits zeigen die chorischen Äußerungen, daß auch der Begriff der sprachlichen Äußerung mit demjenigen des Individuellen keinesfalls notwendigerweise zusammenfallen muß, obgleich es in der Genfer Lehre heißt, daß *en séparant la langue de la parole, on sépare du même coup ce qui est social de ce qui est individuel*.[16] Die Sprache als individuelles Eigentum der sprechenden Person, das heißt die individuelle Sprachnorm, enthält notwendigerweise die beiden Triebe – den zentripetalen und den zentrifugalen – bzw. die beiden Bestandteile – den gemeinschaftlichen und den partikularen –, aber auch als soziales Gut hegt die Sprache stets und notwendigerweise, wie es übrigens schon Saussure einsah, die beiden genannten Triebe: einerseits *la force unifiante* und andererseits *l'esprit particulariste*.[17] Wenn wir das Individualisierende, das Absondernde, das Persönliche an der individuellen Äußerung ins Auge fassen, so erkennen wir, daß das Phonem, sowie die übrigen phonologischen Elemente außerhalb dieses Gebietes liegen. Kaum würde man am Phonem etwas Individualisierendes und Partikulares suchen: Das Phonem als ein Werkzeug der Mitteilung ist notwendigerweise ein Medium der vereinigenden Kraft. Es wäre aber verfehlt, den Phonembegriff aus der individuellen Äußerung überhaupt deswegen streichen zu wollen. Denn die individuelle Äußerung beschränkt sich nicht auf das Absondernde und Individualisierende, sondern verfolgt vor allem die Zwecke des Verkehrs. Das Phonem, oder mit anderen Worten, die Gesamtheit der distinktiven Eigenschaften eines Lautes, ist zwar durch die überindividuelle Sprachnorm bestimmt, ist aber notwendigerweise in jedem Laute jeder expliziten Sprechhandlung enthalten.

Es kann sogar – bei gewissen, besonderen Vorbedingungen, zum Beispiel beim Scherzen – das Wiedererkennen des gleichen Phonems, anders gesagt, des gleichen Bündels der distinktiven Lauteigenschaften als solches, autonom empfunden und erlebt werden. Ein Witzling reimt: »du, mach die Läden zu!« Das gleiche wortschließende Vokalphonem /u/ wiederholt sich hier im Laufe einer Sprechhandlung, und gerade sein Wiedererkennen bewirkt den Scherz. Ähnlich verhält es sich mit der Unterscheidung zweier Phoneme (bzw. zweier einander entgegengesetzter Bündel der distinktiven Lauteigenschaften). Es wird zum Beispiel von einem Dorfjüngling gesprochen, welcher eine ältere und häßliche Frau mit reicher Mitgift heiratete. »Sie hat ihn eher mit Kissen als mit Küssen bestochen« wird dabei gesagt. Der Gegensatz eines ungerundeten und des entsprechenden gerundeten Vokalphonems schafft *ceteris paribus* das Wortspiel dieser Sprechhandlung. Die übliche Gegenüberstellung der Phonologie als Sprachgebildelehre und der Phonetik als Sprechhandlungslehre erweist sich somit als ungenau. Die Phonologie verhält sich zur Phonetik wie eine Form- bzw. Funktionslehre zu einer ausgesprochenen Stofflehre. Die Form wurzelt im Sprachgebilde, aber ist in jeder Sprechhandlung notwendigerweise vorhanden, sonst wäre es ja keine Sprechhandlung, sondern ein bloßes Lallen. Die Laute sind selbstverständlich ein Stoffbegriff. Dagegen ist das Phonem, sowie alle übrigen, nach Jespersens Bezeichnung, *glottischen* Werte, ein typischer Form- bzw. Funktionsbegriff.

Was unterscheidet im wesentlichen das Phonem von den übrigen sprachlichen Werten? Und da müssen wir von vornherein feststellen: Das Phonem nimmt unter allen diesen Werten, ja sogar unter allen Werten der Zeichenwelt überhaupt, einen ganz besonderen Platz ein. Jeder Satz, jede Wortverbindung (im Saussureschen Sinne des Ausdruckes *syntagme*), jedes Wort und jeder grammatische Bestandteil des Wortes besitzt seine eigene positive und konstante Bedeutung. Freilich kann vielfach diese Bedeutung sehr allgemein, sehr lückenhaft und implizit sein, das heißt eine Spezifizierung oder eine Ergänzung seitens des Kontextes oder seitens der Situation erfordern. Ein Berliner sagt einfach »mit« oder

»ohne«; im Kaffeehaus soll das bedeuten: »Geben Sie mir Kaffee MIT bzw. OHNE Sahne«, und in einer Bierstube handelt es sich bei dieser Anrede um Weißbier mit oder ohne Himbeersaft. Aber die allgemeine Bedeutung der beiden Präpositionen, das Vorhandensein oder Nichtvorhandensein einer gewissen Zugabe, bleibt stets geltend.

Die Sondersprache der russischen Wanderkrämer ändert grundsätzlich den Wortschatz, aber behält die formalen Morpheme der Muttersprache. In einer Wortverbindung wie zum Beispiel *kuréščut vorycháný* (›es singen die Hähne‹) kann ein Nichteingeweihter die Wortbedeutungen nicht verstehen, doch bleibt ihm die Bedeutung der grammatischen Endungen zugänglich; *-ut* ist die verbale Endung der dritten Person Plur. Pres., und *-y* (genauer: das Phonem /i/ ohne Weichung des vorangehenden Konsonanten) ist die nominale Endung Nominativi Pluralis. Somit können wir das Subjekt und Prädikat unterscheiden, wir erkennen im Subjekt eine Sachwort- und Mehrzahlbedeutung und im Prädikat eine ganze Reihe grammatischer Bedeutungen: die des Zeitworts, die der gegenwärtigen Zeit, die der Mehrzahl und endlich die der dritten Person. Wir ergreifen gleicherweise die grammatische Bedeutung bzw. die syntaktische Funktion der Worte mit sinnlosen Wurzeln im erdachten Carnapschen Beispielsatz (weil die grammatischen Endungen dieser Worte uns bekannt sind) »Piroten karulieren elatisch«. Es bleibt uns zwar unbekannt, wer diese rätselhaften Piroten sind, doch wissen wir, daß es jemand ist, daß es sich um mehrere handelt, daß diese Vielheit unbestimmt ist, daß sie tätig sind, und daß eine gewisse, wenn auch unbekannte Art und Weise ihrer rätselhaften Tätigkeit angegeben ist. Auch falls ich die sowjetrussische Kürzung *kolchoz* (*kollektivnoe chozjajstvo* ›kollektive Wirtschaft‹) nicht kenne, verstehe ich nichtsdestoweniger, insofern ich das Russische beherrsche, dank dem Suffix *-ovskij*, daß *kolchózovskij* ein Adjektiv ist, welches die Zugehörigkeit zu einem enigmatischen *kolchóz* kennzeichnet; dank dem Suffix *-nik* erkenne ich ebenfalls beim Worte *kolchóznik*, daß hier ein Agens gemeint wird und beim Worte *kolchóznica* ein Agens weiblichen Geschlechtes.

Ein umgekehrter Fall ist derjenige, wo wir die lexikalen

Morpheme, das heißt die Wortwurzeln verstehen, ohne aber die formalen Morpheme entziffern zu können. Die heutige mordwinische Schriftsprache hat eine Unmenge Wortentlehnungen aus dem Russischen; wir finden beispielsweise in den mordwinischen Zeitungen ganze Sätze, die ausschließlich aus russischen Wörtern bestehen, so daß nur die grammatischen Endungen einheimisch bleiben; und für einen Russen, der das Mordwinische nicht kennt, sind in solchen Sätzen nur die lexikalen, oder nach der Fortunatovschen Terminologie, nur die »realen« Bedeutungen der Wörter verständlich, wogegen die grammatikalischen (Fortunatovs »formalen«) Bedeutungen wie morphologischer, so auch syntaktischer Natur im Dunkeln bleiben. So können wir beispielsweise russische Wortgruppen mit allereuropäischen Wurzeln anführen:

interes-y   *student-a*
" *-naja*   " *-ka*
" *-ujtes'*   " *-ami.*

Wer nicht russisch versteht, erkennt die identischen lexikalen Bedeutungen aller drei Wortgruppen, er erkennt zwei Bedeutungspaare – die des Interesses und die des Studententums –, wogegen die ganz verschiedenen grammatikalischen Bedeutungen aller drei Wortverbindungen ihm verborgen bleiben: »Interessen des Studenten«, »interessante Studentin«, »interessiert euch für die Studenten«.

Sogar im Falle, wo wir im Kontext von bekannten Wörtern ein Wort ohne jegliche bekannte Morpheme hören, halten wir es nicht für bedeutungslos. Das Wort ist für uns stets eine gewisse semantische Einheit, und im erörterten Fall ist es eine semantische Einheit mit Null-Bedeutung. Im Roman *Hunger* von Knut Hamsun erfindet der Held ein neues Wort *kuboa*.[18] »Ich bin im vollen Rechte,« sagt er dabei, »ihm eine beliebige Bedeutung zu verleihen: ich weiß noch selbst nicht, was es zu bedeuten hat.« Kurz gesagt, sobald eine gewisse Lautgruppe als Wort gewertet wird, strebt sie nach einer eigenen einheitlichen Bedeutung und kann als eine potentielle Bedeutungseinheit bezeichnet werden.

Aus der Tatsache, daß grundsätzlich einem Worte eine semantische Einheit entspricht, ergibt es sich, daß jedes

Lautmittel, welches zum Kennzeichnen der Wortgrenzen oder zur Einteilung eines syntaktischen Ganzen in Worte dient, *eo ipso* die Grenzen oder die Zahl der Bedeutungseinheiten signalisiert. Ein lautliches Grenzsignal an sich besitzt also unmittelbar einen eigenen semantischen Wert. So geht zum Beispiel im Deutschen dem Anfangsvokal der Worte ein harter Einsatz voraus. Er findet hier einzig in dieser Stellung statt. In einem solchen Falle ist also der harte Einsatz, oder beispielsweise im Finnischen die Anfangsbetonung, ein unmittelbares Zeichen des Wortanfanges. Der Satz ist eine Sinneseinheit, die dem Wort übergeordnet ist, und jedes lautliche Mittel, welches ihre Abgrenzung, Einteilung oder die Hierarchie ihrer Bestandteile anzeigt, ist gleichfalls ein autonomes Zeichen. Ein Beispiel: Die fallende Intonation des Satzendes oder sogenannte Kadenz kennzeichnet unmittelbar den Schluß einer satzbildenden Sinneseinheit. Ebenfalls besagt die steigende, weiterweisende Intonation unmittelbar, daß die satzbildende Sinneseinheit noch nicht abgeschlossen ist. Die Wortbetonung signalisiert die Worteinheit und die Zahl solcher Einheiten im Satze; die Stärkeabstufung dieser Betonungen zeigt in den Sprachen mit freier Satzbetonung die Hierarchie der verschiedenen Wörter im Satze an: Der erhöhte Stärkegrad entspricht unmittelbar der Wichtigkeit des bezüglichen Wortes in der Aussage. Falls im russischen Satz *chválí kúmu kumú* oder im entsprechenden deutschen Satz *lobe dem Gevatter die Gevatterin* die stärkere Betonung auf das erste Substantiv fällt, dann erhält der Satz annähernd die Bedeutung: »Es ist der Gevatter, dem du die Gevatterin loben sollst«. Fällt aber die stärkere Betonung auf das letzte Substantiv, so wechselt der Ausgangspunkt der Aussage: »Es ist die Gevatterin, die du dem Gevatter loben sollst«. Und endlich ändert die verstärkte Betonung auf dem Zeitwort wieder das Satzrelief: »Loben sollst du dem Gevatter die Gevatterin!«

Die satzcharakterisierenden lautlichen Elemente – Satzintonation, Satzakzent, Satzpausen usw. – können in den Grenzen der sprachlichen Darstellungsfunktion nur eine einteilende und eine unterordnende bzw. nebenordnende Rolle spielen. Die Behauptung mancher Sprachforscher, es gebe in der Darstellungssprache neben den bedeutungsunterscheidenden lautlichen Mitteln der Wortcharakteristik auch entsprechende bedeutungsunterscheidende lautliche Mittel der Satzcharakteristik, ist ungenau und könnte zu argen Mißverständnissen führen: In der Darstellungssprache dienen die lautlichen Satzmittel der Satzcharakteristik einzig und allein der Abgrenzung, Gliederung und Abstufung der Bedeutungen, keinesfalls aber ihrer semantischen Unterscheidung, wie es bei den distinktiven lautlichen Wortmitteln der Wortcharakteristik der Fall ist. Demgemäß gibt es in der Darstellungssprache zwei Grundfunktionen und -klassen der lautlichen Mittel: 1. *Unterscheidung* (lautliche Unterscheidungsmittel oder phonematische Mittel), 2. *Gliederung* (lautliche Gliederungsmittel) – a) Gipfelbildung (einteilende und abstufende Gipfelsignale) und b) Abgrenzung (Grenzsignale).

Man könnte vielleicht glauben, daß der Frageton eine besondere Satzbedeutung angibt. Doch wäre es vollkommen unberechtigt, den Fragesatz als eine der Darstellungsarten zu betrachten. Der Fragesatz ist keine Darstellung, sondern bloß eine Art von Aufforderung zur Darstellung. Das Fragen gehört nicht zur Darstellungsfunktion, sondern – nach Bühlers Terminologie – zur Appellfunktion.[19] In der schematisierenden Projektion auf die Schrift ist also der Gegensatz zwischen Fragezeichen und Punkt demjenigen zwischen Ausrufezeichen und Punkt grundsätzlich ähnlich. Der Frageton, der Ausrufton und jedes lautliche Mittel des Appells und der Kundgabe stehen zum Ausgedrückten in direkter, unmittelbarer Beziehung. So zum Beispiel die Überdehnung des betonten Vokals und des vortonigen Konsonanten im Deutschen *(Jjjeesus!)* oder die Zurückziehung der Betonung im Französischen *(fórmidable!)* besagt an sich die Gefühlsstärke. Der Frageton symbolisiert die Frage unabhängig vom Satzinhalt. Der Frageton kann sogar ohne Worte auskommen und mittels eines einfachen Murmelns verwirklicht werden. In den Dialogen der Kunst- oder Zeitungsprosa finden wir manchmal diese Art von Fragen durch ein alleinstehendes Fragezeichen wiedergegeben: –?–.

Alle erwähnten Spracherscheinungen entsprechen dem Zeichenbegriff, wie ihn die Scholastiker festgesetzt hatten und

Gomperz[19a] und Bühler neuerlich aufnahmen: *aliquid stat pro aliquo*. Das Wort und gleicherweise das Morphem, d. h. jedes kleinste grammatische Element des Wortes, also der reine Stamm oder das Affix, fungiert als Stellvertreter eines gewissen begrifflichen Inhaltes. »*Un mot*«, sagt mit Recht Ferd. de Saussure[20], »*peut être échangé contre quelque chose de dissemblable: une idée*.« Die lautlichen Mittel, welche den Satzbestand abgrenzen, gliedern und abstufen, können gegen eine entsprechende Einteilung auf der Kette der Begriffe, nach Saussures Redeweise, ausgewechselt werden, der Frageton gegen die Frage, die expressiven Lautmittel gegen die ausgedrückte Affektfülle. Worin besteht aber das Gegenstück zur wahrnehmbaren Seite eines Phonems?

Im Gegensatz zu allen übrigen sprachlichen Werten besitzt das Phonem als solches keine positive Bedeutung. Ein Morphem, ja sogar ein Wort, kann aus einem einzigen Phonem bestehen; so zum Beispiel fungiert im Französischen das nasale *a* als eine Flexionsendung Participii Presentis *(cachant, allant)* oder als ein Sachwort *(an)*; aber das nasale *a* in Worten wie *entrer, vente, sang* usw. hat nichts Gemeinsames mit den erwähnten Bedeutungen, wogegen ein Frageton ständig eine Frage kennzeichnet, die Überdehnung des betonten Vokals im Russischen bleibt stets ein Affektsignal und der harte Einsatz im Deutschen kann nichts anderes als den Wortanfang ankündigen.

Der sprachliche Wert des Phonems ›nasales a‹ im Französischen und eines beliebigen Phonems in jeder Sprache überhaupt besteht einzig darin, daß es ein Morphem bzw. ein Wort, in welchem es vorkommt, von jedem Worte, welches *ceteris paribus* ein anderes Phonem enthält, unterscheiden kann. So unterscheidet sich das Wort *sang* von den Wörtern *son, saint, ça, saut, sou, scie* usw., *cachant* von *cachons, cacha, cachez, cachot, cachou* usw., *an* von *on, un, ah, eau, août* usw. Falls sich zwei Wörter durch mehrere Phoneme oder durch die Phonemordnung voneinander unterscheiden, so fällt die distinktive Rolle einigen Phonemen zu und wird zwischen ihnen sozusagen verteilt.

Die verschiedenartigen Funktionen der Betonung gewähren uns lehrreiche Beispiele, die den grundsätzlichen Unterschied zwischen den distinktiven oder phonematischen Elementen des Wortes einerseits, und allen übrigen lautlichen Werten der Sprache andererseits erläutern. Erstens kennzeichnet die Betonung des Wortes die Gliederung des Satzes in untergeordnete Einheiten: Im besprochenen russischen Satz *chvalí kúmu kumú* gibt es drei Wortbetonungen und entsprechend drei semantische Einheiten. Zweitens, in den meisten Sprachen mit gebundener Wortbetonung wird durch die Stelle der Betonung im Worte eine seiner Grenzen angegeben: entweder der Wortanfang, falls die Betonung an die Anfangssilbe gebunden ist, oder der Wortschluß, falls es sich um eine ständige Betonung der letzten oder vorletzten Silbe handelt. Die Stelle der expressiven Betonung signalisiert, wie wir an den französischen Beispielen gesehen haben, die affektive Färbung. In allen geschilderten Fällen fungiert die Betonung als ein autonomes Zeichen: *aliquid stat pro aliquo*. Im Gegenteil besitzt die Stelle der sogenannten freien Betonung an sich keine selbständige Bedeutung; sie dient einzig zum Unterscheiden verschiedener Wortbedeutungen. So zum Beispiel ist *kúmu* im Russischen die Dativform von *kúm* ›Gevatter‹ und *kumú* die Akkusativform von *kumá* ›Gevatterin‹. Aber im Wortpaar *papú*, Dativ von *póp* ›Pfaffe‹, und *pápu*, Akkusativ von *pápa* ›Papst‹, ist die Verteilung der Betonungen zwischen den einzelnen Kasus direkt entgegengesetzt. Vergleiche einerseits GSg. *viná* ›des Weines‹ – NPl. *vína*, und andererseits GSg. *stáda* ›der Herde‹ – NPl. *stadá* ›die Herden‹. In jedem von diesen Wortpaaren und in anderen zahlreichen Paaren wie *múka* ›die Plage‹ – *muká* ›das Mehl‹, *pláču* ›ich weine‹ – *plačú* ›ich zahle‹ usw. unterscheidet die Betonungsstelle zwei Worte verschiedener Bedeutungen voneinander. Die Stelle der freien Betonung im Worte besagt also ausschließlich die Tatsache des Unterschiedes, ohne eine eigene konstante Bedeutung zu besitzen. Die distinktiven phonematischen Mittel weichen hiermit wesentlich von den satzcharakterisierenden lautlichen Mitteln ab. Wenn zwei Sätze *ceteris paribus* sich durch die Stelle der Satzbetonung unterscheiden, wird hier nicht nur die Tatsache des Unterschiedes der beiden Sätze, sondern auch das Wesen dieses Unterschiedes angegeben, indem nämlich die einzelnen Satzglieder eine verschiedene Hierarchie des Nachdruckes aufweisen.

Die Formel *aliquid stat pro aliquo* gilt, wie wir sehen, im gleichen Maße für alle grammatischen und lexikalen Teileinheiten der Sprache, für alle, somit auch lautlichen Werte des Appells und der Kundgabe, für alle lautlichen Satzmittel, für alle Grenzsignale, ja sie gilt sogar nicht nur für diejenigen kombinatorischen Phonemvarianten, die zur Wertabgrenzung dienen, sondern sogar für die auxiliär-soziativen lautlichen Mittel. So signalisiert die Betonung der vorletzten Silbe im Lateinischen ihre Länge und kann eventuell für den Hörer als Stellvertreter derselben fungieren. *Aliquid stat pro aliquo!*

Dem Unterschied zweier Morpheme entspricht ein bestimmter und konstanter Bedeutungsunterschied. Dem Unterschied zwischen Frageton und Ausrufeton entspricht ein bestimmter und konstanter Unterschied auf dem Gebiete des Ausgedrückten. Dem Unterschied zwischen einem, mit Trubetzkoy gesprochen, positiven und negativen Grenzsignal entspricht ein bestimmter und konstanter Unterschied zwischen dem Vorhandensein und Nichtvorhandensein einer Wortgrenze. Dem Unterschied zweier auxiliär-soziativer lautlicher Elemente entspricht ein bestimmter und konstanter Unterschied in ihrer phonematischen Umgebung. Was entspricht aber dem Unterschied zweier Phoneme? Es entspricht ihm einzig und allein die Tatsache eines Bedeutungsunterschiedes, wogegen der Inhalt dieses Bedeutungsunterschiedes weder bestimmt noch konstant ist. Wie schon Thomas von Aquin scharfsinnig erkannt hat, handelt es sich um willkürliche Zeichen (*significantia artificialiter*), die *ad significandum* gegeben sind, aber allein für sich genommen nichts bedeuten.

Der ungarische Sprachforscher Julius von Laziczius, der die lautlichen Mittel, welche zum Appell und zur Kundgabe dienen, unter der Bezeichnung »Emphatica« vereinigt, meint, die Unterschiede zwischen den Phonemen einerseits und den Emphatica und kombinatorischen Varianten andererseits seien »nicht prinzipieller, sondern bloß gradueller Natur«. Diese Ansicht ist allerdings unhaltbar. Das Phonem sticht wesentlich von allen übrigen Sprachwerten ab, und da es der grundsätzlichste und eigenartigste Gegenstand der Forschung über die Laute unter dem Gesichtspunkt ihrer sprachlichen Funktionen ist, so wurde es auf den ersten Schritten dieser modernen Forschung zu ihrem leitenden, ja mit Unrecht zu ihrem alleinherrschenden Thema. Die sprachlichen Werte, laut Saussure[21], werden immer auf folgende Art gebildet: 1. *par une chose* dissemblable *susceptible d'être* échangée *contre celle dont la valeur est à déterminer;* 2. *par des choses* similaires *qu'on peut* comparer *avec celle dont la valeur est en cause.* Auch ein Phonem ist in diesem Sinne doppelseitig, doch das Eigenartige und Seltsame liegt hier darin, daß dem bestimmten und konstanten lautlichen Unterschied zweier Phoneme die bloße Tatsache eines potentiellen Bedeutungsunterschiedes, keinesfalls aber ein bestimmter und konstanter Bedeutungsunterschied entspricht. Um mit Husserl zu sprechen, ist im Phonem der bedeutungsverleihende Akt, keineswegs aber der bedeutungserfüllende Akt gegeben. Ein Unterschied zweier Morpheme enthält stets zwei konkrete eindeutige Unterschiede, nämlich auf dem Felde des Bezeichnenden (*sur le plan du signifiant*) ein Unterschied zweier äußerer Formen und auf dem Gebiete des Bezeichneten (*sur le plan du signifié*) ein Unterschied zweier allgemeiner Bedeutungen. Doch ein Unterschied zweier Phoneme enthält im Gegenteil nur einen einzigen konkreten und eindeutigen Unterschied, und zwar auf dem Gebiete des Bezeichnenden *(signans),* und eine bloße Unterscheidungsmöglichkeit, also eine unbestimmte x-Zahl der konkreten Unterschiede auf dem Gebiete des Bezeichneten *(signatum)*. Infolgedessen ist das System der morphologischen und ähnlichen Gegensätze auf dem Felde des Bezeichneten *(signatum)* fundiert, wogegen das System der phonematischen Gegensätze auf dem Felde des Bezeichnenden *(signans)* liegt.

Die Zweifältigkeit des konkreten Gehaltes unterscheidet von den Phonemen nicht nur alle übrigen Sprachwerte, sondern alle Werte der Zeichenwelt überhaupt. So zum Beispiel entspricht in unserer Gebärdensprache dem Gegensatz zwischen Kopfschütteln und -nicken (*signans*) der Gegensatz zwischen Verneinung und Bejahung (*signatum*).

Trubetzkoy überträgt auf den Bau eines Phonemsystems die Ergebnisse, zu welchen ihn eine exakte Analyse des Buchstabensystems führt. Doch bleibt auch in diesem Fall ein wesentlicher und folgenreicher Unterschied zwischen den beiden Werten geltend: Auch das Graphem ist im Gegensatz zum Phonem *zweifaltig* in seinem *konkreten* Inhalt. Beispielsweise sagen wir: α bezeichnet das Phonem /a/. Mit anderen Worten, das Graphem enthält ein optisches Bild auf dem Feld des Bezeichnenden und ein Phonem auf dem Feld des Bezeichneten.

Auch die Behauptung Karl Bühlers[22], die eigenartige Zeichenfunktion der Phoneme komme nicht nur in der Lautsprache vor, sondern sei uns aus dem täglichen Leben bekannt, ist anfechtbar. Diejenigen zeichenartigen Beispiele, welche Bühler zum Vergleich anführt, wie Warenmarken, Briefmarken usw., sind freilich Unterscheidungszeichen, aber im Gegensatz zum Phonem besitzt jede von ihnen neben dem negativen Unterscheidungswert auch ihre eigene, positive, bestimmte und konstante Bedeutung. So zum Beispiel kennzeichnet eine Postmarke von 20 Öre nicht nur die Tatsache eines abweichenden Wertes gegenüber den Marken von 30 oder 10 oder 7 Öre, sondern vor allem einen geschlossenen Auslandsbrief. Nur das Phonem ist ein reines und leeres Unterscheidungszeichen. Der einzige sprachlich bzw. semiotisch geltende Phoneminhalt ist der Gegensatz zu allen anderen Phonemen des gegebenen Systems. Der einzige Wert des Phonems /a/ ist der des Andersbedeutens gegenüber den übrigen Phonemen in gleicher Stellung. Dies und nur dies ist das *aliquo* der zitierten scholastischen Formel im bezug auf das Phonem.

II

Der *Cours de linguistique* des Genfer Meisters[23] ist zweifellos eines der bedeutendsten und gedankenreichsten Bücher, welche die allgemeine Sprachwissenschaft besitzt. Es gibt in der Wissenschaft zweierlei Meisterwerke: einerseits sind es Arbeiten, die die Strebungen, Errungenschaften und Grundsätze einer Schule erschöpfen und krönen und somit eine abgeschlossene, vollkommen durchdachte Lehre darbieten (als ein klassisches Beispiel könnte man Pauls *Prinzipien der Sprachgeschichte*[24] erwähnen); derartigen zusammenfassenden Leistungen können andere entgegengesetzt werden, welche eher den vielversprechenden Anfang als den Schlußerfolg einer Strömung kennzeichnen; anstatt eines fertigen Gebäudes kündigen sie eher eine Sturm-und-Drang-Periode an, die Einleitung zu einem neuen großzügigen Suchen und Aufbau. Das erwähnte Buch Ferd. de Saussures gehört hierher. Es sind keine summierenden Schlußfolgerungen aus den gesammelten Werken des Gelehrten und seiner Zeitgenossen; es ist im Gegenteil ein kühner Versuch, die Erbschaft der Schule und der eigenen Forschungsgewohnheiten zu überwinden und sich zu einer neuen Auffassung durchzukämpfen. Nicht definitive Katechismusregeln, sondern bahnbrechende Arbeitshypothesen und klarsehende Ahnungen bilden den Inhalt dieses glänzenden Werkes. Der Band steht auf dem Scheidepunkt zweier Epochen und zweier Verfahrungsweisen; ein derartiges Buch, so genial es auch sein mag, kann nie von Widersprüchen frei sein. Es wäre aber gefährlich und verfehlt, oder, um genauer zu sprechen, es ist gefährlich und verfehlt, diesen *Cours de linguistique* – wie es leider öfters der Fall ist – als ein Kompendium, als eine abgerundete Doktrine zu werten und seine Widersprüche entweder zu verdecken zu suchen oder im Gegenteil um ihretwillen das Grundlegende am Buche zu verkennen.

Die These des *Cours de linguistique*[25] – »*Les phonèmes sont avant tout des entités oppositives, relatives et négatives*« – ist zum Ausgangspunkt der Phonologie geworden. Doch bremste Saussure die eigene bedeutsame Entdeckung der rein oppositiven, relativen und negativen Einheiten im Gebiete der sprachlichen Lautwerte, indem er die Ergebnisse seiner phonologischen Analyse auf die ganze Sprach- und Zeichenwelt mechanisch übertrug. Insofern die Phonologen ihm in diesem Punkte zu folgen geneigt waren, gelangten sie auf einen Irrweg, weil sie aus der erwähnten fruchtbaren Definition die entsprechenden wesentlichen Schlüsse nicht ziehen konnten. Saussure hat vollkommen recht, wenn er das Phonem als ein reines Unterscheidungsmittel betrachtet. Doch ist er im Unrecht, wenn er dieselbe Erfahrung verallgemeinert und lehrt, in der Sprache gebe es nur Verschiedenheiten ohne positive Einzelglieder. Er behauptet zum Beispiel, der Wert der Buchstaben sei lediglich negativ und differentiell, und das einzig Wesentliche wäre, daß EIN Zeichen mit den anderen nicht zusammenfällt; gleichfalls auf dem Gebiete der grammatischen Unterscheidungen sei angeblich »für sich allein genommen ... weder *Nacht,* noch *Nächte* irgend etwas: *donc tout est opposition*«.[26]

Sicher ist das Vorhandensein des Alphabetsystems eine notwendige Vorbedingung des Sonderwertes jedes einzelnen Buchstabens, nichtsdestoweniger ist gerade dieser Sonderwert das relevanteste. Der Buchstabe α muß sich von den Buchstaben β, γ usw. unterscheiden, doch ist das Wesentliche, daß der Buchstabe α das Phonem /a/ bezeichnet, und jeder einzelne Buchstabe seinen positiven und autonomen Wert besitzt. Das optische Bild fungiert als das Bezeichnende und das Phonem als das Bezeichnete. Die Existenz der Mehrzahl als eine sprachliche Gegebenheit setzt allerdings die Existenz der Einzahl als eine gegenübergestellte Gegebenheit voraus. Aber das Maßgebende an der Pluralform, ihre eigentliche Berechtigung in der Sprache ist ihr positiver Eigenwert – das Bezeichnen der Vielheit. Vom synchronischen Standpunkt dürfen wir also nicht sagen: »*pris isolément* Nächte *n'est rien*«, denn es ist eine selbständige und unmittelbare Bezeichnung einer konkreten Vielheit, aber wir dürfen und müssen sagen »*pris isolément, le phonème a nasal n'est rien*«, denn sein Gegensatz zum nasalen o, zum nichtnasalen *a* usw. ist an ihm das einzig Geltende.

Saussure betrachtet jede Einheit der Zeichenwelt, jeden Zeichenwert auf dreierlei Weise: *dans sa totalité, dans son aspect conceptuel et dans son aspect matériel.* Wenn nicht wortgetreu, so allerdings sinnesgetreu kann man übersetzen: unter dem Gesichtspunkt des BezeichnENS, des BezeichnETEN und des BezeichnENDEN.

Unter dem Gesichtspunkt des BEZEICHNENS, das heißt der Aufeinanderbezogenheit des Bezeichneten und des Bezeichnenden, ist das Phonem, wie aus den vorangehenden Erwägungen folgt, allen übrigen Zeichenwerten grundsätzlich entgegengestellt. Unter dem Gesichtspunkt des BEZEICHNETEN können für unsere Zwecke alle Zeichenwerte in drei Grundklassen eingeteilt werden:

ERSTE KLASSE: Das Bezeichnete fungiert in der Aussage oder, breiter gesprochen, in der Sendung als INHALT. Jeder Satz, jedes Wort, jede grammatische Form, jedes Morphem gehört hierher. Jede von diesen Einheiten besitzt ihre eigene Bedeutung, so allgemein und lückenhaft sie auch sein mag. Das *signatum* fungiert dabei stets als ein Inhalt. Auch alle diejenigen Mittel, die zum Appell oder zur Kundgabe dienen, müssen unter diesem Gesichtspunkt in die gleiche Klasse eingereiht werden. Die Affektfülle, die Selbstäußerung des Senders, sein Verhalten dem Empfänger gegenüber, das alles gehört zum Inhalt der Sendung. Die Gesten und die piktographische Schrift, zum Beispiel der Indianer, bezeichnen ebenfalls unmittelbar den Inhalt und gehören somit zu den Zeichenwerten der ersten Klasse.

ZWEITE KLASSE: Das Bezeichnete fungiert in der Aussage bzw. in der Sendung als ZEICHEN. So zum Beispiel signalisieren die Abgrenzungsmittel der Phonologie Sätze, Satzteile, Worte, kurzgefaßt, sprachliche Einheiten verschiedenen Umfangs. Die sprachlichen Einheiten, die durch diese Mittel bezeichnet werden, fungieren selbstverständlich in der Aussage als Zeichen. Zu derselben Klasse wie diese Abgrenzungsmittel gehören auch alle übrigen Elemente der syntaktischen Phonologie; sie beziehen sich auf Zeichen, nämlich auf sprachliche Einheiten, auf Wörter und Sätze, indem sie ihre Hierarchie in der Aussage angeben. Zu derselben Klasse unter dem Gesichtspunkt des Bezeichneten gehören auch die Phoneme. Ihre Aufgabe ist, *Wörter* zu unterscheiden. Die Phoneme beziehen sich somit auf Zeichen. Die Phoneme fungieren als Zeichen der Wörter, also als Zeichen DER Zeichen, und da sie dabei Bestandteile dieser Wörter sind, so können wir mit Bühler sagen, die Phoneme fungieren als Zeichen AN Zeichen. Zu derselben Klasse der Zeichenwerte gehört auf dem Gebiete der Schriftzeichen die sogenannte logographische Schrift, zum Beispiel die der Chinesen, wo durch ein Graphem ein Wort bzw. ein Morphem, bezeichnet wird. Ein logographisches Graphem gehört zwar nicht zum Wort, wie es im Falle des Phonems ist, kann also keineswegs als Zeichen *am* Zeichen definiert werden, doch bezieht es sich ebenfalls auf das Wort; ein Unterschied zweier chinesischer Grapheme kennzeichnet unmittelbar einen Unterschied zweier Wörter; ein logographisches Symbol kann somit gleich dem Phonem als Zeichen *des* Zeichens definiert werden.

DRITTE KLASSE: Das Bezeichnete fungiert in der Aussage bzw. in der Sendung als ZEICHEN EINES ZEICHENS. Die Zeichenwerte dieser Klasse sind somit sozusagen Zeichen des dritten Grades. So zum Beispiel ein Buchstabe unserer Schrift bezeichnet im Grundsatze ein Phonem. Mit anderen Worten: ein Graphem signalisiert hier ein Zeichen des Zeichens. Ich möchte diese Abstufung veranschaulichen:

```
        Inhalt    ↶
   1.  ↱ Morphem  ↴
   2.  ↳ Phonem   ↶  } Zeichen
   3.    Buchstabe ↴
```

Eine reine kombinatorische Phonemvariante ist gleichfalls ein Zeichen dritten Grades, das aber im Gegensatz zu Buchstaben nicht nur ein Zeichen DES Zeichens zweiten Grades, sondern auch ein Zeichen AM solchen Zeichen ist. Der einzige sprachliche Wert besteht, wie erwähnt, in der sogenannten soziativen Funktion, das heißt im Kennzeichnen der phonematischen Umgebung. Zum Beispiel die offenere Variante [ɔ̈] des dänischen Phonems /ö/ signalisiert die Nachbarschaft eines /r/ auch in den Fällen, wo /r/ fakultativerweise verschluckt wird. Jespersen tadelt die Gleichsetzung der beiden Varianten in solchen Reimen wie *rönne* [rɔ̈nə] – *skönne* [skönə]. Die wissenschaftliche phonetische Transkription sucht jede kombinatorische Variante durch ein besonderes graphisches Symbol wiederzugeben (in unserem Falle [ɔ̈]). Diese Symbole beziehen sich somit auf Zeichen dritten Grades und müssen infolgedessen als Zeichen vierten Grades betrachtet werden:

    3 Kombinatorische Varianten
    4 Lautschrift

Im praktischen Leben werden Zeichen vierten Grades nur selten verwendet.

Im Hinblick auf die gegebene Einteilung können wir beiläufig die umstrittene Frage nach dem Umfang der Phonologie berühren. Die Tendenz, die Phonologie auf die Phonemenlehre zu beschränken, fand ihren Grund in der Eigenartigkeit der Phoneme gegenüber allen übrigen sprachlichen Werten unter dem Gesichtspunkt des BEZEICHNENS. Heutzutage umfaßt meistens die phonologische Forschung die Phonemenlehre und das Gebiet der syntaktischen Phonologie. Diese Umgrenzung ist unter dem Gesichtspunkt des BEZEICHNETEN vollkommen berechtigt: Die Lehre von den Zeichen der Zeichen unterscheidet sich grundsätzlich von derjenigen, die die Zeichen der Inhalte zum Gegenstand hat. Die Zeichen des zweiten und des dritten Grades weichen zwar scharf voneinander ab, doch haben sie einen wesentlichen gemeinsamen Zug, der sie von den Zeichen des ersten Grades durchaus absondert: Es sind zwei getrennte Gattungen, Zeichen der Zeichen einerseits, Zeichen der Inhalte andererseits. Somit fallen die kombinatorischen Phonemvarianten der Phonologie zu, wobei allerdings der Unterschied zwischen den Phonemen und Varianten sowie vom Standpunkt des Bezeichnens, so auch von dem des Bezeichneten konsequent berücksichtigt werden muß.

Laziczius will auch die Lehre von den lautlichen Kundgabe- und Appellmitteln mit der Phonologie vereinigt sehen. Trubetzkoy lehnt diesen Vorschlag ab. Er betont dabei besonders das quantitative Mißverhältnis der beiden Gebiete, aber das Mißverhältnis ist hier zugleich und vor allem qualitativer Art. Die »Emphatica«, nach der Benennung des ungarischen Forschers, sind unmittelbare Zeichen der Inhalte, wogegen die lautlichen Mittel, mit denen sich die Phonologie befaßt, durchwegs Zeichen der Zeichen sind. Unter dem Gesichtspunkt des Bezeichneten nähert sich eher die Lautstilistik, die sich mit den Appell- und Kundgabemitteln zu befassen hat, sowie übrigens die Stilistik überhaupt, der Grammatik, da in den Emphatica gleich wie in den Morphemen und anderen grammatischen Einheiten die Lautform direkt einen Inhalt bezeichnet. Nur unter dem Gesichtspunkt des Bezeichnenden (*signans*) besitzen die Appell- und Kundgabemittel mit den phonologischen Werten ein gemeinsames Merkmal, welches sie von den grammatischen Mitteln trennt. Die Morpheme bestehen aus Zeichen des weiteren Grades, nämlich aus Phonemen, wogegen die materielle Seite der Phoneme und ebenfalls der Emphatica sich nicht mehr in Zeichen eines weiteren Grades zerlegen läßt.

Die Art und Weise der Aufeinanderbezogenheit des Bezeichnenden (*signans*) und Bezeichneten (*signatum*) ist für das Phonem, wie wir gesehen haben, ganz spezifisch, und diese spezifische Art des Bezeichnens spielt für die ganze Systematik der Phoneme eine maßgebende Rolle. Für alle übrigen Sprach- bzw. Zeichenwerte gilt der Satz, daß jedes *signans* auf das entsprechende *signatum* von einem konstanten Gehalt bezogen ist. Das *signatum* ist freilich zum Gegenstande der Aussage durchwegs näher als das entsprechende *signans*. Demzufolge ist das letztere dem ersten hierarchisch untergeordnet, besonders wenn es sich um Zeichen der Inhalte, zum Beispiel um Morpheme oder Emphatica, handelt. Zwei Zeichenwerte sind einander entgegengesetzt, falls auf der Ebene des *signatum* eine Opposition besteht. Einer derartigen Opposition kann eine wirkliche Opposition auf der Ebene des *signans* entsprechen. So steht zum Beispiel dem fallenden Verlauf der abschließenden Intonation der steigende Verlauf einer weiterweisenden Intonation gegenüber oder der senkrechten Kopfgeste für Bejahung die waagerechte Kopfgeste für Verneinung. Im Balkangebiet sind die beiden Bedeutungen zwischen der senkrechten und waagerechten Kopfgeste umgekehrt verteilt.[27] Ein Kopfschütteln bedeutet ›ja‹, ein Kopfnicken ›nein‹. Daraus ersehen wir, daß es hier bloß um ein Aufeinanderbezogensein der beiden Oppositionen geht – die Verteilung der Zeichenbedeutungen ist beliebig (*arbitraire*). Die erwähnten Zeichenpaare enthalten eine doppelte Opposition: einerseits Schluß–Weiterweisung, Bejahung–Verneinung auf der Ebene des *signatum,* andererseits fallender–steigender oder vertikaler–horizontaler Verlauf auf der Ebene des *signans*. Aber vielfach hat eine ausgesprochene Opposition auf der Ebene des *signatum* eine bloße Differenz auf der Ebene des *signans* zum Gegenstück. Wenn wir zum Beispiel den Gegensatz der lateinischen Nominativendungen im Singular und Plural ins Auge fassen, beispielsweise *-us*–*-i* (*dominus–domini*), so sehen wir, daß hier der logischen Opposition zwischen der Singular- und Pluralbedeutung eine einfache Differenz zwischen zwei Lautformen entspricht. Aber wie dem auch sei, wird der Gegensatz zweier Zeichenwerte durch eine Opposition auf dem Felde des *signatum* gegeben, und gerade die letztere ist für die Stelle dieser Zeichenwerte im bezüglichen Zeichensystem maßgebend. Das alles gilt für alle Zeichenwerte außer den Phonemen, und dieser Unterschied trennt besonders markant die Systematik der Phoneme und die der Emphatica voneinander.

Das Phonem, wie schon dargelegt wurde, besitzt auf der Ebene des *signatum* keinen positiven Gehalt. Auf der Ebene des *signatum* bietet somit ein Phonempaar keine konkrete Opposition dar. Während die Oppositionen aller übrigen Zeichenwerte durch die Oppositionen ihres Bezeichneten (*sigantum*) bestimmt sind, kommen bei den Phonemen einzig die Oppositionen ihres Bezeichnenden (*signans*) zur Geltung, und einzig diese Oppositionen bestimmen die Stelle der einzelnen Phoneme im phonologischen System. Im čechischen Formenpaar /snu/ ›des Traumes‹ – /snū/ ›der Träume‹ wird der Gegensatz des Endungsmorphems ›kurzes *u*‹ und des Endungsmorphems ›langes *u*‹ durch die Opposition der Singular- und Pluralbedeutung bestimmt, wogegen die Opposition des kurzen *u* und des langen *u* als zweier Phoneme auf den Gegensatz zweier lautlichen Eigenschaften, der Kürze und der Länge, hinausläuft. Da die Phoneme reine Unterscheidungsmittel ohne positives Signalement sind, so liegt es eigentlich einzig an ihren Oppositionen.

Jedes *signans*, das auf ein *positives*, konstantes, einheitliches *signatum* bezogen ist, wird mit ihm eng, ja untrennbar verbunden, und gerade dank dieser Verbindung wird das *signans* leicht erkennbar. Zahlreiche Versuche haben bewiesen, daß Hunde fähig sind, die allerfeinsten Lautsignale zu erkennen. Falls ein Hund bei einem Ton ständig gefüttert wird und bei anderen Tönen nie, dann ist er imstande, wie russische Biologen der Pavlovschen Schule feststellten, die geringsten Tonunterschiede zu erkennen und zu werten. Italienische Forscher zeigten, daß sogar die Fische dieselbe

Fähigkeit aufweisen: Sie unterscheiden angeblich mit einer erstaunlichen Sicherheit auch die einander ähnlichen Lautsignale ihrer Bedeutung nach. Bei einem gewissen Lautsignal werden die Fische im Aquarium gefüttert, bei einem anderen, unbedeutend abweichenden werden sie geneckt, bei den übrigen geschieht nichts. Nach kurzer Übung reagieren die Fische auf diese Signalsprache. Sie tauchen im ersten Falle auf, im zweiten verstecken sie sich und bei allen übrigen Tönen bleiben sie gleichgültig. Wie wir sagten, erkennen sie die Lautsignale ihrer Bedeutung nach, ja gerade und ausschließlich wegen ihrer Bedeutung, dank der konstanten mechanischen Assoziation zwischen dem Bezeichneten und dem Bezeichnenden. Die experimentale Psychologie belehrt uns, daß auch wir die mannigfaltigsten lautlichen Reize, wie unzerlegbar und ungeordnet sie auch sein mögen, zu unterscheiden und wiederzuerkennen imstande sind, wenn sie sich für uns mit bestimmten Bedeutungen unmittelbar verknüpfen und somit als Signale fungieren. Dagegen sind solche unzerlegbaren und ungeordneten Schalleindrücke, welche für uns keine bestimmte Bedeutungen besitzen und somit keinen selbständigen Signalwert aufweisen, infolgedessen recht wenig erkennbar, wenig unterscheidbar und im Gedächtnis kaum zu behalten.

Die Phoneme an sich haben für uns, wie gesagt, keine bestimmte Bedeutung, und die akustischen Unterschiede zwischen ihnen sind dabei oft so fein und gering, daß ihr Auffangen sogar empfindliche Apparate vor eine verwickelte Aufgabe stellt. Ja, die Akustiker, zum Beispiel der moderne russische Forscher Rževkin, behaupten erstaunt, daß die Fähigkeit des menschlichen Gehörs, welches alle diese mannigfaltigen Phoneme ohne Mühe erkennt, etwas beinahe Rätselhaftes sei. Es handelt sich hier keinesfalls um eine merkwürdige Begabung rein akustischer Natur. Das, was wir in der Rede erkennen, sind keine Schallunterschiede, sondern phonematische Unterschiede, das heißt solche Unterschiede, die, ohne und für sich etwas Bestimmtes und Positives zu signalisieren, zur Differenzierung der Signale in der gegebenen Sprache verwertet werden. Man könnte zahlreiche Beispiele anführen, wie die geringsten lautlichen Unterschiede, soweit sie phonematisch sind, von jedem Eingeborenen ausnahmslos, mit einer selbstverständlichen Genauigkeit, wahrgenommen werden, wogegen ein Fremder, wenn auch ein geschulter Beobachter, sogar ein Fachlinguist, sie gar nicht bemerkt oder nur mit großer Mühe erkennt, weil diese Unterschiede in seiner Muttersprache keine distinktive Aufgabe ausüben.

Der Unterschied zwischen palatalisierten und nicht-palatalisierten Konsonanten ist im Russischen phonematisch, er dient zur Wortdifferenzierung, und jedes russische Kind hört und verwertet diesen Unterschied. Er ist für einen Russen im gleichen Maße augenscheinlich und auffallend wie für einen Dänen ein Unterschied zwischen einem gerundeten und ungerundeten Vokal, zwischen einem ö und *e*. Aber derselbe Unterschied zwischen palatalisierten und nicht-palatalisierten Konsonanten, welcher einem Russen ganz scharf und auffallend klingt, ist beispielsweise für einen Deutschen oder für einen Tschechen, wie ich es vielmals genau beobachtet habe, beinahe unhörbar und unexistierend. Ich habe letztens das russische Wortpaar *krov–krov'* erwähnt: *krov* /króf/ ohne Palatalisierung des Schlußkonsonanten bedeutet ›Obdach‹, *krov'* /króf'/ mit Palatalisierung bedeutet ›Blut‹. Der Russe sagt /króf'/ und der Deutsche weiß einfach nicht, ob es sich um Blut oder um Obdach handelt. Es wäre allerdings ganz verfehlt, daraus den Schluß zu ziehen, daß der Russe etwa ein feineres Gehör hat. Nur eine andere Einstellung kommt hier zum Vorschein, und diese Einstellung ist durch das phonologische System der gegebenen Sprache bestimmt. Das Maßgebende ist die bedeutungsverleihende Unterscheidung der palatalisierten Phoneme von den nicht-palatalisierten im Russischen.

Wie schon Saussure nachdrücklich betonte, kommt nicht der lautliche Gehalt eines Phonems an sich, sondern sein Gegensatz zu den anderen Phonemgehalten in erster Linie in Betracht. Nicht das Phonem an sich, sondern der phonematische Gegensatz, bzw. das Phonem als Glied des Gegensatzes (*l'opposition et l'opposé*), wurde dementsprechend von Anfang an zum Grundpfeiler, zum Primärbegriff der phonologischen Forschung. Aber falls der Phonemgehalt notwendigerweise den Begriff des Gegensatzes bzw. des entgegengesetzten Gehaltes mit sich trägt, ja sogar damit erschöpft wird, falls hier die Saussuresche Formel *tout est opposition* wirklich gilt, dann wäre es angebracht, die logischen Folgerungen daraus zu ziehen. Erstens, ein wirkliches Oppositionsglied kann nicht ohne das andere Glied gedacht werden. *L'un implique l'autre,* nach dem treffenden Satz des hervorragenden holländischen Sprachphilosophen H. J. Pos.[28] Gilt dieser Satz für ein Phonempaar? Untersuchen wir beispielsweise das Verhältnis zweier Vokalphoneme /u/ und /a/. Das eine kann zweifellos gedacht werden, ohne daß dabei auch das andere zum Vorschein käme. Die mannigfaltigen Oppositionsbegriffe sind in EINER Hinsicht gleich: Die Begriffe Vater und Mutter, Tag und Nacht, teuer und billig, groß und klein setzen einander voraus. Bei den Phonemen /u/ und /a/ ist das nicht der Fall. Soll das bedeuten, daß man das Phonemverhältnis nur ungenau als Opposition bezeichnet, und daß man es hier mit bloßen Differenzen, *dualités contingentes,* und keineswegs mit echten Oppositionen zu tun hätte? Ich lasse einstweilen diese Frage offen und gehe zum zweiten Punkt weiter.

Der Phonemunterschied, die distinktive Opposition wird allgemein als der Ausgangspunkt, als der Grundwert der Phonemlehre geschildert. Diese Unterschiede stellen an die Wahrnehmung anstrengende Forderungen, da sie mit keinem einheitlichen Bedeutungsunterschiede konstant verbunden sind. Man dürfte dementsprechend erwarten, daß die Anzahl dieser unmotivierten Elementarwerte verhältnismäßig beschränkt sein muß.

Zur Veranschaulichung übertragen wir das Problem ins Optische! Wir wollen uns beispielsweise eine uns unbekannte, zum Beispiel die koptische Schrift aneignen. Die Aufgabe ist ungemein schwer, falls es für uns eine bloße Anhäufung sinnloser Arabesken ist. Die Aufgabe ist leicht, falls für uns jeder Buchstabe einen ständigen und einheitlichen positiven Wert besitzt. Es gibt einen Zwischenfall: Dieser positive Wert der Buchstaben bleibt uns unbekannt, aber wir kennen die Bedeutungen aller Wörter in den gegebenen koptischen Texten, und die Buchstaben fungieren dabei unmittelbar als reine Unterscheidungszeichen. Die Aneignung des Alphabets ist sicher zugänglicher als im ersten, doch bedeutend schwieriger als im zweiten Falle. Die Aufgabe ist um so lösbarer, um je geringer und geordneter *die äußerlichen Unterschiede* sind, auf die sich die Buntheit der Buchstaben reduzieren läßt. Da aber die Schriftsysteme in der Regel recht verwickelt sind und auf eine geringe Anzahl einfacher optischer Gegensätze keineswegs reduziert werden können, erscheint die Aufgabe als ungemein schwer. Einem taubstummen Kind können die Bedeutungen der geschriebenen Wörter nahegelegt werden, so wie man sonst den Kindern die Bedeutungen der gesprochenen Wörter nahelegt. Wir wissen aber aus der Praxis der Taubstummenbildung, daß die erwähnte Aufgabe beinahe unlösbar ist.

Die Problematik unseres Erwerbes der Phonemunterschiede ist aber im Grunde genommen gleichartig. Nehmen wir ein einfaches Beispiel. Das Vokalsystem des Osmantürkischen enthält 8 Phoneme:

$$\begin{array}{cccc} o & a & ö & e \\ u & ɯ & y & i \end{array}$$

Diese Phoneme bilden untereinander 28 binare Unterschiede. Falls diese Unterschiede wirklich primäre und unzerlegbare Werte wären und das Phonem an sich das Sekundäre, das Abgeleitete, so wäre es befremdend, daß die primären Werte in einer viel höheren Anzahl auftreten als die Abgeleiteten. Wir stehen somit vor einem zweiten scheinbaren Widerspruch. Doch erweist sich diese Annahme als fehlerhaft: die Phoneme /o/, /a/, /ö/, /e/ stellen sich den Phonemen /u/, /ɯ/, /y/, /i/ als breite den engen gegenüber, die Phoneme /o/, /u/, /a/, /ɯ/ den Phonemen /ö/, /y/, /e/, /i/ als hintere den vorderen, und die Phoneme /o/, /u/, /ö/, /ü/ den Phonemen /a/, /ɯ/, /e/, /i/ als gerundete den ungerundeten.

$$\begin{aligned} &1.\ o : u = a : ɯ = ö : ü = e : i \\ &2.\ o : ö = u : ü = a : e = ɯ : i \\ &3.\ o : a = u : ɯ = ö : e = u : i \end{aligned}$$

Die vermeintlichen 28 Vokalunterschiede des Osmantürkischen lösen sich in drei Grundoppositionen auf: die der Breite und Enge, die der hinteren und vorderen und die der gerundeten und ungerundeten Bildung. Mittels dieser drei Paare unzerlegbarer distinktiver Eigenschaften sind alle 8 Vokalphoneme des Osmantürkischen aufgebaut. So zum Beispiel ist das osmantürkische o eine komplexe Einheit, die folgende drei distinktive Eigenschaften enthält: breite, hintere, gerundete Bildung. Das erwähnte Verhältnis zwischen u und a ist ein komplexer Unterschied, der zwei Gegensätze enthält: den der Enge und Breite und den der gerundeten und ungerundeten Bildung. Nicht nur die Unterschiede der osmantürkischen Vokalphoneme, sondern alle Unterschiede aller Phoneme aller Sprachen zerlegen sich restlos in einfache binare Oppositionen, und dementsprechend lösen sich restlos alle Phoneme aller Sprachen – wie Vokale, so auch Konsonanten – in weiter unzerlegbare distinktive Qualitäten auf. Nicht die Phoneme, sondern die distinktiven Qualitäten erscheinen als die primären Elemente der Wortphonologie.

Somit verschwinden die vermeintlichen Widersprüche. Die Oppositionen der distinktiven Eigenschaften sind wirkliche logische binare Oppositionen, und das eine Glied jeder von diesen Oppositionen schließt notwendigerweise das entgegengesetzte Glied ein. Breite kann nicht ohne Enge, die hintere Bildung nicht ohne vordere, die gerundete nicht ohne ungerundete gedacht werden usw. Das Verhältnis zweier Phoneme ist dagegen komplex und kann aus einigen Oppositionen bestehen. Die Zahl der Phonemunterschiede ist naturgemäß höher als die der Phoneme, wogegen die der distinktiven Qualitäten bzw. ihrer Oppositionen bedeutend geringer ist. Der Umstand, daß diese distinktiven, jedoch an sich bedeutungslosen Oppositionen numerisch dermaßen beschränkt sind, ist, wie wir angaben, psychologisch vollkommen begründet.

Jede Sprache verwendet zur Wortunterscheidung diese Oppositionen einerseits einzeln, andererseits bündelartig. Zum Beispiel im Osmantürkischen enthält der Gegensatz der Phoneme /o/–/u/ oder /u/–/y/ eine Opposition, der Gegensatz /o/–/y/ bildet ein Bündel aus zwei und der Gegensatz /o/–/i/ aus allen drei vokalischen Oppositionen. Somit erweist sich das Phonem als eine komplexe Einheit und nämlich als ein

Bündel von distinktiven oder, anders ausgedrückt, phonematischen Qualitäten. Die phonematische Qualität ist eine weiter nicht mehr zerlegbare, minimale Einheit des sprachlichen Systems der distinktiven Werte.

Die phonematischen Qualitäten bzw. die Phoneme sind Zeichen; sie sagen etwas über etwas aus. Sie besitzen also ein *signatum* und beziehen sich auf einen Gegenstand. Unter den beiden Gesichtspunkten sind es Zeichen *sui generis*. Erstens, was ihren Gegenstand betrifft, sind es, mit dem großen schwedischen Sprachforscher Noreen gesprochen, Zeichen zweiter Hand. Sie beziehen sich auf Zeichen, nämlich auf Morpheme und Wörter. Ein Phonem sagt über das Wort, dem es angehört, daß dieses Wort seiner Bedeutung nach von den anderen Wörtern verschieden ist. Die Phoneme sind nicht »Zeichen für ein Zeichen«, wie zum Beispiel die chinesische Wortschrift, in der jeder Buchstabe ein Wort, also ein abwesendes Zeichen vertritt. Die Phoneme beziehen sich dagegen auf ein anwesendes Zeichen, sie fungieren als Diacritica, als Zeichen am Zeichen, nach der zutreffenden Formel von Bühler.[29] Das Phonem verhält sich somit zum Worte gleichzeitig als ein Teil zum Ganzen und als ein Zeichen zum Gegenstande. Unter diesem Gesichtspunkte sind die Phoneme bzw. die phonematischen Qualitäten den übrigen lautlichen Darstellungsmitteln ähnlich; dagegen was ihr *signatum* betrifft, sind sie, wie wir sahen, allen anderen Sprach- und Zeichenwerten überhaupt kraß entgegengesetzt: das Phonem bzw. die phonematische Qualität besagt an und für sich nichts Positives, Einheitliches und Konstantes als die bloße Tatsache des Andersseins *(altérité,* nach dem ausgezeichneten französischen philosophischen Terminus). Es gehört zu den sonderbarsten und wesentlichsten dialektischen Antinomien der Sprache, daß dieses inhaltreichste von allen Zeichensystemen zugleich als das einzige von diesen Systemen aus leeren, negativen Grundeinheiten aufgebaut ist.

Wie konnte es geschehen, daß man gerade die distinktiven Qualitäten und ihre Oppositionen beinahe verkannt hat, und das Phonem fortwährend als die einfachste phonologische Einheit gedeutet wurde? Es gibt scheinbar zweierlei

Gründe dafür. Einerseits vermochte die phonologische Forschung und im besonderen die Phonemanalyse sich nicht auf ihren ersten Schritten vom Rohmaterial loszulösen. Die phonologisch relevanten Merkmale blieben bisweilen verborgen, und irrtümlicherweise schienen manche Phonemarten, besonders die sogenannten Grundreihen der Konsonanten, keine polaren Eigenschaften aufzuweisen und somit den binaren Oppositionen der distinktiven Qualitäten entschieden auszuweichen. Andererseits hat hier der Saussuresche »zweite Grundsatz« – *caractère linéaire du signifiant*[30] – bis vor kurzem bremsend gewirkt.

Es ist befremdend, daß dieser irreführende Grundsatz gerade auf derselben Genfer Schule lastet, welche auf die sogenannte »Dystaxie«, das heißt auf das Nichtlineare an der Sprache einen außergewöhnlich großen Wert legt. Charles Bally, der treue Schüler Saussures, bekämpfte aufs schärfste die simplistische Ansicht, die Rede sei in der Regel linear und die Sprachzeichen seien verbunden *par simple juxtaposition*.[31] Er zeigte an einleuchtenden Beispielen die synchronische Koppelung der *signata* (*cumul des signifiés*). Ein einziges und zeitlich unzerlegbares *signans* kann nämlich einige Werte gleichzeitig vereinigen, die sich durch entsprechende Oppositionen deutlich absondern lassen: In der Endung des lateinischen *amo* ist die Bedeutung der ersten Person im Gegensatz zu *amas* enthalten, die Singularbedeutung im Gegensatz zu *amamus,* die Präsens-Bedeutung im Gegensatz zu *amabam* usw. Mittels eines gleichen Verfahrens haben wir eine vollkommen parallele Erscheinung auf der Ebene des Bezeichnenden festgestellt, die man entsprechend *cumul des signifiants* nennen könnte. Das osmantürkische /o/ enthält die maximale Sättigung (bzw. Breite) im Gegensatz zu /u/, die Dunkelheit (bzw. hintere Bildung) im Gegensatz zu /ö/ und den gedämpften Klang (bzw. Rundung) im Gegensatz zu /a/. Charles Bally ist zwar theoretisch geneigt, auf dem Gebiete der Phonologie ein genaues Gegenstück zum *cumul des signifiés* zu suchen, doch schreckt ihn ein scheinbares Hindernis ab: »*il est impossible de prononcer deux sons à la fois*«. Ja, freilich kann man nicht zwei Sprachlaute gleichzeitig erzeugen, aber zwei und mehrere lautliche Eigenschaften doch! Der evidente logische Fehler stammt jedoch nicht von Bally, sondern schon von seinem Lehrer.

Es ist ganz merkwürdig, daß Saussure die Frage der Phonemanalyse und der distinktiven Eigenschaften eigentlich angetastet hat, aber seine widersprechende These, das Bezeichnende verlaufe einzig auf der Zeitlinie, hat ihm die Lösung unmöglich gemacht. Er ahnt zwar die Aufgabe, die unterscheidenden Elemente der Phoneme *(éléments différentiels des phonèmes)* zu bestimmen, aber plötzlich schließt er die Möglichkeit aus, zwei Elemente zu gleicher Zeit auszusprechen, und erklärt, es sei hier ein einziger Lautgebungsakt. Wie wird denn diese Einheit bestimmt? Die lautliche Kette *(la chaîne phonique)* wird in Abschnitte eingeteilt, die durch die Einheitlichkeit des akustischen Eindruckes charakterisiert sind, der entsprechende Lautgebungsakt wird als einheitlich aufgefaßt. Die Einheit und Unzerlegbarkeit *(irréductibilité)* des Lautgebungsaktes wird somit, um die Saussureschen Termini zu gebrauchen, auf der Achse des Nacheinander *(l'axe des successivités)* festgestellt, woraus noch an und für sich, und da liegt der grundsätzliche Fehler der Genfer, für die Einheit und Unzerlegbarkeit dieses Aktes auf der Achse des Beisammen *(l'axe des simultanéités)* gar nichts folgt.

Die Größe Ferdinand de Saussures erscheint darin, daß er die Kardinalfrage des Zeitfaktors in der Sprache eindringlich aufrollte. Die Schwäche seines Zeitalters erscheint darin, daß auch der scharfsichtige Sprachforscher hier vor unüberbrückbaren Widersprüchen stehen blieb, und daß sogar er, der den Wertcharakter der Sprache und ihrer Bestandteile stets betonte, unbeachtet ließ, daß auch die Zeit in einem Wertsystem zu einem Werte wird. Die beiden Achsen, die Saussure streng unterscheidet – die des Beisammen (AB) »*concernant les rapports entre choses coexistantes, d'où toute intervention du temps est exclue*« und die des Nacheinander (CD) –

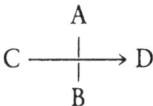

sind ein konstitutiver Bestandteil des Sprachgebildes als solches.[32] Saussure zieht ein Gleichheitszeichen zwischen der sprachlichen Statik und Synchronie. Aber die synchronische Linguistik oder »Wissenschaft der Sprachzustände« beschränkt sich zwar auf dasjenige, was GLEICHZEITIG in einem Sprachgebilde zugegen ist, aber keineswegs darauf, was dabei als etwas GLEICHZEITIGES gewertet wird. Das synchronische Bild einer Sprache ist von ihrem statischen Querschnitt im gleichen Maße entfernt wie dasjenige, was der Filmzuschauer in einem gegebenen Augenblick auf der Leinwand sieht, von den einzelnen ausgeschnittenen und somit künstlich erstarrten Filmbildchen. Neben dem Statischen gehört auch das Veränderliche zu einem Sprachzustande.

Die Behauptung Saussures, die Aufeinanderfolge der Sprachtatsachen in der Zeit wäre für die Sprachgemeinschaft nicht vorhanden, entspricht nicht der Wirklichkeit. Wir betrachten die eigene Sprache *sub specie durationis* und können gewisse Bestandteile als altmodisch oder im Gegenteil als modern werten und je nach dem Redezweck und dem gewählten Redestil entweder die vorhandenen lexikalischen, grammatischen, ja auch phonologischen Archaismen oder im Gegenteil die entsprechenden Neuerungen bevorzugen. Die aktuellen Sprachänderungen leben im sprachlichen Bewußtsein der Sprachgemeinschaft. Der Ausgangspunkt und das Ergebnis einer derartigen Änderung können zu zwei verschiedenen stilistischen Schichten desselben Sprachzustandes gehören. Die Sprachdynamik kann somit als Bestandteil der sprachlichen Synchronie fungieren und muß dementsprechend auch von der synchronischen Linguistik berücksichtigt werden.

Die Bemühungen Saussures, das Sprachgebilde (*langue*) auf eine Dimension, nämlich auf die Achse *des simultanéités* zurückzuführen, sind im gleichen Maße verfehlt wie sein ähnlicher Versuch, jedes Sprachzeichen wiederum auf eine einzige Achse, doch seltsamerweise gerade umgekehrt auf die des Nacheinander zu reduzieren. Die Phoneme, die Morpheme, die Satzglieder »gehen – gemäß der Formulierung Saussures – Beziehungen unter sich ein, die auf dem linearen Charakter der Sprache beruhen«. Diese Verkettung der abwechselnden Einheiten oder »syntagmatische« Beziehung, wie sie der Genfer Meister nennt, ist offenkundig mit der Achse des Nacheinander identisch. Andererseits steht jede von diesen aufeinanderfolgenden Einheiten in Wechselbeziehung mit abwesenden Einheiten, die an ihrer Stelle auftreten können. So steht jedes von den beiden aufeinanderfolgenden Morphemen *dominorum* einer Reihe wechselbarer Morpheme gegenüber (*amicorum, virorum* usw. im ersten Falle, *domini, dominos, dominis* usw. im zweiten). Saussure bezeichnet diese Verbindungen als »assoziativ«, Hjelmslev als »paradigmatisch«, was uns entschieden geeigneter scheint. Diese paradigmatischen Verbindungen finden auf der Achse *des simultanéités* ihren Platz. So im dänischen Wort *lyt* steht beispielsweise das Phonem /y/ in syntagmatischer Beziehung zum zeitlich vorangehenden /l/ und zum folgenden /t/ und in paradigmatischer Beziehung zu den Phonemen, welche in der gegebenen Sprache in derselben Stellung vorkommen könnten, zum Beispiel /u/, /i/ (vgl. /lut/ *luth,* /lit/ *lidt*).

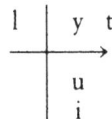

Nach der Auffassung Saussures besteht in jedem gegebenen Zeichen einzig die syntagmatische Beziehung *in praesentia*, wogegen die paradigmatische Beziehung nur Glieder *in absentia* verbindet. Aber wir sahen, daß das Vorhandensein der paradigmatischen Gegenüberstellungen die Vereinigung von simultanen *signata (cumul des signifiés)* einerseits, und die Vereinigung von simultanen *signantia (cumul des signifiants)* andererseits ermöglicht. Die Helligkeit des /y/ in *lyt* ist durch die Gegenüberstellung zum abwesenden /u/ gegeben, der gedämpfte Klang des /y/ durch die Gegenüberstellung zum abwesenden /i/. Doch die Vereinigung der beiden distinktiven Eigenschaften – der Helligkeit und des gedämpften Klanges –

im selben Phonem /y/ ist eine Beziehung zweier simultaner Glieder *in praesentia*.

Wie das Sprachgebilde im ganzen, so sind auch die Sprachzeichen im besonderen zweidimensional. Jedes sprachliche Ganze oder, genauer gesprochen, Teilganze setzt die beiden Achsen voraus. Für Saussure ist eine Phonemfolge linear und ein Phonem punktartig. Er schildert es als einen nicht weiter auflösbaren Abschnitt, der außerhalb der Zeit betrachtet werden kann. Wir haben schon gesehen, daß auf der Achse des simultanen Beisammen das Phonem eine Ausdehnung darstellt, indem es als *cumul des signifiants* erscheint. Aber auch auf der Achse des zeitlichen Nacheinander stellt das Phonem in Wirklichkeit keinen Punkt, sondern ebenfalls eine Dimension dar.

Saussure gesteht zu, daß die Phoneme in ihrer zeitlichen Ausdehnung zwar ungleich sein können, doch sei für die Einheitswertung des Phonems nicht seine quantitative, sondern einzig die qualitative Einheit entscheidend: *Ce qui importe, ce n'est pas... sa* DURÉE *en croches ou doubles croches... mais la* QUALITÉ *de l'impression*. Wenn ein langer, zweimoriger Vokal in beiden seinen Teilen sich als gleichartig erweist, ist die Lage klar. Aber nehmen wir beispielsweise die langen Vokale des Altgriechischen. Bei den akutierten Längen ist die zweite More höher, die erste tiefer, bei den zirkumflektierten im Gegenteil die erste höher als die zweite. Und dennoch behält auch für diesen Fall der Hinweis Saussures auf die entscheidende Rolle der qualitativen Einheit seine volle Gültigkeit. Der akutierte bzw. der zirkumflektierte zweimorige Vokal bleibt ein einheitliches Phonem. Die inhärente Qualität der beiden Moren ist identisch; was ihre verschiedene relative Höhe betrifft, so handelt es sich nicht um eine zeitlose Qualität, sondern um das Steigen bzw. um das Fallen, das heißt um eine zeitlich fundierte Relation. Alle prosodischen Eigenschaften unterscheiden sich von den übrigen distinktiven Eigenschaften der Phoneme gerade dadurch, daß sie die Achse des Nacheinander in Anspruch nehmen. Nicht nur die erwähnte Tonverlaufskorrelation, sondern alle prosodischen Eigenschaften sind zeitlich fundierte Relationen. (Wir können hier leider nicht auf die interessanten

Einzelheiten eingehen.) In der Betonungskorrelation handelt es sich vor allem um den Gegensatz zwischen den betonten und den unbetonten Phonemen derselben Reihe. In der Silbenschnitt- und gleichfalls in der Stoßkorrelation werden, wie schon Trubetzkoy hervorgehoben hat, zweierlei Verbindungsarten der aufeinanderfolgenden phonologischen Einheiten gegenübergestellt. Es braucht nicht weiter erörtert zu werden, daß der Gegensatz der Länge als Zweimorigkeit und die Kürze als Einmorigkeit gleichfalls auf der Achse des Nacheinander seinen Platz hat, genauso wie die sozusagen unausgeprägte Form des quantitativen Gegensatzes – Länge als Dehnbarkeit und Kürze als Undehnbarkeit oder, mit anderen Worten, das Lineare im Gegensatz zum Punkt.

Die prosodischen Gegensätze sind diejenigen Eigenschaften, welche das Phonem als solches an die Zeitachse binden. Alle Bemühungen, diesen Zusammenhang zu widerlegen, verstoßen gegen die sprachliche Empirie, sei es der künstliche Versuch, die Quantität qualitativ und nämlich als eine Äußerung der Intensität zu deuten, oder die biphonematische Deutung der zweimorigen Vokale oder schließlich das Streben, die prosodischen Eigenschaften nicht dem Phonem, sondern einer umfangreicheren Einheit zuzusprechen. Freilich gibt es Sprachen, wo manche dieser Eigenschaften nicht nur einzelnen Phonemen, sondern auch gewissen Phonemverbindungen zukommen können. Aber es gibt keine Sprachen, wo diese Eigenschaften nur den Phonemverbindungen und nicht den Phonemen an sich zukommen. Die Phoneme an sich sind durchwegs die primären, die merkmallosen Träger der prosodischen Eigenschaften. Sie werden durch diese Eigenschaften charakterisiert, einander gegenübergestellt, ja sogar, wie wir sahen, in kleinere Einheiten auf der Achse des Nacheinander geteilt. Man kann den Gegensatz zwischen den prosodischen und den übrigen distinktiven Eigenschaften der Phoneme mit dem ähnlichen Gegensatz auf dem Gebiet der *Morphologie* vergleichen, nämlich mit dem Gegensatz zwischen den relativen und deskriptiven Arten. Ich verweise, was diese Begriffe betrifft, auf den Aufsatz Brøndals im *Journal de Psychologie* 1938[33], das tiefste, was über die sprachlichen Oppositionen bis jetzt geschrieben wurde. Wie zum Beispiel der Akkusativ trotz seinem relativen Charakter eine morphologische Angelegenheit bleibt, so gehören die prosodischen Eigenschaften grundsätzlich zum Phonem.

Das Phonem ist nicht unbedingt die weiter unteilbare Einheit auf der Achse des Nacheinander; wir führten Langvokale an, die sich in zwei Moren teilen. Wenn wir zwei Moren als ein einheitliches Phonem auffassen, so rührt es davon her, daß hier einer Zweiheit auf der Achse des Nacheinander einer Einheit auf der Achse des Beisammen entspricht. Wenn wir mehrere distinktive Eigenschaften als ein einheitliches Phonem auffassen, so rührt es davon her, daß hier einer Vielheit auf der Achse des Beisammen eine Einheit auf der Achse des Nacheinander entspricht. Die More kann auf der Achse des Nacheinander und die distinktive Eigenschaft auf der Achse des Beisammen nicht weiter zerlegt werden. Das Phonem kann nicht in solche Einheiten zerlegt werden, denen auf den beiden Achsen zugleich verschiedenartige Abschnitte entsprochen hätten. Das Phonem ist also die kleinste zweidimensionale phonologische Einheit.

Die auf Saussure zurückgehende Ansicht, wonach das Phonem, das sprachliche Zeichen überhaupt und das Sprachgebilde im ganzen an und für sich zeitlos wäre, ist richtig nur, soweit hier die meßbare physikalische Zeit gemeint wird. Dagegen erfüllt die Zeit ALS RELATION im Wertsystem der Sprache, vom Sprachgebilde bis zum Phonem, eine wesentliche Rolle. – Damit schließen wir unsere flüchtige Übersicht der Grundfragen DES PHONEMS. Jetzt stehen wir vor der Problematik DER PHONEME.

Zum Schluß sollen wir die Hauptthesen der beiden Vorträge kurz zusammenfassen:
1. Die Phonologie muß sich in ihrer Begriffbildung von den Grundsätzen der Phonetik folgerichtig emanzipieren.
2. Die Frage des Phonemseins als Fundierung des Phonembegriffs liegt außerhalb der phonologischen und überhaupt der linguistischen Problematik.
3. Die Phonemenlehre und überhaupt die Phonologie ver-

hält sich zur Phonetik keineswegs als Sprachgebildelehre zur Sprechhandlungslehre, sondern als Formlehre zur Stofflehre.

4. Das Phonem ist von allen übrigen sprachlautlichen Werten und überhaupt von allen übrigen Sprach- bzw. Zeichenwerten grundverschieden: es ist ein reines Unterscheidungszeichen, welches an und für sich nichts Positives, Einheitliches und Konstantes als das der bloßen Tatsache des Andersseins besagt.

5. Das Phonem wie die übrigen lautlichen Darstellungsmittel ist ein Zeichen des Zeichens, wogegen die grammatischen und stilistischen, im besonderen lautstilistischen Werte Zeichen der Inhalte sind.

6. Die Systematik der Phoneme im Gegensatz zu den übrigen sprachlichen Werten ist einzig auf dem Gebiete des *signans* fundiert.

7. Das Phonem ist eine komplexe Einheit, die sich auf der Achse des Beisammen in distinktive Qualitäten restlos zerlegt.

8. Diese rein oppositiven Qualitäten sind nicht weiter zerlegbare statische Grundeinheiten des phonologischen Systems.

9. Zum Unterschied von den Qualitäten beziehen sich die prosodischen Eigenschaften auf die Achse des Nacheinander.

10. Im Sprachzeichen, wie im Sprachgebilde als solchem, kommen die beiden Achsen – die des Beisammen und die des Nacheinander – zum Vorschein: das Phonem ist die kleinste zweidimensionale phonologische Einheit.

Anmerkungen des Herausgebers

1 Vgl. Jacques Derrida, *De la grammatologie,* Paris: Minuit 1967; deutsch: *Grammatologie,* Frankfurt: Suhrkamp 1974. Ders., »Sémiologie et grammatologie«, in: *Information sur les sciences sociales* 7 (1968) 3, 135--148. Dazu: E. Holenstein, *Roman Jakobsons*

phänomenologischer Strukturalismus, Frankfurt: Suhrkamp 1975, 76–94, und unten, Anm. 5.
2 Vgl. E. Holenstein, »Natural and Artificial Intelligence«, in: D. Ihde und H. J. Silverman (Hg.), *Descriptions,* Albany: State University of New York Press 1985, 162–174.
3 Ein Grund für die Betonung der weitgehenden Unabhängigkeit der Sprache von der Schrift ist für Saussure schlicht das sprachwissenschaftsgeschichtliche Faktum, daß die Phonetik des 19. Jahrhunderts selbst bei den bedeutendsten Sprachwissenschaften irreführend an der Schreibweise, am Alphabet, orientiert war. Eine traditionell abendländische Metaphysikbefangenheit spielte dabei keine Rolle. Vgl. Ferdinand de Saussure, *Cours de linguistique générale* (1916), 3. Auflage, Paris: Payot 1931, 46; deutsch: *Grundfragen der allgemeinen Sprachwissenschaft,* Berlin: de Gruyter ^{2}1967.
4 Vgl. Philip Lieberman, *The Biology and Evolution of Language,* Cambridge, MA: Harvard University Press 1984.
5 Dazu in diesem Band, 377f. und 406ff. Zur ansatzweisen und in ihrer Genesis zum Teil sekundär durch Umfunktionalisierung entstandenen doppelten Artikulation in anderen Zeichensystemen vgl. E. Holenstein, »Doppelte Artikulation in der Schrift«, *Semiotik* 2 (1986), 319–333.
6 Vgl. R. Jakobson/K. Pomorska, *Poesie und Grammatik,* Frankfurt: Suhrkamp 1982, 35: Die Diskussionen mit Brøndal und Hjelmslev »zwangen mich, den theoretischen Grundlagen der Phonologie mehr Beachtung zu schenken [...]. Ich wandte mich gegen die zeitweilig vom Kopenhagener Linguistenkreis vertretene Auffassung, nach der die Lautsubstanz der Sprache aus dem Gegenstandsbereich unserer Wissenschaft auszuschließen sei, und hob die Notwendigkeit hervor, das Verhältnis zwischen Form und Substanz in aller Strenge zu behandeln.«
7 R. Jakobson, *Six leçons sur le son et le sens,* Paris: Minuit 1976. Mit einem Vorwort von Claude Lévi-Strauss; Wiederabdruck in: *Selected Writings* VIII, Berlin: Mouton de Gruyter 1988, 317–390; vgl. auch die Nachfolgevorlesung über Saussure, ebd., 391–435.
8 Den letzten Stand von Jakobsons Phonologie enthält R. Jakobson/ L. R. Waugh, *The Sound Shape of Language,* 1979; Wiederabdruck in: *Selected Writings* VIII, Berlin: Mouton de Gruyter 1988, 1–315; deutsch: *Die Lautgestalt der Sprache,* Berlin: Mouton de Gruyter 1986. Das Phonem tritt in dieser letzten großen Monographie Jakobsons als Analyseeinheit weitgehend hinter die »distinktiven Eigenschaften«, Jakobsons wichtigsten Beitrag zur Phonologie, und

die »Morphophoneme«, eine Einheit, auf die zuerst Trubetzkoy in Prag aufmerksam gemacht hat und der in der »Generativen Phonologie« von Chomsky und Halle ein wichtiger Stellenwert zukommt, zurück.

9 Siehe Jakobsons Auseinandersetzung mit F. Saran und P. Verrier in seiner ersten großen phonologischen Studie »Über den tschechischen Vers« (1923), in: *Selected Writings* V, The Hague: Mouton 1979, 3–130; deutsch in: *Postilla Bohemica* 8–10 (1974).

10 N. S. Trubetzkoy, *Grundzüge der Phonologie* (1939), Göttingen: Vandenhoeck & Ruprecht 1949. Der Neudruck enthält im Anhang (273–288) »Autobiographische Notizen von N. S. Trubetzkoy«, zusammengestellt von R. Jakobson.

11 Siehe Jakobsons Rezension (1939), in: *Selected Writings* I, The Hague: Mouton 1962/71, 311–316.

12 Siehe die fortgesetzte Diskussion in »Phonology and Phonetics« (1956), wo Jakobson einen »inneren« Zugang mit der Annahme einer Art funktionaler Realität der letzten phonologischen Einheiten von fünf mangelhaften »äußeren« Zugängen unterscheidet: *Selected Writings* I, 468–475.

13 Siehe F. de Saussure, *Cours de linguistique générale*, a.a.O., 30ff.

14 Siehe Karl Bühler, *Sprachtheorie* (1934), Stuttgart: Fischer 1965, 59f. (53).

15 Siehe R. Jakobson/H. G. Gadamer/E. Holenstein, *Das Erbe Hegels II*, Frankfurt: Suhrkamp 1983, 35.

16 F. de Saussure, *Cours de linguistique générale*, a.a.O., 30.

17 Vgl. a.a.O., 281, und in diesem Band, 452ff.

18 Knut Hamsun, *Sult* (1890); deutsch: *Hunger*, in: *Gesammelte Werke* 1, München: Langen 1921, 69f.: »Ich bildete mir ein, ein neues Wort gefunden zu haben. Ich richte mich im Bett auf und sage: Das gibt es in der Sprache noch nicht, ich habe es erfunden, *Kuboaa*. Es hat Buchstaben wie ein Wort, beim süßesten Gott, Mensch, du hast ein neues Wort erfunden ... *Kuboaa* ... von großer grammatikalischer Bedeutung. [...] Ich selbst hatte das Wort erfunden und war deshalb in meinem guten Recht, es bedeuten zu lassen, was ich nur wollte.«

19 Vgl. R. Jakobson, *Poetik,* Frankfurt: Suhrkamp 1979, 88ff.; zur Einführung ebd. 10ff.

19a Vgl. Heinrich Gomperz, *Weltanschauungslehre*, Bd. 2: *Noologie*, Jena: Diederichs 1908, etwa 136, sowie in diesem Band, 78f.

20 F. de Saussure *Cours de linguistique générale*, a.a.O., 160.

21 A.a.O., 159.

22 Vgl. Karl Bühler, »Phonetik und Phonologie«, in: *Travaux du*

Cercle linguistique de Prague 4 (1931), 22–46; *Sprachtheorie*, a.a.O., 70 ff.
23 F. de Saussure, *Cours de linguistique générale*, a.a.O.
24 Hermann Paul, *Prinzipien der Sprachgeschichte*, Halle: Niemeyer ⁵1920.
25 F. de Saussure, *Cours de linguistique générale*, a.a.O., 164.
26 A.a.O., 168.
27 Vgl. dazu E. Holenstein, *Menschliches Selbstverständnis*, Frankfurt: Suhrkamp 1985, 143 ff.
28 Hendrik J. Pos, »Perspectives du structuralisme«, in: *Travaux du Cercle linguistique de Prague* 8 (1939), 75 f.; siehe E. Holenstein 1975, 126 ff.
29 Siehe K. Bühler, *Sprachtheorie*, a.a.O., 33 ff., 44 f. usw.
30 F. de Saussure, *Cours de linguistique générale*, a.a.O., 103.
31 Charles Bally, *Linguistique générale et linguistique française* (1932), Bern: Francke 1965, §§ 225 ff.
32 Vgl. E. Holenstein, *Roman Jakobsons phänomenologischer Strukturalismus*, a.a.O., 40.
33 Viggo Brøndal, »Les oppositions linguistiques«, in: *Journal de psychologie* 35 (1938), 161–169.

Zur sogenannten Vokal-Alliteration
im germanischen Vers*
[1963]

Jakobson verwirft die beiden vorherrschenden Erklärungen der für das heutige Sprachgefühl rätselhaft erscheinenden »Vokal-Alliteration« im germanischen Vers, die Sonoritätstheorie, welche die Invariante der Alliteration in der Klangfülle der Vokale sucht, und die Knacklauttheorie, die vor den Vokalen einen Verschlußeinsatz annimmt. Im Rückgriff auf die Silbentheorie und seinen eigenen Beitrag zur Phonologie, die Analyse der Sprachlaute in binär gegliederte distinktive Eigenschaften, vertritt er die These, daß die »Vokal-Alliteration« von einem nicht notwendigerweise hörbaren ungespannten Gleitlaut getragen wird. Sie steht als merkmallose oder Null-Alliteration in Opposition zur merkmalhaltigen Alliteration gespannter Gleitlaute. – An einem kleinen, zum Streitpunkt gewordenen Beispiel wird so die Bedeutung von zwei zentralen Leitprinzipien Jakobsonscher Semiotik exemplifiziert, die Bedeutung des Wechselspiels von Invarianz und Variation und die Bedeutung des Gegensatzes merkmallos/merkmalhaltig, *»mit welcher Ebene der Sprache wir es auch zu tun haben«. Für seine These der poetischen Realität metrischer und grammatischer Techniken beruft sich Jakobson wiederholt auf die eindrückliche Zäsur mittels einer Wortgrenze nach der vierten Silbe in den Zehnsilbern der jugoslavischen Guslaren-Dichtung. Die Zäsur kann häufig weder vom menschlichen Ohr noch von einem Phonographen registriert werden, wird jedoch vom (»ungebildeten«) Rhapsodisten intuitiv eingehalten und bei einem Verstoß sogleich reklamiert.*

Isländisch ist die einzige germanische Sprache, die in ihrer unvergleichlichen Dichtung den Alliterationsvers bis auf die

---

* Mit großem Respekt widme ich diesen Aufsatz Professor Otto von Essen, der sich (1952) eingehend mit der Untersuchung von phonetischen Strukturen der poetischen Sprache befaßt hat.

heutige Zeit bewahrt hat. William Craigies Formulierung ist weitgehend noch gültig: »Für den isländischen Dichter von heute gibt es keine Poesie ohne Stabreim« (1937:24). Die Regel, die vor siebeneinhalb Jahrhunderten in Snorri Sturlusons *Háttatal* aufgestellt wurde, hat sich bewährt: »Ist der *Höfuðstafr* (der Anfangslaut oder Hauptstab der geraden Zeile) ein Konsonant, müssen die *Stuðlar* (die Stützen oder Stollen) identisch sein... Ist er hingegen ein Vokal, müssen die stützenden Laute gleichfalls Vokale sein, und es wird als schöner empfunden, wenn alle verschieden sind« (1907: 206 f.).

Die Variation der Vokale in den alliterierenden Silben bildet, obwohl es sich nicht um eine zwingende Konstante handelt, tatsächlich einen höchst augenfälligen Zug, der den modernen isländischen Vers mit den ältesten poetischen Verfahrensweisen Islands, Norwegens und Englands verknüpft. »Alle Vokale staben durcheinander«, wie Heusler prägnant formuliert (1925: 95). Sowohl in der frühmittelalterlichen Tradition wie auch in der zeitgenössischen Dichtung Islands findet das Prinzip der vokalischen Unähnlichkeit in allen alliterierenden Silben seine Anwendung, ob sie nun mit Vokalen oder Konsonanten beginnen (wie es Lawrence für das Altenglische und Hollmérus für das Altnordische nachwies).

Die Absicht, Gleichheit auf die Anfangskonsonanten zu beschränken, indem die Assonanz der nachfolgenden Vokale vermieden wird, erstaunt weiter nicht. Doch worin besteht die Invariante, wenn in der sogenannten Vokal-Alliteration die Vokale bloße Variablen bilden und sogar vorzugsweise unähnlich sind? Was bildet zum Beispiel in einem Zweizeiler von Einar Benediktsson die phonematische Einheit, welche die drei alliterierenden Wörter *alls-eini-ódauðlegi* verbindet? Es lohnt sich, dieses Problem zuerst an einer lebenden poetischen Sprache zu erörtern, die den zeitgenössischen Autoren und Lesern näher steht und der unmittelbaren Beobachtung des Forschers zugänglich ist.[1]

Die phonematische Struktur des modernen Isländischen wurde von Einar Haugen (1941, 1958) und Kemp Malone (in einem Vortrag von 1952, neuabgedruckt 1959) bereits skizziert. Diese anregenden Untersuchungen verlangen nach einem weiteren Schritt, nämlich nach der Auflösung der isländischen Phoneme in Bündel von distinktiven Eigenschaften nach streng relationalen Begriffen, mit einer konsistenten Ausscheidung von Redundanzen. Dadurch könnten wir das Handicap, das Haugen scharfsinnig als »ein willkürliches Element in phonematischen Entscheidungen« definierte (1958: 57), überbrücken und ohne alternative Behandlungen eine »monolithische phonematische Analyse vornehmen«. Während Hreinn Benediktsson (1959) den isländischen Vokalismus bereits von diesem Standpunkt aus untersuchte, harrt der Konsonantismus noch auf eine erschöpfende Durchleuchtung seiner distinktiven Eigenschaften. Kurz gesagt, bilden vier binäre Oppositionen das Muster der heutigen isländischen Geräuschlaute: gespannt/ungespannt und kompakt/diffus, und wenn diffus, dann dunkel/hell und kontinuierlich/abrupt.[2] Die Unterscheidung gespannt (fortes) und ungespannt (lenes) kennzeichnet die folgenden Konsonantenpaare – /k/:/g/=/p/:/b/=/f/:/v/=/t/:/d/=/s/:/þ/, das letzte Paar wird noch zusätzlich durch die redundante Eigenschaft scharf/sanft charakterisiert.[3] Neben den Konsonanten, d. h. Phonemen mit konsonantischer und ohne vokalische Eigenschaft, und Vokalen, d. h. Phonemen mit vokalischer und ohne konsonantische Eigenschaft, gibt es im heutigen Isländischen zwei Liquide – das kontinuierliche /l/ und das abrupte /r/, die beide vokalisch und konsonantisch zugleich sein können; und schließlich Gleitlaute – nicht-vokalische und nicht-konsonantische Phoneme mit nur einer Eigenschaft. Zu den Paaren merkmalhaltiger, gespannter Konsonanten und deren merkmallosen, ungespannten Gegenstükken wie /p/:/b/, /t/:/d/ usw. muß die gleichwertige Unterscheidung zwischen dem aspirierten Einsatz /h/, mit der Gespanntheit als einzigem Merkmal, und dem Gegenstück dieses *spiritus asper,* nämlich dem sogenannten glatten Einsatz (oder weichen oder geraden), das einzige, vollkommen merkmallose Nullphonem des Isländischen hinzugefügt werden. In motorischen Begriffen könnte man sagen, daß der gespannte Gleitlaut nur die Behauchung aufweist (und entsprechend einen erhöhten »Durchschnittsluftvolumenverbrauch«: siehe O. von Essen 1957: 13), während in den

gespannten Verschlußlauten die Behauchung eine von mehreren Eigenschaften bildet. Auf ähnliche Weise zeigen die ungespannten Verschlußlaute, obwohl sie keine Aspiration aufweisen, eine Anzahl anderer Merkmale, während der ungespannte Gleitlaut überhaupt kein Merkmal aufweist.
Eine Tabelle der oben besprochenen Phoneme mag zur Klärung ihres phonematischen Status beitragen:

	t	d	s	þ	p	b	f	v	k	g	h	#
konsonantisch	+	+	+	+	+	+	+	+	+	+	−	−
gespannt	+	−	+	−	+	−	+	−	+	−	+	−
kompakt	−	−	−	−	−	−	−	−	+	+		
dunkel	−	−	−	−	+	+	+	+				
kontinuierlich	−	−	+	+	−	−	+	+				

Im ersten Vierzeiler von E. Benediktssons Gedicht »Ólafs ríma Grænlendings« weist jedes Zeilenpaar eine Gleitlaut-Alliteration auf: drei gespannte Gleitlaute alliterieren im zweiten Doppelvers, drei ungespannte Gleitlaute im ersten, während die Vokale der alliterierenden Silbe variieren:

> Veri signuð ˍokkar ˍátt,
> ˍauðgist hauðrið friða;
> beri tignar<u>h</u>varminn <u>h</u>átt
> <u>h</u>eiða auðnin viða.

Im Isländischen geht dem Gipfelphonem (oder -phonemen) der Silbe immer wenigstens ein auslösendes Phonem voraus, oder, wie Haugen formuliert, geht dem »Kern« ein »pränuklearer Randfaktor« voraus (1958: 59). Dieser Randfaktor kann entweder aus konsonantischen Phonemen oder aus einem Gleitlaut, sei er merkmalhaltig oder merkmallos, bestehen. Vollständige Gleichheit des ersten oder lediglich des auslösenden Phonems in den alliterierenden Silben ist ein *sine qua non* der isländischen Verskunst. Die Wiederholung des Anfangskonsonanten oder des gespannten oder ungespannten Gleitlautes ist obligat.
Die Anforderung der Gleichheit beschränkt sich auf ein einzelnes Anfangsphonem, mit Ausnahme dreier Bündel:

»Die Verbindungen *sk, st, sp* alliterieren jede nur mit sich, auch nicht mit einfachem *s*« (Saran 1907: 230); jedes der drei Bündel agiert in der Alliteration als ein unteilbares Ganzes. Für diese Eigentümlichkeit, die gewöhnlich in allen Spielarten der germanischen alliterierenden Verskunst erscheint, kann man eine streng phonetische Erklärung aus der Forschungsarbeit Stetsons (1957: 83 f.) anführen: »Es gibt die Gruppe, die aus einem zusammengesetzten Konsonanten besteht und die nur den einen Taktschlag aufweist; die primäre Qualität der Gruppe erscheint beim Taktschlag, die zusätzlichen Qualitäten erscheinen während der Vorbereitungsphase des Taktschlags... In solch häufigen Gruppen wie ›sp‹, ›st‹, ›sk‹ erscheint der Reibelaut während der Vorbereitung des Taktschlages.« Die Definition des isländischen oder eines andern germanischen *stafir* verzeichnete, daß jeder prävokalische Verschlußlaut der betonten Silbe an der Alliteration teilhat.

> Ég veit hver var þin h̲inzta h̲jartans þrá,
> h̲ugljúf móðir, – börnin þín að sj̲á;
> ég veit þau orð, er siðast s̲agðir þú,
> s̲em sorgleg mér í eyrum hljóma nú̲.

Das grundlegende, universale Modell der Silbe (vgl. Jakobson 1962/71: 541) besteht aus einem auslösenden Phonem und einem vokalischen Gipfel. Die erste dieser Konstituenten bildet die Alliteration, die zweite den minimalen Reim; so wiederholt die zitierte Strophe aus Jóhann M. Bjarnasons »Móðir mín« das einleitende auslösende Phonem: *hinzta – hjartans – hugljuf, síðast – sagðir – sorgleg*, und andererseits den Endvokal am Schluß der reimenden Zeilen: *þrá – sjá, þú – nú*.

In der ersten Zeile von Benediktssons Vierzeiler *Guðir vígja norðrið nú* (»Ólafs ríma Grænlendings«) alliteriert der Konsonant des Einsilbers *nú* am Schluß der Zeile mit dem vorangehenden *norðrið*, während der Vokal desselben Einsilbers durch einen gekreuzten Reim mit dem Schlußwort der dritten Zeile *trú* verknüpft wird.

Die lebendige Struktur der Alliteration, die man im modernen isländischen Vers antrifft, entspricht weitgehend den frühgermanischen Stabreimtechniken (siehe besonders Lehmann 1954, 1958). Frühere Versuche, den häufigen Typ *–Ár vas alda /pat es ekki vas* als eine tatsächliche Vokal-Alliteration zu interpretieren, sind gescheitert. Lehmann (1953: 21) betont zu Recht, daß der Vokal in allen Silben sowohl vor wie auch nach Konsonanten eine identische Behandlung erfährt: Das unähnliche Prinzip kommt in beiden Positionen zur Geltung, und wo immer dieses Prinzip geschwächt wird, wo also die Wiederkehr des wirklich gleichen Vokals toleriert wird (wie in altsächsischen und englischen Gedichten des vierzehnten Jahrhunderts), wird diese Neuerung ohne Unterschied auf sowohl Anfangs- wie postkonsonantische Vokale ausgedehnt. Wenn also in beiden Fällen die Behandlung der Vokale gleich ist, heißt das zweifellos, daß der Vokal selbst nie als der eigentliche Träger der Alliteration fungiert. Die sogenannte »Sonoritätstheorie« schrieb das Wesen der Vokal-Alliteration der spezifischen Eigenart zu, die alle Vokale im Gegensatz zu andern Sprechlauten vereinigt: »die den Vokalen eigene Klangfülle« nach Kaufmann (1897: 214) oder in Jiriczeks Formulierung, »ihr gemeinsamer Charakter als reine Stimmlaute« (1896: 548). Eine solche Annahme erscheint jedoch besonders fragwürdig, da bei keinen anderen germanischen Alliterationsverfahren die leiseste Spur zu finden ist, eine einzige distinktive Eigenschaft von den konkurrierenden Eigenschaften der alliterierenden Phoneme zu abstrahieren und es als ihr einziges bindendes Element zu verwenden. Dazu fehlen solche Fälle, wo irgendeine Eigenschaft seine Relevanz für die Alliteration verlöre, so daß etwa /p/ mit /b/ oder /f/ alliterieren könnte.

Die Suche nach dem bindenden Element der Vokal-Alliteration in der Auslösung der Silbe anstatt in deren Gipfel ist schon alt, doch sucht man seit Rapps These von 1836 (53 f.) die Lösung zu diesem Problem hartnäckig in der »Knacklaut-Theorie«, wie sie Classen, ihr Historiker und Kritiker, nannte. Die *Ad-hoc*-Hypothese eines Verschlußeinsatzes in allen altgermanischen Sprachen, welche die alliterierende Verskunst pflegten, wurde aufgestellt, um die Alliteration unähnlicher Anfangsvokale zu rechtfertigen; andererseits ist »bis jetzt die einzige dafür sprechende Evidenz gerade die

Behauptung, daß es sich um ein notwendiges Element in der Vokal-Alliteration[4] handle, ein *circulus vitiosus!*« (Classen 1913: 13).

Kock hatte mit seiner Frage recht, »Huru vet man, att våra germanska förfäder hade just en dylik *Vokaleinsatz?*« (1889 ff.: 113). Der »harte Vokaleinsatz« oder, wie von Essen berichtigt, seine »gelindere« Form, der »feste Einsatz«, den man im heutigen Deutsch beobachten kann, wurde von einigen Philologen ziemlich willkürlich auf die gesamte frühgermanische Welt ausgedehnt.

Diese Annahme ist nicht nur unberechtigt, sondern auch überflüssig. In der Poesie des heutigen Island wird die Alliteration wirksam eingesetzt, obwohl der feste Einsatz »in der Ökonomie der isländischen Sprache keine Rolle spielt und in der Rede vieler nie auftaucht« (Malone 1923: 103); Einheimische zeigen sogar große Schwierigkeiten, wenn sie ihn beim Deutschlernen anwenden müssen (Kress 1937: 59), und die wenigen, die sich des festen Einsatzes bedienen, tun es nur »sporadisch» (Einarsson 1927: 3), besonders vor den am stärksten betonten Vokalen, wenn sie von gewissen tautosyllabischen Konsonanten (Kress 1937: 59) gefolgt werden, was auch die bevorzugte Aussprache in der skandierenden, emphatischen Rezitation dichterischer Werke bildet, und zwar besonders, um die *ljóðstafir* (die alliterierenden Einheiten) herauszustreichen.

Sievers' bündige Formulierung: »Alle silbischen Vokale alliterieren untereinander vermöge ihres gleichen Stimmeinsatzes« (1893: 36), behält ihre Gültigkeit. Wie die Auslösung der Anfangsvokale in den frühgermanischen Sprachen vollzogen wurde, spielt hier keine Rolle – ob nun mittels eines weichen oder festen Einsatzes, oder mittels eines stimmhaften [6] Einsatzes, den Hammerich als eine verallgemeinerte Fortsetzung eines indoeuropäischen Kehlkopfphonems auffaßt (1948: 33, 71). Der phonematische Status bleibt weiterhin unverändert, welche glottale Tätigkeit auch immer bei der Einführung des Vokals gebraucht wurde; und so stellen sowohl der weiche Einsatz des heutigen Isländischen oder Englischen als auch der feste Einsatz im Deutschen den merkmallosen ungespannten Gleitlaut dar, im Gegensatz zum merkmalhaltigen gespannten Gleitlaut, symbolisiert durch /h/ oder, in der Schriftweise des Altgriechischen, durch den *spiritus asper*. Beide griechischen Gleitlaute, die im Gegensatz zu den Vokalen und Konsonanten graphisch durch diakritische Zeichen wiedergegeben werden, entsprechen in ihrer phonematischen Wechselbeziehung den beiden Konsonantenmengen – der *spiritus asper* zu den fortes und der *spiritus lenis* zu den lenes. Der »weiche Hauch« (πνεῦμα ψιλόν) hatte, im Vergleich mit seinem Gegenstück, wie Sturtevant scharfsinnig bemerkte (1937: 117), »einen rein negativen Wert«, und der hartnäckige Glaube an einen Knacklauteinsatz ist völlig unhaltbar.

Unter dem Einfluß der phonetischen Gepflogenheiten seiner Muttersprache behauptet Heusler, ohne einen festen Einsatz »würde der Stabreim kaum hörbar« (1925: 95). Diese Behauptung läßt sich jedoch kaum vertreten. Der Unterschied zwischen dem behauchten und dem weichen Einsatz ist ohne weiteres hörbar, deshalb können beide als Träger des Stabreims fungieren. Der Unterschied zwischen den beiden Gleitlauten, dem gespannten und ungespannten (unabhängig davon, wie der letztere vollzogen wird), stellt die gleiche phonematische Opposition zwischen der Anwesenheit und Abwesenheit prävokalischer Aspiration am Wortanfang dar.

Im Altnordischen, wo [j] und [v] kontextbedingte Varianten der Vokalphoneme /i/ und /u/ darstellen (vgl. Sievers 1893: 36 und Gering 1888), können die nichtsilbischen Varianten ohne weiteres mit verschiedenen Vokalen »alliterieren« oder, exakter ausgedrückt, bilden sie manchmal in der Alliteration von ungespannten Gleitlauten einen Teil der Menge kontrastierender Vokale (‿jotna – ‿allra; ‿vætr – ‿atta), genau so wie sie in der Alliteration von gespannten Gleitlauten eingesetzt werden (hjón – hár, hvíla – hers).

Am Anfang eines »Sprechtaktes« (alias »Phrasengruppe«) steht der ungespannte Gleitlaut in Opposition zum gespannten Gleitlaut einerseits und zu irgendeinem auslösenden Konsonanten andererseits, innerhalb eines Sprechtaktes hingegen gibt es zwei stilistische Alternativen, die Heffner eingehend im Englischen untersuchte (1949: 173 ff., 200 ff.).

Die explizitere Variante, genannt »lexikalische Aussprache«, behandelt ein Wort gleich, ob es allein oder innerhalb eines Sprechtaktes ausgesprochen wird, während die eher elliptische, verschmolzene Form des Sprechtaktes einen engen Nexus zwischen kontiguierenden Wörtern herstellt. Besonders wenn das zweite von zwei Wörtern keinen Anfangskonsonanten und das erste einen Schlußkonsonanten aufweist, wechselt dieser Konsonant von einer anhaltenden zu einer auslösenden Funktion; der weiche Einsatz des zweiten Wortes geht verloren und der Vokal wird postkonsonantisch.
In dieser umgangssprachlichen, prosaischen oder auf Prosa eingestellten Diktion wird der ungespannte Gleitlaut am Wortanfang innerhalb eines Sprechtaktes oder auch eines Morphems innerhalb einer Wortzusammensetzung nicht mehr gehört:

>   I förum, við‿öldu og‿áttar kast
>   margt‿orð þitt mér leið i minni.
>   (E. Benediktsson, »Móðir mín«)

>   Hann, sem dómur himins felldi,
>   hefur ljósið gert að eldi
>   ‿og sitt guðdóms‿eðli að synd;
>   ‿en í skuggasvipsins dráttum...
>   (ders., »Svarti skóli«)

Wie immer solche Zeilen gewöhnlich vorgetragen werden, die Alliteration der ungespannten Gleitlaute behält jedenfalls ihre Gültigkeit, weil potentiell eine diskrete Phrasierung existiert, die alle Grenzen zwischen Wörtern und sogar zwischen den Konstituenten von Wortzusammensetzungen kennzeichnet. Wie immer das statistische Verhältnis zwischen dem elliptischen und expliziten Subcode aussehen mag, der erstere ist lediglich eine Superstruktur des letzteren, und Code-Umschaltung von der phraseologischen zur lexikalischen Aussprache ist immer noch möglich.
Die *e caducs* des traditionellen französischen Verses werden in der Rezitation großteils weggelassen, sogar in einer klassischen Tragödie der *Comédie française*; doch bleiben diese Vokale unverletzliche und fundamentale Einheiten des französischen metrischen Kanons, wie er noch heute besteht.

Auch wenn sie nicht artikuliert werden, sind sie doch artikulierbar und ist ihre Distribution den Gebrauchern des literarischen Französisch geläufig.

Nach Sturtevant »kann man von der Tatsache ausgehen, daß eine obligate Eigenschaft des Verses irgendwie gehört werden muß« (1924: 337). Diese These ist unantastbar, sofern man darunter versteht, daß es in einer gegebenen Sprache wenigstens eine latente Möglichkeit gibt, diese Eigenschaft hörbar zu machen; dies impliziert hingegen keineswegs die tatsächliche Aktualisierung einer solchen Eigenschaft in der Rezitation der gegebenen Verse. Weit entfernt davon, bloß ein »philologisches Gespenst« zu sein, bildet die Zäsur (oder besser ›Pause‹, aus Rücksicht auf die Mehrdeutigkeit des lateinischen Ausdrucks) ein wichtiges Strukturelement des Verses. Die Pause ist nichts anderes als eine obligate Wortgrenze an einer bestimmten Stelle innerhalb der Zeile. Es gibt Philologen, die es für unwahrscheinlich halten, daß zum Beispiel in der mündlichen epischen Tradition die Aufmerksamkeit des Vortragenden andauernd »auf Grammatik und Metrum fixiert ist« und daß er wirklich »an Wörter denkt«. Einige Tatsachen zur Technik der südslavischen *Guslaren* genügen dagegen zur Beseitigung jeden Zweifels. Unter den serbischen Bauern gab und gibt es noch immer viele Rhapsodisten, die Tausende von memorierten oder improvisierten epischen Zeilen singen, regelmäßige Zehnsilber mit einer obligaten Wortgrenze (›Pause‹) nach der vierten Silbe und der Vermeidung einer Wortgrenze (einer ›Brücke‹) – ebenso obligat – vor der vierten Silbe. Diese Pause ist meistens eine klare Wortgrenze ohne syntaktische Pause. Wie eine genaue Untersuchung phonographischer Aufzeichnungen zutage fördert, enthält weder der musikalische Vortrag noch der phonetische Bau der Epen der *Guslaren* irgendwelche Hinweise auf das Vorhandensein einer Pause. Selbstverständlich könnte ein Rezitator nach den Worten Heffners »eine geringfügige Unterbrechung des Redeflusses« nach dem Wortende der vierten Silbe vornehmen, könnte aber eine solche Pause nicht vor dieser Silbe machen: hier liegt der eklatante Unterschied zwischen der Pause am Ende der vierten Silbe und der Brücke an ihrem Anfang. Der Sänger sieht jedoch davon ab, sich diesen virtuellen Unterbruch zu leisten, und der abstrakte, grammatische Charakter der Brücke und der Pause ohne jegliche phonetische Verwirklichung ist besonders signifikant. Ein *Guslar* mag – und früher war das oft der Fall – ein Analphabet sein, offensichtlich unfähig zu einer Reflexion über Silben und ihre Zählung oder über lexikalische und syntaktische Grenzen und deren Distribution oder über Längen und Kürzen und ihre Rolle in der Kadenz der Zeile; aber er legt eine unfehlbare Intuition an den Tag, ein unmittelbares Erfassen all dieser metrischen Konstituenten. Wenn Feldforscher, denen es gelang, von den *Guslaren* die Kunst des Memorierens, Improvisierens und Singens epischer Zehnsilber zu erlernen, absichtlich einzelne Zeilen ohne die traditionelle Pause nach der vierten Silbe konstruieren, werden sie vom *Guslar* sofort getadelt, sie sängen ›unrein‹.

Sturtevant, der dazu neigt, unser Gefühl für Worteinheiten und Wortgrenzen zu unterschätzen, war überzeugt, daß »ein solches Bewußtsein nicht stark genug sei, um ein steuernder Faktor in der Komposition von Versen zu sein« (1924: 348). Die mündliche und geschriebene Poesie der unterschiedlichsten Völker und Epochen stellt ein überwältigendes Beweismaterial dar, das diese Aussage widerlegt. Die vergleichende Metrik offenbart, daß solche grammatischen Phänomene wie Worteinheit und Wortgrenzen – am Anfang und am Schluß – im allgemeinen zu den fundamentalsten Konstituenten des Verses gehören (vgl. Jakobson 1923: 29 ff.; dt. 36 ff.).

Die autonome Rolle der Anfangsgrenze wird also durch die germanische ›Vokal-Alliteration‹ bloßgelegt, die den ungespannten Gleitlauten eine unveränderliche Rolle zuschreibt, ohne Rücksicht auf Expression oder Suppression dieser Anlautsignale im Vortrag. Fügen wir hinzu, daß eine angemessenere und realistischere Bezeichnung für die sogenannte *Vokal-Alliteration Ungespannter-Gleitlaut-* (oder *Null-Gleitlaut-) Alliteration* oder einfach *Null-Alliteration* wäre.

Anmerkungen

1 Für ihre wertvolle Hilfe bei meinem Ausflug in das faszinierende Gebiet des Isländischen möchte ich Frau Sigrid Valfells herzlich danken. [Die Erstveröffentlichung dieses Aufsatzes enthält einen Appendix von Sigrid Valfells mit dem Titel »A Note on the Dissimilation of Vowels in Icelandic Alliteration«.]
2 Für diese und weitere Ausdrücke und Definitionen vgl. Jakobson 1962/71: 484ff., 550ff.
3 Die velaren Reibelaute [x, q] sind kontextbedingte Varianten des Phonems /g/. Im südlichen Dialekt des Isländischen wird nach einem Vokal das Phonem /g/ als [q] und das Phonem /k/ als [g] ausgesprochen, so daß das starke Phonem /k/ in schwacher Position materiell mit dem weichen Phonem /g/ in starker Position zusammenfällt (vgl. eine ähnliche Verschiebung im Dänischen, wo die Relation des starken und schwachen Phonems in beiden Positionen aufrechterhalten bleibt und wo gleichfalls »das schwache Phonem in starker Position und das starke Phonem in schwacher Position überlappen«; siehe Jakobson, Fant, Halle 1952: 595f.).
4 Siehe zum Beispiel Viëtor (1923: 31): »Die Vokal-Alliteration läßt vermuten, daß das Angelsächsische den Kehlkopfverschlußlaut gleich dem Deutschen besessen hat.«

Literatur

Benediktsson, H., 1959, »The Vowel System of Icelandic«, in: *Word* 15, 282–312.

Classen, E., 1913, »Vowel Alliteration in the Old Germanic Languages«, in: *University of Manchester Publications: Germanic Series* 1.

Craigie, Sir William A., 1937, *The Art of Poetry in Iceland*, Oxford.

Einarsson, S., 1927, *Beiträge zur Phonetik der isländischen Sprache*, Oslo.

von Essen, O., 1952, »Melodien deutscher Dichtung«, in: *Sprechmelodie als Ausdrucksgestaltung*, Hamburg.

von Essen, O., 1957, *Allgemeine und angewandte Phonetik*, 2. Auflage, Berlin.

Gering, H., 1888, »Altnordisch *v*«, *PBB* 13, 202–209.

Hammerich, L.L., 1948, »*Laryngeal before Sonant*«, *Det Kgl. Danske Videnskabernes Selskab, Historisk-filolog. Meddelelser* 31, 3.

Haugen, E., 1941, »On the Consonant Pattern of Modern Icelandic«, in: *Acta Linguistica* 2, 98–107.

Haugen, E., 1958, »The Phonemics of Modern Icelandic«, in: *Language* 34, 55–88.

Heffner, R.-M. S., 1949, *General Phonetics,* Madison, WI.

Heusler, A., 1925, *Deutsche Versgeschichte* I. Berlin-Leipzig.

Hollmérus, R., 1936, »Studier över alliterationen i Eddan«, in: *Skrifter utgivna av Svenska Litteratursälskapet i Finland,* 258.

Jakobson, R., 1923, *O česskom stiche,* in: *Selected Writings* V, The Hague, 3–130; deutsch: *Über den tschechischen Vers: Postilla Bohemica* 8–10, 1974.

Jakobson, R., 1962/71, *Selected Writings* I, The Hague.

Jakobson, R., G. Fant und M. Halle, 1952, *Preliminaries to Speech Analysis,* in: *Selected Writings* VIII, Berlin: Mouton de Gruyter, 1988, 583–660.

Jiriczek, O., 1896, Besprechung von *Östnordiska och latinska Medeltidsordspråk* von A. Kock und C. af Petersens, in: *Zeitschrift für deutsche Philologie* 28, 545–550.

Kaufmann, F., 1897, *Deutsche Metrik,* Marburg.

Kock, A., und C. af Petersens, 1889–1894, *Östnordiska och latinska Medeltidsordspråk* 1, Kopenhagen.

Kress, B., 1937, »Die Laute des modernen Isländischen«, in: *Arbeiten aus dem Institut für Lautforschung an der Universität Berlin,* Nr. 2.

Lawrence, J., 1893, *Chapters on Alliterative Verse,* London.

Lehmann, W. P., 1953, »The Alliteration of Old Saxon Poetry«, in: *Norsk Tidsskrift for Sprogvidenskap,* Ergänzungsband 3, Oslo.

Lehmann, W. P., und J. L. Dillard, 1954, *The Alliterations of the Edda,* Austin, Texas.

Lehmann, W. P., 1956, *The Development of Germanic Verse Form,* Austin, Texas.

Lehmann, W. P., und Takemitsu Tabusa, 1958, *The Alliterations of the Beowulf,* Austin, Texas.

Malone, K., 1923, *The Phonology of Modern Icelandic,* Menasha, WI.

Malone, K., 1952, »The Phonemes of Modern Icelandic«, in: *Studies in Heroic Legend and in Current Speech,* Kopenhagen 1959.

Rapp, K. M., 1836, *Versuch einer Physiologie der Sprache,* Stuttgart.

Saran, F., 1907, *Deutsche Verslehre,* München.

Sievers, E., 1893, *Altgermanische Metrik,* Halle.

Stetson, R. H., 1951, *Motor Phonetics,* Amsterdam.

Sturluson, Snorri, 1907, *Edda,* Reykjavik.

Sturtevant, E. H., 1924, »The Doctrine of Caesura, a Philological Ghost«, in: *American Journal of Philology* 45, 329–350.

Sturtevant, E. H., 1937, »The Smooth Breathing«, in: *Transactions and Proceedings of the American Philological Association* 68, 112–119.

Viëtor, W., 1923, *Elemente der Phonetik des Deutschen, Englischen und Französischen,* 7. Auflage, Leipzig.

Schluß mit der dichterischen Kleinkrämerei[1]
[1925]

Vier Jahre nach seiner Übersiedlung von Moskau nach Prag erscheint Jakobson in diesem Text als Vermittler der russischen Futuristen und Formalisten in einem Kreis avantgardistischer tschechischer Künstler, junger Linker der goldenen zwanziger Jahre, und als ihr Anwalt gegenüber der spießbürgerlichen Poesieauffassung eines prosowjetischen Bildmagazinredakteurs. Zu den Dichtern, denen sich Jakobson anschließt, gehört der 24jährige Jaroslav Seifert, sechs Jahrzehnte später Nobelpreisträger, von Jakobson lange zuvor für diesen Preis vorgeschlagen. – In einer Weise, die an Wittgensteins spätere Überlegungen über kategorial voneinander verschiedene Sprachspiele denken läßt, tendiert Jakobson in dieser frühen Zeit zu einer ausschließlichen Zuordnung einer literarischen Gattung zu je einer sprachlichen Funktion: »Ein allgemeiner Sprachbegriff ist eine Fiktion.« 1934, in einer bekannter gewordenen Gelegenheitspublikation »Was ist Poesie?«, wird stärker differenziert: Nicht die Reinheit der Gattung ist das Anliegen, sondern die Anerkennung der Eigengesetzlichkeit der einzelnen Funktionen, die in verschiedenen Gattungen in wechselnden Dominanzverhältnissen zum Zuge kommen. Autonomer Status der Funktionen, aber kein Separatismus der Kunstgattungen.

»Es gibt da Sammlungen von Mathematikaufgaben, in denen die Aufgaben ihrer Art nach sortiert sind. Da gibt es Gleichungen mit einer Unbekannten, Aufgaben mit Gleichungen zweiten Grades, und am Ende werden die Lösungen der Reihe nach in einer Kolumne aufgelistet:

        4835   5 Hammel
        4836 17 Wasserhähne
        4837 13 Tage
        4838 1000 Heringe

Wer die Mathematik direkt von den Lösungen her lernen und einen Sinn in dieser schön geordneten Kolumne finden wollte, wäre arm dran. Entscheidend sind die Aufgaben, der Lösungsweg, nicht die Lösungen selbst.

In eben der Situation eines Menschen, der bei seinen Lernversuchen die Listen mit den Lösungen studiert, befinden sich jene Theoretiker, die sich bei Kunstwerken für die Ideen, die Schlußfolgerungen, nicht aber für den Aufbau interessieren.
In ihren Köpfen geht folgendes vor sich:

    Romantiker = religiöse Ekstase
    Dostoevskij = Suche nach Gott
    Rozanov = Sexualfrage[2]
    das Jahr 18... = religiöse Ekstase
    das Jahr 19... = Suche nach Gott
    das Jahr 20... = Sexualfrage
    das Jahr 21... = Übersiedlung nach Nordsibirien

Arm dran ist der Schriftsteller, der das Gewicht seines Werks nicht durch die Ausarbeitung seines Gangs, sondern durch die Größe der ›Antwort‹ auf seine ›Aufgabe‹ zu vermehren versucht. Als ob die Aufgabe Nr. 4838 größer und gewichtiger wäre als die Aufgabe Nr. 4837, weil es in der Antwort auf die eine 1000 Heringe heißt und in der Antwort auf die andere 13 Tage. Es sind aber lediglich zwei Aufgaben und beide für die dritte Klasse der Gymnasien.«[3]

Soweit mein Freund und Mitstreiter auf dem Gebiet der neuen Kunstwissenschaft, Viktor Šklovskij. Diese Zeilen hatte ich unwillkürlich vor Augen, als ich im *Reflektor*[4] in der Rubrik »Proletarischer Ratgeber« die folgenden liebenswürdigen Sätze zu Gesicht bekam: »Grundsätzlich haben wir nichts gegen eine ›Rätselecke‹ und werden gerne Beiträge dafür annehmen. Allerdings muß man sie unserer Arbeiterleserschaft auch nützlich werden lassen, indem die Lösungen Wahrheiten verkörpern, die dem Proletariat nutzen.«[5]

Wie das dem leitenden Redakteur der Zeitschrift, dem ehrwürdigen Stanislav K. Neumann[6] ähnlich sieht! Ausgerechnet er hat davon zu träumen, wie man in eine Tüftelaufgabe einen Slogan über Proletarier aller Länder reinquetscht. Ausgerechnet er, der mit rührender Sorgfalt den Leitartikel in *Rudé právo*[7] mit Reimen eines Vrchlický[8] flickt und ihn in – wenn auch schlampig – reimende Verszeilen zerstückelt, im heiligen Glauben, revolutionäre Dichtung zu treiben. Er stellt ein proletarisches Kreuzworträtsel zusammen, arbeitet Doležals Artikel in ein feinfühlig lyrisches Gedicht um, schlürft zufrieden aus einer schön geblümten Tasse seinen Kaffee mit Rum und döst glücklich auf einem Kissen ein, auf das eine sorgfältige Hand nicht so etwas Kleinbürgerliches wie »Nur ein Viertelstündchen!«, sondern kunstvoll »Ehre der Arbeit!« gestickt hat. Ich will nun das in Ehren ergraute Haupt nicht beleidigen. Wir aber wollen und werden die Fehler von Greisen, die in der Wissenschaft und in den ästhetischen Gepflogenheiten des ausgehenden 19. Jahrhunderts erzogen wurden, nicht wiederholen.[9]

Klipp und klar gesagt: Die Sprachwissenschaft der zweiten Hälfte des vergangenen Jahrhunderts stellte bei der Untersuchung der Spracherscheinungen die Frage nach dem Warum und ignorierte dabei meistens die Frage nach dem Wozu. Aber das elementare Sprachbewußtsein stellt meistens die Frage nach der Aufgabe, nach dem Ziel. Ich höre einer Rede zu und frage mich: »Wozu sagst du mir es?«, und der Sprecher kann mir antworten: »Wenn ich rede, so weiß ich wozu.« Dieses Wozu jeder Rede, ihre Aufgabe, ist dem Sprecher und auch dem Hörer klar, soweit dieser jenen begreift. Die Sprache ist nach der zutreffenden Definition der gegenwärtigen französischen Sprachwissenschaftler ein System konventioneller Werte, ähnlich einem Kartenspiel. Deshalb ist es ein Irrtum, sie ohne Rücksicht auf die Fülle von möglichen Aufgaben zu analysieren, ohne die das System eigentlich überhaupt nicht existiert. Ein allgemeiner Sprachbegriff ist eine Fiktion. So wie es keine Gesetze eines allgemeinen Kartenspiels gibt, die etwa in gleichem Maße für Schwarzen Peter, Skat und das Bauen von Kartenhäuschen gelten würden, so können auch die Sprachgesetze nur im Hinblick auf ein System aufgestellt werden, das durch eine spezifische Aufgabe bestimmt ist. Die Wissenschaft des 19. Jahrhunderts hat damit nicht gerechnet; vereinzelte Versuche, die Sprachfunktion zu berücksichtigen, haben sich als ratlos erwiesen, insofern die Vielfalt der Funktionen künstlich auf eine einzige eingeschränkt wurde. Aber heute wissen wir: Die Mitteilungssprache mit Einstellung auf den Gegenstand der Aussage und die poetische Sprache mit Einstellung auf den Ausdruck sind zwei verschiedene, zuweilen entgegengesetzte Sprachsysteme (wobei damit die Vielfalt der Sprachfunktionen freilich bei weitem noch nicht ausgeschöpft ist). Und weil es konstruktive Dinge sind, die wir wollen, Dinge, die ihrer

Bestimmung entsprechen, finden wir Lampenschirme, die Blumen nachahmen, oder falsche Fenster, durch die man nicht sehen kann, widerlich. Gerade deshalb haben wir nicht die geringste Lust, die Wahrheiten, die dem Proletariat nützlich sind, in Rätsel- oder Reimform zu bringen. Die Mitteilung von »brauchbaren Wahrheiten« verlangt nach völlig anderen Ausdrucksmethoden, nach Klarheit, Knappheit, Genauigkeit, Unzweideutigkeit und dergleichen. Wenn man einen Arbeiter zu einer Versammlung ruft, empfiehlt man ihm nicht, von Holešovice nach Karlín[10] im Foxtrott-Schritt zu laufen. Wenn man dem Arbeiter eine brauchbare Wahrheit mitteilen will, verbietet es der elementare Anstand, Reime, poetische Metaphern oder sonstiges dichterisches Rüstzeug zu benutzen.

Dies heißt keineswegs, die soziale Aufgabe der Dichtung zu leugnen, es ist lediglich ein Protest dagegen, aus der Dichtung eine Konterbande zu machen, die unter dem Vorwand brauchbarer Wahrheiten geschmuggelt wird. Diesen Anstand kann man von Neumann nicht verlangen, der im Geiste des Ästhetizismus eines Oscar Wilde erzogen wurde, der die Lüge und die dekorative Kunst besungen hat – man muß ihn aber von der Jugend verlangen.

Die mutigen Neuerer der tschechischen Dichtung, die Dichter des Devětsil[11], haben sich auf den Weg einer zielbewußten Gestaltung des dichterischen Wortes gemacht, die durch keine artfremden Momente verdunkelt wird. Vor ihnen steht die Aufgabe, eine verkalkte Tradition zu überwinden, sie zu verlassen und einen eigenen Weg zu gehen, wenn die Tradition brüchig und verschrumpelt ist, sich kräftig abzuheben, wenn sie zum Kanon versteinert ist.

Die russische Literatur, die der tschechischen gelegentlich einen ideologischen Anstoß gegeben hat, blieb dabei hinsichtlich der Formgebung zutiefst fremd und hinterließ kaum Spuren. Teilweise wurde sie als eine exotische Merkwürdigkeit empfunden, teilweise ging sie ihren eigenen Weg. Möglicherweise wird die neueste russische Dichtung von dieser Tradition Abschied nehmen und der tschechischen Kunst einige befruchtende Impulse geben.

Ich bin Ausländer und will mich in innertschechische Angelegenheiten, und seien es nur Dinge der Dichtung, nicht einmischen. Ich beschränke mich daher nur auf einige Themen, die einem unwillkürlich beim Vergleich der neueren russischen Dichtung mit der tschechischen einfallen.

Der freie Vers ist in der neueren tschechischen Dichtung fast zum Kanon deklariert worden, aber abgesehen von gewissen wertvollen, jedoch vereinzelten Versuchen degenerierte er schnell zu einer bequemen Vernachlässigung rhythmischer Aufgaben. Infolgedessen bleibt dieser freie Vers in der Praxis zumeist ein Vers des 19. Jahrhunderts, nur eben gelockert und ausgeleiert. Es fehlt jene reiche Kultur des freien Verses, die für die moderne russische Dichtung so charakteristisch ist. Jene neuen rhythmischen Aufgaben, die für die tschechische Dichtung anstanden, als sie sich von der Silbenzählung ablöste, wie zum Beispiel die Neubewertung der rhythmischen Betonung der Quantitätsverhältnisse, die neue rhythmische Hervorhebung der Quantität, werden jetzt nur ertastet und geahnt, sie warten noch auf eine bewußte Bearbeitung.

Soweit auch ältere metrische Formen weiter verarbeitet werden, scheint es zweifelhaft, ob man an die Tradition des 19. Jahrhunderts anknüpfen kann. Rhythmische Möglichkeiten dieser Tradition sind bis zur Neige ausgeschöpft und ausgelebt. Ihre gesetzmäßigen Erben sind die Gassenhauer und Reklameverse auf Löbels Seide. Der Weg dieser Tradition kann nicht mehr weiter beschritten werden. Hier ist höchstens eine gelungene Imitation möglich, wie etwa Durychs Stilisierungen im Geiste Erbens.[12] Aber der rhythmische Reichtum des tschechischen Mittelalters, insbesondere des 14. Jahrhunderts, könnte vielleicht in manchen Hinsichten einen fruchtbaren Anstoß darstellen. Ich meine hier das Problem der Syllabisierung des tschechischen Verses, das Problem der Aufhebung erzwungener konstanter Ikten. Fischers *Sklaven* sind zwar ein vorsichtiger, doch interessanter Versuch in dieser Richtung.[13]

Nosívala – rozlámala [sie trug – sie zerbrach], *nemůžete – kvete* [ihr könnt nicht – sie blüht], *nadějí – zahřejí* [der Hoffnungen – sie werden erwärmen], *nemoci – pomoci* [Krankheiten – Hilfen], *socialista – Krista* [des Sozialisten –

von Christus]... und damit sollen die Möglichkeiten des modernen Dichters erschöpft sein? Da waren die Reimversuche des 14. Jahrhunderts oft reicher.[14]

Ich beschränke mich hier auf die Aufzählung einiger charakteristischer Typen des modernen russischen Reims:

– Reim, dessen Endungen nicht übereinstimmen *(nahota – náhodou, peru – perutě, brázda – nazdar, sto – stoh* usw.);

– Reim mit ungleicher Silbenzahl *(hodlá – hodila, Visla – visela)*;

– metathetischer Reim *(Krista – skryta, burs – brus – srub)*;

– Konsonanz *(stál stůl – styl – na postel)*.

Ich weiß nicht, inwiefern einzelne Sorten dekanonisierter Reime auf tschechischem Boden Fuß fassen könnten, aber Versuche in dieser Richtung wären, vermute ich, nützlich, so wie sie auch in der modernen polnischen Dichtung nützlich waren, wo sie teilweise unter russischem Einfluß erfolgten.

Sobald die neue tschechische Dichtung die rhythmische Bedeutung des Wortakzents nicht mehr unterdrückt, wie es oft geschieht, eröffnen sich neue Möglichkeiten für Reime mit verschiedener Akzentposition *(proliná – slina),* die von der Kritik noch vor kurzem streng verurteilt wurden.

Es muß auch gesagt werden, daß bei modernen tschechischen Dichtern die *Organisation der Laute im Inneren* des Verses weniger bewußt gestaltet ist als es beispielsweise bei Majakovskij, Chlebnikov oder Pasternak der Fall ist. Solche Lautfolgen wie Seiferts[15] Zeile *dlouhé dalekohledy* »lange Fernrohre« (also das, was in der Terminologie der neueren russischen Poetik den sogenannten *povtor* darstellt, das heißt eine Wiederholung vom Typ abc-ab-cba) bilden eine lautbildliche Parallele, eine *poetische Etymologie,* wie ich es nenne. Eine umfangreiche und vielfältige Anwendung solchen Spiels mit der Ähnlichkeit verwandter Lautgruppen erhöht nicht nur die Prägnanz des Verses, sondern bereichert auch die poetische Semantik (das Spiel mit Wortbedeutungen).

Aus Platzmangel werde ich nichts zu wichtigen Problemen der tschechischen poetischen Semantik, Syntax, Komposition sagen. Darüber bei anderer Gelegenheit.

Abschließend einige Zeilen über den Wortschatz. Solange dem Tschechischen eine Gefahr durch den starken, aggressiven Nachbarn drohte, waren Verteidigungspositionen wie der hartnäckige Purismus und der strenge Sprachkonservativismus durchaus berechtigt. Aber die Gefahr ist, vermute ich, überwunden; die tschechische Sprache ist bereits so stark, daß sie durch Germanismen nicht bedroht wird. Und soweit diese im Tschechischen zum Erfassen feiner Bedeutungsunterschiede dienen, können sie sogar willkommen sein. Wir wissen, wie eine Sprache in stilistischer Hinsicht durch das sie durchdringende Fremdelement bereichert werden kann. Dies ist etwa die Aufgabe romanischer Elemente im Englischen und altbulgarischer im Russischen. Diese Elemente haben im Russischen den streng spezifizierten »hohen Stil« ermöglicht. Das gesprochene Umgangstschechisch Prager Provenienz, stark mit Germanismen durchdrungen, bildet die Voraussetzung für den tschechischen »niederen Stil«, während das ausgefeilte Schrifttschechisch die Voraussetzung für den »hohen Stil« darstellt. Farbenkräftige Elemente des Umgangstschechischen hat meisterhaft Hašek in seinem *Švejk* ausgenützt. Von da ist es nur ein Schritt zum Kauderwelsch der Unterwelt, das in Hořejšís Übersetzung des »Gebets einer Prostituierten«[16] so künstlerisch klingt. Aber bei beiden ist das Umgangstschechische gerechtfertigt, weil es sich bei Hašek um einen Soldaten und bei Hořejší um eine Prostituierte handelt. Die neue Dichtung ist polychrom, die klassische Unterscheidung der Stile ist ihr fremd. Flexible und dynamische Elemente des Umgangstschechischen und des niedrigen Kauderwelsch sind für den Dichter ein Schatz. Es wäre verführerisch, eine simultane Durchdringung der reinen Lyrik ohne jegliche naturalistische Rechtfertigung durch verschiedenste lexikalische Elemente des Gemeintschechischen, des Kauderwelsch, der Bauernsprache und der archaischen Sprache, der Barbarismen und Neologismen zu wagen. Das Wort wird greifbar, wenn es in der gewaltsamen Nachbarschaft ächzt.

Der russische Formalismus hat mit Nachdruck das Recht der Dichter auf unbegrenzte *Wortschöpfung* proklamiert. Chlebnikov hat eine Reihe Texte, in Prosa und in Versen, die größtenteils in Neologismen abgefaßt sind. Der Neologismus bereichert die Dichtung in den folgenden Punkten: Er erzeugt einen Farbtupfer, währenddessen alte Wörter auch phonetisch verblassen, von der häufigen Benutzung abgegriffen sind und ihr Lautbestand lediglich zum Teil wahrgenommen wird. Die Form der Wörter hört in der praktischen Sprache leicht auf, wahrgenommen zu werden, sie stirbt ab, versteinert, während wir unabwendbar gezwungen sind, die Form des dichterischen Neologismus wahrzunehmen, die fast *in statu nascendi* gegeben ist. Die Bedeutung der Neologismen ist in einem hohen Maß durch den Kontext bestimmt, ist dynamischer und zwingt den Leser zum etymologischen Denken. Eine wichtige Möglichkeit des dichterischen Neologismus ist die *Gegenstandslosigkeit*. Das Gesetz der dichterischen Etymologie wirkt, die innere wie die äußere Form des Wortes werden erlebt, aber der Bezug auf den Gegenstand kann fehlen. Weiterhin sind produktive Experimente durch Zerlegung des Wortes in seine Bestandteile möglich. Das Wort wird der inneren, dann der äußeren Form beraubt, es verbleibt ein phonetisches Wort – die *Zaum*-Sprache (Chlebnikov, Kručenych, Aljagrov, Zdanevič).[17]

Genug der unorganisierten dichterischen Arbeit, der dichterischen Kleinkrämerei! Die Wissenschaft der dichterischen Form muß Hand in Hand mit der Dichtung schreiten. Genug der hohepriesterlichen Geheimniskrämerei, der delphischen Prophezeiungen! Die Wege des Dichters sollen bewußt sein, und seine Intuition wird nur gewinnen, wenn er sich auf den Stahlbeton der wissenschaftlichen Analyse stützt. Und umgekehrt befruchtet der Kontakt mit der neuen Kunst die Wissenschaft: es ist dies ein unnormaler Zustand, der im 19. Jahrhundert entstand, daß die Wissenschaft eine literarische Strömung erst dann berücksichtigt, wenn diese sich in ein archäologisches Fossil verwandelt hat. In Rußland gehen die neue Literatur und die neue Literaturwissenschaft (Gruppe OPOJAZ[18]) oftmals Hand in Hand.

Anmerkungen des Übersetzers

1 Der Originaltitel des Aufsatzes »Konec básnického umprumáctví a živnostnictví«, wörtlich »Das Ende des dichterischen *Umprum*tums und der Kleinunternehmerei«, ist nur schwer zu übersetzen. Der Angriff richtet sich hier auf die *Umprum*, die Schule für industrielle Kunstgestaltung *(Umělecko-průmyslová škola)*, die als Vertreter einer für rückschrittlich gehaltenen, nicht funktionalistisch orientierten Akademie der angewandten Künste galt. Diese kritische Einstellung stand auch im Einklang mit dem Grundton der Zeitschrift, deren Titel in Anlehnung an Apollinaires Gedicht *La Zone* [= pásmo] gewählt wurde, gehörte 1924/25 zu den Organen der tschechischen Avantgarde und war zum Teil konstruktivistisch orientiert.
2 V. V. Rozanov (1856–1919), russischer Publizist und Philosoph. Berühmt als geistreicher Stilist, aber auch wegen seiner Behandlung der Beziehung der Geschlechter. V. Šklovskij beschäftigte sich mit seinem Stil in mehreren Arbeiten.
3 Die zitierte Passage stammt aus Šklovskijs Essay »Tausend Heringe« (Tysjača sel'dej) aus dem Band *Der Rösselsprung [Chod konja]*, Berlin 1923.
4 *Reflektor* (ab 1925) war ein populäres Bildmagazin mit prosowjetischer Tendenz.
5 Jakobson bezieht sich auf *Reflektor* 1 (1925) 1, 15.
6 S. K. Neumann (1857–1947), tschechischer Lyriker und Essayist, in den neunziger Jahren und um die Jahrhundertwende zwischen Anarchismus und Dekadenz schwankend, engagierte sich zunehmend in der Arbeiterbewegung und nach 1921 in der Kommunistischen Partei der Tschechoslowakei.
7 *Rudé právo* (wörtlich »Rotes Recht«), die Tageszeitung der 1921 gegründeten Kommunistischen Partei der Tschechoslowakei.
8 Jaroslav Vrchlický (1853–1912), tschechischer Dichter, berühmt wegen formaler Virtuosität seiner Gedichte; in vielen Hinsichten den französischen Parnassisten vergleichbar.
9 Diese Zeilen veranlaßten S. K. Neumann zu einer scharfen Erwiderung; vgl. seinen Offenen Brief an R. Jakobson, in: *Reflektor* 1 (1925) Nr. 14, 14.
10 Prager Vororte.
11 *Devětsil*, in den zwanziger Jahren wichtigste Künstlergruppe der tschechischen Avantgarde (gegründet am 5. Oktober 1920). Die nur lose organisierte Mitgliedschaft schloß Jaroslav Seifert (siehe

Anm. 15), V. Nezval, K. Teige, J. Voskovec (siehe in diesem Band, 515 ff.) und viele andere ein.

12 Jaroslav Durych (1886–1962), tschechischer Dichter, dessen Anfänge durch die Auseinandersetzung mit den Balladen des tschechischen Spätromantikers Karel Jaromír Erben (1811–1870) geprägt sind.

13 Otakar Fischer (1883–1938), tschechischer Dichter, aber auch bedeutender Vertreter der psychologischen Richtung in der Literaturwissenschaft (unter anderem Studien über Heinrich von Kleist); später Professor an der Karls-Universität Prag und Mitglied des Prager Linguistikkreises. Hingewiesen wird hier auf sein Bühnenstück *Die Sklaven* aus dem Jahre 1925.

14 Es handelt sich um Reime, deren Qualität auch der deutsche Leser anhand des letzten Paares bzw. seines Gegenstücks im Deutschen *(Sozialist – Christ)* nachempfinden mag.

15 Jaroslav Seifert (1901–1986), tschechischer Lyriker, Mitglied des *Devětsil*, 1984 Nobelpreisträger für Literatur. In der Nummer von *Pásmo*, die Jakobsons Aufsatz enthält, stehen zwei Gedichte von Seifert.

16 Jindřich Hořejší (1886–1941), tschechischer Dichter. Jakobson bezieht sich hier auf seine Übersetzungen aus dem Französischen, speziell auf die Übersetzung des Argot-Gedichts »La Charlotte prie Notre-Dame durant la nuit du Réveillon« von Jehan Rictus (1867–1933).

17 Die »Zaum-Sprache« *(zaumnyj jazyk,* etwa »sinn-übersteigende« Sprache), ein poetisches Experiment, das vor allem mit dem Namen des russischen Dichters Velimir Chlebnikov (1885–1922) verbunden ist. Im übrigen ist zu vermerken, daß »Aljagrov« Jakobsons Pseudonym war.

18 OPOJAZ *(Obščestvo po izučeniju poètičeskogo jazyka,* Gesellschaft zur Erforschung der poetischen Sprache). Eine ab 1916 in Petersburg wirkende Gruppe junger Literatur- und Sprachwissenschaftler. Zusammen mit dem Moskauer Linguistenkreis (ab 1915) das wichtigste Zentrum des russischen Formalismus.

»Die Katzen« von Charles Baudelaire
[1962]

Jakobsons berühmteste grundsätzliche Studie zur Poetik ist »Linguistik und Poetik« (1960)[1], seine berühmteste und zugleich am heftigsten bestrittene[2] Einzelstudie eines Gedichts ist die Analyse von Baudelaires »Les Chats«.[3] Sie wurde gemeinsam mit Claude Lévi-Strauss verfaßt. – Der Hintergrund von Jakobsons Vorgehensweise ist die Annahme, daß sich immer nur approximativ sagen läßt, was die Poetizität, die Ästhetizität oder, traditionell, die Schönheit eines Textes ausmacht, und zwar nur über den Weg einer Untersuchung, wie – das heißt, unter welchen Bedingungen, mit welchen Verhältnissen (etwa der Komplementarität, der Symmetrie und des Symmetriebruchs) und mit welchen Folgen (etwa der Katharsis und vielleicht eines Erkenntnisgewinns) – sich eine poetische Erfahrung einstellt. Darüber hinaus ist sie ein ineffabile, *und wer sie nicht erspürt, der wird sie nicht erjagen. In den übrigen Wissenschaften ist es nicht anders: in der Physik läßt sich, was Kraft ist, und in der Psychologie, was eine Rotwahrnehmung ist, nicht anders bestimmen.[4] – Nach Jakobson gründet die Ästhetizität eines Textes universal, in allen Sprachen, auf einem Geflecht von bewußt oder unbewußt wirksamen Parallelismen, gleichförmigen oder spiegelbildlichen Wiederholungen sprachlicher Strukturen und ihren Brechungen, primär (und gleichsam merkmallos) auf Ähnlichkeitsbeziehungen und sekundär (und merkmalhaltig) auf Kontrastbeziehungen, dem Laien am vertrautesten in der Gestalt von Reim und Rhythmus. Nicht weniger wichtig ist dieses Beziehungsgeflecht jedoch, so Jakobsons originellster Beitrag zur Poetik, auf der Ebene der grammatischen Strukturen, obwohl deren Wirkung infolge ihrer Abstraktheit weitgehend unterschwellig bleibt. Jakobson weiß dabei Baudelaire auf seiner Seite: »La grammaire, l'aride grammaire elle-même devient quelque chose comme une sorcellerie évocatoire.«[5] – Der Sinn eines Gedichtes ist seinerseits untrennbar verwoben mit dessen lautlicher und grammatischer Struktur. Von der einen Seite her gilt:*

»*Diese Phänomene der formalen Distribution haben ihre semantische Grundlage.*«[6] *Und von der anderen her: Formale Zusammenhänge stiften Sinnzusammenhänge. Lautformen, die einander gleichen, färben auch in der Bedeutung aufeinander ab.*[7] *– Die Katzen und mit ihnen die Liebenden und die Gelehrten, mit denen sie über ihre Hausgemeinschaft und ihre Ähnlichkeit metonymisch und metaphorisch verbunden sind, verwandeln sich in diesem dichten Gewebe sprachlicher Strukturen von häuslichen, realen in surreale, mythische, kosmische und freie Wesen.*

Les Chats

 1 Les amoureux fervents et les savants austères,
 2 Aiment également, dans leur mûre saison,
 3 Les chats puissants et doux, orgueil de la maison,
 4 Qui comme eux sont frileux et comme eux sédentaires.

 5 Amis de la science et de la volupté,
 6 Ils cherchent le silence et l'horreur des ténèbres;
 7 L'Érèbe les eût pris pour ses coursiers funèbres,
 8 S'ils pouvaient au servage incliner leur fierté.

 9 Ils prennent en songeant les nobles attitudes,
10 Des grands sphinx allongés au fond des solitudes,
11 Qui semblent s'endormir dans un rêve sans fin;

12 Leurs reins féconds sont pleins d'étincelles magiques,
13 Et des parcelles d'or, ainsi qu'un sable fin,
14 Étoilent vaguement leurs prunelles mystiques.

Die Katzen

 1 Die glühenden Liebenden und die strengen Gelehrten
 2 Lieben gleichermaßen in der Zeit ihrer Reife
 3 Die mächtigen und sanften Katzen, Stolz des Hauses,
 4 Die wie sie frösteln und wie sie seßhaft sind.

 5 Freunde des Wissens und der Lust,
 6 Suchen sie das Schweigen und den Schrecken der Finsternis;
 7 Der Erebos hätte sie als seine Totenrosse genommen,
 8 Wenn sie ihren Stolz der Knechtschaft beugen könnten.

9 Sie nehmen sinnend die edlen Haltungen
10 Der großen Sphinxe ein, die, ausgestreckt in der Tiefe der Einsamkeiten,
11 Einzuschlafen scheinen in einem Traum ohne Ende;

12 Ihre fruchtbaren Lenden sind voll magischer Funken,
13 Und Goldpartikeln, wie feiner Sand,
14 Besternen flimmernd ihre mystischen Pupillen.

Wenn man dem Beitrag »Le Chat Trott« von Champfleury glauben darf, in dem dieses Sonett von Baudelaire zum ersten Mal veröffentlicht wurde *(Le Corsaire,* 14. November 1847), ist es bereits im März 1840 geschrieben, und der Text im *Corsaire* entspricht – entgegen den Behauptungen einiger Interpreten – wörtlich dem der *Fleurs du Mal.*
In der Verteilung der Reime folgt der Dichter dem Schema *aBBa CddC eeFgFg* (wobei die Verse mit männlichem Reim durch Großbuchstaben, die Verse mit weiblichem Reim durch Kleinbuchstaben gekennzeichnet sind). Diese Reimkette verteilt sich auf drei Versgruppen: zwei Quartette und einen Sechszeiler, der aus zwei Terzetten besteht, die eine gewisse Einheit bilden, denn die Gruppierung der Reime wird – wie das Grammont gezeigt hat – im Sonett »durch eben dieselben Regeln geleitet wie in jeder normalen Strophe aus sechs Versen«.[8]
Die Anordnung der Reime im vorliegenden Sonett folgt drei dissimilatorischen Gesetzen: (1) zwei paarige Reime dürfen nicht aufeinander folgen; (2) wenn zwei benachbarte Verse verschiedene Reime haben, dann muß einer der Reime männlich, der andere weiblich sein; (3) am Schluß von benachbarten Strophen sollen sich männliche und weibliche Verse abwechseln: [4]*sédentaires* – [8]*fierté* – [14]*mystiques*. Nach dem klassischen Kanon enden alle weiblichen Reime auf eine stumme und alle männlichen auf eine vollautende Silbe; der Unterschied zwischen den beiden Klassen von Reimen bleibt auch in der geläufigen Aussprache, die das veraltete *e* der Endsilbe fallen läßt, erhalten, da in allen weiblichen Reimen des Sonetts auf den letzten vollen Vokal Konsonanten folgen (*austères – sédentaires, ténèbres – funèbres, attitudes – solitudes, magiques – mystiques*), während alle männlichen

Reime auf Vokal ausgehen (*saison – maison, volupté – fierté, fin – fin*).

Die enge Beziehung zwischen der Reimordnung und der Wahl der grammatischen Kategorien macht deutlich, wie wichtig die Rolle ist, die Grammatik wie Reim in der Struktur dieses Sonetts spielen.

Sämtliche Verse enden mit einem Nomen: acht mit einem Substantiv, sechs mit einem Adjektiv. Die Substantive sind sämtlich Feminina. In allen acht Versen mit weiblichem Reim, die nach der traditionellen Norm um eine Silbe, in der heutigen Aussprache wenigstens um einen postvokalischen Konsonanten länger sind, steht das Nomen am Versende im Plural, während die kürzeren Verse mit männlichem Reim in allen sechs Fällen auf ein Nomen im Singular enden.

In den beiden Quartetten sind die männlichen Reimworte Substantive, die weiblichen Adjektive, ausgenommen das Schlüsselwort [6]*ténèbres,* das auf [7]*funèbres* reimt. Auf das Problem der Beziehung zwischen diesen beiden Versen werden wir später zurückkommen. Was die Terzette betrifft, so enden die drei Verse des ersten mit einem Substantiv, die des zweiten mit einem Adjektiv. Der die beiden Terzette verbindende Reim, der einzige homonyme Reim ([11]*sans fin* – [13]*sable fin*), stellt somit einem femininen Substantiv ein maskulines Adjektiv gegenüber – unter den männlichen Reimen des Sonetts ist dieses auch das einzige Adjektiv und das einzige Beispiel eines Maskulinums.

Das Sonett enthält drei komplexe, mit einem Punkt abgegrenzte Sätze; und zwar bilden jedes der Quartette und die Gruppe der beiden Terzette je einen Satz. Nach der Zahl der Hauptsätze und der finiten Verbformen stellen die drei Sätze eine arithmetische Progression dar: (1) ein einziges finites Verb *(aiment);* (2) zwei finite Verben *(cherchent eût pris);* (3) drei finite Verben *(prennent, sont, étoilent).* Andererseits enthalten die zugehörigen Nebensätze nur jeweils ein finites Verb: (1) *Qui... sont;* (2) *S'ils pouvaient;* (3) *Qui semblent.* Die Dreiteilung des Sonetts impliziert eine Antinomie zwischen den strophischen Einheiten mit zwei und der strophischen Einheit mit drei Reimen. Sie wird aufgewogen durch eine Dichotomie, die das Gedicht in zwei Strophenpaare teilt:

in das Paar der Quartette und in das Paar der Terzette. Dieses binare Prinzip, durch die grammatische Struktur des Textes gestützt, impliziert wiederum eine Antinomie: zwischen dem ersten Abschnitt mit vier und dem zweiten mit drei Reimen bzw. zwischen den ersten zwei Unterabschnitten oder Strophen mit vier Versen und den letzten zwei Strophen mit drei Versen. Auf der Spannung zwischen diesen beiden Anordnungsarten und zwischen ihren symmetrischen und asymmetrischen Elementen beruht die Komposition des ganzen Stücks.

Deutlich ist ein syntaktischer Parallelismus zwischen dem Paar der Quartette einerseits und dem Paar der Terzette andererseits festzustellen. Das erste Quartett enthält ebenso wie das erste Terzett zwei Teilsätze, von denen der zweite – ein Relativsatz, der beide Male durch das Pronomen *qui* eingeleitet wird – den letzten Vers der Strophe bildet und sich einem maskulinen Substantiv im Plural anschließt, das im Hauptsatz als Ergänzung dient ([3]*Les chats*, [10]*Des...sphinx*). Das zweite Quartett (und ebenso das zweite Terzett) enthält zwei koordinierte Sätze, von denen der zweite – seinerseits ein zusammengesetzter – jeweils die letzten beiden Verse der Strophe (7–8 und 13–14) umfaßt und einen Nebensatz enthält, der dem Hauptsatz durch Konjunktion angeschlossen ist. Im Quartett ist es ein Konditionalsatz ([8]*s'ils pouvaient*), im Terzett ein Komparativsatz ([13]*ainsi qu'un*). Der erste ist nachgestellt, der zweite ist ein unvollständiger Einschub. In dem Text des *Corsaire* entspricht die Interpunktion des Sonetts genau dieser Einteilung. Das erste Terzett endet wie das erste Quartett mit einem Punkt. Im zweiten Terzett und im zweiten Quartett geht den beiden letzten Versen jeweils ein Semikolon voraus.

Der semantische Aspekt der grammatischen Subjekte verstärkt noch diesen Parallelismus zwischen den beiden Quartetten auf der einen und den beiden Terzetten auf der anderen Seite:

I Quartette	II Terzette
1. Erstes	1. Erstes
2. Zweites	2. Zweites

Die Subjekte des ersten Quartetts und die des ersten Terzetts bezeichnen ausschließlich belebte Wesen, während eines der beiden Subjekte des zweiten Quartetts und alle grammatischen Subjekte des zweiten Terzetts Substantive sind, die Unbelebtes bezeichnen: [7]*L'Érèbe,* [12]*Leurs reins,* [13]*des parcelles,* [13]*un sable.* Außer diesen sozusagen horizontalen Entsprechungen läßt sich eine weitere Entsprechung beobachten, die man vertikal nennen könnte. Sie stellt die Gruppe der beiden Quartette der Gruppe der beiden Terzette gegenüber. Während alle direkten Objekte in den Terzetten unbelebte Substantive sind ([9]*les nobles attitudes,* [14]*leurs prunelles*), ist das einzige direkte Objekt des ersten Quartetts ein belebtes Substantiv ([3]*Les chats*). Unter den Objekten des zweiten Quartetts findet sich neben den unbelebten Substantiven ([6]*le silence et l'horreur*) das Pronomen *les,* das sich auf *les chats* im vorhergehenden Satz bezieht.

Hinsichtlich der Beziehung zwischen Subjekt und Objekt zeigt das Sonett zwei Entsprechungen, die man diagonal nennen könnte: Eine absteigende Diagonale vereinigt die zwei äußeren Strophen (das Anfangsquartett mit dem Endterzett) und stellt sie der aufsteigenden Diagonale gegenüber, die die beiden inneren Strophen verbindet. In den äußeren Strophen gehört das Objekt zur gleichen semantischen Klasse wie das Subjekt: belebte Wesen im Quartett (*amoureux, savants – chats*), unbelebte Wesen im Terzett (*reins, parcelles – prunelles*). In den Binnenstrophen dagegen gehört das Objekt zu einer Klasse, die der des Subjekts entgegengesetzt ist: Im ersten Terzett steht ein unbelebtes Objekt einem belebten Subjekt gegenüber *(ils* [= chats] – *attitudes),* während im zweiten Quartett sowohl dasselbe Verhältnis (*ils* [= chats] – *silence, horreur*) wie auch das umgekehrte nachweisbar ist: belebtes Objekt und unbelebtes Subjekt (*Érèbe – les* [= chats]).

So bewahrt jede der vier Strophen ihre Individualität: Im ersten Quartett kennzeichnet das Merkmal ›belebt‹ sowohl Subjekt wie Objekt, im ersten Terzett nur das Subjekt; im zweiten Quartett entweder nur das Subjekt oder nur das Objekt und im zweiten Terzett weder das eine noch das andere.

Anfang und Schluß des Sonetts weisen in ihrer grammatischen Struktur mehrere überraschende Entsprechungen auf. Am Schluß finden sich genau wie am Anfang, aber nirgends sonst, zwei Subjekte mit nur einem Prädikat und einem direkten Objekt. Jedes dieser Subjekte, und auch das Objekt, wird durch ein Attribut bestimmt *(Les amoureux fervents, les savants austères – Les chats puissants et doux; des parcelles d'or, un sable fin – leurs prunelles mystiques)*. Die beiden Prädikate, das erste und das letzte des Sonetts, sind die einzigen, die Adverbien neben sich haben, wobei beide von Adjektiven abgeleitet und durch Assonanzreim gebunden sind: [2]*Aiment également* –[14]*Étoilent vaguement*. Das zweite und das vorletzte Prädikat des Sonetts haben als einzige eine Kopula mit Prädikatsnomen, und in beiden Fällen wird das Prädikatsnomen durch Binnenreim hervorgehoben: [4]Qui comme *eux* sont fril*eux,* [12]Leurs *reins* féconds sont p*leins*. Ganz allgemein sind die beiden äußeren Strophen als einzige reich an Adjektiven: neun im Quartett und fünf im Terzett, während die inneren Strophen insgesamt nur drei Adjektive haben *(funèbres, nobles, grands)*.

Wie schon gesagt, gehören nur am Anfang und am Schluß des Gedichts die Subjekte derselben Klasse an wie das Objekt: im ersten Quartett der Gattung des Belebten, im zweiten Terzett der Gattung des Unbelebten. Die belebten Wesen, ihre Funktionen und Aktivitäten beherrschen die Anfangsstrophe. Die erste Zeile enthält nur Adjektive. Unter ihnen lassen die beiden substantivierten Formen, die als Subjekte dienen – *Les amoureux* und *les savants* –, verbale Wurzeln erkennen: Der Text wird eröffnet durch »diejenigen, die lieben« und »diejenigen, die wissen«. In der letzten Zeile des Gedichts gilt das Umgekehrte: Das transitive Verb *Étoilent*, das als Prädikat dient, ist von einem Substantiv abgeleitet. Letzteres ist mit der Reihe der unbelebten und konkreten Appellativa verwandt, die das Terzett beherrschen und es von den drei vorhergehenden Strophen abheben. Eine klare Homophonie zwischen diesem Verb und den Gliedern der betrachteten Reihe ist erkennbar: / etɛsele / – / e de parsele / – / etwale /. Schließlich enthalten die Nebensätze im letzten Vers der zweiten und dritten Strophe jeder einen adverbialen Infinitiv – es sind die einzigen Infinitive im Gedicht: [8]*S'ils pouvaient... incliner;* [11]*Qui semblent s'endormir.*

Wie wir gesehen haben, führen weder die dichotomische Spaltung des Sonetts noch die Gliederung in drei Strophen ein Gleichgewicht von isometrischen Teilen herbei. Zerlegt man hingegen die 14 Verse in zwei gleiche Teile, so würde der siebte Vers die erste Hälfte abschließen und der achte den Beginn der zweiten Hälfte markieren. Es ist bezeichnend, daß sich diese beiden mittleren Verse in ihrer grammatischen Konstitution am klarsten vom Rest des Gedichts unterscheiden.

In verschiedener Hinsicht zerfällt das Gedicht damit in drei Teile: in das mittlere Verspaar und zwei isometrische Gruppen, nämlich die sechs Verse, die dem Paar vorausgehen, und die sechs, die ihm folgen. Man erhält so eine Art Distichon, das von zwei Sechszeilern eingeschlossen ist.

Die finiten Verbformen mit den zugehörigen Subjekten sowie die Pronomen stehen im Sonett sämtlich im Plural, ausgenommen den siebten Vers – [7]*L'Érèbe les eût pris pour ses coursiers funèbres* –, der den einzigen Eigennamen des Gedichts enthält und das einzige finite Verb, das (wie das zugehörige Subjekt) im Singular steht. Außerdem ist er der einzige Vers, wo das Possessivpronomen (*ses*) auf einen Singular verweist. Einzig die dritte Person kommt im Sonett vor. Einziges Tempus ist das Präsens, außer im siebten und achten Vers, wo der Dichter auf eine imaginäre Tätigkeit anspielt ([7]*eût pris*), die von einer irrealen Prämisse ausgeht ([8]*S'ils pouvaient*).

Das Sonett zeigt eine deutliche Tendenz, jedes Verb und jedes Substantiv näher zu bestimmen. Die Verbformen werden von einem abhängigen Ausdruck (Substantiv, Pronomen, Infinitiv) oder von einem Attribut begleitet. Alle transitiven Verben regieren durchweg Substantive ([2-3]*Aiment... Les chats;* [6]*cherchent le silence et l'horreur;* [9]*prennent... les... attitudes;* [14]*Étoilent... leurs prunelles*). Die einzige Ausnahme bildet das Pronomen, das im siebten Vers als Objekt dient: *les eût pris.*

Mit Ausnahme der adnominalen Ergänzungen, die nirgends im Sonett näher bestimmt werden, haben alle Substantive (einschließlich der substantivierten Adjektive) Epitheta (zum Beispiel ³*chats puissants et doux*) oder andere Ergänzungen (⁵*Amis de la science et de la volupté*) neben sich. Die einzige Ausnahme findet man wieder im siebten Vers: *L'Érèbe les eût pris*. Alle fünf Epitheta des ersten Quartetts (¹*fervents*, ¹*austères*, ²*mûre*, ³*puissants*, ³*doux*) und alle sechs Epitheta der beiden Terzette (⁹*nobles*, ¹⁰*grands*, ¹²*féconds*, ¹²*magiques*, ¹³*fin*, ¹⁴*mystiques*) sind qualifizierende Adjektive, während das zweite Quartett keine anderen Adjektive enthält als das determinierende Epitheton des siebten Verses (*coursiers funèbres*). Der siebte Vers unterbricht auch die Reihenfolge belebt–unbelebt, die das Verhältnis von Subjekt und Objekt in den anderen Versen des Quartetts bestimmt. Er bleibt der einzige Vers im Sonett, der statt dessen die Reihenfolge unbelebt–belebt annimmt.

Es zeigt sich, daß mehrere Besonderheiten gerade den siebten Vers oder auch die letzten beiden Verse des zweiten Quartetts auszeichnen. Allerdings ist festzuhalten, daß die Tendenz, das mittlere Distichon hervorzuheben, mit dem Prinzip der asymmetrischen Trichotomie konkurriert. Diese stellt das gesamte zweite Quartett einerseits dem ersten Quartett, andererseits dem folgenden Sechszeiler gegenüber und hebt auf diese Weise eine zentrale Strophe hervor, die sich in mancher Hinsicht von den Randstrophen unterscheidet. Wir hatten darauf hingewiesen, daß nur im siebten Vers Subjekt und Prädikat im Singular stehen. Diese Beobachtung kann erweitert werden: Die einzigen Verse, in denen entweder das Subjekt oder das Objekt im Singular vorkommen, sind die des zweiten Quartetts; und wenn im siebten Vers der Singular des Subjekts (*L'Érèbe*) dem Plural des Objekts (*les*) gegenübersteht, so kehren die benachbarten Verse dieses Verhältnis um, indem sie das Subjekt in den Plural und das Objekt in den Singular setzen (⁶*Ils cherchent le silence et l'horreur*, ⁸*S'ils pouvaient... incliner leur fierté*). In den anderen Strophen stehen Objekt und Subjekt beide im Plural (¹⁻³*Les amoureux... et les savants... Aiment... Les chats;* ⁹*Ils prennent... les... attitudes;* ¹³⁻¹⁴*Et des parcelles... Étoilent... leurs prunelles*). Man beachte auch, daß im zweiten Quartett der Singular von Subjekt oder Objekt mit Unbelebtheit zusammenfällt, der Plural mit Belebtheit. Die Wichtigkeit dieser grammatischen Numeri für Baudelaire ist besonders hervorzuheben wegen der Rolle, die ihrer Opposition in den Reimen des Sonetts zufällt.

Hinzugefügt sei, daß sich die Reime des zweiten Quartetts in ihrer Struktur von allen übrigen Reimen des Gedichts unterscheiden. Unter den weiblichen Reimen ist der des zweiten Quartetts *ténèbres* – *funèbres* der einzige, der zwei verschiedene Wortarten einander gegenüberstellt. Zudem weisen alle reimenden Zeilen des Sonetts, mit Ausnahme eben dieses einen Quartetts, ein oder mehrere identische Phoneme auf, die der betonten Silbe (die normalerweise mit einem Stützkonsonanten versehen ist) entweder unmittelbar oder in einem gewissen Abstand vorangehen: [1]*savants austères* – [4]*sédentaires*, [2]*mûre saison* – [3]*maison*, [9]*attitudes* – [10]*solitudes*, [11]*un rêve sans fin* – [13]*un sable fin*, [12]*étincelles magiques* – [14]*prunelles mystiques*. Im zweiten Quartett hat weder das Paar [5]*volupté* – [8]*fierté* noch das Paar [6]*ténèbres* – [7]*funèbres* eine Entsprechung in den dem eigentlichen Reim vorausgehenden Silben. Andererseits alliterieren die letzten Wörter des siebten und des achten Verses: [7]*funèbres* – [8]*fierté*. Der sechste Vers ist an den fünften gebunden: [6]*ténèbres* wiederholt die letzte Silbe von [5]*volupté*; ein Binnenreim [5]*science* – [6]*silence* verstärkt noch die Affinität der beiden Verse. So bestätigen sogar die Reime eine gewisse Lockerung der Bindung zwischen den beiden Hälften des zweiten Quartetts.

In der lautlichen Textur des Sonetts spielen vor allem die nasalierten Vokale eine wichtige Rolle. Diese Vokale, die – nach einem glücklichen Ausdruck von Grammont[9] – »wie verschleiert sind durch die Nasalierung«, häufen sich im ersten Quartett (9 Nasale, zwei bis drei pro Zeile) und besonders im Endsechszeiler (22 Nasale, mit einer steigenden Tendenz im ersten Terzett – [9]3 – [10]4 – [11]6: Qui s*em*ble*nt* s'*en*dormir d*an*s *un* rêve s*an*s f*in* – und mit einer fallenden Tendenz im zweiten – [15]5 – [13]3 – [14]1). Dagegen hat das zweite Quartett nur drei Nasale, je einen pro Vers, ausgenommen den siebten, der somit als einziger Vers im Sonett keinen nasalierten Vokal enthält; und dieses Quartett ist auch die

215

einzige Strophe, deren männlicher Reim keinen nasalierten Vokal aufweist. Dafür dominieren im zweiten Quartett statt der Vokale die konsonantischen Phoneme, besonders die Liquiden: 24 Liquide gegenüber 15 im ersten Quartett, 11 im ersten Terzett und 14 im zweiten Terzett. In den Quartetten ist die Zahl der /r/ etwas höher als die der /l/, in den Terzetten etwas niedriger. Der siebte Vers, der nur zwei /l/ enthält, hat aber fünf /r/, das heißt mehr als jeder andere Vers: L'Érèbe les eût pris pour ses coursiers funèbres. Es sei daran erinnert, daß in Opposition zum /r/ das /l/ nach Grammont »den Eindruck eines Lautes macht, der weder knarrend noch kratzend noch rauh ist, sondern im Gegenteil gleichmäßig abläuft, fließt... und klar ist«.[10]

Die Schroffheit jedes /r/ und besonders des französischen r, im Vergleich mit dem *glissando* des /l/, ergibt sich deutlich auch aus der akustischen Analyse dieser Phänomene in einer neueren Untersuchung von Durand[11]; das Zurücktreten des /r/ zugunsten des /l/ begleitet beredt den Übergang vom empirisch Katzenartigen zu den mythischen Transfigurationen.

Die ersten sechs Verse des Sonetts werden durch ein sich wiederholendes Merkmal zusammengehalten: ein symmetrisches Paar von koordinierten Ausdrücken, verbunden durch die Konjunktion *et* (¹*Les amoureux fervents et les savants austères;* ³*Les chats puissants et doux;* ⁴*Qui comme eux sont frileux et comme eux sédentaires;* ⁵*Amis de la science et de la volupté*), in dem die Zweigliedrigkeit des determinierenden Ausdrucks einen Chiasmus bildet mit der Zweigliedrigkeit des determinierten Ausdrucks im folgenden Vers – ⁶*le silence et l'horreur des ténèbres* –, mit dem dieses binare Konstruktionsprinzip, das fast alle Verse dieses ersten ›Sechszeilers‹ kennzeichnet, endet. Es kommt auch später nicht wieder vor. Eine Variation desselben Schemas ist die Nebeneinanderstellung ohne Konjunktion: ²*Aiment également, dans leur mûre saison* (parallele Umstandsergänzungen); ³*Les chats..., orgueil* (Substantiv als Apposition zu einem anderen Substantiv).

Diese Paare koordinierter Ausdrücke und auch die Reime (nicht nur die Endreime, die semantische Beziehungen unterstreichen, wie ¹*austères* – ⁴*sédentaires*, ²*saison* – ³*maison*, sondern auch und gerade die Binnenreime) dienen dazu, die Verse dieser Einleitung zu festigen: ¹*amoureux* – ⁴*comme eux* – ⁴*frileux* – ⁴*comme eux;* ¹*fervents* – ¹*savants* –²*également* –²*dans* – ³*puissants;* ⁵*science* – ⁶*silence*. So wurden auch alle personencharakterisierenden Adjektive des ersten Quartetts zu Reimworten, ausgenommen ³*doux*. Eine doppelte etymologische Figur, die drei Versanfänge verbindet – ¹*Les amoureux* – ²*Aiment* – ⁵*Amis* –, trägt noch zur Geschlossenheit dieser sechszeiligen ›Similistrophe‹ bei; sie beginnt und endet mit einem Verspaar, dessen erste Halbzeilen jeweils reimen: ¹*fervents* – ²*également;* ⁵*science* – ⁶*silence*.

³*Les chats,* direktes Objekt des Satzes, der die drei ersten Sonettverse umfaßt, wird in den Sätzen der drei anschließenden Verse zum impliziten Subjekt (⁴*Qui comme eux sont frileux;* ⁶*Ils cherchent le silence).* Damit zeichnet sich eine Teilung dieses Quasi-Sechszeilers in zwei Quasi-Terzette ab. Das mittlere ›Distichon‹ rekapituliert die Metamorphose der Katzen: vom (nunmehr ebenfalls impliziten) Objekt im siebten Vers (*L'Érèbe les eût pris*) zum gleichfalls impliziten grammatischen Subjekt im achten Vers (*S'ils pouvaient*). In dieser Hinsicht nähert sich der achte Vers dem nachfolgenden Satz (⁹*Ils prennent*).

Im allgemeinen bilden die nachgestellten Nebensätze eine Art Übergang zwischen dem zugehörigen Hauptsatz und dem Satz, der diesem folgt. So räumt das implizite Subjekt »chats« des neunten und zehnten Verses im elften Vers seinen Platz dem Subjektpronomen des Relativsatzes, das auf die Metapher »sphinx« bezogen ist *(Qui semblent s'endormir dans un rêve sans fin).* Damit wird dieser Vers den Tropen genähert, die im Schlußterzett als grammatische Subjekte fungieren. Der unbestimmte Artikel, der den ersten zehn Versen mit ihren 14 bestimmten Artikeln völlig fremd war, ist in den letzten vier Versen des Sonetts als einziger zugelassen.

Dank der mehrdeutigen Verweise der beiden Relativsätze, des elften und des vierten Verses, lassen die vier Schlußverse die Umrisse eines fiktiven Quartetts ahnen, das scheinbar eine Entsprechung zu dem echten Quartett am Anfang des

Sonetts herstellt. Andererseits hat aber auch das Endterzett eine formale Struktur, die sich in den ersten drei Zeilen des Sonetts widerzuspiegeln scheint.

Das belebte Subjekt wird niemals durch ein Substantiv ausgedrückt, sondern in der ersten Zeile des Sonetts durch substantivierte Adjektive (*Les amoureux, les savants*) und in den späteren Zeilen durch Personal- oder Relativpronomen. Menschliche Wesen erscheinen nur im ersten Satz und werden dort durch doppeltes Subjekt mit Hilfe substantivierter Verbaladjektive bezeichnet.

Die Katzen, Titelfiguren des Sonetts, werden im Text nur einmal namentlich erwähnt – im ersten Satz, in dem sie direktes Objekt sind: [1]*Les amoureux... et les savants...* [2]*Aiment...* [3]*Les chats.* Nicht nur das Wort »chats« kommt im Laufe des Gedichts nicht wieder vor, auch der Anfangszischlaut /ʃ/ erscheint nur noch in einem einzigen Wort: [6]/ilʃɛrʃe/. Er bezeichnet, hier zudem verdoppelt, die charakteristische Aktivität von Katzen. Dieser stimmlose Zischlaut, der mit dem Namen der Titelfiguren des Sonetts verbunden ist, wird in der Folge sorgfältig vermieden.

Schon im dritten Vers werden die Katzen zum impliziten Subjekt, das auch das letzte belebte Subjekt im Sonett ist. Das Substantiv *chats* wird in den Rollen des Subjekts, des Objekts und der adnominalen Ergänzung anaphorisch durch Pronomen ersetzt: [6, 8, 9]*ils,* [7]*les,* [8, 12, 14]*leur(s)*, und die substantivischen Pronomina *ils* und *les* beziehen sich sogar nur auf die Katzen. Diese (adverbalen) Ersatzformen treten nur in den beiden inneren Strophen auf, im zweiten Quartett und im ersten Terzett. Im Anfangsquartett entspricht ihnen die autonome Form [4]*eux* (zweimal), die sich im Sonett nur auf menschliche Wesen bezieht. Das letzte Terzett enthält überhaupt kein substantivisches Pronomen.

Die beiden Subjekte des Anfangssatzes haben dasselbe Prädikat und dasselbe Objekt; so finden auch [1]*Les amoureux fervents et les savants austères* schließlich [2]*dans leur mûre saison* ihre Identität in einem Zwischenwesen, in einer Kreatur, die die Antinomie der zwei zwar menschlichen, aber entgegengesetzten Seinsarten umfaßt. Die beiden Kategorien des Menschlichen stehen einander gegenüber als: sinnlich/

geistig. Es obliegt den Katzen, zwischen ihnen zu vermitteln. Die Rolle des Subjekts wird schon hier implizit von den Katzen übernommen, die zugleich Gelehrte und Liebende sind.

Die beiden Quartette stellen die Figur der Katze objektiv vor, während die beiden Terzette deren Transfigurationen durchführen. Jedoch unterscheidet sich das zweite Quartett fundamental vom ersten und überhaupt von allen anderen Strophen. Die doppelsinnige Formulierung [6]*Ils cherchent le silence et l'horreur des ténèbres* gibt Anlaß zu einem Trugschluß, den der siebte Vers hervorruft und der darauffolgende entlarvt. Der Ausnahmecharakter dieses Quartetts, vor allem die Eigentümlichkeit der zweiten Strophenhälfte (insbesondere des siebten Verses), wird unterstrichen durch die besonderen Züge seiner grammatischen und lautlichen Textur.

Die semantische Affinität zwischen [7]*L'Érèbe* (»finsteres, an die Hölle grenzendes Gebiet«, metonymisches Substitut für die »Mächte der Finsternis« und besonders für *Érèbe,* »Bruder der Nacht«) und der Neigung der Katzen für den [6]*horreur des ténèbres,* verstärkt durch die lautliche Ähnlichkeit von /tenɛbrə/ und /erɛbə/, hat die Katzen, die Helden des Gedichts, schon fast mit dem schauerlichen Geschäft der *coursiers funèbres* in Verbindung gebracht. Handelt es sich bei der Unterstellung [7]*L'Érèbe les eût pris pour ses coursiers* um ein frustriertes Verlangen oder um eine Sinnestäuschung? Die Bedeutung dieser Passage, nach der die Kritiker oft gefragt haben[12], bleibt mit Absicht offen.

Jede der vier Strophen sucht den Katzen eine neue Identifikation zuzuweisen. Da das Quartett die Katzen mit zwei Typen der Menschengattung in Verbindung gebracht hat, vermögen sie kraft ihres Stolzes die im zweiten Quartett angestrebte neue Identifikation von sich zu weisen, die sie an eine Tiergattung binden wollte: die mythologisch gefaßten Rosse. Innerhalb des Gedichtes ist dies die einzige Gleichsetzung, die zurückgewiesen wird. Die grammatische Komposition dieser Passage, die sich deutlich von der der anderen Strophen abhebt, verrät ihren ungewöhnlichen Charakter: irrealer Modus, Fehlen von qualifizierenden Adjektiven, ein

unbelebtes Subjekt im Singular, das ohne jede Bestimmung bleibt und ein belebtes Objekt im Plural regiert.
Aufeinander anspielende Oxymora verbinden die Strophen. [8]*Wenn sie ihren Stolz der Knechtschaft beugen* KÖNNTEN (*S'ils* POUVAIENT *au servage incliner leur fierté*) – aber sie »können« *(peuvent)* es nicht, denn sie sind die wahrhaft [3]MÄCHTIGEN (PUISSANTS). Sie können nicht passiv [7]GENOMMEN (PRIS) werden, um eine aktive Rolle zu spielen; vielmehr [9]NEHMEN (PRENNENT) sie selbst aktiv ein passive Rolle ein, denn sie beharren in ihrer Seßhaftigkeit.
Ihr [8]*Stolz* prädestiniert sie für [9]*die edlen Haltungen* [10]*Der großen Sphinxe*. Die [10]*ausgestreckten Sphinxe* und die Katzen, die sie [9]*sinnend* nachahmen, werden zusammengehalten durch ein paronomastisches Band zwischen den zwei Partizipien, den einzigen partizipalen Formen im Sonett: /ãsɔ̃ʒã/ (= [9]*en songeant*) und /alɔ̃ʒe / (= [10]*allongés*). Die Katzen scheinen sich mit den Sphinxen zu identifizieren, die ihrerseits [11]*einzuschlafen scheinen*. Der Vergleich, der die Katzen in ihrer Seßhaftigkeit (und implizit alle, die [4]*wie sie* sind) mit der Reglosigkeit übernatürlicher Wesen in Beziehung bringt, bekommt den Wert einer Metamorphose. Die Katzen und die menschlichen Wesen, die ihnen gleichgesetzt werden, vermischen sich in den Fabelwesen mit Menschenkopf und Tierleib. So ist die zurückgewiesene Identifikation schließlich durch eine neue, gleichfalls mythologische ersetzt.
[9]*Sinnend* gelingt es den Katzen, sich mit den [10]*großen Sphinxen* zu identifizieren; die Metamorphose wird bekräftigt durch eine Kette von Paronomasien, die mit diesen Schlüsselwörtern verbunden sind und die nasalierten Vokale mit dentalen und labialen Konstruktiven kombinieren: [9]*en songeant* /ãsɔ̃.../ – [10]*grands sphinx* /... ãsfɛ̃.../ – [10]*fond* / fɔ̃ / – [11]*semblent* / sã.../ – [11]*s'endormir* / sã.../ – [11]*dans un* /ãzœ̃/ – [11]*sans fin* /sãfɛ̃/. Der scharfe Nasal /ɛ̃/ und die anderen Phoneme in dem Wort [10]*sphinx* /sfɛ̃ks/ setzen sich im zweiten Terzett fört: [12]*reins* /.ɛ̃/ – [12]*pleins* /..ɛ̃/ – [12]*étincelles* /..ɛ̃s.../ – [13]*ainsi* /ɛ̃s./ – [13]*qu'un sable* /kœ̃s.../.
Im ersten Quartett hieß es: [3]*Les chats puissants et doux, orgueil de la maison*. Bedeutet dies, daß die Katzen, stolz auf ihre Behausung, die Inkarnation dieses Stolzes sind, oder ist

vielmehr das Haus stolz auf seine Katzenbewohner und legt, wie der Erebos, Wert darauf, sie zu zähmen? Wie dem auch sei, das ³*Haus,* das die Katzen im ersten Quartett umgrenzt, verwandelt sich in eine geräumige Wüste, ¹⁰*fond des solitudes;* und die Furcht vor der Kälte, die die *chats* ⁴*frileux* und die *amoureux* ¹*fervents* einander nähert (man beachte die Paronomasie /fɛrvã/ – /frilø/), findet ein geeignetes Klima in der (nach Art der Gelehrten) strengen Abgeschiedenheit der (nach dem Muster der glühend Liebenden) sengenden Wüste, die die Sphinxe umgibt. Auf der zeitlichen Ebene hat ²*mûre saison,* das im ersten Quartett auf ³*la maison* reimte und diesem sich in seiner Bedeutung näherte, im ersten Terzett ein klares Gegenstück gefunden: diese beiden sichtlich parallelen Gruppen (²*dans leur mûre saison* und ¹¹*dans un rêve sans fin*) stehen zueinander in Opposition, wobei die eine auf die Zeitlichkeit, die andere auf die Ewigkeit anspielt. Sonst gibt es in dem Sonett keine weiteren Konstruktionen mit *dans,* auch keine mit einer anderen auf das Verb bezogenen Präposition.

Das Geheimnis der Katzen beherrscht die beiden Terzette. Die Metamorphose entfaltet sich bis zum Schluß des Sonetts. Schwankte im ersten Terzett das Bild der in der Wüste ausgestreckten Sphinxe schon zwischen Kreatur und Trugbild, so verschwinden im folgenden Terzett die Lebewesen hinter Materiepartikeln. Die Synekdochen ersetzen die Katzen-Sphinxe durch ihre Körperteile: ¹²*leurs reins,* ¹⁴*leurs prunelles.* Das implizite Subjekt der inneren Strophen wird im zweiten Terzett wieder zur Ergänzungsbestimmung: die Katzen erscheinen zunächst als adnominale Ergänzung des Subjekts – ¹²*Leurs reins féconds sont pleins* –, dann im letzten Satz des Gedichts nur noch als adnominale Ergänzung des Objekts: ¹⁴*Étoilent vaguement leurs prunelles.* Die Katzen sind also im letzten Satz des Sonetts an das Objekt des transitiven Verbs und im vorletzten, einem Kopulasatz, an das Subjekt gebunden. Dadurch entsteht eine doppelte Entsprechung: einmal in bezug auf die Katzen, die direktes Objekt im ersten Teilsatz des Sonetts sind, zum andern in bezug auf die Katzen, die Subjekt des – gleichfalls kopulativen – zweiten Teilsatzes sind.

Gehörten am Anfang des Sonetts Subjekt und Objekt gleichermaßen zur Klasse des Belebten, so fallen im letzten Satz beide in die Klasse des Unbelebten. Generell sind alle Substantive des letzten Terzetts Konkreta dieser Klasse: [12]*reins,* [12]*étincelles,* [13]*parcelles,* [13]*or,* [13]*sable,* [14]*prunelles.* Dagegen waren in den vorhergehenden Strophen alle unbelebten Appellativa – ausgenommen die adnominal gebrauchten – Abstrakta: [2]*saison,* [3]*orgueil,* [6]*silence,* [6]*horreur,* [8]*servage,* [8]*fierté,* [9]*attitudes,* [11]*rêve.* Die Unbelebtheit und das feminine Geschlecht, die dem Subjekt und dem Objekt des Schlußsatzes gemeinsam sind – [13–14]*des parcelles d'or... Étoilent... leurs prunelles* –, wiegen die Belebtheit und das maskuline Geschlecht von Subjekt und Objekt des Anfangssatzes auf – [1–3]*Les amoureux... et les savants... Aiment... Les chats.* Im ganzen Sonett ist das einzige feminine Subjekt [13]*parcelles* und es kontrastiert mit dem Maskulinum am Ende desselben Verses, [13]*sable fin;* dieses ist seinerseits unter den männlichen Reimen des Sonetts das einzige Maskulinum.

Im letzten Terzett nehmen die Materieteilchen abwechselnd die Stellung des Objekts und des Subjekts ein. Diese weißglühenden Partikeln sind es, die in einer neuen Identifikation, der letzten des Sonetts, mit [13]*feinem Sand* in Beziehung gesetzt und in Sterne verwandelt werden.

Der bemerkenswerte Reim, der die beiden Terzette verbindet, ist der einzige homonyme Reim im Sonett und der einzige männliche Reim aus verschiedenen Wortarten. Zwischen den beiden Reimwörtern besteht eine gewisse syntaktische Symmetrie, da beide am Schluß eines Nebensatzes stehen, wobei der eine vollständig, der andere elliptisch ist. Die Entsprechung beschränkt sich durchaus nicht auf die letzte Silbe des Verses, sondern verbindet die gesamten Zeilen: [11]/sɑblə sãdɔrmir dãnzœ̃ rɛvə sãfɛ̃/ – [13]/parsɛlə dɔr ɛsi kœ̃ sablə fɛ̃/. Nicht zufällig wird gerade in diesem Reim, der die beiden Terzette verbindet, der [13]*feine Sand* genannt und damit das Motiv der Wüste wieder aufgenommen, in die das erste Terzett den [11]*Traum ohne Ende* der großen Sphinxe verlegt hatte.

[3]*Das Haus,* das die Katzen im ersten Quartett umgrenzt, wird im ersten Terzett aufgehoben, wo als wahrhaftes Nicht-Haus

der Katzen-Sphinxe die Einöde herrscht. Dieses »Nicht-Haus« wiederum weicht der kosmischen Vielzahl der Katzen (die, wie alle Figuren des Sonetts, als *pluralia tantum* behandelt werden). Sie werden, wenn man so sagen darf, zum Haus des Nicht-Hauses, da sie in ihren Pupillen den Wüstensand und das Sternenlicht bergen. Der Epilog nimmt das Anfangsthema der in ³*Les chats puissants et doux* vereinten Liebenden und Gelehrten wieder auf. Der erste Vers des zweiten Terzetts scheint eine Antwort auf den ersten Vers des zweiten Quartetts zu geben. Die Katzen sind die Freunde der Wollust (⁵*Amis... de la volupté*), ihre fruchtbaren Lenden sind gefüllt (¹²*Leurs reins féconds sont pleins*). Man könnte annehmen, daß die Zeugungskraft gemeint ist, doch neigt Baudelaire zu ambivalenten Lösungen. Ist es die Kraft der Lenden, oder sind es elektrische Funken im Fell des Tieres? Wie dem auch sei, den Lenden wird eine *magische* Kraft zuerkannt. Es waren gleichfalls *zwei* koordinierte Ergänzungsbestimmungen, die das zweite Quartett eröffneten: ⁵*Amis de la science et de la volupté;* entsprechend bezieht das Schlußterzett sich nicht nur auf die ¹*amoureux fervents,* sondern gleichermaßen auf die ¹*savants austères*.

Im letzten Terzett reimen die Suffixe. Damit wird eine enge semantische Beziehung hervorgehoben einerseits zwischen den ¹²*étin*CELLES, ¹³*par*CELLES *d'or* und ¹⁴*prun*ELLES der Katzen-Sphinxe und andererseits zwischen den ¹²*étincelles magi*QUES, die vom Geschöpf ausstrahlen, und seinen ¹⁴*prunelles myst*IQUES, die von einem inneren Licht erleuchtet und dem verborgenen Sinn geöffnet sind. Wie um die Äquivalenz der Morpheme bloßzulegen, hat dieser Reim als einziger im Sonett keinen Stützkonsonanten, und die Alliteration des anlautenden /m/ verbindet die beiden Adjektive. Der ⁶*Schrecken der Finsternis* verfliegt unter diesem zweifachen Gleißen. Dieses Licht spiegelt sich auf der lautlichen Ebene wider in der Vorherrschaft der hellen Phoneme im nasalen Vokalismus der Schlußstrophe (6 Palatale gegenüber 3 Velaren), während in den vorhergehenden Strophen die Velare zahlenmäßig stark überwogen (9 gegen 0 im ersten, 2 gegen 1 im zweiten Quartett, 10 gegen 3 im ersten Terzett).

Mit dem Übergewicht der Synekdochen am Schluß des Sonetts, die einerseits die Teile für das Ganze des Fabeltiers setzen, andererseits das Ganze des Universums für dieses Tier, das doch nur Teil von ihm ist, scheinen die Bilder sich mit Absicht im Ungefähren verlieren zu wollen. Der bestimmte Artikel weicht dem unbestimmten, und der Ausdruck, den der Dichter seiner Verbmetapher gibt – [14]*Étoilent vaguement* –, spiegelt die Poetik dieses Epilogs. Zwischen den Terzetten und den entsprechenden Quartetten herrscht erstaunliche Übereinstimmung (horizontaler Parallelismus). Antwortet das erste Terzett auf die im ersten Quartett eng gezogenen Grenzen von Raum ([3]*maison*) und Zeit ([2]*mûre saison*), in dem es diese Grenzen entfernt oder aufhebt ([10]*fond des solitudes,* [11]*rêve sans fin*), so triumphiert im zweiten Terzett die Magie des von den Katzen ausgestrahlten Lichts über den [6]*Schrecken der Finsternis,* aus dem das zweite Quartett beinahe falsche Konsequenzen gezogen hätte.

Wir wollen nun die Stücke unserer Analyse zusammensetzen und aufzeigen, wie die verschiedenen Ebenen, die wir untersucht haben, sich decken, ergänzen und miteinander verbunden sind, und damit dem Gedicht den Charakter eines absoluten Gegenstandes geben.
Zunächst die Gliederung des Textes. Deutlich lassen sich mehrere Gliederungen unterscheiden, sowohl hinsichtlich der Grammatik als auch der semantischen Beziehungen zwischen den verschiedenen Teilen des Gedichts.
Wir haben bereits festgestellt, daß die drei Teile, die jeweils mit einem Punkt enden, also die beiden Quartette und das Ganze der beiden Terzette, eine erste Gliederung darstellen. Das erste Quartett bringt in Form eines objektiven und statischen Tableaus einen wirklichen oder als wirklich angenommenen Sachverhalt. Das zweite Quartett schreibt den Katzen Bestrebungen zu, die von den Mächten des Erebos erläutert werden, und den Mächten des Erebos Bestrebungen, die auf die Katzen gerichtet sind, aber von diesen zurückgewiesen werden. Diese beiden Abschnitte erfassen also die Katzen von außen: in der Passivität, die die Liebenden und Gelehrten empfinden, bzw. in der Aktivität, die die

Mächte der Finsternis ausüben. Diesen Gegensatz nun überwindet der letzte Teil, der den Katzen eine passive Rolle zuerkennt, die sie aktiv ausüben. Sie wird nicht mehr von außen, sondern von innen her interpretiert.

Eine zweite Gliederung ergibt sich, wenn man die Gruppe der zwei Terzette der Gruppe der zwei Quartette gegenüberstellt. Dabei zeigt sich eine enge Beziehung zwischen dem ersten Quartett und dem ersten Terzett, ebenso zwischen dem zweiten Quartett und dem zweiten Terzett. In der Tat: (1) Die Gruppe der beiden Quartette steht zur Gruppe der beiden Terzette in Opposition, weil letztere den Betrachterstandpunkt *(Liebende, Gelehrte,* Macht des *Erebos)* aufgeben und die Katzennatur jenseits aller räumlichen und zeitlichen Grenzen ansiedeln. (2) Im ersten Quartett wurden diese räumlich-zeitlichen Grenzen eingeführt *(maison, saison);* im ersten Terzett werden sie aufgehoben *(au fond des solitudes, rêve sans fin).* (3) Das zweite Quartett definiert die Katzen durch die Finsternis, in die sie sich begeben; das zweite Terzett durch das Licht, das sie ausstrahlen *(étincelles, Étoilent).*

Schließlich ist dem noch eine dritte Gliederung hinzuzufügen. Sie faßt, diesmal in einem Chiasmus, einerseits das Anfangsquartett und das Endterzett zusammen, andererseits die inneren Strophen, also das zweite Quartett und das erste Terzett. In der ersten Gruppe weisen die Hauptsätze den Katzen die Rolle des Objekts bzw. des Attributs zu, während die beiden anderen Strophen ihnen von Beginn an die Rolle des Subjekts vorbehalten.

Diese Phänomene der formalen Distribution haben ihre semantische Grundlage. Ausgangspunkt des ersten Quartetts ist das Zusammenleben der Katzen mit den Gelehrten oder den Liebenden im selben Haus. Aus dieser Kontiguität (Nachbarschaft) ergibt sich eine doppelte Ähnlichkeit ([4]*comme eux ... comme eux*). Auch im Schlußterzett entwickelt sich eine Kontiguitätsrelation bis zur Ähnlichkeit: Während aber im ersten Quartett das metonymische Verhältnis von Katzen und menschlichen Hausbewohnern deren metaphorisches Verhältnis begründet, ist diese Situation im letzten Terzett in gewisser Weise verinnerlicht: die Kontiguitätsrelation ist eher synekdochisch als eigentlich metonymisch. Die Nennung der Körperteile der Katze (*Lenden, Pupillen*) trägt bei zu einer metaphorischen Evokation der astralen und kosmischen Katze, die mit dem Übergang von der Genauigkeit zur Ungenauigkeit (^{2}*également* – ^{14}*vaguement*) zusammenfällt. Die Analogie zwischen den inneren Strophen beruht auf Äquivalenzbeziehungen, wobei die eine (Katzen und *Totenrosse*) vom zweiten Quartett zurückgewiesen, die andere (Katzen und *Sphinxe*) vom ersten Terzett angenommen wird. Im ersten Fall führt das zu einer Verweigerung der Kontiguität (zwischen den Katzen und dem Erebos), im zweiten zur Ansiedlung der Katzen *in der Tiefe der Einsamkeiten*. Es zeigt sich also, daß dieser Abschnitt, in Umkehrung des vorhergehenden, durch eine Äquivalenzrelation gebildet wird, die sich von der Ähnlichkeit (also einem metaphorischen Mittel) bis hin zu positiven bzw. negativen Kontiguitätsrelationen (also metonymischen Mitteln) steigert.

Bisher ist uns das Gedicht als ein Gefüge von Äquivalenzen erschienen, die in ihrer Gesamtheit das Bild eines geschlossenen Systems bieten. Es bleibt ein letzter Gesichtspunkt, unter dem sich das Gedicht als offenes System darstellt, das dynamisch vom Anfang zum Ende hin fortschreitet.

Es sei daran erinnert, daß wir im ersten Teil dieser Arbeit eine Teilung des Gedichts in zwei Sechszeiler herausgearbeitet haben, die getrennt sind durch ein Distichon, dessen Struktur stark mit dem übrigen kontrastiert. In unserer Zusammenfassung haben wir diese Teilung vorläufig beiseite gelassen. Im Unterschied zu den anderen scheint sie uns nämlich die Etappen eines Fortschritts von der Ordnung des Realen (im ersten Sechszeiler) zu der des Surrealen (im zweiten Sechszeiler) zu kennzeichnen. Der Übergang vollzieht sich innerhalb des Distichons. Dieses entführt den Leser für einen kurzen Augenblick durch die Häufung von semantischen und formalen Verfahren in ein zweifach irreales Universum, weil es mit dem ersten Sechszeiler den Charakter der Außenperspektive teilt, zugleich aber die mythologische Resonanz des zweiten Sechszeilers vorwegnimmt:

Vers:	1 bis 6	7 und 8	9 bis 14
	von außen		von innen
	empirisch	mythologisch	
	real	irreal	surreal

Mit diesem plötzlichen Umschwung in der Tonart wie im Thema erfüllt das Distichon eine Funktion, die derjenigen einer Modulation in musikalischen Kompositionen nicht unähnlich ist.

Ziel dieser Modulation ist es, den Gegensatz aufzulösen, der implizit oder explizit seit Beginn des Gedichts zwischen metaphorischem und metonymischem Verfahren besteht. Die Lösung, die der zweite Sechszeiler bringt, besteht darin, diesen Gegensatz in das Innere der Metonymie zu überführen, was allein mit metaphorischen Mitteln erreicht wird. In der Tat stellt jedes der beiden Terzette die Katzen in umgekehrter Weise dar. Im ersten Terzett sind die ursprünglich im Haus eingeschlossenen Katzen, wenn man so sagen darf, ausgeströmt, um sich räumlich und zeitlich in unbegrenzten Wüsten und im endlosen Traum zu entfalten. Die Bewegung geht von innen nach außen, von den eingeschlossenen Katzen zu den Katzen in Freiheit. Die Aufhebung der Grenzen ist im zweiten Terzett durch die Katzen, die kosmische Proportionen erreichen, verinnerlicht, da sie in gewissen Teilen ihres Körpers (den *Lenden* und den *Pupillen*) den Wüstensand und die Sterne des Himmels bewahren. In beiden Fällen vollzieht sich die Transformation mit Hilfe metaphorischer Verfahren. Doch sind die beiden Transformationen nicht ganz gleichgewichtig: Die erste enthält noch etwas von Schein (*prennent... les attitudes.. qui semblent s'endormir*) und Traum (*en songeant... dans un rêve),* während die zweite den Vorgang durch ihren affirmativen Charakter wirklich abschließt (*sont pleins... Étoilent*). In der ersten Transformation schließen die Katzen ihre Augen, um einzuschlafen, in der zweiten halten sie sie offen.

Indes, die weitläufigen Metaphern des abschließenden Sechszeilers übersetzen lediglich einen Gegensatz, der implizit schon im ersten Vers des Sonetts formuliert war, in die Dimensionen des Universums. Die »Liebenden« und die »Gelehrten« sind zwei Begriffe, deren Inhalte sich als verengende oder erweiternde Beziehung herausstellen: Der liebende Mann ist mit der Frau vereint wie auch der Gelehrte mit dem Universum; das sind jedoch zwei Arten von Vereinigung, eine nahe und eine ferne.[13] Dieselbe Beziehung evozieren die Transfigurationen am Schluß: Ausdehnung der Katzen in Raum und Zeit, Verdichtung von Raum und Zeit in der Figur der Katzen. Doch auch hier ist, wie wir bereits angemerkt haben, die Symmetrie zwischen den beiden Formeln nicht vollkommen. Die letztere vereinigt sämtliche Gegensätze: Die fruchtbaren Lenden erinnern an die *volupté* der Liebenden, wie die Pupillen an die *science* der Gelehrten; *magiques* bezieht sich auf das aktive Glühen der einen, *mystiques* auf die kontemplative Haltung der anderen.

Zwei Bemerkungen zum Schluß:

Die Tatsache, daß alle grammatischen Subjekte des Sonetts (den Eigennamen *Erebos* ausgenommen) im Plural stehen und daß alle weiblichen Reime aus Pluralformen gebildet sind, wird interessanterweise (wie übrigens das ganze Sonett) durch einige Passagen aus *Foules* erhellt: »Multitude, solitude: termes égaux et convertibles par le poète actif et fécond... Le poète jouit de cet incomparable privilège, qu'il peut à sa guise être lui-même et autrui... Ce que les hommes nomment amour est bien petit, bien restreint, et bien faible, comparé à cette ineffable orgie, à cette sainte prostitution de l'âme qui se donne tout entière, poésie et charité, à l'imprévu qui se montre, á l'inconnu qui passe.«[14]

In Baudelaires Sonett werden die Katzen anfangs als *puissants et doux* qualifiziert, und der letzte Vers bringt ihre Pupillen mit den Sternen in Verbindung. Crépet und Blin[15] verweisen auf einen Vers von Sainte-Beuve: »....l'astre puissant et doux« (1829) und finden dieselben Epitheta in einem Gedicht von Brizeux (1832), in dem die Frauen folgendermaßen apostrophiert werden: »Êtres deux fois doués! Êtres puissants et doux!«[16]

Das würde, falls überhaupt noch nötig, bestätigen, daß für Baudelaire das Bild der Katze eng an das Bild der Frau gebunden ist. Das machen übrigens die beiden *Le Chat* betitelten Gedichte derselben Sammlung deutlich, nämlich das Sonett *Viens, mon beau chat, sur mon cœur amoureux* (das den aufschlußreichen Vers enthält: »Je vois ma femme en esprit...«[17]) und das Gedicht *Dans ma cervelle se promène... Un beau chat, fort, doux...* (das geradezu die Frage stellt: »est-il fée, est-il dieu?«[18]). Dieses Motiv des Schwankens zwischen männlich und weiblich findet sich unterschwellig auch in *Les Chats,* wo es hinter beabsichtigten Zweideutigkeiten erkennbar wird *(Les amoureux... Aiment... Les chats puissants et doux... Leurs reins féconds...).* Michel Butor sagt zu Recht, daß bei Baudelaire »diese beiden Aspekte: die ›féminité‹ und die ›supervirilité‹, weit entfernt davon, sich auszuschließen, sich miteinander verbinden«.[19] Alle Figuren des Sonetts sind maskulinen Geschlechts, nur *les chats* und ihr alter ego *les grands sphinx* haben eine Zwitternatur. Dieselbe Zweideutigkeit wird im ganzen Sonett durch die paradoxe Wahl von femininen Substantiven für die sogenannten männlichen Reime unterstrichen.[20] Diese Zwischenstellung der Katzen erlaubt es dem Dichter, schon in der Anfangskonstellation des Gedichts (Liebende und Gelehrte) auf die Figur der Frau zu verzichten: Von Angesicht zu Angesicht stehen sich »der Dichter der Katzen«, befreit von der »recht beschränkten« Liebe, und das Universum, befreit von der Strenge des Gelehrten, gegenüber – wenn sie nicht gar miteinander verschmelzen.

Anmerkungen

1 Siehe R. Jakobson, *Poetik,* Frankfurt: Suhrkamp 1979, 83–121.
2 Am bekanntesten ist die Kritik von Michel Riffaterre (1966) geworden, in Auszügen deutsch: »Analyse von Baudelaires ›Les Chats‹«, in: *Sprache im technischen Zeitalter* 29 (1969), 19–27. Vgl. ebd. die Kritik von Roland Posner, 27–58. Jakobson hat auf die

Kritik seiner Baudelaire-Auslegung mit Bitterkeit, aber auch mit Kampfeslust und Sarkasmus geantwortet (unter einem Motto von Alphonse Daudet: »Schwertstreiche, meine Herren, Schwertstreiche! Keine Nadelstiche!«), im »Postscriptum« zu seinen *Questions de poétique*, Paris: Seuil 1973, 485–504, und in umgearbeiteter englischer Fassung im »Retrospect« zum dritten Band der *Selected Writings*, The Hague: Mouton 1981, 765–789.

3 Von den Autoren zitiert nach Ch. Baudelaire, *Œuvres complètes*, Text erstellt und annotiert von Y.-G. Le Dantec, revidierte, vervollständigte Ausgabe vorgelegt von Claude Pichon, Paris: Bibliothèque de la Pléiade 1961, 63 f.

4 Vgl. R. Jakobson, *Questions de poétique*, a. a. O., 487; Jakobson, *Selected Writings* III, a. a. O., 768.

5 R. Jakobson, *Questions de poétique*, a. a. O., 488 bzw. (paraphrasiert) *Selected Writings* III, a. a. O., 769.

6 Siehe oben, 225.

7 Vgl. R. Jakobson, *Poetik*, a. a. O., 111 und 113.

8 M. Grammont, *Petit traité de versification française*, Paris 1908, 86.

9 M. Grammont, *Traité de phonétique*, Paris 1930, 384.

10 M. Grammont, a. a. O., 388.

11 M. Durand, »La spécificité du phonème. Application au cas de R/L«, *Journal de psychologie* 57 (1960), 405–419.

12 Vgl. *L'intermédiaire des chercheurs et des curieux* LXVII, Spalte 388 und 509.

13 É. Benveniste, der freundlicherweise das Manuskript dieser Studie gelesen hat, machte uns darauf aufmerksam, daß auch *mûre saison* die Funktion eines verbindenden Gliedes zwischen *les amoureux fervents* und *les savants austères* hat: Denn wirklich kommen diese sich in der Zeit ihrer Reife nahe, wenn sie sich *également* mit den Katzen identifizieren. Denn, so fährt Benveniste fort, bis in »die Zeit der Reife« »glühende Liebende« zu bleiben, bedeutet schon, daß man außerhalb des gewöhnlichen Lebens steht, genauso wie die »strengen Gelehrten« durch ihre Berufung außerhalb des gewöhnlichen Lebens stehen: Die Eingangssituation des Sonetts ist die eines Lebens außerhalb der Welt (trotzdem wird das Leben in der Unterwelt abgelehnt), und sie bewegt sich, auf die Katzen übertragen, von der fröstelnden Zurückgezogenheit auf die große sternklare Abgeschiedenheit zu, in der Wissenschaft und Lust Traum ohne Ende sind. – Zur Stützung dieser Beobachtungen, für die wir ihrem Autor danken, können einige Wendungen aus einem anderen Gedicht der *Fleurs du Mal* zitiert werden: »Le savant

amour... fruit d'automne aux saveurs souveraines« [Die wissende Liebe... eine herbstliche Frucht von höchstem Reiz] (*L'Amour du mensonge*).

14 »Menge, Einsamkeit: für den aktiven und fruchtbaren Dichter gleichwertige und vertauschbare Begriffe... Der Dichter genießt das unvergleichliche Privileg, daß er nach Belieben er selbst sein kann oder ein anderer... Was die Menschen Liebe nennen, ist recht klein, recht beschränkt und recht schwach, verglichen mit jener unaussprechlichen Orgie, mit jener heiligen Prostitution der Seele, die sich ganz gibt, Poesie und Barmherzigkeit, gegenüber dem Unvermuteten, das sich zeigt, dem Unbekannten, der vorbeikommt.« Vgl. Ch. Baudelaire, *Œuvres* II: *Bibliothèque de la Pléiade*, Paris 1961, 243 ff.

15 Ch. Baudelaire, *Les Fleurs du Mal*. Kritische Ausgabe, hg. von J. Crépet und G. Blin, Paris 1942, 413.

16 »Zweifach begabte Wesen! Wesen mächtig und sanft!«

17 »Ich sehe meine Frau im Geiste...«

18 »ist sie Fee, ist sie Gott?«

19 M. Butor, *Histoire extraordinaire: Essai sur un rêve de Baudelaire*, Paris 1961, 85.

20 In der Broschüre *Rime et sexe* von L. Rudrauf (Tartu 1936), folgt der Darstellung einer »Theorie über den Wechsel der männlichen und weiblichen Reime in der französischen Dichtung« »eine Kontroverse« mit Maurice Grammont (47 ff.). Diesem zufolge »hat man sich für den Wechsel, der im 16. Jahrhundert festgesetzt wurde, und der auf dem Vorhandensein oder Nichtvorhandensein eines unbetonten *e* am Wortende basierte, der Termini *weibliche* und *männliche* Reime bedient, weil das unbetonte *e* am Ende eines Wortes in den meisten Fällen das Kennzeichen des Femininums war: *un petit chat/une petite chatte*«. Es ließe sich vielmehr sagen, daß die spezifische Endung des Femininums, die es vom Maskulinum abhebt, immer das »unbetonte *e*« enthielt. Rudrauf meldet nun gewisse Zweifel an: »Haben denn allein grammatische Überlegungen die Dichter des 16. Jahrhunderts geleitet, als sie die Regel dieses Wechsels aufstellten und die Epitheta *männlich* und *weiblich* wählten, um die beiden Arten des Reims zu bezeichnen? Vergessen wir nicht, daß die Dichter der Pléiade ihre Strophen für den Gesang geschrieben haben und daß das Lied den Wechsel von starker (männlicher) und schwacher (weiblicher) Silbe viel mehr hervorhebt als der gesprochene Vortrag. Der musikalische Gesichtspunkt und der des Geschlechts müssen, mehr oder weniger bewußt, neben der grammatischen Analogie eine Rolle gespielt haben...« (49). Da ein

solcher Reimwechsel, der auf dem Vorhandensein oder Nichtvorhandensein eines unbetonten *e* am Ende der Verse beruht, nicht mehr aktuell ist, sieht Grammont ihn einem Wechsel von Reimen weichen, die auf einen Konsonanten oder auf einen betonten Vokal enden. Wenn Rudrauf auch bereit ist anzuerkennen, daß »alle vokalischen Ausgänge männlich sind« (46), so ist er doch zugleich versucht, eine 24stufige Skala für die konsonantischen Reime aufzustellen, »die von den schroffsten und männlichsten Endsilben bis zu den weiblich-anmutigsten geht« (12 ff.): Die Reime mit einem stimmlosen Verschlußlaut bilden den äußersten männlichen Pol (1°) und die Reime mit einem stimmhaften Reibelaut den weiblichen Pol (24°) der genannten Skala. Wendet man diesen Klassifizierungsversuch auf die konsonantischen Reime der *Chats* an, so läßt sich eine schrittweise Bewegung auf den männlichen Pol hin beobachten, der schließlich den Gegensatz zwischen den beiden Reimarten mildert: [1]*austères* – [2]*sédentaires* (Liquid: 19°); [6]*ténèbres* – [7]*funèbres* (stimmhafter Verschlußlaut und Liquid: 15°); [9]*attitudes* – [10]*solitudes* (stimmhafter Verschlußlaut: 13°); [12]*magiques* – [14]*mystiques* (stimmloser Verschlußlaut: 1°).

Henri Rousseaus poetischer Zusatz
zu seinem letzten Bild
[1970]

Der visuellen Komposition von Le Rêve *entspricht die poetische Komposition des Achtzeilers, den Rousseau le Douanier dem Bild zur »Erläuterung« beigefügt hat. Das Geschehen wird im Gedicht von vier grammatischen Subjekten dominiert, zwei weiblichen in den ungeraden und zwei männlichen in den geraden Verspaaren. Weitere Gegensätze, stets mit Entsprechungen im Bild, schließen sich an. – In der Kunst erhält mit der Einstellung auf den Ausdruck als solchen jedes Element der Struktur – aber auch sonst leicht überhörte grammatische Elemente, wie es Genus, Numerus und Kasus sind – virtuell einen ästhetischen Wert mit psychologischer, erlebbarer Realität.*

> »J'ai conservé ma naiveté ... Je ne pourrai maintenant changer ma manière que j'ai acquis par un travail opiniâtre.«
> Henri Rousseau
> an André Dupont, 1. April 1910.

Kurz vor seinem Tod (2. September 1910) stellte der Künstler im *Salon des Indépendents* (18. März – 1. Mai desselben Jahres) ein einziges Gemälde aus, mit dem Titel *Der Traum*, und schrieb an Guillaume Apollinaire: »J'ai envoyé mon grand tableau, tout le monde le trouve bien, je pense que tu vas déployer ton talent littéraire et que tu me vengeras de toutes les insultes et affronts reçus« (11. März 1910).[1] Apollinaires Zeugnis »Le dounaier« berichtet, daß Rousseau seine frühe polnische Liebe Yadwigha (= Jadwiga) nie vergessen habe, »qui lui inspira le Rêve, son chef-d'œuvre«.[2] Das Bild, das sich zur Zeit im Besitz des *Museum of Modern Art* in New York befindet, wird durch die »Inscription pour Le Rêve«, eines der spärlichen poetischen Werke des Künstlers (»gentils morceaux de poésie«), ergänzt:

> 1 Yadwigha dans un beau rêve
> 2 S'étant endormie doucement
> 3 Entendait les sons d'une musette
> 4 Dont jouait un charmeur bien pensant.
> 5 Pendant que la lune reflète
> 6 Sur les fleuves, les arbres verdoyants,
> 7 Les fauves serpents prétent l'oreille
> 8 Aux airs gais de l'instrument.

Eine wörtliche Übersetzung könnte folgendermaßen aussehen:

> 1 Jadwiga in einem schönen Traum
> 2 Nachdem sie friedlich eingeschlafen war,
> 3 Hörte die Töne einer Schalmei,
> 4 Gespielt von einem wohlmeinenden Beschwörer.
> 5 Während der Mond die grünenden Bäume
> 6 Auf den Flüssen widerspiegelt,
> 7 Lauschen die wilden Schlangen
> 8 Den fröhlichen Weisen des Instruments.

Dieser Achtzeiler wurde vom Maler auf eine kleine vergoldete Tafel als »Erläuterung« für das Gemälde geschrieben, denn nach Arsène Alexandres Bericht über seinen Besuch bei dem Künstler, der in *Comœdia* (19. März 1910) veröffentlicht wurde, erklärte Rousseau, daß Gemälde eine Erklärung brauchen: »Les gens ne comprennent pas toujours ce qu'ils voient... c'est toujours mieux avec quelques vers.«[3] Im *Catalogue de la 26ème Exposition* der *Société des artistes indépendents* (Paris 1910, 294) sind beim Eintrag *4468 Le Rêve* auch Henri Rousseaus Verse abgedruckt; sie enthalten aber grobe Fehler und Verzerrungen wie beispielsweise *Yadurgha,* so daß die Version Apollinaires und der gleichlautende Text in W. Uhde, *Henri Rousseau* (Paris 1911) am zuverlässigsten zu sein scheint.

Die vier geraden, ›männlichen‹ Zeilen des Gedichts enden mit genau dem gleichen nasalen Vokal, während die vier ungeraden, ›weiblichen‹ Zeilen mit einer geschlossenen Silbe enden, mit einem langen oder kurzen [ɛ] als Silbenkern. Unter den Assonanzen, die in den beiden Gruppierungen vorkommen, ergeben jene, welche die beiden inneren Verspaare zusammenhalten (Zeilen 3–4 mit 5–6), und die Reime der beiden äußeren Verspaare (1–2 mit 7–8) eine zusätzliche Ähnlichkeit zwischen den Reimwörtern im Vergleich mit den Reimen innerhalb der Vierzeiler: In den äußeren Verspaaren wird die vollständige Identität der Silbenvokale verstärkt durch einen unterstützenden prävokalischen Konsonanten (^{1}Rêve – ^{7}oreille; ^{2}doucement – ^{8}instrument), und in den inneren Verspaaren wird eine ähnliche vokalische Identität sekundiert durch den postvokalischen Konsonanten der weiblichen Reime (^{3}musette – ^{5}reflète) oder durch die auffallende grammatische Identität der männlichen Reime (^{4}pensant – ^{6}verdoyants, die einzigen Partizipialformen im Gedicht).

Wie bereits die Reime andeuten, vollzieht der Achtzeiler eine scharfe Trennung zwischen den äußeren (I, IV) und inneren Verspaaren (II, III). Jedes der zwei Paare enthält die gleiche Anzahl von sechs Nomina mit der gleichen Aufspaltung in vier Maskulina und zwei Feminina. Die Anfangs- und Schlußzeile in jedem der beiden Paare von Doppelversen enthält zwei Nomina: ein Femininum und ein Maskulinum in der Anfangszeile (^{1}Yadwigha, rêve; ^{3}sons, musette), zwei Maskulina in der Schlußzeile (^{8}airs, instrument; ^{6}fleuves, arbres). Die globale Symmetrie, dargestellt durch die Nomina der äußeren und inneren Verspaare, wird in der Verteilung zwischen den ungeraden und geraden oder vorderen und hinteren Verspaaren nicht weitergeführt, hingegen enthalten die beiden inneren Verspaare ein und dieselbe Anzahl von drei Nomina in Spiegelsymmetrie (II: ^{3}sons, musette, ^{4}charmeur; III: ^{5}lune, ^{6}fleuves, arbres), und deshalb ist das Verhältnis zwischen den Nomina der geraden und ungeraden Verspaare – sieben zu fünf – genau gleich wie das Verhältnis zwischen den Nomina der hinteren und vorderen Verspaare.

Beide Vierzeiler enthalten einen Satz mit zwei Subjekten und zwei finiten Prädikaten. Jedes Verspaar des Achtzeilers enthält ein Subjekt, während in der Verteilung der finiten Formen – drei zu eins – die geraden Verspaare das gleiche Verhältnis zu den ungeraden aufweisen wie die inneren zu den äußeren Verspaaren.

Die Subjekte der äußeren Verspaare gehören zu den Hauptsätzen des Gedichts, während die beiden Subjekte der inneren Verspaare Teile von Nebensätzen sind. Die Subjekte in den

Hauptsätzen leiten die Zeile ein (*Yadwigha* dans un beau rêve; [7]*Les fauves serpents*), im Gegensatz zur Binnenstellung der untergeordneten Subjekte ([4]Dont jouait *un charmeur*; [5]Pendent que *la lune*). Die weiblichen Subjekte tauchen in den ungeraden Verspaaren des Achtzeilers auf, die männlichen Subjekte in den geraden. So ist in jedem Vierzeiler das erste Subjekt weiblich und das zweite männlich: [1]*Yadwigha* – [4]*charmeur*; [5]*lune* – [7]*serpents*. Folglich sind beide vorderen Verspaare (der erste Vierzeiler des Gedichts) mit dem weiblichen Geschlecht des übergeordneten Subjekts *Yadwigha* und dem männlichen Geschlecht des untergeordneten Subjekts *charmeur* den hinteren Verspaaren (zweiter Vierzeiler) diametral entgegengesetzt, wo das übergeordnete Subjekt *serpents* männlich und das untergeordnete Subjekt *lune* weiblich ist. Das persönliche (menschliche) Geschlecht unterscheidet die grammatischen Subjekte der vorderen Verspaare ([1]*Yadwigha*, [4]*charmeur*) von den unpersönlichen Subjekten der hinteren Verspaare ([5]*lune*, [7]*serpents*).

Diese Angaben lassen sich auf einem Schaubild wiedergeben, wobei die kursiven Titel die Plazierung der vier Subjekte in der Komposition des Achtzeilers bezeichnen, jene in aufrechter Schrift ihre grammatischen Eigenschaften:

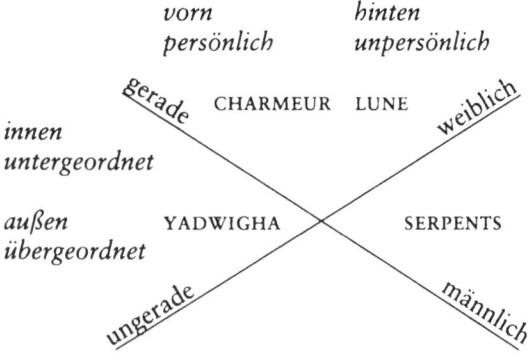

Die Verteilung der vier grammatischen Subjekte entspricht der *relativen* Verteilung der dargestellten Referenten auf Rousseaus Gemälde:

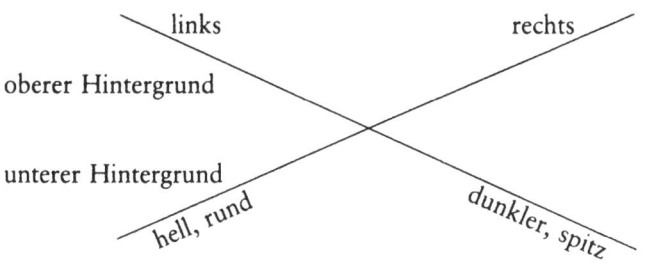

Die Bildfiguren im Bereich des Vordergrundes werden im Gedicht durch die Plazierung der übergeordneten Subjekte in den divergierenden, äußeren Verspaaren wiedergegeben, während die Figuren im Hintergrund, die sich im Gemälde oben und perspektivisch gekürzt befinden, untergeordnete Subjekte bilden, die den konvergierenden, inneren Verspaaren des Achtzeilers zugewiesen werden. Tristan Tzaras suggestiver Essay, veröffentlicht als Vorwort zur Ausstellung von Henri Rousseaus Gemälden in der *Sydney Janis Gallery,* New York 1951, untersucht »Die Rolle von Zeit und Raum in seinem Werk« und verweist auf die Relevanz und Eigenart der »Perspektive, wie Rousseau sie auffaßte«, insbesondere auf einen bedeutsamen Zug seiner großen Komposition: eine Reihe von Bewegungen, aufgespalten »in individuelle Elemente, wahrhaftige Zeitscheiben, verbunden durch eine Art arithmetischer Operation«.[4]

Während sich der Beschwörer und der Vollmond dem Betrachter zuwenden, sind die Profilfiguren Yadwigha und die Schlange einander zugewandt. Die Windungen der Schlange verlaufen parallel zur Kurve der weiblichen Hüfte und des Beins, und die vertikalen grünen Farnkräuter ragen unter beiden Kurven hinauf und zeigen auf Yadwighas Hüfte und die obere Windung des Reptils. Tatsächlich hebt sich diese helle und schlanke Schlange vom Hintergrund einer anderen, dickeren, schwarzen und kaum erkennbaren Schlange ab; diese widerspiegelt die Haut des Beschwörers, während jene der Farbe eines Streifens in seinem bunten Gürtel entspricht. Die blauen und veilchenfarbenen Blumen blühen oberhalb von Yadwigha und den beiden Schlangen. Im Gedicht verknüpfen zwei parallele Konstruktionen die Heldin mit den

Reptilien: ³*Entendait les sons d'une musette* und ⁷*prêtent l'oreille* ⁸*Aux airs gais de l'instrument.*
Einige schwierige Fragen zum grammatischen Geschlecht drängen sich in diesem Zusammenhang auf. Auf die beiden weiblichen Subjekte des Gedichts antwortet das Gemälde mit zwei hervorstechenden Eigenschaften, charakteristisch für Yadwigha und den Mond (*la lune*), ihre unterschiedliche Bleichheit im Vergleich mit den tieferen Farben der Umgebung und besonders mit dem Beschwörer und den Reptilien, und die Rundungen des Vollmondes und der weiblichen Brüste gegenüber dem zugespitzten Körper der hellen Schlange und der Schalmei des Beschwörers. Die »sexuisemblance« der weiblichen und männlichen Artikel, die von allen Sprechern der französischen Sprachgemeinschaft erfahren wird, wurde deutlich und ausführlich von J. Damourette und E. Pichon im ersten Band ihres historischen Werkes, *Des mots à la pensée. Essai de grammaire de la langue française,* Paris 1911–1927, Kapitel IV, untersucht:

»Tous les substantifs nominaux français sont masculins ou féminins: c'est là un fait incontestable et incontesté. L'imagination nationale a été jusqu'à ne plus concevoir de substances nominales que contenant en elles-mêmes une analogie avec l'un des deux sexes; de sorte que la sexuisemblance arrive à être un mode de classification générale de ces substances« (§ 302)... »Elle a dans le parler, donc dans la pensée, de chaque Français un rôle de tout instant« (§ 306)... »Cette répartition n'a évidemment pas un caractère purement intellectuel. Elle a quelque chose d'affectif... La sexuisemblance est tellement nettement une comparaison avec le sexe que les vocables français féminins en arrivent à ne pouvoir au figuré être comparés qu'à des femmes« (§ 307)... »Le répartitoire de sexuisemblance est le mode d'expression de la personnification des choses« (§ 309).

Es ist bemerkenswert, daß die vier Femina in Rousseaus Gedicht mit den vier ungeraden Zeilen verknüpft sind. Sie beginnen die Zeile, wenn sie als grammatische Subjekte in den ungeraden Verspaaren fungieren, und sie beschließen die Zeile, wenn sie als Modifikatoren in den geraden Verspaaren agieren.
Die zwingende Assoziation des weiblichen Geschlechts mit den ungeraden, ›weiblichen‹ Zeilen verlangt nach einer Deu-

tung. Die Tendenz, feminine und maskuline Formen durch einen geschlossenen und offenen Schluß des Wortes[5] zu unterscheiden, schafft eine Assoziation zwischen der Schlußsilbe der Zeile, geschlossen oder offen, und dem grammatischen Geschlecht, feminin oder maskulin. Auch der Ausdruck ›weibliche Reime‹, gängig sogar in französischen Schulbüchern, mag die Verteilung der weiblichen Substantive in diesen Zeilen begünstigt haben.

In Rousseaus Zeilen liegt der Verteilung des grammatischen Geschlechts ein dissimilatives Prinzip zugrunde. Das Objekt, das dem entsprechenden Verb am nächsten liegt, gehört zum entgegengesetzten Geschlecht des Subjekts eines gegebenen Nebensatzes, und wenn weitere regierte Modifikatoren vorkommen, ob adverbial oder adnominal, behalten sie das Geschlecht des Subjekts. Auf diese Weise erfährt die Rolle der grammatischen Geschlechter im Gedicht eine besondere Akzentuierung; [1]*Yadwigha* (f.) ... [3]*entendait les sons* (m.) *d'une musette* (f.); [4]*Dont* [auf *musette* (f.) bezogen] *jouait un charmeur* (m.); [5]*la lune* (f.) *reflète* [6]... *les arbres* (m.); [7]*Les fauves serpents* (m.) *prêtent l'oreille* (f.) [8]*Aux airs gais* (m.).

Der Vordergrund in Rousseaus Gemälde und Gedicht gehört Yadwigha und den Schlangen; man denkt unmittelbar an sein nur wenig früheres Gemälde *Eve* mit seinem erstaunlichen Duett zweier Profile, der nackten Frau und der Schlange.[6]

Diese Hierarchie der *dramatis personae* wurde jedoch von den Kritikern übersehen. So sah Apollinaires Eulogie vom 18. März 1910 (»De ce tableau se dégage de la beauté«[7]) die nackte Frau auf dem Sofa, um sie herum tropische Vegetation mit Paradiesvögeln und Affen, einen Löwen, eine Löwin und einen flötenden Neger – »personnage de mystère«. Doch die Schlangen und der Mond blieben unerwähnt. Auch Jean Bouret[8] beschränkt seine Besprechung der kompositorischen Anordnung in dem *Traum* auf den Flötenspieler, den Tiger(?), den Vogel und die liegende Frau. Diese Beobachter halten am hinteren größeren Teil des Gemäldes inne, ohne zum kleineren rechten Teil, dem Thema des zweiten Vierzeilers, vorzudringen. Das erste Stadium der Betrachtung des Gemäldes ist ganz natürlich seine linke Seite: »cette femme endormie sur ce canapé«, die träumt, sie sei versetzt worden

»dans cette forêt, entendant les sons de l'instrument du charmeur«, wie der Maler selber sein Bild erklärt.[9] Von Yadwigha und dem geheimnisvollen Beschwörer wechselt der Brennpunkt zur zweiten Tafel des Diptychons, getrennt von der ersten durch eine blaue Blume auf einem langen Stiel, die eine ähnliche Pflanze zur linken Seite der Heldin parallelisiert. Die narrative Ordnung und sukzessive Kognition und Synthese des Gemäldes *Traum*[10] finden ihre prägnante Übereinstimmung im Übergang vom ersten Vierzeiler mit seinen zwei parallelen Imperfekten – oder präsenten Präterita, in L. Tesnières Terminologie[11] – (^{3}*entend*AIT – ^{4}*jou*AIT) zu den beiden reimenden Präsentia des zweiten Vierzeilers (^{5}*refl*ÈTE – ^{7}*prêt*Ent) und in der Substitution von bloßen bestimmten Artikeln (^{5}*la lune*, ^{6}*les fleuves, les arbres*, ^{7}*les serpents, l'oreille*, ^{8}*aux airs, l'instrument*) mit unbestimmten, welche, mit der einzigen Ausnahme von ^{3}*les sons*, den vorausgehenden Vierzeiler dominieren (^{1}*un rêve*, ^{3}*une musette*, ^{4}*un charmeur*).

In Rousseaus poetischer wie auch bildnerischer Komposition wird die dramatische Handlung von den vier Subjekten des Gedichts und ihren visuellen Referenten auf der Leinwand getragen. Wie oben skizziert, sind alle durch drei vom Maler-Dichter blendend ausgedrückte binare Kontraste miteinander verknüpft. Diese Kontraste transformieren das ungewöhnliche Quartett in sechs entgegengesetzte Paare, welche die verbale und graphische Handlung determinieren und variieren. In der »Inscription« ist jedes der vier Subjekte mit einer weiteren kategorialen Eigenschaft ausgestattet, welche sie mit den drei anderen entsprechenden Größen kontrastiert: *Yadwigha* ist der einzige Eigenname im Gedicht; *un charmeur* der einzige persönliche Appellativ; *les serpents* der einzige belebte Plural; und *la lune* das einzige unbelebte unter den vier Subjekten. Diese Mannigfaltigkeit wird durch die unterschiedlichen Artikel begleitet – durch den Null-Artikel, der den Eigennamen signalisiert, das unbestimmte *un* gefolgt vom Plural *les* und vom weiblichen *la* des bestimmten Artikels.

Ein vielfältiges Zusammenspiel konkurrierender Ähnlichkeiten und Divergenzen liegt dem geschriebenen und gemalten

Traum zugrunde und belebt ihn in all seinen Facetten: Das Schweigen der mondbeleuchteten Nacht wird von den Melodien eines dunklen Beschwörers unterbrochen; die Magie von Mondschein und der Zauber der Musik; der Mondnachttraum der Frau; zwei Zuhörer der magischen Melodien, Frau und Schlange, beide einander fremd und verlokkend; die Schlange als legendärer Versucher der Frau und Urziel des Schlangenbeschwörers, und andererseits der maximale Kontrast und die mystische Affinität zwischen der blassen Yadwigha auf ihrem altmodischen Sofa und dem wohlmeinenden tropischen Flötenspieler inmitten seines Urwalds; und, nach all dem, in den Augen des Bewohners der *2 bis, rue Perrel,* der zugleich exotische und attraktive Hauch des afrikanischen Magiers und der polnischen Zauberin mit ihrem ungewöhnlichen Namen.

Was den Löwen betrifft, der von einer Löwin begleitet wird, im Gedicht allerdings ausgespart, so gehört er im Gemälde zum Dreieck des Flötenspielers, das, wie Bouret[12] bemerkt, seinen »Scheitelpunkt« nach unten baut. Dieses frontale Gesicht scheint ein Double des höhergelegenen Beschwörers zu sein, ähnlich wie der helle halbgesichtige Vogel über Yadwigha als ihr Double erscheint. Unser ikonographischer Vergleich von Rousseaus Bild und Gedicht konzentriert sich allerdings auf den gemeinsamen Nenner, der trotz unterschiedlicher Requisiten wie die Flüsse, welche in den Versen die Bäume widerspiegeln, oder die zoologische Überschwenglichkeit im Gemälde, leicht zu erkennen ist.

Wie Blakes »Infant Sorrow« verknüpft Rousseaus Achtzeiler, um den Zusammenhalt der eindrücklich unterschiedlichen Verspaare zu gewährleisten, diese mit zähen phonologischen Banden zwischen den geraden und den nachfolgenden ungeraden Zeilen: /²setā tādɔrmi dusmāt ³ātādɛ/; /⁴pāsā ⁵pādā/. Dazu werden die letzten beiden Verspaare noch durch eine spürbare Lautgestaltung zusammengeschweißt: ⁶*les* ꜰʟeu*ves* – ⁷*Les* ꜰau*ves* (mit entsprechenden gerundeten Vokalen); ⁶Sᴜʀ... *les* aʀʙʀes – ⁷seʀpents pʀêtent (wo das Phonem /ʀ/ mit zischenden Dauerlauten und labialen Verschlußlauten alterniert).

In meiner natürlichen Schlußfolgerung stütze ich mich auf

Vratislav Effenberger[13], den tschechischen Experten für Henri Rousseaus Werk, der es als »ein Zeichen der einsetzenden Symbiose zwischen Malerei und Dichtung« definiert. Eine ähnliche Auffassung Paul Klees von Carola Giedion-Welcker[14] – in diesem Künstler »ist der Dichter mit dem Maler eng verknüpft« – führt uns nun unweigerlich zu Klees poetischem Nachlaß.[15]

Anmerkungen

1 Siehe Guillaume Apollinaire, »Le douanier«, in: *Les Soirées de Paris* 3, Nr. 20, 15. Januar 1913 (tatsächlich 1914), 56.
2 A. a. O., 11, 65.
3 Siehe Dora Vallier, *Tout l'œuvre peint de Henri Rousseau*, Paris: Flammarion 1970, 10.
4 Vgl. Tristan Tzara, »Le rôle du temps et de l'espace dans l'œuvre du douanier Rousseau«, in: *Art de France* 2 (1962).
5 Vgl. J. Damourette und E. Pichon, *Des mots à la pensée. Essai de grammaire de la langue française*, Paris (1911–1927), § 272.
6 Siehe D. Vallier, *Tout l'œuvre peint de Henri Rousseau*, a. a. O., Tafel XXV.
7 Siehe Guillaume Apollinaire, *Chronique d'art*, Paris: Gallimard 1960, 76.
8 Jean Bouret, *Henri Rousseau*, Neuchâtel: Ides et Calendes 1961, 50.
9 Siehe G. Apollinaire, »Le douanier«, a. a. .O., 57.
10 Vgl. A. R. Luria, *Higher Cortical Functions in Man and Their Disturbances in Local Brain Lesions*, Moskau 1962.
11 Lucien Tesnière, *Éléments de syntaxe structurale*, Paris 1966.
12 J. Bouret, *Henri Rousseau*, a. a. O., 50.
13 Vratislav Effenberger, *Henri Rousseau*, Prag 1963.
14 Carola Giedion-Welcker, *Anthologie der Abseitigen*, Bern: Benteli 1946.
15 Der Schlußsatz leitet über zur Analyse eines Achtzeilers von Paul Klee. Siehe R. Jakobson, *Hölderlin–Klee–Brecht*, Frankfurt: Suhrkamp 1976, 97–105. Vorangegangen war die Analyse eines Achtzeilers *(Infant Sorrow)* von William Blake. [Hg.]

Die Anwesenheit Diotimas
Ein Briefwechsel zwischen Michael Franz und Roman Jakobson
[1980]

Angeregt von Jakobsons Auslegung von Hölderlins letztem Gedicht[1] *entdeckte Michael Franz in einem der von Jakobson zitierten früheren Gedichte zusätzliche alliterative Anspielungen auf Diotima. In seinem Antwortschreiben weist Jakobson darauf hin, daß das Geflecht der Alliterationen noch dichter ist – wie es Hölderlin selber angedeutet hatte: »Alles greift ineinander.«*

Ihr *Blick auf* Die Aussicht *von Hölderlin* hat eine Landschaft freigegeben, deren Geographie bislang unentdeckt gewesen ist. Anhand Ihrer Beschreibung der Orte und Wege in Hölderlins Gedicht, der Zusammenhänge und Entsprechungen, habe ich einen Sachverhalt finden können, der Ihnen entgangen ist.

Die Anwesenheit Diotimas noch im letzten Gedicht Hölderlins haben Sie aufgrund von Alliterationsketten des Initialbuchstabens *d* aufgedeckt. Für dieses poetische Verfahren Hölderlins haben Sie dann auch ein früheres Beispiel angeführt:

Aus den einzelnen Gedichten des der schönsten der Heldinnen gewidmeten Zyklus kann man beispielsweise den zweistrophigen alkäischen Entwurf Diotima *anführen, welcher besonders durch die Verflechtung des Namens der angesprochenen Heldin mit sieben Pronomina der zweiten Person, sieben Artikeln und homonymen Fürwörtern eine Alliteration von achtzehn initialen* d *erreicht, wobei die drei ersten Verse jedes Vierzeilers mit diesem Konsonanten anfangen:*

Du schweigst und duldest, und sie versteh'n dich nicht,
  Du heilig Leben! welkest hinweg und schweigst,
    Denn ach! vergebens bei Barbaren
    Suchst du die Deinen im Sonnenlichte,

> *Die zärtlichgroßen Seelen, die nimmer sind!*
> *Doch eilt die Zeit. Noch siehet mein sterblich Lied*
> *Den Tag, der, Diotima! nächst den*
> *Göttern mit Helden dich nennt, und dir gleicht.*

Was Ihnen bei Ihrem Exkurs in das Gedicht *Diotima* entgangen ist, erschließt das Gedicht noch weiter: Das erste und das letzte Wort des letzten Verses der ersten Strophe beginnt mit einem *s*, das erste und letzte Wort des letzten Verses der (zweiten und) letzten Strophe beginnt mit einem *g*: [4]*Suchst* – [4]*Sonnenlichte;* [8]*Göttern* – [8]*gleicht*. *S. G.* sind die Initialen der wirklichen Diotima Susette Gontard.

Die Alliteration des initialen *d*, vor allem in den Zeilenanfängen, zeigen sich also als Rahmen, durch den die eigentliche Botschaft hervorgehoben wird.

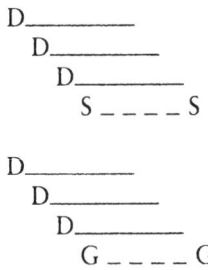

Die sinnliche Struktur, das Schema des Gedichts besteht also darin, daß das erste und letzte Wort der Schlußzeile der ersten und letzten Strophe den Namen der Person andeutet, die Diotima ist. Dieses Schema wird bei der späteren Überarbeitung und Erweiterung des Gedichts, die zwischen erster und letzter Strophe immerhin noch so viele Strophen einfügt, wie jede einzelne Strophe Zeilen hat, beibehalten. Denn in ihm drückt sich die Intention des Gedichts aus, über sich selbst hinaus auf die wirkliche, lebendige Geliebte zu weisen. Diese wirkliche Person ist das A und O, das erste und letzte des Gedichts.

Natürlich habe ich mich gefragt, warum Ihrer Akribie die singuläre Referenz der Initialen S. G. entgangen ist, und dies um so mehr, als sie Ihrem Argumentationsgang noch größere Evidenz und Stringenz sichern kann und darüber hinaus nicht ohne die Voraussetzung Ihrer Forschung gefunden werden konnte. Weil ich von der Notwendigkeit dieser Frage überzeugt bin, möchte ich sie Ihnen vorlegen.

Ich erhoffe mir von Ihrer Antwort eine Perspektive, die auch meinen Überlegungen zu dem Zusammenhang, den Sie im Kapitel *Diotima* aufgewiesen haben, eine größere Klarheit geben kann.

Ihre Untersuchung hat mich zu der vorläufigen Einsicht gebracht, daß es einen Zusammenhang zwischen der *Aussicht* als einem Thema des alten Hölderlin bzw. Scardanellis und dem Hyperion-Diotima-Thema der Jahre 1795–1800 gibt. Der Roman *Hyperion* und die Gedichte des Diotima-Zyklus enthalten jedoch keine oder nur sehr versteckte Referenz (wie oben im Beispiel aufgezeigt) auf die Geliebte Hölderlins. Es mag zunächst nur wie eine Metapher aussehen, wenn ich sage, Hölderlin habe Susette Gontard im Roman und in den Gedichten *verschluckt*. Der Zusammenhang zwischen Liebe und Anthropophagie ist jedoch – worauf Sie ja in Ihrer Untersuchung hingewiesen haben – Hölderlin selbst noch aufgegangen. Wie der Inhalt der beiden Zeilen aus dem Entwurf *Heimat (Ähnlich dem Manne, der Menschen frisset/Ist einer der lebt ohne/(Liebe))* sich in den Zusammenhang ritualisierter Kommunikation, den Hölderlin andeutet, einpaßt, kann einstweilen – auch aus Gründen der mangelhaften Edition des fraglichen Gedichts in der Stuttgarter Hölderlin-Ausgabe – nicht mit Sicherheit ausgemacht werden. Das schon bei der Niederschrift eingeklammerte Wort *Liebe* braucht jedenfalls grammatikalisch nicht als Adverbiale, oder zumindest nicht nur als solche, aufgefaßt zu werden. Der Zusammenhang, um den es hier geht, ist sicher konkreter als der abstrakte, bloß vergleichende Gegensatz zwischen Liebe und Kannibalismus. Immerhin ist es konkret der Mann, der *Menschen frisset*. Damit deutet sich an, daß der Verfasser des *Hyperion* sein eigenes Verhalten als Autor in den Blick bekommt. Dafür spricht dann auch die

späte Äußerung, die Sie im selben Kontext ebenfalls anführen: *Guck' nicht so viel hinein, es ist kannibalisch* wurde à propos des *Hyperion* gesagt, der Susette Gontard verschwiegt.
Soweit in Kürze meine Vermutungen, die ich Ihrer Arbeit verdanke.

Michael Franz

In unserem *Blick auf* Die Aussicht *von Hölderlin* wurde sein zweistrophiger alkäischer Entwurf *Diotima* zitiert, welcher durch die Verflechtung mit sieben Pronomina der zweiten Person und mit anderen Wörtern eine Alliteration von achtzehn initialen *D* erreicht, wobei die drei ersten Verse jedes Vierzeilers mit diesen Konsonanten anfangen, und somit wird der erdichtete Beiname *der schönsten der Heldinnen* besonders hervorgehoben.

Die geistreiche Vermutung, die Michael Franz neulich beifügte, ist durchaus überzeugend. Im Schlußvers jedes Vierzeilers beginnt das erste und das letzte Wort mit demselben Konsonanten: *S* im vierten Verse des Gedichtes *(Suchst – Sonnenlichte)* und *G* im achten *(Göttern – gleicht)*: »S. G. sind die Initialen der wirklichen Diotima *Susette Gontard*.«

Alles greift ineinander, laut dem Spruche des Dichters, und vielleicht dürfte man noch weiter erschließen, daß nicht nur die Initialen, sondern der ganze graphische Bestand der alliterierenden Wörter den tabuierten Vornamen und Zunamen andeutet. Im Schlußvers des ersten Vierzeilers enthält das Anfangswort vier (und das Endwort drei) gemeinsame Buchstaben mit *Susette – Suchst (*und *Sonnenlichte);* im Schlußvers der zweiten Strophe enthält das Anfangswort *Göttern* gleichfalls vier gemeinsame Buchstaben mit *Gontard.*

Die *S-* und *D*-Alliterationen sind besonders gekennzeichnet: im ersten Vierzeiler durch die *D*-Alliteration der drei Nachbarsilben zwischen den beiden *S*-Wörtern *(Suchst du die Deinen in Sonnenlichte)* und am Ende des zweiten Vierzeilers durch die mehrfache *D*-Alliteration des vorangehenden, siebten Verses *(Den Tag, der, Diotima! nächst den)*, sowie durch das einzige Vorkommen einer *D*-Alliteration zweier Randwörter; die Wechselbeziehung dieser beiden wird dabei durch ihre Übereinstimmung und gleichzeitige Differenz noch zugespitzt.

Warum ist uns »die singuläre Referenz der Initialen *S. G.* entgangen«? Vielleicht ist es Hölderlins Botschaft an Diotima, die darauf eine wahre Antwort gibt: *Du schweigst und duldest, und sie versteh'n dich nicht [...] Doch eilt die Zeit. Noch siehet mein sterblich Lied Den Tag, der, Diotima! [...] dich nennt [...].*

Roman Jakobson

Anmerkung des Herausgebers

1 Roman Jakobson und Grete Lübbe-Grothues, »Ein Blick auf *Die Aussicht* von Hölderlin«, in: R. Jakobson, *Hölderlin–Klee–Brecht*, Frankfurt: Suhrkamp 1976, 27–96.

Dritter Teil
Nichtsprachliche Zeichensysteme
1. Film
2. Musik und Malerei

Die entschwindende Welt
Ein Film der sterbenden Folklore
[1932]

Die Aufgabe, die sich einem Film über die Folklore stellt, ist die Übersetzung eines Kunstwerks in ein anderes. – Die unter dem Einfluß von Stadt und Industrie nicht mehr urtümliche Landkultur eines mährischen Dorfes wird in einem Dokumentarfilm versuchsweise so dargestellt, wie sie im Stadium der allmählichen Zersetzung von einer Volkskunde-Forscherin erfahren wird, als frei gewordene Ornamentik, dekorative Schönheit, äußere Form.

»Ich bin in der ganzen Welt herumgereist und habe kein anderes Dorf gesehen, wo die Leute so geistvoll und leidenschaftlich essen und trinken.« Dies sagte mir ein tschechischer Legionär auf der winzigen, von der Sonne unbarmherzig versengten Eisenbahnstation, die das Dorf Velká nad Veličkou bedient. Die mährischen Slovaken beherrschen die Kultur der Weinrebe und des Volksliedes vollkommen, doch nimmt Velká selbst vor dem Hintergrunde der übrigen Dörfer der mährischen Slovakei eine Vorzugsstellung ein. Mit Gesang und Wein ist unzertrennbar das Leben dieses Dorfes verbunden, sein Leid und Freud, sein Alltag und Festtag, alle Stunden von Tag und Nacht und alle Jahreszeiten. Mit dem Liede lebt auch der Tanz, das farbenfrohe Zeremoniell der Feste, die Buntheit der Trachten, das Ritual des Lebens. – Es ist kein Wunder, daß dieses Dorf zur Zielscheibe des kinematographischen Objektivs wurde. Für die heutige Kunst ist von neuem die Nachfrage nach exotischem Material charakteristisch, der tschechische Roman bemächtigt sich auf der Suche nach einheimischer Exotik der karpathorussischen Thematik, die thematische Expansion des tschechischen künstlerischen Films ist einstweilen erst bei der mährisch-slovakischen Grenze angelangt.

Der Film heißt *Die entschwindende Welt*. Angeregt wurde er von Prof. Dr. Úlehla[1], dem Inhaber des Lehrstuhls für Pflanzenphysiologie an der Masaryk-Universität in Brünn,

der sich bereits mit seinem Film aus dem Leben der Pflanzen, wo künstlerische und wissenschaftliche Gesichtspunkte zu einem Ganzen verschmolzen und aus botanischem Material ein wahrhaft plastisches Kunstwerk voll innerer Dynamik und Dramatik geschaffen wurde, als ausgezeichneter Kenner der Filmtechnik eingeführt hatte. Prof. Ulehla hat auch den Vertrag mit der AB abgeschlossen und führt selber die Regie. Seine Mitarbeiterin S. Pírková[2] hat das Filmbuch geschrieben, die jungen Architekten Beneš und Kurial, die sich durch ihre prächtigen Dekorationen für die Brünner Aufführung der Komödie V. Nezvals einen Namen geschaffen haben, sorgen für die Bauten, während der Assistent der Brünner Oper Tauský die Musik zum neuen Tonfilm liefert. Es erübrigt sich, die Namen der anderen Mitarbeiter aufzuzählen: Ist einmal der Film fertig, wird schon der Rezensent die Verdienste eines jeden nach Gebühr einzuschätzen wissen. Vorderhand dürfte die Feststellung genügen, daß ein besser abgestimmtes und zusammenpassendes Arbeitskollektiv kaum zu finden wäre.
Nur echte Begeisterung vermag ein derartiges Arbeitstempo zu entwickeln und mit derartiger Entschlossenheit die vielfachen Hindernisse zu überwinden. Keine geringe Findigkeit und vorbereitende Arbeit erforderte die Anwendung der komplizierten Ton- und Lichtapparate in den primitiven Dorfverhältnissen, viele Schwierigkeiten boten die Aufnahmeobjekte: Die bloß an den Photoapparat gewöhnten Bauern setzten sich vor der Kamera in Positur, wendeten ihr das Gesicht zu, erstarrten zu Stein. Und wie viele technische und psychologische Schwierigkeiten mußten überwunden werden, bevor brauchbare Massenaufnahmen von Feldarbeiten, Hochzeits- und Jahreszeitsriten, Gottesdiensten usw. zustande kamen. Aufgenommen sind bereits 8000 Meter, und nun steht der Regisseur vor der verantwortungsvollen Aufgabe, diesem reichen Material nur das Aktuelle, das künstlerisch Notwendige, zu entnehmen. Die Mitglieder des Kollektivs sind von der Arbeit am Film derart hingerissen, daß ihr ganzes Leben in Velká lauter Suche nach dankbarem Filmmaterial ist, die Mußestunden sind ganz der Durcharbeitung der Motive des Filmbuches gewidmet – mitunter kam es einem

vor, als ob die Grenze zwischen ihrem Leben und dem Film vollkommen verwischt worden wäre.

Es gibt einen ausgezeichneten Film des Ethnographen Plicka, der Bräuche, Spiele und Tänze der Slovaken reproduziert. Aufgabe dieses Films ist die möglichst getreue und wissenschaftliche Fixierung einer Reihe von Eigentümlichkeiten der slovakischen Folklore, deren einige bereits im Aussterben begriffen sind. Das ist eine wertvolle Sammlung wissenschaftlichen Materials. Eine andere Aufgabe stellen sich Úlehla und seine Mitarbeiter: Ihr Ziel ist ein künstlerischer Film, ein Film für den Kinobesucher. Die ethnographische Wahrheit darf darunter keineswegs leiden – dafür haben schon in vollem Maße Prof. Húsek und Prof. Klusák Sorge getragen – es ändern sich aber sozusagen der Gesichtswinkel und die Wahl des Materials.

Was sind eigentlich die russischen sogenannten dokumentarischen Filme, etwa die von Vertov oder Kaufman? Selbstredend sind das in Wirklichkeit künstlerische Filme, deren Motive und Komposition einer künstlerischen Aufgabe untergeordnet sind. Die Sujetlosigkeit dieser Filme wird durch die angebliche Unwillkürlichkeit der Beobachtung, durch die Zufälligkeit des vor die Kamera geratenen Materials motiviert. Im Gegensatz dazu ist die »Entschwindende Welt« als Sujetfilm gedacht. Inwiefern die in den Film eingeflochtene dramatische Handlung eine gelungene ist, wird sich bei der endgültigen Vorführung zeigen. Das Prinzip ist aber richtig – das ist schon jetzt klar. Die Folklore ist eine fertige Kunstform, die nicht einfach transplantiert, auf der nicht einfach ein neues Kunstwerk aufgebaut werden kann. Die Kunstgeschichte liefert dazu nicht wenige belehrende Beispiele. Um so weniger kann die fertige Form der einen Kunst unverändert auf das Gebiet einer anderen Kunst verpflanzt werden. Die Versuche einer mechanischen Verfilmung des Balletts endeten mit einem kunstwidrigen Ergebnis. Eine fertige Kunstform läßt sich nur als Material und unter der Bedingung der schöpferischen Umgestaltung für ein neues Kunstwerk verwenden.

Kampf zweier Kulturen

Ein künstlerischer Film, der die Folklore bewältigen will, kann die Sache auf verschiedene Weise anpacken. Die Kollision zwischen der Welt der Folklore und der heutigen Stadtkultur kann als Lobgesang auf die eine von den im Kampfe liegenden Welten gestaltet werden. Das wäre entweder ein Hymnus auf die Industrialisierung – der Weg Eisensteins und Dovženkos, den Úlehla nicht gehen wollte – oder ein Loblied auf das traditionelle Dorf. Diesen Weg macht die Beschaffenheit des Materials ungangbar. Zu augenfällig ist in Velká die Ohnmacht der alten Formen im Kampfe mit den neuen. Nebenan eine Zweigbahn, in zwei Stunden liegt Brünn. Radio und Zeitungen, Militärdienst, Sokolverband und Parteien, Elektrizität und Traktoren, Stadterzeugnisse und Schule – all das transformiert das Dorf unerbittlich und setzt Schritt für Schritt seiner Eigenart eine Grenze. Nicht umsonst spricht der Titel des Films von einer Welt, die im Untergehen begriffen ist. Dazu ist die mährisch-slovakische Folklore kaum als günstige Illustration zum Kampfe zweier Kulturen – der ländlichen gegen die städtische – anzusprechen: diese Folklore enthält zu viele Elemente der Kunst der höheren Gesellschaftsschichten, das ist in bedeutendem Maße gesunkenes Kulturgut, und auch nicht eine Spur selbst von relativer, volkstümlicher Autarkie ist hier zu finden.

In dem Film *Eine entschwindende Welt* hat das Problem der künstlerischen Umgestaltung der Folklore eine andere Lösung gefunden. Das Dorf wird hier so gezeigt, wie es von der Filmheldin gesehen wird – einer jungen Städterin, die gekommen ist, um Volkslieder zu sammeln. Das Dorf bezaubert sie durch seine dekorative Schönheit – seine Lieder, Trachten, Gottesdienste, Tänze, Sitten, alles traditionell und unwandelbar wie Stickereimotive. Sie, und mit ihr auch die Kamera, sieht nur das geputzte, festliche, folkloristische Dorf, sie hat nur das eine gern – das selbstgenügende, flitterschimmernde Schauspiel, sie hat kein Auge für die Kehrseite des Dorflebens, für die soziale Schichtung des Dorfes, für seinen unansehnlichen Alltag, für das lästige Eindringen der Stadt. Die Stadt ist in ihrer Auffassung ermüdende, unordentliche

Bewegung. Sie kennt kein Pathos außer dem Pathos des Dekorativen, und das verurteilt sie zur Einsamkeit, weil sie nicht imstande ist, lebendige Menschen in sich aufzunehmen. Man kann sie der Untreue bald ihrem Stadt-, bald ihrem Dorffreund nicht beschuldigen, ebenso wie man nicht von der Wahrhaftigkeit oder Lügenhaftigkeit eines Schürzenmusters sprechen kann.

Möglicherweise beurteile ich die Filmheldin anders als der Autor des Filmbuches und der Regisseur, jedenfalls ist es gerade das Dekorative ihrer Auffassung, das die Möglichkeit bietet, die teppichartige Ornamentik der Folklore dieses Dorfes zu goutieren und im Filme bloßzulegen. Hang zum Bunten an sich, Gegenstandslosigkeit, Übermacht der äußeren Form – das sind die charakteristischen Züge der lokalen Volkskultur. Indem sie verdunstet, werden die Trachtenverzierungen immer gesuchter und verschnörkelter, die Feste immer gewollter, die Volksetikette immer äußerlicher.

Der Film *Eine entschwindende Welt* ist eine Orgie der Ornamentik. Nach einem von jeder Verantwortung freien Ornament sehnt sich die Heldin, als entblößtes Ornament ist das Dorfleben dargestellt, die Erotik, der wundervoll vom Flugzeug aufgenommene Felderteppich, die botanischen Motive, die Komposition der Details. In der vorsätzlichen Geladenheit mit würzigem Muster ist die Kraft und Neuheit dieses Films.

Anmerkungen des Herausgebers

1 Der Zeitungsartikel trägt den zusätzlichen Untertitel »Prof. Dr. Úlehla als Filmregisseur«.
2 Svatava Pírková war Jakobsons zweite Frau, später in den USA bekannt geworden durch die Herausgabe von Vladimir Propps *Morphology of the Folktale,* Indiana University Research Center in Anthropology 1958; deutsch: *Morphologie des Märchens,* Frankfurt: Suhrkamp 1975.

Verfall des Films?
[1933]

Der Film ist ein Eldorado der Semiotik, an dem nach Jakobsons Auffassung kein semiotisches Werk mit systematischem Anspruch achtungslos vorbeigehen kann.[1] In seiner eigenen Studie zum Film aus der Prager Zeit fällt in der Tat auf, daß in ihr anstelle des früher vorherrschenden phänomenologischen Begriffs des Ausdrucks der zentrale semiotische Begriff des Zeichens tritt und daß gleich zu Beginn auf einen Altmeister der Semiotik, Augustinus, zurückgegriffen wird. Augustinus hat mit der Konzeption eines Zeichensystems, in dem die Sache selbst als Zeichen und nicht nur, wie üblich, als Bezeichnetes fungiert, als semiotische Möglichkeit antizipiert, was vom Film realisiert wird. Das Hauptverfahren zur Umsetzung von Sachen in Zeichen ist die Synekdoche, ein Teil als Zeichen des Ganzen. In der Filmstudie von 1933 rekurriert Jakobson auch zum ersten Mal eingehender auf die beiden Verfahren der Metapher und der Metonymie, die später in seiner Poetik (ab 1935), dann in der Sprachtheorie überhaupt und anschließend im französischen Strukturalismus (bei Lévi-Strauss und Lacan) eine Schlüsselrolle spielen.[2]

Nach strukturalistischer (antiformalistischer) Auffassung sind Form und Stoff nicht unabhängig voneinander. So sind auch die Verfahren einer Kunst nicht unabhängig von ihrem Medium. Im Tonfilm wird das primäre Medium des Films, die Optik, durch ein akustisches erweitert. In Abhängigkeit vom Realismus der filmischen Darstellung haben Ton (Sprache und Musik) im Kino eine andere Funktion als im Theater, in dem zum Beispiel die Protagonisten laut Monologe führen können. Am Übergang vom Stumm- zum Tonfilm läßt sich schließlich die Übersetzung von Zeichen (zum Beispiel des Orts- und Zeitwechsels) von einem Zeichensystem in ein anderes, eine spezifische semiotische Kompetenz des Menschen, exemplarisch analysieren.[3]

»Wir sind faul und nicht neugierig.« Der Ausspruch des Dichters[4] gilt bis heute.

Wir sehen die Entstehung einer neuen Kunst. Sie wächst sprunghaft. Befreit sich von den Fesseln und dem Einfluß der älteren Künste, ja beginnt selbst auf sie einzuwirken. Sie bildet ihre Normen und eigenen Gesetze und wirft dann diese Normen selbstbewußt um. Sie wird ein mächtiges Instrument der Propaganda und Erziehung, ein alltäglicher sozialer Fakt von Massencharakter; sie läßt in dieser Beziehung alle übrigen Künste hinter sich.

Die Kunstwissenschaft läßt das aber völlig gleichgültig. Der Sammler von Bildern und anderen Raritäten interessiert sich einzig und allein für alte Meister; wozu sich mit der Entstehung und Verselbständigung des Kinos beschäftigen, wenn man träumerische Hypothesen über den Ursprung des Theaters, über den synkretischen Charakter der prähistorischen Kunst vorlegen kann; je weniger Beweisstücke erhalten geblieben sind, um so spannender ist die Rekonstruktion der Entwicklung der künstlerischen Formen. Die Geschichte des Kinos scheint dem Forscher zu alltäglich; es ist eigentlich Vivisektion, während sein Steckenpferd die Jagd nach Antiquitäten ist. Übrigens ist es nicht ausgeschlossen, daß die Suche nach Filmkunstwerken von heute in Bälde eine eines Archäologen würdige Aufgabe sein wird; die ersten Jahrzehnte des Kinos wurden bereits zur »Fossilzeit«, und von den französischen Filmen vor dem Jahre 1907 zum Beispiel ist laut Mitteilung eines Fachmanns außer den ersten Erzeugnissen von Lumière fast nichts erhalten geblieben.

Ist aber das Kino eine autonome Kunst? Wer ist sein spezifischer Held? Welchen Stoff gestaltet diese Kunst? – Der sowjetische Filmschöpfer L. Kulešov[5] formuliert richtig, daß die realen Dinge das kinematographische Material bilden. Schon der französische Filmschöpfer L. Delluc[6] hatte erfaßt, daß auch der Mensch im Film »ein bloßes Detail, ein bloßes Teilchen *de la matiére du monde*« ist. Aber andererseits ist das Material jeder Kunst das Zeichen, und den Filmschaffenden ist dieser Zeichencharakter der Kinoelemente klar – »die Einstellung soll wie ein Zeichen, wie ein Buchstabe wirken«, betont der gleiche Kulešov. Deshalb sprechen Erwägungen über den Film immer wieder metaphorisch von der Sprache des Kinos, ja sogar von dem Kinosatz mit Subjekt und Prädikat, von Filmnebensätzen (B. Èjchenbaum[7]), von den Substantiv- und Verbalelementen im Film (A. Beucler) und ähnlichem. Besteht ein Widerspruch zwischen diesen beiden Thesen: der Film operiert mit Sachen – der Film operiert mit Zeichen? Es gibt Beobachter, die diese Frage positiv beantworten, die deshalb die zweite These verwerfen und im Hinblick auf den Zeichencharakter der Kunst das Kino nicht als Kunst anerkennen. Aber den Widerspruch zwischen den angeführten Thesen hat eigentlich schon der heilige Augustinus ausgeräumt. Dieser geniale Denker des 5. Jahrhunderts, der fein unterschied zwischen der Sache (*res*)[8] und dem Zeichen (*signum*), lehrt, daß neben den Zeichen, deren wesentliche Aufgabe darin besteht, etwas zu bedeuten, Sachen existieren, die man in der Rolle von Zeichen verwenden kann. Eben eine solche Sache (optisch oder akustisch) in ein Zeichen verwandelt, ist das spezifische Filmkunstmaterial.

Wir können von der gleichen Person sagen: ›ein Buckliger‹, ›ein Langnasiger‹ oder auch ein ›langnasiger Buckliger‹. Der Gegenstand unserer Aussage ist in allen drei Fällen der gleiche, aber die Zeichen sind verschieden. Wir können im Film den gleichen Menschen von hinten aufnehmen – da wird sein Buckel zu sehen sein, dann von vorn – es wird die lange Nase gezeigt, oder im Profil, so daß beides zu sehen ist. In diesen drei Einstellungen haben wir drei Dinge, die als Zeichen des gleichen Gegenstands fungieren. Jetzt wollen wir den synekdochischen Charakter der Sprache enthüllen und von unserem häßlichen Mann sagen, er sei einfach ›der Buckel‹ oder ›die Nase‹. Ein ähnliches Mittel des Kinos: die Kamera sieht nur den Buckel oder die Nase. *Pars pro toto* ist die Grundmethode des Films für die Verwandlung von Sachen in Zeichen. Die Terminologie der Szenarien mit ihrer »Halbtotale«, »Detail«, und »Halbdetail« ist in dieser Beziehung lehrreich. Der Film arbeitet mit unterschiedlichen und verschiedenen Bruchstücken von Gegenständen, was die Größe betrifft, und mit gleichfalls in bezug auf die Größe unterschiedlichen Bruchstücken von Raum und Zeit, verwandelt ihre Proportionen und konfrontiert diese Bruchstücke nach ihrer Kontiguität oder nach Ähnlichkeit und Kontrast, das heißt, er geht den Weg der *Metonymie* oder der *Metaphorik* (die zwei Grundarten des Filmaufbaus). Die Schilderung der Funktion des Lichts in Dellucs *Photogénie,* die Analyse der Filmbewegung und -zeit in der eingehenden Studie von Tynjanov[9] zeigen anschaulich, daß sich jede Erscheinung der Außenwelt auf die Leinwand in ein *Zeichen* verwandelt.

Der Hund erkennt einen gemalten Hund nicht, weil die Malerei insgesamt ein Zeichen ist – die malerische Perspektive ist eine künstlerische Konvention, ein schöpferisches Mittel. Der Hund bellt die Hunde auf der Filmleinwand an, denn das Material des Kinos ist die reale Sache, aber er bleibt blind einer Montage gegenüber, der Zeichenkorrelation der Sachen gegenüber, die er auf der Leinwand sieht. Der Theoretiker, der bestreitet, daß der Film eine Kunst ist, faßt den Film nur als bewegte Fotografie auf, beachtet die Montage nicht und will nicht zur Kenntnis nehmen, daß es sich hier um ein besonderes System von Zeichen handelt – das ist die Einstellung eines Lesers von Gedichten, für den die Worte keinen Sinn haben.

Die Zahl der absoluten Gegner des Kinos nimmt ständig ab. Sie werden abgelöst von Kritikern des Sprechfilms. Gängige Schlagworte lauten: »Der Sprechfilm ist der Verfall des Kinos«, »er beschränkt in bedeutendem Maße die künstlerischen Möglichkeiten des Kinos«, »die Stilwidrigkeit des Sprechfilms«[10] und ähnliches.

Die Kritik am Sprechfilm sündigt besonders durch vorzeitige Verallgemeinerungen. Sie rechnet nicht damit, daß die einzelnen Erscheinungen des Kinos einen geschichtlichen Charakter haben, der zeitlich eng begrenzt ist. Die Theoretiker haben überstürzt die Stummheit in den Komplex der strukturalen Eigenschaften des Films aufgenommen und sind jetzt beleidigt, daß die weitere Entwicklung des Kinos von ihren Formeln abwich. Statt den Satz »um so schlimmer für die Theorie« anzuerkennen, wiederholen sie das traditionelle »*pro factis*«.

Wieder überstürzen sie sich, wenn sie die Eigenschaften der heutigen Sprechfilme als Eigenschaften des Sprechfilms überhaupt deklarieren. Sie vergessen, daß man die ersten Tonfilme nicht mit den letzten Stummfilmen vergleichen kann. Der gegenwärtige Stand des Tonfilms ist charakterisiert durch die Begeisterung für die neuen technischen Errungenschaften (es ist angeblich schon gut, daß man gut hören kann usw.), es ist die Zeit des ersten Suchens nach neuen Formen. Das entspricht der Periode des Stummfilms vor dem [Ersten Welt-]Krieg, während der Stummfilm der letzten Zeit bereits seinen Standard geschaffen hat, seine klassischen Werke erlebt hat, und vielleicht wurzelt gerade in dieser Klassizität, in der Ausbildung des Kanons sein Ende und die Notwendigkeit eines neuen Umbruchs.

Es wird behauptet, daß der Sprechfilm das Kino in gefährliche Nähe zum Theater gerückt hat. Das hat er sicher, er hat es wieder angenähert wie am Beginn unseres Jahrhunderts, in den Jahren der »elektrischen Theater«. Er hat das Kino wieder angenähert, um gleich darauf eine neue Befreiung auszulösen. Denn im Prinzip sind die Sprache auf der Leinwand und die Sprache auf der Bühne etwas tief Unterschiedliches. Das Material des Films ist die optische Sache, solange der Film stumm war, heute die optische und akustische Sache. Das Material des Theaters ist das menschliche Handeln. Die Sprache im Film ist ein spezieller Fall der akustischen Sache, neben dem Summen einer Fliege und dem Murmeln eines Bachs, neben dem Rattern von Maschinen usw. Die Sprache auf der Bühne ist eine der menschlichen Verhaltensweisen. Wenn J. Epstein[11] einmal vom Theater und Kino sagte, daß beide Aussagemethoden bereits im Wesen selbst unterschiedlich seien, so hat diese These auch in der Zeit des Tonfilms nichts von ihrer Gültigkeit eingebüßt. Warum sind Sätze »beiseite« oder Monologe auf der Bühne möglich, nicht aber auf der Leinwand? – Eben deshalb, weil die innere Rede ein menschliches Verhalten, nicht aber eine akustische Sache ist, ist im Film das »Theaterflüstern« nicht möglich, das keiner der auf der Leinwand Anwesenden hört, wohl aber das Publikum.

Eine charakteristische Besonderheit der Filmsprache gegenüber der Bühnensprache ist auch ihr fakultativer Charakter. Der Kritiker E. Vuillermoz[12] verurteilt diese Fakultativität:

»Die verkrampfte und regellose Art und Weise, mit der in eine früher schweigsame Kunst in diesem Augenblick die Sprache hineingetragen und im nächsten Augenblick wieder entfernt wird, zerstört die Gesetzlichkeit des Spiels und betont den willkürlichen Charakter der Abschnitte der Stille.« Der Vorwurf ist irrig.

Sehen wir auf der Leinwand Menschen sprechen, dann *hören* wir dabei ihre Worte oder Musik. Musik, nicht Stille. Stille im Kino wird als tatsächliches Nichtvorhandensein von Tönen und Geräuschen gewertet; sie ist also eine akustische Sache genauso wie die Sprache, wie ein Husten oder Straßenlärm. Im Tonfilm fassen wir die Stille als Zeichen für die reale Stille auf. Es genügt daran zu erinnern, wie die Klasse in L. Vančuras Film *Vor dem Abitur* still wird. Nicht die Stille, sondern Musik bezeichnet im Film die Ausschließung der akustischen Sache. Die Musik im Kino dient diesem Zweck deshalb, weil die Musikkunst mit Zeichen arbeitet, die sich auf keine Sachen beziehen. Der Stummfilm ist akustisch völlig »gegenstandslos«, und eben deshalb erfordert er eine dauernde musikalische Begleitung. Auf diese neutralisierende Funktion der Musik im Kino sind manche Beobachter unwillkürlich gestoßen, wenn sie bemerkten, daß »wir augenblicklich das Nichtvorhandensein von Musik bemerken, aber keinerlei Aufmerksamkeit ihrem Vorhandensein widmen, so daß also jede Musik eigentlich zu jeder Szene paßt« (Béla Balázs[13]); »die Musik im Kino ist dazu bestimmt, nicht gehört zu werden« (Paul Ramain); »ihr einziger Zweck ist, das Gehör zu fesseln, während alle Aufmerksamkeit auf das Sehen konzentriert ist« (Frank Martin).

Man kann darin kein unkünstlerisches Durcheinander sehen, wenn im Tonfilm die Sprache zeitweise gehört, zeitweise von Musik abgelöst wird. So wie das Neuerertum von Edwin Porter und später von D. W. Griffith die Unbeweglichkeit der Kamera dem Modell gegenüber aufhob und in den Film die Verschiedenartigkeit der Einstellungen einführte (den Wechsel von Totalen mit Halbtotalen, Details usw.), so ersetzt in gleicher Weise der Tonfilm durch seine neue Verschiedenartigkeit die Erstarrung der bisherigen Auffassung, die den Ton konsequent aus dem Reich der Filmdinge gestrichen hatte. Im

Tonfilm können die optische und akustische Realität zusammen dargeboten werden oder auch umgekehrt getrennt voneinander: Die optische Sache erscheint ohne den Ton, der normalerweise mit ihm verbunden ist, oder der Ton wird von der optischen Sache weggerissen (wir hören den Menschen noch sprechen, aber statt seines Mundes sehen wir andere Details der Szene oder sogar schon eine andere Szene). Es bieten sich also neue Möglichkeiten der filmischen Synekdoche. Parallel dazu vermehren sich die Methoden der Verbindung der Einstellungen (reiner Ton- oder Wortübergang, Trennung von Bild und Ton usw.).

Die Titel im Stummfilm waren ein wichtiges Mittel der Montage, oft fungierten sie als Bindeglied zwischen den Einstellungen, und S. Timošenko sieht in seinem *Versuch einer Einführung in die Theorie und Ästhetik des Kinos* (1926)[14] darin sogar ihre erste Aufgabe. Damit blieben also im Film die Elemente einer rein literarischen Komposition erhalten. Deshalb wurden Versuche unternommen, den Film von den Titeln zu befreien, aber diese Versuche erforderten entweder vereinfachte Sujets oder ein zu verlangsamtes Filmtempo. Erst im Tonfilm wurde die Aufhebung der Titel wirklich durchgeführt. Zwischen dem heutigen ohne Unterbrechung laufenden Film und dem durch Titel unterbrochenen Film ist im Wesen der gleiche Unterschied wie zwischen der Oper und dem Vaudeville mit Gesang. Die Gesetze der rein filmischen Verbindung der Einstellungen werden jetzt zum Monopol.

Taucht in einem Film eine bestimmte Person an einem Ort auf und sehen wir sie dann an einem anderen Ort, der nicht an den ersten angrenzt, dann muß zwischen beiden Situationen ein Zeitabschnitt verstrichen sein, da die Person auf der Leinwand fehlt. Entweder wird dabei der erste Ort nach dem Weggang der Person gezeigt oder der zweite Ort vor ihrer Ankunft oder schließlich ein Zwischenschnitt: Irgendwo anders spielt sich eine Szene ab, an der die betreffende Person nicht beteiligt ist. Dieses Prinzip hat sich in der Tendenz bereits im Stummfilm durchgesetzt, aber dort genügten schließlich für die Verbindung dieser beiden Situationen Titel à la »Und als er nach Hause kam...«. Erst jetzt wird das angeführte Prinzip konsequent durchgeführt. Es kann nur dann umgangen werden, wenn die zwei Szenen nicht der Kontiguität nach verbunden sind, sondern nach Ähnlichkeit oder Kontrast (die Person nimmt in beiden Szenen die gleiche Situation ein u. dgl.), weiterhin auch dann, wenn es in der Absicht des Films liegt, die Hast des Sprunges von einer Situation zur anderen zu betonen und zu pointieren oder auch die Unterbrechung, den Riß zwischen beiden Szenen. Genauso unzulässig sind in den Maßen ein und derselben Szene unbegründete Kamerasprünge von einer Sache zu einer anderen, nicht damit zusammenhängenden, falls aber doch ein solcher Sprung auftritt, akzentuiert er mit aller Gewalt diese andere Sache, belastet er semantisch ihr plötzliches Eingreifen in die Handlung.

Im heutigen Film kann nach einem Ereignis nur ein nachfolgendes Ereignis gezeigt werden, nicht aber ein vorhergehendes oder gleichzeitiges. Die Rückkehr zur Vergangenheit kann nur als Erinnerung oder Erzählung einer der Personen erfolgen. Dieser Grundsatz hat eine genaue Analogie in der Poetik Homers (genauso wie den Filmzwischenschnitten der Homersche *horror vacui* entspricht). Die sich gleichzeitig abspielenden Handlungen werden bei Homer, wie T. Zieliński[15] zusammenfassend erläutert, entweder als aufeinanderfolgende Ereignisse dargestellt, oder von zwei parallelen Ereignissen wird das eine ausgelassen, wobei eine fühlbare Lücke entsteht, falls dieses Ereignis nicht schon vorher so angedeutet ist, daß wir uns seinen Verlauf leicht zu Ende denken können. Mit diesen Prinzipien der antiken epischen Poetik stimmt erstaunlicherweise die Montage des Tonfilms genau überein. Eine sichtbare Tendenz zum ›linearen‹ Charakter der filmischen Zeit trat bereits im Stummfilm auf, aber die Zwischentitel erlaubten Ausnahmen; einerseits bezeichneten Mitteilungen vom Typ »Und dazwischen...« gleichzeitige Handlungen, andererseits ermöglichten Titel vom Typ »NN verbrachte seine Jugend auf dem Dorf« Sprünge in die Vergangenheit.

So wie das erwähnte »Gesetz der chronologischen Untrennbarkeit« der Zeit Homers zugehört, nicht aber der erzählenden Dichtkunst überhaupt, so wollen wir auch die Gesetze des heutigen Kinos nicht überstürzt verallgemeinern. Ein Kunsttheoretiker, der die künftige Kunst in seine Formeln zwängt, gleicht allzuoft dem Baron Münchhausen, der sich an seinen eigenen Haaren aus dem Sumpf zieht. Aber man kann vielleicht einige Ansätze feststellen, die sich zu bestimmteren Tendenzen entwickeln können.

Sobald sich der Fundus der dichterischen Mittel konsolidiert und sich der Kanon der Vorbilder so gründlich ausprägt, daß die Wortgewandtheit der Epigonen zur Selbstverständlichkeit wird, dann bricht in der Regel die Sehnsucht nach Prosaisierung durch. Die bildmäßige Seite des Film ist heute minutiös durchgearbeitet. Und eben deshalb ertönt auf einmal das Rufen der Filmschaffenden nach einer nüchternen, episch angelegten Reportage, wächst der Widerstand gegen die Filmmetaphorik, gegen das selbstgenügsame Spiel mit den Details. Gleichzeitig steigert sich das Interesse für den Aufbau nach dem Sujet, der bis vor kurzem fast ostentativ vernachlässigt wurde. Erinnern wir uns nur an die fast sujetlosen berühmten Filme Eisensteins oder an Chaplins *City Lights,* wo eigentlich das Szenarium von *A Doctor's Love* anklingt, des primitiven Films von Gaumont vom Beginn dieses Jahrhunderts: Sie ist blind, ein Buckliger heilt sie, ein häßlicher Arzt, er verliebt sich in sie, aber traut sich nicht, ihr das zu sagen; er sagt ihr, daß er ihr morgen die Binde von den Augen nehmen kann, denn die Heilung ist abgeschlossen – sie wird sehen. Er geht, quält sich, er ist überzeugt, daß sie ihn wegen seiner Häßlichkeit verachten wird, aber sie wirft sich ihm an den Hals: »Ich liebe dich, denn du hast mich geheilt.« Kuß. Ende.

Als Reaktion gegen die überfeinerte Macht, gegen die nach Dekorativität riechende Technik entsteht zielbewußte Nachlässigkeit, absichtliche Unfertigkeit, Skizzenhaftigkeit als Gestaltungsmittel *(L'Age d'or* des genialen Buñuel). Der Dilettantismus beginnt zu sprießen. Die Worte ›Dilettantismus‹ und ›Analphabetentum‹ klingen im tschechischen Wortschatz äußerst pejorativ. Aber es gibt Zeiten in der Geschichte der Kunst und darüber hinaus in der Kulturgeschichte überhaupt, da die positive, vorwärtsstreibende Rolle dieser Künstler außer Zweifel steht. Beispiele? Rousseau – Henri oder auch Jean-Jacques.

Ein Feld braucht nach reicher Ernte Ruhe. Schon einige Male wechselten sich die Zentren der Filmkultur ab. Dort, wo die Tradition des Stummfilms stark ist, findet der Tonfilm nur schwer neue Wege. Der tschechische Film durchlebt erst die Zeit seines Erwachens (Puchmajers Almanache und ähnliches). Im tschechischen Stummfilm wurde wenig geschaffen, was der Erwähnung wert ist. Heute, da die Sprache in den Film eingedrungen ist, sind tschechische Filme entstanden, die das Ansehen lohnen. Es ist sehr wahrscheinlich, daß gerade das Unbeschwertsein von Traditionen das Experimentieren erleichtert. Aus der Not wird hier in der Tat eine Tugend. (Ich spreche hier vom Film nur im Rahmen der Geschichte der Kunst. In Zukunft sollte man dieses Problem in die Geschichte der Kultur, der Politik und Wirtschaft einreihen.) Die Fähigkeit der tschechischen Künstler, die Schwäche der einheimischen Tradition auszunützen, ist fast traditionell in der Geschichte der tschechischen Kultur. Die frische provinzielle Eigenständigkeit des Romantismus von Karel Hynek Mácha wäre kaum möglich, wenn die tschechische Dichtkunst durch eine ausgereifte klassische Norm belastet gewesen wäre. Und gibt es für die heutige Literatur eine schwerere Aufgabe als die Entdeckung einer neuen Form von Humor? Die sowjetischen Humoristen ahmen Gogol' nach und Čechov, Kästners Gedichte sind ein Widerhall des Sarkasmus von Heine, die gegenwärtigen französischen und englischen Humoresken erinnern in ihrer Mehrzahl an die Centonen (Flickgedichte, aus Zitaten zusammengestellt). Der *Švejk* konnte einzig und allein deshalb entstehen, weil das 19. Jahrhundert bei den Tschechen keinen kanonischen Humor hervorgebracht hat.

Anmerkungen

1 Siehe das »Gespräch über den Film« (1967), in diesem Band, 267 ff. [Hg.]
2 Siehe R. Jakobson, »Randbemerkungen zur Prosa des Dichters Pasternak« (1935), in: *Poetik*, Frankfurt: Suhrkamp 1979,

192–211; R. Jakobson und K. Pomorska, *Poesie und Grammatik*, Frankfurt: Suhrkamp 1982, 113, und für eine Übersicht: E. Holenstein, *Roman Jakobsons phänomenologischer Strukturalismus*, Frankfurt: Suhrkamp 1975, 142–156. [Hg.]
3 Siehe »Linguistische Aspekte der Übersetzung« (1959), in diesem Band, 482 f. [Hg.]
4 Aleksandr Puškin.
5 Lev Kulešov, *Repeticionnyj metod v kino*, Moskau 1922.
6 Louis Delluc, *Photogénie*, Paris 1920
7 Boris Èjchenbaum, »Problemy kino-stilistiki«, in: *Poètika kino*, Moskau 1927, 13–52; deutsche Fassung: »Probleme der Filmstilistik«, in Wolfgang Beilenhoff (Hg.), *Poetik des Films. Deutsche Erstausgabe der filmtheoretischen Texte der russischen Formalisten*, München: Fink 1974, 12–39.
8 *Res* bzw. Jakobsons tschechischer Ausdruck *věc* wird in der vorliegenden Fassung einheitlich mit ›Sache‹ übersetzt. An mehreren Stellen sind ›Ding‹, die vom deutschen Übersetzer bevorzugte Wiedergabe, oder auch ›Gegenstand‹ ebenso gut vertretbare Übersetzungen. Keine der Varianten liest sich an allen Stellen gleich fließend. Zur Wahrung der Assoziation ist jedoch eine einheitliche Übersetzung von Vorteil. [Hg.]
9 Jurij Tynjanov, »Ob osnovach kino« in: *Poètika kino*, Moskau 1927, 53–85; deutsch: »Über die Grundlagen des Films«, in: Beilenhoff a. a. O., 40–63.
10 »Die Stilwidrigkeit des Sprechfilms«: deutsch im Original. [Übers.]
11 Jean Epstein, *Bonjour cinéma*, Paris 1921.
12 Émile Vuillermoz, »La musique des images« in: *L'art cinématographique* 3 (1927), Paris.
13 Béla Balázs, *Der sichtbare Mensch oder die Kultur des Films*, Wien-Leipzig 1924, 143.
14 Semen Timošenko, *Iskusstvo kino i montaž fil'ma: Opyt vvedenija v teoriju i èstetiku kino*, Leningrad 1926, 71.
15 Tadeusz Zieliński, »Die Behandlung gleichzeitiger Ereignisse im antiken Epos«, in: *Philologus*, Supplementband 8/3 (1901), 422.

Gespräch über den Film[1]
[1967]

Zwei Sachfragen stehen im Mittelpunkt des Interviews, die Möglichkeit von metaphorischen und metonymischen Verfahren im Film und die Anwendung sprachwissenschaftlicher Methoden in der Filmtheorie: Der metaphorische Stil dominiert in den Filmen von Chaplin und Eisenstein und ist typisch für japanische Filme. Chaplins spätere Filme sind doppelt metaphorisch. Zur romantischen Symbolisierung der Wirklichkeit hinzu kommt in ihnen eine Parodierung seines eigenen früheren Symbolismus. Der metonymische Stil dominiert in den Filmen Griffith' und ist typisch für amerikanische und russische Filme. Die Montage, die der Filmmetonymie zugrunde liegt, ist als Schnitt immer auch eine Selektion und damit eine Aufhebung des Realismus, den der metonymische Stil insinuiert. – Zum Modellcharakter der hochentwickelten Linguistik für die Semiotik ist vorab an Jakobsons These zu erinnern, daß der unmittelbare Vergleichsgegenstand der einzelnen Künste nicht die Sprache als solche, sondern die Sprachkunst, die Poesie ist. Dasselbe gilt für die methodologische Vorgehensweise.[2] So ist zu beachten, daß in unterschiedlichen Epochen unterschiedliche Strukturen künstlerisch dominieren: einmal mehr solche, die den phonologischen Einheiten entsprechen; ein anderes Mal und in Reaktion auf den vorangegangenen Stil übergeordnete Strukturen mit ihren je spezifischen Möglichkeiten. – Den Schluß des Gesprächs bildet ein Rückblick auf die Arbeiten zum Film im russischen Formalismus und auf Jakobsons eigene Filmarbeiten zu Beginn der dreißiger Jahre.

Um zunächst das allgemeine Problem Ihrer gegenwärtigen Einstellung zum Kino anzugehen, besonders in bezug auf Ihren Artikel von 1933[3] und gegenwärtige Studien der Filmlinguistik, möchten wir gern Ihre Ansichten als Kinobesucher kennenlernen. Gehen Sie oft ins Kino?

Ja, viel mehr als ins Theater. Wenn ich zufällig erfahre, daß in irgendeinem Kino in Cambridge, Boston oder auch weiter entfernt ein Film der Marx Brothers gezeigt wird, verzichte ich gern auf einen Vortrag oder eine Universitätsvorlesung, um ihn zu sehen. Ich muß tatsächlich gestehen, daß die Marx Brothers für mich eines der interessantesten Phänomene in der Geschichte des modernen Kinos sind. Schade, daß niemals etwas Analytisches über sie geschrieben worden ist. Es wäre interessant, einen Vergleich zwischen Chaplin und den Marx Brothers als zwei Etappen der Satire, zwei Etappen des komischen Films herzustellen. Wenn ich jünger wäre, so habe ich oft wiederholt, würde ich versuchen, eine Monographie zu diesem Thema zu schreiben.

Vielleicht macht das Übergewicht, das die sprachliche Komik der Marx Brothers besitzt, ihre Analyse schwierig.

Ich weiß nicht, ob dies der Grund ist oder aber die Gegenwart von so vielen jener dadaistischen, surrealistischen und irrationalen Elemente in ihren Satiren, daß sie sehr gut vorbereitete Leser erfordern, um darüber zu diskutieren. Es sind auch wirklich viele interessante Dinge über den Film der Avantgarde, über verschiedene Formen des kinematographischen Experimentalismus geschrieben worden, aber es handelte sich immer um einen Experimentalismus, der sozusagen viel organisierter, sehr viel theoretischer, sehr viel thesenartiger war. Im Fall der Marx Brothers ist das, was überrascht, dagegen etwas Neues, eine ganz und gar originelle und sozusagen elementare Strukturdichte.

Da ist vielleicht auch die Tatsache, daß die Komik der Marx Brothers niemals an eine komische Regie gebunden ist. Es ist bekannt, daß ihre Regisseure nur Handwerker waren, Leo McCarey ausgenommen, der in der Tat eines ihrer besten Werke geleitet hat, Duck Soup.

Ich meine, daß der größte Film der Marx Brothers *Animal Crackers* ist. Ich erinnere mich, daß Claude Lévi-Strauss während des Krieges, nachdem er diesen Film in einem kleinen Kino in New York gesehen hatte, mich anrief (und ihm passierte es selten, von einem Film wirklich beeindruckt zu sein). »Es ist doch enorm, fantastisch«, sagte er mir, »wie kann man nicht bemerken, daß es sich um eine noch grausamere Satire handelt, als man sich vorstellen kann.« Er hat sich ihn dann nochmals angesehen, und ich verstehe es. Es ist wirklich ein erstaunlicher Film.

Duck Soup ist ebenfalls eine der grausamsten Kriegssatiren, die man je gesehen hat. Sie haben schon früher auf die Möglichkeit eines Vergleichs der Marx Brothers mit Chaplin hingedeutet; dort[4] haben Sie Chaplin als Beispiel für einen metaphorischen Film angeführt und dem metonymischen Film von Griffith gegenübergestellt. Wie sehen Sie das Problem heute?

Am Anfang, als der Film begann, sich durch die Arbeit von Griffith und anderer von der Theatertradition zu befreien, handelte es sich vor allem darum, die enormen Möglichkeiten zu entwickeln, die die Metonymie eröffnete; dann, als der Film sich schon als ›unabhängiger Staat‹ behauptete, war es möglich, auch die Elemente einzuführen, die sozusagen eher sekundär sind, komplexere Elemente wie gerade die Metapher, die eine breitere Umgestaltung der kinematographischen Materie erfordern. Es hat verschiedene Versuche gegeben, und nicht nur mit Chaplin. Viel metaphorischer sind die Filme von Eisenstein. Ich möchte hierzu Ihre Aufmerksamkeit auf Eisensteins Schriften über den Film lenken, die gerade veröffentlicht wurden. Darin gibt es Ideen von den Schritten, die zeigen, daß Eisenstein nicht nur ein genialer Schöpfer im Bereich des Films ist, sondern auch ein großer Gelehrter, ein Theoretiker und ein Historiker des Films und der Kunst. Wunderbar ist zum Beispiel der Vergleich, den er zwischen Chaplin und Dickens macht. Leider ist diese Studie in einer gekürzten Fassung veröffentlicht worden. Eisenstein zieht nicht nur Dickens zum Vergleich heran, sondern in einer noch schöneren Passage Joyce.[5] Ich hoffe, daß auch dieser Teil veröffentlicht werden kann.

Uns hatte Chaplin als Beispiel für den metaphorischen Film überrascht. Die Entwicklung der Geschichte bei Chaplin scheint der von Griffith nicht unähnlich zu sein. Der Fall Eisenstein ist viel offensichtlicher.

Aber wie kann man einen metaphorischen Stil in Chaplins *Gold Rush*, einen Film voller Metamorphosen, nicht erkennen? Es gibt noch einen anderen ganz und gar metaphorischen Film von Chaplin, den einige Kritiker als gescheitert eingestuft haben, der aber in Wirklichkeit ein sehr interessantes Experiment darstellt, sein autobiographischer Film *Limelight*.

Es überrascht, daß Sie ihn als einen metaphorischen Film ansehen.

Aber sicher, er entfaltet sich auf zwei Ebenen, die in ihrem Verhältnis zueinander gänzlich metaphorisch sind. Die Metapher ist gleichsam diejenige eines Dichters der romantischen Tradition: die Realität auf der einen Seite, der Traum auf der anderen. Das Interessante an diesem Film ist, daß der Traum immer auf eine etwas parodistische Weise präsentiert wird, besser gesagt, Motive der ersten Filme von Chaplin wiederaufnimmt und neben Chaplin auch seine Kollegen von damals zur Darstellung bringt. *Limelight* ist ein Film, der das Problem der Metapher in doppelter Weise gestellt hat, was Chaplins innerster Natur entspricht. Es gibt in ihm den Symbolismus und zugleich eine Parodie dieses Symbolismus. Erinnern Sie sich an die Szene, in der Chaplin selbst in sehr parodistischer Weise den Schlüssel zum Film gibt, wenn er sagt, »ach ja, der Doktor Freud«? Es handelt sich um Symbole, die zugleich auf Freuds Art und Weise analysiert werden und als Parodie betrachtet werden können. Wenn Sie ein schönes Filmbeispiel haben wollen, in dem die Metapher eine primäre Rolle einnimmt, genügt es, an ein Werk einer poetischen Kultur zu denken, die zu den metaphorischsten der Welt gehört, die japanische: *Rashomon,* der auch verschiedene Aspekte desselben Ereignisses behandelt, ebenso *Jigoku mon* und viele andere.

Wie setzen Sie das Problem zum neueren Film in Beziehung?

Ein metaphorischer Film von Anfang bis Ende, in dem die Differenz zwischen Metapher und Metonymie verschwindet, ist *L'année dernière à Marienbad*. Ich glaube, daß es sich um ein sehr interessantes Experiment handelt. Die Autoren selbst haben in einem Aufsatz zur Absicht ihres Films übrigens einige Ideen zu diesem Thema geäußert.

Was können Sie zur Metonymie sagen?

Zunächst impliziert die Montage des Films immer notwendigerweise die Metonymie. Montage ist vor allem Kontiguität. Sie ist der raffinierteste Gebrauch der Kontiguität, den man machen kann. Aber die Charakteristik von manchen neueren Diskussionen läuft auf eine Abtrennung von dieser rein metonymischen Tendenz hinaus. Wenn man anfängt zu fragen, ob die Montage die interessantere Sache eines Films ist, stellen sich sofort andere Probleme. Zu diesem Thema muß ich sagen, obwohl ich es war, der diese Opposition lanciert hat, daß ich diese zwei polaren Begriffe – Kontiguität und Similarität – heute als hierarchische Differenz formulieren würde. Soll die Kontiguität oder die Similarität dominieren? In jeder Kunst müssen tatsächlich die zwei Elemente, Metonymie und Metapher, gleichzeitig präsent sein. In der Poesie etwa gibt es keine bloße Metonymie, da jede Kontiguität notwendigerweise immer aufgrund der Versstruktur auch als Similarität konzipiert ist. Das Problem ist nur noch, welcher der beiden Werte dominiert?

Könnten Sie ein Beispiel des metonymischen Films geben?

Alle dokumentarischen oder dem Dokumentarischen nahestehenden Filme sind *per definitionem* eher metonymisch als metaphorisch.

Uns scheint, daß der amerikanische Film insgesamt und der sowjetische der Tonfilmperiode als Filme mit dominanter Metonymie betrachtet werden können.

Ohne zu stark zu verallgemeinern, würde ich sagen, daß viele dieser Tendenzen sich tatsächlich in der Entwicklung des sowjetischen Films und des amerikanischen wiederfinden, wohingegen im französischen, italienischen, japanischen und skandinavischen Film die entgegengesetzte Tendenz vorherrscht.

Die sowjetischen Theoretiker der dreißiger Jahre stellen dem Film der Prosa einen politischen gegenüber, identifiziert mit den Werken von Eisenstein, Dziga Vertov, Dovženko, Pudovkin. Handelt es sich um eine Unterscheidung, die Ihrer nahe ist?

Ja, sehr nahe. Was Sie sagen, trifft ohne jeden Zweifel zu. Ich muß nur hinzufügen, daß ich ein wenig Angst habe: Ich glaube, daß oftmals die Opposition zwischen einer metonymischen und einer metaphorischen Tendenz zu einer anderen Opposition zwischen Filmen niedrigerer und Filmen höherer Qualität degeneriert. Die Prosa des durchschnittlichen sowjetischen Films der Periode des Personenkults war in Wirklichkeit von sehr mittelmäßiger Qualität.

Glauben Sie, daß die Metonymie im Film dazu neigt, etwas real, tale quale, *anzunehmen, so wie es sich darstellt, während die Metapher als solche zur Stellungnahme gegenüber der Realität herausfordert?*

Nein. Ich glaube, daß man in dem Moment, in dem man einen Film hat, auch einen Schnitt hat und daß der Schnitt eine Transformation ist. Es gibt in einem Film notwendigerweise zwei Dinge: eine Selektion und eine Kombination – Kombination, das ist die Montage. Man kann also nicht eigentlich von einer Realität *tale quale* sprechen; die Realität als solche ist die der Apparate, die auf den Mond eingestellt sind und die eine wie auch immer geartete Sache automatisch fotografieren. Die Realität als solche existiert im Film nicht.

Einverstanden, aber stilistisch könnte die Tendenz des Regisseurs in Richtung auf eine fotografische Annahme des Realen zielen oder in Richtung auf seine Festsetzung.

Daß die metonymische Kunst oft von Künstlern, von Theoretikern oder einfach von Zuschauern als Realismus interpretiert wird, ist eine Tatsache. Ich weiß nicht, ob Sie meinen Text über den Realismus in der Kunst kennen.[6] Darin führe ich verschiedene Auffassungen des Realismus an, die sich voneinander sehr unterscheiden. Eine von ihnen ist jene, der zufolge die Kunst um so realistischer wird, je metonymischer sie ist. Es handelt sich um eine Konvention, die ebenso gültig ist wie eine andere auch.

Was denken Sie über die Opposition ciné-langue *vs.* cinéma-langage, *wie Christian Metz sie aufgestellt hat?*[7] *Glauben Sie, daß es möglich ist, im Film den Phonemen analoge kleinste Einheiten auszumachen?*

Ich glaube, es handelt sich um Konzeptionen, die mit bestimmten geschichtlichen Etappen korrelieren. In dem Augenblick, wo der Zuschauer daran gewöhnt ist, den Film in kleinste Elemente zu zergliedern, kann, wer einen Film macht, es unterlassen, den Akzent auf eine solche Analyse zu legen, und versuchen, den Zuschauer daran zu gewöhnen, die großen Einheiten des filmischen Diskurses zu sehen. Sobald der Zuschauer dagegen an diese großen Einheiten gewöhnt ist, wird notwendigerweise eine neue analytische Tendenz folgen.
In der Dichtung geschieht genau dasselbe: Da gibt es die Poesie, die vor allem mit syntaktischen Elementen operiert, mit der Struktur des Satzes in ihrer Ganzheit, und da gibt es die Poesie, die wesentlich die feineren prosodischen Elemente herausarbeitet. Man kann nicht sagen, daß es sich hier um eine Opposition zwischen einer Wahrheit und einer falschen Auffassung handelt; es handelt sich vielmehr um zwei komplementäre Momente. Das Problem der Akzentsetzung auf das eine oder das andere der beiden Momente ergibt sich aus der Entwicklung der betreffenden Kunst. Wir haben es mit

einer offensichtlichen dialektischen Spannung zwischen Analyse und Synthese zu tun.

In der Tat, so wie Eisenstein zu seiner Zeit, entwickelt Pasolini heute seine Theorien der ciné-langue *im Hinblick auf den gegenwärtigen Film und nicht absolut.*[8]

Ich glaube, daß eine sehr wichtige Sache bei der Analyse der Tendenzen des Films, der Struktur des Films, die Notwendigkeit ist, den Hintergrund, den *background,* die Gewohnheiten des Zuschauers zu berücksichtigen. Welches sind die Filme, die der Zuschauer zu sehen gewöhnt ist? Welche Formen sind es? Wenn man etwas Neues bringt, muß dieses Neue gerade im Zusammenhang mit einem solchen traditionellen Code bewertet werden. Andernfalls läuft man Gefahr, die Analyse zu verfälschen und die Position jenes deutschen Gelehrten einzunehmen, der sich wunderte, als er die Ringe afrikanischer Frauen in einem Berliner Museum studierte, daß sie weiß waren. Er vergaß, daß sie ja an einem schwarzen Körper gesehen werden mußten.

Es ist sehr wichtig, die geschichtlichen Elemente in den Analysen strukturalen Typs zu berücksichtigen. Es gibt Leute, die dem Strukturalismus, Lévi-Strauss zum Beispiel, vorwerfen, gerade von der Geschichte zu abstrahieren.

Ich glaube, der Vorwurf an Lévi-Strauss, seine Analysen primitiver Kulturen seien zu abstrakt, entstammt einer primitiven Einstellung. Meiner Meinung nach ist Lévi-Strauss in seiner Arbeit sehr empirisch. Bei ihm geht die Theorie mit den Tatsachen einher. Wenn bei ihm die Typologie dominiert, heißt das nicht, daß er die Entwicklung nicht sieht. Das einzige Problem ist: Welches ist die Hierarchie der Werte? Im allgemeinen ist das, was man den verschiedenen Formen des Strukturalismus vorwirft, vor allem unter dem Gesichtspunkt der Psychologie der Polemik interessant. Man versucht immer, einen bestimmten Aspekt vorzuwerfen, der um jeden Preis übertrieben wird. Wenn ich etwa die Geschichte des sogenannten »Russischen Formalismus« in seiner Gesamtheit nehme, bemerke ich, daß den Formalisten vor allem vorgeworfen wurde, zu historisch zu sein, die ewigen Werte nicht zu sehen, den abstrakten Wert der Kunst, jene nur als Neuheit zu betrachten, als Kampf der neuen Formen gegen die alten. Ich glaube, daß alle diese Phänomene – um den schönen Ausdruck des dänischen Physikers Niels Bohr zu benutzen – in einem *Komplementaritätsverhältnis* zueinander stehen. Die Dinge können entweder nur im Augenblick oder, im Gegenteil, notwendigerweise in Beziehung zur Vergangenheit gesehen werden. Es handelt sich nur um zwei Aspekte einer allgemeineren Ansicht. Wie man im Film die Perspektive ändern kann, denselben Raum von oben oder unten, von hinten oder vorn ins Bild setzen kann, so kann es auch bei der wissenschaftlichen Analyse gemacht werden. Man kann nicht verlangen, daß alles zur gleichen Zeit, von einer einzigen Person, in einem einzigen Werk realisiert wird.

Was denken Sie über die Anwendung der linguistischen und semiotischen Studien für den Film?

Ich ging ins Kino, lange bevor ich verstanden hatte, worin die semiotischen Probleme bestehen. Aber später, als die Frage nach der Wissenschaft der Zeichen, der Zeichentheorie, mich zu interessieren begann, als ich gesehen hatte, daß hier das wesentliche Problem der modernen Wissenschaft liegt, als ich erkannt hatte, daß die Sprache nur eines der Zeichensysteme ist und daß die Sprachwissenschaft nur eine der Provinzen der Semiotik ist, begann der Film mich lebhaft als ein besonders wichtiges Zeichensystem zu interessieren. Ich könnte mir kein semiotisches Werk vorstellen, das sich nicht mit dem Film beschäftigt. Ich glaube, daß der Film absolut faszinierende Probleme stellt. In meinem Aufsatz von 1933, wenn ich mich nicht irre – ich habe ihn lange nicht gelesen –, fragte ich mich, wer den Platz entdeckt hat, den der Film unter den verschiedenen Zeichensystemen einnimmt, und ich machte einen Vergleich mit Mendeleev, der in der Theorie verschiedene Elemente gefunden hat, indem er ihnen einen Platz gab, lange bevor sie in der Praxis wirklich entdeckt wurden. Nun, wer hat dasselbe für den Film getan? Ich glaube, es war

Augustinus. Ich betrachte Augustinus als den ersten Theoretiker des Films.[9] In seiner Klassifikation der Zeichen behauptet er, daß ein Zeichensystem denkbar ist, in dem der Gegenstand Zeichen des Gegenstandes selbst wird: das ist der Film. Ich habe zu diesem Thema kürzlich eine lange Diskussion mit einem der besten Kunstsemiotiker, Meyer Schapiro, gehabt. Ich muß hinzufügen, daß der Film mir sehr instruktiv, aber vom Gesichtspunkt einer semiotischen Analyse nicht sehr komplex erscheint. Vielleicht gibt es dafür persönliche Gründe, ich weiß es nicht. Ich selbst finde, daß die Musik das schwierigste Zeichensystem ist. Ich beschäftige mich zur Zeit sehr damit und habe die ganze Literatur zu diesem Problem konsultiert, aber ich habe noch keine befriedigende und klare Antwort gefunden. Manchmal sage ich mir, daß es mir vielleicht deshalb schwierig erscheint, weil ich nie Musik gespielt oder komponiert habe, während ich mit dem Film gearbeitet habe. Beim Film fühle ich mich mehr in meiner Welt: Ich weiß, was Montage ist, was Schnitt ist, was diese Kombinationen vom Gesichtspunkt des Zwecks, ihres Zeichenwertes sind. Auf dem Gebiet der Musik gibt es einen jungen belgischen Wissenschaftler, Nicolas Ruwet, der sich zur Zeit vor allem mit dem Problem des Zeichens in der Musik beschäftigt. Die Beziehung zwischen Metonymie und Metapher ist in der musikalischen Analyse sehr wichtig, aber auch sehr komplex.

Halten Sie es aufgrund dessen, was Augustinus sagt, für möglich, die grammatische Analyse des Films bis zum Sach-Zeichen voranzutreiben?

Kennen Sie die Schriften von Lev Kulešov? Es gibt von ihm ein sehr bekanntes Buch *Iskusstvo kino;* aber es ist viel weniger interessant – Kulešov befand sich damals in einer Periode, in der er gezwungen war, einige Dinge zu ändern... – als eine andere Schrift von ihm über die Theorie des Films, eine wirkliche Rarität, die ich nunmehr seit langer Zeit nicht mehr gesehen habe, auf die ich mich jedoch in meinem Aufsatz von 1933 beziehe.[10] In dieser Schrift spricht Kulešov genau über die letzten Elemente oder letzten Einheiten des

Films und entwickelt auch eine binare Theorie der Gesten als oppositive Zeichen. Er analysiert alles nach verschiedenen Dichotomietypen. In dieser Schrift findet sich das berühmte Beispiel des Gesichts von Mozzuchin, aus drei verschiedenen Perspektiven gesehen. Kulešov war ein Meister auf diesem Gebiet. Seine Filme sind dagegen weit weniger interessant.

Was denken Sie über die in der Sammlung Poètika kino *erschienenen neuen Aufsätze der russischen Formalisten zum Film, insbesondere über jene Èjchenbaums, Tynjanovs und Kazanskijs?*

Ich habe sie gleich nach ihrem ersten Erscheinen gelesen, aber nie mehr ein zweites Mal. An jenen von Kazanskij erinnere ich mich nicht mehr. Ich hatte nichts dagegen, aber auch nichts dafür zu sagen. Ich erinnere mich hingegen, von jenen Èjchenbaums und Tynjanovs sehr betroffen gewesen zu sein, auch wenn ich gegen ersteren nicht wenig einzuwenden hatte; aber es sind Sachen, an die ich mich im einzelnen nicht mehr erinnere. Dagegen aber gefielen mir Šklovskijs Aufsätze über den Film allgemein nicht, ich fand sie sehr oberflächlich. An andere Texte erinnere ich mich nicht. Ich habe aber einige lebhafte Diskussionen nicht vergessen – sie besitzen jetzt archäologischen Wert –, die 1919 im Moskauer linguistischen Kreis über das Problem stattfanden, ob der Film eine Kunst sei oder nicht; ich erinnere mich, daß vor allem Šklovskij und ich es waren, die darauf bestanden, daß es so sei, während beispielsweise Osip Brik, der doch ein Mensch von außerordentlicher Intelligenz war, die entgegengesetzte Meinung vertrat. Möglicherweise sind diese Diskussionen in den Berichten des Kreises veröffentlicht worden. Frau R. M. Cejtlin sagt in einem ihrer Bändchen über Vinokur, der Sekretär des Kreises war, daß sich die Sitzungsprotokolle des Kreises in der Manuskriptensammlung von Vinokur im staatlichen Zentralarchiv für Literatur befinden. Über den Film existieren viele bekannte Schriften im ersten Band der Werke von Majakovskij, sehr merkwürdige Dinge, geschichtlich gesehen.

Haben Sie Dziga Vertov gekannt?

Persönlich nicht, aber ich kannte seine Filme, ich kannte die *Kinoki*. Ich sah damals viele Filme. Ich erinnere mich, sogar den ersten russischen futuristischen Film gesehen zu haben: *Drama v kabare futuristov No. 13* [Drama im Futuristenkabarett Nr. 13] mit Larionov und Gončarova.[11] Ein anderer sehr interessanter, heute aber leider verlorengegangener Film war der von Majakovskij *Zakovannaja fil'moj* [Eingekettet im Film].[12] Ich erinnere mich an die Szene, in der der Maler das Mädchen nimmt, und plötzlich verschwindet es von allen Filmplakaten. Es war ein Film mit enorm viel Ereignissen. Es existiert eine Legende, nach der er sich in Amerika befindet, aber ich zweifle daran. Es gibt dann noch ein Drehbuch von Majakovskij, das ich sehr bemerkenswert finde, und worüber ich auch geschrieben habe: *Kak poživaete?* [Wie geht es euch?], das leider wegen der Intervention der Bürokratie nie gedreht worden ist.

Zu welcher Gelegenheit haben Sie den Artikel von 1933 geschrieben?

Ich habe ihn im Anschluß an meine praktische Arbeit mit dem Film geschrieben. Einer meiner besten tschechischen Freunde, ein wirklich bemerkenswerter Schriftsteller und origineller Erneuerer, Vladislav Vančura, hatte das Drehbuch zu einem Film geschrieben, der großen Erfolg hatte. Er plante einen weiteren Film, und da er keine Zeit hatte, sich darum zu kümmern, und ich arbeitslos war, schlug er mir vor, das Drehbuch dazu zu schreiben. Er beschränkte sich darauf, ein Exposé zu erstellen. Der Film hieß *Die Sonnenseite*. Ich schrieb es mit einer jungen Folkloreforscherin der Prager Universität, S. Pírková, und unter Mitwirkung des bekannten tschechischen Dichters Nezval. Wir haben intensiv am Drehbuch gearbeitet. Ich habe auf diese Weise viele Dinge gelernt, auch weil wir losgingen, um uns anzusehen, wie verschiedene Filme in der Umgebung von Prag gedreht wurden.[13] Außerdem sind in jener Zeit viele Diskussionen geführt worden. Einige junge Leute der Avantgarde behaupteten, daß der

Tonfilm das Ende des Films sei, weil die große Originalität des Films gerade die Stummheit war; sie sagten, es handle sich um eine notwendige Synekdoche. Ich habe mich damals dieser – wenn Sie so wollen – reaktionären These widersetzt und behauptet, daß der Bezug zu dem, was man im Film fühlt und sieht, überhaupt nicht den Bezug imitieren muß zu dem, was man im Leben fühlt und sieht. In dem Aufsatz stellte ich mir beispielsweise einen Dialog zwischen Leuten vor, die auf der Leinwand nicht erscheinen, während man völlig andere Dinge sieht. Der Artikel wurde anfangs nicht für die Zeitschrift geschrieben, in der er dann erschien. Ich habe ihn verfaßt, weil Vančura eine Sammlung von Artikeln über den Film veröffentlichen wollte, eine Sammlung, die dann aus irgendeinem Grunde nicht mehr realisiert wurde. Da ich meinen Artikel schon geschrieben hatte, überlegte ich, ihn der Zeitschrift zu geben. Ich glaube auch, ich schrieb in einer Fußnote zum Text, daß er für mich wie ein kleines *preview* eines größeren Werks über die Semantik des Films sein sollte, das ich dann nicht mehr realisiert habe, weil ich an die Universität berufen wurde und mich auf philologische Probleme konzentrieren mußte. Dann zwangen mich plötzliche Programmänderungen zum Verzicht auf die Idee, meine Untersuchungen auf außersprachliche Zeichensysteme, insbesondere die moderne und primitive Malerei und Theaterfolklore, auszuweiten.

Anmerkungen der Übersetzerinnen und des Herausgebers

1 Gespräch mit Adriano Aprà und Luigi Faccini, in Rom auf Tonband aufgenommen. Jakobsons Antworten wurden später in Harvard anhand der Aufzeichnung von ihm selbst redigiert.
2 Siehe R. Jakobson, »Ein Blick auf die Geschichte der Semiotik«, in diesem Band, 128. Vgl. auch Jurij Tynjanov (1927): »Der Film macht Sprünge von Schnitt zu Schnitt wie der Vers von Zeile zu Zeile«

(1927), zitiert nach A. A. Hansen-Löve, *Der russische Formalismus,* Wien: Österreichische Akademie der Wissenschaften 1978, 351.
3 Siehe in diesem Band, 256 ff.
4 Siehe R. Jakobson, »Two Aspects of Language and Two Types of Aphasic Disturbances«, in: *Selected Writings* II, The Hague: Mouton 1971, 256; deutsch in: R. Jakobson, *Aufsätze zur Linguistik und Poetik,* München: Nymphenburger 1974, 136.
5 Siehe Sergej Èjzenštejn, »Dikkens, Griffit i my« (1941/42), in: *Amerikanskaja kinematografija: D. U. Griffit,* Moskau 1944/46, 39–88; deutsch: »Dickens, Griffith und wir«, in: Eisenstein, *Gesammelte Aufsätze* I, Zürich: Arche o. J., 60–136, sowie »Charlie the Kid« (1945/46), deutsch mit dem gleichen englischsprachigen Titel: ebd. 137–177.
6 Siehe R. Jakobson, *Poetik,* Frankfurt: Suhrkamp 1979, 129–139.
7 Siehe Christian Metz, *Semiologie des Films,* München: Fink 1972, 51–130.
8 Siehe Pier Paolo Pasolini, »Die Sprache des Films«, in: Friedrich Knilli (Hg.), *Semiotik des Films,* München: Hanser 1971, 38–55.
9 Siehe den Aufsatz von 1933, in diesem Band, 258.
10 Lev Kulešov, *Repeticionnyj metod v kino,* Moskau 1922.
11 Regie: Vladimir Kas'janov.
12 Regie: Nikandor Jurkin.
13 Siehe Jakobsons Zeitungsbericht aus Mähren von 1932, in diesem Band, 251 ff.

Musikwissenschaft und Linguistik
[1932]

Das Verhältnis zwischen einem Phonem (einem Bündel von systematischen geordneten Lauteigenschaften mit bedeutungsunterscheidender Funktion) und den Lauten, in denen es realisiert ist, hat in der Musik Vergleichbares. Entscheidend ist nicht, wie ein Ton, von einem Akustiker naturalistisch meßbar, realisiert ist, sondern auf welches System von Werten (Tonhöhe, Tonbewegung, Klangfarbe und dergleichen) bezogen er intendiert ist. Andere Vergleiche ergeben sich für die Phonologie und die Musikwissenschaft in bezug auf die Auswirkung unterschiedlicher Systeme auf die Notationsweise, die Typologie und die Entwicklung der Systeme und die Tendenz zu Angleichungen (»Bünden«) über ethnische Grenzen hinweg. Der entscheidende Unterschied zwischen Musik und Lautsprache liegt darin, daß in der Musik das (syntaktische) System an sich das Bedeutende ist und eine semantische Dimension im allgemeinen entfällt.

Der Vortrag, den G. Becking[1], Professor der Musikwissenschaft an der Deutschen Universität in Prag, jüngst im *Pražský lingvistický kroužek*[2] gehalten hat, gehört zu den bedeutendsten Ereignissen des Prager wissenschaftlichen Lebens der letzten Zeit. Schon auf dem phonetischen Kongreß, der im Juli dieses Jahres in Amsterdam stattfand, hatten einerseits Becking in seinem Vortrage über die Musikalität der serbokroatischen Volksepen, andererseits der Vorsitzende des Kongresses J. van Ginneken in seiner einleitenden Rede den auffallenden Parallelismus zwischen den phonologischen Grundproblemen und den Grundproblemen der modernen Musikwissenschaft betont, aber erst der erwähnte Vortrag Beckings hat die Tragweite dieser Zusammenhänge aufgedeckt. In klarer Form und mit zahlreichen, auch für einen Laien einleuchtenden Beispielen skizzierte der Forscher eine überzeugende vergleichende Charakteristik der Musikwissenschaft und der Phonologie.

Ein afrikanischer Eingeborener spielt eine Weise auf seiner

Bambusflöte. Der europäische Musiker wird viele Schwierigkeiten haben, die exotische Melodie treu nachzuahmen, aber es gelingt ihm endlich, die Tonhöhen festzustellen, und er ist überzeugt, daß er das afrikanische Musikstück genau wiedergibt. Doch der Eingeborene ist damit nicht einverstanden, da der Europäer die Klangfarbe der Töne nicht genügend beachtet hat. Nun wiederholt der Eingeborene dieselbe Weise auf einer anderen Flöte. Der Europäer meint, es sei eine andere Melodie, da sich die Tonhöhen gemäß dem abweichenden Bau des neuen Instrumentes vollkommen geändert haben, aber der Eingeborene schwört, es sei dasselbe Stück. Der Unterschied liegt darin, daß für den Afrikaner die gleiche Klangfarbe die Hauptsache ist, wogegen für den Europäer die Tonhöhe. Das Wichtige in der Musik ist nicht die naturalistische Gegebenheit, nicht diejenigen Töne, die realisiert werden, sondern die, die *gemeint* werden. Der Eingeborene und der Europäer hören denselben Ton und meinen dabei ganz verschiedene Dinge, da sie ihn in bezug auf zwei verschiedene musikalische Systeme auffassen; der Ton fungiert in der Musik als »System-Ton«. Die Realisationen können mannigfaltig sein, der Akustiker stellt es genau fest, aber das musikalisch Maßgebende ist, daß *das Musikstück als identisch erkannt werden muß*. Es besteht also zwischen einem musikalischen Wert und seinen Realisierungen genau das gleiche Verhältnis wie in der Sprache zwischen einem Phonem und den Lauten, die dieses gemeinte Phonem in der Rede vertreten.

Der Unterschied zwischen den mittelalterlichen Neumen und den modernen Noten ist kein bloßer Schriftunterschied, sondern spiegelt den wichtigen Unterschied zweier musikalischer Systeme wider: im Gregorianischen Choral handelt es sich im diametralen Gegensatz zur europäischen Musik der Neuzeit nicht um die Tonhöhe, sondern um die Tonbewegung. Der enge Zusammenhang zwischen dem phonologischen Bau einer Sprache und der entsprechenden Schrift, der besonders in den Vorträgen N. S. Trubetzkoys und A. Artymovyčs im *Kroužek* betont wurde, bildet eine nahe Parallele.

Becking versucht eine Typologie der musikalischen Systeme

aufzustellen. Er unterscheidet »eindimensionale Systeme«, wo bloß die Zahl der Stufen in der Leiter relevant ist, »zweidimensionale Systeme«, wo sich das Prinzip der inneren Verwandtschaft im Tonmaterial behauptet, »dreidimensionale Systeme«, die durch die Funktion im Zusammenklang charakterisiert werden, und endlich »vierdimensionale Systeme«, in denen der Einzelton auch noch die Funktion seines Akkordes im harmonischen Tonalitätssystem vertritt. Die Gesetzmäßigkeit des Systembaues erinnert an die Typologie der phonologischen Systeme. Als Beispiele demonstriert der Gelehrte für den ersten Typus die Musik der montenegrinischen Guslaren, für den zweiten eine Symphonie von der Insel Bali, für den dritten ein Werk der englischen Kirchenmusik des 14. Jahrhunderts und für den vierten Typus eine venezianische Barockkomposition. An einigen anschaulichen Beispielen enthüllt Becking den Fehler derjenigen Forscher, die in ein Musiksystem Gesichtspunkte eines anderen Systems hineinlesen, zum Beispiel ein eindimensionales System als eine »schlecht gespielte« chromatische Reihe auffassen.

Auch die Entwicklungsprinzipien eines Musiksystems sind, wie der Vortrag zeigt, den phonologischen Sprachveränderungen verwandt. Entweder wird ein irrelevanter Unterschied zu einem relevanten, oder es findet das Gegenteil statt. Gewöhnlich sind Verluste und Gewinne relevanter Unterschiede miteinander verknüpft.

Zum Schlusse skizzierte Becking den Grundunterschied zwischen der Musik und der Sprache. Zwar gibt es in der Musikgeschichte Einzelfälle, wo gewisse Musikformen zu einem eindeutigen Ausdruck werden (in der italienischen Oper, bei Wagner usw.). Es ist bemerkenswert, daß die höchstgeordneten Elemente eines gegebenen Systems öfters eine mystische Bedeutung haben. Aber im allgemeinen ist in der Musik im Unterschied zur Sprache das Tonsystem an sich das Bedeutende, das Tonsystem, welches mit der Weltanschauung unzertrennbar verknüpft ist.

Die Ausführungen Beckings sind nicht nur für den Musik-, sondern auch für den Sprachforscher von allergrößter Wichtigkeit. Er erhält neuen Stoff für fruchtbare Vergleichungen:

ähnlich sind in der Musik und in der Sprache das Verhältnis der Klangwerte und ihrer Realisierungen, das Verhältnis zwischen diesen Werten und der Schrift, die Grundsätze der Mutationen. Die Musikwissenschaft lehrt uns, daß benachbarte Völker und Stämme oft eigenartige »musikalische Bünde« bilden, so zum Beispiel besitzen die Völker des Fernen Ostens ein besonderes musikalisches System, das sich nach Becking durch die Ausnützung einer ungemeinen Menge von kleinen Intervallen auszeichnet. Es ist höchst interessant, daß es dieselben Völker sind, die einen »phonologischen Bund« bilden, welcher durch das Vorhandensein von Tonverlaufunterschieden im phonologischen System charakterisiert wird.[3] Es ist notwendig, die Grenzen und die Merkmale der einzelnen musikalischen und phonologischen Bünde zu vergleichen. Die Strukturgesetze der Musik und die der dichterischen Schallform sind ein besonders dankbares Material für das vergleichende Studium. Linguistisch formuliert, besteht die Eigenart der Musik gegenüber der Dichtung darin, daß ihre Gesamtheit von Konventionen (*langue* nach der Terminologie von Saussure) sich auf das phonologische System beschränkt und keine etymologische Verteilung der Phoneme, also keinen Wortschatz besitzt.

Die Musikwissenschaft muß die Errungenschaften der Phonologie ausbeuten: das ganzheitliche Verfahren, die Theorie des Systembaus usw. So wäre zum Beispiel die phonologische Lehre, wonach ein Unterschied zweier korrelativer Werte immer ein Gegensatz eines merkmalhaltigen und eines merkmallosen Wertes ist, auch für die Musikwissenschaft von Bedeutung.

Anmerkungen des Herausgebers

1 Gustav Becking (1894–1945), in den frühen dreißiger Jahren ein enger Freund Jakobsons (gemeinsames Studium der jugoslavischen Guslaren-Dichtung); nach der Befreiung Prags (nach Jakobsons mündlicher Mitteilung) wegen notorischer Naziaktivitäten zusam-

men mit seiner Familie auf offener Straße gelyncht. Zu Jakobsons fortgesetzter Hochschätzung von Beckings Forschungen siehe unten, 382 ff.
2 Prager linguistischer Kreis, gegründet 1926.
3 Vgl. »Über die phonologischen Sprachbünde« (1931), in diesem Band, 452 ff.

Visuelle und auditive Zeichen
[1964/67]

Die Lautsprache ist in Jakobsons Sicht das einzige autonome[1], fundamentale und universale Vehikel menschlicher Kommunikation. Die anderen Zeichensysteme sind als Kommunikationsmittel fakultativer, subsidiärer und parasitärer Art. Sie fungieren als ein Ersatz für die gesprochene Sprache, so etwa Schrift und Trommelzeichen, oder als eine Ergänzung, so etwa die Mimik. Genetisch und funktional anfänglich von der Sprache unabhängige Systeme wie Gestik und Musik sind nach erfolgtem Spracherwerb tiefgreifend verwandelt worden.[2] Man denke zur Veranschaulichung einer solchen Rückwirkung einer semiotischen Gattung auf eine andere an die Rückwirkung des Films auf das Theater.

Wie kommt es zu dieser Auszeichnung eines auditiven Zeichensystems? Drei Faktoren scheinen eine wichtige Rolle zu spielen: der nicht-gegenständliche, abstrakte Charakter von auditiven Zeichen, ihre ausgeprägte kategoriale und hierarchische Gliederung und ihre ebenso ausgeprägte Zweiachsenstruktur. Ein fehlender gegenständlicher Bezug wirkt in der Malerei und in der Plastik unwillkürlich befremdend. In der Musik wird ein solcher dagegen kaum vermißt. Der fehlende intrinsische Gegenstandsbezug erlaubt eine flexible semiotische Verwendung des auditiven Mediums. Der hierarchische Aufbau aus diskreten, diskontinuierlichen Elementen ermöglicht ein relativ müheloses Erfassen komplexer Strukturen. Obschon bei den auditiven Zeichen die Achse des Nacheinander dominiert, fehlt die Achse des Miteinander, die so typisch ist für visuelle Zeichen, keineswegs. Sie manifestiert sich in der genannten hierarchischen Gliederung der Sequenzen, in der simultanen Bündelung von distinktiven Eigenschaften zu Phonemen und in der Notwendigkeit, abgelaufene Sequenzen im Prozeß des Verstehens als ein Ganzes präsent zu halten. Sie manifestiert sich auch in der Aphasie, bei der deutlich »Simultaneitäts-« und »Sukzessivitätsstörungen« unterscheidbar sind, die den beiden Achsen sprachlicher Zeichen entsprechen.[3]

I

Warum richten sich gegen nichtgegenständliche, nichtdarstellende abstrakte Malerei und Skulptur noch immer heftige Angriffe, Verachtung, Spott, Beschimpfung, Verwirrung, manchmal sogar Verbot, während die Forderung nach Nachahmung der äußeren Wirklichkeit seltene Ausnahmen in der langen Geschichte der Musik sind?
Dieser Frage entspricht ein anderes notorisches Rätsel: Warum ist die hörbare Sprache das einzige universale, autonome und fundamentale Vehikel der Kommunikation? Visuelle Zeichenmuster sind entweder auf eine bloß begleitende, subsidiäre Funktion beschränkt, wie etwa Gesten und Gesichtsausdrücke, oder diese Zeichengebilde – wie etwa Buchstaben und Glyphen – konstituieren, in der Terminologie von J. Lotz ›parasitäre Gebilde‹, also fakultative Superstrukturen, die zu einer gesprochenen Sprache gebildet werden, dessen vorheriger Erwerb vorausgesetzt ist.[4] In E. Sapirs kurzer Formulierung: »Die Lautsprache hat Vorrang vor jeder anderen kommunikativen Symbolik, die im Vergleich zu ihr entweder, wie die Schrift, substitutiv oder allenfalls ergänzend ist oder, wie die Geste, das Reden begleitet.«[5]
Der verstorbene M. Aronson, ein begabter Beobachter, der zunächst in Wien bei N. Trubetzkoy, dann in Leningrad bei B. Ejchenbaum arbeitete, schrieb 1929 einen lehrreichen Bericht über die von ihm und anderen Forschern bei Radio Leningrad durchgeführten Experimente, die dazu beitragen sollten, Hörspiele zu verbessern und zu entwickeln.[6] Es wurden Versuche gemacht, in die Montage der Texte entsprechende Reproduktionen von verschiedenen natürlichen Geräuschen einzubauen. Wie das Experiment ergab, wird »nur ein unbedeutender Teil der uns umgebenden Geräusche von uns bewußt aufgenommen und in Verbindung mit gewissen Erscheinungen gebracht«. Die Radiostation nahm sorgfältig Geräusche von Bahnhöfen und Zügen, Straßen, Häfen, von der See, von Wind, von Regen und von verschiedenen anderen Situationen auf, aber angesichts der schwachen diskriminativen Fähigkeit, die die Hörer zeigten, erwies es sich als notwendig, »mit einem kleinen Vorrat von bedeu-

tungsbestimmten Geräuschen zu arbeiten«. Man kann mit dem Berichterstatter übereinstimmen, daß der Informationswert von natürlichen Geräuschen minimal ist (»Geräusche sind eben noch keine Sprache«) und daß es deshalb ziemlich schwierig ist, sie für ein Hörspiel zu verwenden. Die Folgerung »Wir leben mehr mit der Sehkraft als mit dem Gehör« verlangt jedoch eine genauere Neuformulierung.

Teilt man mit C. S. Peirce Zeichen in Indizes, Ikons und Symbole ein[7], so kann man sagen, daß für den Zeichenbenutzer ein Index durch eine tatsächliche, vorgegebene Kontiguität mit seinem Gegenstand verbunden ist und ein Ikon durch seine tatsächliche Ähnlichkeit, während es keine notwendig gegebene Verbindung zwischen Symbolen und den Gegenständen, auf die sie sich beziehen, gibt. Ein Symbol wirkt »kraft eines Gesetzes«. Konventionelle Regeln liegen den Beziehungen zwischen den verschiedenen Symbolen ein und desselben Systems zugrunde. Die Verbindung zwischen dem sinnlichen *signans* eines Symbols und seinem intelligiblen (übersetzbaren) *signatum* basiert auf einer erlernten, vereinbarten, gewohnheitsmäßigen Kontiguität. Die Struktur von Symbolen und Indizes impliziert also eine Kontiguitätsbeziehung (im ersten Fall ist sie künstlich, im zweiten physikalisch), während das Wesen eines Ikons in der Ähnlichkeit besteht. Andererseits ist der Index, im Gegensatz zum Ikon und Symbol, das einzige Zeichen, das notwendig mit der wirklichen Kopräsenz seines Gegenstandes verbunden ist. Genaugenommen liegt der Hauptunterschied der drei Zeichenarten eher in der Hierarchie ihrer Eigenschaften als in den Eigenschaften selbst. So ist nach Peirce jedes Gemälde »in seiner Darstellungsweise größtenteils konventionell«, und da die »Ähnlichkeit durch konventionelle Regeln gestützt wird«, kann solch ein Zeichen als ein *symbolisches Ikon* angesehen werden. Die sachgemäße Funktion der *ikonischen* und *indexikalischen Symbole* in der Sprache wartet andererseits noch auf eine gründliche Untersuchung.

In unserer Alltagserfahrung ist die Unterscheidbarkeit von visuellen Indizes viel größer und ihre Verwendung vielseitiger als das Verständnis und die Anwendung von auditiven Indizes. Desgleichen werden auditive Ikone, das heißt Nachahmungen von natürlichen Lauten, kaum erkannt und selten verwendet. Andererseits genügt die Universalität der Musik, die fundamentale Funktion der Sprache in der menschlichen Kultur und schließlich eine bloße Erwähnung des Übergewichts von Wort und Musik im Radio, um zu zeigen, daß Aronsons Folgerung auf den Vorrang des Sehens vor dem Hören in unserem kulturellen Leben nur für Indizes und Ikons, nicht aber für Symbole gilt.

Wir sind geneigt, visuelle Reize mit der Identifikation jedes Gegenstandes, der unser Auge erreicht, zu verdinglichen. Man kann eine weitverbreitete Neigung bemerken, verschiedene Flecken, Kleckse oder abgebrochene Wurzeln und Zweige als Bilder der belebten Natur, einer Landschaft oder sogar des Lebens, kurz, als nachahmende Kunst zu deuten. Diese angeborene Neigung, ein visuelles Bild in einen natürlichen Gegenstand zu verwandeln, zeigt sich auch in dem unwillkürlichen Zugang zu abstrakten Bildern, die als Rätselbilder aufgefaßt werden und daher Anlaß zu einem naiven Ärger geben, wenn keine Lösung zu dem vermeintlichen Rätsel gefunden werden kann.

Sowohl die visuelle als auch die auditive Wahrnehmung implizieren offensichtlich Raum und Zeit. Die räumliche Dimension hat jedoch einen Vorrang bei visuellen Zeichen und die zeitliche bei auditiven Zeichen. Ein komplexes visuelles Zeichen enthält eine Reihe simultaner Bestandteile, während ein komplexes auditives Zeichen in der Regel aus aufeinanderfolgenden sukzessiven Bestandteilen besteht. Akkorde, Polyphonie und Orchestrierung sind Manifestation der Simultaneität in der Musik, während gleichzeitig der Sequenz die dominante Rolle zukommt. Der Vorrang der Sukzessivität in der Sprache wurde manchmal als Linearität mißverstanden. Aber selbst Phoneme, simultane Bündel von distinktiven Eigenschaften, weisen die zweite Achse jeder sprachlichen Sequenz auf. Das Linearitätsdogma ist es auch, das seine Anhänger veranlaßt, solch eine Sequenz mit einer Markov-Kette zu verbinden und die hierarchische Anordnung einer jeden syntaktischen Konstruktion zu übersehen.

Es gibt einen grundlegenden Unterschied zwischen einem

primär räumlichen, simultan sichtbaren Bild und einem musikalischen oder sprachlichen Fluß, der in der Zeit abläuft und sukzessiv von uns gehört wird. Selbst ein Film erfordert ständig die simultane Wahrnehmung seines räumlichen Aufbaus. Um hervorgebracht, verfolgt und erinnert werden zu können, müssen sprachliche und musikalische Sequenzen zwei fundamentale Anforderungen erfüllen: sie müssen eine durchgehend hierarchische Struktur aufweisen und in letzte diskrete, streng gegliederte Elemente auflösbar sein, die *ad hoc* geschaffen wurden (oder, in der Terminologie von Thomas von Aquin, in *significantia artificialiter*). Den visuellen Zeichenkomplexen liegen keine ähnlichen Komponenten zugrunde, und selbst wenn irgendeine hierarchische Anordnung erscheint, ist sie weder obligatorisch noch systematisch. Das Fehlen dieser beiden Eigenschaften ist es, was uns beim Betrachten eines abstrakten Films stört, uns schnell erschöpft und unser Wahrnehmungs- und Gedächtnisvermögen behindert. [...]

Zusammenfassung. Eine mannigfaltige Dichotomie von Zeichen läßt sich herausstellen. Zunächst zeigt es sich, daß darstellende Zeichen, bei denen eine tatsächliche Ähnlichkeit oder Kontiguität zu ihren Gegenständen besteht, vorwiegend visuell sind, im Unterschied zu den nichtdarstellenden Zeichen, die meist auditiv sind. Die erstgenannten haben es in erster Linie mit dem Raum, die zuletzt genannten mit der Zeit zu tun; im einen Fall ist die Simultaneität, im anderen die Sukzessivität das wichtigste strukturierende Verfahren. Im Gegensatz zu dem ersten Zeichentyp impliziert der zweite eine notwendige hierarchische Anordnung und diskrete Elemente, die erfaßt, ausgewählt und zusammengestellt werden, um ein vorgegebenes Ziel zu erreichen.

II[8]

Während zweier Tage haben wir einige hochinteressante Vorträge und Diskussionen gehört; verschiedene Punkte, die dabei vorgetragen wurden, scheinen mir besonders wichtig und erfolgversprechend. So kam in den heutigen Diskussio-

nen wiederholt zur Sprache, daß ein grundlegender Unterschied besteht zwischen der Wahrnehmung von Sprachlauten und Lauten, die vom Hörer nicht als Redebestandteil identifiziert werden, obwohl sie äußerlich ähnlich oder sogar identisch sein können. Die heutige Diskussion über die Relevanz einer phonologischen, kategorialen Zugangsweise zum Problem der wahrnehmungsmäßigen Unterscheidung von Vokalen und Konsonanten war in der Tat erhellend.
Eine andere Frage, die in dem sehr interessanten Vortrag von J. C. Webster und R. B. Chaney[9] gestellt wird, betrifft die verschiedenartige Reaktion des Gehörs, genauer des Gehirns, je nachdem ob Sprachlaute oder andere Lautreize vorliegen. Die Autoren dieses Vortrags behaupten – wobei sie einige sehr anregende Ansichten weiterentwickeln, die vor drei Jahren von D. Kimura geäußert wurden[10] –, daß das rechte Ohr ein genaueres Unterscheidungsvermögen für Sprachlaute und das linke Ohr ein exakteres Unterscheidungsvermögen für andere Lautreize besitzt. Es wird immer deutlicher, daß die Frage, ob ein Laut zu einem Zeichensystem oder, wie Charles Sanders Peirce sagen würde, zu einem semiotischen System gehört, ein sehr geeignetes Kriterium ist. Heute haben wir eine weitere Diskussion über verschiedene Zeichensysteme gehört, insbesondere über das Ausmaß, in dem die Probleme der Sprache und Musik einander ähnlich sind, sowie über die Unterschiede der beiden Systeme. Es ist unmöglich, ein einziges Zeichensystem vollständig zu analysieren, ohne ständig auf allgemeine Probleme der Semiotik Bezug zu nehmen. Im Kontext dieser neuen und sich schnell entwickelnden Wissenschaft ist die Frage nach der Beziehung zwischen den verschiedenen Zeichensystemen eines der grundlegenden und brennenden Probleme. Wir stehen vor der Aufgabe, ein umfassendes Modell der Zeichenproduktion und -perzeption, sowie besondere Modelle für verschiedene Zeichentypen aufzustellen.
Zu demselben Problemfeld gehört die Frage nach der Beziehung zwischen der Wahrnehmung von hörbarer Sprache und dem Lesen, die heute in dem glänzenden Vortrag von Liberman, Cooper und ihren Mitarbeitern[11] behandelt wurde. Es wurde gesagt – was mir eine sehr anregende Beobachtung zu

sein scheint – daß, wenn man sich die Buchstaben einzeln mit der gleichen Geschwindigkeit vergegenwärtigen würde, wie man die entsprechenden Sprachlaute hört, es völlig unmöglich wäre, die Nachricht aufzunehmen.

Was ich nun ansprechen möchte, ist die strukturale und perzeptuale Beziehung zwischen sichtbaren und hörbaren Zeichen. Ich habe das Problem wiederaufgenommen, nachdem ich Zeitungsberichte über die jüngsten Erklärungen Chruščevs zur modernen Kunst, seinen scharfen und diktatorischen Protest gegen nichtdarstellende, abstrakte Malerei gelesen hatte. Es wurde deutlich, daß er eine starke Abneigung gegen diese Art Bilder hat, so daß sich uns unvermeidlich die Frage stellt, warum wir so oft dieser empörten Reaktion, dieser abergläubischen Furcht und Unfähigkeit begegnen, nichtgegenständliche Malerei zu verstehen und zu akzeptieren. Ein offizielles Moskauer Handbuch hat die ablehnende Haltung zusammengefaßt: »Uns gefällt die abstrakte Kunst aus dem einfachen Grund nicht, weil sie uns wegführt von der Realität, der Arbeit und Schönheit, von Freude und Sorge, fort von dem kräftigen Puls des Lebens in eine illusorische Trugwelt hinein zu der Oberflächlichkeit des sogenannten Ausdrucks der eigenen Persönlichkeit.« Warum aber verlieren dieselben Tiraden ihren Sinn, wenn man sich der Tonkunst zuwendet? In der ganzen Weltgeschichte haben sich die Leute höchst selten darum gekümmert und gefragt: »Welche Seite der Wirklichkeit bildet die Sonate so und so von Mozart oder Chopin ab? Warum führt sie uns fort von dem kräftigen Puls des Lebens zu der Oberflächlichkeit des sogenannten Ausdrucks der eigenen Persönlichkeit?« Die Frage nach Nachahmung, Abbildung und gegenständlicher Darstellung scheint jedoch für die große Mehrheit der Menschen natürlich und sogar zwanghaft zu sein, sobald sie sich dem Gebiet der Malerei oder der Skulptur zuwenden. [...]

Ich habe eine Frage zum Verwundern erwähnt, nämlich warum abstrakte Malerei befremdet und manchmal sogar verboten und behindert wird. Eine andere Frage, die ebenfalls nicht gleich beantwortet werden kann, die aber eine Antwort verlangt, ist die nach der Universalität von hörbarer Sprache. Alle Menschen, mit Ausnahme pathologischer Fälle, sprechen. Sprachlosigkeit (*aphasia universalis*) ist ein pathologischer Zustand. Andererseits ist das Analphabetentum eine weitverbreitete, in manchen ethnischen Gruppen sogar eine allgemeine gesellschaftliche Gegebenheit.[12] Warum sind visuelle Wortbotschaften sozusagen Superstrukturen, »parasitäre Gebilde« zu dem universalen Phänomen der gesprochenen Sprache? Warum sind alle anderen Formen der menschlichen Kommunikation nur sekundär und fakultativ? Entweder sie sind, wie im Falle der Schrift, bloßer Ersatz für mündliche Mitteilung oder sie sind nur ein begleitendes oder stützendes Mittel, wie zum Beispiel Gesten und Gesichtsausdrücke. Diese Sachverhalte fordern eine Aufklärung.

Lassen Sie uns also versuchen, die gestellten Fragen zu beantworten. Es ist klar, daß alle Phänomene, die wir erwähnt haben, im Raum wie in der Zeit erscheinen. Bei den visuellen Zeichen ist die räumliche Dimension vorrangig, während die zeitliche Dimension den Primat bei auditiven Zeichen hat. Auditive Zeichen laufen in einer Zeitfolge ab. Jedes komplexe visuelle Zeichen, zum Beispiel jedes Gemälde, zeigt eine Simultaneität von verschiedenen Komponenten, während die Zeitfolge die grundlegende Achse der Sprache zu sein scheint.

Selbstverständlich sollte man nicht den oft vorgeschlagenen, aber übervereinfachten Schluß ziehen, daß die Sprache einen rein linearen Charakter aufweist. Sie kann nicht als eine eindimensionale Zeitfolge angesehen werden. Sie ist eine sukzessive Folge von Phonemen, Phoneme sind jedoch simultane Bündel von gleichzeitigen distinktiven Eigenschaften; zudem zeigt die Sprache noch andere strukturale Eigentümlichkeiten, die verbieten, sie als ein bloßes Nacheinander zu betrachten. Trotzdem ist der dominante sequentielle Charakter der Sprache außer Zweifel. Dieser Vorrang der Sukzessivität muß analysiert werden.

Was ist der wesentliche Unterschied zwischen räumlichen und auditiven Zeichen? Wir beobachten eine auffallend starke Neigung, visuelle Zeichen zu verdinglichen, sie mit Gegenständen zu verbinden, ihnen einen Abbildungscharakter zuzusprechen und sie als Elemente einer »nachahmenden Kunst« anzusehen. Maler aller Zeiten haben Flecken und Kleckse von Tusche und Farbe verwendet und versucht, dadurch Gesichter, Landschaften und sogar das Leben selbst sichtbar werden zu lassen. Wie oft werden nicht auch abgebrochene Zweige, Spuren auf Steinen oder andere ganz natürliche bizarre Formen und Flächen für Darstellungen von Dingen oder Lebewesen gehalten? Diese universale, angeborene Neigung erklärt, warum ein unbefangener Betrachter eines abstrakten Gemäldes es unbewußt für eine Art Rätselbild hält und die Geduld verliert, wenn er nicht herausbekommt, was das nun »darstellen soll« und schließlich findet, daß »das nur Schmiererei ist«.

Was ist dagegen für sequentielle, speziell für sprachliche und musikalische Zeichen typisch? Wir finden bei ihnen zwei wesentliche Eigenschaften. Zum einen zeigt sich sowohl in der Musik wie in der Sprache eine durchgängige hierarchische Struktur und zum andern sind musikalische und sprachliche Zeichen in letzte diskrete, streng gegliederte Komponenten auflösbar, die als solche nicht von Natur aus existieren, sondern *ad hoc* geschaffen sind. Genau dies ist der Fall bei den distinktiven Eigenschaften in der Sprache, und es gilt ebenso für die Noten als Einheiten einer Tonleiter. Derselbe Gedanke wurde von Thomas von Aquin klar formuliert. Bei der Bestimmung der charakteristischen Eigenschaften, die sich in den lautlichen Bestandteilen der Sprache zeigen, stellte er fest, daß sie *significantia artificialiter* sind. Sie fungieren als bedeutsame Einheiten in einer künstlichen Anordnung. In der Malerei gibt es nicht bindend hierarchische Strukturen. Es gibt dort keine obligatorischen Überlagerungen oder Schichtungen, wie wir sie in der Sprache und der Musik finden. Walter Rosenblith, der mit linguistischen Untersuchungen von distinktiven Eigenschaften sehr vertraut ist, machte, als er auf einem wissenschaftlichen Kolloquium Probleme der visuellen Wahrnehmung diskutierte, hierzu eine treffende Bemerkung: »Es ist schade, daß wir in unserer visuellen Erfahrung keine Entsprechung zu den distinktiven Eigenschaften haben. Wie viel leichter würde es dann sein, das visuell Wahrgenommene zu zergliedern und zu beschreiben.«

Dies ist aber kein zufälliger Unterschied, sondern eine kardinale und spezifische Eigenschaft, die den zeitlichen, sequentiellen, auditiven Zeichensystemen inhärent ist.
Der Film ist ein sehr fruchtbares Feld für semiotische Studien, und einige Anfangsschritte in diese Richtung wurden von internationalen Forschern bereits gemacht. Im Zusammenhang mit unserer Diskussion von räumlichen und zeitlichen Zeichen darf ich Ihnen meine persönlichen Erfahrungen, die ich mit abstrakten Filmen gemacht habe, mitteilen. Obwohl ich seit der Zeit der ersten russischen Schritte in diese Richtung (Kandinskij, Larionov, Malevič, Bajdin, Romanovič, Rodčenko) selbst zu den begeisterten und aktiven Anhängern der abstrakten Malerei gehört habe, fühle ich mich vollkommen erschöpft, wenn ich fünf oder zehn Minuten solche Filme gesehen habe, und viele ähnliche Aussagen habe ich auch von anderen Leuten gehört. Gestern gebrauchte Professor MacKay einen guten Ausdruck – »visuelles Rauschen« –, der meine Reaktion auf solche Reize genau wiedergibt. Die Kluft, die zwischen der Intention des Künstlers und der Reaktion eines uneingeweihten Decodierers einer nichtdarstellenden visuellen Sequenz besteht, ist ein bemerkenswerter psychologischer Sachverhalt.
Wenn wir die Probleme der Simultaneität und Sukzessivität weiter diskutieren wollen, müssen wir uns auf die lehrreichen Ansichten einlassen, die sich hierzu in der modernen Aphasie-Literatur finden. Besonders A. R. Luria, der Moskauer Experte für Sprachpathologien, hat auf den wesentlichen Unterschied zweier Grundarten von Störungen bestanden, die ich versuchsweise »die Simultaneitätsstörung« und »die Sukzessivitätsstörung« genannt habe. A. R. Luria hat die jeweiligen Besonderheiten, die diesen beiden Arten von Schäden in der Topographie des Gehirns entsprechen, überzeugend dargelegt. Zusammen mit den Sukzessivitätsstörungen haben die Störungen der Simultaneität auch eine große Bedeutung in der Sprachpathologie. Wenn wir »Simultaneität« sagen, meinen wir nicht nur einen Ausfall im Umgang mit »Akkorden« sich überschneidender Komponenten, wie die Bündel distinktiver Eigenschaften (Phoneme) es sind, sondern auch Schäden, die die Selektionsachse der Sprache betreffen, Schäden in

der Wahl grammatischer oder lexikalischer Formen, die denselben Platz in einer Sequenz einnehmen können und so eine austauschbare (kommutative oder permutative) Menge in unseren sprachlichen Mustern bilden. Das gesamte Gebiet der Transformationsgrammatik gehört ganz offensichtlich hierher.

In seinem neuen Buch über das menschliche Gehirn und mentale Prozesse[13] zeigt Luria, daß es verkehrt war, alle Störungen visueller Wahrnehmung von Gegenständen wie Gemälden nur mit den sogenannten visuellen Zentren im hinteren Bereich des Gehirns in Beziehung zu bringen. Er zeigt, daß der frontale prämotorische Bereich auch für bestimmte Veränderungen verantwortlich ist, und hat das Wesen dieser Störungen untersucht. Bei der Wahrnehmung eines Gemäldes beginnen wir mit schrittweisen Anstrengungen, ausgehend von bestimmten ausgewählten Details, von Teilen zum Ganzen. Für den Betrachter eines Gemäldes folgt die Integration erst als eine zusätzliche Phase, als Ziel. Luria beobachtete, daß bestimmte prämotorische Verletzungen gerade diesen Prozeß des Übergangs von einer Stufe zur nächsten in solch einer vorläufigen Wahrnehmung betreffen, und bezieht sich auf I. M. Sečenovs bahnbrechende Untersuchungen aus den 1870er Jahren.[14] Dieser bedeutende Neurologe und Psychologe des 19. Jahrhunderts stellte im Zusammenhang mit der Sprache und damit verwandten Aktivitäten zwei getrennte Haupttypen der Synthesis heraus, eine sequentielle und eine simultane.

Das Problem der beiden Synthesetypen spielt eine sehr große Rolle in der Sprachwissenschaft. Wir haben heute in den verschiedenen Referaten über Modelle der Sprachwahrnehmung Bemerkungen zu dieser Dyade gehört. Die Wechselbeziehung zwischen Sukzessivität und Simultaneität in Rede und Sprache ist von den Linguisten unseres Jahrhunderts lebhaft diskutiert worden, aber bestimmte Hauptaspekte dieses Problems wurden bereits scharfsichtig in der alten indischen Sprachwissenschaft behandelt. Im fünften Jahrhundert unterschied der große Meister der indischen Sprachwissenschaft Bhartrhari drei Phasen im Sprechereignis. Die erste ist die Konzeptualisierung durch den Sprecher, die keine

Zeitfolge impliziert; die Nachricht kann als Ganze simultan im Geist des Sprechers gegenwärtig sein. Es folgt der Vollzug selbst, der diesem Gelehrten zufolge zwei Gesichter hat – Produktion und Audivision. Beide sind natürlich sequentiell. Diese Phase führt zu der dritten, nämlich der Phase des Verstehens, in der die Sequenz in eine Konkurrenz verwandelt erscheint. Die Sequenz muß vom Interpreten zur selben Zeit aufgenommen und erfahren werden. Diese Vorstellung ähnelt dem modernen psychologischen Problem des »unmittelbaren Gedächtnisses«, das von George Miller scharfsinnig untersucht wurde[15], oder – mit einem anderen Ausdruck – des »Kurzzeitgedächtnisses«, wie es heute auf diesem Symposion erläutert wurde. Auf dieser Stufe entsteht aus der ganzen Sequenz, gleichgültig, ob es sich um ein Wort, einen Satz oder eine Satzverbindung handelt, eine simultan gegenwärtige Totalität, die mittels »simultaner Synthesis« entschlüsselt wird.

Diese vitalen Fragen erscheinen in der Weltliteratur immer wieder, und ähnliche Prinzipien wurden wiederholt auf Sprachkunstwerke angewandt. Vor zwei Jahrhunderten fand in Deutschland eine faszinierende Diskussion statt, in welcher der berühmte Meister und Theoretiker der Literatur, G. E. Lessing, versuchte, eine scharfe Grenze zwischen den Sprachkunstwerken und den bildenden Künsten zu ziehen. Er lehrte, daß die Malerei eine Kunst ist, die auf einem »räumlichen Nebeneinander« beruht, während die Poesie es allein mit einem »zeitlichen Nacheinander« zu tun hat. Ein anderer bemerkenswerter deutscher Schriftsteller und Denker, J. G. Herder, antwortete Lessing, daß der Gedanke eines reinen literarischen Nacheinanders eine Fiktion sei und daß eine auf einer bloßen »Zeitfolge« basierende Kunst unmöglich sei. Um ein poetisches Werk zu verstehen und zu schätzen, müssen wir nach Herder eine synchronische Einsicht in seine Ganzheit haben. Der simultanen Synthese, die uns befähigt, die Ganzheit eines Sprachflusses zu verstehen, gibt Herder den griechischen Namen *energeia*.

Es ist klar, daß es zwischen visuellen räumlichen Zeichen, insbesondere der Malerei, auf der einen Seite und der Sprachkunst und Musik, die vorwiegend mit der Zeit zu tun haben, auf der anderen nicht nur eine Anzahl bedeutsamer Unterschiede gibt, sondern auch viele gemeinsame Züge. Die Verschiedenheiten wie die Gemeinsamkeiten müssen sorgfältig beachtet werden. Wie wichtig die simultane Synthesis auch sein mag, es gibt trotzdem einen tiefgreifenden Unterschied zwischen räumlichen und zeitlichen Künsten und zwischen räumlichen und zeitlichen Zeichenarten im allgemeinen.

Wenn der Betrachter eines vor seinen Augen hängenden Gemäldes zur simultanen Synthesis gelangt, bleibt das Gemälde als Ganzes vor seinen Augen, ist es noch gegenwärtig. Wenn aber der Hörer eine Synthesis von dem erreicht, was er gehört hat, sind die Phoneme in Wirklichkeit bereits entschwunden. Sie erhalten sich als bloße Nachbilder, als etwas verkürzte Erinnerungen. Dies schafft einen wesentlichen Unterschied zwischen den beiden Typen des Wahrnehmens und des Wahrgenommenen.

Abschließend möchte ich anmerken, daß meine Bemerkungen keineswegs als eine gemeinsame Frontbildung mit den Gegnern der abstrakten Kunst aufgefaßt werden sollten. Die Tatsache, daß sie eine Superstruktur ist und nicht den Weg des geringsten Widerstandes hinsichtlich unserer wahrnehmungsmäßigen Gewohnheiten geht, steht in keinem Widerspruch zu der legitimen und autonomen Existenz von nichtdarstellender Malerei oder Skulptur und darstellenden Neigungen in der Musik. Der Transformationscharakter der abstrakten Kunst, der sich über die Grenze zwischen Musik und bildender Kunst hinwegsetzt, kann nicht als dekadent, pervers oder »entartet« gebrandmarkt werden. Aus der Tatsache, daß die Schrift sozial und territorial begrenzt, während die mündliche Sprache universal ist, wird man kaum den Schluß ziehen, daß die Kenntnis des Schreibens schädlich oder unnütz sei. Dasselbe Prinzip muß auf die nichtgegenständliche Kunst angewandt werden. Es ist klar, daß diese beiden Formen – geschriebene Sprache und abstrakte Malerei – Superstrukturen sind, sekundäre Gebilde, Epiphänomene; aber es ist kein Argument gegen ihre erfolgreiche Entwicklung und Ausbreitung, selbst wenn sie auf Kosten der mündlichen Kommunikation und Tradition oder der streng figürlichen Künste gehen sollten.

Anmerkungen

1 Die Autonomie ist in Anbetracht (a) der Abhängigkeit der Einführung sprachlicher Ausdrücke von Zeigegesten (Blick, Finger) und (b) des Anteils bildhafter Prozesse (der nicht-dominanten Gehirnhälfte) an jeder normalen sprachlichen Äußerung zu relativieren. [Hg.]

2 Siehe R. Jakobson, »Die Linguistik und ihr Verhältnis zu anderen Wissenschaften« (1970), in: ders., *Aufsätze zur Linguistik und Poetik*, München: Nymphenburger 1974, 174 ff.; *Selected Writings* II, The Hague: Mouton 1971, 655 ff. [Hg.]

3 Siehe R. Jakobson, »Zwei Seiten der Sprache und zwei Typen aphatischer Störungen« (1956), in: a. a. O., 117–141; deutsch: a. a. O., 239–259. [Hg.]

4 J. Lotz, »Natural and Scientific Language«, *Proceedings of the American Academy of Arts and Sciences* 80 (1951), 87 f.

5 E. Sapir, *Selected Writings*, Berkeley: University of California Press 1949, 7 ff.

6 M. Aronson, »Radiofilme« in: *Slavische Rundschau* 1 (1929), 539 ff.

7 C. S. Peirce, »Speculative Grammar«, in: *Collected Papers* II, Cambridge, MA: Harvard University Press 1932, 129 ff.

8 Schlußbemerkungen auf dem Symposium über Modelle für die Wahrnehmung von Rede und visueller Form (Boston, Oktober 1964). [Vgl. Anm. 9. Hg.]

9 J. C. Webster und R. B. Chaney, »Information and Complex Signal Perception«, in: *Proceedings of the AFCRL Symposium of Models for the Perception of Speech and Visual Form*, Cambridge 1966.

10 D. Kimura, »Cerebral Dominance and the Perception of Verbal Stimuli«, in: *Canadian Journal of Psychology* 15 (1961).

11 Liberman, Cooper und andere, »Some Observations on a Model for Speech Perception«, in: *Proceedings of the AFCRL Symposium*.

12 Ungefähr 43–45% der Weltbevölkerung sind völlige und 65–70% ›funktionale‹ Analphabeten (nach dem statistischen Überblick der UNESCO, *L'analphabétisme dans le monde au milieu du XXe siècle*, 1957).

13 A. L. Luria, *Mozg čeloveka i psichičeskie processy*, Akademie der Erziehungswissenschaften, Moskau 1963; englisch: *Human Brain and Psychological Processes*, New York 1966.

14 A. L. Luria, *Èlementy mysli*, Akademie der Wissenschaften der UdSSR, Moskau 1959; *Reflexes of the Brain*, Cambridge, MA: M.I.T. Press 1965.

15 G. Miller, »The Magical Number Seven, Plus or Minus Two: Some Limits on Our Capacity for Processing Information«, in: *Psychological Review* 63 (1956), 81–97.

Vierter Teil
Kultursemiotik

Russische Folklore
[1966]

Im »Rückblick« zum vierten Band seiner Selected Writings *zeichnet Jakobson den Weg nach, auf dem er zur Sprachwissenschaft gekommen ist. Er begann mit der kindlichen Faszination für Sprichwörter (zugleich die längsten im Sprachcode vorgegebenen Einheiten und die kürzesten poetischen Kompositionen) und Zaubersprüche. Er fand seine Fortsetzung in den ersten Studienjahren, als Jakobson eine den Kinderversen verwandte Lautstruktur sowohl in Chlebnikovs »transrationaler« Dichtung als auch in der Glossolalie religiöser Sekten entdeckte. In diesem Zusammenhang stehen auch Jakobsons volkskundliche Feldforschungen in der Umgebung Moskaus. Dort wurden er und seine beiden Studienkollegen Petr Bogatyrev und Nikolaj Jakovlev 1915 unerwartet Zeugen der Entstehung neuer Volkssagen – nach den überlieferten Mustern und mit ihnen selbst als* dramatis personae.

Die Leidenschaft, Sprichwörter zu sammeln, packte mich, sobald ich lernte, Buchstaben hinzukritzeln. Sprichwörtliche Wendungen wurden mit großem Eifer aufgegriffen, um leere Kalenderblätter auszufüllen. Gespräche mit Charlotte Bühler und Rosa Katz, Expertinnen der Kinderpsychologie, bestärkten mich in der Überzeugung, daß solche kindliche Vorlieben weder zufällig noch ohne Folgen für die späteren Geleise der geistigen Entwicklung sind. Das Sprichwort gehört gleichzeitig zur Alltagssprache und zur Wortkunst.[1] Man mag die syntaktischen und morphologischen Regeln des Russischen mitsamt dem Wortschatz vollkommen beherrschen und wird dennoch den Satz *Sémero proéchali na odnóm kolesé* [wörtlich: ›Sieben Leute reichten ein einziges Rad weiter‹] nicht verstehen können, wenn man die Bedeutung dieses Sprichwortes nicht schon vorher kennt: ›Bloße Neugier muß ungestillt bleiben.‹ Die Identität der ersten und letzten Silbe – /s'é/ – in der zitierten Sequenz (*Sémero... kolesé*) sowie die Korrespondenz zwischen den posttonischen dissyllabischen

Gruppen am Schluß der ersten beiden Worteinheiten (*Sémero proéchali*) und den prätonischen dissylabischen Gruppen der beiden Schlußeinheiten *(na odnóm kolesé)* transformieren diese Vier-Wortgruppe in eine symmetrische dichotome Gliederung zweier binarer Teile. So ist das Sprichwort die größte codierte Einheit, die in unserer Rede existiert, und zugleich die kürzeste poetische Komposition. Die Relevanz des proverbialen Arrangements wird prägnant ausgedrückt in der Redewendung *Pén' ne okólica, odna réč' ne poslóvica* [›Ein Pfahl allein ist noch lange kein Zaun‹]: eine Satzwiederholung ist noch lange kein Sprichwort. Der sechsjährige Knabe, fasziniert von diesen Kreuzungen zwischen Sprache und Poesie, sah sich gezwungen, an der Wasserscheide zwischen Linguistik und Poetik zu verweilen.

Ein Sprecher ist sich vollkommen bewußt, daß ein gesprochenes Sprichwort zitierte Rede innerhalb der Rede ist; oft werden auch spezielle stimmliche Verfahren eingesetzt, um solche Zitate zu markieren. Sie werden wortwörtlich wiedergegeben, unterscheiden sich aber von anderen Zitaten dadurch, daß sie keinen Autor haben, auf den man sich beziehen könnte. Auf diese Weise entwickelt jeder Benützer von Sprichwörtern ein intuitives Feingefühl für die spezifische Natur mündlicher Überlieferung und behandelt in seiner Rede diese vorgefertigten Formeln irgendwie als persönlichen Besitz; auf gleiche Weise verfahren die Sprecher einer Sprachgemeinschaft mit jedem Bestandteil des gegebenen sprachlichen Codes. Sprichwörter sind die Vorschule für das Verständnis der Folklore. Man denke hier an den einleitenden Abschnitt von Velimir Chlebnikovs Essay »Vom Nutzen der Märchenforschung«: »Es geschieht immer wieder, daß sich die Zukunft des reifen Alters in leisen Andeutungen der Jugend offenbart.«

Na bédnogo Makára vse šíški váljatsja [›Genau auf den armen Makar fallen alle Zapfen‹] – dieses Sprichwort übte eine unvergeßliche Faszination auf die Einbildungskraft des Kindes aus. Der rätselhafte Makar entpuppt sich als epischer Held *in nuce*: Man ist geneigt, dieses Sprichwort als einen abschließenden Hinweis auf irgendeine vorausgesetzte, aber nicht erzählte Geschichte zu interpretieren, und in vielen

Formen der Folklore erscheint das Sprichwort oft als moralisierende Schlußstrophe einer tatsächlichen Erzählung. Oder umgekehrt, das Sprichwort scheint ein Keim virtueller Fiktion zu sein. Tolstojs eingestandene Leidenschaft, Geschichten zu erfinden (»*na poslovicy*«), ist der unverkennbare Ausdruck einer solchen Haltung. Ein Sprichwort kann ein wirkliches oder ein imaginäres Epos abschließen oder eröffnen, *ne byvšij ne vpolne vozmožnyj èpos,* wie Jurij Oleša prägnant formuliert, aber auf jeden Fall sind diese beiden Arten der Wortkunst eng verknüpft, und historische Bande zwischen ihren Formen ergeben sich ganz natürlich.[2]

Trotz der vielen Jahre, die mich von meinem Debüt in der »Feldarbeit« trennen, blieb die kindliche Sorge um Makar unvergessen: Ich murmelte jeweils *kára Makára* [›Makars Strafe‹] und schrie mit lauter Stimme ein anderes Sprichwort, das zu diesem Helden gehört: *kudá Makár telját ne gonjál* [›so weit weg, daß Makar nie seine Kälber dorthin trieb‹] mit einer unbewußten, hämmernden Betonung auf den vier Oxytona *á*. Weshalb mußte dieser Unglückselige in der Welt umherirren? Der abgedroschene, sprichwörtliche Schüttelreim *Makár da kóška, komár da móška* [wörtlich ›Makar und die Katze, die Schnake und die Mücke‹] vermochte nicht meine Verwirrung zu vermindern, trotz der eindringlichen reversiblen Alternierung von *k* und *m* in beiden Phrasen.[3]

Wenn Sprichwörter epische Assoziationen heraufbeschwören, dann ist der entgegengesetzte Übergang von narrativer Rede zu gnomischen Formeln ebenso stimulierend. Als Kinder übten wir mit großem Eifer die russische Kunst, sprichwörtliche Wendungen in die Rede einzuflechten und lernten so, unsere persönliche Erfahrung mit etablierten Maximen zu alternieren und koordinieren; in ihrer Substanz sind Sprichwörter – man kann O. Zichs *Lidová přísloví s logického hlediska* (Prag 1956) nur zustimmen – paradigmatische logische Propositionen. Sprichwörter waren jedoch nur eines der Vehikel, die uns mit mündlicher Dichtung vertraut machten.

Die Folklore war noch in Blüte und fesselte die Kinder in Moskau, stattete uns mit rätselhaften Vokabeln, geheimnisvollen Motiven und unergründlichen, herausfordernden Anspielungen aus. Im Park *Čistye prudy* [›Reine Teiche‹] begleiteten die jungen Leute ihre Reigen (*chorovody*) noch immer mit uralten Liedern, spielten die traditionellen Volksspiele und skandierten die üblichen Abzählreime – *Tý ne bójsja tivuná, Tívun tébe ne sud'já* [›Fürchte dich nicht vor *tivun*: *tivun* wird dich nicht richten‹]. Doch wer war dieser *tivun*? Keiner der Spieler wußte es. Das Altrussische *tivun* oder *tiun* [›Steward‹], das aus dem Altnordischen *pjónn* [Diener] stammt, ist, wie die Folklore-Forscher betonen, einer der Archaismen, die mit einer dunklen und unbestimmten Bedeutung von den Spielreimen zusammen mit launischen Prägungen und verschiedenen umgemünzten fremden Idiomen absorbiert wurden. Dieses ganze phantasmagorische Vokabular, schwebend zwischen Sinn und Unsinn und untrennbar verknüpft mit dem eigenartig figurativen Modus und der üppigen Lauttextur der *rimbles*, machte sie in meiner Jugend zu einer wirkungsvollen Einführung in die poetische Suche unseres Jahrhunderts nach der sogenannten transrationalen Sprache (*zaumnyj jazyk*). In seiner gründlichen Beschreibung und Sammlung kindlicher »Spiel-Präludien« (*Russkij detskij fol'klor*, Bd. 1. *Igrovye preljudii*, Irkutsk 1930) untersuchte G. S. Vinogradov umfassend ihre unsinnigen Wörter; ihm zufolge liegt die Grundeigenschaft der Abzählreime in der magischen, schicksalhaften Bestimmung, wie auch die mundartlichen Bezeichnungen *gadalka* und *vorožitka* nahelegen. Er verwies auf V. S. Aref'ev, einen mit der Kunst der Schamanen vertrauten jeniseischen Ethnographen, der erkannte, daß Kinder durch den Gebrauch völlig kryptischer Wörter und Ausdrücke ihrem Abzählen einen geheimnisvolleren und quasi übernatürlichen Charakter verleihen wollen und »eine Art Schamanismus« betreiben. Diese Überlegungen veranlaßten Vinogradov, die »Präludien« der Kinder mit Beschwörungsformeln, Weissagungen und Wahrsagerei zu verbinden.

Schon kurz nach der Veröffentlichung von Aleksandr Bloks Untersuchung »Die Poesie der Zaubersprüche und Exorzismen« (1908) stieß ich auf dieses Werk und war beeindruckt von der fröhlichen Abweichung zu den Lehrmeinungen in unseren Schulbüchern der mündlichen Literatur. Es enthielt ein schönes Beispiel »eigenartiger Hexenlieder« voller unverständlicher Wörter, das zum Schutz gegen Meerjungfrauen kantiert wurde.

> *Au, Au,* | *šichArdA kAvdA!* ‖
> *šivdA, vnozA,* | *mittA, minogAm,* ‖
> *kAlAndi, indi,* | j*AkutAšmA bitAš,* ‖
> *okutomi mi* | nuff*An,* zi*dimA.* ‖

Es fesselt durch das unwiderstehliche Verharren auf dem *a* (hier großgeschrieben), die zwei- oder dreimaligen hypnotisch wiederholten Lautsequenzen (hier kursiv) und eine strenge dichotome Einteilung des Vierzeilers in Verspaare, Verse, Halbverse und Kola, verknüpft durch doppelte zweivokalige Assonanzen, zuerst in den Halbversen der Eingangszeile, dann zwischen den Halbversen der zweiten Zeile und schließlich zwischen den Versen des zweiten Verspaars, während alle vier Verse miteinander durch den Vokal *A* am Schluß – *au – au* | *aa – aA* ‖ *ia oa* | *– ia o A* ‖ ***ii | ***iA ‖ *–****ii | ***iA ‖ – verbunden sind. Der Akkord wird verstärkt durch die vierfache Wiederholung eines dieser assonanten Vokale – des zweiten im ganzen zweiten Vers (vier *a*) und des ersten im ganzen Eingangsvers (vier *a*) sowie im ganzen letzten Verspaar (vier *i*). Der Vierzeiler zeigt eine packende isosyllabische Tendenz: 4 | 5 ‖ 4 | 5 ‖ 5 | 6 ‖ 5 | 5 ‖. Jedes Verspaar endet mit einer Halbzeile 2 + 3 und enthält dazu noch eine umgekehrte Halbzeile 3 + 2. Im ersten Verspaar hat jeder Vers eine Halbzeile aus zwei dissyllabischen Kola 2 + 2, während in jeder Zeile des zweiten Verspaares eine Halbzeile mit einem fünfsilbigen Kolon einsetzt. Auf diese Weise wird jedes der vier Muster im Vierzeiler durch zwei Halbverse dargestellt. Diese kristallklare magische Formel veranlaßte mich, vom Sammeln und Interpretieren der Kinder-Folklore zu einer ausgedehnten Auswahl und Untersuchung veröffentlichter russischer Beschwörungsformeln, besonders transrationaler verbaler Zaubersprüche weiterzuschreiten. Ende 1914 teilte ich meine Auszüge dem Dichter Velimir Chlebnikov mit und erhielt als Antwort sein eben erschienenes Büchlein *Rjav* [Brüllen] mit einer Widmung »V. Chlebnikov, Ustanovivšemu rodstvo s solncevymi devami i

Lysoj goroj Romanu O. Jakobsonu v znak budu ščich Seč«
[›V. Chlebnikov an R. O. J., der (unsere) Verwandtschaft mit den Sonnenjungfrauen und dem Kahlberg unter dem Zeichen zukünftiger Kämpfe erkannte‹]. In seinem dramatischen Gedicht »Noč' v Galicii« machte Chlebnikov sofort von meiner kleinen Auswahl Gebrauch, besonders vom »Lied der Hexen auf dem Kahlberg« aus I. Sacharovs *Skazanija russkogo naroda* mit dem launischen Begleitkommentar: »Die Meerjungfrauen singen aus Sacharovs Textbuch, das sie in den Händen halten.« Als Chlebnikov fünf Jahre später unsere geplante Ausgabe seiner gesammelten Werke vorbereitete, kam ihm das gleiche Bündel von Beschwörungsformeln wieder in den Sinn, und er sagte in einer posthum veröffentlichten Notiz: »Zaubersprüche sind eine Art transrationale Sprache innerhalb der verbalen Handlungen des Volkes. Die größte Macht über einen Menschen, eine bezaubernde Beschwörungskraft (*čary vorožby*), wird diesen unverständlichen Wörtern zugeschrieben.«

Zur gleichen Zeit lenkte eine andere Art reiner Neologie in der russischen mündlichen Dichtung – die »fremden Zungen«, die in den ekstatischen Praktiken der Khlysty sprechen – meine Aufmerksamkeit auf die inhärente Struktur dieser Beschwörungsformeln, ihre semantische Interpretation durch die Sprecher selbst sowie auf Eigenschaften, die solchen verzückten Äußerungen verschiedener »Propheten« zugrunde liegen und die Rückschlüsse auf einen gemeinsamen Code erlauben.[4] In den Archiven des Justizministeriums in Moskau befinden sich die Unterlagen eines Untersuchungsausschusses, der sich mit sektiererischen Aktivitäten in der Mitte des 18. Jahrhunderts befaßte. Nach der Beschreibung dieser Dokumente (*Opisanie dokumentov i bumag, chranjaščichsja v Mosk.* Archive Ministerstva Justicii, VI), die ich in der Rumjancev-Bibliothek fand, lehrte der St. Petersburger Vorsteher der Chlysty, Ivan Čurkin, einen Gläubigen, *Kindra fendra kiraveca* im Wirbeltanz zu sprechen. Eine rudimentäre Vertrautheit mit der Phonetik genügte, um die rigorose Wahl und Wiederkehr der benutzten Laute zu erkennen und zu entdecken, daß alle vier ungeraden Silben dieser Sequenz einen Vordervokal enthielten, während der Vokal aller vier geraden Silben offensichtlich ein unbetontes *a* war. Alle drei inneren *a* der Formel, die die zweite Silbe ihrer drei Glieder bilden, wurden von einem *r* eingeführt, wobei den zwei ersten *ra* ein und dasselbe Bündel *nd* voranging. Von den vier ungeraden Vordervokalen waren der erste und der dritte ein *i* mit einem vorangehenden *k*, während der zweite und der vierte ein *e* mit einem vorangehenden labialen Reibelaut waren, zuerst *fe*, dann *ve*.

Die Dokumente des oben erwähnten Untersuchungsausschusses enthielten zwei weitere Beispiele von Glossolalie, die von zwei anderen Häresiarchen stammen. Ich war von ihren Ähnlichkeiten verblüfft. Die ersten beiden »Wörter« der Beschwörung, aufgezeichnet im Jahre 1747 vom Moskauer Händler Sergej Osipov – *rentre fente* – entsprechen jenen in Čurkins Text in der Silbenzahl (2 + 2), den ähnlichen Konsonantenbündeln und der gleichen Anzahl identischer Konsonanten (außer der Stimmlosigkeit des dentalen Verschlußlautes und dem Fehlen von *k*). In der Glossolalie des Moskauer Mönchs Varlaam Šiškov, verhört und gefoltert im Jahre 1748, erscheinen einige Analoga; vor allem der Ausruf *natrufuntru*, der von diesem esoterischen Prediger übersetzt wurde: ›Fürchte dich, Mensch, bevor du betest‹, trifft sich vollkommen mit dem konsonantischen Bau von Osipovs zitierter Stelle. Die Bezeichnung der Sektierer für die Gabe der Zungenredner – *govorenie inostrannymi jazyki* [›in fremden Zungen reden‹] – findet seine Rechtfertigung im Gebrauch so fremdartiger Züge wie des Konsonanten *f* und den Bündeln *ndr* oder *ntr* bei allen drei Akteuren. »Die Stabilität der poetischen Verfahren und der Nomenklatur« in der Wortkunst der Khlysty und der traditionelle Charakter ihrer Improvisation könnte auch – wie V. V. Nečaev, der Herausgeber der Moskauer Dokumente, feststellte – auf die Glossolalie übertragen werden.

Ein fähiger und exzentrischer Bauer – ein geschickter Handwerker und angeblicher Sektierer – lebte im Dorf Zacharovka, Distrikt Belev, Provinz Tula, wo ich ihm begegnete, als ich meine Sommerferien bei der Familie meines Schulfreundes Vladimir Žebrovskij verbrachte. Im Frühjahr 1914 betrat dessen Schwester Ol'ga, als sie nach dem Handwerker suchte, seine *izba* und sah, wie er auf dem Boden saß und ganz versunken den Rücken der Katze streichelte: »Was machst du da?« – »*Kýndru po féndre glážu*« [›Ich streichle die *kyndra* entlang dem *fendra*‹]. Diese mitgeteilte Antwort überraschte mich, da Čurkins Beschwörungsformel noch frisch in meinem Gedächtnis haftete, und ich bat Olga, den Mann über die Bedeutung von *kiraveca* zu befragen. »*Kiraveca – slovo staroe, slovo mudroe*« [›*Kiraveca* ist ein altes Wort, ein weises Wort‹] war seine Antwort. »Und was bedeutet es?« – »*A poslovicu znaeš'? U baby volos dolog ... Ono ne tvoego uma delo*« [›Ach, kennst du das Sprichwort nicht? Frauenhaar ist lang (und kurz der Verstand). Und so übersteigt es deinen Verstand‹]. Ähnlich wurde die ekstatische Rede der sich im Wirbeltanz drehenden Propheten von ihnen charakterisiert, gemäß Nečaevs Übersicht, als etwas, was ihren eigenen Verstand übersteigt: *Ja govorju ne ot svoego uma.*

Die »fremde Zunge« der ekstatischen Prophezeiungen offenbarte nicht nur augenfällige greifbare Uniformitäten, sondern auch merkwürdige Ähnlichkeiten mit den abstrusen Vokabeln der »Spiel-Präludien« und Zaubersprüche, besonders die gleiche Vorliebe für ungewöhnliche Phoneme wie *f* und Konsonantenbündel wie *n* plus *t* oder *d* allein oder gefolgt von *r*. »Wenn Unsinn eine Kunst ist, hat er auch seine eigenen Baugesetze.« Bezieht man diese Lektion von Elizabeth Sewell auf die abstrakte Volkskunst, die hier zur Diskussion steht, wird ersichtlich, daß die strukturalen Regeln, die der Gestalt des Abzählens, der Hexerei und Zungenrednerei zugrunde liegen, so rigoros und transparent sind, daß sie den Forscher zwingen, offensichtlich komplexere, aber immer noch analoge Kompositionsprinzipien in den andern, verzweigterten Sparten der mündlichen Tradition zu erwarten und aufzudecken – Formen mit einer Wechselbeziehung zwischen ihrer äußeren und inneren Schicht.

Im Unterricht der Mittelschule des Lazarev-Instituts war es Direktor V. F. Miller, ein Experte in der epischen Tradition, der es verstand, uns alle für die Volkspoesie zu begeistern. Unser Studium der russischen Sprache und Literatur begann dort unter V. V. Bogdanov, einem ernstzunehmenden Folkloristen, der die äußerst informative Zeitschrift *Ètnografičeskoe obozrenie* herausgab, und unter N. I. Narskij, einem begeisterten und anregenden Lehrer der schriftlichen und mündlichen Tradition, der eine ganz besondere Vorliebe und Hingabe für die letztere hatte. Unter den Professoren an der Universität Moskau war jeder Spezialist in slavischer Sprache und Literatur auch ein glühender Verehrer der mündlichen Poesie; spezielle Kurse und Seminare waren der Folklore gewidmet, die darüber hinaus in allgemeinen Kursen zur russischen Sprache und Literatur einen großen Platz einnahm. Als im Jahre 1915 der F. I. Buslaev-Preis für studentische Arbeiten von der Fakultät eingeführt wurde, war das erste vorgeschlagene Thema »Die Sprache der Mezen' Byline«.[5] Studenten und jüngere Fakultätsmitglieder nahmen aktiv an den Zusammenkünften der Moskauer Gesellschaften für Ethnographie und Folklore teil.[6] Im März 1915 gründete eine Gruppe junger Studenten den Moskauer linguistischen Kreis, der sich als Hauptaufgabe die Untersuchung der Moskauer Mundart und Folklore sowie die gemeinsame Erforschung des Verses und der Sprache der Kirša Danilov zugeschriebenen Byline aus dem 18. Jahrhundert vornahm. Fast alle Gründer des Kreises verbrachten ihre Sommerferien von 1915 und 1916 mit linguistischer und folkloristischer Feldarbeit. Der Dialekt und die mündliche Tradition des Vereja-Distrikts in der Gegend von Moskau wurden von P. G. Bogatyrev, N. F. Jakovlev und mir im Mai und Juni 1915 gemeinsam untersucht. Wir trafen erstaunliche Erzähler und zeichneten ungefähr zweihundert Geschichten auf, zusammen mit einer reichen Sammlung von Liedern, Spirituals, Sprichwörtern, Rätseln, Glaubenssätzen, Ritualen und Bräuchen. Die volkstümliche Tradition in der Umgebung von Moskau erwies sich als viel hartnäckiger, lebensfähiger und produktiver, als man eigentlich angenommen hatte. Der von Professor E. N. Eleonskaja angeregte und von der Kommission für Folklore angenommene Plan – eine vollständige Ausgabe der Erzählungen aus den verschiedenen Distrikten der Provinz Moskau vorzubereiten – wurde durch unsere Erfahrung in Vereja angeregt.

Die Verschmelzung von Wirklichkeit und Phantasie, von

Aktualitäten und stereotypen Fiktionen im Wandel von Zeit und Raum, die wir in den Erzählungen der Bauern über Ereignisse der historischen Vergangenheit beobachteten, wies erstaunliche Analogien zu den Geschichten der gleichen Informanten über das aktuelle Tagesgeschehen auf, wenn sie sich beispielsweise zu den Rückschlägen an der deutschen Front, zu den aufflackernden Unruhen in offiziellen Stellen, den Abenteuern Rasputins (der in das traditionelle Muster von Volkserzählungen über den rüpelhaften Diener, der den Meister betrügt, gezwängt wurde) oder endlich zu den aktuellen Nachrichten über die Straßenunruhen in Moskau und deren lokale Auswirkungen äußerten. Die umfangreichen Aufzeichnungen unserer Feldarbeit und unsere Untersuchungen zu den gesammelten Märchen und anderen Erzählungen verschwanden (hoffentlich nicht für immer), und nur ein Skelett des Reiseberichts von Bogatyrev und mir, den wir auf einer Zusammenkunft des oben erwähnten Kreises im Herbst 1915 vortrugen, hat in den Leningrader Archiven der Akademie der Wissenschaften überlebt. In diskreter Anspielung auf »eine Person von hohem Rang« wurden Moskauer Gerüchte über Verbindungen der Zarin mit Deutschland von den ländlichen Geschichtenerzählern in bizarre Legenden umgewandelt, die wir im Dorf Smolinskoe aufzeichneten: Geschichten über Leinen und Brot, welche für russische Soldaten bestimmt waren, tatsächlich aber von der Zarin und ihrem Gefolge an die deutschen Truppen geschickt wurden, oder über ihre verräterischen Gaben an die Kämpfenden – nämlich in tödliches Gift getränkte Hemden, die ihren Träger am dritten Tag töteten.

Als wir Ende Mai 1915 im Dorf Novinskoe ethnographisches Material zu sammeln begannen, verbreiteten sich auf dem Lande bereits Gerüchte über die Moskauer Unruhen und Plünderungen angeblich deutscher Geschäftsläden, und zwar in einer erstaunlich aufgebauschten und verzerrten Form. Stammgäste lokaler Teehäuser *(čajnye)* übertrumpften einander mit Fabeln über russische Generäle, die in Ketten gelegt und vor den Augen des Volkes durch Moskau geschleift worden seien, weil sie die galizischen Festungen aufgegeben hätten, und über großstädtische Aktionen gegen deutsche

Spione, die man auf frischer Tat bei illegalen Messungen und beim Aufzeichnen von Plänen (*plantý*), beim Vergiften von Brunnen und beim Aussäen von Epidemien ertappt habe. Eingefleischte legendäre Klischees wurden laufend der Situation angepaßt.

Unsere erwähnten Aufzeichnungen von 1915 enthalten einen kurzen Bericht von den ländlichen Bemühungen, uns in die Bösewichte dieser keimenden Folklore zu reihen. Spionageverdächtigungen, die in Novinskoe umgingen, wurden von einer erfinderischen Dorfbewohnerin auf uns drei gelenkt. Die Verleumdung griff rasch um sich, zuerst unter den Frauen im Dorf und dann unter den Männern, die sich gewöhnlich über das wilde Frauengeschwätz lustig machten und jene »Dorf-Herold« nannten, hier jedoch im Nu die Entdeckung der Frauen teilten: man »hörte«, wie wir miteinander Deutsch sprachen, man »sah« uns beim Vergiften von Brunnen. Umringt von einer unverhohlen feindseligen Menge, mußten wir unsere Taschen öffnen und den ganzen Inhalt ausbreiten. Als N. F. Jakovlev ein Hemd ausschüttelte, um zu zeigen, daß drinnen nichts verborgen war, schrie eine alte Frau auf: »*Batjuški, napuščaet', napuščaet'?*« [›Um Gottes Willen, er zaubert!‹]. Die Fahnder hatten den Verdacht, wir hielten Fläschchen mit Gift auf der Brust oder unter den Armen versteckt. Unsere Dokumente wurden als gefälscht erklärt, unsere Brillen als Beweisstück unserer deutschen Herkunft betrachtet. Immer mehr Leute kamen hinzu und wurden von den Umstehenden mit immer detaillierteren und phantastischeren Informationen über die drei entlarvten »Deutschen« ausgestattet. Wir waren Zeugen eines drastischen Beispiels der Entstehung, Vervielfältigung und Verbreitung vorgestanzter Antworten zu brennenden Themen. Wie es in unserem Bericht hieß, »entstand so etwas, was man vielleicht kollektive Kreation nennen könnte«. Als es uns schließlich nach einer hitzigen Auseinandersetzung gelang, das Dorf zu verlassen, kreischten die Frauen immer noch: »Warum zaudern die Männer?« Die Leute faßten neuen Mut; sie waren entschlossen, mit uns kurzen Prozeß zu machen, und wir sahen, wie Bauern mit Zaunpflöcken bewaffnet uns nacheilten. Ein Korporal, der sich zufällig in der Nähe aufhielt, konnte eine blutige Auseinandersetzung verhindern, doch die List der drei Bösewichte, deren Verschlagenheit die Wachsamkeit der Leute täuschte, blieb ein abgedroschenes und unermüdliches Thema von Gruselgeschichten, die nicht nur in Novinskoe, sondern auch in den umliegenden Dörfern mit immer neuen Ausschmückungen erzählt wurden.[7]

Anmerkungen des Herausgebers

1 ›Wortkunst‹ war Jakobsons bevorzugte deutsche Wiedergabe des russischen *slovesnost*. Siehe *Selected Writings* IV, The Hague: Mouton 1966, 645.
2 Siehe *Selected Writings* IV, a. a. O., 458 f., 461.
3 Zur Poesie der Kinderverse vgl. R. Jakobson (zusammen mit Linda Waugh), *The Sound Shape of Language* in: *Selected Writings* VIII, Berlin: Mouton de Gruyter 1988, 220 ff.; deutsch: *Die Lautgestalt der Sprache*, Berlin: Mouton 1986, 239 ff.
4 Zur Poesie der Glossolalie vgl. a. a. O., 214 ff., deutsch: 232 ff.
5 *Byliny:* mündlich überlieferte Heldenepen.
6 Siehe *Selected Writings* IV, a. a. O., 613 ff.
7 Siehe Bogatyrevs Zeugnis (1930) von diesem Zwischenfall, in: R. Jakobson, *Poetik*, Frankfurt: Suhrkamp 1979, 156, und Bogatyrevs und Jakobsons gemeinsamen Aufsatz »Die Folklore als eine besondere Form des Schaffens« (1929), a. a. O., 140–157.

Der russische Frankreich-Mythus
[1931]

Urteile über Fremde besagen mehr über die Urteilenden als über die Beurteilten. Das Erscheinen einer Anthologie von Äußerungen russischer Intellektueller über Frankreich, die sich über wechselnde politische Beziehungen hinweg auffallend konstant halten, ist Anlaß, »den russischen Mythus über Frankreich als Spiegel der russischen Mentalität darzustellen«. Charakteristisch für die russischen Stellungnahmen, im Kontrast zu einer zur gleichen Zeit erschienenen »mehr mitfühlenden« tschechischen Frankreich-Monographie, ist »eine beharrliche Gegenüberstellung zweier Welten«. Frankreich, von dem sie sich gleichzeitig angezogen und abgestoßen fühlen, erscheint den russischen Schriftstellern als »die Quintessenz« des »Europäismus«: merkantil (»verkäuflich«), bourgeois (eine soziale Revolution ergäbe »40 Millionen Kleinbürger«), »eine sich selbstgenügsame und selbstvergnügte Welt«, formalistisch (Rußland gilt dagegen als »Reich der Dialektik«), ohne Sinn für Natur und Interesse an Wahrheit, ein Symbol für den »Untergang des Abendlandes« (im Gegensatz zu Rußland, »dem Haupt einer entstehenden Welt«). – Jakobson hat sich in späteren Jahren mehrfach darüber verwundert gezeigt, daß dieser Aufsatz nicht ins Französische übersetzt wurde – nicht einmal in der Zeit, als die Jakobson-Rezeption in Frankreich ihren Höhepunkt erreichte.[1]

Nationale Charakterologie ist ein schlüpfriger Boden. Äußerungen über den Charakter irgendeines Volkes, die von Angehörigen desselben stammen, laufen immer Gefahr, ins Egozentrische zu entgleisen. Schon Vjazemskij zitierte angesichts der landläufigen Urteile der Franzosen über das Franzosentum die Puškinsche Anekdote vom Kinde, das stets plapperte: »Wie klug, wie tapfer ist Vati! Wie gern hat der Kaiser Vati!« – »Wer hat es dir gesagt?« fragte jemand. – »Vati«, antwortete das Kind.

Aber auch der Ausländer ist in der Rolle des Charakterologen nicht verläßlicher. Er erinnert wiederum an jenen anekdotischen nordrussischen Bauern, der auf einer landwirtschaftlichen Ausstellung zum ersten Male im Leben ein Kamel sah und entrüstet rief: »Diese Schufte, wie sie das Pferd verschandelt haben!«

Unser Egozentrismus ist grenzenlos – wir wissen natürlich, daß der Neger keinesfalls ein schwarz angestrichener Weißer ist, im Unterbewußtsein aber halten wir ihn irgendwie für unsauber. Für den Kulturhistoriker ist es freilich von großem Interesse, welchen Eindruck ein zufällig neben ihren Zelten gelandetes Flugzeug auf die Eskimos machte, nicht weniger interessant ist es, wie der europäische Kinostammgast nach seinen Erfahrungen mit Menjou und Greta Garbo den echten Eskimofischer im Film *Nanuk, der primitive Mensch* aufgefaßt hat. Doch sagt uns die Eskimolegende vom Flugzeug nichts Näheres über dessen Konstruktion – das ist bloß eine Tatsache der Mythologie der Eskimos, und die Vorstellungen des europäischen Spießers vom primitiven Nanuk sind von der Ethnographie der Eskimos ebenso weit entfernt wie die lyrischen Ergüsse des Pariser Snobs von der Negerästhetik.

Urteile Eingeborener über Fremde dürften vielleicht als bester Beitrag zur Charakterologie eben dieser Urteilssprecher angesehen werden.

Vor kurzem ist ein Buch erschienen – *Wir und sie*[2] –, eine Anthologie von Urteilen über Frankreich aus der Feder etlicher 70 russischer Schriftsteller vom 18. Jahrhundert bis zur Gegenwart. Unter den klangvollen Namen des Bandes sind ausnahmslos alle Klassiker der russischen Literatur vertreten. Das Buch führt mit Recht den Titel *Wir und sie:* Ist es doch eher ein Beitrag zur russischen als zur französischen Charakterologie. Nur durch eine Konfrontierung der fremden Mythen über das gegebene Volk mit den einheimischen Mythen über das eigene sowohl wie über fremde Völker kann man hart an die Probleme der nationalen Charakterologie, gesäubert von jeglichem Egozentrismus und Exzentrismus[3], herantreten. Eine vergleichende Analyse der fremden Mythen über Frankreich und der französischen Mythen sowohl über das eigene Volk als auch über andere Völker könnte eine gute

Skizze der Grundlagen einer wissenschaftlichen Charakterologie des Franzosentums ergeben. Unsere Aufgabe ist bescheidener: Wir wollen die Motive bloßlegen, die sich als roter Faden durch die Urteile der verschiedensten russischen Schriftsteller hinziehen, abgesehen von deren Parteizugehörigkeit, ja häufig sogar trotz dieser. Wir wollen alles allzu Persönliche, alles Episodische und Zufällige weglassen, wir konzentrieren unsere Aufmerksamkeit lediglich darauf, was sich außerhalb der Klammern setzen läßt.

Gibt es eigentlich einen allrussischen Mythus über Frankreich? Die Tatsachen zeugen beredt dafür, daß es einen solchen gibt. Es fanden sich Zeitungsrezensenten, die dem vorliegenden Buche, übrigens grundlos, eine Tendenz unterschoben: Es wären hier angeblich lauter negative Charakteristiken gesammelt worden. Erstens aber könnte man in den Schriften der bedeutendsten russischen Schriftsteller noch viel härtere, in das Buch nicht aufgenommene Urteile über Frankreich finden[4], zweitens sind die im Buche angeführten pamphletistischen Ausfälle viel zu zahlreich und stammen von allzu vielen Autoren, als daß von ihrem episodischen Charakter die Rede sein könnte. Bezeichnenderweise übt der bunte Wechsel der französisch-russischen Beziehungen fast gar keine Wirkung auf die Aphorismen der russischen Autoren über Frankreich aus. Die Urteile aus der Zeit des französisch-russischen Bündnisses stehen an Schärfe denen aus der Zeit des Krimkrieges in nichts nach, das Verhältnis zur dritten Republik unterscheidet sich unwesentlich vom Verhältnis zum zweiten Kaisertum usw.

Das erstaunlichste ist, daß sowohl in der Bejahung als auch in der Verneinung Frankreichs die russischen Schriftsteller verschiedener Zeiten und Richtungen häufig durchaus ähnliche, stellenweise fast wörtlich übereinstimmende Formulierungen gebrauchen. Der treue Sohn des russischen Kaiserreiches, Karamzin, sagt 1790 vom revolutionären Paris: Ich möchte in meinem lieben Vaterland leben und sterben; aber nach Rußland gibt es für mich kein angenehmeres Land als Frankreich. Und 1925 schreibt Majakovskij, der Dichter Sovjetrußlands, der nie Karamzin gelesen hatte, vom Nachkriegs-Frankreich: Ich möchte in Paris leben und sterben,

wenn es kein Land Moskau gäbe. Das gleiche Motiv variiert 1847 Belinskij.
Was haben die beiden russischen Schriftstellerinnen miteinander gemein – Apollinarija Suslova, die Freundin und Inspiratorin Dostoevskijs, und die ausgeprägteste Dichterin des russischen Symbolismus, Zinaida Hippius? – »Hier«, schreibt Suslova 1865 über Paris, »ist alles, aber auch alles verkäuflich: Gewissen, Schönheit; Verkäuflichkeit äußert sich in allem... in den geschnürten Taillen und auffrisierten Haaren der Mädchen, die paarweise durch die Straßen spazieren... Ich bin so gewöhnt, alles für Geld zu bekommen: warme Zimmeratmosphäre und freundlichen Gruß, daß es mir sonderbar vorkommen würde, etwas ohne Geld zu bekommen.« Zinaida Hippius hatte das handschriftliche Tagebuch der Suslova nicht gelesen, als sie 1908 aus Paris schrieb: »Gleichsam eine riesige, in vierzigtausend kleine zerfallene Prostituierte geht abends ein und denselben Boulevard entlang, ein und dasselbe Wort wiederholend. Dinge und Geld und Menschen – alles dreht sich im Kreise; weil alles und alle ohne Unterlaß gekauft, verkauft, und wieder verkauft, und wieder gekauft werden. Gleichgültig wer und was: rein alles wird gekauft, wie rein alles und alle sich verkaufen.« Auffallend sind hier die Übereinstimmungen, aber nicht weniger belehrend sind die wiederholten beharrlichen Zitate. Es genügte, daß Fonvizin vor mehr als 150 Jahren das Wort vom Fehlen jeglicher Vernunft bei den Franzosen fallen ließ, um Dostoevskij und dann auch Vladimir Solov'ev zu veranlassen, dieses Wort mit Entzücken zu zitieren, wobei Dostoevskij sogar geneigt ist, dieses Entzücken als allrussische Erscheinung zu betrachten.
Frankreich ist für die russischen Beobachter die Quintessenz des romanisch-germanischen Europas[5], sein krassester und anschaulichster Ausdruck, nach Leont'evs Formulierung ist es das führende europäische Land »auch hinsichtlich der Degeneration und jeglichen Verfalls«. Eben als äußerster Ausdruck des Europäismus zieht Frankreich die Aufmerksamkeit des russischen Intellektuellen auf sich. Das Wesen Frankreichs ist Paris: »Nehmet Paris von Frankreich – was bleibt ihm dann; eine bloße geographische Bezeichnung«;

»Für den echten Franzosen gibt es außer Paris nichts anderes auf der Welt« (Dostoevskij). Die französische Provinz wird von den russischen Schriftstellern entweder gar nicht bemerkt oder als »klingende Langeweile einer namenlosen Stadt« aufgefaßt, die unwillkürlich an die bekannte Čechovsche Niedergeschlagenheit erinnert; die Bretagne sehen sie schon als außerhalb Frankreichs liegend an (Ehrenburg). Die Bretonen »werden sich nie mit Frankreich versöhnen, werden nie Franzosen sein« (Bal'mont). Paris verkörpert Frankreich, dieses ist seinerseits die Inkarnation Europas, folglich ist Paris »die Wechselstube und der Jahrmarkt Europas« (Gogol'), »die zusammengefaßte Stadt« der okzidentalen Welt (Herzen), »das ist eigentlich gar keine Stadt; wahrhaftig kann man es eine ganze Welt nennen« (Fonvizin).

Frankreich, Paris ist eine sich selbstgenügende und selbstvergnügte Welt. Von dieser selbstbewußten Exklusivität und der damit verbundenen Gleichgültigkeit und Geringschätzung gegen alles Fremde berichten die russischen Schriftsteller gern (Fonvizin, Batjuškov, I. Aksakov, Dostoevskij, Turgenev und unsere Zeitgenossen). »Ihrer Überlegenheit über die ganze Menschheit bewußt«, schreibt Puškin, »werten sie berühmte fremde Schriftsteller nach Maßgabe derer größeren oder geringeren Entfernung von den französischen Bräuchen und Sitten.« – »Das Land«, faßt Herzen zusammen, »glaubt hartnäckig, daß es die Schönheit des ganzen Planets sei, daß Paris eine Musterfarm der Menschheit und eine auf dem Planeten angezündete Laterne sei, in deren Lichte er stolz seine Bahn umkreist.«

Der Drang nach Paris ist die krasseste Äußerung des Dranges des russischen Intellektuellen nach seiner zweiten Heimat Europa. – Ich hasse Paris und kann mich von ihm nicht losreißen... Solange man dort lebt, schimpft man, wegfahren möchte man aber nicht, – diese Geständnisse kehren immer wieder. Kurz, der Drang ist zweifellos, sein Sinn wird aber verschieden gedeutet: die einen behaupten, Paris gäbe dem Kranken Heilung (Saltykov), kuriere vom russischen Spleen (Belinskij, Sologub), die anderen beurteilen seine Heilkräfte skeptischer, es sei einfach eine Stadt »für diejenigen, die keinen bestimmten Platz und Zweck haben« (Suslova), »der einzige Ort im untergehenden Westen, wo man breit und bequem zugrunde gehen kann« (Herzen).

Der Untergang des Abendlandes ist eines der hervorstechendsten Motive der russischen Eschatologie. Und wiederum steht Frankreich an erster Stelle. Die Formel N. Danilevskijs lautet: Rußland ist das Haupt einer entstehenden Welt; Frankreich ist der Vertreter einer dahingehenden Welt. Diese These taucht im russischen sozialen Denken häufig auf, gleichgültig ob es sich um die rechte oder linke Strömung handelt. Paris als letzte Feste Europas ist ein innig vertrautes Motiv der russischen (sowie der modernen französischen) Literatur. Zinaida Hippius schwebt die Vision vor: Staaten stürzen, Nationen verschwinden, Europa verödet – »Paris aber, ohne das alles zu merken, wird weiterhin genau wie vorher tagein tagaus leben, brausen und sich vergnügen, und es wird nicht innehalten, da es nicht in seiner Macht liegt innezuhalten, bis das Uhrwerk abgelaufen ist.« Den letzten Akt dieses apokalyptischen Dramas schreibt Leont'ev zu Ende: »Paris ist zerstört, vielleicht endlich verlassen, wie so viele Hauptstädte des Altertums verlassen worden sind.«

Uns interessiert nicht die allgemeine emotionale Färbung der Stellungnahme des einen oder anderen russischen Schriftstellers zu Frankreich. Möge der Odenschreiber Trediakovskij rufen: »Wer liebt dich nicht, er sei denn ein Tier?«, möge der rasende Belinskij beteuern, etwas Besseres als diese große Nation würden die Menschen nicht schaffen. Möge andererseits bei Gogol' die Verneinung Frankreichs derart ausgeprägt gewesen sein, daß er bei der Erörterung dieses Themas, zeitgenössischen Zeugnissen zufolge, seine gewohnte Vorsicht und Bedachtsamkeit verlor. Und es kommt auf das »Ekelgefühl vor den Franzosen« bei Čechov, Blok oder Dostoevskij gar nicht an. Die Tatsache, daß die russischen Schriftsteller gleichzeitig von Frankreich angezogen und abgestoßen werden, bleibt bestehen. Was in den einzelnen Fällen überwiegt, ist ein unwesentliches wechselndes Detail. 1860 schreibt Turgenev: »Ich mag die Franzosen, wie Sie wissen, nicht leiden«, und 10 Jahre später: »Ich liebe und schätze aufrichtig die französische Nation.« Der nämliche Turgenev sitzt in Paris und freut sich über die Niederlage

Frankreichs (1870), gleichzeitig aber träumt Dostoevskij in Dresden von einer deutschen Niederlage – was also im gegebenen Augenblick am nächsten liegt, das stößt am meisten ab.

Was eigentlich die russischen Schriftsteller an Frankreich anzog und was sie abstieß, das ist die grundlegende Frage. Sie zu beantworten ist nicht so leicht, wie es auf den ersten Blick scheint. Die russischen Schriftsteller, von Fonvizin und Žukovskij bis Andrej Belyj und A.N. Tolstoj, zetern zum Beispiel mit einmütiger Feindseligkeit über das Polizeiregime Frankreichs – des Königreiches, des Kaisertums und der Republik; für die französische Literatur ist umgekehrt Rußland, das zaristische wie das sovjetistische, das klassische Muster eines Polizeistaates. Es handelt sich also in beiden Fällen nicht um das Vorhandensein oder Nichtvorhandensein eines Polizeiregimes, sondern um irgendeinen spezifischen nationalen Beigeschmack dieses Regimes in jedem Lande. Ebenso verhält es sich mit den gegenseitigen Bezichtigungen der Unsauberkeit: die Sache ist nämlich die, daß die Begriffe Sauberkeit und Unsauberkeit bei den beiden Völkern von traditionell verschiedenem Inhalt sind.

Worin sehen am Ende die russischen Schriftsteller den wirklichen Sinn ihres Abgestoßenseins von Frankreich? Schon Fonvizin fällte das Urteil: »An der Wahrheit ist ihnen nicht viel gelegen.« Dasselbe verzeichnen in allen Tonarten alle späteren Beobachter: »Die Franzosen interessieren sich für die Wahrheit am wenigsten« (Turgenev); »Faux dans la faux« (Vjazemskij); »Aufgeputzte Nippes« (Baratynskij); »Der französische nationale Geist versteht es, Menschen, Lehren und Ideen in malerische Gruppen zu ordnen und daraus Gemälde und Schauspiele zu machen« (Annenkov); »Eine Welt der Illusionen« (Herzen); »Der Franzose schlägt den Rockkragen auf und bildet sich ein, er habe einen Pelz angezogen« (Grigorovič); »Er begnügt sich mit billiger bunter Einförmigkeit, mit äußerem Schillern und Blinken« (Z. Hippius); »Die Franzosen sehen sich selbst als Schauspieler an« (Žukovskij); »Das ewig schauspielernde Frankreich« (Chomjakov); »Dieses Gesicht besitzt im höchsten Grade das Geheimnis, Gefühl und Natur vorzutäuschen« (Dostoevskij); »Ein Gesicht ohne Maske läßt in Paris das schamhafte Gefühl der Nacktheit aufkommen« (M. Vološin); »Jedes Wort, jede Phrase, jede – selbst die heftigste – Gebärde ist Pose« (I. Aksakov). Eine Sprache, die den Sprechenden maskiert (Puškin), die ganz anderes zu sagen zwingt als man denkt (Turgenev), die für Entschuldigungen geeignet ist (Bal'mont), »schillernd und leer wie die Kugeln eines Jongleurs« (K. Fedin), »Gesprächsformeln, die das Bewußtsein nicht mehr erreichen« (E. Triolet). »Eine Musik, die zum Calembour entgleist« (Turgenev). Eine »verfaßte« Literatur, der es neben wunderbarer Beredsamkeit, glänzenden Worten, feinem Geschmack und Meisterschaft an echtem Natursinn und an Verständnis für die künstlerische Wahrheit mangelt (Urteile Karamzins, Batjuškovs, Lermontovs, Turgenevs u. a.). »Ein Drama, das die gleichen korrekt vollendeten Formen angenommen hat, wie der Frack, der Gehrock, der Smoking« (M. Vološin). Eine Welt der Illusionen – eine Sackleinwand, »mit feinen herrlichen Spitzen umsäumt« (Fonvizin); »Kleidchen, die nicht einmal Façon, nur Schick haben« (V. Inber); »Ansprüche auf Eleganz statt echter Eleganz« (Z. Hippius); vorgespiegelte »literarische Gastronomie« statt echten Epikuräertums (Herzen, Korolenko), Unterhaltung statt Genuß (I. Aksakov), Suche nicht nach Schönheit, sondern nach Schönsein (Herzen), vorgetäuschte Liebe (Dostoevskij), *l'amour,* mehr im widernatürlichen Verhältnis zur Frau beruhend (L. Tolstoj), Anpassung an den Gesellschafter statt eines Standpunktes (Fonvizin), »der Schein einer Bildung bei gänzlichem Fehlen derselben« (Dostoevskij), ein Land, das den Katholizismus repräsentieren würde, selbst wenn darin kein einziger Gläubiger bleibt (Dostoevskij), »eine Republik ohne Republikaner« (Saltykov), wo »die ganze Hoffnung der Form gilt« (Dostoevskij). Verlogene Konventionalität der führenden politischen Formeln, die die Rückständigkeit der unüberwindlichen Gegensätze drapiert, die Theatralität des Parlaments, der Justiz, selbst der Hinrichtungen, – das sind die beliebten Themen der russischen Berichte über Frankreich.

Eine Welt des Spieles und der imaginären Werte, doch besteht selbst die Phantasie in dieser Welt »aus vorgefaßten und längst abgegriffenen Formen«. Die Unterschiebung eines Rituals von überlieferten Fiktionen und eines fruchtlosen Formalismus an Stelle des Suchens nach der Wahrheit erblicken die russischen Schriftsteller in jedweder Äußerung der französischen Mentalität. Chomjakov beschuldigt das französische Denken, daß es »alles Kompakte und Lebendige zerkleinere und zersplittere«, daß es »alles Große auf das seichte Niveau des nüchternen Formalismus reduziere«. Turgenev erblickt »Formalismus und traditionelle Schablone« selbst im französischen Revolutionär, während Dostoevskij eine ganze Theorie der französischen Kultur als einer Kultur vollendeter fertiger Formen und einer gewohnten Lebensordnung konstruiert. Hieraus folgert er auch die panische Angst der Franzosen vor dem Herausfallen aus der gewohnten Norm, vor dem *ridicule* – eine Erscheinung, die längst in der russischen Literatur verzeichnet ist. Mit diesem Formalismus verbinden die russischen Beobachter ebenfalls die Tendenz zum Planimetrischen. »Menschen der Grenze und des Maßes«, ironisiert milde Ol'ga Forš; »Paris engt sich ein, macht sich gern und mit Vorliebe klein, rollt sich rührend ein«, stichelt gallig Zinaida Hippius. »Von überall her sieht man Rand und Boden« (I. Aksakov). »Über eine gewisse Tiefe hinaus kann man ein Problem in seine Seele nicht versenken« (Gogol').

Das Pathos der antifranzösischen Pamphlete russischer Provenienz charakterisiert vor allem die Pamphletschreiber selbst. Eine beharrliche Gegenüberstellung zweier Welten: einerseits – die Welt als Werden, als Reich der Dialektik, die Persönlichkeit löst sich in Einheiten höherer Ordnung auf, vorhandene Werte relativieren sich, andererseits – eine Zielscheibe des Sarkasmus – die Statik »fertiger Begriffe«, eine vollendete und folglich zukunftslose Welt überlieferter abgerundeter Formen, eine Welt der nicht aufgehobenen Gegensätze, »ein persönliches Prinzip, ein Prinzip des Individuums, der gesteigerten Selbsterhaltung, des Selbsterwerbes, der Selbstbestimmung im eigenen Ich« (Dostoevskij).[6] Entlarvt wird der Bourgeois als hundertprozentiger Träger dieser Ideologie, entlarvt wird Frankreich als Land der wahren Hegemonie der wahren Bourgeoisie. Eben auf Frankreich bezieht sich die Bemerkung Dostoevskijs: »Der Bourgeois hat einen ganz kurzen, gleichsam fragmentarischen Verstand, er hat einen riesigen Vorrat fertiger Begriffe, wie wenn es Holz für den Winter wäre, und er will in allem Ernst, sei es auch tausend Jahre, damit auslangen.« Diese Worte hat die zeitgenössische Schriftstellerin Ol'ga Forš zum Motto für ihr Novellenbuch über Frankreich genommen. Das Pathos des unversöhnlichen Hasses gegen den Bourgeois und die »klassenmäßige« antibourgeoise Haltung gegenüber Frankreich charakterisieren die verschiedensten russischen Schriftsteller: Leskov und Herzen, Saltykov und Leont'ev, Dostoevskij und Turgenev, Batjuškov und Blok oder A. Belyj. »Die Bourgeoisie ist eine syphilitische Wunde am Körper Frankreichs«, schrieb 1847 Belinskij. Das Wappen Frankreichs ist der fette Magen des Bourgeois – wiederholt 1906 M. Gor'kij. Bezeichnend ist das warme Mitgefühl, mitunter sogar die andächtige Bewunderung, mit denen die russische Literatur von allen antibourgeoisen Erscheinungen des französischen Lebens spricht. Von den Helden der großen Französischen Revolution kanonisieren die Russen Babeuf, »den ersten Menschen, der den ersten Revolutionären sagte, ihre ganze Revolution sei im Grunde genommen nicht eine Erneuerung der Gesellschaft auf neuen Grundlagen, sondern ein Sieg der einen mächtigen sozialen Klasse über die andere, auf der Grundlage des: *ôtes-toi de là que je m'y mette*«. Dostoevskijs Worte wiederholen einstimmig Bakunin und Ehrenburg. In welcher anderen Literatur sind den Blusenträgern von 1848 (Herzen, Turgenev, Bakunin) oder den Kommunarden von 1871 (Lavrov, Saltykov, Uspenskij) flammendere Zeilen gewidmet worden? Eben in der russischen Literatur erklangen die herzlichsten Lobreden auf den französischen Arbeiter, und L. Tolstoj zürnte sogar den französischen Autoren wegen ihrer »Verständnislosigkeit für das Leben und die Interessen des werktätigen Volkes«.[7] Lassen sich ab und zu in der russischen Literatur auch Worte des Mißtrauens gegen den französischen Arbeiter vernehmen, so entspringen sie der Angst vor seiner Verbürgerlichung. So sagt Dostoevskij von den französischen Arbeitern, sie seien »im Innern ebenfalls auf den Besitz aus, und ihr ganzes Ideal bestehe darin, Besitzer zu werden und soviel als möglich Sachen anzuhäufen«. Leont'ev ist überzeugt, daß im Falle einer französischen sozialen Revolution statt einiger Hunderttausende reicher Bourgeois etwa 40 Millionen Kleinbürger mit typisch bourgeoiser geistiger Physiognomie auf dem Plan erscheinen werden.

Wir haben versucht, den russischen Mythus über Frankreich als Spiegel der russischen Mentalität darzustellen. Nicht weniger interessant ist die Frage, in welchem Maße dieser Mythus das wirkliche Frankreich widerspiegelt, und wie sich andererseits in den Berichten über Rußland, an denen die französische Literatur überaus reich ist, die Mentalität ihrer Autoren auswirkt. Es wäre sehr lehrreich, die Urteile russischer Schriftsteller über Frankreich mit den Grundthesen der heute bei den Franzosen in hoher Blüte stehenden selbstanklagenden Literatur zu konfrontieren, wohl auch mit der unlängst veröffentlichten prächtigen Frankreich-Monographie des Čechen Gustav Winter.[8] Im wesentlichen Inhalt sowie in den Schlußfolgerungen legt Winters Buch nicht weniger scharf als die russischen Berichte, dabei mit einer eingehenderen Argumentation, die sich immer gleichbleibenden Gebrechen des modernen französischen Lebens bloß; der wichtigste Unterschied zwischen dem čechischen und den russischen Beobachtern beruht in seiner liebenswürdig diplomatischen Wiedergabe der Tatsachen, in einer anderen emotionalen Färbung der Urteile, die bei Winter mehr mitfühlend, freundlich, sogar verliebt, bei den Russen aber mehr herb, vielfach satirisch scharf ist, – schließlich fehlt in dem čechischen Buche jener unverwandte Widerstand gegen die Franzosen, jene beharrliche Grenzziehung zwischen zwei Kulturwelten, die so kraß in dem Buche *Wir und sie* zutage tritt. Aber Fragen der französischen Charakterologie gehen über den Problemkreis einer *Slavischen Rundschau* hinaus.

Anmerkungen

1 Eine Übersetzung erschien schließlich in *Russie folie poesie*, hg. von Tzvetan Todorov, Paris: Seuil 1986, 157–166. [Hg.]
2 O. Savič und I. Ehrenburg, *My i oni: Francija*, Berlin: Petropolis 1931.
3 Siehe zu diesem von N. Trubetzkoy übernommenen Begriffspaar und seiner Weiterentwicklung zu den zwei komplementären weltanschaulichen wie wissenschaftstheoretischen Grundsätzen der Autonomie (*vs.* Kolonialismus) und Integration (*vs.* Apartheid): E. Holenstein, »›Die russische ideologische Tradition‹ und die deutsche Romantik«, in: R. Jakobson/H. G. Gadamer/E. Holenstein, *Das Erbe Hegels* II, Frankfurt: Suhrkamp 1984, 44 ff. [Hg.]
4 Viele Zitate aus russischen Autoren, die in diesem Artikel angeführt werden, fehlen im Buche Savičs und Ehrenburgs.
5 Siehe N. Trubetzkoys Pamphlet gegen den »romanogermanischen Chauvinismus«: *Europa und die Menschheit,* München 1922. [Hg.]
6 Fast dieselben Ausdrücke gebraucht [Alexander] Herzen [1812–1870] in seinen Briefen aus Frankreich: »Eine merkwürdige Verewigung des ausschließlichen Besitzrechtes, eine aufdringliche Frechheit des Eigentumsrechtes.«
7 Dieser Vorwurf wurde unlängst von dem čechischen Publizisten G. Winter wiederholt.
8 G. Winter, *Kniha o Francii,* Prag: Aventinum 1930.

Um den russischen Wortschatz
[1936]

Dem Naturalismus, der mit »mechanistischen« Erklärungen um die Jahrhundertwende dominierte, folgte in der Sprachwissenschaft wie in den anderen Wissenschaften eine phänomenologische und in den Humanwissenschaften auch eine soziologische Einstellung. Im Vordergrund stehen nun strukturale und funktionale Analysen der Beziehungen zwischen den verschiedenen Schichten des Sprachsystems und zwischen der Sprache und dem kulturellen und gesellschaftlichen Geschehen, in das sie als Teil eines Ganzen eingebunden ist. Wörterbücher, deren Gegenstand, der Wortschatz, besonders empfindsam auf gesellschaftliche Vorgänge reagiert, beschränken sich nicht mehr puristisch auf eine Standardsprache, sondern sehen in abweichenden Sprachformen »funktionelle Dialekte«. Insofern es ein Bewußtsein von »Archaismen« und »Neuwörtern« gibt, erweist sich in der neuen Sicht der Sprachwandel als ein integraler Bestandteil einer dynamischen Sprachsynchronie.[1]

In der Entwicklung der Sprachforschung, namentlich der russischen, spiegelt sich naturgemäß die allgemeine Entwicklung der Wissenschaft und der wissenschaftlichen Weltanschauung sowie jener Wechsel der Vorherrschaft einzelner Wissensgebiete wider, der mit dieser Entwicklung notwendig verbunden ist. Um unsere Jahrhundertwende hatte die Naturwissenschaft das große Wort in der wissenschaftlichen Welt geführt, der *Naturalismus* beherrschte die Philosophie, seine Fragestellung und Methodologie war für sämtliche Forschungszweige richtunggebend. Namentlich von den verschiedenen sprachwissenschaftlichen Fragen wurden diejenigen an erste Stelle gerückt, die anscheinend eine naturalistische Lösung am meisten zuließen. Es war dies die Zeit der phonetischen Überhandnahme in der Sprachforschung, die Zeit der phonetischen Beobachtung, des phonetischen Experiments, der phonetischen Arbeitshypothesen, die Blütezeit der Lautphysiologie. Nicht selten schrieb man: »Geschichte

der Sprache, 1. Teil – Lautgeschichte«, über diesen 1. Teil ging es aber nicht hinaus, ansonsten drangen die Grundlagen der naturwissenschaftlichen Beschreibung und der naturwissenschaftlich gerichteten mechanistischen Psychologie auch in die weiteren Kapitel der Sprachgeschichte, während die unnachgiebigen Begriffe wie etwa Zeichentheorie, Sprachwerte und Sprachkultur im Schatten blieben.
Als die naturalistische Problematik den ersten Platz im wissenschaftlichen System der *phänomenologischen* einzuräumen begann, machte sich dieser Umstand in der Linguistik durch das rege Interesse für Fragen des Sprachsystems, des Innenaufbaus der Sprache und der Wechselbeziehung einzelner Sprachpläne bemerkbar. Auf die Tagesordnung kam die theoretisch durchleuchtete Formenlehre, immer dringender trat die Frage des Verhältnisses zwischen Form und Funktion hervor, selbst in der Lautlehre mußte die naturwissenschaftliche Auffassung schrittweise vor der Analyse der sprachlichen Funktionen weichen. In der historischen Sprachforschung erlangte dementsprechend die Frage der inneren Gesetzmäßigkeit der Sprachveränderungen eine führende Rolle.
War für diesen Abschnitt der linguistischen Forschung die Bearbeitung der vornehmlich systemmäßigen Spracherscheinungen, der abgeschlossensten, nach außen hin unabhängigen Pläne der Sprache, das heißt vor allem die Bearbeitung der formellen grammatischen Bestandteile, kennzeichnend gewesen, so wird im neuesten Zeitabschnitt die Spache in die Ganzheit des kulturellen oder, noch breiter, des *gesellschaftlichen* Geschehens im allgemeinen eingegliedert. Der wesentlichste Nachdruck wird heute auf Fragen des Anschlusses der sprachlichen Gegebenheit an die angrenzenden Gebiete gelegt, namentlich an die Ideologie, die Kunst, das Wirtschaftsleben, und selbstverständlich geraten eben diejenigen sprachlichen Tatsachen in den Mittelpunkt der Forschung, die durch unzählige Fäden mit der gegenständlichen Welt verbunden sind. Es handelt sich um die Sprache als Werkzeug der Kultur, um den Wortschatz, die Wortgeschichte und Wortgeographie, die Phraseologie, die Stilistik.
Freilich darf die Geschichte der Wissenschaft nicht verein-

facht und die Angelegenheit so dargestellt werden, als ob die neueste soziologische Wendung der wissenschaftlichen Forschung die vorhergehenden Themen von der Tagesordnung abgesetzt hätte. Zwei Beispiele: Die von der naturalistischen Woge hochgehobene experimentelle Phonetik lebt weiter, sie entwickelt sich und findet in der Tonfilmtechnik neue reiche Möglichkeiten; die dialektische Methode spitzt die Auffassung der Selbstbewegung des Sprachsystems zu und hebt eine Reihe wesentlicher Antinomien auf, die bei jeder anderen Behandlung unlösbar wären. Es wäre wiederum ein ungerechter Schematismus, Themen der linguistischen Forschung mit dem wissenschaftlichen Leitmotiv der Epoche unzertrennbar zu verknüpfen. Es genügt der Hinweis auf die lange Existenz des Schlagwortes »Wörter und Sachen«, auf die lexikographische Einstellung des französischen Sprachatlasses oder auf die Tatsache, daß Grundbegriffe der funktionellen Sprachforschung wie Phonem und Morphem noch während der Herrschaft der naturalistischen Strömungen entstanden sind, um sich klar darüber zu werden, daß die neue maßgebende Tendenz der wissenschaftlichen Weltanschauung Forschungsthemen nicht so sehr schafft, als ihre Rangordnung ändert und für einige davon besonders günstige Voraussetzungen bietet. Wir glauben namentlich, daß die heutige ganzheitliche Auffassung der sozialkulturellen Problematik und besonders die beharrliche soziologische Haltung der heutigen russischen Wissenschaft die Möglichkeit einer eingehenden *methodologischen* Durcharbeitung einer solch grundlegenden Aufgabe der Sprachkunde, wie etwa die Abfassung von wissenschaftlichen Wörterbüchern, schafft.

Aber das Wörterbuch kann nicht nur im Zusammenhang mit der Sprachwissenschaft betrachtet werden, es kann auch ein wesentliches Ereignis der konkreten *Sprachkultur* sein. Nicht zu vergessen ist, daß die mannigfaltigen Umwälzungen, die die sozial-ökonomische und politische Weltstruktur, die Ideologie, Wissenschaft, Technik, Kunst, das Alltagsleben während der letzten Jahrzehnte durchgemacht haben, eben im Wortschatz sämtlicher Kultursprachen einen krassen Ausdruck finden, und daß sich diese Erneuerung des Wortvorrats naturgemäß in den Sprachen der Sovjetunion und in erster Reihe im Russischen mit besonderer Deutlichkeit vollzogen hat. Es genügt, den lexikalen und phraseologischen Bestand einer heutigen russischen Zeitung mit einem vor etwa 20 Jahren gedruckten Blatt zu vergleichen, um einzusehen, wie gewaltig diese Veränderungen sind.

Reiche Wortschöpfung, angestrengte terminologische Arbeit auf verschiedenen Gebieten des wissenschaftlichen, wirtschaftlichen und staatlichen Lebens, mächtige soziale Umschichtungen, entschiedene Umwandlung der alten Formen des religiösen, staatlichen, sozialen und Familienlebens (nach der Dichterformel Majakovskijs: »Heute bis zum letzten Kleiderknopf machen wir das Leben neu«), mächtiges Wachstum der Städte und vollständiger Umbau des Dorfes, beträchtliche Verschiebung des Verhältnisses zwischen Russisch und den anderen Sprachen, die internationale Rolle des Russischen als Verbindungssprache, heftige Demokratisierung der Schule und des Bildungswesens im allgemeinen, eigenartiger Aufschwung des Patriotismus und des begeisterten Interesses für die Volkstradition und das russische Kulturerbe, elementarer Zufluß argotischer, ländlicher, lokaler, fremdstämmiger und ausländischer Wörter und besonders Wortbedeutungen, verschwommene Vieldeutigkeit der Wörter infolge dieser Häufung und das wachsende Bewußtsein, daß dieser revolutionären Flut eine neue widerstandsfähige und zugleich dehnbare Norm der Hochsprache, die als zuverlässiges Werkzeug der im Entstehen begriffenen Kultur dienen könnte, entgegengestellt werden muß, schließlich das gesamte Pathos des planmäßigen Aufbaues und des Kampfes um die Qualität, das selbstverständlich auch auf den sprachlichen Abschnitt hinübergreift – all das zeugt von der hohen Aktualität und Notwendigkeit einer angestrengten lexikographischen Arbeit und schafft ausnehmend günstige Bedingungen für wissenschaftliche Beobachtungen an der Dynamik des Wortlebens. Lenin mit seinem echt petrinischen Spürsinn für die Aufstellung zeitgemäßer programmatischer Forderungen der russischen staatlichen, wirtschaftlichen und kulturellen Aufbauarbeit entwarf mitten im Toben des Bürgerkrieges eine beachtenswerte Denkschrift »Von der Reinigung der russischen Sprache«, worin mit aller Entschiedenheit die Frage gestellt wurde, »ob es nicht an der Zeit wäre, der Mißhandlung der russischen Sprache den Krieg zu erklären«. Dieser Satz wurde 1934 zum amtlichen Schlagwort der Union, und ein Jahr später erschien der umfangreiche 1. Band des *erklärenden Wörterbuchs* der russischen Sprache *(Tolkovyj slovar' russkogo jazyka*. I. M. 35, Ogiz. LXXVI, 1566 S.), das auf drei Bände berechnet und von einem Ausschuß erstklassiger Sprachforscher, als da sind Larin, Ožegov, Tomaševskij und Vinokur, vorbereitet ist. Die Redaktion hatte D. Ušakov inne, einer der besten Vertreter der ruhmvollen Moskauer linguistischen Schule, der stets seine Mitarbeiter und Schüler durch seltene Diszipliniertheit des wissenschaftlichen Denkens und nicht minder seltene popularisatorische Fähigkeiten entzückte. Die unmittelbare Anregung zur langjährigen Arbeit an diesem Wörterbuch war der Wink Lenins, der mit Recht in einem erschöpfenden wissenschaftlichen erklärenden Wörterbuch der zeitgenössischen russischen Sprache die wesentlichste und unaufschiebbare Aufgabe der heimatlichen Sprachkultur erblickte.

Das neue Wörterbuch unterzieht einer Analyse die »schriftliche und mündliche Sprache der gebildeten Menschen«. Seine Aufgaben sind demnach breiter als etwa die des französischen akademischen Wörterbuchs, das sich auf den Rahmen der Hochsprache beschränkt und Gesprächworte beiseite läßt, die für eine waschechte »*ex cathedra*-Rede« unannehmbar sind, desgleichen Wörter, die im Literaturgebrauch als vulgär oder offenkundig zum Beruf gehörend empfunden werden. Ušakovs Wörterbuch hält sich mit Recht von dieser puristischen Zuchtwahl des Materials fern, weil die Grenzen einzelner stilistischer Abarten, sozusagen funktioneller Dialekte der intelligenten Rede, relativ und wechselvoll sind, diese Dialekte sind zu sehr miteinander verbunden, um einen einzelnen Bruchteil ohne Rücksicht auf die Ganzheit des gebildeten Sprachrepertoires mit Erfolg beschreiben zu können. Andererseits ist der Inhalt des neuen Wörterbuchs im Vergleich mit dem Wörterbuch Dal's und mit dem russischen akademischen Wörterbuch, das sich an das Programm Šachmatovs hält und gegenwärtig bis zur Mitte des Alphabets gediehen ist, beträchtlich eingeschränkt. Zum Unterschied von beiden letzten Wörterbüchern, die den gesamten mundartlichen Reichtum des großrussischen lexikalen Fonds zu umfassen trachten, sind hier Provinzwörter nur insofern aufgenommen worden, als sie auf die eine oder andere Weise in den gesamtrussischen Umlauf eindringen, wiewohl ihr lokaler Ursprung immer noch mehr oder weniger fühlbar ist. Auf diese Weise umfaßt das Wörterbuch total das bei all seiner stilistischen Verzweigtheit *einheitliche reale Sprachsystem,* das einem realen einheitlichen Milieu gehört, nicht aber vereinzelte Abschnitte des Systems noch ein Agglomerat territorial und sozial verschiedenartiger Systeme.

Gerade diese Einheitlichkeit des Inhalts ermöglicht den Verfassern des Wörterbuchs eine eingehende systematische *Analyse des Wortschatzes,* die seine einzelnen stilistischen Schichten aufdeckt. Dieser Versuch, der durch »Vermerke, die den Gebrauchskreis des Wortes bestimmen«, verwirklicht wird, ist an Folgerichtigkeit und interessanten Ergebnissen die wertvollste Neuerung des Wörterbuchs. Ohne den Versuchungen des steifen Purismus zu verfallen, vermitteln diese Vermerke die Grundlagen der normativen Stilistik des russischen Wortschatzes (nicht zu vergessen ist, daß im Russischen gerade die lexikalen Unterschiede das wichtigste Mittel der stilistischen Differenzierung sind). Sie erläutern eigens Wörter-Termini, die dem einen oder anderen Gebiet der Wissenschaft, Technik, Produktion angehören, Wörter, die von der Hochsprache notorisch selten gebraucht werden, Wörter, die der Norm der Schriftsprache nicht zuwiderlaufen, zugleich aber dem Kontext ein unbuchmäßiges, gesprächmäßiges Gepräge verleihen, im Gegensatz dazu Wörter, die vornehmlich der Büchersprache eigen sind und auch im Gespräch buchmäßig wirken, ferner Wörter der spezifischen Zeitungs-, Kanzlei- und Amtssprache, kennzeichnende Wörter der Dichtersprache, Wörter, die zwar in unsere Sprache eingedrungen sind, jedoch ihre folkloristische Färbung beibehalten haben, schließlich verschiedene Abarten von Wörtern, die eigentlich außerhalb des Bereiches der Schriftsprache liegen: Hierher gehören Wörter aus der einfachen, ungezwungenen, etwas derben mündlichen Sprache,

die sich an die Normen der Hochsprache nicht hält und an der Grenze des literarischen Gebrauchs steht, Wörter des vertrauten familiären Umgangs, Wörter von ordinärem Klang, die für den Literaturgebrauch ungeeignet sind, Wörtchen, die den Normen der Kindersprache angepaßt sind, Argotismen. Besondere stilistische Vermerke weisen auf die verschiedene expressive Färbung der Wörter hin.
Überaus bezeichnend sind die Vermerke, die der *historischen Perspektive* in den Wörtern der heutigen Sprache gelten, sofern diese dem heutigen Sprecher bewußt wird und folglich eine Tatsache der *Sprachsynchronie* ist. Solche Vermerke unterscheiden Neuwörter, die offenkundig mit der Kriegs- und Revolutionszeit verbunden sind, Wörter, die aus Erinnerungen oder aus der klassischen Literatur des vorigen Jahrhunderts noch allgemein bekannt sind, jedoch aus dem Gebrauch bereits verschwunden sind oder verschwinden, Wörter, die als Überbleibsel ferner Zeiten anmuten, sowie Archaismen kirchenslavischer Färbung. Diese Vermerke zeigen anschaulich und zum ersten Male mit voller Deutlichkeit, was für gewaltige Veränderungen die russische Sprache in den beiden letzten Jahrzehnten durchgemacht hat und wie richtig die Beobachtung des hervorragenden Sprachforschers Polivanov ist, daß von allen Sprachschichten gerade der Wortschatz (als der mit dem Kulturleben am engsten verknüpfte und erst im erwachsenen Leben der Sprechenden zu seiner endgültigen Form kommende) am empfindsamsten auf gesellschaftliche Umschichtungen und namentlich auf die großen russischen Ereignisse der Neuzeit reagiert. Eine Menge Wörter sind verlorengegangen und neu geschaffen worden im Zusammenhang mit dem Verlust oder der Neuheit der zu bezeichnenden Begriffe; das Wörterbuch hat besondere Vermerke für Wörter, die sich auf vorrevolutionäre Begriffe beziehen, dementsprechend wäre es gut gewesen, aus der Zahl der neuen Wörter die Bezeichnungen neuer Erscheinungen eigens zu erläutern. Aber nicht nur der Wechsel der Gegenstände ruft einen Wechsel der Wörter hervor, ein nicht minder wesentlicher Faktor ist das veränderte Verhältnis zu den Gegenständen – der Bedarf an einem Worte von mehr oder umgekehrt weniger affektiver Färbung oder

die qualitative Veränderung dieser Färbung (revolutionärer Euphemismus). Und schließlich entsteht eine Beharrungskraft der Umbenennung, die auch das Gebiet von ideologisch neutralen Wörtern erfaßt. Es nimmt geradezu wunder, wenn man beim Durchblättern des Wörterbuchs feststellt, wie unzählige Wörter, die noch unlängst lebendig waren, heute als Archaismen empfunden werden, und namentlich wie sich der Kreis der Bedeutungen der Wörter verändert. Wie die redaktionelle Einleitung treffend hervorhebt, ist das Wörterbuch »ein Versuch, den Prozeß der Umarbeitung des lexikalen Materials während der proletarischen Revolution zu widerspiegeln, die den Grundstein einer neuen Etappe im Leben der russischen Sprache legt, und zugleich die neu eingebürgerten Normen des Wortgebrauches zu zeigen«. Hinzuzufügen wäre, daß dieser Versuch nicht nur für die russische Sprachpraxis, sondern auch für die russische Sprach- und Kulturgeschichte sowie für die allgemeine lexikographische Methodologie von hohem Wert ist.
[...]

Anmerkung des Herausgebers

1 Siehe dazu Jakobsons Erklärung »Zur Dialektik der Sprache« anläßlich der Verleihung des Hegel-Preises (1982); in: R. Jakobson/H. G. Gadamer/E. Holenstein, *Das Erbe Hegels* II, Frankfurt: Suhrkamp 1984, 8 ff.; vgl. 58 f.

Mittelalterliches Spottmysterium
Der alttschechische *Salbenkrämer*[1]
[1958]

Religion wird heute in der Soziologie gern funktional mit ihrer Aufgabe der »Kontingenzbewältigung« erklärt.[2] Anhand der Volksbräuche des europäischen Mittelalters läßt sich in Erfahrung bringen, wie Menschen Verhältnisse bewältigen, die sie als nicht-kontingent, als gottgewollt oder auch nur – wie die hierarchische Struktur der Gesellschaft – essentialistisch als etwas betrachten, das im Wesen der Dinge vorgegeben ist (das reformiert, aber nicht revolutioniert, nicht dauerhaft umgestürzt werden kann): nämlich mit der Einführung karnevalesker Szenen, Possen und Parodien in die Liturgie. Die Befreiung von Normen und Konventionen in einer ungehemmten Sensualisierung aller Verhältnisse erfaßt in dem hier exemplarisch vorgestellten Osterspiel Unguentarius *(tschechisch:* Mastičkář*: Salbenkrämer und Quacksalber) nicht anders als in der konkreten Poesie der Futuristen auch die Sprache, deren ›Lautkörper‹ in »Litaneien und Tiraden als phonetische ›Leckerbissen‹ präsentiert und konsumiert werden«.[3]*

> Qu'il s'agisse donc du noyau liturgo-dramatique qu'a constitué la commémoration de la naissance du Sauveur, ou bien de celui qui se rattache à sa mort et à sa résurrection, l'élément comique est en germe dans les premiers développements scéniques qu'a connus l'Eglise, comme ces développements sont, en quelque sorte, latents dans la liturgie.   M. Wilmotte

> De notre temps, sans doute, où tout s'est laïcisé ou se laïcise, même l'obscénité, de pareils usages ne sont que des indécences...   S. Reinach

Henri Bergson erzählt, wie ein Mann einmal gefragt wurde, weshalb er beim Anhören einer Predigt, als jedermann Tränen vergoß, nicht geweint habe: »Ich gehöre nicht zur

335

Pfarrei«, war die Antwort. Der Philosoph bemerkt dazu: »Was dieser Mann vom Weinen hielt, träfe noch viel mehr auf das Lachen zu.« In der kulturellen Anpassung an Amerika müssen sich europäische Einwanderer einem besonders mühsamen Prozeß unterziehen; sie müssen begreifen lernen, worüber man in den Comics zu lachen hat. Ein bekannter Witz definiert einen Fremden als einen, der über alles lacht außer über einen Witz.

Was Bergson über das Lachen sagt, gilt um so mehr, wenn wir zur räumlichen noch die zeitliche Versetzung hinzufügen und versuchen, die »Komplizenschaft« mit Lachern in einer weit zurückliegenden Vergangenheit zu teilen, wo alles anders sein kann – das Spektrum von zugelassenen und gewöhnlichen Gegenständen des Lachens, die verschiedenen Zwecke des Lachens, die veränderlichen Techniken des Komischen. Um sich leicht und vollständig ein Gesicht einzuprägen, stellen die Fahndungsgalerien der Polizei zwei Photos nebeneinander – von vorne und im Profil, während Picassos doppelgesichtige Portraits beide Aspekte zugleich darstellen. So sind für uns das Profil wie das sogenannte Frontgesicht eindeutige *partes pro toto*, und keine der beiden synekdochischen Ansichten wirkt heute als komische Verzerrung. In mittelalterlichen tschechischen Miniaturen hingegen bedeuten das Profil (siehe Matějček 1926: 18) und im alten Ägypten umgekehrt das Frontgesicht Karikaturen und werden gewöhnlich gebraucht, um niedrige, böse und dämonische Wesen darzustellen.

Die Spottliturgie der Narreneselsfeste, die im Mittelalter in vielen Kathedralen, Kirchen und Klöstern Westeuropas zur Aufführung gelangten, wurde von den Subdiakonen und vom weltlichen Klerus der niedrigen Stände während der Weihnachtszeit und besonders zum Fest der Beschneidung gefeiert. Diese Possen erhielten und verbreiteten sich im Laufe des 14. Jahrhunderts, wie Gardiner (1940:16) mit Recht betont, »ohne *wirksame* Behinderung«, bis sie von der Reformation verpönt wurden.

Der Hauch der kommenden Reformation weht in Jan Hus, wenn er in seinem tschechischen *Tractatus de precatione Dei* über dieses traditionelle Schauspiel, bei dem er selbst in seiner

Jugend mitgemacht hatte, herfällt: »Welch groben Unfug begehen die Leute mit ihrem Mummenschanz in der Kirche. Auch ich nahm in meiner Jugend zu meinem Leidwesen an solchen Maskeraden teil. Wer könnte sich ausmalen, was sich da alles in Prag abspielte? Nach der Ernennung eines unverschämt gekleideten Klerikers als Bischof setzte man ihn auf einen Esel, Gesicht zum Schwanz, und führte ihn in die Kirche zur Messe. Und es wird eine Schüssel mit einer Brühe vor ihm getragen, und ein Krug oder eine Schale Bier; und er ißt in der Kirche. Und ich sah, wie [der Esel] die Altäre beweihräuchert und ein Bein hebt und verkündete: Bú![4] Und die Laienpriester brachten ihm große Fackeln anstatt Kerzen. Und er reitet inzensierend von Altar zu Altar.[5] Dann sah ich, wie die Laienpriester ihre mit Pelz gefütterten Gewänder von innen nach außen kehrten und in der Kirche tanzten. Und die Leute schauen und lachen und denken, daß dies alles heilig oder recht sei, da es ja in der Rubrik steht, es steht in den Statuten. Nette Statuten, wahrhaftig: Unfug und Blasphemie!... Als ich noch jung an Jahren und Verstand war, habe auch ich diese närrische Rubrik gutgeheißen. Doch als mir der Herr die Heilige Schrift eröffnete, radierte ich diese Rubrik, dieses Statut der Blendung, aus meinem schwachen Intellekt« (Erben 1865: 302).

Dem Verfasser dieser Schrift war es vollkommen klar, daß die Haltung der Gläubigen zur Burleske nicht eine Frage des eigenen frommen oder unfrommen Standpunktes war, sondern von der Rubrik abhing, vom Muster, an das sich alle hielten. Hus' eigener Standpunkt verrät die gleiche ikonoklastische Tendenz der Frühreformation wie der Wiclifsche *Tretise of miraclis pleyinge*, geschrieben am Ausgang des 14. Jahrhunderts und im puritanischen Geist gegen die *ludi* wegen des ehrfurchtslosen Gebrauchs des Namen Gottes und wegen des Versuchs, das Volk durch leere Zeichen und fiktive Emotionen zu beeindrucken (siehe Mätzner 1869: 224).

Nach der sorgfältigen Erforschung der *Asinaria* von Chambers (1903: 1, Kap. XIII ff.) und Gayley (Kap. III) scheint die Grundidee dieses Festes eine parodistische Antwort auf den Lobgesang *Magnificat* zu sein, besonders auf den Vers *Deposuit potentes de sede, Et exaltavit humiles* (Lk. 1:52). Die

Umkehrung des Status, der Geist der Ehrfurchtslosigkeit und radikalen Gleichschaltung, fand ihren burlesken Ausdruck in den Narreneselsriten. Die phantastischen Symbole dieser Spottliturgie dienten alle dazu, die Erhöhung der Demütigen und Sanftmütigen anzukündigen, zu genießen und durchzusetzen. Der niedrige vierbeinige Teilnehmer in der Zeremonie war eine fröhliche Anspielung auf die treuen Esel in der Heilsgeschichte, die zu den Motiven der Weihnachts-*ludi* gehörten: die Gott-inspirierte Eselin von Balaam, der Esel neben der Krippe des Kindes und der Esel, auf dem die Jungfrau Ihn nach Ägypten trug.

Das Eselsfest gehört zu den vielen Fällen, »wo das Liederliche aus dem Heiligen wächst«, um den oft angezweifelten Satz eines tschechischen Kritikers zu gebrauchen. Es ist auch ein frappantes Beispiel für vorchristliche Riten, welche in den mittelalterlichen Schauzügen weiterleben. Dazu zog die Spottliturgie ständig neue Mischungen aus der Folklore an, welche sich in die *cantilenae inhonestae* und *verba impudissima ac scurrilla* einschlichen, die von den Zelebranten dieser »berüchtigten« Messen gebraucht wurden, wie es in einer Epistel der Pariser Theologischen Fakultät an die französischen Bischöfe im Jahre 1445 hieß (Chambers 1903: 1.293 ff.).

> *Quem quaeritis in praesepe, pastores, dicite?*
> *Adest hic...* (Weihnachtstropus)

Unter den englischen Mysterienspielen ist das im Towneley-Manuskript aus der zweiten Hälfte des 15. Jahrhunderts erhaltene, aber höchstwahrscheinlich bereits in der ersten Hälfte des Jahrhunderts vom sogenannten Meister von Wakefield komponierte *Secunda Pastorum* das bekannteste. Seine Interpreten, vor allem Homer A. Watt, weisen auf die dramatische Einheit hin, welche die beiden Teile des *ludus* verknüpfen, nämlich das lange Possenvorspiel und das kurze *Officium Pastorum*: Der erste Akt ist eine Spottnativität, die hartnäckig das Mysterium der Nativität des zweiten Aktes parodiert. Der Beginn des Dramas mit der Klage der Hirten über den harten Winter und die harten Zeiten für die Armen kontrastiert mit dem klaren Himmel und dem Glauben der

Hirten, daß die Geburt Jesu den Armen bessere Tage bringen werde. Der Betrug des Angebers und Schafdiebs Mak leitet das Thema der Pseudonativität ein. Maks Klage über die andauernde Fruchtbarkeit seines Weibes zusammen mit seinem vorgetäuschten Traum, daß ihm die Gyll einen neuen Knaben geschenkt habe, bereitet die drei Hirten auf seine gespielte Ankündigung vor, daß der Traum Wirklichkeit geworden sei. »Diese Vorbereitung«, so Watt (1940: 162), »ist nicht ganz ungleich mit der Voraussahnung des kommenden Christkindes:... *Ecce virgo concipiet*...« Das vorgetäuschte *chylde / That lygys in this credyll*, in Wahrheit ein entführtes und geschlachtetes Schaf in einer Wiege, kontrastiert mit dem Kind in der Krippe, das vom Entführer und Schlächter Herodes gerettet werden soll (*Ther lygys that fre / In a cryb full poorely, / Betwyx two bestys*). Diese Tiere wie auch Johannes' gleichnishafte Worte *Ecce agnus Dei* (Joh. 1:36), und andererseits die beiden parallelen Prozessionen der Hirten und ihre analogen Opfergaben und schließlich Gylls Beharren, daß das Schaf nicht ein Schaf, sondern ihr Kind sei – dies alles verstärkt die Entsprechung zwischen den beiden Teilen des Wakefield-Diptychons und ihrer Gegensätzlichkeit. *A pratty child is he / As syttys on a waman's kne*. »In dieser Spottgeburt, in der Gyll auf komische Art der Maria entspricht oder sie vorwegnimmt, liegt die Annahme einer wenn nicht gerade wunderbaren Geburt, so doch wenigstens eines übernatürlichen Geschehens zugrunde; ihr Kind (behauptet Gyll) wurde von einem Kobold verwandelt« (Speirs 1951: 116f.).

Nachdem John Speirs auf die ungebrochene Tradition verwiesen hat, die beinahe auf der ganzen Welt zeremonielle Schwänke und Possen mit dem Tod assoziiert, vermutet er, daß das Possenspiel vom toten Schaf in der Wiege »die Allgegenwart des Todes und der Geburt in ihrer uralten Verknüpfung darstellt« (1951: 102, 111). Er hat vollkommen recht, wenn er sagt, daß diese religiösen Schwänke keineswegs die Kirche verhöhnen wollten: »Der Spottnativität liegt nicht der Geist der Skepsis zugrunde. Die Ausgelassenheit der Mak-Farce als Ganzes... kann eher als Ausdruck der Fröhlichkeit des Volkes gedeutet werden, da die Bedeutung der Wiedergeburt im winterlichen Fest die Todesbedeutung allmählich verdrängt.« Das heidnische Volksritual liegt dem Mysterienspiel zugrunde. Der Dichter der *Secunda Pastorum* folgte dem alteingesessenen Muster des jahreszeitlich bedingten Dramas – der Verkettung von Tod und Wiedergeburt. Dabei bediente er sich einer Volkserzählung, formte sie für seine dramatischen Zwecke um, wie man allgemein angenommen hatte und wofür Robert Cosbey (1945) den einschlägigen Beweis erbrachte. Diese Geschichte ist noch immer in Amerika und auch in verschiedenen europäischen Ländern im Umlauf. Die Tatsache, daß sie gewöhnlich als neues Lokalereignis wieder ausgegeben wird, zeugt von ihrer leichten Anpassungsfähigkeit. So erzählte und variierte Senator J. Thomas Heflin von Alabama in drei seiner Senatsreden von 1931/32 – als Beweis für die Wichtigkeit einer gründlichen Senatsuntersuchung der Korruption – Maks Geschichte als Betrug eines Negers in Arkansas, der einem Mr. Jones ein neunzigpfündiges Ferkel stahl und es in eine Wiege aus Tannenholz legte, wobei er dem Sheriff versicherte, es sei sein an einer Lungenentzündung erkranktes Kind, es wiegte und sang: *Little baby, don't you cry, You'll be an angel by and by!*[6] (vgl. Maks Wiegenlied: *The Towneley Plays*, 1897, 130). Einmal mehr kombiniert das Spottmysterium christliche mit vorchristlichen rituellen Elementen und bedient sich auf kluge Weise der Folklore.

> *Quem quaeritis in sepulcro...*
> *Non est hic, surrexit...* (Ostertropus)

In der tschechischen Kirche hat das Osterspiel eine lange und eigenartige Tradition. Seine Aufführung im Nonnenkloster *Sancti Georgii Pragensis* ist schon im 12. Jahrhundert belegt. Dieser *ludus paschalis*, der sich im tschechischen Mittelalter ständig entwickelte und verbreitete, spiegelt die verschiedenen Phasen seiner westlichen Entwicklung wider, reagiert jedoch auf nachfolgende fremde Stimuli in einer sehr ursprünglichen Weise, auf die der Experte der tschechisch-lateinischen Literatur, Jan Vilikovský (1948), immer wieder hinweist. Auffallende einheimische Eigentümlichkeiten beobachtet man in der St.-Georg-Fassung der *Visitatio sepul-*

chri aus dem späten 12. Jahrhundert, in neueren Versionen, welche die Szene mit dem *Unguentarius* einbauen und entwickeln[7], weiter im zweisprachigen Spiel des 14. Jahrhunderts und in der mundartlichen Farce des Salbenkrämers mit eingeflochtenen lateinischen *cantiones*. Neben der tschechischen Farce sind noch Varianten aus verschiedenen deutschen Regionen in etwas späteren Manuskripten erhalten; abgesehen von Ähnlichkeiten erscheinen auch einige besondere Züge in der tschechischen Version. Wie immer die genetische Verwandtschaft zwischen den deutschen und tschechischen Varianten sein mag, die letztere Version kann bezüglich Form und Funktion unabhängig von der ersteren betrachtet werden.

Die tschechische Szene *Unguentarius*, von Literaturhistorikern *Mastičkář* genannt, ist in zwei Fragmenten erhalten: Das ältere und längere (431 Zeilen) gehört dem Tschechischen Nationalmuseum (*Mus.*), das spätere und kürzere (298 Zeilen) verdankt seinen Namen der österreichischen Stadt Schlägel oder Drkolná (*Drk.*), wo man es entdeckte. Nach Gebauer ist *Mus.* um die Mitte und *Drk.* in der zweiten Hälfte des 14. Jahrhunderts geschrieben worden. Die tschechische Farce muß unter der Herrschaft von Johann von Luxemburg (1310–1346) entstanden sein, und es sind keine zwingenden Gründe vorhanden, ein älteres Datum anzunehmen.[8] Das *Drk.*-Fragment bricht vor der Heilung des jüdischen Knaben und der folgenden Szene der drei Marien abrupt ab, und am Anfang fehlt die Szene der Anheuerung des ersten Lehrlings. Andererseits läßt der *Mus.*-Text die Anheuerung des zweiten Lehrlings aus, und am Ende fehlen einige Schlußzeilen als Übergang zur eigentlichen *Visitatio*.[9]

In der Mitte von *Mus.* singen die drei Frauen auf lateinisch: Zuerst singt jede ihre eigene Strophe, dann antworten alle drei zusammen auf einen lateinischen Gesang des Helden, der in den Rubriken *mercator (Mus.)* oder *medicus (Drk.)* und von seinen Gesprächspartnern Meister Severín genannt wird.[10] Nach den beiden ersten Zeilen, gesungen von der dritten Maria, sind die Zeilen 254–255 *(Sed eamus unguentum emere, Cum quo bene possumus unguere)* bewußt ausgelassen, um die Andeutung auf die Balsamierung als

Zweck des Grabbesuchs zu unterdrücken. So enthält dieser Teil nur zwei zehnsilbige Zeilen gegenüber drei Zehnsilbern in den andern Gesängen. Der Schlußchor der drei Marien beschränkt sich auf drei Zehnsilber, während in den vorausgehenden Gesängen den Zehnsilbern ein einzeiliger Refrain aus acht Silben folgt. Ein Refrain ist den Gesängen der *prima* und *secunda Maria* gemeinsam, und der andere den Gesängen der *tertia Maria* und des *mercator*. Der *ludus paschalis* in zehnsilbigen Zeilen und besonders die *Unguentarius*-Szene stammt, wie Wilhelm Meyer (1901) entdeckte, aus Frankreich und breitete sich nach Osten aus. Vielleicht war die volkstümliche Gebetsformel in der ersten Zeile des Gesangs der ersten Maria – *Omnipotens pater altissime* – der primäre Impuls für die zehnsilbige Strophenform (siehe Dürre 1915: 17).

Der Verfasser des tschechischen *Unguentarius* spielt mit dieser Versform und verknüpft dabei die lateinischen Passagen mit dem mundartlichen Rahmen. *Tercia Maria cantet* auf lateinisch und *dicit ricmum* auf tschechisch: Die ersten und letzten Zeilen des *ricmus* sind Zehnsilber und kontrastieren mit den vorherrschenden Achtsilbern.[11]

Sobald der Salbenkauf vom Lehrling Rubin vorausgesagt und das Verlangen der drei Frauen nach guten Salben bekannt wird, macht sich gleich eine Vorliebe für zehnsilbige Zeilen bemerkbar. [...] Das erhabene Gespräch mit den Frauen geht in Severins Keifen mit seiner Frau über, wobei die zwei Streithähne parodistische Zehnsilber gebrauchen. [...]

Die symbolische Distanz zwischen den *sedes* der Marien und der Bude des Krämers wird nicht durch Wechselgesänge in lateinischen *cantiones* überbrückt. Jede Maria singt ihre Strophe, *deinde dicit ricmum*. Die beiden ersten Reden sind eigentliche Übersetzungen der lateinischen Klagelieder der Maria Magdalena und Maria Jacobi; doch die darauffolgenden Strophen über den Erwerb der Gewürze und die Absicht, den Körper Christi zu salben, bleiben unübersetzt, weil der Moment für den tatsächlichen Auftritt der Frauen auf den Teil der Bühne, der für den Kaufmann und den Handel mit ihm reserviert ist, noch nicht gekommen ist. Der Wunsch der Maria Salome *unguere corpus domini sacratum* wird in ihrem tschechischen *ricmus* durch ein Klagelied für Jesus, den Heiler ersetzt.

In seinen tschechischen Äußerungen reagiert Severin nur auf die tschechischen und nicht auf die lateinischen Botschaften der Marien. Er lädt die Frauen ein, sich zu seinem Laden zu begeben und die Salben zu kaufen, doch vor dem Feilschen wagt er selber als Heiler aufzutreten und befiehlt Rubin, sich unverzüglich um den Toten zu kümmern, »als Demonstration für diese Damen und für den Ruhm meiner Salben«.

Diese Komposition wurde von Schmidt (1957) mißverstanden. Es folgt dann unmittelbar eine Spottauferstehung. Mit Hilfe Rubins bringt Abraham den leblosen Körper seines Sohnes Isaak auf die Bühne. Die Anspielungen dieser Namen auf das Auferstehungsmotiv liegen auf der Hand. Lerch (1950) ging dem Zusammenhang zwischen Isaaks Opfer und dem Opfer Christi in der kirchenväterlichen, mittelalterlichen Tradition ausführlich nach: Abrahams Sohn wurde als ein Vorläufer des Gottessohnes angesehen, und Jesus nannte man den »wahren Isaak«. Unterwegs zum Laden verspricht Abraham Meister Severin eine Belohnung, wenn sein Sohn geheilt werde. Die Szene zeigt eine groteske Mischung eines erhabenen und umgangssprachlichen Stils, eingeführt durch einen Vers in feierlichem zehnsilbigem Metrum und mit einem wortspielähnlichen Angebot von *tři hřiby a pól sýra* (drei Pilzen und einem halben Käse): *sýra* entspricht *syna* (›Sohn‹), während *tři hřiby* ein Ersatz für den üblichen Preis des Quacksalbers ist – *tři hřivny* (›drei Mark‹). Bei seiner Ankunft wendet sich Abraham ehrfürchtig an den »ehrwürdigen und erhabenen Meister« [...], den er bittet, seinem Sohn Isaak zu befehlen, von den Toten aufzustehen. Viel Gold wird als Entschädigung versprochen. Dramatisch fleht Severin um die Hilfe des Sohnes Gottes, des heiligen Namens und seines eigenen Geschicks und befiehlt Isaak aufzustehen und den Herrn, die heilige Maria und ihren Sohn zu loben. [...]

Die biblischen Verse – *Et ait: Adolescens, tibi dico, surge. Et resedit qui erat mortuus, et coepit loqui* (Lk. 7: 14, 15) – werden in der Befehlsform Severins *Vstaň* und in der Antwort Isaaks parodiert. *Quo finito fundunt ei feces super culum.*

Ipse vero Yssaak surgens dicit ricmum. Diese Antwort beginnt mit einem einreimigen Vierzeiler mit siebensilbigen Versen, von denen drei mit einem einsilbigen Wort enden, ein Verfahren der Komik, welches durch wortspielähnliche Reime (*ach!* – spá*ch,* spá*ch* – vsta*ch,* avech*! ach!* – z mrtvý*ch* vsta*ch,* vsta*ch* – nósra*ch*) weiter verstärkt wird:

> [309]Avech! auvech! Avech! Ach!
> Kak to mistře, dosti spách,
> Avšak jako z mrtvých vstah,
> K tomu se bezmál nósrach.[12]

Die Zeile mit Interjektionen wiederholt und schöpft das Repertoire von Ausrufen, typisch für alttschechische Marienklagen, voll aus. »Planctus der Muttergottes am Karfreitag«: *Ach auvech auvech auvech...; Auvech auvech, žalosti i bieda; Auvech auvech, túho má veliká; Ach, auvech, ach bieda mně; Auvech, auvech, hoře mého;* etc. (Truhlář 1891: 192 ff.); »Planctus der Jungfrau Maria«: *Ach, avech, slyšěla sem zlú novinu; Ach...; Auvech, moje žalosti;* etc. (Nejedlý 1954: 401 ff.); Maria Magdalena in einem Fragment eines Osterspiels: *Ach mně...; Auvech, kto by sě toho nadal; Ach, veliká mojě núzě;* usw. (Máchal 1908: 118 ff.) [...]
Die weiteren Zeilen in Isaaks Vierzeiler (309–312) – »Sehr lange, Meister, hab' ich geschlafen, aber ich erstand als wie von den Toten, und mußte mich außerdem beinahe entleeren« – stempeln diese Szene zu einer Scheinauferstehung, ähnlich der Scheinaktivität von Maks *lytyll day-starne.* Beides sind bloße possenhafte Präfigurationen erhabener Mysterien. Der Name des Patienten des Quacksalbers ist eine Anspielung auf den biblischen Isaak, bei dem es sich, im Gegensatz zu Jesus, nur um ein Scheinopfer handelte.
[...] Isaaks Lobpreisung des Meisters, der, anstatt wie üblich den Kopf, seinen ganzen *culum* einsalbt (315–319), scheint eine Parodie des Verses *Oleo caput meum non unxisti: haec autem unguento unxit pedes meos* (Lk. 7:46).
Nach Pseudo-Matthäus sagte Jesus auf der Flucht der Heiligen Familie nach Ägypten: »... *Ego viam vobis breviabo, ut quod spatio triginta dierum ituri eratis, in hac una die perficiatis.*« *Haec illis loquentibus ecce prospicientes videre*

coeperunt montes Aegyptios et civitates ejus... Et in unam ex civitatibus Aegypti quae Sotinen dicitur ingressi sunt. Der Name der Stadt variiert: *Sotinen, Sotrina, Sihenen* (Bonaccorsi 1948: 200).[13] Der Name der Stadt wurde zu *Kamnys*, als diese Geschichte in der tschechischen Verserzählung *Infantia Jesu* aufgenommen wurde. Wie Havlík beweist (1887: 242), wurde sie im frühen 14. Jahrhundert geschrieben (*Výbor* 1845: Sp. 402):

»›Heute zeige ich euch Kamnys, zu welchem wir dreißig Tage gehen mußten.‹ Und während sie gingen und miteinander redeten, befanden sie sich vor der Stadt Kamnys.« In Abrahams Eulogie seines »Wunderkindes« befindet sich eine Travestie dieses Wunders mit der scherzhaften Umdeutung von Kamnys als *kamna* ›Ofen‹: »Während er sich auf den Ofen setzte, sah er, was in der Mitte des Zimmers geschah.«

Das andere Wunder, das Abraham seinem Sohn zuschrieb – »Er aß Weißbrot und verachtete den Roggen« –, ist eine Anspielung auf die Erzählungen der *Infantia Jesu*, der, in Zeiten des Hungers, auf wunderbare Weise Weizen wachsen ließ (*Výbor* 1845: Sp. 404, 410). Die dritte und letzte Wundergeschichte – »Als er das Bier sah, schaute er das Wasser nicht an« – parodiert das *miraculum in Cana Galilaeae*.[14]

Nach der Spottauferstehung fordert Severín die drei Frauen auf, sich zu nähern und von seinen Salben etwas auszusuchen. Das Auferstehungsthema wird bewußt unterdrückt. Paraphrasen kirchlicher Texte verschwinden. Verse werden ametrischer: So befinden sich unter den 14 Zeilen der Anpreisung des Quacksalbers (323–336) nur zwei Achtsilber. Sonderbare Reime erscheinen, welche divergente grammatische Formen der Eigen- und Gattungsnamen, die eine auffallend ähnliche Lautform haben, miteinander verknüpfen: *Mařie (ma*st z zamo*řie; pátek* – z Ben*átek*. Der Krämer schlägt widerwillig Schminke vor, »wenn ihr Schminke mögt, Damen« (*Lí*čite-li s*ě, panie, rády*, mit dem albernen Reim *lí*čka i b*rady*). Er mag sich an einen früheren Schminkenkauf der *prima Maria* erinnert haben, wird aber höflich von den drei Marien zurechtgewiesen: »Wir wollen keine jungen

Männer anlocken!« Zum erstenmal wird auf der mundartlichen Ebene des Spiels die Absicht von den Besuchern verraten und von Severín bestätigt, Christus mit Salben zu schützen (339–354). Nichts deutet auf das Wiederbelebungsmotiv hin, das in verschiedenen Varianten des tschechischen *ludus paschalis* entwickelt wird. Vgl. Máchal (1908: 151): »[...] Doch gehen wir Salben kaufen, um den Körper des Höchsten zu heilen!« [...] Die einzige Andeutung auf die vorangehende Szene der Wiederbelebung ist der Hinweis auf den festgelegten Preis von drei Mark.

Meister Severín gelang es, den alten Abraham zu trösten, aber er kann nichts gegen die große Trauer der drei Marien tun; und er offeriert einen Rabatt. Diesem Angebot folgt ein heftiger Protest der *uxor mercatoris*, deren kleinliches Gezänke auffällig mit dem erhabenen Wehklagen der drei Frauen kontrastiert. [...]

Ein weiterer Streich mit noch tieferen Schlägen, nämlich zwischen den beiden Knechten, wird durch ein ähnliches »Hört auf!« unterbrochen. Wiederum verzögert *Přestaň* die Überreichung der Utensilien an die Marien. Was folgen sollte – enthielte das Museumsfragment das Ende der Szene –, ist das übliche: *Quibus acceptis, accedant ad Sepulchrum* (Young 1951: 1.403).

Das Spiel beschränkt sich nicht auf eine Gegenüberstellung des Sakralen und des Profanen, das jenes parodiert: Zwei Schichten überlagern sich im Profanen – der aufgeblasene Quacksalber wird in der rüpelhaften Komödie seiner Knechte aufs Korn genommen. So entsteht eine vielschichtige Hierarchie. Pustrpalk dient Rubín, wie Rubín Severín dient; Drk. 229 ff.: »Rubín, mein lieber Herr, ich bin dein ergebener Diener... Wir wollen beide unserem Herrn besser dienen.« – »Lieber Herr«, *Philippus dicat ad Ihesum* im tschechischen Passionsspiel, das in den *Drkolná*-Fragmenten zusammen mit dem *Unguentarius* (Máchal 1908: 96) entdeckt wurde: »Geruhe uns deinen Vater zu zeigen, den Herrn des Himmels!«

Das Gespräch zwischen den beiden Knechten enthält die vollkommenste Sammlung aufgezeichneter alttschechischer Vulgarismen, mit blasierten Auszügen aus der zeitgenössi-

schen tschechischen Dichtung. Rubín zitiert ein gnomisches Tristichon aus der *Alexandreis* (V 503 bis 505: siehe Trautmann 1910: 7), nachdem er die gleiche Maxime auf ausgelassene volkstümliche Art ausgedrückt hat. Der drollige genealogische Zank der Knechte, der in rein umgangssprachlichen, freien Versen mit zotenhaften dreisilbigen Reimen ausgetragen wird *(Vavřena – zavřena, Hodava – prodává)*, wandelt gewisse Eingangspassagen aus der *Vita* des hl. Prokop um, die im frühen 14. Jahrundert in freien Versen wiedergegeben wurde (siehe Jakobson 1934; Kunstmann 1955: 288).
Rubín besteht darauf, er habe immer den Ruhm seines Meisters verbreitet. Er lobt ihn tatsächlich und schmückt seine Rede mit Alliterationen und homonymen Reimen: »Wahrlich überall wird sein Name gefeiert; kurz, nirgends in der Welt gibt es seinesgleichen.« Dieses Lob wird jedoch durch einen derben skatalogischen Witz Rubíns sofort wieder in Frage gestellt (»Dazu furzt er unverschämt«). Der Quacksalber wird in der Rede wie im Eingangslied sogar von seinem Diener verspottet: »Da kam zu dir Meister Hippokrates durch die Gnade Gottes; gegenwärtig gibt es keinen Schlimmeren in der Kunst der Medizin. Jeder, der von einer Krankheit befallen und am Leben bleiben möchte, läßt sich von ihm heilen und muß so wohl oder übel sterben.« Nach den Worten des Knechtes bietet der Meister weder die Auferstehung von den Toten noch die Belebung der Sterbenden, sondern nur eine Beförderung der siechenden Leute in die Ewigkeit. Im darauffolgenden *ricmus* malt Rubín aus, wie nach Severíns Behandlung der Patient »sofort zusammenknickt«, während es in der *Infantia Jesu* heißt, daß Jakob plötzlich zusammenknickte und starb, Jesus aber ihm befahl, unverzüglich aufzustehen (*Výbor* 1845: Sp. 417).[15]
Es ist bemerkenswert, daß die musikalische Form von Rubíns makkaronischem Lied getreu der St.-Georg-Fassung der *Visitatio* folgt, nämlich der Melodie des Gespräches *Maria! – Raboni!*, das die Auferstehung Christi symbolisiert (siehe Nejedlý 1954: 235f., 246, 282f.). Das syllabische Muster von Rubíns *cantio* – 2 (8 + 7) – deckt sich mit der syllabischen Form in den Antiphonien der drei Marien bei ihrem Gang *unguere Iesum* (siehe Young 1951: 1.375). Vielleicht ist

Severins erstes Stichwort nach dem Lied des Knechtes, ein dreimaliger Ruf – *Rubíne, Rubíne!* –, eine witzelnde Anspielung auf *Raboni!*

Im *Drkolná*-Fragment des tschechischen *Unguentarius* verspricht der Quacksalber nach der Bitte Abrahams, in der Rubrik einfach als *Judeus* angegeben[16], den leblosen Knaben wieder ins Leben zu rufen. Er fordert seine Knechte auf, die passende Salbe zu präparieren. Nach einem kurzen Gezänke machen sie sich an die Arbeit, in der Gewißheit, daß neue Käufer »aus weit entferntem Land«, offensichtlich die drei Marien, in Kürze erscheinen sollen. Rubíns Auslegung seiner Arzneien konzentriert sich vor allem auf ein Aphrodisiakum, »die erste und wertvolle Salbe, weder in Prag noch in Wien zu haben«. In der *Mus.*-Szene der Wiederbelebung Isaaks spricht der Quacksalber einen Auferstehungszauber:

> [303]Ve jmě božie jáz te mažiu,
> Jiužť chytrostiú vstáti káziu.

[»Im Namen Gottes salbe ich dich, und nun, durch meine Kunst, befehle ich dir aufzustehen.«] Im *Drk.*-Fragment verspricht Rubín jeder Frau, die von der nächtlichen Leblosigkeit des Gatten heimgesucht wird, eine wunderbare Wirkung der »wertvollen Salbe« und bedient sich einer analogen erektiven Formel mit einem ähnlichen Reim:

> [259]Když svému mužiu málo pomažeš,
> Kdy chceš kokrhati jmu kážeš.

[»Wenn du eine Salbe machst für deinen Mann, kannst du ihn jederzeit zum Krähen bringen.«[17]] Der Hahn, in der Folklore[18] fest mit einer erotischen Symbolik assoziiert, ist auch Teil des Osterrituals. Die »Säule für den Hahn« nimmt auf der Bühne des Passionsspiels einen zentralen Platz ein (siehe Chambers 1903: 2, 84). In seiner aufschlußreichen Monographie *Der Risus Paschalis* erklärt H. Fluck, »daß zum Zwecke des Ostergelächters eine Hilfsperson, ein ›Paurenknecht‹ zugezogen wurde, der durch sein Kikeriki der Predigt den nötigen Anschauungs- bzw. Anhörungsunterricht geben mußte« (1934: 198). In tschechischen volkstümlichen Reimen, die mit dem österlichen *mrskačka* [›Schlagen mit Ruten‹] verknüpft sind, heißt es (nach Plicka u. a. 1944: 136):

»Der Hahn kräht, die Henne gluckert, die Hausfrau eilt zur Vorratskammer, um das Ei zu holen.« *Mrskačka* und *kupačka* (›Baden‹, auch ein alter Osterbrauch) – *iuvenes obdormientes matutinum de mane proiiciuntur in aquam*[19] – werden in einem mährischen Osterlied (ebd., 139) durch das launische Spiel mit traditionellen Symbolen, etwa dem Widder mit goldenen Hörnern, einem goldenem Stab, Hahn und Wasser angedeutet. In diesem rituellen Gesang antwortet die Frau auf die Aufforderung, ins Wasser zu springen: »Warum soll ich hineinspringen und meinen Rock nässen? Wo würd ich ihn lüften? – Im heimeligen Gotteswinkel, auf jenem goldenen Stab. Jener Stab biegt sich, und der Hahn kräht darauf.« – An Ostern geben die tschechischen Mädchen ihren Liebsten Eier, die wie Elstern bemalt sind, genannt *straky* [›Elstern‹] (Zíbrt 1950: 262f.). Während Rubín die wunderbare Salbe zur Wiederbelebung des jungen *Judeus* präpariert, singt er eine jener *cantiones scuriles,* welche der hohe Klerus in Prag wenigstens *in atrio ecclesiae* zu verbieten versuchte (siehe Höfler 1862: XVIf.). Dieses Lied entspricht etwa den slavischen erotischen Rätseln, welche das Hochzeitsfest oder das Erwachen des Brautpaares begleiten: »Eine Elster auf einer Elster überquerte den Fluß; Fleisch ohne Knochen durchbohrte ein Mädchen.« Im mitteleuropäischen Aberglauben[20] bedeutet es den Tod, wenn man eine Elster sieht, während ein Elsternpaar Wiedergenesung bedeutet. Eine humorvolle Antwort auf das Bild des Schmerzes wegen des Zerstoßens von knochenlosem Fleisch bildet Rubíns Klage über den Schmerz in seinen Knochen vom Zerstoßen der Gewürze.

Die gegenseitige Durchdringung von ausgelassenen Possen und erhabenem Mysterium verblüffte und schockierte die viktorianischen Wissenschaftler, wenn sie sich mit dem mittelalterlichen Drama befaßten. Um eines der vielen Beispiele zu zitieren, sei nur an J. Truhlář (1891: 19, 33, 173) erinnert, der sich »empörte« über die zentrale Szene des tschechischen *Unguentarius* als die »Höhe ausgelassenster Obszönität«, welche »mit ihrem Schmutz und ihrer Schändlichkeit alle Grenzen der Schicklichkeit sprengt«. Ähnlich Dürre (1915: 41): »Die Krämerszene war der Nährboden, auf dem der stinkende Pilz des Spielmann-Humors prächtig gedieh.« Der Trugschluß einer solchen »modernisierten« Haltung dem zügellosen Schwank gegenüber, der eng mit den religiösen Spielen verbunden ist, wird von Gardiner (1940: 4) überzeugend entlarvt: »Es ist unhistorisch, den Geist und die Phantasie des mittelalterlichen Besuchers von Mysterienspielen an späteren puritanischen Vorstellungen zu messen.«

Für den mittelalterlichen Dramatiker und Zuschauer gab es im Spottmysterium keine Blasphemie, genau wie im spanischen Drama die ritterliche Ehre nicht durch die *intermezzi* verletzt wurde, in denen Lakaien die Haupthandlung des Stückes, etwa die Liebesaffäre ihrer edlen Meister, nachäfften. Die Parodie des Glaubens an die Eucharistie, die Geburt Jesu und die Auferstehung machte sich nicht über die heilige Passion lustig, sondern über die Banalitäten dieser Welt im Gegensatz zu den erhabenen Ereignissen der Heilsgeschichte.

Auf der mittelalterlichen Bühne sprach der *vulgus* und spielte vulgär. Sogar *Iesus quasi in specie Ortulani apparens* im Gegensatz zu *Iesus in specie Christi* spricht zu Maria Magdalena wie ein gemeiner Gärtner. Ein Beispiel aus einem alttschechischen »*Ordo trium personarum*« (Máchal 1908: 160): »Verschwinde aus meinem Blick, oder ich breche diese Schaufel über deinem Kopf! Und tritt nicht auf die Zwiebel, wenn du nicht mit der Schaufel auf den Hintern was abbekommen willst.«[21]

Das Prinzip der mittelalterlichen Bühnenregie sah verschiedene getrennte *sedes* vor, die sich über den Bühnenraum verteilten. Das Spiel verlief auf diesen nacheinander oder sogar gleichzeitig, wobei jeder *sedes* immer für den gleichen Ort der Handlung eingesetzt wurde. So sah die Szene mit dem *unguentarius* eine vom Grab getrennte *sedes* vor. Daraus ergab sich eine viel größere Autonomie dieser lokalen Handlungen, eine Pluralität innerhalb der dramatischen Einheit. Die *loci* waren im Spielganzen integriert und blieben aufeinander bezogen, auch wenn der Laden des *unguentarius* vom Seitenaltar auf den Marktplatz verlegt wurde.

Die Anforderung *ioca seriis miscere* war typisch für die mittelalterliche Handhabung der Bühnenkunst. Man kann

Curtius (1948: 42) nur zustimmen: »In der Tat finden wir *ludicra* im Mittelalter auch innerhalb der Bereiche und Gattungen, die für unser modernes, an der klassizistischen Ästhetik geschultes Empfinden eine solche Mischung grundsätzlich ausschließen.«

Die *Farce* war eng mit dem Mysterium verknüpft, was selbst die Etymologie nahelegt. Teile des Offiziums waren zuerst mit Latein und später mit mundartlichen Interpolationen gefüllt [englisch *farced* = (voll)gestopft]: »Eine solche Kombination nannte man *farsia, fasura, epistola farcita* oder *farsa*, und der spätere Gebrauch dieses Wortes zur Bezeichnung einer komischen Szene zeigt den Charakter, den es schon früh gehabt haben muß« (Crawford 1937: 8). Die Tradition des *farcing*, das Füllen mit unverträglichen Zutaten, und allgemein der synkretistische Charakter der spätmittelalterlichen Gastronomie steht im Einklang mit dem »Mischstil« des gotischen Dramas. Man muß sich nur ein typisches Rezept aus dem ältesten tschechischen Kochbuch in der noch vorhandenen Kopie aus dem späten 15. Jahrhundert vor Augen halten. Für die Zubereitung von geschmortem Euter wird dem Koch empfohlen, »alle Arten von Gewürzen mit Ausnahme von Safran« hinzuzufügen, Eigelb, Mandeln, Weißbrot, Rosinen, Salz, Butter oder Fett, Wein und reinen Honig oder Zucker (siehe Zíbrt 1927: 113). Während in unserer Küche das Pikante für die Vorspeise, das Süße für den Nachtisch und die Sättigung für den Hauptgang reserviert ist, gehen in den Modellgerichten aus dem späten Mittelalter all diese Eigenschaften ineinander über. Ähnlich wurde auch das Leben eingestuft, wie es in der *Alexandreis* aus dem frühen 14. Jahrhundert (dem Jindřichův-Hradec-Fragment) ausgedrückt wird:

> [279]Protož i při každém skutcě
> Zisk ve ztrátě, radost v smutcě
> Su spřěžena v jedno pútce.

[»Und so, was auch immer geschieht, sind Gewinn im Verlust und Freude im Gram zusammen im Bund.«] Wissenschaftler, die streng nach Diskontinuität, Inkohärenz und Unstimmigkeit im tschechischen *Unguentarius* forschen, verkennen die

wichtige Rolle des Kontrastes in der Poetik und Bühnentechnik der gotischen Epoche und die komische Wirkung des Inkongruenten.
Nach dem *Drk.*-Fragment hat Rubín Blähungen. Er rennt weg und *Angeli cantant: Silete silete,* dann auf tschechisch *Mlčte, poslúchajte!.* Dies scheint dem Kritiker ein »gänzlich sinnloser« und »eindeutig fremder« Einschub zu sein (vgl. Černý 1955: 70f.). Doch der Dramatiker hat es auf einen einfachen erheiternden Kontrast zu den Engeln abgesehen, die ihr Ohr dem menschlichen Bedürfnis leihen (»Seid still, hört!«), und der einfache kleine Mann antwortet mit einem *obscenus sonus*, was, wie Curtius (1948: 434) bemerkt, »im Mittelalter sehr beliebt« war, besonders im Kirchenhumor.
Auf die Stelle des Osterpsalms – *exsultemus et laetemur* – antwortete der mittelalterliche Gläubige mit dem rituellen *risus paschalis*. Viele Quellen bezeugen, »daß der Risus paschalis tatsächlich *liturgisch* mit dem Ostergottesdienst offiziell verbunden war« (Fluck 1934: 199). In Mitteleuropa wurden die Osterpredigten gewöhnlich mit *ludicrae fabellae* gespickt, oft mit komischen Anspielungen auf die Auferstehung – »je lächerlicher desto besser« (205). Erasmus von Rotterdam beklagte sich über den Gebrauch der Osterprediger von *fabulae confictae, plerumque etiam obscoenae*, die ein anständiger Mensch nicht einmal am Biertisch zu erzählen wage. (*Ecclesiae Basileae,* 1535: 136). Ein typisches Beispiel des Osterhumors ist der tschechische *Sermo paschalis bonus* aus dem 14. Jahrhundert (Máchal 1908: 132f.): *Ba mám psáno v starém záchodě* [»Es steht geschrieben im alten Abort...«] in possenhaftem Kontrast mit der assonanten Sequenz: ... *v starém zákoně* [»im Alten Testament«]. [...]
Die Farcen im Zusammenhang mit dem Mysterium der Auferstehung – der *Unguentarius* oder in Frankreich die *Peregrini* und *Le Garçon et l'Aveugle* (vgl. Cohen 1910[22] und 1912) – sind gleicherweise Vehikel des *risus paschalis*. Der Quacksalber selber sagt zu Rubín gleich am Anfang des *Mus.*-Fragments: »Wir beide werden den Leuten viel zu lachen geben.«

In dieser Farce weisen die *personae dramatis* wiederholt auf die kommende Osterzeit hin. Severíns Frau erwähnt das kommende Ostermahl, er selbst erwähnt den vergangenen Karfreitag und den Osterkuchen, der gebacken wird, während Rubín von der Ersetzung des Fastenmenüs durch Ziegenfleisch (dem Ostergericht) spricht. Meister und Knecht beten beide zum Gottessohn. Ähnlich lesen wir in der *Secunda Pastorum*, daß der dritte Hirt, obwohl Christus noch nicht geboren ist, zum Kreuz Christi und St. Nikolaus betet; *Crystys curs*, sagt der erste Hirt, und der Spott-Nachtzauber Maks endet mit den Worten: *poncio pilato, Cryst crosse me spede!* Es geht jedoch nicht an, den Dramatikern Anachronismen zu unterlegen. Severín und Mak waren gleichzeitig Zeugen des evangelischen Dramas und zugleich Zeitgenossen der jeweiligen Zuschauer. »Die jährlich aufgeführten Ereignisse«, so bemerkt John Speirs (1951: 90f.) treffend zu den Mysterienspielen, »wurden nicht aufgefaßt als etwas, das sich einmal chronologisch in der Vergangenheit abgespielt hatte. In der alljährlichen Aufführung gedachte man nicht nur dieser Ereignisse; man empfand sie als etwas, das nachvollzogen wurde, ja sogar nachvollzogen werden *mußte*.« Panchronie ist die zeitliche Einheit, welche die Struktur des jährlichen Mysteriums beherrscht.

Die Wörter *emerunt aromata* (Mk. 16:1), aus welchen die *Unguentarius*-Szene hervorgeht, inspirierten einen grillenhaften Neologismus der Farce – *ščinomata*, ein lächerliches Gegenstück zu *aromata*, wie Černý (1955: 22) gesehen hat; es geht zurück auf *ščina*, eine derbe Bezeichnung für Urin; diese Ingredienz diente dazu, eine von Rubín im *Drk.*-Fragment angepriesene Salbe zu präparieren: *Dělánat' je z ščinomat, Pustrpalk jiu dělal chodě srat*. Dieses spaßhafte Rezept widerspiegelt den traditionellen Gebrauch von Urin in der Volksmedizin, der übrigens von der modernen Pharmazeutik wieder aufgegriffen wird. Die auffällige Polarität der ehrerbietigen *aromata* und skatologischen *ščinomata* als das Leitmotiv des *Unguentarius* entging jedoch Černý, der merkwürdigerweise immer noch annimmt, daß die rein profane Farce unabhängig geschaffen und später in leicht abgeänderter Form dem religiösen Spiel hinzugefügt worden sei (1955: 69ff.). Das profane *l'art pour l'art* des heutigen professionellen Humors verbarg ihm die eindeutige Aufgabe des rituellen Gelächters. Dies könnte zum Teil solche naiven und grundlosen Dogmen erklären wie: »Das Possenhafte könnte niemals dem Sakralen entspringen« oder »Man lachte eher auf der Straße als vor dem Altar und brauchte keine religiöse Zeremonie, um die lebendige Fröhlichkeit zu zeigen und das Spektakel der eigenen farcenhaften Nachahmung gewisser sozialer Typen zu genießen« (1955: 1; vgl. Trosts Kritik 1956).

Obwohl die besten Kenner des lateinischen Kirchendramas, Chambers und Young, die tschechischen Varianten des *Unguentarius* nicht kannten, die allein die Szene mit der Erweckung Isaaks[23] enthalten, haben beide Forscher scharfsinnig vermutet, daß der Meister und der erste Knecht in den mundartlichen Versionen des *Unguentarius* – und ebenso Meister Brundyche von Braban und sein Knecht Colle in Croxtons Spiel *The Blyssed Sacrament* (siehe Manly 1903) – mit dem Arzt und seinem Diener im englischen Volksdrama, dem sogenannten *Mummers' Play* verwandt sein müßten (Chambers 1903: 2.91; Young 1951: 1.407).[24] Tiddy (1923), Beatty (1907) und Chambers (1933) widmeten ihre Forschungen diesem archaischen Spiel in all seinen Formen und stellten eindeutig fest, daß das zentrale Geschehen, die einzige Konstante, der Tod und die unmittelbare Wiederbelebung durch den witzigen Arzt ist. In Youngs synthetischer Formulierung ist »der Keim des Spiels nicht die Romantik oder der Realismus der Geschichte, sondern der Symbolismus des Todes und der Auferstehung« (Young 1951: 1.12).

Sowohl die innige, anhaltende Verflechtung von liturgischem Drama und Folklore, die aufeinandergepfropft sind, als auch die vorchristlichen Riten als gemeinsames Substrat der beiden Bereiche sind besonders auffallend im komischen Teil des Mysterienspiels, obwohl Gustave Cohen in seinen aufschlußreichen Bemerkungen zu den religiösen und folkloristischen Wurzeln des profanen Theaters (1948: 69ff.) vollkommen recht hat, wenn er einräumt, daß die Vorstellung, daß auch das komische Theater aus religiösen Zeremonien abzuleiten ist, uns auf den ersten Blick schockiert. Der Quacksalber gelangte in den *ludus paschalis* von einem verwandten Ritualspiel, das in den volkstümlichen Traditionen verschiedener europäischer Gebiete immer noch anzutreffen ist; sein zentrales Thema ist ein Spott-Tod und eine Spott-Auferstehung, die entweder spontan oder durch die Anstrengungen eines Medizinmanns bewerkstelligt werden. Die kardinale Rolle des *trickster* im heidnischen Ritualspiel wurde von Chambers (1933: 197ff.) im Zusammenhang mit dem Ursprung des *Mummers' Play* und von Stumpfl (1936: 222ff.) in seinen Ausführungen über die kultischen Wurzeln des mittelalterlichen »Arztspiels« besprochen. Die Spott-Auferstehung und besonders die tschechische Szene mit Severín und dem »toten« Isaak hat auch enge Ableger in slavischen Volksstücken, die den Tod und die Wiederbelebung parodieren, wie beispielsweise der sogenannten *Umrlec*, eine tschechische Pantomime kultischen Ursprungs (vgl. Moszyński, 1939: 981 f.) oder die russischen Weihnachtsspiele ähnlichen Namens – *Umrún* oder *Umrán* (Maksimov o.J.: 13–15). In den ersten Jahren unseres Jahrhunderts wurde das Umlegen des emblematischen Maibaumes am Pfingstmontag von einer dramatischen Szene begleitet: Ein grotesker jüdischer Käufer des Maibaumes feilscht und streitet mit einem Jäger, wird von ihm erschossen und durch einen clownischen Arzt wieder ins Leben gerufen (Zíbrt 1950: 320). Bei den Festen des heiligen Basil, zur Epiphanie, in der Käsewoche oder zum Maifest werden auf dem Balkan von Bulgaren, Makedoniern und Serben wie auch von Griechen, Rumänen und Albanern rituelle Maskenzüge durchgeführt (siehe Wace 1913 und Arnaudov 1920). »Jedesmal kommt ein Tod und eine Auferstehung vor« (Wace 1910: 250). In Mazedonien rufen die Gruppen aus: »Gesundheit und Freude! ... Viel Mais, viel Gerste, viel kleine Kinder!« (245). »Und auf Wiedersehen im nächsten Jahr«, wie die Maskierten im *Pelion* singen (247). Der Phallusträger (ein Jude in einigen Fällen) wird von einem Bogenschützen erschossen, fällt »wie tot« auf sein Gesicht, wird heftig bejammert, kommt plötzlich wieder zu sich und erhebt sich, meist durch die Intervention eines grotesken Arztes und seinen besonders lächerlichen Assistenten – *giatrós* und *giatroúli*. In den südlichen Balkanspielen wie im tschechischen *Unguentarius* wird das Thema der Belebung auf äquivalenten Ebenen entfaltet – das Auferstehungsmotiv vermischt sich mit dem Phallusmotiv: Während dieses als *pars pro toto* behandelt wird, wird umgekehrt der Mann als bloßer *phallophóros* dargestellt (siehe Dawkins 1906, Arnaudov 1920 und Chambers 1933: 206 ff.).

Dieser Parallelismus findet seine knappe Formulierung in der schönen aleutischen Inzesterzählung, die von Jochelson aufgezeichnet wurde, aber unveröffentlicht blieb: Ein Mädchen, das von seinem Bruder vergewaltigt wird, tötet ihn, dann hebt es seine Röcke und inkantiert; nun muß nicht mehr seine Männlichkeit, sondern er selber aufstehen. Das Kirchenkonzil in Vladimir – im Jahre 1274, kurz vor der Niederschrift des tschechischen *Unguentarius* – berichtet, daß in der Nacht der Heiligen Auferstehung russische Männer und Frauen zusammen »unverschämte Spiele und Tänze aufführten, wie die Hellenen am Dionysus-Fest« (Mansikka 1922: 252)

Die mannigfaltigen internationalen Varianten unserer »primitiven *ludus*« enthalten wunderliche Übereinstimmungen in merkwürdigen Einzelheiten: Bevor der junge Isaak auftritt, spricht Rubín über seine Kahlheit (»Er hat eine große kahle Stelle (Eichel)«, und in den bulgarischen Ritualspielen ist der erschossene Held ein *mimus calvus* und tritt kahlköpfig auf (vgl. russisch *pleška*, ›kahler Fleck, Eichel‹). Eine merkwürdige Ähnlichkeit besteht zwischen den eigenartigen Spitznamen von Severíns Weib [*holicě*] und der Gattin seines bulgarischen *alter ego* [*bolica*] (siehe Arnaudov 1920: 74). Beide Wörter sind im Vokabular des Tschechischen und Bulgarischen nahezu unbekannt.

In der slavischen Folklore sind die karpatorussischen Begräbnisspiele, wie sie von Bogatyrev untersucht und scharfsinnig interpretiert wurden, vielleicht das deutlichste Gegenstück zum tschechischen *Unguentarius*. Die folgenden Notizen des Feldforschers wurden vom Herausgeber zusammengetragen:

»Dans la chambre où repose le défunt ... le soir, la jeunesse se rassemble et se livre avec le cadavre à des plaisanteries effrayantes et barbares. Par exemple, on tire le mort par les pieds et on l'invite à se lever. On lui passe dans le nez un brin de paille ou un rameau de sapin, on le chatouille pour le faire rire, etc. Tout cela se passe sous les yeux de la famille ... On attache un fil à la main du mort, et, pendant qu'on lit le psautier, les garçons tirent le fil, et alors le mort remue la main« (Bogatyrev 1926: 196ff.).

Man legt den Leichnam auf eine Bank und befestigt am Bein eine Schnur, dann zieht man an der Schnur und ruft: »Er ist auferstanden, er ist auferstanden!« (199). Diese Schein-Erweckung versinnbildlicht einen wirklichen Sieg des Lebens über den Tod. In einem anderen Spiel findet eine Ersatzhandlung statt: Einer der Umstehenden stellt sich tot; und dieser Scheintote wird entweder zum Leben erweckt oder steht nach Spielende selber wieder auf. Die antizipierende Erweckung eines fiktiven Leichnams, im Zusammenhang mit dem Klagegesang über einen wirklichen Toten, verbindet diese Begräbnisspiele mit dem tschechischen *Unguentarius*. Die Aufführung des Spott-Todes bei Begräbnis- und Osterriten ist im karpatorussischen Gebiet sehr verbreitet (204ff.). All diese symbolischen Erweckungen zielen darauf, die Erneuerung und Erhaltung des Lebens bildlich vorwegzunehmen und zu sichern, besonders aber darauf, die menschliche, tierische und pflanzliche Fruchtbarkeit anzuregen. Deshalb zieht sich ein phallischer Symbolismus durch diese karpatorussischen Ritualspiele und die tschechische Osterfarce: Derbe skatologische Zoten dienen in beiden Fällen der magischen Befruchtung. Die Erwähnung alter Unterhosen bei der Vorbereitung einer verjüngenden Salbe durch Rubín (*Drk.*) findet eine frappante Analogie in der Rolle, die gebrauchte Unterwäsche in der mährischen und karpatorussischen Magie spielt.[25] Die gründliche Untersuchung Bogatyrevs zeigt deutlich, daß zwischen der extremen Frömmigkeit der karpatorussischen Bauern und ihren derben Parodien auf kirchliche Riten kein Widerspruch besteht, denn ihre Haltung zur Parodie unterscheidet sich wesentlich von der heutigen (vgl. 201 f.). Wie die Analyse der karpatorussischen Begräbnisspiele und der mittelalterlichen Schwänke zeigt, erfüllt eine solche Parodie die Funktion des Zauberspruchs. Durch das Nachahmen der Auferstehung in einer Spott-Auferstehung soll der Triumph des Lebens über den Tod ausgedrückt werden. So vermischt sich die Parodie mit sympathetischer Magie.

Magie und Scherz widersprechen sich nicht. Bei der Untersuchung einer rituellen Posse oder eines possenhaften Rituals wäre der Versuch, Glaube und Scherz voneinander abzugrenzen und zu trennen, ein nutzloses Unterfangen. Es ist das große Verdienst eines anderen hervorragenden russischen Folkloristen, Vladimir Propp, daß er auf das bedeutende Phänomen des rituellen Gelächters neues Licht warf. »Beschwörung durch Gelächter« (*zakljatie smechom*), um den Ausdruck des Dichters Velimir Chlebnikov zu gebrauchen, ist ein mächtiger Zauber. Scherzhafte Symbole präfigurieren feierliche Geschehnisse. Gerade der Scherz befähigt den irdischen Jedermann, sich im Angesicht des großen Geheimnisses zu behaupten. Wie Reinach (1912) bemerkt, trägt der biblische Isaak »précisément le nom de ›rieur‹«. Karpatische Burschen fordern den Toten auf, sich zu erheben und mit ihnen Spaß zu treiben. Pustrpalk (*Mus.*) ruft den auf ihre Salben wartenden Marien zu: »Willkommen, ihr Schönen! Für die kleinen jungen Schreiber seid ihr recht sehenswert!«

Draw, der dritte Hirt in der *Secunda Pastorum,* beendet seinen Besuch in Bethlehem, indem er dem Kinde einen Ball darbietet:

> [733]Hayll! put forth thy dall!
> I bryng the bot a ball:
> Haue and play the with all,
> And go to the tenys.

Anmerkungen

1 Ich möchte meinen Kollegen Hugh McLean, Meyer Schapiro, Bartlett Jere Whiting und Harry Austryn Wolfson für wertvolle Informationen und meinen Studenten Ella Pacaluyko und Laurence Scott für ihre liebenswürdige Hilfe danken. [Der Übersetzer dankt Anna und Milan Jaros für ihre wertvolle Hilfe bei den tschechischen Zitaten. – Der Aufsatz ist Leo Spitzer gewidmet und wurde für dessen Festschrift *Studia philologica et litteraria in honorem L. Spitzer,* hg. von A. C. Hatcher und K. L. Selig, Bern: Francke 1958, 245–265, geschrieben. Hg.]

2 Vgl. Niklaus Luhmann, *Funktion der Religion,* Frankfurt: Suhrkamp 1977: 132, und Hermann Lübbe, »Religion nach der Aufklärung«, in: *Zeitschrift für philosophische Forschung* 33 (1979): 173. [Hg.]
3 Aage A. Hansen-Löve, *Der russische Formalismus,* Wien: Akademie der Wissenschaften 1978: 459; im Anschluß an Michail Bachtin, *Rabelais und seine Welt* (1965), Frankfurt: Suhrkamp 1987.
4 Vgl. in der französischen »Prosa des Esels«: *Hez, Sire Ane, hez, car chantez, Belle bouche, rechignez...*
5 »Sie inzensieren mit stinkendem Rauch aus alten Schuhsohlen.« Nach einem Bericht der Theologischen Fakultät in Paris von 1445 (Chambers 1903: 1.294).
6 *Congressional Record, 71st Congress,* 3rd Session, Bd. 74, Teil 2: 2243.
7 »Beim ersten Auftritt ist dieser Salbenanbieter stumm. Später, in einem Prager Text aus dem 14. Jahrhundert, spricht er, wenn auch kurz und ehrfürchtig. In einem noch späteren Text aus Prag preist er seine Waren wie ein Händler an und wirkt bereits komisch« (Craig 1955: 34; vgl. Young 1951: 1. 402ff., 673ff.).
8 Für den gegenteiligen Standpunkt siehe Černý 1955: 74.
9 Beide Fragmente wurden mehrmals veröffentlicht – paläographisch (zum Beispiel von Máchal) und in moderner Transkription (etwa von Hrabák und Černý); sowohl die ursprünglichen als auch die transkribierten Texte sind jetzt leicht in der Anthologie Kunstmanns zugänglich (1955: 93–113), auf die ich mich auch bei anderen alttschechischen Texten, die in dieser nützlichen Textsammlung enthalten sind, beziehe.
10 Zum unterschiedlichen Gebrauch der beiden Titel in den deutschen Varianten des *Unguentarius* siehe Heinzel 1896: 56.
11 In der lateinisch-tschechischen *Visitatio* aus dem 14. Jahrhundert macht sich eine Vorliebe bemerkbar, das zehnsilbige Metrum der lateinischen Verse auch in der tschechischen Übersetzung wiederzugeben. Vgl. Máchal 1908: 102 und Jakobson 1934: 447f.
12 Vgl. Tomans Übersetzungsvorschlag: unten, 516. [Hg.]
13 Vgl. die letztere mit der Zeile in der »Prosa des Esels«: *Hic in collibus Sichen* (Young 1951: 1.551; Gayley: 42.). Deutlich zeigt sich die Verknüpfung zwischen den Eselsriten und der Oktave der Epiphanie, an der man der Flucht nach Ägypten gedachte.
14 Die Spottwunder, die den alltäglichen Ereignissen einen übernatürlichen Zug verleihen, verstecken oft auf scherzhafte Weise banale Tautologien durch Synonymie oder Permutation. So verkündet der

Sermo pascalis bonus (Máchal 1908: 132f.) statt des Wunders der Heilung des Blinden die Wunder von Blinden, die nicht sehen können, und von Lahmen, die hinken. Andererseits lobt die deutsche *Unguentarius*-Szene den Wunderarzt, der die Blinden zum Sprechen und die Stummen zum Essen bringt: »Dye blinden macht er sprechen, Dye stummen macht er essen« (Bäschlin 1929: 22).

15 Nach Rubín gibt es »weder in Böhmen noch in Mähren, wie die gelehrten Meister sagen, weder in Österreich noch in Ungarn, weder in Bayern noch in Rußland, noch in Polen, ... nirgends gibt es einen, der es mit seinem Meister aufnehmen könnte«. Wie immer die genetische Beziehung zwischen dieser Tirade und der Liste der Reisen des Quacksalbers im Monolog des deutschen Rubin aussieht (»Er hat durchfaren manche lant. Hollant, Probant, Russenlant«, usw.), so weicht die tschechische Version »inhaltlich von den deutschen Fassungen ab« (Bäschlin 1929: 23f.) und scheint eine Anspielung auf das tschechische zeitgenössische Gedicht *De memoria mortis* (siehe Kunstmann 1955: 153) zu enthalten. Diese didaktischen Verse erzählen von der Allmacht des Todes »in Ungarn, in Deutschland, in Mähren, in Böhmen, in Polen und in Zittau«, kurz »in allen Ländern«, oder wie Rubín sagt, »in der ganzen Welt«. [...]

16 Die erste Singsang-Zeile des Monologs des Juden – »Chyry, chyry, achamary!« – deutete man gewöhnlich als »eine Nachahmung der jüdischen Rede« (Máchal 1908: 220). Doch handelt es sich dabei höchstwahrscheinlich einfach um tschechische Ausrufe: *Chyry, chyry! Ach, a mary!* [Krankheiten, Krankheiten! ach, und Tod!]. Vgl. den polnischen Dialektausdruck *chyra* ›Krankheit‹, das alttschechische *chyravý* oder *churavý* ›kränkelnd‹, russisch *chiret'* ›schwach werden‹, tschechisch *mary* ›Tod‹, wörtlich ›Totenbahre‹.

17 Im *Mus.* preist Rubín die anregende Salbe mit dem bildlichen Verweis auf eine Rute an.

18 Vgl. vor allem den tschechischen Brauch der »Todesstrafe für den Hahn« (Zíbrt 1950: 541–572).

19 Waldhausers *Postilla studentium,* zitiert und gedeutet von Zíbrt 1889: 82 und 1950: 263f. Auch in den Ritualspielen auf dem Balkan erscheinen diese beiden erotischen Symbole – Schlagen mit Ruten und das Eintauchen in einen Fluß – als Erntezauber (siehe Chambers 1933: 220).

20 *Handwörterbuch des deutschen Aberglaubens* 2, 1929/30, 796f.

21 Analoge Witze des Spottgärtners tauchen in den deutschen Varianten des *ludus paschalis* auf, »wenn auch die Gelegenheit [nach der Meinung von Wirth 1889: 203] recht unpassend [!] ist:« »Ist ditz guter vrouwen reht, Daz sie hie gent scherzen als ein knecht, Als vru

in diseme garten, Als ob sie eins jungelings waeren warten?« Wir erwähnten bereits eine ähnliche Anspielung auf Magdalenas Vergangenheit im tschechischen *Unguentarius*.
22 Diese Szenen »sont la matière même du mystère travaillée et refondue dans un sens comique, et avec un comique toujours plus accentúe« (Cohen 1910: 129).
23 Stumpfl (1936: 236) entdeckt hingegen obskure Andeutungen auf das Thema einer möglichen Auferstehung durch den Quacksalber im *Sterzinger Fastnachtspiel*.
24 Vgl. Brabant (Brafant, Prafant, Prauant, Probant, Prolant) in der Liste der Reisen des Meisters nach den deutschen Varianten des *Unguentarius*.
25 In Mähren trockneten die Mädchen ihre Unterwäsche auf geschlagenen Maibäumen, die sie von den Burschen erhielten (Zíbrt 1950: 305). Um die Fruchtbarkeit zu erhöhen, rieben die Karpatorussen das Vieh mit dem verschmutzten Hemd, das heißt »la chemise dans laquelle la maîtresse a couché avec son homme« (Bogatyrev 1926: 217).

Literatur

Arnaudov, M., 1920, »Kukeri i rusalii«, in: *Sbornik za narodni umotvorenija i narodopis* 34, Sofia.

Bäschlin, A., 1929, *Die altdeutschen Salbenkrämerspiele*, Mülhausen.

Beatty, A., 1907, »The St. George, or Mummers' Plays: A Study in the Protology of the Drama«, *Transactions of the Wisconsin Academy*, 15, Teil 2.

Bogatyrev, P., 1926, »Les jeux dans les rites funèbres en Russie Subcarpathique«, in: *Le Monde slave*, N. S. 3.

Bonaccorsi, P. G., 1948, *Vangeli apocrifi* 1, Florenz.

Černý, V., 1955, »Staročeký Mastičkář«, in: *Rospravy Československé akademie věd* 65/7.

Chambers, E. K., 1903, *The Mediaeval Stage*, 1–2, Oxford.

–, 1933, *The English Folk-Play*, Oxford.

Cohen, G., 1910, »La scène des pèlerins d'Emmaüs«, in: *Mélanges ... offerts à Maurice Wilmotte*, 1, Paris.

–, 1912, »La scène de l'aveugle et de son valet dans le théâtre français du moyen âge«, in: *Romania* 41.

–, 1948, *Le théâtre en France au moyen-âge*, Paris.

Cosbey, R. C., 1945, »The Mak Story and Its Folklore Analogues«, in: *Speculum* 20.

Craig, H., 1955, *English Religious Drama of the Middle Ages*, Oxford.

Crawford, J. P. Wickersham, 1937, *Spanish Drama before Lope de Vega*, Philadelphia.

Curtius, E. R., 1948, *Europäische Literatur und lateinisches Mittelalter*, Bern: Francke, 1953; Exkurs 4: »Scherz und Ernst in mittelalterlicher Literatur«, 419–434.

Dawkins, W., 1906, »The Modern Carnival in Thrace and the Cult of Dionysus«, in: *The Journal of Hellenic Studies* 26.

Dürre, K., 1915, *Die Mercatorszene im lateinisch-liturgischen, altdeutschen und altfranzösischen religiösen Drama*, Göttingen.

Erben, K. J., 1865, *Mistra Jana Husi sebrané spisy české* 1, Prag.

Fluck, H., 1934, »Der Risus Paschalis«, in: *Archiv für Religionswissenschaft*.

Gardiner, H. C., 1940, *Mysteries' End*, New Haven.

Gayley, C. M. [keine bibliographischen Angaben – Hg.].

Gebauer, J., 1903, *Slovník staročeský* 1, Prag.

Handwörterbuch des deutschen Aberglaubens, 1929/30, hg. von Hanns Bächtold-Stäubli, Berlin, Artikel »Elster«, 2: 796–802.

Havlík, A., 1887, »O rýmech přehlásky *u-i* s původním *u* a *i*«, in: *Listy filologické* 14.

Heinzel, R., 1896, »Abhandlungen zum altdeutschen Drama«, in: *Sitzungsberichte der Wiener Akademie der Wissenschaften*, philologisch-historische Klasse 134.

Holub, J. und F. Kopečný, 1952, *Etymologický slovník jazyka českého*, Prag.

Höfler, C., 1862, *Concilia Pragensia*, Prag.

Hrabák, J., 1950, *Staročeské drama*, Prag.

Jakobson, R., 1934, »Verš staročeský«; englisch: »Old Czech Verse«, in: *Selected Writings* VI, Berlin: Mouton 1985, 417–465.

Jakubec, J., 1929, *Dějiny literatury české* 1, Prag.

Kunstmann, H., 1955, *Denkmäler der alttschechischen Literatur*, Berlin.

Lerch, D., 1950, *Isaaks Opferung christlich gedeutet*, Tübingen.

Máchal, J., 1908, »Staročeské skladby dramatické původu liturgického«, in: *Rozpravy České akademie*, Kl. 3, 23.

Maksimov, S., o. J., *Krestnaja sila. Sobranie sočinenij*, 17, St. Petersburg.

Manly, J. B., 1903, *Specimens of the Pre-Shakespearean Drama* 1, Boston; darin: »Secunda Pastorum«, 94 ff.; »The Play of the Sacrament«, 239 ff.

Mansikka, V. J., 1922, *Die Religion der Ostslaven: FF Communications* 43, Helsinki.

Matějček, A., 1926, *Velislavova bible a její misto ve vývoji knižní ilustrace gotické*, Prag.

Mätzner, E., 1869, »A Sermon Against Miracle-Plays«, in: *Altenglische Sprachproben*, Berlin.

Meyer, W., 1901, *Fragmenta Burana*, Berlin.

Moszyński, K., 1939, *Kultura ludowa Słowian* 2/2, Krakau.

Nejedlý, Z., 1954, *Dějiny husitského zpěvu* 1, Prag.

Patera, A., 1881, *Hradecký rukopis*, Prag.

Plicka, K., F. Volf und K. Svolinský, 1944, *Český rok v pohádkách, písních, hrách a tancích, řikadlech a hádankách*, Jaro, Prag.

Propp, V., 1939, »Ritual'nyj smech v fol'klore«, in: *Učenye Zapiski Leningradskogo Gos. Universiteta* 46.

Reinach, S., 1912, »Le rire rituel«, in: *Cultes, mythes et religions*, Paris.

Schmidt, W., 1957, »Der alttschechische Mastičkář und sein Verhältnis zu den deutschen Osterspielen«, in: *Zeitschrift für Slawistik* 3.

Speirs, J., 1951, »Some Towneley Cycle Plays«, in: *Scrutiny* 18.

Stumpfl, R., 1936, *Kultspiele der Germanen als Ursprung des mittelalterlichen Dramas*, Berlin.

Tiddy, R. J. E., 1923, *The Mummers' Play*, Oxford.

The Towneley Plays: English Text Society, Extra Series 71, London.

Trautman, R., 1910, *Die alttschechische Alexandreis*, Heidelberg.

Trost, P., 1956, »K staročeskému Mastičkáři«, in: *Sborník Vysoké Školy pedagogické v Olomouci, Jazyk a literatura* 3.

Truhlář, J., 1891, »O staročeských dramatech velikonočních«, in: *Časopis Musea Království českého* 65.

Vilikovský, J., 1941, »K dějinám staročeského dramatu«, in: *Hrst studií a vzpomínek*, Brünn.

–, 1948, »Latinské kořeny staročeského dramatu«, in: *Písemnictví českého středověku*, Prag.

Výbor z literatury české, 1, 1845, Prag.

Wace, A. J. B., 1910, »North Greek Festivals and the Worship of Dionysos«, in: *The Annual of the British School of Athens* 16.

–, 1913, »Mumming Plays in the Southern Balkans«, in: *The Annual of the British School of Athens* 19.

Watt, H. A., 1940, »The Dramatic Unity of the ›Secunda Pastorum‹«, in: *Essays and Studies in Honor of Carleton Brown*, New York.

Wilmotte, M., 1909, »L'élément comique dans le théâtre religieux«, in: *Études critiques sur la tradition littéraire en France*, Paris.

Wirth, L., 1889, *Die Oster- und Passionsspiele bis zum 16. Jahrhundert*, Halle.

Young, K., 1951, *The Drama of the Medieval Church* 1–2, Oxford.

Zíbrt, Č., 1889, *Staročeské výroční obyčeje, pověry, slavnosti a zábavy prostonárodní*, Prag.

–, 1927, *Staročeské umění kuchařské*, Prag.

–, 1950, *Veselé chvíle v životě lidu českého*, Prag.

Fünfter Teil
Zur Zeichennatur des Lebens

Die Biologie als Kommunikationswissenschaft
[1970/74]

In beschreibender Hinsicht findet sich die Sprachwissenschaft eingebettet in die allgemeine Zeichenlehre, die Semiotik, in erklärender Hinsicht dagegen letztlich in die Biologie, die sich umgekehrt zur Analyse ihrer Phänomene zusehends an semiotische Kategorien verwiesen sieht. – Nachdem längere Zeit versucht worden war, für das menschliche Sprachverhalten keine anderen Gesetzmäßigkeiten anzunehmen als für tierische Kommunikationssysteme, kam in jüngerer Zeit die entgegengesetzte Tendenz auf. Man versucht bei tierischen Zeichensystemen ähnliche grammatische Regeln nachzuweisen, wie man sie inzwischen bei Menschen als angeboren ansetzt. Jakobson verficht einen qualitativen Unterschied zwischen menschlichen und tierischen Kommunikationssystemen, der jedoch nicht einfach mit der Dichotomie von nature *und* nurture, *Angeborenem und Erlerntem, zusammenfällt. – Auf dem Hintergrund des qualitativen Unterschieds zu den ›Tiersprachen‹ überrascht eine eingehende Strukturgleichheit mit dem genetischen Code um so mehr. Der genetische Code, die primäre Manifestation des Lebens, und die Sprache, die primäre Manifestation der Kultur, das molekulare und das verbale Erbgut, die beiden Vermittler der Tradition von Generation zu Generation, weisen eine vergleichbare Organisation auf mit binar und hierarchisch strukturierten diskreten Einheiten, die kleinsten mit bedeutungsunterscheidender, die größeren mit bedeutungsbestimmender Funktion. – Eine methodologisch erneuerte biologische Beurteilung verdienen die Personal- oder Beckingkurven, benannt nach dem Musikologen Gustav Becking, die bei der Rezeption ästhetischer Werke eine Rolle zu spielen scheinen. – Die Wiederaufnahme teleologischer Kategorien in Biologie und Linguistik geht Hand in Hand mit dem Wiedererstarken von ganzheitlichen und antireduktionistischen Einstellungen in der Wissenschaftstheorie. – Der Ursprung der menschlichen Sprache mit ihrem auffälligen Ge-*

brauch von bedeutungsunterscheidenden Einheiten zur Bildung von bedeutungsbestimmenden Einheiten ist im Zusammenhang mit der spezifisch menschlichen Fähigkeit zum Gebrauch von Werkzeugen zur Herstellung anderer Werkzeuge zu sehen. – Die biologische Grundlage der Sprache manifestiert sich schließlich in Sprachstörungen und in dem vor einiger Zeit entdeckten unterschiedlichen Anteil der beiden Gehirnhälften am Sprachvermögen.[1]

Wenn wir von den spezifisch anthropologischen Wissenschaften zur Biologie übergehen, der Wissenschaft vom Leben, die die gesamte organische Welt umfaßt, werden die verschiedenen Arten menschlicher Kommunikation zu einem bloßen Ausschnitt aus einem viel weiteren Forschungsfeld. Dieses umfangreichere Feld kann man so bezeichnen: Wege und Formen der Kommunikation, die von den vielfältigen Lebewesen verwendet werden. Wir stehen vor einer entscheidenden Dichotomie; nicht nur die Sprache, sondern alle Kommunikationssysteme, die bei den Benutzern von Sprache gebräuchlich sind (und die alle die grundlegende Rolle der Sprache voraussetzen), unterscheiden sich ihrem Wesen nach von allen Kommunikationssystemen, die von sprachlosen Lebewesen verwendet werden, weil für die Menschheit jedes Kommunikationssystem in Zusammenhang mit der Sprache steht und innerhalb des alles umfassenden Geflechtes menschlicher Kommunikation die Sprache die beherrschende Stellung einnimmt.

Menschen- vs. Tiersprachen

Verschiedene wichtige Merkmale unterscheiden sprachliche Zeichen wesentlich von allen Arten von Nachrichten, die Tiere hervorbringen: der Erfindungsreichtum und die schöpferische Kraft der Sprache; die Fähigkeit, mit Abstraktionen und Fiktionen und mit räumlich und/oder zeitlich entfernten Dingen und Ereignissen umzugehen im Gegensatz zu dem *hic et nunc* tierischer Signale; jene Strukturhierarchie sprachlicher Konstituenten, die als »doppelte Artikulation« bezeichnet wurde in D. Bubrichs scharfsinnigem, 1930 verfaßten Essay über die Einmaligkeit und den Ursprung der menschlichen Sprache[2], nämlich die Dichotomie von nur distinktiven (phonematischen) und signifikativen (grammatischen) Einheiten und eine weitere Aufspaltung der grammatischen Struktur in die Wort- und die Satzebene (codierte Einheiten/codierte Matrizen); der Gebrauch von Diremen, besonders von Urteilssätzen; und schließlich die Gesamtheit und reversible Hierarchie verschiedener, miteinander konkurrierender sprachlicher Funktionen und Operationen: solche referentieller, konativer, emotiver, phatischer, poetischer und metasprachlicher Natur. Die Vorstellung von der doppelten Artikulation geht im übrigen bereits auf die mittelalterliche Lehre *de modis significandi* mit ihrer deutlichen Unterscheidung der beiden Artikulationen – *prima et secunda* – zurück, die schon am Anfang des dreizehnten Jahrhunderts Jordanus von Sachsen bekannt war. Die Zahl distinkter Signale, die Tiere hervorbringen, ist begrenzt, so daß das gesamte Korpus der verschiedenen Nachrichten gleichbedeutend mit ihrem Code ist. Die genannten Besonderheiten in der Struktur jeder menschlichen Sprache sind Tieren völlig fremd, während einige andere Eigenarten, von denen man früher glaubte, sie seien auf die menschliche Rede beschränkt, jetzt auch bei verschiedenen Arten von Primaten entdeckt worden sind. Bei kürzlich unternommenen Versuchen, einzelne Menschenaffen in dem Gebrauch eines visuellen Ersatzes für die menschliche Sprache zu unterrichten, haben die Ergebnisse großartige Beweise dafür geliefert, daß eine tiefe Kluft besteht zwischen den sprachlichen Operationen der Menschen und dem semiotischen Primitivismus der Affen. Darüber hinaus wird der Gebrauch eines solchen ›Vokabulars‹ einem gefangenen Tier von einem Dresseur beigebracht und ist auf die unmittelbaren Beziehungen zwischen einem menschlichen Wesen und einem gezähmten Tier beschränkt.

Der Übergang von der »zoosemiotischen« zur menschlichen Rede ist ein gewaltiger qualitativer Sprung und steht im Widerspruch zu dem überholten Glauben der Behavioristen, die »Sprache« der Tiere unterscheide sich von der der

Menschen nur im Grad, aber nicht in der Art und Weise. Andererseits können wir nicht umhin, Einwänden zuzustimmen, die vor kurzem von seiten der Linguisten dagegen erhoben wurden, »tierische Kommunikationssysteme innerhalb desselben Rahmens wie die menschliche Sprache zu untersuchen«, und die motiviert wurden mit einem mutmaßlichen Mangel »an Kontinuität, im Sinne einer Evolution, zwischen der Grammatik der menschlichen Sprachen und tierischen Kommunikationssystemen«.[3]

Aber keine Revolution, so radikal sie sein mag, gibt die Kontinuität der Evolution auf; vergleicht man systematisch die Rede und die anderen semiotischen Strukturen und Handlungen der Menschen mit den ethologischen Daten über die Kommunikationsmittel aller anderen Spezies, so darf man eine genauere Abgrenzung dieser beiden verschiedenen Gebiete erwarten und tiefere Einsicht in ihre wesensmäßigen Homologien und in die nicht weniger wichtigen Unterschiede. Diese vergleichende Analyse wird in zunehmendem Maße die allgemeine Zeichentheorie erweitern.

Man hat zum größten Teil bis vor kurzem die Beobachtung und Beschreibung tierischer Kommunikation vernachlässigt, und was man aufgezeichnet hat, war gewöhnlich fragmentarisch, unsystematisch und oberflächlich. Gegenwärtig besitzen wir viel reichere Daten, die geschickter und sorgfältiger zusammengestellt worden sind; in vielen Fällen leiden sie jedoch unter einer etwas anthropomorphen Interpretation des kostbaren Materials, das in beharrlicher Feldarbeit gesammelt worden ist. So besteht zum Beispiel bei Zikaden die Kommunikation von Nachrichten trotz angestrengter Versuche, ihnen eine hohe semiotische Differenzierung zuzuschreiben, ausschließlich aus einem Zirpen für die Entfernung und aus einem Summen für die Nähe; beide Spielarten werden kombiniert zu einem heiseren Laut, wenn der Ruf gleichzeitig an nahe und an weiter entfernte Empfänger gerichtet ist.

Man hat traditionsgemäß das Verhältnis von menschlicher Sprache und tierischer Kommunikation als Opposition von Kultur- und Naturphänomenen betrachtet; es erweist sich jedoch, daß diese Gegenüberstellung allzu vereinfacht ist. Die

Dichotomie von Natur und Erziehung (*nature/nurture*) stellt ein höchst verwickeltes Problem dar. Der Aufbau der tierischen Kommunikation umfaßt, um mit Thorpe[4] zu sprechen, »eine hochentwickelte Integration von angeborenen und erlernten Komponenten«; dies beweisen die Laute von Singvögeln, die man schon vor dem Ausschlüpfen von ihren Artgenossen getrennt und nicht nur völlig isoliert aufgezogen, sondern bei bestimmten Experimenten sogar taub gemacht hat. Sie folgen noch immer dem angeborenen Gesangsschema, das für ihre Spezies oder sogar für den Dialekt der Subspezies charakteristisch ist, die Grundstruktur des Gesanges »wird nicht wesentlich beeinträchtigt« und kann sich nach einigen Versuchen allmählich etwas korrigieren und verbessern. Wenn das Gehör intakt geblieben ist und der Vogel in seine ursprüngliche Umgebung zurückkehrt, verbessert sich die Qualität der Ausführung seines Gesanges und das Repertoire kann wachsen. Aber dies alles ist nur während der Reifezeit des Vogels möglich. Das Gezwitscher eines Buchfinken zum Beispiel verändert und erweitert sich nicht mehr, wenn er älter als dreizehn Monate ist. Je niedriger der Organismus ist, desto stärker überwiegt die Natur über die Erziehung, aber selbst niedrigere Tiere können lernen.[5] Wie Galambos[6] feststellt, ist das Lernen zum Beispiel »Krake, Katze und Biene gemeinsam trotz der großen Unterschiede in ihrem Nervensystem«.

Die biologische Eigenart des menschlichen Sprachvermögens

Auch beim Spracherwerb des Kindes sind Natur und Kultur eng verflochten: Das Angeborene bildet die notwendige Grundlage für das Anerzogene. Doch die Hierarchie der beiden Faktoren ist entgegengesetzt: Der entscheidende Faktor für Kinder ist das Lernen, für junge Tiere das Erbe. Das Kleinkind kann nicht zu sprechen beginnen, ohne den Kontakt mit Redenden, aber sobald ein solcher Kontakt hergestellt ist, wird das Kind die Sprache seiner Umgebung lernen, welche es auch sei, vorausgesetzt, daß es nicht älter als sieben

Jahre ist.[7] Jede zusätzliche Sprache kann dagegen auch durch den Jugendlichen oder den Erwachsenen erlernt werden. Dies alles bedeutet, daß das Lernen des ersten Kommunikationssystems sowohl für Vögel oder andere Tiere als auch für Menschen auf eine bestimmte Spanne innerhalb der Reifezeit begrenzt ist.

Aus diesem komplexen Erscheinungsbild und aus der wichtigen Tatsache, daß die Sprache eine allgemein menschliche und ausschließlich menschliche Eigentümlichkeit ist, ergibt sich die dringende Forderung danach, die biologischen Voraussetzungen der menschlichen Sprache zu erforschen. Bloomfields Mahnung, daß bei den einzelnen Wissenschaftszweigen die Linguistik »zwischen der Biologie einerseits und der Ethnologie, Soziologie und Psychologie andererseits vermittelt«[8], ist höchst aktuell. Das völlige Versagen mechanistischer Versuche, biologische, zum Beispiel Darwinsche oder Mendelsche Theorien auf die Sprachwissenschaft zu übertragen oder sprachliche und rassische Kriterien zu verschmelzen, hat Sprachwissenschaftler zeitweise dazu gebracht, gemeinsamen Vorhaben mit der Biologie zu mißtrauen. Jetzt aber, da sowohl die Erforschung der Sprache als auch die des Lebens ständige Fortschritte gemacht haben und vor neuen, wichtigen Problemen und Lösungen stehen, muß man diesen Skeptizismus überwinden. Die Forschung, um die es sich hier handelt, erfordert eine Zusammenarbeit von Biologen und Linguisten, durch die verfrühte »biologische Theorien der Sprachentwicklung« (wie diejenigen Lennebergs[9]) verhindert würden, das heißt Unterfangen, die sowohl die nötige Vertrautheit mit den eigentlich sprachlichen Fakten als auch mit dem kulturellen Aspekt der Sprache vermissen lassen.

Die Sprache und andere Mittel der menschlichen Kommunikation bieten in ihren verschiedenen Operationen – *mutatis mutandis* – viele instruktive Analogien zu dem Austausch von Information bei anderen Arten von Lebewesen. »Die Anpassung als Wesen der Kommunikation« in ihren vielfältigen Spielarten, die von Wallace und Srb[10] ausführlich geschildert worden ist, schließt zwei korrelative Begriffe ein – die eigene Anpassung an die Umgebung und eine Anpassung der Umgebung an die eigenen Bedürfnisse. Dies wird in der Tat zu einem der »aufregendsten« biologischen Probleme und betrifft, *mutatis mutandis,* in entscheidendem Maße die zeitgenössische Linguistik. Die ähnlichen Prozesse im Leben der Sprache und in der Kommunikation der Tiere verdienen, daß man sie sorgfältig und ausführlich erforscht und sie nebeneinanderstellt, zum Nutzen sowohl der Ethologie als auch der Linguistik. Zwischen den beiden Weltkriegen kam es zu einem ersten Meinungsaustausch zwischen Forschern dieser beiden Disziplinen, die sich mit denselben beiden Aspekten der Evolution befaßt hatten: mit der adaptiven Ausstrahlung und der konvergenten Evolution[11]; gerade in diesem Zusammenhang hat der biologische Begriff der Mimikry die Aufmerksamkeit der Sprachwissenschaftler auf sich gezogen[12], und andererseits haben Biologen verschiedene Typen von Mimikry als Formen der Kommunikation analysiert.[13] Die divergente Entwicklung, die der konvergenten Tendenz bei der Ausbreitung der Kommunikation entgegengesetzt ist und die der Diffusion kräftig entgegenarbeitet, beschäftigt mehr und mehr die Sprachwissenschaft und auch die Biologie. Die üblichen Ausprägungen eines solchen sprachlichen Nonkonformismus, Partikularismus oder ›Kantönligeistes‹ (*esprit de clocher* in Saussures Formulierung) finden bemerkenswerte Analogien in der Ethologie, und die Biologen erforschen und beschreiben von ihnen so genannte ›Lokaldialekte‹, die die Angehörigen einer Gattung, zum Beispiel der der Krähen oder der Bienen, von einander unterscheiden; so ist bei zwei benachbarten und eng verwandten Subspezies von Glühwürmchen das Flimmern als Zeichen der Werbung verschieden.[14] Viele Beobachter haben bezeugt, daß die Angehörigen ein und derselben Vogelart in verschiedenen ›Dialektzonen‹ unterschiedlich singen; Thorpe leitet daraus die Vermutung ab, »daß es sich hier um wirkliche Dialekte handelt und daß nicht genetische Diskontinuität als Ursache anzusehen ist«.

In den fünf Jahrzehnten seit 1920 hat man in der phonologischen und grammatischen Struktur der Sprachen nach und nach viele bedeutsame Universalien entdeckt. Unter den zahllosen Sprachen der Welt weist offenbar keine irgendwelche Strukturmerkmale auf, denen die angeborenen Fähigkeiten der Kinder, sich schrittweise die Sprache anzueignen, nicht gewachsen wären. Die menschliche Sprache ist, wie die Biologen sagen, spezies-spezifisch. Jedem Kleinkind sind Befähigung und Neigung angeboren, die Sprache seiner Umgebung zu lernen; in Goethes Worten: »Ein jeder lernt nur, was er lernen kann«, und es gibt keine philologischen oder grammatischen Gesetze, die die Fähigkeiten des Anfängers übersteigen. Wieweit das ererbte Vermögen, die Sprache der Älteren zu erfassen, anzupassen und sich anzueignen, angeborene sprachliche Universalien voraussetzt, bleibt eine höchst spekulative und sterile Frage. Es liegt auf der Hand, daß die ererbten und die erworbenen Grundmuster eng miteinander verbunden sind: sie beeinflussen und ergänzen einander.

Wie jedes andere soziale Gestaltsystem, das danach strebt, sein dynamisches Gleichgewicht zu erhalten, weist die Sprache deutlich das Merkmal der Selbstregulierung und Selbststeuerung auf.[15] Jene allgemeinen Gesetze, die den Bestand der phonologischen und grammatischen Universalien ausmachen und der Typologie der Sprachen zugrunde liegen, sind zu einem großen Teil in die innere Logik sprachlicher Strukturen eingebettet und setzen nicht notwendigerweise besondere ›genetische Instruktionen‹ voraus. So kommen zum Beispiel, wie Korš[16] schon vor einem Jahrhundert in seinem klugen Beitrag zur vergleichenden Syntax gezeigt hat, hypotaktische Konstruktionen und vor allem Relativsätze keineswegs überall vor, und in vielen Sprachen sind solche Sätze erst vor kurzem eingeführt worden. Wenn sie jedoch auftauchen, folgen sie immer bestimmten identischen Strukturregeln, die, wie er annimmt, gewiß »allgemeine Gesetze des Denkens« widerspiegeln oder, so kann man hinzufügen, der Selbstregulierung und Selbststeuerung der Sprache innewohnen.

Es verdient besondere Beachtung, daß die vermeintlich »strengen Variationsbeschränkungen« für Geheimsprachen und private oder halb-private Wortspiele sowie für individuelle poetische Experimente oder erfundene Sprachen an Verbindlichkeit verlieren. Propps wegweisende Entdekkung,[17] die man in jüngerer Zeit bestätigt und vertieft hat, hat die strengen Strukturgesetze bloßgelegt, die alle Märchen der russischen (oder jeder anderen) mündlichen Tradition bestimmen und nur eine streng begrenzte Zahl von Kompositionsmodellen zulassen. Diese restriktiven Gesetze finden jedoch keinerlei Anwendung in solchen individuellen Schöpfungen wie Andersens oder Hoffmanns Kunstmärchen. Die Strenge allgemeiner Gesetze beruht in hohem Maße auf dem Umstand, daß sowohl die Sprache als auch die Volksdichtung einen kollektiven Konsens erfordern und einer unbewußten Zensur durch die Gemeinschaft gehorchen.[18] Gerade die Zugehörigkeit zu »einem streng sozialisierten Typ menschlichen Verhaltens« bewirkt – in Sapirs Worten – »solche Regelmäßigkeiten, wie sie gewöhnlich nur der Naturwissenschaftler formulieren kann«.[19]

»Die Anpassung als Wesen der Kommunikation« ist von modernen Biologen mit Recht betont worden; sie zeigt sich im Verhalten höherer und niederer Organismen, die sich an ihre lebende Umgebung oder, umgekehrt, diese Umgebung an ihre Bedürfnisse anpassen. Eines der augenfälligsten Beispiele für die Fähigkeit zu beharrlicher, intensiver Anpassung ist die Art und Weise, wie Kinder durch Nachahmung und gleichzeitig schöpferisch von ihren Eltern oder anderen Erwachsenen die Sprache lernen, ungeachtet der kürzlich geäußerten unhaltbaren Vermutung, daß dazu nur eine »gewisse oberflächliche Anpassung an deren Verhaltensstruktur« nötig ist.[20] Die Gabe des Kindes, jede beliebige Sprache als erste zu erlernen und, vielleicht noch allgemeiner gesagt, die Fähigkeit des Menschen, besonders des Jugendlichen, auch Sprachschemata zu beherrschen, die uns weniger vertraut sind, muß zunächst einmal auf den Instruktionen beruhen, die in der Keimzelle kodiert sind. Aber diese genetische Annahme erlaubt uns nicht den Schluß, daß für den kleinen Lernenden die Sprache der Erwachsenen nichts als ein »Rohstoff« ist.[21] Im russischen Verbalsystem gehört zum Beispiel keine der morphologischen Kategorien – Person, Genus, Numerus, Tempus, Aspekt, Modus, Genus verbi – zu den sprachlichen Universalien, und die Kinder setzen, wie man aus einer Überfülle genauer Beobachtungen und Aufzeichnungen erkennt, nach und nach alle Kräfte daran, diese grammatischen Prozesse und Begriffe zu verstehen und

Schritt für Schritt in die zahlreichen Schwierigkeiten des Codes der Erwachsenen einzudringen. Der Anfänger wendet dabei alle Techniken an, die er braucht, um es einmal zur Meisterschaft zu bringen: die anfängliche Vereinfachung und die Auswahl der dem Verständnis zugänglichen Komponenten, die Stufen wachsender Annäherung an den Gesamtcode, metasprachliche Versuche der Erklärung, zahlreiche Formen und Wirkungen des Lehrer-Schüler-Verhältnisses und nachdrückliche Bitten um Lernen und Belehrung. Alles widerspricht explizit dem leichtfertigen Hinweis darauf, »daß es gar nicht nötig sei, die Sprache zu lehren«[22]; alles widerspricht der Unterbewertung der Rolle der Eltern, die angeblich »überhaupt nicht wissen, wie sie ihrem Kind die Sprache erklären sollen«. Aber die Frage der genetischen Begabung erhebt sich, sobald man sich mit den letzten Grundlagen der menschlichen Sprache beschäftigt.

Der genetische Code

Die spektakulären Entdeckungen, die man in den letzten Jahren auf dem Gebiet der Molekulargenetik gemacht hat, werden von den Forschern selbst in einer aus der Linguistik und der Kommunikationstheorie entlehnten Terminologie dargestellt. Der Titel des Buches *The Language of Life* von George und Muriel Beadle ist nicht bloß metaphorischer Ausdruck, und die ungewöhnlich starke Analogie zwischen dem System der genetischen und dem der sprachlichen Information rechtfertigt völlig die Grundaussage dieses Buchs: »Die Entzifferung des DNS-Codes hat offenbart, daß wir eine Sprache besitzen, die viel älter als die Hieroglyphen ist, eine Sprache, die so alt ist wie das Leben selbst, eine Sprache, die die lebendigste aller Sprachen ist.«[23]
Aus den neuesten Berichten über die Stufen des Durchbruchs in der Erforschung des DNS-Codes und besonders aus F. H. C. Cricks[24] und C. Yanofskys[25] zusammenfassenden Darstellungen der »Vier-Buchstaben-Sprache, die sich in den Molekülen der Nukleinsäure verkörpert«, erfahren wir in der Tat, daß die ganze detaillierte und verschiedenartige geneti-

sche Information in codierten molekularen Nachrichten enthalten ist, und zwar in linearen Sequenzen von ›Code-Wörtern‹ oder ›Codons‹. Jedes Wort umfaßt drei Code-Untereinheiten, die man ›nukleotide Basen‹ oder ›Buchstaben‹ des ›Code-Alphabets‹ nennt. Dieses Alphabet besteht aus vier verschiedenen Buchstaben, die »gebraucht werden, um die genetische Nachricht zu buchstabieren«. Das ›Wörterbuch‹ des genetischen Codes enthält 64 verschiedene Wörter, die man auf Grund ihrer Bestandteile als ›Triplett‹ bezeichnet, denn jedes von ihnen besteht aus drei aufeinander folgenden Buchstaben. Einundsechzig dieser Triplett haben eine individuelle Bedeutung, während drei offenbar nur dazu dienen, das Ende einer genetischen Nachricht anzuzeigen.
In seiner Antrittsvorlesung am *Collège de France* beschreibt Jacob lebhaft das Erstaunen des Wissenschaftlers über die Entdeckung dieses Nukleinsäure-Alphabets: »Die alte Vorstellung von einem Gen als einer einheitlichen Struktur, die man mit der Perle eines Rosenkranzes verglich, ist also abgelöst worden von der Vorstellung von vier aufeinander folgenden Elementen, die sich in Permutationen wiederholen. Die Vererbung wird durch eine chemische Nachricht bestimmt, die der Länge nach auf den Chromosomen aufgezeichnet ist. Überraschend ist daran, daß die spezifische genetische Eigenart nicht mit Ideogrammen wie im Chinesischen geschrieben ist, sondern mit einem Alphabet wie im Französischen oder eher wie im Morsesystem. Die Bedeutung der Nachricht entsteht aus der Kombination der Zeichen zu Wörtern und der Zusammenstellung der Wörter zu Sätzen [...]. Nachträglich erscheint diese Lösung als die einzig logische. Wie könnte man sonst mit so einfachen Mitteln eine solche architekturale Vielfalt ermöglichen?«[26] Da unsere Buchstaben nur ein Ersatz für die phonematische Struktur der Sprache sind und das Morsealphabet nur ein sekundärer Ersatz für Buchstaben ist, muß man die Untereinheiten des genetischen Codes direkt mit den Phonemen vergleichen. Wir können feststellen, daß von allen informationstragenden Systemen der genetische und der sprachliche Code die einzigen sind, die auf dem Gebrauch diskreter Komponenten beruhen, die von sich aus keine inhärente Bedeutung besit-

zen, sondern dazu dienen, die kleinsten sinnvollen Einheiten zu bilden, das heißt Einheiten, die in dem gegebenen Code ihre eigene innere Bedeutung haben. Jacob vergleicht die Erfahrung der Linguisten und der Genetiker und bemerkt treffend: »In beiden Fällen handelt es sich um Einheiten, die, für sich genommen, absolut ohne Bedeutung sind, die aber in bestimmten Anordnungen eine Bedeutung annehmen, sei es die Bedeutung der Worte in der Sprache, sei es eine Bedeutung im biologischen Sinne, das heißt eine solche, in der sich die Funktionen ausdrücken, die in der chemischen, genetischen Nachricht enthalten, ›geschrieben‹ sind«.[27]

Die Ähnlichkeit in der Struktur dieser beiden Informationssysteme geht jedoch noch viel weiter. Alle Wechselbeziehungen zwischen Phonemen kann man aufgliedern in verschiedene binare Oppositionen von distinktiven Eigenschaften, die sich nicht weiter auflösen lassen. Entsprechend liegen den vier ›Buchstaben‹ des Nukleinsäure-Codes zwei binare Oppositionen zugrunde: Thymin (T), Cytosin (C), Guanin (G) und Adenin (A). Eine Größenrelation (die Freese und Crick ›Transversion‹ nennen) stellt die beiden Pyrimidine T und C in Opposition zu den größeren Purinen G und A. Andererseits besteht zwischen den beiden Pyrimidinen (T/C) und gleichermaßen zwischen den Purinen (G/A) die Beziehung einer ›reflexiven Kongruenz‹[28] oder, nach Freeses und Cricks Nomenklatur, ›Transition‹: Sie stellen nämlich zwei entgegengesetzte Ordnungen von Donator und Akzeptor dar. So gilt T:G = C:A und T:C = G:A. Es zeigt sich, daß nur die Basen, die in zweifacher Opposition zueinander stehen, in den beiden komplementären Fäden des DNS-Moleküls miteinander vereinbar sind: T mit A und C mit G.

Linguisten und Biologen eröffnen eine noch deutlichere Einsicht in die Tatsache, daß das fundamentale Integrationsprinzip bei sprachlichen und bei genetischen Nachrichten eine konsequente hierarchische Anordnung ist. Benveniste hat darauf hingewiesen, daß man »eine sprachliche Einheit als solche nur anerkennt, wenn man sie *in* einer höheren Einheit identifizieren kann«[29], und dieselbe Methode liegt der Analyse der ›genetischen Sprache‹ zugrunde. Eine Parallele zu dem Übergang von lexikalischen zu syntaktischen

Einheiten verschiedener Stufen bildet der Aufstieg von der Ebene der Codone zu der der ›Cistronen‹ und ›Operonen‹; die beiden letzteren Ränge von genetischen Sequenzen setzen die Biologen mit hierarchiehöheren syntaktischen Konstruktionen gleich[30], und die Beschränkungen für die Distribution der Codone innerhalb solcher Konstruktionen hat man »die Syntax der DNS-Kette genannt«.[31] In der genetischen Nachricht sind die ›Wörter‹ nicht voneinander getrennt, während bestimmte Signale Anfang und Ende des Operons und die Grenzen zwischen den Cistronen innerhalb eines Operons bezeichnen und metaphorisch als ›Satzzeichen‹ oder ›Kommata‹ beschrieben werden.[32] Sie entsprechen tatsächlich den *Grenzsignalen* Trubetzkoys[33], die bei der phonologischen Aufgliederung der Äußerung in Sätze und des Satzes in Haupt- und Nebensätze und in Phrasen verwendet werden. Wenn man von der Syntax zu einem noch immer unzureichend erforschten Gebiet, nämlich der Analyse der Rede, übergeht, so zeigen sich hier offenbar gewisse Übereinstimmungen mit der ›Makro-Organisation‹ der genetischen Nachricht und ihren höchsten Konstituenten, den ›Replikonen‹ und ›Segregonen‹.

Im Gegensatz zu der Kontextfreiheit verschiedener formaler Sprachen ist die natürliche Sprache kontextsensitiv. Besonders ihre Wörter verfügen über eine Vielzahl unterschiedlicher, kontextbedingter Bedeutungen. Wie man vor kurzem beobachtet hat, wandelt sich die Bedeutung der Codone je nach der Stellung, die sie in der genetischen Nachricht einnehmen; dies kann man als eine weitere Übereinstimmung zwischen den beiden Systemen betrachten.

Die strenge ›Ko-Linearität‹ der zeitlichen Abfolge bei den Vorgängen des Codierens und des Decodierens ist sowohl für die verbale Sprache als auch für das grundlegende Phänomen der Molekulargenetik charakteristisch, nämlich die Übersetzung der Nachricht der Nukleinsäuren in die ›Sprache der Peptide‹. Hier trifft man wieder auf einen Begriff und einen Terminus aus der Linguistik, der ganz natürlich in die Forschung der Biologen eingedrungen ist: Wenn diese die ursprünglichen Nachrichten mit ihrer Übersetzung in Peptid-Sequenzen vergleichen, entdecken sie ›synonyme Codone‹.

Eine der kommunikativen Funktionen verbaler Synonyme ist es, eine partielle Homonymie zu vermeiden (man denke an Äußerungen, in denen man *adjust* statt *adapt* verwendet, um zu vermeiden, daß dieses Wort mit seinem Teilhomonym *adopt* verwechselt wird). Die Biologen fragen sich nun, ob nicht ein ähnlicher Grund die Wahl zwischen synonymen Codonen bestimmt; »und diese Redundanz verleiht der genetischen Schrift eine gewisse Geschmeidigkeit«.[34]
Die Linguistik und die verwandten Wissenschaften befassen sich hauptsächlich mit dem Kreislauf der Rede und ähnlichen Formen der Interkommunikation, das heißt mit den wechselnden Rollen des Senders und des Empfängers, der dem Gesprächspartner entweder ausdrücklich oder stillschweigend antwortet. Dagegen gilt der Prozeß der genetischen Information als irreversibel; »der Mechanismus der Zelle kann nur in eine Richtung übersetzen«.[35] Jedoch scheinen die Formen des regulativen Kreislaufs – Repression und Retro-Inhibition –, die die Genetiker entdeckt haben[36], eine gewisse molekulare Parallele zum Dialogcharakter der Rede darzustellen. Während solche regulativen Wechselwirkungen innerhalb des ›physiologischen Teams‹ des Genotyps eine Kontrolle und Selektion bewirken, bei der genetische Instruktionen entweder angenommen oder abgelehnt werden, verläuft dagegen die Übermittlung der Erbinformation an Nachkommenzellen und neu entstehende Organismen in einer geradlinigen, kettenartigen Reihenfolge. Mit ganz ähnlichen Sachverhalten muß sich heutzutage auch die Linguistik beschäftigen. Die verschiedenen Fragen, die mit dem räumlichen Austausch sprachlicher Information verbunden sind, haben das Problem der Sprache als Erbe überdeckt. Jetzt gilt es zu untersuchen, welche Rolle die Sprache in der Zeit spielt, als vorwärtsgerichtete, programmierende Kraft, die die Spanne zwischen Vergangenheit und Zukunft überbrückt. Es ist bemerkenswert, daß der hervorragende russische Fachmann für Biomechanik N. Bernštejn in seinen testamentarischen »Abschließenden Bemerkungen« von 1966[37] einen anregenden Vergleich zieht zwischen den molekularen Codes, die »die unmittelbar bevorstehenden Entwicklungs- und Wachstumsprozesse spiegeln« und der »Sprache als einer

psycho-biologischen und psycho-sozialen Struktur«, die über ein antizipierendes »Zukunftsmodell« verfügt.
Welche Interpretation gibt es nun für all diese auffälligen Homologien zwischen dem genetischen Code, der »offenbar in allen Organismen im wesentlichen derselbe ist«[38], und dem architektonischen Modell, das dem verbalen Code aller menschlichen Sprachen zugrunde liegt und an dem, *nota bene,* kein semiotisches System teilhat außer der natürlichen Sprache oder ihren Substituten? Das Problem dieser isomorphen Eigenschaften ist besonders lehrreich, wenn man sich bewußtmacht, daß es für sie in keinem System tierischer Kommunikation eine Entsprechung gibt.
Im genetischen Code, der ersten Manifestation des Lebens, und andererseits in der Sprache, der universalen Begabung der Menschheit, in der sich der gewaltige Sprung von der Genetik bis zur Zivilisation zeigt, sind die beiden Arten fundamentaler Information gespeichert, die von den Vorfahren an die Nachkommen übermittelt werden, das molekulare Erbgut und das sprachliche Vermächtnis als notwendige Voraussetzung für eine kulturelle Tradition.
Die genannten Merkmale, die dem System der sprachlichen und dem der genetischen Information gemeinsam sind, sichern sowohl die Bildung von Gattungen als auch die unbeschränkte Individualisierung. Wenn die Biologen behaupten, daß die Gattung »der Grundstein der Evolution ist« und daß es ohne die Bildung von Gattungen nicht die Mannigfaltigkeit der organischen Welt und nicht die adaptive Ausstrahlung gäbe[39], so kann man ebenso sagen, daß die Sprachen mit der Regelmäßigkeit ihrer Strukturen, ihrem dynamischen Gleichgewicht und der Kraft der Kohäsion als notwendige Folge der universalen Gesetze erscheinen, die jeder sprachlichen Strukturierung zugrunde liegen. Wenn darüber hinaus die Biologen sehen, daß die unerläßliche Vielfalt aller individuellen Organismen keineswegs zufällig ist, sondern »eine für Lebewesen universale und notwendige Erscheinung darstellt«[40], so erkennen die Linguisten ihrerseits die schöpferische Kraft der Sprache in den unbeschränkten Möglichkeiten, die individuelle Rede zu variieren, und in der unendlichen Vielfalt sprachlicher Nachrichten. Die Linguistik teilt

mit der Biologie die Ansicht, daß »Stabilität und Variabilität derselben Struktur innewohnen« und einander bedingen.[41]
Da nun »die Vererbung ihrem Wesen nach selbst eine Form der Kommunikation ist«[42] und da die universale Architektonik des Sprachcodes zweifellos in jedem *Homo sapiens* als molekular vermittelte Begabung angelegt ist, könnte man mit Recht fragen, ob sich die Isomorphie der beiden verschiedenen Codes, des genetischen und des sprachlichen, aus einer bloßen Konvergenz ergibt, die auf ähnlichen Bedürfnissen beruht, oder ob vielleicht die Grundlagen der offen zutage liegenden Sprachstrukturen, die als Schicht über der molekularen Kommunikation liegen, deren Strukturprinzipien unmittelbar nachgebildet sind.

Beckingkurven

Die Anweisung des molekularen Erbgutes beeinflußt nicht die zahlreichen Variablen, in denen sich die formale und die semantische Besonderheit der verschiedenen Sprachen ausprägen. Es gibt jedoch einen bestimmten Aspekt der individuellen Redeweise, der die Vermutung gestattet, es könne sich hier um eine Erbanlage handeln. Neben der Vielfalt beabsichtigter Information enthält unsere Rede unveränderliche und unveräußerliche charakteristische Merkmale, die hauptsächlich im unteren Teil des Sprechapparates vom Unterleib-Zwerchfell-Bereich bis zum Rachen hervorgerufen werden. Eduard Sievers hat unter dem Titel *Schallanalyse* die Untersuchung dieser physiognomischen Charakteristika begonnen und im ersten Drittel unseres Jahrhunderts zusammen mit seinem Schüler, dem scharfsinnigen Musikwissenschaftler Gustav Becking, entwickelt.[43] Es zeigte sich, daß alle sprechenden, schreibenden und musizierenden Künstler zu einem der drei Grundtypen (mit weiteren Unterteilungen) gehören, die sich in dem ganzen geäußerten Verhalten jedes Individuums als spezifische rhythmische Kurven ausdrücken, die man deshalb *Generalkurven* oder *Personalkurven* nannte; man bezeichnete sie auch als *Beckingkurven,* da Becking sie während seiner gemeinsamen Forschungsarbeit mit Sievers entdeckt hatte. Diese drei Kurven hat man, wie folgt, klassifiziert:

Hauptschlag		Nebenschlag	
spitz	–	spitz	(Heine-Typ)
spitz	–	rund	(Goethe-Typ)
rund	–	rund	(Schiller-Typ)

Wenn ein Vertreter eines Typs das Werk eines Dichters oder Komponisten desselben kinästhetischen Typs zu rezitieren, zu singen oder zu spielen hat, entsteht der Eindruck, daß der Vortrag durch diese Affinität in seiner Wirkung gesteigert wird. Wenn dagegen der Autor und der Vortragende zu zwei einander völlig entgegengesetzten Typen gehören, erfährt die Wiedergabe »Hemmungen«. Es zeigte sich, daß diese drei individuellen Typen und ihre Wechselbeziehungen für alle Arten unserer motorischen Handlungen gelten, für Körper- und Handbewegungen, für die Mimik, den Gang, die Handschrift und die Art zu zeichnen, für Tanz, Sport und Werbeverhalten. Die anziehenden und abstoßenden Kräfte wirken sich zwischen den verschiedenen Typen nicht nur innerhalb eines einzelnen motorischen Bereichs, sondern durchgehend in den verschiedenen Bereichen aus. Mehr noch, die Wirkung bestimmter akustischer und visueller Reize ist einem der drei motorischen Typen verwandt, und entsprechend können diese Reize eine Reaktion entweder anregen oder behindern. Diese Erfahrung machte man, wenn man Lesern in wechselnder Reihenfolge dieselben Verse in Verbindung mit einer Drahtfigur zeigte, die abwechselnd einem übereinstimmenden und einem entgegengesetzten Typ angehörte.

In seinem wichtigen zusammenfassenden Bericht über diese Personalkurven versichert Sievers, »daß sie das Konstanteste sind, was es überhaupt beim denkenden und handelnden Menschen gibt: Wenigstens ist mir trotz mehrjährigem Suchen kein Fall bekannt geworden, daß ein Individuum beim eigenen Produzieren über mehr als eine Beckingkurve frei verfügte, mag es auch sonst noch so reich sein an klanglicher Variabilität [...]. Es läßt sich auch nicht bezweifeln, daß die Beckingkurve zum *angeborenen* Besitz des Individuums gehört (wie ich bei Neugeborenen habe feststellen können), und daß bei ihrer Übertragung von Individuum zu Individuum die üblichen Allgemeingesetze der Vererbung eine große, wenn auch nicht die allein ausschlaggebende Rolle spielen. So ist es auch allein zu verstehen, wenn ganze Stämme oder gar Völker sich manchmal fast bis zur Ausschließlichkeit nur einer und derselben Beckingkurve bedienen.«[44] Es trifft wahrscheinlich zu, daß die drei ›Individualkurven‹ angeboren sind, aber diese Frage muß noch sorgfältig überprüft werden.

Diese Untersuchung, die eine hervorragende Fähigkeit der beiden Forscher, intuitiv das Wesentliche zu erfassen, unter Beweis stellte, der es jedoch zunächst an jeder theoretischen Begründung fehlte, ist leider nicht fortgeführt worden. Doch man könnte und sollte sie jetzt auf der Grundlage neuer methodologischer Prinzipien wiederaufnehmen. Man sollte die psychophysische Typologie, die Sievers und Becking vorgeschlagen haben, auf Probleme wie dasjenige der Anziehung und Abstoßung anwenden, die zwischen Kollegen und Geschlechtspartnern herrscht, auf das Problem der verschiedenen Typen unter den Nachkommen einander unähnlicher Eltern und auf die Frage nach dem Einfluß, den diese Unterschiede vermutlich auf die Beziehungen zwischen Eltern und Kindern ausüben. Dabei bleibt es offen, ob die Vererbbarkeit solcher physiognomischen, virtuell ästhetischen Komponenten der Sprache eine weitere phylogenetische Anwendung finden kann.

Teleologie – Teleonomie

Der Physiker Niels Bohr hat wiederholt die Biologen gewarnt vor der Furcht vor »Begriffen wie Finalität, die der Physik fremd sind, sich jedoch für die Beschreibung organischer Phänomene geradezu anbieten«. Er stellte fest und sagte voraus, daß die mechanistische und die teleologische Haltung »nicht einander widersprechende Weisen darstellen, biologische Probleme zu betrachten, sondern daß beide Haltungen eher den Umstand unterstreichen, daß Bedingungen, unter

denen Beobachtungen stattfinden können, einander ausschließen, obwohl jede von ihnen unerläßlich ist bei unserer Suche nach einer immer reicheren Beschreibung des Lebens«.[45] Der programmatische Aufsatz von Rosenblueth, Wiener und Bigelow über Zweck und Teleologie[46] mit seiner gewissenhaften Klassifikation zielgerichteten Verhaltens könnte, wie Campbell[47] anerkennt, »eine nützliche Einleitung« zu seinem Buch abgeben – und, fügen wir hinzu – zu vielen anderen grundlegenden Werken über die Entwicklung des Organischen, besonders des Menschen.
Die Diskussion über die Zielgerichtetheit, die heutzutage in der Biologie stattfindet, ist von vitalem Interesse für alle Wissenschaftszweige, die sich mit den Lebensäußerungen von Organismen befassen. Die Ansichten, die man in der Biologie vertritt, können sehr dazu beitragen, daß man in zunehmendem Maße ein Mittel-Zweck-Modell konsequent auf den Aufbau der Sprache anwendet, auf ihre selbstregulierende Erhaltung von Integrität und dynamischem Gleichgewicht (Homöostase) ebenso wie auf ihre Mutationen. Obwohl dieselben Bezeichnungen, die vor Entstehen des Strukturalismus in der historischen Sprachwissenschaft gebräuchlich waren – ›blind, zufällig, planlos, Zufallsveränderungen, bloßes Versehen, multiplizierte Irrtümer, zufallsbedingtes Vorkommen‹ –, noch immer zäh in Überzeugung und Phraseologie der Biologen weiterleben, bürgern sich doch zentrale Begriffe wie ›Zweckmäßigkeit‹, ›Antizipation‹, ›Initiative‹ und ›Vorausschau‹ immer stärker ein.[48] Wallace und Srb kritisieren das traditionsgemäße Vermeiden von teleologischer Terminologie und von Bezugnahme auf den Zweck als veraltet, weil die Probleme, um die es sich hier handelt, sich nicht mehr auf irgendeinen Glauben an einen *élan vital* beziehen.[49] Nach Emerson müssen die Biologen in prämentalen Organismen wie Pflanzen und niederen Tieren »die Existenz einer Ausrichtung auf zukünftige Funktionen hin anerkennen«. Er sieht keinerlei Notwendigkeit dafür, »das Wort *Zweck* in Anführungsstriche zu setzen« und hält dafür, daß »Homöostase und das Verfolgen eines Ziels dasselbe sind«.[50]
Für die Begründer der Kybernetik war ›Teleologie‹ synonym

mit ›Zielsetzung, die durch Rückkopplung kontrolliert wird‹, und diesen Ansatz haben Waddington und Šmal'gauzen[51] in ihren biologischen Studien weiterentwickelt. Wie der führende russische Biologe unserer Zeit, N. A. Bernštejn, vor kurzem festgestellt hat, »haben zahlreiche Beobachtungen und Daten in allen Bereichen der Biologie seit langem gezeigt, daß es in für lebende Organismen charakteristischen Strukturen und Prozessen unbestreitbar eine Zielgerichtetheit gibt. Sie fällt auf als ein deutlicher, vielleicht sogar der entscheidende Unterschied zwischen lebenden Systemen und allen Gegenständen von nicht-organischer Beschaffenheit. Sobald man die Fragen ›wie?‹ und ›aus welchem Grunde?‹, die in der Physik oder Chemie völlig genügen, auf biologische Objekte anwendet, muß man sie notwendigerweise durch eine dritte, ebenso relevante Frage: ›zu welchem Zweck?‹ ergänzen.« »Nur die beiden durch die Biokybernetik eingeführten Begriffe des Codes und des codierten antizipatorischen Zukunftsmodells haben einen unangreifbaren, materialistischen Weg aus dieser anscheinend ausweglosen Lage gezeigt.« »Alle Beobachtungen, die man für die Bildung des Organismus in seiner Embryologie und Ontogenese sowie auf der phylogenetischen Stufenleiter gemacht hat, zeigen, daß der Organismus in seiner Entwicklung und in seinen Lebensäußerungen danach strebt, das Maximum an Negentropie, das mit seiner vitalen Stabilität vereinbar ist, zu erreichen. Wenn man den biologischen ›Zweck‹ so formuliert, braucht man ihn nicht zu psychologisieren.« »Die biologische Relevanz rückt die unerläßliche und unvermeidbare Frage nach dem Zweck ganz in den Vordergrund.« Die an Organismen entdeckte Fähigkeit, materielle Codes aufzubauen und zu integrieren, die die vielfältigen Formen von Aktivität und extrapolativen Vorgängen spiegeln, angefangen bei Tropismen bis hin zu den komplexesten Formen des Einflusses auf die Umgebung, gestattet es Bernštejn – nach seinen eigenen Worten –, »über Ziel-Gerichtetheit, Ziel-Orientierung usw. zu sprechen, und zwar bei jeder Art von Organismus, vielleicht sogar angefangen bei den Einzellern«, ohne dabei Gefahr zu laufen, in einen übernatürlichen Finalismus abzugleiten.[52] Hier ist die mathematische Analyse zielgerichteter biologischer Systeme in den Arbeiten von M. L. Cetlin, einem russischen Experten auf dem Gebiet der Kybernetik, zu vergleichen.[53]

Noch ausdrücklicher forderte der prominente, in Harvard lehrende Biologe Georg Gaylord Simpson die Autonomie der Wissenschaft vom Leben: »Die physikalischen Wissenschaften haben mit Recht die Teleologie ausgeschlossen, das heißt das Prinzip, daß der Zweck die Mittel bestimmt, daß das Ergebnis rückwirkend mit der Ursache verbunden ist durch den Faktor des Zweckes, oder daß Nützlichkeit in irgendeinem Sinne als Begründung dienen kann. Aber in der Biologie ist es nicht nur legitim, sondern auch notwendig, teleologische Fragen zu stellen und zu beantworten, nämlich solche, die untersuchen, worin für lebende Organismen die Funktion oder der Nutzen all dessen besteht, was in ihnen existiert und vorgeht.«[54] Simpson betont zu wiederholten Malen, daß »der finale Aspekt bei Organismen unbestreitbar vorhanden ist« und daß der antiteleologische Reduktionismus »den *bios* aus der Biologie ausklammert«.[55] In einer früheren Überprüfung der Teleologie betonte Jonas Salk, daß »lebende Systeme ganz anders betrachtet werden müssen als nicht lebende; bei lebenden Systemen ist die Idee des Zweckes nicht nur relevant, sondern wesentlich«. Er erklärt, »daß es in der Natur des Organismus liegt, sich auf eine eintretende Veränderung einzustellen. Die innere Beschaffenheit des Organismus beeinflußt das Ausmaß und die Richtung einer eintretenden Veränderung; die eintretende Veränderung kommt zu anderen hinzu, und alle zusammen scheinen die ›Ursachen‹ zu sein, auf die hin der Organismus sich entwickelt, wobei das Wort ›Ursache‹ in diesem Kontext die philosophische Bedeutung ›Ziel oder Zweck‹ erhält.«[56]

François Jacob hat einen geistreichen Vergleich gezogen: »Der Biologe hat sich lange Zeit zu der Teleologie verhalten wie zu einer Frau, auf die er nicht verzichten kann, in deren Gesellschaft er sich aber nicht öffentlich zeigen will. Dieser verborgenen Liaison verleiht der Begriff des Programms jetzt einen legalen Status.«[57]

Pittendrigh stützte sich auf das Beispiel der wissenschaftlichen Astronomie, die an die Stelle der spekulativen Astrologie getreten ist, und schlug vor, ›Teleologie‹ durch ›Teleonomie‹ zu ersetzen, um deutlich zu machen, daß »die Erkenntnis und Beschreibung der Ziel-Gerichtetheit« frei ist von unerwünschten Assoziationen zum metaphysischen Dogma des Aristoteles. Der neue Terminus enthielt die Idee, daß jede Art von Organisation, die für Leben charakteristisch ist, »relativ und zielgerichtet« ist, daß dagegen alles Zufällige »das Gegenteil von Organisation« ist.[58] Der neue Terminus erwies sich als günstig, und nach Monods Ansicht »ist Teleonomie das Wort, das man gebrauchen kann, wenn man sich aus sachlichen Gründen scheut, ›Finalität‹ zu verwenden. Freilich verläuft alles so, als ob die Lebewesen strukturiert, organisiert und ausgerichtet seien im Hinblick auf ein Ziel: das Überleben des Individuums, aber vor allem das der Gattung.«[59]

Monod beschreibt das zentrale Nervensystem als »die höchstentwickelte teleonomische Struktur« und wagt folgende Interpretation: Dieses höchste, spezifisch menschliche System hätte sich als Folge aus dem Erscheinen der Sprache ergeben, die die Biosphäre in »ein neues Reich, die Noosphäre, den Bereich der Ideen und des Bewußtseins verwandelt«. In anderen Worten, »die Sprache hat wohl eher den Menschen geschaffen als der Mensch die Sprache«.[60]

In der Biologie mag die Frage der Zielorientierung noch immer diskutiert werden, doch jeder Zweifel ist fehl am Platze, sobald es um menschliche Wesen, Formen der Lebensweise und Einrichtungen, besonders um die menschliche Sprache geht. Diese ist wie der Mensch selbst – in MacKays treffender Formulierung – »ein teleologisches oder zielgerichtetes System«.[61] Die überholte Auffassung, daß »Finalität logischerweise nicht der Hauptantrieb für die Sprachentwicklung sein kann«[62], verfälscht die eigentliche Natur der Sprache und des intentionalen menschlichen Verhaltens. Wieder einmal kann Peirce' These als Richtschnur gelten: »Von einem Zweck oder einem anderen finalen Beweggrund geleitet zu werden, ist das eigentliche Wesen eines psychischen Phänomens.« »Zu sagen, daß die Zukunft nicht die Gegenwart beeinflußt, ist eine unhaltbare Lehre. Ebensogut könnte man sagen, daß es keine finalen Ursachen oder Ziele

gibt. Die organische Welt widerlegt diese Haltung allenthalben.«[63]
Rückfälle in eine abergläubische Furcht vor einem Mittel-Ziele-Modell, die noch immer einige Linguisten verfolgt, sind die letzten Überreste eines sterilen Reduktionismus. Als charakteristisches Beispiel können wir die Behauptung eines Linguisten zitieren, daß »in der Diskussion um den Platz des Menschen in der Natur kein Platz für Mentalismus ist«, da »der Mensch ein Lebewesen und daher allen Gesetzen der Biologie unterworfen ist«, und schließlich, daß »die einzig haltbare Annahme die eines Physikalismus ist«, da »das Leben ein Teil der nicht-organischen Welt und allen Gesetzen der Physik unterworfen ist«.[64]
Dieses pseudobiologische Vorurteil, dem man bei Linguisten begegnet, wird von Biologen selbst kategorisch abgelehnt. Was den Antimentalismus betrifft, so belehren sie uns darüber, daß in der Entwicklung der menschlichen Natur »die Intelligenz das Wissen einordnet und ihm eine Richtung verleiht«; das ist »ein geistiger Prozeß, dessen Richtung von einem Ziel bestimmt wird und der sich seiner Mittel und Zwecke bewußt ist«.[65] Und was den Animalismus betrifft, so verurteilt Dobzhansky das Phantasieklischee, der Mensch sei nichts weiter als ein Lebewesen, als »ein Beispiel für ›genetische‹ Trugschlüsse«. Auf der Grundlage eines allumfassenden Biologismus erinnert er daran, daß »man die menschliche Entwicklung nicht als einen rein biologischen Prozeß auffassen darf, weil neben der biologischen Komponente auch die andere, die kulturelle, berücksichtigt werden muß«.[66] Was schließlich einen allzu vereinfachten Physikalismus betrifft, »so sind für Organismen tatsächlich bestimmte Eigenschaften und Prozesse charakteristisch, die bei nicht-organischen Stoffen und Reaktionen nicht gemeinsam auftreten«.[67] Während die Biologie vollkommen begriffen hat, daß die Einheiten des Erbgutes diskret sind und daher nicht miteinander verschmelzen, versucht der bereits erwähnte Linguist, getreu dem Geiste des Reduktionismus, das Erscheinen der diskreten Konstituenten des Sprachcodes mit dem »Phänomen der Verschmelzung« als »der einzig [!] logischen [!] Möglichkeit [!]« zu erklären.[68]

Vom Ursprung der menschlichen Sprache

Die grundlegendste phylogenetische Frage der Linguistik, die Frage nach dem Ursprung der Sprache, war in der Lehre der Junggrammatiker verboten. Heute muß man jedoch das Erscheinen der Sprache zusammen mit anderen Wandlungen sehen, die den Übergang von der vormenschlichen zu der menschlichen Gesellschaft kennzeichnen. Solch eine Nebeneinanderstellung kann auch gewisse Anhaltspunkte für eine relative Chronologie geben. So hat man versucht, die genetische Wechselbeziehung zwischen Sprache und visueller Kunst zu erhellen. Die bildende Kunst scheint das Vorhandensein von Sprache vorauszusetzen, und so bieten die frühesten Spuren der darstellenden Kunst für die Glottogonie einen plausiblen *terminus post quem non*.[69]
Mehr noch, wir können drei Universalien unter den ausschließlich menschlichen Leistungen miteinander in Verbindung setzen: 1) die Anfertigung von Werkzeugen zur Herstellung von Werkzeugen; 2) das Auftauchen phonematischer, rein distinktiver Elemente, die keine eigene Bedeutung besitzen, sondern dazu dienen, bedeutungstragende Einheiten, nämlich Morpheme und Wörter, zu bilden; 3) das Inzest-Tabu, das die Anthropologen überzeugend interpretiert haben als unerläßliche Vorbedingung für einen weiterreichenden Austausch von Geschlechtspartnern und damit einen nachfolgenden Aufbau ökonomischer, kooperativer und defensiver Bündnisse. Kurz gesagt, all dies dient dazu, für die Menschen »eine Solidarität, die über die Familie hinausgeht«, zu schaffen.[70] In der Tat führen nun alle drei genannten Neuerungen reine Hilfsmittel ein, sekundäre Werkzeuge, die nötig waren, um eine menschliche Gesellschaft mit ihrer materiellen, sprachlichen und geistigen Kultur zu begründen. In der Idee der sekundären Hilfsmittel liegt ein abstraktes vermittelndes Prinzip, und das Auftauchen aller drei Aspekte muß der wichtigste Schritt von der »Animalität« zum eigentlich menschlichen Geist gewesen sein. Die Anfänge dieser drei wesensmäßig ähnlichen Errungenschaften müssen innerhalb derselben paläontologischen Periode liegen, und die frühesten Beispiele von Werkzeugen – zum Beispiel Meißel oder

Stichel –, die dazu dienten, andere Geräte herzustellen, erlauben es uns, Vermutungen über eine Epoche anzustellen, in der die Sprache entstand. Insbesondere läßt sich die Reihenfolge der Entwicklungsstadien dadurch weiter spezifizieren, daß eine artikulierende Sprache notwendig war, um die Regeln zu formulieren, die den Inzest definieren und verbieten und die Exogamie einführen. Aus der Sicht des Psychologen »werden die Unterschiede zwischen denen, die als Partner zugelassen oder bevorzugt sind, und denen, die aus Gründen des Inzests ausgeschlossen sind, durch ein Bezeichnungssystem bestimmt, das nur jemand beherrschen kann, der mit einer menschlichen Sprache umzugehen weiß«.[71] Ebenso darf man annehmen, daß die Sprache wichtig war für die Entwicklung und Verbreitung der Herstellung von Werkzeugen.

Die Physiologie der Sprachproduktion überwindet das frühere Stadium planloser, atomisierender Betrachtung und dehnt sich auf einen immer weiteren interdisziplinären Bereich aus. Aus der Reihe instruktiver Beispiele könnte man Žinkins[72] umfassende Übersicht über die Sprachmechanismen nennen und die ergebnisreichen Experimente, die in den verschiedensten Laboratorien in aller Welt durchgeführt werden. Die neue biomechanische Interpretation programmierter und kontrollierter Bewegungen, die Bernštejn und seine Mitarbeiter entwickelt haben[73], sollte auch von Phonetikern berücksichtigt werden. Man muß die Sprachlaute untersuchen in ihrer Eigenschaft als zielgerichtete motorische Befehle und Handlungen und dabei besonders beachten, welche Wirkung sie auf den Hörer ausüben und welchem Zweck sie in der Sprache dienen; dies erfordert die Zusammenarbeit aller Fachleute für die verschiedenen Aspekte lautlicher Erscheinungen von der biomechanischen Seite der artikulatorischen Bewegungen bis zu den Feinheiten einer rein phonologischen Analyse. Sobald es zu einer solchen Zusammenarbeit kommt, erhält die Analyse der Sprache eine durch und durch wissenschaftliche Grundlage und entspricht den »Errungenschaften einer rein relativistischen Invarianz«, die auf jedem Gebiet der modernen Forschung die verbindliche methodologische Vorschrift darstellen.[74]

Sprache und Gehirn

Der Neurobiologe John Hughlings Jackson (1835–1911) hat als erster ganz deutlich den linguistischen Aspekt der Aphasie erkannt. Durch Untersuchung der mannigfaltigen Formen des Sprachzerfalls gelang es ihm in den verschiedenen Studien, die er zwischen 1866 und 1893 veröffentlichte, mit einem Scharfsinn, um den ihn die fähigsten Linguisten und Psychologen seiner Zeit hätten beneiden können, die Strukturierung der Sprache zu erfassen. So findet man zum Beispiel in dem ersten seiner Artikel mit dem Titel »On affections of speech from disease of the brain« aus den Jahren 1878/79 eine bemerkenswerte Fußnote: »Die sogenannte *Idee* eines Wortes ist im Unterschied zu *dem* Wort selbst ein Wort, das im Unterbewußtsein wiederbelebt wird oder wiederbelebt werden kann vor der bewußten tatsächlichen oder möglichen Wiederbelebung desselben Wortes, das dann im Gegensatz zu der sogenannten *Idee* eines Wortes das sogenannte *Wort selbst – das* Wort – ist.«[75] Jackson betrachtete Wortspiele, Träume und Sprachstörungen als verschiedene Formen einer »geistigen Diplopie«, als Doppelsichtigkeit; diese Auffassung gehört zu den vielen Ideen, in denen er seiner Zeit voraus war.

Die tiefste Einsicht in die Beziehung zwischen dem menschlichen Organismus und seiner sprachlichen Fähigkeit und Aktivität ergibt sich, wenn Neurobiologen und Linguisten einander unterstützen bei einer vergleichenden Erforschung der verschiedenen Schädigungen der Hirnrinde und der sich daraus ergebenden aphatischen Störungen. Eine reine linguistische Analyse deckt drei Dichotomien auf, die den sechs Aphasietypen zugrunde liegen, die Luria umrissen hat und die andere zeitgenössische Neurobiologen durch ihre Beobachtungen bestätigt haben. Die Klassifikation aphatischer Störungen, die auf dieser Analyse beruht, ergibt ein offenkundig kohärentes, symmetrisches Relationsschema, und wenn man dieses streng linguistische Schema den anatomischen Daten gegenüberstellt, zeigt sich, daß es übereinstimmt mit der Topographie der Hirnverletzungen, die zu den verschiedenen Störungen geführt haben. Die voraussichtliche Entwicklung solch einer interdisziplinären, ›neurolinguistischen‹ Erforschung aphatischer und psychotischer Sprache wird zweifellos neue Perspektiven eröffnen, und zwar sowohl für eine umfassende Untersuchung des Gehirns und seiner Funktionen als auch für die Wissenschaft von der Sprache und von anderen semiotischen Systemen.[76]

Aus den ständig zunehmenden Erfahrungen, die man mit Operationen macht, bei denen die Gehirnhälften getrennt werden, darf man ein tieferes Verständnis der biologischen Grundlagen der Sprache erwarten. Ein weiterer Fortschritt in der vergleichenden Erforschung von Aphasie einerseits und Agraphie und Alexie andererseits muß neues Licht auf die Wechselbeziehung zwischen gesprochener und geschriebener Sprache werfen, während die allgemeine Semiotik Nutzen aus einer parallelen Untersuchung von Sprachstörungen und anderen Formen von ›Asemasie‹ ziehen kann[77], zum Beispiel aus der Amusie oder aus Schädigungen des gestischen Systems.

Bisher weiß man fast nichts über die inneren Vorgänge, die bei der sprachlichen Kommunikation zusammenwirken, und insbesondere über die Phase der nervlichen Reaktionen bei der Eingabe und der Ausgabe der distinktiven Eigenschaften; man darf hoffen, daß die Neurobiologie in naher Zukunft auf diese Frage eine Antwort gibt, da sie für das Verständnis und das weitere Studium der kleinsten sprachlichen Einheiten von höchstem Interesse ist. Im letzten Jahrzehnt hat man in der internationalen Forschung nachgewiesen, daß das rechte Ohr distinktive Eigenschaften besser auffaßt, während das linke bei allen nichtverbalen Reizen überlegen ist. Aufgrund dieser Ergebnisse konnte man am *Boston Aphasia Research Center* bei dem Prozeß des Lernens und des Kurzzeitgedächtnisses die Identifikation und relative Unterscheidung dieser Eigenschaften beobachten. Die Entdeckung neurologischer, psychologischer und sprachlicher Invarianten bei der Perzeption der Sprache wird für die verschiedenen betroffenen Disziplinen zu einer entscheidenden, lebenswichtigen Aufgabe.[78]

Anmerkungen

1 Titel und Zwischentitel stammen vom Herausgeber. Die Literaturangaben wurden leicht gekürzt.
2 D. Bubrich, »Neskol'ko slov o potoke rěci«, in: *Bjulleten'* LOIKFUN 5 (1930).
3 N. Chomsky, »The General Properties of Language«, in: C. H. Millikan und F. L. Darley (Hg.), *Brain Mechanisms Underlying Speech and language,* New York 1967, 73.
4 W. H. Thorpe, »Some Characteristics of the Early Learning Period in Birds«, in: J. F. Delafresnaye (Hg.), *Brain Mechanisms and Learning,* Oxford 1961; ders., *Bird Song,* Cambridge, 1961; ders., *Learning and Instinct in Animals,* 2. Auflage, London 1963.
5 P. Marler, »Communication in Monkeys and Apes«, in: I. DeVore (Hg.), *Primate Behavior,* New York 1965, 316.
6 R. Galambos, »Changing Concepts of the Learning Mechanism«, in: J. F. Delafresnaye (Hg.), *Brain Mechanisms and Learning,* Oxford 1961, 233.
7 L. Malson, *Les enfants sauvages: Mythe et réalité,* Paris 1964.
8 L. Bloomfield, *Linguistic Aspects of Science,* Chicago 1939, 55.
9 E. H. Lenneberg, *Biological Foundations of Language,* New York 1967; deutsch: *Biologische Grundlagen der Sprache,* Frankfurt 1971.
10 B. Wallace und A. M. Srb, *Adaptation,* 2. Auflage, Englewood Cliffs, NJ 1964, Kap. X.
11 R. Jakobson, *Selected Writings* I, The Hague: Mouton 1962/71, 107, 235.
12 Ebd., 107.
13 B. Wallace und A. M. Srb, *Adaptation,* a. a. O., 88–91.
14 Ebd., 88.
15 O. Lange, *Wholes and Parts. A General Theory of System Behavior,* Warschau 1962, 73; A. Ljapunov, »O nekotorych obščich voprosach kibernetiki«, in: *Problemy kibernetiki* 1 (1958).
16 F. Korš, *Sposoby otnositel'nogo podčinenija. Glava iz sravnitel'nogo sintaksisa,* Moskau 1877.
17 V. Propp, *Morfologija skazki,* Leningrad 1928; 2. Auflage mit Anmerkungen versehen von E. Meletinskij, Moskau 1969; deutsch: *Morphologie des Märchens,* München 1972.
18 P. Bogatyrev und R. Jakobson, »Die Folklore als eine besondere Form des Schaffens«, in: R. Jakobson, *Poetik,* Frankfurt 1979, 140–157.

19 E. Sapir, *Selected Writings*, Berkeley 1963.
20 E. H. Lenneberg, *Biological Foundations of Language*, a.a.O., 378.
21 Ebd., 375.
22 Ebd., 379.
23 G. Beadle und M. Beadle, *The Language of Life. An Introduction to the Science of Genetics*, New York 1966, 207.
24 F. H. C. Crick, »The Genetic Code«, in: *Scientific American* 211, Oktober 1962, und 215, Oktober 1966.
25 C. Yanofsky, »Gene Structure and Protein Structure«, in: *Scientific American* 216, Mai 1967.
26 F. Jacob, *Leçon inaugurale faite le vendredi 7 mai 1965*, Paris: Collège de France, 22.
27 F. Jacob, R. Jakobson, C. Lévi-Strauss, P. L'Héritier, »Vivre et parler« (1968), in diesem Band, 399.
28 H. Weyl, *Symmetry*, Princeton, NJ 1952, 43.
29 É. Benveniste, *Problèmes de linguistique générale*, Paris 1966; deutsch: *Probleme der allgemeinen Sprachwissenschaft*, München 1974.
30 V. Ratner, »Linejnaja uporjadočennost' genetičeskich soobščenij«, in: *Problemy kibernetiki* 16 (1966).
31 N. Eden, »Inadequacies of Neo-Darwinian Evolution as a Scientific Theory«, in: *The Wistar Symposium Monograph* 5, Juni 1967.
32 F. Jacob, »Genetics of the Bacterial Cell«, in: *Science* 152, 10. Juni 1966, 1475.
33 N. S. Trubetzkoy, »Die phonologischen Grenzsignale«, in: *Proceedings of the 2nd International Congress of Phonic Sciences*, Cambridge 1936.
34 F. Jacob, *Leçon inaugurale*, a.a.O., 25.
35 F. H. C. Crick, »The Genetic Code«, a.a.O., 56.
36 Vgl. E. Mayr, *Animal Species and Evolution*, Cambridge, MA 1966, Kap. 10.
37 N. Bernštejn, *Očerki po fiziologii dviženij i fiziologii aktivnosti*, Moskau 1966, 334.
38 J. D. Watson, *Molecular Biology of the Genes*, New York 1965, 386.
39 E. Mayr, *Animal Species and Evolution*, a.a.O., 621; vgl. A. E. Emerson, »The Evolution of Behavior among Social Insects«, in: A. Roe und G. G. Simpson (Hg.), *Behavior and Evolution*, New Haven 1958; ders., »The Impact of Darwin on Biology«, in: *Acta Biotheoretica* 15 (1962) 4.
40 G. G. Simpson, »Biology and the Nature of Life«, in: *Science* 139 (1962), 386.

41 A. Lwoff, *Biological Order*, Cambridge, MA 1965, 99.
42 B. Wallace und A. M. Srb, *Adaptation*, a. a. O., 91.
43 E. Sievers, »Ziele und Wege der Schallanalyse«, in: *Stand und Aufgaben der Sprachwissenschaft. Festschrift für W. Streitberg*, Heidelberg 1924; G. Becking, *Der musikalische Rhythmus als Erkenntnisquelle*, Augsburg 1928, bes. 52 f.
44 Sievers, a. a. O., 74.
45 N. Bohr, *Atomic Physics and Human Knowledge*, New York 1962, 100.
46 A. Rosenblueth, N. Wiener und J. Bigelow, »Behavior, Purpose and Teleology«, in: *Philosophy of Science* 10 (1943).
47 B. G. Campbell, *Human Evolution*, 2. Auflage, Chicago 1967, 5.
48 C. D. Darlington, *The Evolution of Genetic Systems*, 2. Auflage, New York 1958, 236; W. H. Thorpe, *Learning and Instinct in Animals*, a. a. O., Kap. 1.
49 B. Wallace und A. M. Srb, *Adaptation*, a. a. O., 109.
50 A. E. Emerson, »The Impact of Darwin on Biology, a. a. O., 207; ders., »Homeostasis and Comparison of Systems«, in: R. R. Grinker (Hg.), *Toward a Theory of Human Behavior*, 2. Auflage, New York 1962, 162.
51 C. H. Waddington, *The Strategy of the Genes*, London 1957; ders., *The Nature of Life*, London 1961. I. Šmal'gauzen [Schmalhausen], »Èvoljucija v svete kibernetiki«, in: *Problemy kibernetiki* 13 (1965); ders., »Čto takoe nasledstvennaja informacija?«, in: *Problemy kibernetiki* 16 (1966).
52 N. Bernštejn, *Očerki po fiziologii*, a. a. O., 326 ff., 331, 309.
53 M. L. Cetlin, *Issledovanija po teorii avtomatov i modelirovaniju biologičeskich sistem*, Moskau 1969.
54 G. G. Simpson, »The Crisis in Biology«, in: *American Scholar* 36 (1967), 370 f.
55 G. G. Simpson, »Biology and the Nature of Life«, a. a. O., 86.
56 J. Salk, »Human Purpose: A Biological Necessity«, in: *Bulletin of The Philipps Exeter Academy*, Juni 1961.
57 F. Jacob, *La logique du vivant*, Paris 1970, 17; deutsch: *Die Logik des Lebenden*, Frankfurt 1972. [Der Vergleich stammt von John B. Haldane. Hg.]
58 C. S. Pittendrigh, »Adaptation, Natural Selection, and Behavior«, in: A. Roe und G. G. Simpson (Hg.), *Biology and Evolution*, a. a. O., 394.
59 J. Monod, *Leçon inaugurale faite le vendredi 3 novembre 1967*, Paris: Collège de France, 209; ders., *Le hasard et la nécessité*, Paris 1970, Kap. 1; deutsch: *Zufall und Notwendigkeit*, München 1971.

60 Ebd., 23.
61 D. M. MacKay, »Communication and Meaning. A Functional Approach«, in: F. S. C. Northrop und H. Livingstone (Hg.), *Cross-Cultural Understanding,* New York 1964.
62 E. H. Lenneberg, *Biological Foundations of Language,* a. a. O., 378.
63 C. S. Peirce, *Collected Papers* I–VIII, Cambridge, MA 1931–1958, 1.269; 2.86.
64 C. F. Hockett und R. Ascher, »The Human Revolution«, in: *Current Anthropology* (1964), 136; C. F. Hockett, »Biophysics, Linguistics, and the Unity of Science«, in: *American Scientist* 36 (1948).
65 C. J. Herrick, *The Evolution of Human Nature,* New York 1956, 367.
66 T. Dobzhansky, *Mankind Evolving,* New Haven, CO 1962, 18.
67 G. G. Simpson, »The Crisis in Biology«, a. a. O., 367.
68 C. F. Hockett und R. Ascher, »The Human Revolution«, a. a. O., 142.
69 R. J. Pumphrey, »The Origin of Language«, in: *Acta Psychologica* 9 (1953).
70 T. Parsons, »The Incest Taboo in Relation to Social Structure and the Socialization of the Child«, in: *British Journal of Sociology* 7 (1954).
71 J. S. Bruner, *Toward a Theory of Instruction,* New York 1968, 75.
72 N. Žinkin, *Mechizmy reči,* Moskau 1958; englisch: *The Mechanisms of Speech,* The Hague 1968.
73 N. Bernštejn, *Očerki po fiziologii,* a. a. O.
74 N. Bohr, *Atomic Physics and Human Knowledge,* a. a. O., 71.
75 J. H. Jackson, *Selected Writings* II, New York 1958, 168.
76 Vgl. N. Geschwind, »The Organization of Language and Brain«, in: *Science* 170 (1970); A. Luria, *Human Brain and Psychological Processes,* New York 1966; ders., *Traumatic Aphasia,* The Hague 1970; K. Pribram, *Languages of the Brain,* Prentice Hall 1971.
77 Vgl. J. H. Jackson, *Selected Writings* II, a. a. O., 159.
78 J. S. Bruner, »Mécanismes neurologiques dans la perception«, in: *Archives de psychologie* 36 (1957). [Zu einer ausführlichen Diskussion des unterschiedlichen Anteils der beiden Gehirnhälften am Sprachvermögen siehe: R. Jakobson, »Gehirnhälften und Sprachstruktur in wechselseitiger Beleuchtung«, in: H. Schnelle (Hg.), *Sprache und Gehirn. Roman Jakobson zu Ehren,* Frankfurt 1981, 18–40; R. Jakobson, *Selected Writings* VII, Berlin 1985, 163–180.]

Leben und Sprechen

Ein Gespräch zwischen François Jacob, Roman Jakobson,
Claude Lévi-Strauss und Philippe L'Héritier
unter der Leitung von Michel Tréguer
[1968]

Was heute Biologen, Anthropologen und Linguisten im besonderen vereint, ist der Rückgriff auf strukturale, finale und semiotische Kategorien. Jacob spricht von ›Organisation‹, Jakobson von ›System‹, Lévi-Strauss von ›Struktur‹, alle zusammen von Teleologie bzw. Teleonomie und von Kommunikationsprozessen. Eine Reihe zentraler Isomorphien erlaubt es, trotz fehlender Subjekte den genetischen Code in einem nicht-metaphorischen Sinn des Wortes als Sprache zu bezeichnen.[1] Allein in den menschlichen Sprachen, ihren Derivaten und im genetischen Code findet sich die Eigentümlichkeit der doppelten Artikulation, der Gliederung in bedeutungsunterscheidende und bedeutungsbestimmende Einheiten.[2] Beide informationsübermittelnde Systeme sind – anders als im allgemeinen die ›Tiersprachen‹ – in eindrücklicher Weise hierarchisch geordnet. Während Jakobson dazu neigt, diese überraschenden Strukturgleichheiten aus der Herkunft der menschlichen Lautsprachen vom genetischen Code zu erklären, vertritt Jacob eine funktionale Erklärung: Das gleiche Problem – »mit etwas Einfachem etwas Kompliziertes zu machen« – führe zu einer vergleichbaren Strategie der Problemlösung.[3]

Michel Tréguer: Vier Persönlichkeiten des modernen Denkens, der zeitgenössischen Wissenschaft haben sich hier zu einem Gespräch bereitgefunden: ein Biologe, ein Linguist, ein Anthropologe und ein Genetiker...
François Jacob: Meiner Meinung nach sind die Biologen ein wenig privilegiert, und zwar in der Hinsicht, als die Objekte der Biologie zwei Grenzen berühren: einerseits die unbelebte Welt, andererseits die Welt des Denkens und der Sprache; beides liegt im Aufgabenbereich der Biologen. Aber die Entdeckungen, die man im Verlauf der letzten zwanzig Jahre

gemacht hat, haben einige überraschende Resultate gezeigt, die beweisen, daß bestimmte Phänomene, die sich auf der Ebene der Zelle oder der Organismen, also auf rein biologischer Basis abspielen, sicherlich sehr viel gemeinsam haben mit dem, was auf der Ebene der menschlichen Gemeinschaften und der Sprache vor sich geht. Einer der wichtigsten Beiträge der letzten Jahre betrifft das System der Kommunikation auf allen Stufen der Biologie: der einfachsten Stufe, nämlich der der Zelle, oder auf der Stufe der Organismen, das heißt der mehrzelligen Organismen, oder auf der Stufe der Organismen der Individuen in der Gesellschaft. [...]
Es ist sehr wichtig, daß man heute weiß, daß die Information – das, was wir genetische Information nennen, das heißt die Gesamtheit der charakteristischen Merkmale eines Individuums – von einer bekannten chemischen Substanz, der Desoxyribonukleinsäure, einer langen polymerischen Faser, getragen wird; man weiß, daß diese Information tatsächlich in das Chromosom eingetragen ist; dies geschieht mit Hilfe sehr einfacher Elemente, vier an der Zahl, die in Millionen entlang der Faser wiederholt und umgesetzt werden; genauso ist es im Satz eines Textes: Hier sind es die Symbole und Zeichen der Schrift, die die Bedeutung geben und die in Sätze geordnet und umgesetzt werden.
Michel Tréguer: Das heißt, daß die Objekte verschieden sind, aber daß die Art und Weise, wie die Sprache funktioniert, vollkommen analog ist.
François Jacob: Richtig. In beiden Fällen handelt es sich um Einheiten, die, für sich genommen, absolut ohne Bedeutung sind, die aber in bestimmten Anordnungen eine Bedeutung annehmen, sei es die Bedeutung der Worte in der Sprache, sei es eine Bedeutung im biologischen Sinne, das heißt eine solche, in der sich die Funktionen ausdrücken, die in der chemischen, genetischen Nachricht enthalten, geschrieben sind. Dies ist einer der Gründe. Aber es gibt einen anderen Grund, und zwar meiner Meinung nach folgenden: Das eigentlich große Problem oder eines der großen Probleme der Biologie ist der Begriff der *Organisation*. Es ist die Tatsache, daß die Elemente, die den Teil einer bestimmten Einheit bilden, auf allen Stufen integriert sind, und daß die Einheit,

zum Beispiel die Zelle, viel mehr ist, als die Summe ihrer Elemente. Das gilt für die Ebene der Zelle, die aus Molekülen besteht, sowie für die Ebene des Organismus, der aus Zellen besteht; es ist ja bekannt, daß jede der Zellen nicht für sich allein arbeitet, sondern sie arbeitet spezialisiert und differenziert für den Organismus; dasselbe gilt auch, glaube ich, für die menschlichen Gesellschaften. Aber es gibt einen Punkt, der absolut eindeutig ist: Nimmt man ein Ensemble von Elementen, die man in eine Struktur von höherer Ordnung integrieren will, so können diese Elemente nicht wie Moleküle in einem Sack nebeneinandergesetzt und den statistischen Gesetzen unterworfen werden, die die Elemente einfach nebeneinander anordnen. Mit anderen Worten, hier muß es Systeme der Kommunikation geben. Nun, diese Kommunikationssysteme kennt man zum Beispiel bei den höheren Organismen, bei den vielzelligen Organismen und bei den Säugetieren schon ziemlich lange Zeit; man weiß auch, daß es noch ein Kommunikationssystem gibt, das der Hormone einerseits und das des Nervensystems andererseits. Aber vor kurzer Zeit hat man entdeckt, daß in einer sehr kleinen Zelle, wie es die Bakterienzelle ist – sie ist zugleich das einfachste Objekt, das die Biologen für ihre Forschung gefunden haben –, auch ein Kommunikationssystem zwischen den verschiedenen Molekülen existiert; das bewirkt, daß die Moleküle in jedem Augenblick benachrichtigt werden, was rund um sie vorgeht, und daß sie nicht irgendwie, sondern in äußerst koordinierter Form arbeiten. Es ist, glaube ich, auch ein ziemlich neues Problem, daß auf allen Stufen dieser Organisationen Phänomene der Kommunikation existieren, die man überall wiederfindet.

Michel Tréguer: Herr Jakobson, erlauben Sie mir die Frage, ob Sie hier das erste Mal im Laufe Ihrer linguistischen Karriere mit einem Biologen sprechen?

Roman Jakobson: Meine Diskussionen mit den Biologen haben im Laufe der letzten Jahre begonnen. Ich würde nicht einmal von Diskussionen sprechen: Ich habe bei den verschiedensten Biologen Lektionen genommen und heute nehme ich eine weitere Lektion. Aber seit etwa zwanzig Jahren interessiere ich mich lebhaft für die Probleme der Ähnlichkeit zwischen Biologie und Linguistik. In meiner Jugend war ich sehr beeindruckt von einer Arbeit des großen russischen Biologen Berg, dessen Buch *Nomogenesis* zu Beginn der zwanziger Jahre zunächst in russischer Sprache, später in England in englischer Sprache erschienen ist und jetzt eine Neuauflage in Englisch erfahren hat; dieses Buch hat viel Licht in meine Fragen über die Evolution gebracht, und ich habe bestimmte Ideen von Berg aufgegriffen und zitiere ihn oft in meinem Buch über die phonologische Evolution, das 1929 veröffentlicht wurde; hierauf bin ich häufig auf biologische Fragen zurückgekommen; es war für mich sehr neu, denn als ich Student war, versuchte man eher, den biologischen Analogien auszuweichen, da es hier verfrühte Theorien gab, biologische Theorien der Sprache, die sich als vollkommen falsch erwiesen haben. Und die Gefahr dieser Theorien bestand darin, daß man die Differenzen zwischen den Sprachen auf dem Weg der Biologie zu erklären suchte. Man glaubte, daß die Differenzen zwischen den Sprachen den biologischen Differenzen zwischen den Trägern dieser Sprache entsprechen, was natürlich falsch war. Und dann gab es jene Theorien am Anfang unseres Jahrhunderts, die besonders im Lauf der zwanziger und dreißiger Jahre durch die nazistischen Wissenschaftler entwickelt wurden, als man die Kluft zwischen den verschiedenen Sprachen und deren Trägern zu vertiefen suchte und dies vom Standpunkt der Rasse erklären wollte. Es gibt noch eine dritte Art von falschen Ideen und falschen Versuchen, die Biologie in die Linguistik einzuführen, und das ist die ganz mechanische Anwendung der Mendelschen Gesetze auf die Evolution der Sprachen. Deshalb war die Einführung der Biologie in die Linguistik für gewisse Zeit kompromittiert. Ich erinnere mich sogar, daß ich nach Veröffentlichung meines Buches *Kindersprache, Aphasie und allgemeine Lautgesetze* (1941) von einem fähigen jungen Linguisten einer Abweichung von der Biologie angeklagt wurde. Aber ich habe später gesehen, daß diese Abweichungen sehr produktiv sein können. Schließlich bin ich in den sechziger Jahren durch die Lektüre auf dem Gebiet der Molekulargenetik, durch Begegnungen mit Biologen, vor allem in den letzten Jahren während meiner Arbeit im

Institute for Biological Studies, sowie durch verschiedene Diskussionen zur Überzeugung gekommen, daß man hier nicht nur entfernte Analogien und Isomorphismen, sondern sogar viel tiefgreifendere Annäherungen finden kann, die sowohl für die Linguistik und, nach den Worten der Biologen, auch für die Biologie von großer Bedeutung sind.
Michel Tréguer: Ich möchte Sie bitten, Herr Jakobson, da François Jacob uns gerade eine Zusammenfassung der heutigen Konzeption vom lebenden Organismus gegeben hat, daß auch Sie uns einen ganz kurzen Überblick über die Vorgänge in der Linguistik am Anfang dieses Jahrhunderts geben. Welches ist der große Umsturz, der sich in bezug auf die vergangenen Jahrhunderte zu Beginn dieses Jahrhunderts ereignet hat und der heute diese Konfrontationen möglich macht?
Roman Jakobson: Die große Entwicklung – weniger ein Umsturz –, die nicht nur im letzten, sondern in den letzten zwei Jahrhunderten vor sich gegangen ist, machte uns verständlich, daß die Sprache ein einheitliches Ganzes, ein *System* ist, wie sich die französischen Linguisten seit Saussure und Meillet ausdrücken; alles hängt zusammen, die Teile hängen vom Ganzen ab, und das Ganze wird durch die Teile bestimmt. Alle diese neuen Tendenzen haben zunächst für die Deskription der Sprachen sehr fruchtbare Resultate gebracht. Dann ist man weiter gegangen, man hat gesehen, daß das, was man in der Deskription der Sprachen gefunden hatte, auch für die Veränderungen in der Sprache, für die Sprache in der Zeit, angewandt werden kann, und jetzt stehen wir vor glänzenden Perspektiven in bezug auf die Fragen der Typologie der sprachlichen Strukturen und der universalen Gesetze; so ist die Linguistik nicht mehr nur die Wissenschaft von den Sprachen, sondern sie wird zu einer Wissenschaft von der Sprache.
Michel Tréguer: Herr Lévi-Strauss, ich denke, man kann die Entstehung Ihres theoretischen Denkens und sogar die Anfänge der strukturalen Anthropologie, vielleicht sogar der Anthropologie überhaupt, auf die Begegnungen mit Linguisten und Persönlichkeiten wie gerade Roman Jakobson zurückführen...

Claude Lévi-Strauss: Nein, die Anfänge der Anthropologie sicher nicht, da die Anthropologie, wie die Linguistik, ebenfalls ein bis eineinhalb Jahrhunderte hinter sich hat. Was mich betrifft, so ist es sicher die Begegnung mit Roman Jakobson in Amerika 1941 bis 1942, die mich zunächst entdecken ließ, was Linguistik ist, später erschloß er mir die strukturale Linguistik.

Diese hat als erste in der Ordnung der menschlichen Phänomene die Fruchtbarkeit und Wirksamkeit der explikativen Modelle aufgezeigt, jener Modelle, die als Begriffe und fundamentalste erklärende Prinzipien gelten können, die wir zur Verfügung haben und die darin bestehen, im Ganzen ein erklärendes Prinzip zu sehen, das keines der Teile von diesem Ganzen aus sich allein aufstellen könnte.

Hier liegt der Ursprung des Begriffes *Struktur*, der sich teilweise in der Linguistik findet, aber ich möchte die Biologie nicht vergessen, da sie in Begriffen formuliert wurde, die jenen sehr nahe sind, die die Anthropologen heute für das Studium der menschlichen Gesellschaften verwenden können.

Michel Tréguer: Herr L'Héritier, wie sieht ein Genetiker das Problem der Sprache?

Philippe L'Héritier: Ja, im großen und ganzen denke ich, daß dieses System der Übertragung von Informationen, die dem Menschen dank der Sprache möglich sind, in die Welt der Biologie tatsächlich eine neue Art der Vererbung eingeführt hat, die man soziale Vererbung oder *verbale* Vererbung nennen kann. Und diese neue Form der Vererbung folgt, was die Evolution betrifft, nicht mehr denselben Regeln wie vorher. Wir denken zum Beispiel, daß die treibende Kraft der Evolution im wesentlichen die natürliche Selektion ist, und daß es keine Vererbung des Erworbenen (Erlernten) gebe; es gibt nur diese Wahl für die natürliche Selektion der verschiedenen genetischen Kombinationen, die insbesondere dank des geschlechtlichen Prozesses aufs Geratewohl wieder Kombinationen hervorbringen. Auf dem Gebiet der verbalen Vererbung hingegen, ist das Erworbene natürlich vererblich, und das Spiel der Selektion findet nicht mehr auf der Ebene des Individuums statt, sondern vielleicht auf der Ebene der

Gruppe. Die Gruppe, das heißt letzten Endes der Prototypus der *Zivilisation*, wird zur Einheit der Selektion; das hat wahrscheinlich im Laufe der menschlichen Entwicklung eine Rolle gespielt. Die Frage, die sich also ein Biologe stellt, ist folgende: Existiert die verbale Vererbung nur bei dem Menschen? Ist sie nicht auch irgendwie beim Tier aufgetaucht?
Ich glaube, daß es tatsächlich so ist. Man kann natürlich nicht mehr von verbaler Vererbung sprechen; wir haben ja gerade gesagt, daß das Tier keine Sprache hat; es gibt aber trotzdem eine soziale Vererbung bei gewissen Tierarten, die sich durch Nachahmung von einer Generation auf die andere überträgt. Die Laute der Vögel zum Beispiel sind nicht nur durch ihr elterliches Erbteil, durch ihre Genetik bestimmt, die jungen Vögel erlernen die Sprache der Eltern. Man hat sogar bewiesen, daß sie lernen, wenn sie noch in der Eierschale sind und ausgebrütet werden. Sie hören den Vater oder den Nachbarn des Vaters singen und lernen so die Sprache ihrer Art. Übrigens gibt es Verhaltensweisen – zum Beispiel den Fallen des Menschen auszuweichen –, die auch von den Tieren erworben werden; es bestehen also Anfänge einer sozialen Vererbung beim Tier, aber sie tritt doch im Vergleich zum Menschen in den Hintergrund. Ich glaube wirklich, daß die Sprache und die verbale Vererbung mit den neuen Regeln es sind, die den Menschen geschaffen haben.
Roman Jakobson: Es ist umgekehrt! Es ist der Mensch, der die verbale Vererbung geschaffen hat!
Philippe L'Héritier: Das heißt, in einem bestimmten Augenblick der Entwicklung ist die biologische Vererbung auf einer Stufe der Komplexität angekommen, die zur Einführung dieser verbalen Vererbung, die die Entwicklung nach den neuen Regeln veranlaßt hat, ausreicht.
François Jacob: Aber es hat schon die Menschheit gegeben, es hat damals schon menschliche Wesen gegeben und...
Philippe L'Héritier: Aber sie sind erst zu Menschen geworden, als sie anfingen zu sprechen.
François Jacob: Das ist etwa wie das Ei und die Henne.
Philippe L'Héritier: Ja, natürlich. Das ist das Problem der unter Sequester Gestellten: Man hat einige Versuche gemacht – auf diesem Gebiet dürften die Anthropologen kom-

petenter sein als ich –, aber stellen wir uns ein wildes Kind vor, ein menschliches Wesen, das ohne jeglichen menschlichen Kontakt aufgewachsen ist: Wie sieht seine seelische Struktur aus?
Claude Lévi-Strauss: Ja, hier treffen wir auf eine große Schwierigkeit; man hat in Indien vor kurzer Zeit – aber es gibt auch berühmte historische Beispiele – Wolfskinder oder wilde Kinder gefunden, aber man weiß nie, ob der Zustand, in dem man sie findet, von der Aussetzung stammt, in der man sie zurückgelassen hat, oder ob sie ausgesetzt worden sind, weil sie irgendwelche Defekte hatten; das kompliziert die Schlußfolgerungen natürlich sehr.
Philippe L'Héritier: Das ist ein Experiment ohne Zeugen.
Roman Jakobson: Ich denke, daß man hier eine wichtige Beobachtung gemacht hat: Wenn diese Kinder in die menschliche Gesellschaft zurückkehren, können sie die Sprache erlernen und tatsächlich menschliche Wesen werden, aber nur unter der Bedingung, daß diese Rückkehr bis zum Alter von sieben Jahren eintritt; nach dieser Zeit ist man nicht mehr fähig, die erste Sprache zu erlernen. Ich glaube, daß man es hier trotz allem mit menschlichen Wesen zu tun hat, die schon alle biologischen Voraussetzungen haben, um sprechende Subjekte zu werden; deshalb habe ich gesagt: Es ist der Mensch, der alle Vorbedingungen durch die Struktur seines Gehirns erfüllt usw., und der die Sprache erfindet.
[...]
Michel Tréguer: François Jacob, da wir auf allen Ebenen der Organisation auf den Stoff der Phänomene der Kommunikation treffen, ist es wahrscheinlich, daß wir auf Analogien der Methode und der Begriffe stoßen, selbst auf jenen verschiedenen Ebenen, die sich vielleicht als Analogien des Vokabulars bezeichnen lassen, aber gibt es einen Reflex von einer Ebene in der anderen, gibt es eine wirkliche Verbindung in der Art, wie die Mechanismen funktionieren?
François Jacob: Ich denke, das ist die große Frage. Und besonders verblüffend ist die Tatsache, daß die einfachste Art, etwas Kompliziertes entstehen zu lassen, darin besteht, das Einfache zu kombinieren. Und ich glaube, daß es besonders verblüffend ist, zu entdecken, daß die genetische Infor-

mation durch die Aneinanderreihung und der Folge der vier Einheiten besteht, und daß die Sprache in gleicher Weise durch die Organisation, die Kombination, die Permutation und die Folge einer sehr geringen Anzahl von Einheiten entsteht. Das Problem der Terminologie ist nun aber ein schwieriges Problem; denn während zum Beispiel ein Biologe oder ein Physiker von Struktur spricht, so hat dieser Begriff nicht dieselbe Bedeutung, wie er von den Geisteswissenschaften verstanden wird. Struktur ist für den Physiker, den Chemiker und den Biologen im wesentlichen eine räumliche Anordnung der Atome in drei Dimensionen. Nun, was das Problem der Sprache betrifft, so waren wir Molekulargenetiker äußerst verblüfft über die Ähnlichkeit, die auf dem Gebiete der genetischen und sprachlichen Kombinationen besteht; aber ich würde es vorziehen, dem Linguisten die Autorisation zu überlassen, daß er uns die Erlaubnis erteilt, eine Sprache zu sprechen oder eine bestimmte Anzahl von Begriffen zu verwenden, die von ihm stammen.
Michel Tréguer: Herr Jakobson, sind Sie damit einverstanden, daß eine Analogie der Funktion etwa zwischen menschlicher Sprache und dem genetischen Code besteht?
Roman Jakobson: Absolut. Als ich das erstemal auf die linguistische Terminologie in der Literatur der Biologen gestoßen bin, habe ich mir gesagt: Man muß prüfen, ob dies nur eine Art und Weise zu sprechen, ein metaphorischer Gebrauch ist, oder ob hier eine tiefere Ursache vorliegt. Ich muß sagen, daß die Biologen vom linguistischen Standpunkt vollkommen legitim gehandelt haben und daß man sogar noch weiter gehen kann. Welche Gemeinsamkeiten gibt es zwischen dem System der Molekulargenetik und dem System der Linguistik?
Erstens – und das ist vielleicht das Außergewöhnlichste und Wichtigste daran – ist es derselbe Aufbau, sind es dieselben Prinzipien der Konstruktion, ein ganz und gar hierarchisches Prinzip.
Die Linguisten haben seit langer Zeit diese Hierarchie erkannt. Es gibt Untereinheiten, wie auch die Genetiker sagen, und diese Untereinheiten an sich funktionieren nicht aus sich selbst heraus, sie spielen keine autonome Rolle. Von diesen

Untereinheiten gibt es ein Alphabet – wie wieder die Genetiker sagen – und ihre diversen Kombinationen werden schon wieder für viel autonomere Einheiten angewandt, die ihre eigenen Funktionen haben; das sind zunächst sehr klare Einheiten, klar vom Standpunkt des gesamten Aufbaus des Systems, das sind, wie verschiedene amerikanische Genetiker sagen, die Wörter des Codes, und diese Wörter des Codes – das ist interessant – verwenden die diversen Kombinationen jener vier Einheiten und jener Untereinheiten, die im Alphabet verzeichnet sind; diese diversen Kombinationen, die in ihrer Anordnung und Komposition verschieden sind, spielen eine ausgleichende Rolle.

Diese Einheiten haben Kompositionsgesetze, man nennt sie *Tripletts*. Nun, es ist sehr sonderbar, daß es nicht wenige Sprachen gibt, in denen die Wurzel gerade ein *Triplett* ist. Sie wissen, daß es Gesetze der Struktur der indoeuropäischen und semitischen Wurzeln gibt, die diesem Typus sehr ähnlich sind. Und dann gibt es noch bedeutend höherere Kombinationen, die tatsächlich schon wichtigere und wesentlichere Organisationen schaffen; das gilt sowohl für die Sprache als auch für die Biologie. Wir haben zunächst von der phonologischen Ebene, der Ebene der distinktiven Elemente und ihrer Kombinationen und dann von der Ebene der Wörter gesprochen; dazu kommt noch die syntaktische Ebene. Nun, auf dieser syntaktischen Ebene gibt es verschiedene linguistische Regeln, die es uns gestatten, die längsten Einheiten in untergeordnete Einheiten zu zerlegen. In der Schrift verwendet man die verschiedenen Interpunktionszeichen, zum Beispiel die Beistriche. Es ist aber interessant, daß gerade der Genetiker hier von Interpunktion spricht und aufzeigt, daß es da dasselbe Phänomen von Anfangs- und Endsignalen gibt. Das entspricht vollkommen dem, was Trubetzkoy in der Linguistik *Grenzsignale* genannt hat.

Es ist aber überraschend, daß wir Linguisten bis jetzt die Gewohnheit gehabt haben, in unseren Vorlesungen zu sagen, daß es kein anderes Beispiel einer solchen Hierarchie dieser leeren Elemente gebe, die dann in ihren Kombinationen einen großen Reichtum von Ausdrucksmöglichkeiten schaffen. Hier haben wir die naheliegendste Analogie. Und welche sind

nun die wesentlichsten Resultate: Eine geschlossene Anzahl dieser verschiedenen Stufen chiffrierter Elemente ermöglicht es, Aussagen von großer Länge und der erstaunlichsten Variabilität zu erhalten. Dasselbe haben wir in der Genetik, in der es nicht zwei Personen gibt, die ganz und gar übereinstimmen, und dasselbe finden wir in den Fragen des Diskurses.
Michel Tréguer: Keine zwei Sätze, die sich vollkommen gleichen.
Roman Jakobson: Auf der Ebene der Sätze kann man noch Ähnlichkeiten finden, aber im Diskurs und in der Rede als Gesamtheit hat man die Möglichkeit... hier kann man nichts voraussagen, hier gibt es eine Variabilität ohne Grenzen.
Aber es gibt noch eine Funktion der Sprache, die Funktion vom Standpunkt der zeitlichen Achse, das heißt die Sprache als *legacy,* wie es englisch heißt, eine Sprache als Vererbung, als Testament, als Instruktion, die aus der Vergangenheit kommt und in die Zukunft geht. Aber hier liegt, wie schon Philippe L'Héritier gesagt hat, die große Bedeutung dieser verbalen Vererbung, und da denke ich, daß zwischen der molekularen und der verbalen Vererbung eine verblüffende Analogie besteht. Und es ist tatsächlich so. Wir kennen die Rolle der Kultur, die Rolle des Erlernens bei den Tieren, zum Beispiel bei den Vögeln usw., aber hier ist die Hierarchie so angeordnet, daß die molekulare Vererbung an erster Stelle steht, das Erlernen aber sekundär ist, da sogar bei Versuchen, die man mit Singvögeln gemacht hat, das Erlernen vom Ei her sehr begrenzt war usw.; und dennoch sangen sie.
Philippe L'Héritier: Ja, sie erlernen nur sehr wenig im Vergleich zur biologischen Vererbung.
Roman Jakobson: Sie sangen, und die Nachtigallen sangen wie Nachtigallen, aber nicht so gut, denn auch die Nachtigallen brauchen einen guten Lehrer. Die Kinder können hingegen, in diesem Fall, nicht sprechen. Und noch etwas anderes kommt hinzu: Die Nachtigall wird immer wie eine Nachtigall und nicht wie ein Hahn singen, selbst wenn sie unter Hühnern aufgezogen wird! Dagegen spricht ein norwegisches Kind, das nach Südafrika gebracht wird, die Sprache der Bantus wie ein richtiger Bantu.

Claude Lévi-Strauss: Ich glaube, daß es Vogeldialekte gibt, und daß, je nach der Region, aus der sie kommen, Vögel derselben Art nicht dieselbe Sprache sprechen. Ich glaube, daß es sehr sonderbare Versuche auf Flughäfen gegeben hat, von denen man Raben verscheuchen wollte, indem man Warnrufe aufnahm, die sich aber nicht als jene dieser Raben erwiesen und daher auch keine Wirkung erzielten. Ja, es gibt lokale Sprachen.
Roman Jakobson: Aber trotzdem geben Sie zu, daß die Differenz minimal ist...
Claude Lévi-Strauss: Ja, natürlich.
Roman Jakobson: Es gibt eine Differenz der Hierarchie.
Philippe L'Héritier: Das Erlernen beim Tier bringt sehr wenig in bezug auf die Genetik. Beim Menschen ist das anders.
Roman Jakobson: Trotzdem ist jetzt sicher, daß es sozusagen keinen eisernen Vorhang mehr zwischen Kultur und Natur geben kann. Für das Tier hat die Kultur, für den Menschen die Natur eine Rolle zu spielen. Und die Sprache ist gerade ein Phänomen, das auf die biologische Natur und die Kultur übergreift. Nun, ich denke, daß das, was man besitzt, was bei den sprachlichen Phänomenen angeboren ist, zunächst in der Fähigkeit besteht, eine Sprache zu erlernen; denn nur die Menschen können eine Sprache erlernen. Außerdem ist alles, was angeboren oder molekulare Vererbung ist, an ein architektonisches Prinzip gebunden, das man in der Sprache wiederfindet. Jede Sprache hat dieselbe Hierarchie der Einheiten und der Werte. Ich glaube, daß meine Vermutung nicht zu kühn ist, daß diese Struktur, diese Ähnlichkeit der Struktur von Molekülen und Sprache, der Tatsache zuzuschreiben ist, daß die Sprache in ihrem Aufbau den Prinzipien der Molekulargenetik nachgebildet wurde, denn diese Struktur der Sprache ist auch ein biologisches Phänomen.
François Jacob: Nein; sicher ist sie ein biologisches Phänomen; aber ist das nicht etwa die einzige Art und Weise, mit etwas Einfachem etwas Kompliziertes zu machen? Letzten Endes haben wir kein anderes Mittel, eine große Zahl von Informationen zu übertragen, als eine kleine Zahl von Sym-

bolen zu nehmen und sie in verschiedener Weise zu kombinieren.

Michel Tréguer: Herr Jakobson, ich glaube also nach Ihren Ausführungen zusammenfassend sagen zu können, daß Sie Analogien von Struktur und Organisation der Sprachfunktion und des genetischen Codes gefunden haben; diese Analogien sind verblüffend, angefangen vom Detail und der Organisation der Basis bis hin zu den größten Einheiten, den Interpunktionen usw., und Sie gehen so weit, zu behaupten, daß diese Analogien wahrscheinlich der Tatsache zuzuschreiben sind, daß die Strukturen der Sprache auf den Strukturen der Biologie basieren. François Jacob, wie stellt sich ein Biologe zu dieser Hypothese?

François Jacob: Tatsächlich ist die Anordnung der Hierarchien außerordentlich bemerkenswert; aber das Problem, vor dem wir stehen, besteht in der Frage, ob letztlich die beste Art, etwas Kompliziertes zu machen, nicht bloß durch eine Kombination von einfachen Elementen glücken könnte. Tatsächlich findet man diesen Vorgang auf allen Ebenen der Natur, da die Physiker mit Erstaunen am Beginn dieses Jahrhunderts entdeckt haben, daß das Atom, das bisher als unteilbar galt, selbst etwas Zusammengesetztes ist, und daß alle verschiedenen Atome der Tabelle von Mendeleev auch Zusammensetzungen von einfachen Einheiten sind, und daß die Moleküle aus einer kleinen Zahl von Atomen zusammengesetzt sind; letzten Endes war es wirklich eine außerordentliche Entdeckung in der Genetik, daß man feststellte, daß die Gene, die man seit Beginn dieses Jahrhunderts kannte, und die man sich als auf eine Perlenkette aufgefädelte Einheiten vorstellte, keine vollkommen voneinander verschiedene Struktur in der Art von Ideogrammen sind. Man glaubte lange Zeit, daß die Gene Ideogramme seien, und nicht nur geschriebene Sätze mit einer sehr einfachen Zusammensetzung.

Letzten Endes stimme ich mit Ihnen überein. Es gibt hierarchische Ebenen, die außerordentlich verblüffend sind durch die Ähnlichkeit zwischen der Sprache und dem genetischen Informationscode in den Nukleinsäuren, aber ich frage mich, ob das nicht etwa die einzige Art und Weise ist, diese

Verschiedenartigkeit und Mannigfaltigkeit hervorzubringen, der wir in den Organismen begegnen – hier allerdings mit sehr einfachen Mitteln.

Claude Lévi-Strauss: Erlauben Sie mir einzuwenden, daß das eigentliche Problem nicht hier liegt. Es handelt sich nicht nur darum, mit etwas sehr Einfachem etwas Kompliziertes zu machen (wie das sich aus der Tabelle der periodischen Elemente von Mendeleev ergibt, auf die Sie angespielt haben). Die profunde Analogie zwischen der Zellulargenetik und der Sprache besteht darin, daß die Kombination von Elementen, die ohne Bedeutung und einfach sind, nicht nur etwas Komplizierteres, sondern noch etwas anderes ergibt, was als Träger einer bestimmten Bedeutung bezeichnet werden kann. Und ich glaube, daß es dem Gebiet der Bedeutung zuzuschreiben ist, daß es Analogie gibt, und daß es für uns unbedingt notwendig ist, diesen Begriff der Bedeutung intervenieren zu lassen, um die Analogie einwandfrei zu definieren.

François Jacob: Ja, das gilt für die Ebene der Moleküle. Das heißt, daß die Bedeutungen und die Bedeutung des Salzmoleküls ganz verschieden von der Bedeutung des Chlor- oder Sodiummoleküls sind.

Claude Lévi-Strauss: Aber Bedeutung ist hier nicht in gleicher Weise angewandt, da es sich hier um die Bedeutung für uns handelt, während es im ersten Fall um die Bedeutung der Moleküle ging.

Philippe L'Héritier: Dazu möchte ich noch sagen, daß die menschliche Sprache eine symbolische Sprache ist, die einen Gesprächspartner voraussetzt; ebenso setzt sie ein Gehirn voraus, um diesen verstehen zu können; in der genetischen Sprache hingegen haben wir es immer nur mit Übertragungen von Informationen zwischen Molekülen zu tun. Welchen Sinn hat letzten Endes die *Bedeutung?* Eine bestimmte Struktur wird von Untereinheiten gebildet, die ihrerseits die lineare Folge entstehen lassen; gemäß den Gesetzen der Thermodynamik nimmt diese lineare Folge eine bestimmte räumliche Gestalt an, die übrigens sehr komplex ist; sie wird zu einer räumlichen Einheit mit neuen und charakteristischen Besonderheiten. Dasselbe Phänomen zeigt sich übrigens auf der

Ebene von jedem individuellen Organismus. Am Anfang jedes individuellen Organismus finden wir diesen genetischen Code, der durch Untereinheiten gebildet wird, von denen keine eine eigene Bedeutung hat; durch die komplexen Phänomene, die komplexen Mechanismen der embryonalen Entwicklung und der Differenzierung entsteht ein Organismus, den wir tatsächlich als eine Art Einheit auffassen. Was versteht man darunter, daß dieser Organismus eine Bedeutung hat? Ich möchte, daß unsere Gesprächspartner aus den Geisteswissenschaften uns dieses Wort *Bedeutung* definieren. Dieser Begriff bezeichnet letzten Endes nicht einen menschlichen Empfänger?

Claude Lévi-Strauss: Ja, es ist sonderbar, daß wir mit Leichtigkeit alle Wörter der Sprache definieren und sagen können, was sie bedeuten, und es ist sonderbar, daß das Wort *Bedeutung* jenes ist, dessen Bedeutung wir am wenigsten erfassen. Aber ich glaube, wenn wir diesen Begriff zu erklären suchen, dann heißt schließlich *bedeuten* soviel wie *übertragen;* das ist die Annahme einer Homologie der Struktur zwischen einem Code *A* und einem Code *B*. Und das spielt sich meiner Meinung nach in den biologischen Phänomenen ab, die Sie untersuchen.

François Jacob: Um so mehr, als ein außerordentlich komplexes System auf genetischer Ebene besteht, das 200 Moleküle intervenieren läßt, um die Sprache der Nukleine in die Sprache der Proteine zu übertragen.

Roman Jakobson: Ich glaube, daß hier die Beziehung sehr ähnlich ist, trotz der Differenzen und trotz der Tatsache, daß die Frage des Empfängers zum Beispiel für die Linguistik und die Molekularmechanik ganz verschieden ist; aber es ist verblüffend, daß es eine große Zahl von Phänomenen des sozialen Lebens und der Kultur gibt, bei denen wir eine enorme Vielfalt bemerken, eine noch größere Vielfalt als in der Sprache; aber auf keinem dieser Gebiete stoßen Sie auf jene Untereinheiten, die keinen autonomen Wert haben und nur konstruktiven Prinzipien dienen.

Michel Tréguer: Sagen Sie damit, daß die Natur in allen komplizierten Phänomenen diesen Mechanismus nicht wiedergefunden hat?

Roman Jakobson: Und ich glaube nicht, daß es so erstaunlich ist, daß die Sprache sich über die Molekularstruktur gebildet hat; denn es ist klar, daß im Grunde die Sprache, die Fähigkeit, die Sprache zu verstehen, die Sprache zu erlernen, sie anzuwenden usw., alles biologische Tatsachen sind. Es gibt noch ein Phänomen, das die Sprache von allen kulturellen Phänomenen unterscheidet, und die aus ihr die Prämisse für die Kultur macht: Es ist die Tatsache, daß man alle Gesetze der phonologischen und grammatikalischen Struktur im Alter von zwei bis drei Jahren lernt.

François Jacob: Ja, nur ist das biologische Fundament für diese Fähigkeit im wesentlichen das Nervensystem, das heißt die Anordnung und Mechanik der Neuronen und nicht der genetische Code.

Roman Jakobson: Glauben Sie nicht, daß dieses Prinzip immer agieren und existieren kann, da die Sprache als Werkzeug der Vererbung besteht – denn sie ermöglicht die einzige und echte Vererbung neben der molekularen Vererbung (vielleicht verwende ich zu anthropomorphe Begriffe) – und sie ist es gerade, die dieses Modell eines anderen Typus von Vererbung anwendet.

Philippe L'Héritier: Ich möchte sagen, daß die beiden Mechanismen zur Übertragung der Information ein *unilineares System* anwenden, ein *sequentielles* System und Arrangement.

Roman Jakobson: Und ein hierarchisches natürlich.

Philippe L'Héritier: Ich sagte bereits, daß der Organismus – ausgehend von dieser Art chiffrierter Information, die er zu Beginn seiner Existenz empfängt – eine Struktur baut, die nicht linear ist, die eigentlich eine Art Ideogramm darstellt; ein spezifisches Ideogramm, denn letzten Endes ist jeder Organismus, sei er ein Mensch, eine Spinne oder eine *Boa constrictor,* spezifisch, und wir können ihn als Individuum erkennen und wir fassen ihn als eine Einheit auf.

Roman Jakobson: Genau dasselbe wie in der Linguistik.

Michel Tréguer: Und selbst ein Ideogramm ist eine Struktur...

Philippe L'Héritier: ... dieses ist etwa in derselben Art gebaut wie die sozialen Strukturen, die Sie vorhin erwähnt haben; sie sind nicht linear, können aber mit Hilfe dieses linearen Code übertragen werden.

Claude Lévi-Strauss: Entschuldigen Sie, wenn ich mir die Dinge viel teleologischer vorstelle. Ich würde sagen: Alles spielt sich ab, als ob die Natur Instrumente, begrenzte Werkzeuge zur Verfügung habe, und nachdem sie sich dieser bedient hatte, um Lebewesen hervorzubringen, und nachdem sie viele andere ausgeschöpft hatte, um sie zu realisieren, war sie gleichsam verpflichtet – wie auf der Tabelle von Mendeleev – zu ihrem Ausgangspunkt zurückzukehren und eine schon am Beginn der Zeiten verwendete Lösung wiederaufzunehmen, um etwas anderes hervorzubringen, was das Auftreten des Menschen, und zwar des sprechenden Menschen war.

Michel Tréguer: Herr Lévi-Strauss, ich möchte auf Ihre Worte zurückkommen und Sie fragen, ob man das Spiel derselben Mechanismen und derselben Notwendigkeiten, um ein System der Übertragung von Information auf anderer Ebene zu bilden als der der Sprache, zum Beispiel in den Gemeinschaften wiederfindet.

Claude Lévi-Strauss: Immer mehr kommen uns die sozialen Phänomene und die menschlichen Gemeinschaften wie große Kommunikationsmaschinen vor. Sei es, daß es sich um die Kommunikation der Frauen von einer sozialen Gruppe zur andern durch Prohibitionen und eheliche Vorrechte oder um die Kommunikation von Gütern und Dienstleistungen auf dem Gebiet der Wirtschaft oder um die Übertragung von Meldungen in der Sprache und viele andere Vorgänge mehr handelt, die die Intervention der Sprache voraussetzen, was ihr eine Vormachtstellung, nicht nur vom logischen, sondern auch vom objektiven Standpunkt einräumt – jedenfalls sind wir immer mehr daran interessiert, alle sozialen Phänomene als Phänomene der Kommunikation anzusehen. Aber ich möchte noch weiter gehen und sagen, daß die menschlichen Gesellschaften in einem gewissen Sinn, und ohne es zu wissen, miteinander dialogisieren; jede drückt auf ihre Art und in einer Sprache, die ihr eigen ist, durch die Wahl, die sie unter all den Möglichkeiten ihrer Anschauungen, ihrer Sitten und Institutionen getroffen hat, das aus, was eine andere

Gesellschaft auf einer anderen Ebene und mit anderen Mitteln ausdrückt; so ist es schließlich die Gesamtheit des menschlichen Daseins seit den geheimsten biologischen Anfängen bis zu den massivsten und ostentativsten Äußerungen, die uns die Kommunikation sichtbar werden läßt.

François Jacob: Ich glaube, man kann sogar hinzufügen, daß alles, wonach die moderne Technik und die Gesellschaft, der wir angehören und die seit etwa 2000 Jahren eine ungeheure Entwicklung durchgemacht hat, tendieren, die Mittel der Kommunikation in großem Maße anwachsen läßt. Und das ist vielleicht einer der Faktoren für die Entwicklung dieser Gemeinschaft, so wie wir sie heute sehen.

Claude Lévi-Strauss: Es sind erst zwanzig bis dreißig Jahre vergangen, seit wir Geisteswissenschaftler außerordentlich mißtrauisch jeglicher Verwendung von natürlichen Modellen zur Erklärung kultureller Phänomene gegenüberstanden, aber das kommt daher, daß – und ohne Zweifel war das damals unser Fehler – der Nutzen, den wir aus der Lehre der Biologie zu ziehen wußten, extrem mechanisch und empirisch war. Dagegen haben uns die jetzigen Entdeckungen gelehrt, daß es sozusagen viel mehr Kultur in der Natur gibt, als wir annehmen oder genauer, daß einige Modelle, deren wir uns gewöhnlich bedienten, und von denen wir glaubten, daß sie allein auf die Phänomene der Kultur beschränkt seien, auch einen operativen Wert auf dem Gebiet der Phänomene der Natur besitzen. Nur finden wir diese Modelle nicht unmittelbar auf einer niedrigeren Stufe bei den höchstentwickelten Tieren, sagen wir bei den höheren Affen. Wir entdecken immer wieder, daß wir zum Verständnis dieses menschlichen Phänomens das naheliegendste Modell in den Gemeinschaften der Insekten finden; um ein ähnliches Phänomen zu verstehen, fände man das nächste Modell bei den Vögeln; ein drittes fände man bei den höheren Säugetieren. Es ist etwa so, als habe die Originalität der Kultur nicht nur eine weitere Sprosse zu einer langen Leiter hinzuzufügen, die von den niedrigsten Lebensformen bis zu den kompliziertesten reicht, sondern als habe sie eine Art synthetischer Reprise von Lösungen zu sein, die von der Natur hie und da, fragmentarisch und verstreut, auf verschiedenen Stufen des Tierlebens, vielleicht sogar des pflanzlichen oder selbst des menschlichen Lebens, entworfen wurden – nicht aus freien Stücken natürlich, sondern in ihrer unbewußten Entwicklung – und als habe nun die Originalität der Kultur eine bestimmte Zahl von Lösungen, die auf der Leiter der Natur schon angefangen waren, wiederaufzunehmen, um sie zu einer originalen Kombination zu entwickeln.

Philippe L'Héritier: In den menschlichen Verhaltensweisen und in den Strukturen der menschlichen Gemeinschaften Dinge zu entdecken, die man hier und da im Leben des Tieres wiederfindet, ist nichts anderes als ein Beweis dafür, wofür die Paläontologie den Ausdruck *Phänomene der Konvergenz* geprägt hat. Zusammenfassend können wir sagen: Es hat im Lauf der Entwicklung eine Art *Kraftaufwand* von seiten des Lebens gegeben, um alle möglichen Lösungen und jede Art und Weise anzunehmen, die das Überleben eines Organismus garantieren; und immer wieder hat man dieselben Lösungen gefunden, aber sie sind auf verschiedenen Wegen wiedergefunden worden. Das ergibt weder etwas absolut Ähnliches noch etwas absolut Identisches, sondern etwas Analoges. Das beste und klassische Beispiel finden wir im Vergleich zwischen Haien und Walen. Die Wale sind Arten von falschen Fischen, die zur Zeit wie die Haie leben; sie sind aber keine Haie geworden, und dennoch haben sie gewisse Verhaltensregeln, Gewohnheiten und Lebensweisen der Haifische angenommen. Deshalb ist es meiner Meinung nach gar nicht so außergewöhnlich, daß man beim Menschen in gleicher Weise Lösungen aufgreift, die in ganz verschiedener Weise und im Lauf einer verschiedenen Entwicklung beim Tier gefunden wurden. Ich glaube, daß Herr Lévi-Strauss sich zum Beispiel für die Phänomene der Exogamie und die Tendenzen beim Menschen interessiert, die Ehegatten anderswo zu suchen als in einer Gruppe und für jene Art des Austausches von Frauen, auf den er angespielt hat.

Claude Lévi-Strauss: Aber ich sehe hier keine Tendenz, sondern eine soziale Notwendigkeit.

Philippe L'Héritier: Es gibt Verhaltensweisen beim Tier, die dieselben Resultate bringen und dies bei den verschiedensten Tieren. Tatsächlich stehen wir hier vor einer biologischen

Notwendigkeit. Wenn die Fortpflanzung mit den Geschlechtsorganen nur immer zwischen nahe verwandten Partnern vor sich geht, so könnten wir von der Negation dieser Fortpflanzung sprechen; sie muß mit einem Chaos enden.
Michel Tréguer: Herr Jakobson, welche erkenntnistheoretischen und methodologischen Überlegungen lassen jene Konvergenzen und Annäherungen der Disziplinen in Ihnen aufkommen, die eigentlich bis jetzt ebenso voneinander getrennt waren wie die Disziplinen der exakten oder der Geisteswissenschaften?
Roman Jakobson: Ich glaube, daß die Beziehungen zwischen den verschiedenen Disziplinen immer enger werden; und ich glaube, daß sich schon ein bestimmtes und vollkommen logisches System dieser Beziehungen vermuten läßt. Es gab eine Epoche des Isolationismus, in der sich jede Wissenschaft lieber mit ihrem eigenen Gebiet beschäftigte. Das war vielleicht gut für eine bestimmte Epoche, aber jetzt muß man sich dafür interessieren, was sich beim Nachbarn ereignet: Betrachten wir die Wissenschaft vom Leben, die Biologie; in dieser Wissenschaft spielen Kommunikationen eine ebenso große Rolle wie die Antizipation (das Vorausgreifen), die Bewegung der Vergangenheit gegen die Zukunft usw., alles Phänomene, die wir in den Geisteswissenschaften wiederfinden. Wo liegt nun der Unterschied, die Grenze zwischen der Biologie und den Geisteswissenschaften bzw. den Sozialwissenschaften? Der Unterschied besteht darin, daß die Biologie sich auch mit einer Welt zu beschäftigen hat, die keine Sprache besitzt, und darin, daß die Gabe der Sprache sowohl für den Biologen als auch für den Anthropologen ein sehr wichtiges und wesentliches Phänomen darstellt. Aber es sind Meldungen verschiedener Art und verschiedenen Niveaus, mit denen sich die Biologie zu befassen hat. Molekulare Meldungen, zweitens Meldungen, die verschiedene Systeme der Kommunikation bei den Tieren repräsentieren, und nicht zuletzt die Intervention der Sprache, die in ihrem Fundament ein biologisches Phänomen darstellt, das eng mit den anderen Phänomenen verbunden ist; mit dem Problem der molekularen Kommunikation der Tiere und sogar der Pflanzen. Die

Sprache aber bringt ein neues Phänomen – das Phänomen des Schöpferischen. Nur wenn man die Sprache besitzt, kann man von Dingen, die in Zeit und Raum zurückliegen, und sogar über Fiktionen, nicht existierende Phänomene sprechen. Nur durch sie entstehen Begriffe, die Allgemeingültigkeit haben, nur durch sie ergibt sich die Möglichkeit des wissenschaftlichen und dichterischen Schaffens.
Betrachten wir nun die Linguistik, die sehr eng mit der Biologie verbunden ist; sie ist ebenfalls eine Wissenschaft der Kommunikation, und zwar eine Wissenschaft der Kommunikation von verbalen Meldungen. Aber diese verbalen Meldungen sind nicht die einzigen menschlichen Meldungen, es gibt andere Arten von Zeichensystemen, andere Arten von Symbolsystemen, andere Mittel der Kommunikation von Meldungen im allgemeinen. Es gibt die Wissenschaft, von der Ferdinand de Saussure und in Amerika Charles Peirce geträumt haben, die Semiotik oder Semiologie, deren charakteristisches Merkmal ist, daß jedes andere Zeichensystem, das vom Menschen angewandt wird, die Existenz der Sprache miteinschließt, daß die Sprache in der Semiotik das zentrale Phänomen ist, zwar nicht das einzige, aber eben das zentrale und fundamentale.
Und nun folgt der dritte konzentrische Kreis. Nach der Linguistik und der Semiotik betrachten wir die integrale Anthropologie, so wie sie zum Beispiel Lévi-Strauss sieht; sie ist ebenfalls eine Wissenschaft der Kommunikation, aber nicht nur der Kommunikation von Meldungen, sondern auch der Kommunikation von Frauen, Gütern und Dienstleistungen; und neuerdings ist charakteristisch, daß alle Wege, alle Prozesse der Kommunikation notwendigerweise die Existenz der Kommunikation von Meldungen, die Existenz der Sprache miteinschließen. Dazu kommt, daß sie alle in die Sprache übertragbar sind; die Konkomitanz der Sprache spielt eine große Rolle auf allen Gebieten.
Claude Lévi-Strauss: Wenn ich Sie hier unterbrechen darf, würde ich sagen, daß die Sprache eine doppelte Rolle spielt: Sie ist Instrument und Modell zugleich, da nichts ohne die Sprache unternommen werden kann und alle Kommunikationssysteme gewissermaßen Kopien der Sprache sind.

Roman Jakobson: Instrument, Modell und Metasprache. Das gibt uns die Möglichkeit der Kontrolle über alle anderen Verfahren. Ich glaube, daß dies zunächst zu einer sehr engen Beziehung zwischen der Biologie und den sogenannten Geisteswissenschaften führt.

Wenn ich die neuen Arbeiten der Biologie lese und mit den Vertretern dieser Wissenschaft diskutiere, kommt mir noch etwas sehr wichtig vor: in den von den Kulturwissenschaften konstruierten Modellen in der Linguistik, in der Biologie, überall tritt ein Problem immer mehr in den Vordergrund, das man, wenn Sie so wollen, Teleonomie nennen kann – um die wissenschaftliche Teleonomie von der wissenschaftlichen Teleologie, in gleicher Weise wie die Astronomie von der Astrologie zu trennen. Während der ganzen Zeit, angefangen von den ersten Bewegungen, von den elementarsten Phänomenen, erkennt man, daß, wenn es das Leben gibt, es auch ein Ziel und eine Orientierung auf dieses Ziel hin gibt; das ist in einem bedeutenden Buch sehr gut formuliert worden, das ich hier erwähnen möchte. Es ist ein Buch, das auf die Linguisten großen Einfluß hatte und das von dem kürzlich verstorbenen großen Moskauer Physiologen Nikolaj Bernštejn stammt. Gerade er identifiziert das Leben und die Orientierung auf ein Ziel hin, die Vorwegnahme der Zukunft. Von diesem Standpunkt aus gesehen kommt er dem Kybernetiker Norbert Wiener sehr nahe, der keinen geringen Einfluß auf die amerikanischen Biologen ausübte.

Michel Tréguer: Sie sprechen vom Ziel, aber was kann man tun, um eine Verwechslung mit dem Determinismus zu vermeiden?

Roman Jakobson: Ich denke, daß die Genetiker auf diese Frage besser antworten können.

François Jacob: Das Problem des Ziels ist ein sehr schwieriges Problem, über das man schon lange diskutiert, aber es gibt einen Punkt, den man vor einigen Jahren außer acht gelassen hat, der aber jetzt meiner Meinung nach sehr klar ist: daß jeder Organismus von der Übertragung und der Durchführung eines Programms ausgeht. Aber natürlich gibt es von dem Augenblick an, in dem man ein Programm aufstellt, ein Ziel. Das Problem in jedem Organismus kann, wenn Sie wollen, als programmierte Maschine betrachtet werden; in diesem Sinn hat jeder Organismus, von dem Augenblick an, in dem er sein genetisches Material von seinen Eltern empfängt, ein Programm, also ein Ziel. Aber es gibt ein anderes, viel komplizierteres Problem: das der Entwicklung des Programms.

Das stellt Probleme, die immer komplizierter werden. Es muß erklärt werden, wie sich das Programm komplizieren wird. Von der Mikrobe zum Beispiel weiß man, daß die genetische Faser einem Millimeter entspricht, das heißt, daß sie eine Ordnung von *zehn Millionen* Zeichen hat; der Mensch entspricht ungefähr *zehn Milliarden* Zeichen, das heißt er ist tausendmal komplizierter. Das Problem besteht nun darin, zu wissen, wie man das Programm kompliziert; man kompliziert es in der Weise, wie es uns Menschen, die wir das betrachten, was sich in der Entwicklung abgespielt hat, als Ziel *a posteriori* erscheint. Es gibt zwei vollkommen verschiedene Probleme: Das Problem des Ziels des Organismus, den man als programmierte Maschine betrachten kann, wie Roman Jakobson gesagt hat – die Kybernetiker wissen, daß ein Programm ausgeführt wird, wenn man es in eine Maschine legt, daß es also ein Ziel für dieses Programm gibt –; und die Annahme, daß jeder Organismus von den Eltern ein Programm empfängt, also ein genaues Ziel hat.

Michel Tréguer: Es ist nicht dieses Ziel, von dem ich gesprochen habe.

François Jacob: Ich nehme an, daß Sie nicht von diesem Ziel gesprochen haben. Das ist ein sehr kompliziertes Problem, und ich glaube, daß zur Zeit alle Biologen im allgemeinen damit übereinstimmen, wie Darwin das Problem gestellt hat, das heißt mit dem Prozeß der natürlichen Selektion, also der differentialen Reproduktion, allerdings mit dem kleinen Unterschied, daß sie das Problem etwas komplizierter gemacht haben. Die Molekulargenetik hat sozusagen das Material geliefert, mit dem die Evolution arbeitet, und das ist gerade dieses Programm und diese Anzahl von Zeichen. Es ist heute absolut klar, daß dieses von außen kommende Programm durch Direktiven nicht modifiziert werden kann, das heißt, daß man mit dem System, das wir von der Schrift der

Vererbung her kennen, nicht erklären kann, daß ein äußeres Phänomen etwas über die Vererbung aussagt. Mit anderen Worten, man braucht eine Mechanik, die viel komplizierter ist; natürlich gibt es eine Beziehung der Kausalität zwischen der genetischen Struktur und dem Ziel *a posteriori,* aber das ist eine viel komplexere Angelegenheit, die äußerst komplizierte Mechanismen beinhaltet. Dazu zählt man unter anderem die genetischen Umstellungen, die dem Sexus oder anderen Methoden zugeschrieben werden, das Auftreten von Mutationen und diese differentiale Reproduktion, die bewirkt, daß bestimmte Organismen mehr Nachkommenschaft haben und infolgedessen ihr Programm besser weitergeben als andere.

[...]

Michel Tréguer: Ich finde diesen Ausdruck *Ziel a posteriori* ziemlich sonderbar.

François Jacob: Ja, so wie wir heute das Geschehen betrachten, können wir wieder eine allgemein gültige Bedeutung in der Evolution finden.

Michel Tréguer: Das ist die Formel, die es Ihnen erlaubt, die Frage nach dem Ziel zu vermeiden.

François Jacob: Aber es gibt ein Problem, das ich für wichtig halte: Wenn es von Anfang an ein Ziel gegeben hätte, wäre es nie zu dieser außerordentlichen Vielfalt und Mannigfaltigkeit gekommen, die alle dadurch entstehende Mißerfolge begleitet.

Philippe L'Héritier: Es hat sich tatsächlich eine Art genereller Progression im Laufe der Entwicklung ergeben, aber sie ist durch ein Chaos gegangen, wie die Paläontologie aufzeigt. Letzten Endes hat das Leben alle Lösungen versucht, und trotz allem hat es damit geendet, eine Art aufsteigende Linie herauszuarbeiten, die im Menschen resultiert. Im Grunde bedeutet das nur, daß die Materie diese Möglichkeiten hatte. Wenn die lebende Materie, nachdem sie einmal diesen Mechanismus der Übertragung von Informationen, der mit der Nukleinsäure und den Proteinen in Verbindung steht, ein Wesen entwickeln konnte, das sich mit der Sprache verständigen kann, also fähig ist, eine Zivilisation zu schaffen, so könnte man hier vielleicht von Ziel sprechen, und zwar vom

Ziel a posteriori. Es war nicht nur von Anfang an in alle Einzelheiten hineingelegt, sondern nahezu unvermeidlich, da es den Ablauf der natürlichen Selektion und die Möglichkeiten dieses lebenden Systems begründete. So kann man meiner Meinung nach am besten den gelenkten Charakter im großen und diese Art Chaos im kleinen sehen. Denn im Detail ist die Evolution ein Chaos. Man kann nicht den geringsten Finalismus in der Produktion des Diplodokus und in der Produktion der Riesenammoniten finden. Und trotzdem ist die Evolution bei höher organisierten Lebewesen angekommen und bis zu dem Augenblick vorgedrungen, in dem die Sprache in Erscheinung trat, wie Roman Jakobson bereits ausgeführt hat.

Roman Jakobson: Ich glaube nicht, daß dieses äußerst interessante Phänomen, jene zahlreichen chaotischen Episoden, als Argument gegen die Möglichkeit einer gelenkten Aktion angewandt werden kann. Führen wir das Schachspiel als Beispiel an: Es gibt viele schlechte Schachspieler; trotzdem hat jeder das Ziel, zu gewinnen; sie spielen und verlieren, verlieren manchmal auf beschämende Weise. Man darf sich nicht alles, was in der Natur geschieht, als von Schachchampions gemacht vorstellen!

François Jacob: Es gibt ein sehr schwieriges Problem in diesem Begriff der Teleologie oder Teleonomie. Diese ist nämlich für uns ein außerordentlich subjektiver Begriff. Es ist sehr schwierig, sich davon zu befreien und über dieses Problem nachzudenken, indem man sich – zu Recht oder zu Unrecht – vollkommen von diesem Problem und der Tatsache distanziert, daß man den Menschen als das vollendetste Produkt dieser Entwicklung betrachtet. Aber ich glaube, daß es keinen speziellen Grund dafür gibt, daß am Anfang ein Ziel existiert, das man auf so mühevollem Weg zu erreichen sucht.

Michel Tréguer: Sie wollten noch etwas hinzufügen?

François Jacob: Ich wollte nur sagen, daß wir bis zum Jahr 2000 genug Arbeit haben werden. Warum? Weil uns erstens die Paläontologie niemals eine bestimmte Anzahl von Elementen geben wird, die unbedingt notwendig wären, andererseits, weil die Kenntnis vom Ursprung des Lebens und

dem, was sich seit zehntausend Jahren ereignet hat, dieselbe methodologische Problematik bietet, wie die von Claude Lévi-Strauss.
Michel Tréguer: Aber durch welchen subtilen Mechanismus sind Sie von der Teleonomie auf den Ursprung des Lebens gekommen?
François Jacob: Weil ich hier dasselbe Problem sehe.
Roman Jakobson: Ich glaube nicht, daß da eine Beziehung besteht, denn es geht ja hier nicht um den Anfang des Lebens wie in der Sprache; das ist die Frage der Entwicklung, und sobald Sie von Selektion sprechen, bringt dies notwendigerweise wieder die Vorstellung mit sich, daß die Selektion kein reiner Zufall sein kann.
Philippe L'Héritier: Ich bin überzeugt, daß die Idee von Darwin genügt, die Dinge wissenschaftlich zu erklären. Daß diese sie im Sinne der Teleologie erklärt, ist letzten Endes wieder ein anderes Problem. Jedoch reicht das wissenschaftliche Denken nicht, das Warum und die tiefe Wahrheit der Existenz zu verstehen. Das wissenschaftliche Denken erforscht immer nur Mechanismen und Relationen der Phänomene; und diese Relationen kennen wir, wir haben sie einigermaßen verstanden.
Claude Lévi-Strauss: Ich wollte hier keineswegs das intime Bewußtsein intervenieren lassen. Es scheint mir, daß wir im Verlauf des Gesprächs von den Biologen gelernt haben, daß etwas existieren könnte, das seiner Struktur nach der Sprache ähnlich ist und weder Bewußtsein noch Subjekt miteinschließt. Und das ist eine große Ermutigung für den Fachmann auf dem Gebiet der Geisteswissenschaften, der auf den verschiedenen Stufen der Gesellschaften ebenfalls Phänomene der Kommunikation wiederfindet, die über die Sprache hinausgehen und die sich außerhalb des Bewußtseins der Mitglieder der sozialen Gruppe abspielen; und dieser Fachmann läßt sie nicht als sprechende Subjekte intervenieren.

Anmerkungen des Herausgebers

1 Für eine neuere Diskussion des Sprachcharakters des genetischen Codes im Anschluß an V. A. Ratner und M. Eigen siehe B.-O. Küppers, *Der Ursprung biologischer Information*, München: Piper 1986.
2 Siehe »Zur Struktur des Phonems« (1939), unter dem Titel »Die eigenartige Zeichenstruktur des Phonems« in diesem Band, 160ff.
3 Jakobson fand sich zu seiner These durch die Annahme seines Harvard-Kollegen Victor F. Weisskopf und anderer Physiker ermutigt, nach der gewisse auffällige Symmetrien in der Makrobiologie wie die bilaterale Symmetrie tierischer Organismen und die Rotationssymmetrie von Blumen aus entsprechenden Symmetrien in der Zellstruktur ableitbar sein könnten. Vgl. R. Jakobson, *Poetik*, Frankfurt: Suhrkamp 1979, 316, und E. Holenstein, »Symmetrie und Symmetriebruch in der Sprache«, in: R. Wille (Hg.), *Symmetrie*, Berlin: Springer 1988. – François Jacob hat seine funktionale Erklärung der Strukturgleichheit von genetischem Code und Sprache – mit Bezugnahme auf Jakobson – ausführlicher dargelegt in: »Le modèle linguistique en biologie«, in: *Critique* 322 (1974), 197–205.

Sechster Teil
Zur Zeichenstruktur der Sprache
1. Ziel und System
2. Zwischensprachliche Beziehungen

Zeichen und System der Sprache[1]
[1962]

Saussures Grundprinzipien der Sprache, die Willkürlichkeit des Zeichens und die Linearität des signans, *sind beide modifikationsbedürftig. Assoziationsbeziehungen lenken die Wahl der Zeichen, und das* signans *ist ein zweidimensionales Gebilde. Kombination gibt es nicht nur auf der syntagmatischen Achse, sondern auch, hierarchisch gegliedert und durch Transformationsmöglichkeiten ausgezeichnet, auf der paradigmatischen Achse der Sprache. Saussures Gleichsetzung von Synchronie und Statik und von Diachronie und Dynamik sind ebenfalls revisionsbedürftig. Die Sprache, ein System von Systemen, ist jederzeit unterteilt in eine zwar geordnete, aber zugleich spannungsreiche Reihe von Subcodes (Sprachstilen). – Das* signans *ist durch Wahrnehmbarkeit, das* signatum *durch Übersetzbarkeit charakterisiert. Der Code, der dieser Übersetzbarkeit zugrunde liegt, ist eine (psychologische) Realität und keine bloße (metasprachliche) Fiktion. Sender und Empfänger gehen ihn von einander entgegengesetzten Seiten an. Sprachliche Zeichen unterscheiden sich von Naturzeichen (bloßen Indizes) durch ihre Abhängigkeit vom (subjektiven) Code der Sprachbenutzer. Jedes von ihnen, auch die ikonischen und die indexikalischen Zeichen, hat eine vom Code seines Verwenders abhängige symbolische Komponente. – Daß die Sprache von der strukturalen Linguistik als ein System ohne Subjekt aufgefaßt werde, ist eine oberflächliche Täuschung.*

Es ist bemerkenswert, daß Saussures *Cours de linguistique générale* während der Diskussion besonders oft erwähnt wurde, als ob man festzustellen versuchte, was sich in den fünfzig Jahren, die uns von den Vorlesungen des Genfer Meisters trennen, in den Grundlagen der allgemeinen Sprachwissenschaft eigentlich geändert hat. Für die Sprachtheorie und für die ganze Linguistik war das tatsächlich ein halbes Jahrhundert ihrer grundsätzlichen Wandlungen. Und es scheint mir, daß unsere fruchtbare Diskussion eine klare

Auskunft darüber gibt, was in diesem berühmten Nachlaß eigentlich der weitestgehenden Revision bedarf, und welche Bestandteile der Lehre Saussures – in der von seinen Schülern bearbeiteten Fassung – auch heutzutage aktuell bleiben.

Von den beiden Grundprinzipien des *Cours* – *les deux principes généraux*, wie Saussure sie nennt – kann man den ersten Grundsatz – *l'arbitraire du signe*, die »Willkürlichkeit« des sprachlichen Zeichens – jetzt, wie einige der hier gehaltenen Reden klarlegten, als ein willkürliches Prinzip bezeichnen. Wie es übrigens schon Benveniste in *Acta Linguistica* I großartig darlegte, darf man keinesfalls vom synchronischen Standpunkt der Sprachgemeinschaft, welche die gegebenen Sprachzeichen gebraucht, diesen Zeichen einen willkürlichen Charakter zuschreiben. Es ist durchaus nicht willkürlich, sondern schlechthin obligat, im Französischen für »Käse« *fromage* und im Englischen *cheese* zu sagen. Ich glaube, man könnte aus der ganzen Diskussion über die Frage der sogenannten »Willkürlichkeit« und »Unmotiviertheit« den Schluß ziehen, daß *l'arbitraire* eine äußerst unglückliche Bezeichnung war, und daß die betreffende Frage vom polnischen Sprachforscher M. Kruszewski, einem Zeitgenossen von Saussure, den letztgenannter besonders hochschätzte, schon am Anfang der achtziger Jahre des vorigen Jahrhunderts viel richtiger behandelt wurde.[2] Kruszewski unterschied nämlich zwei Grundfaktoren im Sprachleben, zwei Assoziationen, die nach Ähnlichkeit und die nach Kontiguität. Der Zusammenhang zwischen einem *signans* und einem *signatum*, den Saussure willkürlicherweise arbiträr nennt, ist in Wirklichkeit eine gewohnheitsmäßige, erlernte Kontiguität, die für alle Mitglieder der gegebenen Sprachgemeinschaft obligat ist. Aber neben dieser Kontiguität behauptet sich auch das Ähnlichkeitsprinzip, *la ressemblance*. Wie auch hier erwähnt wurde, und wie schon Kruszewski einsah, spielt dieses Prinzip eine gewaltige Rolle in der Frage der Derivation, in der Frage der Wortsippen, wo die Ähnlichkeit der Wörter einer gemeinsamen Wurzel so entscheidend ist, und wo man schon ganz und gar nicht mehr vom Willkürlichen sprechen darf. Auch in den morphonologischen Problemen ist die Frage des ähnlichen Baues von ganz primärer Wichtigkeit, weil wir erkennen, daß es gewisse Modelle, gewisse Strukturtypen der Verteilung und Auswahl der Phoneme in den Wurzeln und in den Präfixen oder Derivations- und Flexionssuffixen gibt. Endlich die Frage des Lautsymbolismus, die vor kurzem in einem Aufsatz von A. Graur richtig angeschnitten wurde. Diese Frage des Lautsymbolismus, auf die ich hier nicht weiter eingehe, bleibt trotz allen Mißgriffen der Vergangenheit ein wichtiges und spannendes Problem der Sprachforschung, wie alle Fragen der bildlichen und anzeigenden Fundierung der sprachlichen Symbole (oder wie Charles Sanders Peirce, der Bahnbrecher der Zeichentheorie, sagen würde, das Problem der *ikon*- und *index*artigen Symbole).

Auch was das zweite Grundprinzip in Saussures *Cours* betrifft, die sogenannte *linéarité du signifiant*, dürfen wir, scheint es mir, behaupten, daß es eine gefährliche Vereinfachung war. Tatsächlich haben wir es nicht nur auf der Ebene des *signatum*, wie Bally es darlegte, sondern auch im Felde des *signans* mit zweidimensionalen Einheiten zu tun. Falls wir erkennen, daß das Phonem nicht die letzte Einheit ist, sondern in distinktive Elemente zerlegt werden kann, dann ist es selbstverständlich, daß wir, ebenso wie wir in der Musik Akkorde haben, auch in der Phonologie von zwei Dimensionen sprechen können, der des Nacheinanders und der des Miteinanders (Simultaneität). Damit läßt sich aber eine Reihe Saussurescher Thesen über die Grundsätze des Sprachbaues nicht mehr aufrechterhalten. In diesem Zusammenhang glaube ich, daß der Terminus »syntagmatisch« manchmal irreführend ist, weil wir bei syntagmatischen Beziehungen stets an eine Zeitfolge denken, während neben den Kombinationen in der Zeitfolge auch das Problem der Kombination der simultanen Merkmale behandelt werden muß. Es ist hier ratsam, so wie es Herr Hintze vorgeschlagen hat, einfach über Kombination zu sprechen, Kombination, der ein anderer Faktor entgegengesetzt wird, nämlich der Auswahl, der Selektion. Die Selektion der Einheiten oder der Kombinationen, im Gegensatz zur Kombination als solcher, gehört der paradigmatischen Ebene der Sprache an. Es ist ein Statteinander zum Unterschied vom Miteinander und vom Nacheinander. In der Auswahl behauptet sich die Ähnlichkeitsassoziation, das Prinzip der Äquivalenz. Doch wenn wir anstatt des Nacheinanders und Miteinanders die paradigmatische Achse betrachten, glaube ich nicht, daß wir somit das Gebiet des Objektiven verlassen und unvermeidlich subjektiv werden. Sprachwissenschaftliche Forschungen der letzten Zeit haben gezeigt, daß auf diesem Gebiete eine objektive Schichtung stattfindet, eine Hierarchie der Bestandteile. Es entfaltet sich hier das Problem der Vorhersage (*predictability*), das Problem der primären und abgeleiteten Funktion, welches schon in den dreißiger Jahren von Kuryłowicz so glänzend umrissen wurde und welches jetzt besonders in Amerika in der Lehre der syntaktischen Transformationen entwickelt wird, eines der aktuellsten Probleme der sprachwissenschaftlichen Analyse. Dabei entsteht die immer wichtigere und unentbehrliche Frage des Zusammenhangs und des Unterschieds zwischen den paradigmatischen Reihen und den Kombinationsreihen (entweder Ketten oder Bündeln).

Anscheinend haben wir es hier, wie in allen modernen Wissenschaften, mit der bedeutsamen Idee der Invarianz zu tun. Wir sprechen über kombinatorische, kontextbedingte Varianten sowohl auf der lautlichen wie auch auf der grammatischen Ebene. Aber man könnte kaum über Varianten sprechen, solange die zugrundeliegende Invariante, die Einheit, auf die sich diese Varianten beziehen, nicht klargelegt ist. Das Suchen nach der Invariante ist jetzt nicht nur in der Phonologie, sondern auch in der Grammatik das wesentlichste Problem. Falls wir es mit dem Zeichen zu tun haben, mit dem bilateralen *signum* als Verbindung des *signans* und des *signatum*, wie entdecken wir dann diese Invarianten einerseits auf dem Gebiete des *signans*, andererseits auf dem Felde des *signatum*? Der Grundunterschied zwischen den beiden besteht, von einem linguistischen Standpunkt aus gesehen, darin, *daß das signans notwendigerweise wahrnehmbar ist, während das signatum übersetzbar ist.* Es behauptet sich in beiden Fällen der Grundsatz der Äquivalenz in der Relation. Auf dem Gebiete des *signans* muß diese relative Äquivalenz äußerlich wahrnehmbar sein, kann aber nur mit Rücksicht auf die Funktion dieser Lautverhältnisse in der gegebenen Sprache festgestellt werden. Wir erkennen diese distinktiven Elemente, und mittels eines Spektrographen können wir sie aus dem akustischen Feld in die optische Ebene versetzen. Aber nicht nur das *signans*, sondern gleicherweise das *signatum* muß rein linguistisch und völlig objektiv untersucht werden. Eine rein linguistische Semantik kann und muß aufgebaut werden, falls wir mit Peirce einsehen, der Grundzug jedes sprachlichen Zeichens bestehe darin, daß es in ein anderes Sprachzeichen, ein mehr entfaltetes, explizites bzw. im Gegenteil mehr elliptisches Zeichen desselben Sprachsystems oder eines anderen Sprachsystems übersetzt werden kann. Diese Übersetzbarkeit enthüllt diejenige semantische Invariante, die wir im *signatum* suchen. Auf diese Weise erhalten wir die Möglichkeit, auch die semantischen Probleme der Sprache einer distributiven Analyse zu unterwerfen. Solche metasprachlich identifizierende Sätze wie ›der Hahn ist das Männchen des Huhns‹ gehören zum Textinventar der deutschen Sprachgemeinschaft, und die Umkehrbarkeit der beiden Ausdrücke – ›das Männchen des Huhns ist der Hahn‹ – veranschaulicht, wie durch eine distributive Analyse solcher üblicher metasprachlicher Äußerungen die Wortbedeutung zu einem echt linguistischen Problem wird.

Zu den Grundzügen des *Cours de linguistique générale* gehört auch die Zwiespältigkeit der Sprachwissenschaft: die Synchronie und die Diachronie. Die gründliche Arbeit einiger Jahrzehnte auf beiden Teilgebieten und die verfeinerte Methodologie dieser Forschung brachte die große Gefahr einer krassen Kluft zwischen diesen Disziplinen und die Notwendigkeit, diese Kluft zu überwinden, an den Tag. Die Saussuresche Gleichsetzung des Gegensatzes der Synchronie und Diachronie mit dem Gegensatz der Statik und Dynamik hat sich als irreführend erwiesen, weil in Wirklichkeit die Synchronie gar nicht statisch ist: Veränderungen sind immer im Gange und bilden einen Bestandteil der Synchronie. Die tatsächliche Synchronie ist dynamisch, die statische Synchronie ist eine Abstraktion, die dem Sprachforscher für gewisse Zwecke zwar notwendig ist, aber die wahrheitsgetreue, ausführliche synchronische Beschreibung der Sprache muß die Dynamik der Sprache folgerichtig in Betracht ziehen. Die beiden Elemente, der Ausgangspunkt und die Endphase jeder Veränderung, sind eine Zeitlang innerhalb einer und derselben Sprachgemeinschaft zugleich vorhanden. Sie koexistieren als stilistische Varianten, und falls wir dieser wichtigen Tatsache Rechnung tragen, dann sehen wir auch, daß die Vorstellung der Sprache als eines ganz gleichförmigen, monolithischen Systems allzu vereinfacht ist. *Die Sprache ist ein System der Systeme, ein Gesamtcode (overall code), der verschiedene Sondercodes (subcodes) enthält.* Diese mannigfachen Sprachstile bilden keine zufällige, mechanische Anhäufung, sondern eine gesetzmäßige Hierarchie der Sondercode. Obgleich wir beantworten können, welcher unter diesen Sondercoden der Grundcode ist, so wäre es doch eine gefährliche Vereinfachung, das Problem der übrigen Sondercode auszuschalten. Falls wir die *langue* als eine Gesamtheit der sprachlichen Konventionen einer Sprachgemeinschaft betrachten, dann müssen wir recht vorsichtig vorgehen, um nicht mit Fiktionen zu arbeiten.

Überhaupt glaube ich, *daß es heutzutage unsere Grundaufgabe ist, ja unser Schlagwort sein sollte, realistisch zu werden, eine durchaus realistische Sprachwissenschaft aufzubauen und jeden Fiktionalismus in der Linguistik zu bekämpfen.* Wir müssen uns die Frage stellen: Welches ist die wirkliche sprachliche Konvention, die in einer gegebenen Sprachgemeinschaft den Redeaustausch ermöglicht und den verschiedenartigen Aufgaben der Kommunikation wirksam dient? Da fragen manche Linguisten, warum sich die Sprachwissenschaft in ihrer Fragestellung von der Physik absondern soll. Warum ist es dem Sprachforscher nicht gegönnt, sein eigenes System der Symbole, sein schöpferisches Modell dem untersuchten Stoff aufzuzwingen, wie es in den Naturwissenschaften üblich ist? Zwar beobachten wir in vielen Hinsichten eine immer bedeutendere und fruchtbarere Annäherung zwischen den Naturwissenschaften und der Linguistik, doch ist es notwendig, auch die spezifischen Unterschiede im Auge zu behalten. *In der Londoner Schule der mathematischen Informationstheorie hat man den Grundunterschied scharfsinnig erkannt und die Kommunikationsprobleme von den übrigen*

Informationsfragen getrennt. Es handelt sich hier in erster Reihe um die Abgrenzung zweier Klassen der Zeichen – der Indizes und der Symbole, wie Peirce sie nennt. Die Indizes, die der Physiker der Außenwelt entnimmt, sind nicht umkehrbar, und er transformiert diese naturgegebenen Indizes in ein eigenes System wissenschaftlicher Symbole. In der Sprachwissenschaft ist die Situation grundverschieden. Die Symbole sind unmittelbar in der Sprache vorhanden. Anstatt des Gelehrten, der gewisse Indizes aus der Außenwelt extrahiert und sie in Symbole umbaut, findet hier ein Austausch der Symbole zwischen den an der Kommunikation Beteiligten statt. Die Rolle des Senders und des Empfängers ist hier auswechselbar. Deswegen ist auch die Aufgabe der Sprachwissenschaft eine ganz andere. Wir suchen einfach diesen Code, der objektiv in der Sprachgemeinschaft gegeben ist, in eine Metasprache zu übersetzen. Symbole sind für den Naturforscher ein wissenschaftliches Werkzeug, während sie für den Linguisten außerdem und vor allem der eigentliche Gegenstand seiner Forschung sind. Der Physiker Niels Bohr hat diesen naturgemäßen Realismus der linguistischen Stellungnahme scharfsinnig erkannt.

Wenn ich Niels Bohr erwähne, möchte ich mich auch auf seine methodologische Forderung berufen, die für Physik und Linguistik gleich wesentlich ist. Es ist nämlich notwendig, wenn man etwas betrachtet, genau festzustellen, in welchem Verhältnis der Beobachter zu dem beobachteten Ding steht. Das ist heutzutage eine wichtige Voraussetzung der wissenschaftlichen Beschreibung. Eine Beschreibung, die sich nicht daran hält, ist ungenau sowohl vom Standpunkt der heutigen Physik als auch vom Standpunkt der heutigen Linguistik. Also müssen wir die verschiedenartigen Stellungen des Forschers zur Sprache erörtern. Der sogenannte kryptoanalytische Standpunkt ist der Gesichtswinkel eines Beobachters, der den sprachlichen Code nicht kennt, und könnte mit der Einstellung eines militärischen Kryptoanalytikers verglichen werden, der eine feindliche verschlüsselte Mitteilung zu entziffern hat. Durch eine aufmerksame Untersuchung des Textes versucht er dem fremden Code beizukommen. Beim Studium unbekannter Sprachen können offenbar derartige

Kunstgriffe fruchtbare Ergebnisse zeitigen. Aber das ist nur die erste Stufe der Erforschung, und es ist nicht die einzige, sondern bloß eine der verschiedenen Methodologien, die erste Annäherung; dann bemüht sich der Beobachter, die zweite, vollkommenere Stufe zu erreichen, nämlich die des Quasi-Teilnehmers an der gegebenen Sprachgemeinschaft. Er geht nicht mehr vom Text zum Code, sondern eignet sich den Code an und sucht durch den Code, den Text genau zu verstehen.

Das ist der wesentliche Grundsatz der beschreibenden Linguistik, aber hier taucht ein Unterschied auf, den wir sehr selten zur Kenntnis nehmen. Wir dürfen den Code nicht hypostasieren, sondern wir wollen ihn unter dem Gesichtspunkt des Redeaustausches behandeln. *Zwei Standpunkte, der des Verschlüsselnden und der des Entschlüsselnden bzw. in anderen Worten: die Rolle des Senders und die des Empfängers sollen scharf auseinandergehalten werden.* Obwohl es eigentlich Banalitäten sind, werden gerade Banalitäten häufig vergessen. Indessen ist die ganze Betrachtungsweise des Textes für beide Teilnehmer des Redeaustausches grundverschieden. Den Hörer führt der Weg durch die distinktiven Elemente, durch die Phoneme, die er erkennt, zur grammatischen Form und zum Verstehen der Bedeutungen. Hier spielt der Wahrscheinlichkeitsfaktor eine gewaltige Rolle, und was uns einen Text wahrzunehmen hilft, phonematisch und dann auch grammatisch, sind vor allem die Übergangswahrscheinlichkeiten: Nach gewissen Einheiten folgen andere Einheiten mit höherer oder geringerer Wahrscheinlichkeit, und manche sind *a priori* ausgeschlossen. Eine unbewußt statistische Einstellung ist dem Wahrnehmenden eigen, und die Homonymie ist für ihn ein wesentlicher Vorgang. Für den Sprecher ist die Reihenfolge der einzelnen Sprachstufen gerade umgekehrt – sein Weg ist vom Satze durch die Hierarchie der unmittelbaren Bestandteile und endlich durch die morphologischen Einheiten zu der Lautform, die sie erfüllt. Im Sprachverkehr sind beide Ordnungen zugleich vorhanden, und ihre gegenseitige Beziehung beruht, wie Bohr sagen würde, auf dem Prinzip der Komplementarität. Beide Sprachaspekte existieren beim Verschlüsselnden sowie beim Entschlüsselnden, aber diejenige Richtung, welche für den einen primär ist, erweist sich als sekundär für den anderen. Für den Sprecher als solchen gibt es keine Homonyme, und wenn er zum Beispiel das englische /sʌn/ sagt, weiß er Bescheid, ob er den Sohn oder die Sonne meint, während der Hörer eine andere Wahrscheinlichkeitsmethode gebrauchen muß, um diese Frage zu lösen. Beide Standpunkte, Erzeugung und Wahrnehmung, haben einen gleichen Anspruch darauf, vom Linguisten beschrieben zu werden, und es wäre ein Fehler, die zweiseitige Sprachrealität zu einer einzigen Seite herabzusetzen. Beide Beschreibungsmethoden sind teilhaft und gleichberechtigt. Falls man eine von den beiden gebraucht und sich dabei keine Rechenschaft davon gibt, ob man den Standpunkt des Sprechenden oder des Hörenden wiedergibt, spielt man die Rolle eines Jourdain, der Prosa spricht, ohne zu wissen, daß es Prosa ist. Die wirkliche Gefahr entsteht, wenn man gesetzwidrige Kompromisse zwischen den beiden Standpunkten macht. So zum Beispiel wenn ein Linguist die Verschlüsselung zum Ausgangspunkt seiner Sprachbeschreibung und -analyse wählt und demgemäß auf Statistik und Wahrscheinlichkeitslehre verzichtet, die grammatische Analyse in unmittelbare Bestandteile durchführt und das Primat der Morphologie über die Phonologie beobachtet, so darf er – falls er folgerichtig vorgeht – nicht die Bedeutung ausschalten. Die Bedeutung kann nur ausgeschaltet werden, wenn man auf dem Standpunkt des Entschlüsselnden steht, denn für ihn entsteht die Bedeutung erst als Schlußfolgerung, während für den Sprechenden die Bedeutung das Prius darstellt. Der Sprecher verfährt *de verbo ad vocem*, während der Hörer den Gegenweg geht, wie es schon Augustinus in seinen sprachtheoretischen Erwägungen hervorgehoben hat.

Vieles verspricht in den linguistischen Beschreibungen und in der Sprachtheorie klarer zu werden, sobald man eine saubere Abgrenzung unternimmt und den verschiedenartigen Betrachtungsweisen des Verschlüsselnden und des Entschlüsselnden gebührende Aufmerksamkeit schenkt. Damit sind die Betrachtungsweisen aber keinesfalls erschöpft. Man muß auch mit dem erheblichen Vorgang der »Rückverschlüsselung« rechnen: Hier wird eine Sprache im Lichte einer anderen Sprache oder ein Redestil im Lichte eines anderen Redestils interpretiert, ein Code oder Subcode wird in einen anderen Code oder Subcode übersetzt. Es ist ein höchst lehrreiches Problem, weil die Übersetzung eine der wesentlichen und immer wichtigeren sprachlichen Aktivitäten darstellt und die Methodologie des Übersetzens sowie die folgerichtige Analyse der Übersetzung auf der Tagesordnung der heutigen reinen und angewandten Sprachwissenschaft steht.

Anmerkungen des Herausgebers

1 Dieser Vortrag, zu dem Jakobson 1959 von Wolfgang Steinitz nach Erfurt eingeladen worden war (es handelt sich um einen »Diskussionsbeitrag« zu einem Symposium gleichen Titels), ist der erste, den er in Deutschland hielt. Jakobson hatte Steinitz, den späteren Initiator der »Arbeitsstelle Strukturelle Grammatik« an der Deutschen Akademie der Wissenschaften in Berlin/DDR, während des gemeinsamen Exils in Schweden kennengelernt und ihm 1965 die Analyse von Brechts Gedicht »Wir sind sie« gewidmet. Siehe R. Jakobson, *Hölderlin – Klee – Brecht*, Frankfurt: Suhrkamp 1976, 107–128.
2 Zu Mikołaj Kruszewski (1851–1887) siehe: R. Jakobson, *Selected Writings* II, The Hague: Mouton 1971, besonders 403 ff. und 427 ff.

Die Struktur der Sprache und ihre mathematischen Aspekte
[1961]

Für das Verhältnis von Sprache und Mathematik hat Jakobson die für ihn charakteristische dialektische Synthese gefunden: »Jede erweist sich als die geeignetste Metasprache für die strukturale Analyse der anderen.«[1] Jakobson hatte eine besondere Vorliebe für die Sammlung von Formeln wie die Peircesche, nach der die Sprache nichts anderes als eine Algebra sei[2], oder die Whorfsche Rede von der »Geometrie der formalen Prinzipien, die jeder Sprache zugrunde liegen«.[3] Die Notwendigkeit grammatischer Ordnung in der Dichtung verglich er mit der »schönen Notwendigkeit«, die in den Prinzipien der Geometrie verborgen liegt.[4] Selber zeitlebens bei der Anwendung mathematischer Methoden auf die Mitarbeit anderer (M. Halle, E. C. Cherry) angewiesen, gehörte Jakobson zu den entschiedenen Förderern mathematisch arbeitender Linguisten (N. Chomsky) und linguistisch arbeitender Mathematiker (R. Thom).

[...]

Die Notwendigkeit eines immer enger werdenden Kontaktes zwischen Linguistik und Mathematik wurde an der Schwelle zu unserem Jahrhundert von den beiden großen Wegbereitern der modernen strukturalen Analyse der Sprache – Baudouin de Courtenay und Ferdinand de Saussure – deutlich gesehen. Bereits 1894 bemerkte Saussure : »Die Größen der Sprache und ihre Verhältnisse sind *ihrer eigentlichen Natur nach* auf geregelte Weise in mathematischen Formeln ausdrückbar«, und etwas später, an einer Stelle, wo er das Problem des einfachsten Ausdrucks für linguistische Begriffe diskutiert, behauptete er: »Der einfache Ausdruck wird algebraisch sein, oder er wird überhaupt nicht sein.« 1911 schließlich, als er an seiner letzten Vorlesung über allgemeine Linguistik arbeitete, stellte Saussure heraus, daß diese Wissenschaft ihm als ein geometrisches System erscheine: »Man gelangt zu Theoremen, die man beweisen muß.«

Baudouin de Courtenay, der sich seit den siebziger Jahren mit der entscheidenden Frage nach der Beziehung zwischen Kontinuität und Diskretheit in der Sprache beschäftigte, versuchte bei der Analyse der Sprache einige der Grundbegriffe der zeitgenössischen Mathematik anzuwenden, und in seinem 1909 veröffentlichten geschichtlichen Überblick über die Sprachwissenschaft drückte er seine Überzeugung aus, daß sich diese Untersuchungen immer mehr den exakten Wissenschaften annähern würden. Aus dem mathematischen Modell würden sich einerseits »immer mehr quantitative Operationen« und andererseits »neue Methoden deduktiven Denkens« entwickeln. »Wie in der Mathematik die Unendlichkeiten in abzählbare Mengen umgeformt werden, die analytischem Denken zugänglich sind«, so erwartete Baudouin im besonderen »von einer verbesserten qualitativen Analyse« irgendwie ähnliche Ergebnisse für die Sprachwissenschaft.

Ungefähr zur selben Zeit, als sich Baudouin für die Analyse der Sprache auf das mathematische Modell bezog, nämlich vor dem Vierten Internationalen Mathematikerkongreß 1909, diskutierte E. Borel die Antinomie der abzählbaren Unendlichkeiten und verwies auf die grundlegende Rolle der Sprache bei mathematischen Operationen, »denn die angeblich durch und durch logischen Systeme beruhen stets auf dem Postulat der Existenz der Alltagssprache; diese Sprache, die Millionen Menschen gemeinsam ist und mit der sie sich mehr oder weniger verstehen, ist uns als eine Tatsache gegeben, die eine große Zahl von Zirkelschlüssen implizieren würde, müßte man sie *ex nihilo* schaffen«. Der linguistische Schluß daraus ist Bloomfields These, nach der »die Mathematik nur das Beste ist, was *Sprache* machen kann« (1933). Wenn »die Mathematik, der ideale Gebrauch der Sprache«, bloß ein Überbau der Umgangssprache ist, muß die Wechselbeziehung dieses Überbaus und seiner Basis für Mathematiker und Linguisten gleichermaßen von erstrangigem Interesse sein.

Sowohl der Sprachtheoretiker und der Erforscher einzelner Sprachstadien oder der Sprachentwicklung als auch die Forscher in den sich schnell entwickelnden Zweigen der angewandten Linguistik fühlen sich von den mannigfaltigen mathematischen Disziplinen angezogen: der mathematischen Logik, besonders der Theorie der rekursiven Funktionen und Automaten; von den topologischen, algebraischen und quantitativen Seiten der Mathematik; von der Kommunikationstheorie und den Wahrscheinlichkeitsmodellen. Man kann dem Mathematiker J. Hadamard nur zustimmen, der 1943 den Fortschritt anerkannte und die Linguistik zur Brücke zwischen der Mathematik und den Geisteswissenschaften erklärte.

Anmerkungen des Herausgebers

1 Vgl. R. Jakobson, »Linguistics in Relation to Other Sciences«, in: *Selected Writings* II, The Hague: Mouton 1971, 660; deutsch in: R. Jabobson, *Aufsätze zur Linguistik und Poetik*, München: Nymphenburger 1974, 174.
2 Zitiert in R. Jakobson, »Suche nach dem Wesen der Sprache« (1965), in diesem Band, 86.
3 Zitiert in R. Jakobson, »Poesie der Grammatik und Grammatik der Poesie« (1961), in *Poetik*, Frankfurt: Suhrkamp 1979, 249.
4 Ebd.

Anstrengungen
zu einem Mittel/Ziele-Modell der Sprache
in der europäischen Linguistik
der Zwischenkriegszeit
[1963]

Der Begründer des Prager Kreises, Vilém Mathesius (1882–1945), hat für dessen Richtung in der Sprachwissenschaft die Formel »funktionale und strukturale Linguistik« geprägt.[1] *Es war eine konsequent teleologische Konzeption der Sprache und damit zugleich eine explanatorische Konzeption der Sprachwissenschaft, die den deskriptiven, strukturalen Analysen der »Prager Schule« den Weg wies: zum Aufbau des Sprachflusses aus letztlich diskreten Einheiten, zur hierarchischen Struktur des paradigmatischen Systems, zur Ausrichtung der Rede auf ihren Sinn und auf das Verständnis durch den Adressaten (zum Primat der Wahrnehmung in der Phonologie und der Semantik in der Sprachtheorie als ganzer), zum Ursprung des Sprachwandels in »funktionalen Dialekten« und der Diachronie in einer dynamischen Synchronie, zu den »Sprachbünden« (kommunikativ bedingten Angleichungen über die Grenzen von »Sprachfamilien« hinaus) und schließlich zur Bedeutung von Invarianten (Universalien).*

Als 1928 einige Sprachwissenschaftler, die dem Prager Kreis verbunden waren, mit den Entwürfen ihrer Antworten auf die vom Tagungskomitee vorgestellten Grundfragen zum Haager Internationalen Kongreß kamen, fühlte jeder von ihnen, daß sie mit ihren Abweichungen vom traditionellen Dogma isoliert bleiben und vielleicht heftig bekämpft werden würden. Im Verlauf dieses Ersten Linguistenkongresses zeigte es sich jedoch, sowohl in den offiziellen und noch mehr in den privaten Diskussionen, daß es unter den jüngeren Forschern aus verschiedenen Ländern Anhänger ähnlicher Sichtweisen und Wege gab. Forscher, die allein und auf eigenes Risiko Pionierarbeit leisteten, entdeckten zu ihrer großen Überraschung, daß sie Kämpfer für eine gemeinsame Sache waren.

Eine junge, informelle Verbindung von Forschern, die sich mit theoretischen Problemen befaßten, der Prager Kreis, wurde zur Kerntruppe einer neuen Richtung. Diese Arbeitsgruppe legte auf dem Ersten Internationalen Slavistenkongreß (Prag 1929) ein ausführliches Programm der Hauptthemen der linguistischen Theorie und Praxis vor und förderte es mit den ersten beiden Bänden der *Travaux du Cercle linguistique de Prague*, einer Reihe, die bis 1939 erschien und in der internationalen Forschungsarbeit eine beachtliche Rolle spielte. 1930 veranstaltete der Kreis die Internationale Phonologische Tagung von Prag, auf der die Grundsätze des neuen Zugangs zur Sprache, insbesondere zu ihrer Lautgestalt, lebendig und heftig diskutiert wurden.

Seit diesen Jahren ist die Bezeichnung »Prager Schule« in der sprachwissenschaftlichen Welt geläufig geworden. Zweifellos hatte der Prager Kreis an den internationalen Anstrengungen um eine durchgehend wissenschaftliche Methodologie großen Anteil, und solch eine Initiative wurde durch die kulturelle Tradition der Tschechoslovakei und ihre Entwicklung in den zwanziger und dreißiger Jahren begünstigt. Wenn wir die Zwischenkriegszeit *sub specie historiae* betrachten, finden wir jedoch, daß das, was oft als spezifisch Prager Beitrag zur Entwicklung der modernen Sprachwissenschaft angesehen wurde, in hohem Maße als gemeinsamer Nenner mehrerer konvergierender Strömungen in der gelehrten Welt verschiedener europäischer Länder jener Zeit erscheint. Typisch für die Prager Atmosphäre in den zwanziger und dreißiger Jahren war ihre Aufnahmebereitschaft für die verschiedenen kulturellen Anregungen aus dem Westen und dem Osten. Der Prager linguistische Kreis wurde 1926 von dem weitblickenden tschechischen Gelehrten Vilém Mathesius gegründet und nach dem Vorbild einer früheren avantgardistischen Organisation junger russischer Gelehrter, dem Moskauer linguistischen Kreis, sowie der neugeschaffenen Linguistischen Gesellschaft Amerikas gestaltet. Angelpunkt der Aktivitäten des Kreises war die Zusammenarbeit von Gelehrten aus verschiedenen Nationen. So waren zum Beispiel von den dreizehn Vorträgen, die 1928, dem Jahr seiner Konsolidierung, im Kreis gehalten wurden, fünf tschechisch, einer französisch und sieben russisch; drei der letztgenannten wurden von Gästen aus der Sovjetunion gehalten, von Tomaševskij, Tynjanov und Vinokur.

Wenn man die sprachwissenschaftlichen Grundüberzeugungen der tschechischen, deutschen oder russischen Mitarbeiter des Prager linguistischen Kreises – zum Beispiel die Ansichten von Mathesius, F. Slotty oder N. S. Trubetzkoy – mit denen vergleicht, die in derselben Zeit vertreten wurden, zum Beispiel von A. W. de Groot und H. Pos in Holland, É. Benveniste und L. Tesnière in Frankreich, A. Sommerfelt in Norwegen, V. Brøndal und L. Hjelmslev in Dänemark, J. Kuryłowicz in Polen, A. Rosetti in Rumänien, Z. Gombocz und Gy. Laziczius in Ungarn, E. D. Polivanov und D. V. Bubrix in Rußland oder, in der anderen Hemisphäre, von E. Sapir und B. L. Whorf, so lassen sich unschwer individuelle Eigenschaften finden, die für den Beitrag jedes dieser hervorragenden Neuerer charakteristisch sind; doch könnten wir kaum ein verbindendes Ideal der Prager Gruppe angeben, das sie als ganze von den anderen erwähnten Gelehrten unterschiede. Gleichzeitig gibt es einen typischen Zug, der die Arbeit all dieser Forscher vereinigt und sie scharf sowohl von der älteren Tradition wie von einigen anderen Lehren trennt, die ebenfalls in den dreißiger Jahren formuliert wurden.

Der Titel dieses Aufsatzes bestimmt den allgemeinen Zug als Streben nach einem Mittel/Ziele-Modell der Sprache. Diese Bemühungen gehen von einer allgemein anerkannten Auffassung der Sprache als Werkzeug der Kommunikation aus. Aussagen über die Sprache als ein Werkzeug, Instrument, Träger usw. kann man in jedem beliebigen Lehrbuch finden, doch so seltsam es klingt, der scheinbar selbstverständliche Schluß aus dieser Binsenwahrheit wurde in der sprachwissenschaftlichen Tradition des letzten Jahrhunderts nicht gezogen. So entstand die elementare Forderung, alle Techniken der Sprache vom Standpunkt der von ihnen erfüllten Aufgaben zu analysieren, als eine gewagte Neuerung. Die ständige Vernachlässigung von Untersuchungen in die Mittel/Ziele-Beziehung in der Sprache – eine Vernachlässigung, die noch in einigen akademischen Vorurteilen überlebt – findet ihre geschichtliche Erklärung in der hartnäckigen Furcht vor

Problemen, die mit Zielgerichtetheit verbunden sind. Deshalb überwogen die Fragen nach der Entstehung die nach der Einstellung, ersetzte die Suche nach Voraussetzungen die Untersuchung von Zielen.

Das Studium der Lauterzeugung in bezug auf ihre akustischen Wirkungen und die Analyse der Sprachlaute im ständigen Hinblick auf die verschiedenen Aufgaben, die sie in der Sprache erfüllen, war eine der ersten Leistungen beim systematischen Aufbau des Mittel/Ziele-Modells der Sprache. Es wäre selbstverständlich verfehlt, wollte man die vorbereitenden Hinweise zu diesen Problemen im Denken einzelner Sprachwissenschaftler der früheren Periode leugnen. Eine zielgerichtete Einstellung bei der Lautanalyse kann, wie gezeigt wurde, auf Baudouin de Courtenay, Kruszewski, Winteler und Sweet zurückverfolgt werden; aber keiner dieser Gelehrten hat tatsächlich die Prinzipien und Techniken einer solchen Analyse entwickelt, da sie alle noch von der genetischen Schule ihres Jahrhunderts beherrscht waren.

Es war gerade die Bezugnahme auf die von den phonischen Elementen der Sprache erfüllten Aufgaben, die die Forscher befähigte, allmählich die umfangreiche materiale, metrische Beschreibung der Sprachlaute durch eine relationale Analyse zu ersetzen und das Kontinuum des Lautflusses in diskrete Bestandteile zu zerlegen. Die gleiche streng relationale Einstellung wurde auch in morphologischen und syntaktischen Untersuchungen eingenommen, und sie veränderte und vereinfachte unseren Entwurf des grammatischen Systems wesentlich. Sie enthüllte seine innere Logik. Da bekanntermaßen Relativität untrennbar mit dem Prinzip der Invarianz verbunden ist, wurde eine systematische Untersuchung der phonologischen und grammatischen Invarianten zu einem grundlegenden Verfahren der Sprachanalyse. Die erhöhte Konzentration auf die Aufgaben, die von den Lautelementen erfüllt werden, enthüllte eine tiefe Verbindung zwischen der Differenzierung der grammatischen Bestandteile und Kategorien und dem Schichtenbau der Lautgebilde, die gebraucht werden, um sie ausdrücken.

Der Nachdruck auf die Dualität jedes Zeichen, den F. de Saussure von der stoischen und scholastischen Tradition übernommen hatte, führte notwendig zu neuen Ergebnissen, als die Beziehung zwischen den beiden Aspekten des Zeichens, seinem *signans* und seinem *signatum*, vom Mittel/Ziele-Ansatz her folgerichtig revidiert wurde. Die beiden Saussureschen »Grundprinzipien« – die Willkürlichkeit des Zeichens und die Linearität des *signans* – erwiesen sich als trügerisch.

Bei der Untersuchung der beiden grundlegenden sprachlichen Operationen – der Selektion und Kombination oder, in anderen Ausdrücken, der paradigmatischen und syntagmatischen Aspekte der Sprache – wurde mit der Ausarbeitung des Mittel/Ziele-Modells besonders der paradigmatische Aspekt erhellt. Die Selektion von Einheiten oder deren Kombinationen ist eine zielgerichtete Operation, im Unterschied zu jenen rein redundanten Kombinationen, die keine Selektion erlauben. Das Problem einer sorgfältigen Unterscheidung zwischen autonomen und kombinatorischen Varianten wurde sowohl auf phonologischer Ebene wie auf den grammatischen Ebenen erfolgreich in Angriff genommen. Eines der verwickeltsten Netzwerke, der eindrucksvolle hierarchische Aufbau des paradigmatischen Systems, wurde Gegenstand scharfsinniger Betrachtungen, besonders in der Untersuchung von Kuryłowicz. Das folgerichtige Interesse an der Bedeutung, eine wirkliche Errungenschaft der ganzen Bewegung, und die systematische Analyse grammatischer Bedeutungen, bei der streng zwischen allgemeinen und kontextuellen Bedeutungen unterschieden wurde, verlangte nach einer analogen Erforschung der lexikalischen Bedeutungen. Die gebieterische Notwendigkeit, den Wortschatz als »ein komplexes System von Wörtern zu behandeln, die wechselseitig koordiniert sind und in Opposition zueinander stehen«, machte Trubetzkoy auf dem Ersten Slavistenkongreß deutlich.

In den »Thesen«, die den ersten Band der *Travaux* eröffnen, und in den späteren Überlegungen des Prager Kreises, die auf der Zielgerichtetheit der Sprache bestehen, wurde eine Untersuchung der verschiedenen Funktionen der Sprachen umrissen und die nötige Aufmerksamkeit auf ihre verschiedenen Ausformungen gelenkt. Besonders fruchtbar wurde dieses

Studium der verschiedenen sprachlichen Zwecke für die poetische Funktion. Der Sinn für den mannigfaltigen Charakter der Sprache bewahrte die Prager Gruppe vor einer übervereinfachten, eindimensionalen Sicht. Sprache wurde als ein *System von Systemen* betrachtet, und besonders die Aufsätze von Mathesius zur innersprachlichen Koexistenz distinktiver phonemischer Gestalten eröffneten neue Horizonte.

Der Blick auf die verschiedenen »funktionalen Dialekte« oder, in anderen Worten, auf die verschiedenen Sprachstile änderte radikal das Bild des sprachlichen Wandels. Die beiden Phasen eines fortschreitenden Wandels wurden als zwei simultane Sprachstile reinterpretiert; der Wandel wurde als eine Tatsache sprachlicher Synchronie aufgefaßt und verlangte wie jede synchrone Tatsache die Anwendung einer Mittel/Ziele-Prüfung im Hinblick auf das ganze Sprachsystem. So erfuhr die historische Linguistik eine vollständige Metamorphose. Da in den früheren Phasen der indoeuropäischen Studien, wie Benveniste 1935 feststellte, »der beachtlichen und verdienstvollen Anstrengung, die auf die Beschreibung der Formen angewandt wurde, kein ernsthafter Versuch folgte, sie zu interpretieren«, werde es hinfort notwendig sein, die rekonstruierte Sprache nicht länger als ein Repertoire unwandelbarer Symbole anzusehen, sondern »als eine Sprache im Werden«, und ferner, die Funktionen der dabei beteiligten Elemente zu betrachten.

Als die herkömmliche Voreingenommenheit für die ererbten Gemeinsamkeiten (»Sprachfamilien«) durch eine intensive Beschäftigung mit erworbenen Ähnlichkeiten (»Sprachbünden«, wie Trubetzkoys Wortprägung lautet) ergänzt wurde, erweiterte und veränderte sich die Rolle des Vergleichs in der Sprachwissenschaft. Damit fanden Zeit und Raum ihren eigentlichen Platz im Mittel/Ziele-Modell der Sprache. Als dritte und am weitesten reichende Form des Vergleichs, die zur Einführung von Universalien in das Sprachmodell führte, wurde in den zwanziger Jahren der typologische Vergleich als das Endziel jener internationalen Richtung in der Sprachwissenschaft entworfen, die vom Prager Kreis 1929 »funktionale und strukturale Analyse« getauft worden war.

Wenn jedoch diese Benennung in unserem Überblick vermieden wird, dann nur deshalb, weil in den letzten Jahrzehnten die Ausdrücke ›Struktur‹ und ›Funktion‹ die am meisten äquivoken und stereotypen Worte in der Sprachwissenschaft geworden sind. Insbesondere wurde das Homonym *Funktion* im Sinn von ›Rolle‹, ›Aufgabe‹ (im Mittel/Ziele-Ansatz) und im Sinn der Entsprechung zwischen zwei Variablen oft wahllos gebraucht.[2] »Hier liegt eine Quelle für Verwirrungen, die bestimmte Aspekte unserer Zeit kaum verständlich macht«, heißt es in Lalandes *Philosophischem Wörterbuch*.

Der »Sturm und Drang«, den die Sprachwissenschaft, wie so viele andere Wissensgebiete, in der Zwischenkriegszeit durchlief, hat der Arbeit an der Grundlegung einer umfassenden und exakten Sprachwissenschaft Platz gemacht, wie sie für unsere Zeit kennzeichnend ist. Es ist eine gemeinsame und verantwortungsvolle Arbeit, in der die früheren Unterschiede zwischen Arbeitskreisen einzelner Länder oder sogar einzelner Kontinente ihre Wichtigkeit allmählich verloren haben.[3] Entsprechend erwecken viele sektiererische Diskussionen der neueren Zeit zwischen unterschiedlichen Schulen plötzlich den Eindruck, daß sie einer fernen Vergangenheit angehören. Von den Sprachmodellen, die in der gegenwärtigen reinen oder angewandten Sprachwissenschaft eine immer größere Rolle spielen, gewinnt das Mittel/Ziele-Modell ein neues Niveau und neue Relevanz.

Anmerkungen des Herausgebers

1 Vilém Mathesius, »La place de la linguistique fonctionelle et structurale dans le développement général des études linguistiques«, in: *Časopis pro moderní filologii* 18 (1931), 1–7.
2 Zum Zusammenhang der verschiedenen Funktionsbegriffe siehe: E. Holenstein, »Zur Semantik der Funktionsanalyse«, in: *Zeitschrift für allgemeine Wissenschaftstheorie* 14 (1983), 292–319.
3 Zur Annäherung zwischen der amerikanischen und der kontinental-

europäischen Sprachwissenschaft siehe: R. Jakobson, »The Twentieth Century in European and American Linguistics«, in: *Selected Writings* VII, Berlin: Mouton de Gruyter 1985, 265–278.

Strukturalismus und Teleologie
[1975]

Jakobsons Strukturalismus unterscheidet sich vom französischen Strukturalismus der letzten Jahrzehnte durch seine teleologische Perspektive und von der vorherrschenden Rezeption des Strukturalismus durch die Annahme der psychologischen Realität der freigelegten Strukturen bis in ihre letzten Bestandteile hinein. Beides, Teleologie und psychologische Realität, ob bewußt oder nur unterschwellig wirksam, drängt sich von seinem sprachwissenschaftlichen Ausgangspunkt her, der Poesie, auf.

Über das Analysieren von Gedichten kam ich dazu, die Phonologie zu untersuchen. Die Sprachlaute sind nicht nur äußerliche Erfahrungstatsachen, akustisch und motorisch. Man entdeckt in ihnen Elemente, die eine hervorragende Rolle im Bedeutungssystem der Sprache spielen, und wenn man die Analyse bis zum Ende vorantreibt, entdeckt man, daß es die distinktiven Eigenschaften sind, die sowohl der Sprache als auch dem Gewebe der Poesie zugrunde liegen. Was mich bei diesen Untersuchungen leitete, waren die Erfahrung der neuen Dichtung, die quantentheoretische Strömung der zeitgenössischen Wissenschaft und die phänomenologischen Ideen, die wir um 1915 an der Moskauer Universität kennenlernten.

1915 entschloß sich die Studentengruppe, die gerade den Moskauer linguistischen Kreis gegründet hatte, die sprachliche und poetische *Struktur* der russischen Folklore zu untersuchen; der Ausdruck *Struktur* hatte für uns bereits seine relationale Konnotation erlangt, obwohl Saussures während der Kriegsjahre erschienener *Cours* in Moskau noch unbekannt war.

Als ich 1920 nach Prag kam, verschaffte ich mir den *Cours de linguistique générale*. Es war gerade das Bestehen auf der Frage nach den Beziehungen, die mich an Saussures *Cours* immer beeindruckt hat. Ihm entspricht auf eindrückliche Weise die Akzentsetzung kubistischer Maler wie Braque und

Picasso nicht auf die Dinge selbst, sondern ihre Beziehungen. Die gleiche topologische Einstellung, die sich uns in der Linguistik aufdrängte, zeigte sich zur selben Zeit in den Künsten und in den Wissenschaften. In Saussures *Cours* gibt es einen Ausdruck, der mir zu denken gab, den der *Opposition*, der unvermeidlich den Gedanken einer verborgenen logischen Operation nahelegte.

Als wir uns aber an die phonologische Arbeit machten oder, mit anderen Worten, an die streng sprachliche Untersuchung des phonischen Stoffs der Sprache, war es mehr die Darstellung des Saussure-Schülers Albert Sechehaye in seinem Buch *Programme et méthodes de la linguistique théorique* (1908), die mich zu den grundlegenden Einheiten dieser Disziplin führte: »Jede Sprache setzt ein *phonologisches System* voraus, das heißt eine Sammlung von Lautvorstellungen [...]. In der genauen Analyse zeigt sich, daß dieses System alles Denken in der Sprache trägt, denn die Symbole existieren und haben ihren spezifischen Charakter nur mit seiner Hilfe. Es konstituiert seinerseits eine ›Form‹ [...]. Man kann nämlich das phonologische System unter seinem algebraischen Aspekt fassen und die dreißig, fünfzig oder hundert Elemente, aus denen es sich in einer gegebenen Sprache zusammensetzt, durch ebensoviele allgemeine Symbole ersetzen, die ihre Individualität bestimmen, nicht jedoch ihren materialen Charakter.«[1] Auf Sechehaye beziehe ich mich bei der Erörterung der Phonologie in meinem Buch über den tschechischen Vers, das 1922 beendet wurde.[2] Gleicherweise hatte, als ich 1919 in meiner Arbeit über Chlebnikov[3] behauptete, daß die Dichtung sich mehr der Phoneme als der Laute bedient, der Einfluß von Schülern wie Ščerba und Polivanov einmal mehr den des Lehrers, Baudouin de Courtenay, übertroffen.

An der poetischen Sprache fesselte ihr *teleologischer* Charakter meine wissenschaftliche Aufmerksamkeit am meisten. Es gibt hier eine Finalität, aber ich fand mich gleich mit jenen im Streit, die behaupteten, nur die Poesie, nicht aber die gewöhnliche Sprache, sei zielgerichtet. Ich wandte ein, daß die gewöhnliche Sprache ihrerseits ein Ziel habe, jedoch ein anderes.

Die allgemeine Orientierung Saussures war antiteleologisch,

ebenso wie die von Baudouin de Courtenay, der lehrte, daß die Wissenschaft die Frage nach den Ursachen und nicht nach den Zielen zu beantworten habe. Das war die Ideologie der Zeit, von der man noch immer nicht wenige Überbleibsel findet. Selbst heute gibt es noch Leute, für die Teleologie synonym mit Theologie ist. Es ist jedoch zu sagen, daß die Intuition diese beiden Vorläufer der modernen Sprachwissenschaft zwang, sich von diesem Dogma zu lösen.

Ich habe von Anfang an versucht, auf äußerliche, nichtlinguistische Definitionen, wie man sie gewöhnlich den phonologischen Einheiten gab, zu verzichten, und ich habe die Versuche bekämpft, den Kommunikations*werten* von der Art der Phoneme eine primär psychologische, akustische oder motorische Definition aufzusetzen. Ebenso habe ich seit dem Beginn meiner phonologischen Untersuchungen das Phonem als einen im Vergleich zu dem Geflecht der Oppositionen, das die Konstitution jedes Phonems eines gegebenen Systems bestimmt, sekundären Begriff angesehen.

Dies habe ich schon 1928 in meinen »Bemerkungen über die phonologische Entwicklung des Russischen im Vergleich mit den anderen slavischen Sprachen«[4] ausgedrückt: »Als phonologisches System einer Sprache bezeichnen wir das dieser Sprache eigentümliche Repertoire an ›signifikativen Verschiedenheiten‹, das zwischen den Vorstellungen der akustisch-motorischen Einheiten besteht, das heißt das Repertoire an Oppositionen, mit denen in einer gegebenen Sprache eine Bedeutungsunterscheidung verbunden sein kann.« Im selben Kapitel »Grundbegriffe« bleibt jedoch ein innerer Widerspruch bestehen. Ich nahm zu dieser Zeit an, daß »alle phonologischen Oppositionseinheiten, *die nicht in kleinere phonologische Unteroppositionen aufspaltbar sind*, Phoneme genannt werden«. Etwas später, bei der Einführung des Korrelationsbegriffes, sagte ich jedoch, daß die korrelativen Phoneme aufspaltbar sind, da man einerseits ihr *principium divisionis* abstrahieren kann und andererseits »das gemeinsame Element, das sie eint«. Offensichtlich war es notwendig, die Analyse fortzuführen. 1931 stellte ich dann die Frage nach dem Phonem als einem Bündel distinktiver Eigenschaften, und zwar zuerst in meiner Studie über die Phonologie des

Slovakischen und dann in einem Artikel über das Phonem in der Tschechischen Enzyklopädie.[5] Mein Vortrag auf dem Dritten Internationalen Kongreß der phonetischen Wissenschaften in Gent 1938 zog die Bilanz dieser systematischen Aufspaltung der Phoneme als komplexer Entitäten in nicht weiter zerlegbare differentielle Elemente.[6]

Die oppositiven Elemente werden von den sprechenden Subjekten wirklich wahrgenommen, und man kann die physikalischen und motorischen Korrelate der entsprechenden Oppositionen nachweisen. Seien wir mißtrauisch gegenüber abstrakten Modellen außerhalb der wahrgenommenen Realität! Ob diese Beziehungen von uns bewußt oder unterschwellig erfaßt werden, ist eine andere Frage. Wenn wir diese Beziehungen trotz aller möglichen Störungen erfassen, so deshalb, weil sie existieren und in Geltung bleiben; man kann definieren, worin die Invarianz der Beziehung besteht. Der Gedanke einer topologischen Invarianz ist unbestreitbar realistisch. Die beiden einander gegenüberstehenden Elemente sind nie gleichwertig: der hierarchisch höhere der beiden bildet das Gegengewicht zu dem merkmallosen Partner. Dies ist ein wesentlicher Punkt der strukturalen Sprachwissenschaft, wie ich sie im Anschluß an Trubetzkoy definiert habe.

Anmerkungen

1 Siehe R. Jakobson, *Selected Writings* I, The Hague: Mouton 1962/71, 312.
2 Siehe R. Jakobson, *Selected Writings* V, The Hague: Mouton 1975, 3–130; deutsch in: *Postilla Bohemica* 8–10 (1974).
3 R. Jakobson, *Selected Writings* V, a.a.O., 299–354; deutsche Teilübersetzung in: W. D. Stempel (Hg.), *Texte der russischen Formalisten* II, München: Fink 1972, 19–135.
4 R. Jakobson, *Selected Writings* I, a.a.O., 7–116; Zitate 7f.
5 A.a.O., 224–233; siehe besonders 231.
6 A.a.O., 272–279.

Über die phonologischen Sprachbünde
[1931]

Die Beziehungen zwischen den Sprachen sind vielfältiger Art. Über genetisch bedingte Verwandtschaftsverhältnisse hinaus kommt es zwischen benachbarten Sprachen einerseits zu Anpassungen und Angleichungen nicht nur im Wortschatz, wo sie am ehesten bewußt werden, sondern auch in den grammatischen und phonologischen Strukturen, zu »Sprachbünden« (in Trubetzkoys Terminologie), von Jakobson auch »Wahlverwandtschaften« genannt[1], andererseits zum Bestehen auf den eigenen Sprachgewohnheiten, zu ihrer Verstärkung und institutionellen, rituellen und rechtlichen Absicherung. Die erste, zentripetale und vereinheitlichende Tendenz ist kommunikativ bedingt: zur wechselseitigen Verständigung paßt man sich einander an. Die zweite, zentrifugale und separatistische Tendenz gründet in einem Streben nach Selbstdarstellung und Selbstidentifikation in »dramaturgischen Handlungen«[2] und nach Wahrung von Unabhängigkeit und Gleichberechtigung. Saussure[3] hatte die beiden zueinander gegenläufigen Sprachentwicklungen einem esprit de communauté (force d'intercourse) *und einem* esprit particulariste (esprit de clocher) *zugeschrieben.*

Dieser Vortrag stellt eine kurze Zusammenfassung einiger Ergebnisse einer Arbeit dar, die demnächst in russischer Sprache erscheint. Ich verweise, was Beispiele, Detailfragen und Literaturangaben anlangt, auf diese Arbeit.[4]

Das Überwiegen des Interesses an genetischen Problemen in der Sprachwissenschaft drängte die Fragen nach gemeinsamen Erscheinungen zurück, die in der Struktur benachbarter Sprachen vorkommen und nicht durch gemeinsamen Ursprung bedingt sind. Die Sprachwissenschaft muß aber neben den Sprachfamilien auch die Sprachbünde berücksichtigen, »Sprachbünde« – nach der Terminologie Trubetzkoys, die auf dem Haager Kongreß angenommen wurde.

Der phonologische Gesichtspunkt scheint zu einem der fruchtbarsten Gesichtspunkte bei der Erörterung des Problems der Sprachbünde zu werden. Eine weite Expansion, die über die Grenzen einzelner Sprachen oder Sprachfamilien hinausgreift, kennzeichnet viele konstitutive Elemente der phonologischen Systeme. Im besonderen neigen einige phonologische Korrelationen dazu, sich über ausgedehnte Sprachgebiete auszubreiten.

So bildet zum Beispiel gewöhnlich die Polytonie weitgreifende Sprachbünde. Der ostasiatische polytonische Bund umfaßt die große tibetochinesische Gruppe, die anamitische Sprachfamilie, das Malaiische, das Japanische und mehrere angrenzende Sprachen. Bedeutende polytonische Sprachbünde finden wir auch in Zentralafrika und in Amerika. Ebenso bilden die Sprachen des Baltikums einen Sprachbund, den die Polytonie kennzeichnet; hierher gehören: das Schwedische, das Norwegische mit Ausnahme der nordwestlichen Mundarten, die meisten dänischen Dialekte, einige norddeutsche Mundarten, das Nordkaschubische, das Litauische und Lettische, das Livische und Estnische. In den meisten Sprachen und Mundarten dieses Bundes ist die Tonverlaufkorrelation und in den übrigen ihre Abänderung, die Tonbruchkorrelation, vorhanden. In allen Sprachen des baltischen Bundes, mit Ausnahme der litauisch-lettischen Familie, ist die Polytonie eine Neubildung. Beispiele von Wörtern, die in diesen Sprachen nur durch die Tonverlaufkorrelation unterschieden werden: schwed. *giftet* – *a*) Gift, *b*) Ehe; norweg. *kokken* – *a*) Koch, *b*) Köchin; dän. *trykker* – *a*) drückt, *b*) Drucker; norddeutsch *brūt* – *a*) brauet, *b*) Braut; nordkaschub. *čòųką* – *a*) ich krieche, *b*) durch das Kriechen; lit. *suditi* – *a*) richten, *b*) salzen; lett. *seju* – *a*) ich säte, *b*) ich band; estn. *kaevu* – *a*) in den Brunnen, *b*) des Brunnens.

Mir ist nur eine polytonische Sprachinsel bekannt, nämlich das Serbokroatische (mit Ausnahme seiner südöstlichen Peripherie) und die benachbarten slovenischen Mundarten Krains. Es ist zu beachten, daß das phonologische System des Serbokroatischen ein Relikt ist, sein Pathos ist die Beibehaltung des urslavischen Sprachbaus. Es ist ein Sediment eines einst weiten Massivs der indogermanischen polytonischen Sprachen. Die Geschichte des Absterbens der Polytonie in diesen Sprachen, mit der Geschichte ihrer Migration verglichen, bildet eines der interessantesten Probleme der historischen Phonologie.

Die russische Wissenschaft der letzten Jahrzehnte hat das Vorhandensein einer besonderen geographischen Welt bewiesen, die den Rumpf des alten Kontinents einnimmt und die man als Eurasien bezeichnet, um sie von den benachbarten geographischen Welten, nämlich von Europa und Asien zu unterscheiden. Die physische und die wirtschaftliche Geographie, die Geschichte und die Archäologie, die Anthropologie und endlich die Völkerkunde stellen eine Reihe spezifischer Merkmale der eurasischen Welt fest. Eine vor kurzem erschienene Arbeit Zelenins hat erkennen lassen, daß sich das Worttabu bei den Völkern Eurasiens vom Worttabu der übrigen Völker durch charakteristische funktionelle Eigenschaften unterscheidet, und daß es also gemeineurasische Besonderheiten der Sprachkultur gibt. Die phonologische Untersuchung ihrerseits gestattet, die eurasischen Isophone zu skizzieren und das Vorhandensein eines eurasischen Sprachbundes anzunehmen.

Der Bestand der phonologischen Korrelationen in den Sprachen des eurasischen Bundes wird durch die Verknüpfung zweier Merkmale gekennzeichnet: 1. Monotonie, 2. Eigentonkorrelation der Konsonanten.

Es gibt zwei Eigentonkorrelationen der Konsonanten: der Gegensatz der mouillierten und unmouillierten Konsonanten und der Gegensatz der dunklen und hellen Konsonanten. Wir werden uns hier nicht mit der akustischen Analyse dieser Gegensätze befassen. Was die Lautbildung betrifft, so wird die Dunkelheit der Konsonanten durch die Labialisation erzeugt, wogegen bei der Bildung der hellen Konsonanten die Labialisation fehlt. Wenn mit der Artikulation eines Konsonanten eine Hebung des Mittelteils der Zunge in der Richtung des Palatums als Nebentätigkeit verknüpft ist, so bewirkt diese Tätigkeit, Palatalisation genannt, den akustischen Eindruck der Mouillierung. Beispiel von palatalisierten Konsonanten – die russischen b', p', v', f', m', d', t', r', l', n', z', s'. Man muß selbstverständlich die palatalisierten Konsonanten von den palatalen unterscheiden, bei denen die Hebung des Mittelteils der Zunge zum Palatum keine Nebentätigkeit, sondern Haupttätigkeit ist. Beispiel der palatalen Konsonanten – die čechischen *d̂, t̂, n̂*.

Wenn in einer Sprache der Gegensatz palatalisierter und nichtpalatalisierter Konsonanten vorhanden ist und außerdem palatale Konsonanten und ähnlich unmouillierte Konsonanten einer nahen Reihe einander entgegengesetzt sind, so wird auch dieser Gegensatz als Bestandteil der Eigentonkorrelation aufgefaßt. Beispiel – die polnische Schriftsprache (*b – b', p – p'* usw., *z – ẑ, s – ŝ* usw.).

Wenn es in einer Sprache keine palatalisierten Konsonanten gibt und palatale Konsonanten den unmouillierten Konsonanten *verschiedener* Artikulationsreihen entgegengesetzt werden, so wird als gemeinsame Eigenschaft dieser einzelnen Gegensätze der Eigentonunterschied aufgefaßt. Dies ist in einigen westukrainischen Mundarten der Fall, wo die mouillierten Korrelate der Vorderzungenkonsonanten (*z, s*) und der apikalen Konsonanten (*d, t, l, n*) als palatale Konsonanten (*ẑ, ŝ, d̂, t̂, l̂, n̂*) realisiert werden.

Wenn aber in einer Sprache den palatalen Konsonanten unmouillierte Konsonanten entsprechen, die sämtlich *einer einzigen* Artikulationsreihe angehören, so gibt es keine Voraussetzungen, die uns erlauben würden, gerade den Eigentonunterschied als differenzierende Eigenschaft dieser Gegensätze aufzufassen. Die palatalen Konsonanten werden in diesem Falle einfach als *eine* der Artikulationsreihen aufgefaßt und sind in bezug auf die Konsonanten der übrigen Reihen bloß disjunkte Phoneme. Beispiel: das slovakische Inventar an palatalen Konsonanten, das auf die Phoneme *d̂, t̂, n̂, l̂* beschränkt ist. Darum hat O. Broch vollkommen recht, wenn er die slovakischen und die benachbarten ukrainischen Mundarten dem Konsonantismus nach scharf gegeneinanderstellt, und überhaupt die slavischen Sprachen mit der prinzipiellen Mouillierung und ohne solche kategorisch voneinander unterscheidet.

Die Mouillierungskorrelation der Konsonanten spaltet einige Sprachfamilien. Von den slavischen Sprachen besitzen diese Korrelation alle ostslavischen Dialekte, das Polnische mit Ausnahme seiner Nordperipherie und das Ostbulgarische; sie fehlt aber im Čechischen, im Slovakischen, im Kaschubischen, in den lausitzsorbischen Dialekten, im Serbokroatischen, im Slovenischen und im Westbulgarischen. Die romanischen Sprachen mit Ausnahme des Moldavischen, d. h. des östlichen Vertreters der rumänischen Gruppe, und die indoiranischen Sprachen mit Ausnahme der Zigeunerdialekte Rußlands und Polens entbehren diese Korrelation. Finnougrische Sprachen: die Korrelation ist vorhanden im Mordvinischen, Syrjänischen, Permischen, Wotjakischen, Tscheremissischen, in den südlichen Mundarten des Karelischen, an der Ostperipherie der Suomisprache, in den östlichen Mundarten der estnischen Sprache, im Ostjakischen, und außerdem in der samojedischen Gruppe, die den finno-ugrischen Sprachen verwandt ist; sie fehlt in den übrigen Mundarten des Karelischen, des Suomi und des Estnischen, im Livischen, im Lappischen und im Magyarischen. In der Mehrheit der türkischen Sprachen, die die Mouillierungskorrelation der Konsonanten besitzen, sind nicht die mouillierten und die unmouillierten Konsonanten an sich einander entgegengesetzt, sondern unzertrennbare mouillierte und unmouillierte Silben. Eine derartige kombinatorische Mouillierungskorrelation der Konsonanten wurde in folgenden Sprachen beobachtet: im Tatarischen, im Kasachischen, im Kirgisischen, im Baschkirischen, im Turkmenischen, im Aserbaidschanischen, in der Sprache der bessarabischen Gagausen und den nichtiranisierten usbekischen Mundarten. Eine selbständige Mouillierungskorrelation der Konsonanten ist in der Sprache der nordwestlichen Karaimen vorhanden, die auf dem Grenzgebiete zwischen dem Polnischen und dem Russischen zerstreut wohnen. Das Tschuwaschische bildet einen Übergangstypus von der kombinatorischen zur selbständigen Mouillierungskorrelation. (Zum selben Übergangstypus gehören nebenbei gesagt auch einige tscheremissische Mundarten, wogegen die übrigen Mundarten eine selbständige Mouillierungskorrelation der Konsonanten besitzen.) Die Mouillierungskorrelation fehlt im Osmanisch-Türkischen und in den iranisierten usbekischen Mundarten. Die selbständige Mouillierungskorrelation besitzen weiter mongolische Dialekte, zum Beispiel das Kalmükische, das Chalcha-Mongolische, das Ordossische und das Dagurische. In den nordkaukasischen Sprachen ist teilweise die Mouillierungskorrelation, teilweise die Dunkelheitskorrelation der Konsonanten vorhanden und in einigen von diesen Sprachen beide zugleich.

Das Verbreitungsgebiet der Eigentonkorrelation umfaßt also die drei Ebenen – die Weißmeerkaukasische, die Westsibirische und die Turkestanische, das heißt den Grundkern des Kontinents, wo auch die typischsten Eigenschaften der eurasischen geographischen Welt in die Erscheinung treten. Die südwestliche Peripherie dieser phonologischen Einheit umfaßt den Keil der eurasischen Steppen, die sich längs der Schwarzmeerküste von Odessa bis zum Balkan ausbreiten. Im Osten nehmen die Sprachen mit der Eigentonkorrelation den sogenannten mongolischen Kern des Kontinentes ein, der mit einer Reihe von Merkmalen auch zu Eurasien gehört.

Eine charakteristische Symmetrie in der Grenzstruktur Eurasiens wird sowohl von der Phonologie als auch von der physischen Geographie festgestellt. Im äußeren Nordosten und im äußeren Nordwesten grenzen an die eurasischen Sprachen monotonische Sprachen ohne Eigentonkorrelation: das Tschuktschische, Jukagirische usw. einerseits, das Suomi, das Lappische, das Nordkarelische und das Finnland-Schwedische andererseits. Im Nordwesten und längs der ganzen östlichen Grenze berührt sich der eurasische Sprachbund mit den polytonischen Bünden – mit den baltischen und dem ostasiatischen. Im Süden und Südwesten sind die Nachbarn des eurasischen Bundes wieder die monotonischen Sprachen Europas, das Osmanische, die karthvelische Gruppe und die indogermanischen Sprachen des nahen Ostens. In den meisten Fällen ist ein außerordentlicher Parallelismus zwischen den phonologischen und den geographischen Daten vorhanden. So zum Beispiel fehlt im Armenischen und in den karthvelischen Sprachen die Eigentonkorrelation; auch die Geographie und die Ethnographie bezeugen, daß es sich hier um ein Übergangsgebiet zwischen der eurasischen und den benachbarten geographischen Welten handelt. Ebenso bestätigen die paläo-asiatischen Sprachen die These des Geographen Savickij, daß der Ferne Osten sich außerhalb Eurasiens befindet.[5]

Außer dem eurasischen Sprachbund gibt es auf dem Kontinent, zu dem Eurasien gehört, *keine einzige Sprache*, die eine Verknüpfung der Monotonie mit der Eigentonkorrelation der Konsonanten aufweist. Nur bei den Sprachen der Inseln, die diesem Kontinent benachbart sind – am äußeren Westen der europäischen Welt –, gibt es *eine* derartige Sprache, nämlich das Irische.

Wir können nur *eine* bedeutende Nichtübereinstimmung zwischen der phonologischen Grenze und den heterogenen Isolinien, die die Konturen Eurasiens bestimmen, feststellen – auf dem polnischen Gebiet zeigt sich, daß die eurasischen Isophone aggressiver sind als die physisch-geographischen Merkmale und als die historischen Grenzen.

Die Isolinie der Mouillierungskorrelation dringt in die beiden polytonischen Sprachbünde, die den eurasischen Sprachbund umgeben. Wir finden die Mouillierungskorrelation einerseits im Litauischen, wobei ihre Rolle parallel mit der Nähe der russischen Sprachgrenze wächst, im Ostlettischen und in den östlichen estnischen Mundarten, andererseits im Japanischen mit Ausnahme seines östlichen Dialektes.

Wir haben die Verbreitungszone der Eigentonkorrelation skizziert. Um aber das Relief des phonologischen Sprachbundes aufzuklären und im besonderen den Grundherd oder die Grundherde der erwähnten Korrelationen auf dem Gebiete Eurasiens aufzudecken, ist es nötig, die tatsächliche Ausnützung der Eigentonunterschiede und ihre funktionelle Belastung in den einzelnen Sprachen zu erforschen und zu kartographieren.

Das Problem erschöpft sich keinesfalls in der synchronischen Charakteristik. Der eurasische Sprachbund hat seine Geschichte bzw. seine historische Phonologie. Die Grenzen und selbst die Merkmale eines Sprachbundes ändern sich ähnlich wie die Grenzen und die charakteristischen Merkmale einer Sprache. Wir werden hier nur die Hauptlinien ziehen.

Schon das Alphabet der ältesten türkischen Denkmäler, das auf das 6. Jahrhundert zurückgeht, bezeugt die kombinatorische Mouillierungskorrelation der Konsonanten. Man darf sie schon als gemeinaltaisch ansehen. Wenn heute das Gebiet der Monotonie breiter als das Gebiet der Mouillierungskorrelation ist und gerade die letzte die charakteristischste Komponente der eurasischen Merkmalverknüpfung darstellt, so war ursprünglich im Gegenteil die Zone der Eigentonkorrelation breiter und die Zone der Monotonie enger. Damals war es die Monotonie, die die charakteristische Komponente der erwähnten Verknüpfung bildete. Die kombinatorische Mouillierungskorrelation entstand in der urslavischen Sprache vor ihrer dialektischen Gliederung und die selbständige Mouillierungskorrelation war, wie Trubetzkoy beweist, im Altindischen vorhanden; auch für das Chinesische des 7. Jahrhunderts n. Chr. ist sie bezeugt.

Im weiteren wird die Zone der Mouillierungskorrelation enger. Diese Korrelation fehlt schon im Mittelindischen, verschwindet im Chinesischen und in den westlichen Teilen der slavischen Sprachfamilie. Es entstand aber eine neue Erscheinung, die als eine Reaktion auf die erste betrachtet werden kann: die westliche und andererseits die östliche Vorhut der eurasischen Sprachenwelt hat die Rolle der konsonantischen Eigentongegensätze erhöht; während der ersten Jahrhunderte unseres Jahrtausends wurde hier die *kombinatorische* Mouillierungskorrelation der Konsonanten durch eine *selbständige* Mouillierungskorrelation ersetzt. So kann man annähernd einerseits die Entstehung der selbständigen Konsonantenmouillierung in den mongolischen Dialekten, andererseits die parallelen Erscheinungen im östlichen Sektor der slavischen und der finnischen Welt datieren. Eine ähnliche Erscheinung können wir auch für die westliche Vorhut der türkischen Sprachen Eurasiens, nämlich für die kumanischen Mundarten vermuten, deren Nachkommen, das nordwestliche Karaimische und das erloschene Armeno-Kiptschakische, die einzigen türkischen Sprachen sind, wo eine *selbständige* Mouillierungskorrelation der Konsonanten festgestellt wurde.

Wir beschränkten uns auf wenige Beispiele der phonologischen Bünde, aber man kann mit Sicherheit sagen, daß die Durcharbeitung der phonologischen Geographie und letzten Endes die phonologische Zonierung der Sprachenwelt eine der aktuellsten Aufgaben der Phonologie bildet.

Anmerkungen des Herausgebers

1 Siehe R. Jakobson, »Sur la théorie des affinités phonologiques entre les langues« (1938/49), in: *Selected Writings* I, The Hague: Mouton 1962/71, 236. – Dieser französischsprachige Aufsatz befaßt sich stärker als der hier abgedruckte deutschsprachige mit den soziologischen Erklärungen der Sprachbundbildung. – Zum zeitbedingten ideologischen Hintergrund, aber auch zum wissenschaftstheoretischen Ertrag der Sprachbundstudien im Prager Kreis, insbesondere der Erforschung und Herausstellung des eurasischen Sprachbundes vgl. »Über die heutigen Voraussetzungen der russischen Slavistik« (1929), in diesem Band, 50; Jindřich Toman, »The Ecological Connection: A Note on Geography and the Prague School«, in: *Lingua e Stile* 16 (1981), 271–282, und meine Ausführungen zur »eurasischen ideologischen Strömung« in: R. Jakobson/H. G. Gadamer/E. Holenstein, *Das Erbe Hegels* II, Frankfurt: Suhrkamp 1984, 50, 120f.
2 In Habermas' Terminologie; vgl. Jürgen Habermas, *Theorie des kommunikativen Handelns* 1, Frankfurt: Suhrkamp 1981, 438f., 447.
3 Ferdinand de Saussure, *Cours de linguistique générale* (1916), Paris: Payot 1931, 281, deutsch: *Grundfragen der allgemeinen Sprachwissenschaft*, 2. Auflage, Berlin: de Gruyter 1967. Siehe Jakobsons Zitat in diesem Band, 147.
4 »K charakteristike evrazijskogo jazykovogo sojuza« (1931), in: *Selected Writings* I, a.a.O., 144–201.
5 P. N. Savickij (1895–1968), tschechischer Geograph und Ökologe, Mitglied des *Cercle linguistique de Prague*.

Der Anfang der nationalen Selbstbestimmung in Europa
[1945]

Nach gängiger Auffassung finden sich in Europa die Anfänge des Selbstbestimmungsrechts der Völker im späten Mittelalter, spielten die nach Unabhängigkeit trachtenden Fürstenhäuser dabei eine wichtige Rolle und erlebte die Bewegung einen ersten, auch (national-)sprachlich manifesten Höhepunkt in der Reformationszeit. Jakobson reagierte zeit seines Lebens empfindlich auf solche westeuropazentrische Sichtweisen, am heftigsten in den dreißiger Jahren, als die Selbständigkeit der Tschechoslovakei, in der er lebte, vom Westen her, akademischerseits mit kulturgeschichtlichen Thesen gestützt, erst bedroht und dann aufgehoben wurde. Der vorliegende Aufsatz ist die letzte von mehreren Streitschriften zu diesem Thema.[1] – Nach Jakobson reicht der Anfang der nationalen Selbstbestimmung in Osteuropa, bedingt durch seine eigenartige Kulturgeschichte, ins frühe Mittelalter zurück. Dort wurde die Idee in Abstützung auf die Deutung des Pfingstwunders als eine Sanktionierung der sprachlichen Vielfalt[2] vom Slavenapostel Konstantin-Kyrill (826–869) aus Saloniki – von Jakobson als »Philosoph«, »Aufklärer«, »Denker und Sprachforscher ohnegleichen« verehrt[3] – mit demokratischen und bildungspolitischen Argumenten in einen Weg geleitet, von dem aus über das ganze Mittelalter kulturelle und soziale Aufbruchbewegungen ausgingen und der schließlich zu den verwandten Bestrebungen der Reformationszeit in Deutschland führte: »Der Ruf nach Gleichheit ließ sich leicht ausweiten vom kirchlichen auf den weltlichen Bereich und von geistigen Werten auf materielle.«[4] Der wahre Universalismus besteht nicht im Imperialismus einer Kultur, sondern in der Anerkennung der Gleichwertigkeit aller Sprachen und der Gleichberechtigung aller Nationen.

Die Ursprünge und die Entwicklung der nationalen Idee in Europa sind in den letzten Jahren, besonders seit dem Ersten Weltkrieg, ein Lieblingsthema kulturhistorischer Untersuchungen. Diese Untersuchungen beschäftigen sich mit dem wachsenden Drang der europäischen Völker zur nationalen Selbstbestimmung und beschreiben die Entwicklung von einem unbestimmten Gefühl kämpferischer Stammessolidarität zu einem bewußteren Patriotismus, der sich gewöhnlich um den Fürsten, den König, kurz den Herrscher, kristallisiert. Nach diesen Untersuchungen trat die nationale Kultur während des 12. und 13. Jahrhunderts immer mehr ins Bewußtsein; die Ansprüche auf eine Nationalsprache vermehrten sich und erreichten schließlich in der Reformation ihren Höhepunkt.

Dieses historische Schema wird gewöhnlich als allgemeines europäisches Muster für die Geburt und das Wachstum der nationalen Idee betrachtet. Ein solches paneuropäisches Evolutionsschema ist jedoch in Wirklichkeit eine reine Fiktion, eine vorschnelle Verallgemeinerung, die nur auf die Gegebenheiten jener europäischen Völker zutrifft, die ganz der abendländischen politischen und kulturellen Welt angehören. Dieses einseitige Schema muß bei der Untersuchung der Geschichte der Völker, die wenigstens zeitweise durch das Griechische Reich und durch die byzantinische kulturelle Ausstrahlung beeinflußt wurden, gründlich revidiert werden.

Nur wenn man solche fundamentalen Unterschiede zwischen diesen west- und osteuropäischen Einflüssen berücksichtigt, kann man die Dynamik der europäischen nationalen und sprachlichen Probleme und deren historische Konsequenzen begreifen. Nationale und sprachliche Probleme gehören zu den wichtigsten und vitalsten Triebkräften der europäischen Geschichte, und ein Verständnis ihrer Wurzeln ist nötig, wenn wir die Fundamente des alten und neuen Europa verstehen wollen. Infolgedessen müssen wir die Eigenart der osteuropäischen kulturhistorischen Entwicklung begreifen und uns ihrer stets bewußt sein. Dies ist nötig nicht nur wegen der Erforschung dieses Gebietes an und für sich, sondern auch, weil der Osten Europas nicht eine Einheit darstellt, die hermetisch verriegelt und abgeschlossen ist; er ist ein integraler Teil des ganzen europäischen Kontinents. Es gab und es gibt noch viele gegenseitige Beziehungen und Verflechtungen zwischen Osten und Westen, die für beide große Folgen haben. Eine vollständige Kenntnis beider mit ihren besonderen Merkmalen ist überhaupt für ein seriöses und kompetentes Verständnis der Geschichte Europas unerläßlich.

Es ist ein schwieriges Unterfangen, die Grenzen zweier verwandter Kulturgebiete genau festzulegen. Im allgemeinen sind sie durch Bindeglieder miteinander verknüpft. Nach dem Beginn des Mittelalters kann man alle europäischen Völker östlich des Reichs Karls des Großen als Völker Osteuropas betrachten. So umfaßt das osteuropäische Gebiet alle slavischen und baltischen Völker, die finno-ugrischen Völker Europas und, neben den Südslaven, auch die anderen Völker der Balkan-Halbinsel.[5]

Unter den neuen Völkern, die nicht an der alten Kultur teilhatten und immer noch auf der historischen Bildfläche erscheinen, waren die Slaven die ersten in Osteuropa, die sich der christlichen Kultur anschlossen und eine geschriebene Literatur in ihrer Landessprache hervorbrachten. In Osteuropa bildeten die Slaven die erste und einzige ethnische Einheit, die eine neue nationale Kultursprache im frühen Mittelalter schuf.

In dieser Hinsicht ist der slavische Fall so eigentümlich und so verschieden vom üblichen abendländischen Gang der Kulturgeschichte, daß er tatsächlich eine spezielle, unvoreingenommene Untersuchung verdient, und das um so mehr, als sich bis vor kurzem die Tendenz breitmachte, den slavischen Fall künstlich in das westliche Schema zu zwängen. Wir wollen uns einige grundlegende Fakten ins Gedächtnis zurückrufen, die oft unterschätzt oder mißverstanden werden.

Als im 9. Jahrhundert mit dem Niedergang des supranationalen Reichs Karls des Großen die ersten Anzeichen späterer nationaler Staaten in Europa auftauchten, erhob sich auch das erste slavische Reich, regiert von Slaven, der erste tschechische Staat, bekannt unter dem Namen »Großmährisches Reich«. Gegen die zweite Hälfte des 9. Jahrhunderts kam dieses Reich eine Zeitlang zu großer politischer, wirtschaftlicher und kultureller Blüte. Großmähren umfaßte nicht nur das Gebiet der heutigen Tschechoslowakei, das eigentliche Mähren, Böhmen und die Slowakei, sondern auch einen

beträchtlichen Teil des heutigen Österreichs und Ungarns, die damals ebenfalls von Slaven bewohnt waren. Gegen Osten erstreckte sich Großmähren bis zu den Grenzen Bulgariens, damals ein großer turkoslavischer Staat; nördlich beherrschte es einige polnische und sorbische Gebiete. Das eigentliche Großmähren und besonders das Grenzland zwischen dem heutigen Mähren und der Slovakei war der Schauplatz, wo in den sechziger Jahren des 9. Jahrhunderts zum erstenmal in der tschechoslovakischen und in der gesamten slavischen Geschichte eine Prosa und Poesie und sogar eine Liturgie in der Landessprache entstand. Die sechziger Jahre des 9. Jahrhunderts erlebten nicht nur die Geburt der slavischen Literatur, sondern auch die erste Formulierung der nationalen Idee in der tschechoslovakischen und der gesamten slavischen Geschichte.
Ungefähr im Jahre 863 begannen der hl. Konstantin-Kyrill und sein Bruder Methodius ihr apostolisches Werk in Großmähren. Zuerst machte Konstantin eine slavische Übersetzung liturgischer Texte und des Evangeliums für den Gebrauch in seiner mährischen Pfarrei. Hinzu fügte er ein poetisches Vorwort, ebenfalls auf Slavisch. Neben einigen Fragmenten ist dieses Vorwort von etwa hundert Zeilen das einzige Überbleibsel des poetischen Werks Konstantins. So setzte also die Geschichte der slavischen und besonders der tschechoslovakischen Literatur mit einer erhabenen Hymne auf das nationale Schrifttum ein[6]:

> Hört nunmehr mit Eurem Verstand!
> Da Euer Gehör erschlossen ist, slavisches Volk!
> Hört das Wort, denn es kam vom Herrn:
> Das Wort, das nährt die menschlichen Seelen,
> Das Wort, das stärkt Herz und Geist,
> Dieses Wort, bereit für die Erkenntnis Gottes!
> Wie es ohne Licht keine Freude gibt,
> Denn das Auge sieht die ganze Schöpfung Gottes
> Doch alles erscheint ohne Schönheit –
> So jede des Schrifttums beraubte Seele,
> Welche das durch die Heilige Schrift
> Und das Gesetz offenbarte göttliche Paradies nicht kennt!
> Welches Ohr, taub
> Dem Donnerschlag, kann Gott fürchten?

> Wie können Nüstern, die keine Blume riechen,
> Empfinden das göttliche Wunder?
> Und der Mund, der keine Süße schmeckt,
> Macht den Menschen als wie aus Stein.
> Und weiter, eine Seele, des Schrifttums beraubt,
> Erstarrt in den Menschen!
> Und dies alles bedenkend, Brüder,
> Bringen wir euch Rat,
> Fähig, die ganze Menschheit zu befreien
> Vom viehischen Leben und von Schändlichkeit.
> Ihr, die ihr das Wort in fremden Zungen hört,
> Unverständlich dem Verstand,
> Ihr müßt mehr hören als die bloße Stimme einer kupfernen
> Und deshalb lehrt der hl. Paulus[7]: [Schelle.
> Ich spreche lieber fünf Wörter, die ich verstehe,
> Und die ich auch andere lehren möge,
> Als zehntausend Wörter in einer unbekannten Zunge.

Der große slavische Dichter Konstantin der Philosoph (Kyrill) entwickelt sein Thema noch weiter. Er sagt, Leute ohne Bücher in der Landessprache seien nackt; er vergleicht sie mit einem Körper, dem die richtige Nahrung entzogen wird und der so verfault und alles ansteckt. In einem feinen Wortspiel beklagt der Dichter das unaussprechliche Elend der Völker, die mit dem Herrn in einer ihnen fremden Zunge reden und Ihm deshalb nicht ihre Not mitteilen können.

Wir halten umsonst nach einem ähnlichen Werk in den westlichen mittelalterlichen Literaturen Ausschau. Dieses Gedicht pocht beredt auf die führende Rolle des Verstehens im religiösen Leben eines jeden Volkes und verlangt unverhohlen für jedes Volk die Landessprache als heiliges Recht und heilige Pflicht. Es enthält in aller Kürze die zentrale Ideologie der tschechoslovakischen und sogar der ganzen slavischen mittelalterlichen Literatur; es ist ein überwältigender Ausdruck des Geistes dieser Literatur. Vorab in der ersten, der altkirchenslavischen Epoche der tschechoslovakischen Kultur – vom neunten bis zum elften Jahrhundert – wird das von Konstantin-Kyrill angeführte Gedankengut gründlich ausgebaut.

Wie kommt es, daß dieses schöne und einzigartige Gedicht, das in mehreren alten Handschriften erhalten und in einigen

philologischen Publikationen abgedruckt ist, der Aufmerksamkeit selbst Forschern slavischer Geschichte und Literatur entging? Wie kommt es, daß weder dieses Gedicht noch andere ähnliche slavische Dokumente des frühen Mittelalters für das Studium der mittelalterlichen Ideologie herbeigezogen wurden? Es ist befremdlich, doch sind in der slavischen Geschichtsschreibung solche paradoxen Fälle leider gar nicht selten; man bediente sich ausländischer Schemata, um die eigene Vergangenheit der Slaven zu deuten. Paßten die Fakten dieser Vergangenheit nicht in das Schema, um so schlimmer für die Fakten: Widersprüchliche Fakten wurden oft im dunkeln gelassen. So widersprachen besonders die im 9. Jahrhundert verfaßten Erklärungen von den Rechten der Völker völlig der konventionellen Geschichte des Nationalismus und blieben auf der Strecke liegen. Dazu war es verpönt, im kulturellen Fortschritt eine slavische Initiative anzunehmen, weil aufgrund eines starren deutschen Standpunktes die historische Rolle der Slaven bloß darin bestehen konnte, ihre westlichen Nachbarn nachzuahmen und in ihrem Kielwasser zu schwimmen. So konnte selbst der tschechische Philosoph E. Rádl beispielsweise noch vor etwa fünfzehn Jahren schreiben: »Ich kann nicht glauben, daß Konstantin und Methodius dem revolutionären Prinzip, daß es notwendig sei, die Liturgie zu verstehen, zum Durchbruch verhalfen... Dann«, bemerkt der Philosoph ironisch, »wären sie die Vorläufer Luthers.«[8] Doch solche unbegründeten und voreingenommenen Überlegungen sind angesichts der authentischen historischen Quellen nicht haltbar. Man erinnere sich nur an Konstantins scharfes Protestschreiben gegen Schmäher der slavischen Liturgie, das in seinem zuverlässigen *Leben*[9] festgehalten ist, das in Großmähren kurz nach seinem Tod aufgezeichnet wurde, wahrscheinlich von seinem Bruder Methodius.
Konstantin der Philosoph (Kyrill) gab folgende Beweggründe: »Fällt nicht der Regen, geschickt vom Herrn, gleichermaßen auf jeden? Scheint nicht die Sonne gleichermaßen für die ganze Welt? Atmen wir nicht alle gleichermaßen die Luft? Überkommt dich nicht die Scham, nur drei Sprachen zu autorisieren und andere Völker zur Blindheit und zur Taub-

heit zu verdammen? Sag mir, glaubst du, daß Gott ohnmächtig ist und nicht Gleichheit verleihen kann, oder daß er eifersüchtig ist und sie nicht geben will?« Dennoch argumentiert Konstantin, gibt es jene, die diese einfache Wahrheit nicht verstehen wollen, und für diese zitiert er viele Stellen aus der Heiligen Schrift, besonders vom hl. Paulus, der zum Eckpfeiler für die Lehre der Slavenapostel und ihrer Nachfolger wurde. Konstantin war der erste, der die vitale Wichtigkeit des ersten Korintherbriefes für die Idee der Gleichheit scharfsinnig erkannte.

Gleiche Rechte – für Nationen wie für Sprachen – ist die Leitidee des großmährischen geistigen Erbes. Wie es in einer tschechischen Legende des 10. Jahrhunderts heißt, stellte Konstantin den westlichen Gegnern der slavischen Liturgie die polemische Frage: »Wenn jeder den Herrn verehren soll, warum haltet ihr mich dann davon ab, ehrwürdige Patres, die Messe auf slavisch zu lesen, da ja Gott diese Sprache genau gleich wie die anderen Zungen erschaffen hat?« Und weil die Messe und die Kirche in der mittelalterlichen Wertskala als das Heiligste galten, wurde damit auch die Nationalsprache durch den Einzug in die Messe geheiligt – und damit auch die durch diese Sprache vereinte Nation. Liturgie und Kirche wurden national – ohne sich von der universalen Kirche abzusondern –, und die Nation wurde zu hohem, heiligem Wert erhoben; der Kampf um eine nationale liturgische Sprache wurde nun natürlich zu einem Kampf um eine nationale Kultur und um nationale Rechte im allgemeinen.

Diese von den mährischen Aposteln begründete Bewegung beansprucht gleiche Rechte für den höchsten der Werte, nämlich das Göttliche Wort, für jede Nation und für alle Völker. So wird hier der *nationale* Trend mit einem *demokratischen* Trend verknüpft. Und gemäß einer anderen tschechischen Legende des 10. Jahrhunderts verteidigte Konstantin die Nationalsprache als das wirkungsvollste Mittel, die Unwissenheit eines Volkes zu überwinden. Andererseits verwarfen die Gegner der tschechischen Kämpfer für das Erbe Konstantins und Methodius' scharf alle Konzessionen an die unteren Schichten (*mediocribus*) mit der Begründung, daß ihr Verstehen des Sakraments dessen Profanation bedeute.

Die Idee einer Nation und einer Nationalsprache als hohe kulturelle Werte, die Gleichheit aller Sprachen – diese ganze Ideologie, typisch für das slavische und besonders das tschechische Mittelalter von Anfang bis Ende – war nachweislich der Zeit voraus; und Historiker westlicher Prägung neigen dazu, die Epoche solchen Gedankenguts dem Untergang des Feudalismus und der Reformation zuzuschreiben. Zwei Probleme drängen sich auf: erstens der Grund für das frühe Erwachen dieser innovativen Ideen in der slavischen Welt und zweitens die Folgen dieses frühen Erwachens.

Das in Altkirchenslavisch verfaßte *Leben des Konstantin und Methodius* aus den siebziger und achtziger Jahren des 9. Jahrhunderts beschreibt deutlich, was sich dort anfangs der sechziger Jahre ereignet hatte:

Rastislav, der mährische Fürst, ergriffen von Gott, hielt Rat mit seinen Ältesten und dem mährischen Volk und sandte dem byzantinischen Kaiser Michael [III.] die folgende Botschaft: Unser Volk hat das Heidentum abgelehnt, und es gehorcht dem christlichen Gesetz, doch wir Slaven sind einfache Leute und haben keinen Lehrer, der uns in unserer eigenen Sprache den rechten christlichen Glauben erklären kann, so daß auch andere Länder es sehen und uns nachahmen können. So schicke uns, Herrscher, einen solchen Bischof und Lehrer, denn das gute Gesetz pflanzt sich immer von Dir auf alle Länder fort.

Der Kaiser sandte Konstantin den Philosophen (Kyrill), Professor an der Universität Konstantinopel und erfahrener Missionar, mit dessen Bruder Methodius. »Ihr beide seid Leute aus Saloniki«, sagte der Kaiser, »und alle Leute aus Saloniki sprechen die reine slavische Sprache.«

Es ist bemerkenswert, daß im 9. Jahrhundert die sprachlichen Unterschiede in der slavischen Welt noch sehr gering waren. Beispielsweise war der Unterschied zwischen den mährischen und makedonischen Dialekten viel geringer als etwa der Unterschied zwischen dem britischen und amerikanischen Englisch. Konstantin paßte seine Landessprache dem literarischen und liturgischen Gebrauch der Mähren an und entwarf ein spezielles Alphabet. So entstand die erste literarische Sprache in der slavischen Welt, in der Philologie Altkirchenslavisch genannt. Sie orientierte sich am Griechischen; sie richtete sich sorgfältig nach dem Sprachmuster einer großen und alten Kultur; und sowohl Altkirchenslavisch als auch seine Erben, besonders Standardrussisch, gewannen aus diesem hochentwickelten Modell großen Vorteil.

Doch nicht nur die interne Form, nicht nur der Stil der ersten slavischen Kultursprache wurde aus Byzanz entliehen, sondern auch die Idee einer eigenen geistlichen, erhabenen Sprache war eine byzantinische Anregung. Diese Idee konnte kaum in der Sphäre des abendländischen Europas Gestalt annehmen, doch die Außenpolitik der byzantinischen Kirche verbot den sogenannten barbarischen Völkern nicht *a priori*, den Herrn in der Volkssprache – *voce publica* – zu verehren.

Neuere historische und archäologische Untersuchungen lassen einen bedeutenden byzantinischen Einfluß auf das Land der Tschechen im Frühmittelalter zutage treten. Byzantinische Importe herrschten bis Ende des 10. Jahrhunderts in Mähren und Böhmen vor. Im 11. Jahrhundert begann das deutsche Gewerbe allmählich zu konkurrieren; früher hatte sich nur die deutsche Herstellung von Waffen durchsetzen können. Der kulturelle, wirtschaftliche und politische Angelpunkt Großmährens war unbestreitbar Byzanz.

Hätte das tschechoslovakische Land völlig zur byzantinischen Kulturwelt gehört, wäre natürlich nur ein neuer Satellitenstaat, eine neue Provinz dieser glänzenden Kultur entstanden. Doch das tschechoslovakische Land, an der großen Wasserscheide gelegen, am Kreuzweg Europas, grenzte nicht nur unmittelbar an Byzanz, sondern auch an die westliche Welt. Das Großmährische Reich und alsdann das tschechische Fürstentum – oder das spätere tschechische Königreich – waren an den westlichen Nachbarn interessiert, doch vor allem waren diese Nachbarn an der Tschechei interessiert. Diesen Nachbarn, den Deutschen, war daran gelegen, sich diese blühende Domäne anzueignen. Die Botschaft des großmährischen Herrschers Rastislav an den byzantinischen Kaiser kann nicht als eine einfache und zufällige Episode abgetan werden. Mähren warb um byzantinisches Wohlwollen und um Hilfe gegen die Gefahr einer Aggression von seiten Ludwigs des Deutschen. Neuere historische Werke beweisen, daß es zwei große Koalitionen gab: das Deutsche Reich, das

die Unterstützung Bulgariens gewann und das von Rom anerkannt werden wollte, stieß auf das Gegengewicht der Kollaboration von Byzanz und Großmähren.
Der deutsche Klerus, der auf verschiedenen Wegen Großmähren infiltrierte, versuchte die Kommandostellen im Land zu besetzen. Der Kampf gegen diese Fünfte Kolonne war eine wichtige Aufgabe des hl. Konstantin und des hl. Methodius. Im *Leben*[10] des letzteren heißt es: »Die Mährer erkannten, daß die deutschen Priester, die bei ihnen lebten, ihnen nicht wohlgesinnt waren, sondern gegen sie Komplotte schmiedeten und die Mährer verbannten sie alle [...]. Und das mährische Land wuchs allmählich in alle Richtungen und bekämpfte erfolgreich seine Feinde.« Dennoch suchte der deutsche Klerus mit allen Mitteln immer weiter einzudringen; und als beide Apostel nicht mehr am Leben waren, griffen die deutschen Priester und ihre Söldner zu blutigen Repressalien gegen die Anhänger der slavischen Kirche, die sie einkerkerten, beraubten, folterten, auf jede erdenkliche Weise demütigten, versklavten und verbannten. Ein slavischer Augenzeugenbericht, erhalten in einer griechischen Version, fügt hinzu, daß »diese Söldner barbarisch waren, denn sie waren Deutsche, grausam von Natur und noch grausamer, wenn sie auf Befehl handelten«.
Unter den Bedingungen der wachsamen Verteidigung gegen die ständige Bedrohung einer Aggression rückte die Frage nach nationalen Rechten auf ganz andere Weise in den Vordergrund. Das Land war allzusehr mit dem Abendland verknüpft, als daß es sich mit der Hilfe von Byzanz hätte zufriedengeben können, und die deutsche Gefahr war zu unmittelbar, um der Haltung Roms mit Gleichgültigkeit zu begegnen. Die Leiter der mährischen Mission und ihre Anhänger mußten ständig zwischen Ost und West hin und her manövrieren. Es herrschte ein Auseinanderklaffen der Interessen und Tendenzen zwischen dem Heiligen Stuhl und den Deutschen.[11] Diese letzteren bemühten sich schlau darum, ihre eigennützige Politik der Raub-Herrschaft als päpstlichen Universalismus zu maskieren. Im wesentlichen war diese deutsche imperialistische Tradition von einer wahrhaft universalistischen Ideologie unvergleichlich viel weiter entfernt

als die mährische Neigung zu einer universalen Gleichwertigkeit von Nationen und Sprachen. Die Slavenapostel waren sich dieses latenten Konflikts völlig bewußt, und sie buhlten um die Gunst Roms, indem sie sich auf die Möglichkeiten der Expansion des Einflusses Roms auf die slavische Welt beriefen. Rom seinerseits unterstützte die kühne Initiative des hl. Konstantin und half dann Methodius bei der Etablierung des geschichtlichen Anspruchs auf eine slavische Kirche.
Diese Kirche wurde gesetzlich mit der Apostolischen Kirche verankert. So berief man sich darauf, daß der Apostel Paulus in Illyrien, dem alten Gebiet östlich des Adriatischen Meeres, gepredigt habe. Nach dieser legendären Auffassung predigte Paulus in der Umgebung von Großmähren; er ernannte den hl. Andronicus zu seinem Nachfolger; und dieser schloß Mähren in seine Mission ein. So erscheint Methodius als der gesetzliche Erbe des Andronicus, und die großmährische Propaganda fügt hinzu, daß Illyrien bereits zur Zeit des hl. Paulus slavisch war; folglich habe die slavische Kirche eine alte apostolische Kontinuität.
Dieses historische (oder quasi-historische) Recht war jedoch eine zu unsichere Basis, um die Gegner der slavischen Partei zu überzeugen. Und wenn es nur um eine einfache Frage des historischen Privilegs ginge, wäre das ganze Problem nicht von allgemeinem Interesse. In Großmähren hingegen kollidierte der Anspruch auf ein slavisches nationales Recht mit einer unversöhnlichen deutschen Opposition, und in diesem hartnäckigen Kampf erhob sich eine neue, militante Ideologie und transformierte das byzantinische Modell. Während Konstantin, als Diplomat byzantinischer Schule, geschickt die historischen und gesetzlichen Privilegien der slavischen Kirche, die slavische Sprache und die slavische Nation ins Spiel brachte, lehnte der gleiche Konstantin, als Philosoph und Vertreter der neugeborenen slavischen Ideologie, jeden Gedanken privilegierter Nationen oder Sprachen ab. Mit einmaliger Schärfe proklamierte er den heiligen Grundsatz der Gleichheit für alle Nationen und alle Nationalsprachen und gleiches Recht auf die höchsten geistigen Güter. Die natürliche Folge dieses Grundsatzes war die unverletzbare Souveränität der eigenen Nation, Sprache und Kirche. Und die

Verteidigung dieser drei Güter wurde zu einer unteilbaren und heiligen Aufgabe, die notfalls Widerstand gegen den Feind und sogar gegen den eigenen Herrscher vorsah, falls sich dieser gegenüber der Nation, ihrer Sprache und ihrer Kirche nicht loyal verhielt.[12]

Die Bedeutung dieser Ideen für die Entwicklung der slavischen Kulturen war entscheidend. Als am Ende des 9. Jahrhunderts die slavische Kirche in Großmähren unter deutschem Druck vernichtet wurde, überlebte die Tradition in der westlichen Provinz dieses Staates, in Böhmen, das nach dem Untergang Großmährens als autonomes Fürstentum übrigblieb und während des 10. und 11. Jahrhunderts die slavische Kirche und Literatur weiterhin pflegte. Als ferner am Ende des 9. Jahrhunderts die slavische Kirche in Großmähren aufgehoben wurde, begann die weite Verstreuung dieser Kirche und Kultur. Der Einfluß dieser Verstreuung führt uns dazu, das mährische Kapitel in der internationalen Geschichte der nationalen Idee näher zu untersuchen.

Einige führende Vertreter der mährischen Kirche fanden Zuflucht in Bulgarien, und dieses Land bewahrte und entwickelte das Vermächtnis der slavischen Apostel und machte Rußland vom Ende des 10. Jahrhunderts an zum Nutznießer dieses Vermächtnisses. Diese kirchenslavische Kultur drang früh von den Tschechen nach Kroatien und später von den Bulgaren nach Serbien.

Besonders in Bulgarien, Böhmen und Rußland erreichte die kirchenslavische Kultur schnell einen hohen Entwicklungsgrad. Der Gebrauch einer Nationalsprache und die enge Verbindung mit der byzantinischen Kultur, die in der europäischen und nahöstlichen Welt des frühen Mittelalters einen bedeutenden Platz einnahm, waren beides Faktoren, die hier eine heilsame Wirkung hatten. Man könnte etwa das hohe Bildungsniveau einiger Herrscher in den aufgezählten Ländern im Vergleich mit vielen ihresgleichen im damaligen Deutschen Reich erwähnen: Der bulgarische Zar Simeon studierte Ende des 9. Jahrhunderts an der Universität Konstantinopel; der hl. Wenzeslaus, der tschechische Herrscher, der im Jahre 929 ermordet wurde, las Slavisch, Griechisch und Latein. Von verschiedenen russischen Prinzen, erwähnt in einer zeitgenössischen russischen Chronik des 11. Jahrhunderts, sprach einer sechs Sprachen, ein anderer gründete viele Schulen – sogar eine Fachschule für Übersetzer – und eine öffentliche Bibliothek in der Kathedrale von Kiew, ein dritter eröffnete 1086 die erste Schule für Mädchen. Eine russische Prinzessin, die mit dem französischen König Heinrich dem Ersten verheiratet war, schrieb französisch mit slavischen Buchstaben. Es gab eine russische Prinzessin, die als versierte Verfasserin religiöser Schriften bekannt war, und eine andere hatte Philosophie, Rhetorik, Grammatik und Geometrie studiert.

Auf einem der ältesten Denkmäler der slavischen Malerei, der Novgorod-Ikone der Sophia-Weisheit, befindet sich die Bibel oberhalb des Bildnisses von Christus. Seit der Zeit der slavischen Apostel wurde die Bibel in der kirchenslavischen Tradition hoch verehrt, und nach der gleichen Tradition mußte die Bibel die Nationalsprache gebrauchen, um verstanden zu werden.

Welche Aussichten für die Entwicklung einer nationalen Kultur! Dennoch grenzt es beinahe an ein Wunder, daß diese Kultur bereits in den ersten Jahrzehnten ihres Vordringens nach Bulgarien, auf der Schwelle des 10. Jahrhunderts, schon ein echtes goldenes Zeitalter der bulgarischen Literatur hervorbrachte: Viele griechische theologische, philosophische, grammatische und rhetorische Abhandlungen wurden übersetzt und imitiert, und die ganze Terminologie dieser Wissenschaften wurde sorgfältig in die slavische Sprache übersetzt. Diese gesamte Tätigkeit wurde in Rußland glänzend weitergeführt, wo im 11. und 12. Jahrhundert eine Literatur reich an eigenen Werten entstand. Die ideologischen Impulse der slavischen Kultur, Impulse, die bereits in Großmähren entsprangen, griffen weiter um sich.

Wie schon erwähnt, betrachtete Byzanz die unantastbaren Rechte einer Nationalsprache als ein kostbares Privileg. Dieses Privileg konnte einer großen Nation gewährt werden. Doch war es keine Sache der Notwendigkeit, und die byzantinische imperialistische Tendenz, Slavisch aus der Kirche zu verbannen und es durch Griechisch zu ersetzen, zeigt sich wiederholt in der Geschichte der slavischen Völker. Die slavische Welt änderte dieses byzantinische Konzept der Auserwählten und verneinte privilegierte Nationen und privilegierte Sprachen. Im Falle Bulgariens trat der Konflikt zwischen den beiden Auffassungen klar zutage. Byzanz betrachtete Bulgarien als direkten Einflußbereich und trachtete danach, dort die Griechische Kirche mit griechischem Gottesdienst und griechischem Klerus zu verbreiten, doch die kirchenslavische Ideologie half Bulgarien, seine nationale Eigenart zu bewahren. Das Verteidigungsmittel, das schon Großmähren gegen westliche Übergriffe angewendet hatte, wurde von Bulgarien auch gegen den Osten eingesetzt. Bereits Anfang des 10. Jahrhunderts pochte ein prominenter bulgarischer Autor der mährischen Tradition, der Mönch Chrabr, darauf, daß die slavische Sprache der griechischen, lateinischen und hebräischen ebenbürtig sei, weil alle Sprachen zur gleichen Zeit, nämlich zur Zeit des Turmbaus zu Babel, entstanden seien; und wenn das Slavische keine alten Buchstaben aufweise, sei das nur ein Vorteil, weil ihre Schöpfer christliche Heilige gewesen seien, während die griechischen und lateinischen Buchstaben das Werk unbekannter Heiden seien. Der großeu russische Schriftsteller des 11. Jahrhunderts, der Metropolit Illarion, geht in der Verteidigung unhistorischer Sprachen noch weiter: Der neue Glaube verlangt nach neuen Wörtern und Buchstaben, genau wie neuer Wein nach neuen Schläuchen verlangt.

In der speziellen Situation Rußlands als einer Nation, die sich über ein großes Gebiet erstreckt, nährten die Ideen einer nationalen Kirche, einer nationalen Sprache und einer nationalen Kultur einen bewußten Patriotismus, der beredten Ausdruck in der ältesten russischen Literatur fand, die in der mittelalterlichen westlichen Literatur nicht ihresgleichen hatte.[13]

Die Dynamik dieser Tradition war nicht auf die ethnischen und sprachlichen Grenzen des russischen Volkes beschränkt. Die Ansteckung ging weiter. So stellte im 14. Jahrhundert ein nordrussischer Mönch und Gelehrter, Stefan von Perm, der, wie sein zeitgenössischer Biograph berichtet, den Fußstapfen der Slavenapostel folgte, die Maxime auf, daß neue Sprachen für die Verherrlichung Gottes kultiviert werden müßten. Er erfand Buchstaben für die syrjänische Sprache, übersetzte Kirchenbücher in diese Sprache und christianisierte erfolgreich das syrjänische Volk, indem er in ihrer Landessprache predigte und lehrte. So war dieser Stamm, der den nordöstlichen Winkel des europäischen Rußlands in der Nähe des Arktischen Ozeans bewohnt und heute ungefähr 400 000 Personen zählt, der erste der zahlreichen finno-ugrischen Völker, der eine einheimische Übersetzung des Evangeliums besaß. Die Finnen in Finnland machten ihre ersten bescheidenen Versuche, in ihrer Muttersprache zu schreiben, erst in der Mitte des 16. Jahrhunderts, fast zweihundert Jahre später als der arktische Stamm, der von der mächtigen kirchenslavischen Tradition inspiriert worden war.

Doch was geschah mit der tschechoslovakischen Welt, dem Ausgangspunkt dieser Tradition? Nördlich und südlich der Tschechen wurden ihre alten slavischen Nachbarn versklavt und germanisiert, soweit sie den deutschen Klerus annahmen, oder ausgerottet, soweit sie ihr Heidentum verteidigten. Weder eine christliche Kapitulation vor den deutschen Eindringlingen noch eine heidnische Verteidigung gegen sie, sondern eine christliche Verteidigung war die tschechische Lösung – der Weg einer nationalen christlichen Kultur, gegründet auf eine nationale Sprache, einen nationalen Klerus und die heilige Idee der nationalen Gleichheit.

Es stimmt, daß beständiger Druck von außen die slavische Kirche im tschechischen Staat gegen Ende des 11. Jahrhunderts zerstörte; einiges von ihr überdauerte jedoch, etwa die Macht der historischen Präzedenz und mehrere tschechische Missionsschriften auf lateinisch, welche die nationale Kirche, die nationale Sprache und nationale Gleichheit verteidigten. Ohne diese Mahnungen, ohne diese traditionellen und immer noch wirksamen Schlagworte könnte man unmöglich die mächtige tschechische nationale Wiedergeburt mit ihrer nationalen Sprache und ihrer künstlerischen und wissenschaftlichen Literatur im 13. und besonders im 14. Jahrhundert erklären. Das lateinisch-tschechische Wörterbuch aus der zweiten Hälfte des 14. Jahrhunderts, das etwa 7000 Wörter enthält und die vollständige Terminologie der damaligen lateinischen Kultur in der Landessprache wiedergibt, oder die bemerkenswerten tschechischen Versuche der damaligen Zeit, das ganze System der scholastischen Philosophie und Theologie nicht auf lateinisch, sondern in der Nationalsprache auszudrücken, stehen in der westlichen mittelalterlichen Geschichte einzigartig da. Unter Berufung auf die alten mährischen und tschechischen Präzedenzfälle gab es natürlich auch im Prag des 14. Jahrhunderts neue hartnäckige Bestrebungen nach einer Liturgie in der Landessprache.

Das 15. Jahrhundert, die hussitische Epoche, welche sowohl die ersten Schritte der Reformation in Europa als auch die erste moderne soziale Bewegung in Europa darstellt, ist der Höhepunkt der alten tschechischen Geschichte; und die einheimischen kirchenslavischen Erinnerungen fanden einen neuen und treffenden Ausdruck in der Ideologie der hussitischen Bewegung. Führende Vertreter dieser Bewegung wie Hieronymus von Prag erkannten ihre Verbundenheit mit der alten Tradition offen an. Die ansteckenden Schlüsselprobleme der hussitischen Ideologie – Gleichheit, Selbstbestimmung, das Recht jeder Nation auf die höchsten Güter, die souveränen Rechte auf eine Landessprache, nationale und sprachliche Mannigfaltigkeit als prächtigen und gesegneten Schatz –, dieses ganze Gedankengut ergriff, bestärkte und vertiefte die traditionellen Ansichten, die wir hier untersucht haben.

Die hussitische Idee griff weit um sich. Man braucht hier nur die Wirkung ihrer schöpferischen Initiative auf die Emanzipation der Nationalsprachen zu nennen. Ein intensiver Einfluß der tschechischen Kultur, Sprache und Ideologie auf das benachbarte Polen begann mit der Christianisierung dieses Landes im 10. Jahrhundert. Im 15. Jahrhundert findet man, wie polnische Forscher zeigen, besonders zahlreiche und deutliche Spuren des tschechischen Modells in jedem Bereich des kulturellen und sozialen Lebens in Polen. Die ersten Übersetzungen des Evangeliums oder die Rudimente polnischer Dichtung des 15. Jahrhunderts bieten lediglich eine Retusche der tschechischen Originale. Das Erscheinen des hussitischen Ferments in Polen, all diese Impulse, besonders die Idee einer vollberechtigten Nationalsprache, begünstigten die außergewöhnlich kräftige Entwicklung und Blüte der

polnischen Kultur des 16. Jahrhunderts und vor allem die plötzlichen und weltberühmten Leistungen der polnischen Dichtkunst.
Die kirchenslavische Kultur berührte zweifellos auch das ungarische Volk, wie historische Gegebenheiten und kirchenslavische Elemente im ungarischen Wortschatz bezeugen, und hier entdecken wir alte tschechische und vielleicht noch ältere großmährische Spuren. Es waren tschechische, von der kirchenslavischen Tradition inspirierte Missionare, welche die ungarische Diözese gründeten und organisierten. Ebenso beeinflußte die hussitische Epoche die kulturelle Entwicklung Ungarns. Abgesehen von spärlichen und unwichtigen Fragmenten des 13. und 14. Jahrhunderts begann hier die Geschichte der geschriebenen Landessprache mit der ungarischen Übersetzung des Evangeliums, die im 15. Jahrhundert in Transsylvanien unter dem Einfluß tschechischhussitischer Emigration angefertigt wurde. Im gleichen Gebiet, zur gleichen Zeit und unter dem gleichen Einfluß wurden in hussitischem Milieu Teile des Evangeliums und der Psalmen ins Rumänische übersetzt, vielleicht sogar von einem Tschechen; diese Übersetzungen waren die ersten und lange auch die einzigen Texte in rumänischer Sprache.
Schon im 9. Jahrhundert hatte einer der ältesten deutschen Schriftsteller, Otfried von Weißenburg, die Aufmerksamkeit seiner Landsleute auf das lehrreiche Beispiel der Mährer gerichtet, die den Herrn in ihrer Landessprache verehrten. Doch die lateinische Doktrin privilegierter Sprachen hatte unter den Deutschen so festen Fuß gefaßt, daß es vieler Jahrhunderte bedurfte und erst die Reformation vorrücken mußte, bis sie sich des Rechts auf eine Nationalsprache bewußt wurden. Überdies wissen wir von Luthers anfänglichem Zaudern, seiner früheren Kritik an den tschechischen Hussiten zu dieser Frage und schließlich seinem Anschluß an deren Standpunkt. Neuere Forschungen über die Wurzeln der Reform Luthers bestätigen im wesentlichen die alte Aussage der Pietisten, die eine verschlungene Kontinuität von der Tradition der Ostkirche bis zum Werk Luthers sahen. Die neuen europäischen literarischen Sprachen, welche die Reformation im 16. Jahrhundert ins Leben rief, wie zum Bei-

spiel Finnisch, Litauisch, Lettisch und Slovenisch, sind demnach späte Reflexe auf die gleiche Strömung, die ihren Ursprung in Byzanz hatte und die im 9. Jahrhundert das Selbstbewußtsein und die nationale Bewegung der Slaven erweckt hatte.

Gewiß trat die Idee der nationalen Selbstbestimmung und der vollwertigen Nationalsprache besonders deutlich während der Epoche der tschechischen Reformation in den Vordergrund und spielte eine Schlüsselrolle. Jedoch ist dieser Gedanke in der genannten Epoche weder entstanden noch ging er mit ihr unter, sondern lief durch die ganze tschechische Geschichte: Er war im 9. Jahrhundert in den bewegten Zeiten des Großmährischen Reiches tief verwurzelt, und er verlor mit dem Niedergang der tschechischen Reformation (1621) nichts an Vitalität und Fruchtbarkeit. Das Vermächtnis der Slavenapostel dauerte weiter fort und wurde sowohl von Comenius, dem großen geistigen Führer der tschechischen protestantischen Reformation, als auch von Balbín, dem hervorragenden Schriftsteller der tschechischen Gegenreformation, verwirklicht. Balbín stellte die Frage: Was könnte unsere Sprache mehr erheben als die Liturgie der Slavenapostel in der Landessprache, denn die wenigen Worte des Priesters, welche das Heilige Sakrament begleiten, »haben eine so grenzenlose Macht, daß sie über die Wörter *und es werde*, mit denen die Welt erschaffen wurde, weit hinausführen« (1672).

So bildete der sakramentale Charakter der Nationalsprache und damit der nationalen Idee von Jahrhundert zu Jahrhundert einen festen Boden für die Ideologie der Tschechen und der meisten slavischen Völker, trotz der großen räumlichen und zeitlichen Unterschiede in Leben und Glauben. Schließlich mußten sich diese Grundsätze unweigerlich auf die anderen Länder Europas auswirken.

Anmerkungen

1 Drei erschienen nach der Besetzung der Tschechei unter dem Pseudonym Olaf Jansen. Siehe *Selected Writings* IV, The Hague: Mouton 1966, 64–81; *Selected Writings* VI, Berlin: Mouton de Gruyter 1985, 129–152, 773–781. [Hg.]
2 »Die Idee des Pfingstwunders, das die Vielfalt der Sprachen von der ursprünglichen Strafe in eine göttliche Gabe der Zungen umwandelte und alle Sprachen aufforderte, den Herrn zu preisen, durchzieht alle Literaturen Kyrillo-Methodianischer Inspiration...« – »The Bzyantine Mission to the Slavs« (1966), in *Selected Writings* VI, a.a.O., 109. [Hg.]
3 Konstantin, bekannt unter dem Mönchsnamen Kyrill, den er kurz vor seinem Tod angenommen hatte, war Professor für Philosophie in Konstantinopel gewesen. Zu der Bezeichnung »Aufklärer« (englisch *enlightener*) wurde Jakobson offenbar von einem alten Kanon angeregt, in dem er als Erleuchter Mährens, selbst erleuchtet vom Heiligen Geist, dargestellt wird, und von der griechischen Pfingstliturgie, wo von der Erleuchtung der Apostel zur Ausbreitung der Erkenntnis Gottes auf das ganze Menschengeschlecht in der je eigenen Sprache der Völker die Rede ist. Siehe »St. Constantine's Prologue to the Gospels« (1954/63), in: *Selected Writings* VI, a.a.O., 193. – Der mit »the Cyrillo-Methodian Tradition« überschriebene Teil der *Selected Writings* VI umfaßt über 300 Seiten (95–401) aus fünf Jahrzehnten. Vgl. auch R. Jakobson/K. Pomorska, *Poesie und Grammatik*, Frankfurt: Suhrkamp 1982, 134–136, und E. Holenstein, »›Die russische ideologische Tradition‹ und die deutsche Romantik«, in: R. Jakobson/H. G. Gadamer/ E. Holenstein, *Das Erbe Hegels* II, Frankfurt: Suhrkamp 1984, 45, 67. [Hg.]
4 »Retrospect« (1982), in: *Selected Writings* VI, a.a.O., 895. [Hg.]
5 Was das mittelalterliche Skandinavien betrifft, ist seine kulturelle Stellung und Haltung bezüglich der römischen und byzantinischen Welt so eigentümlich, daß diese Frage eine spezielle Untersuchung verlangt.
6 Vgl. die deutsche Übersetzung, auf einer älteren Textrekonstruktion basierend, von I. Franko, »Kleine Beiträge zur Geschichte der kirchenslavischen Literatur«, in: *Archiv für slavische Literatur* 36 (1916), 213f. [Hg.]
7 1 Korinther 14,19. [Hg.]
8 »Es ist nicht leicht, die Psychologie dieses Don Quichotte der

tschechischen Philosophie zu verstehen«, wie der hervorragende belgische Mediävist H. Gregoire zu Recht bemerkt: »Wäre das nicht ein protestantischer Mystizismus, der es nicht wagt, etwas vom Ruhme Luthers als ursprünglichem Neuerer abzutragen?« In: *Renaissance* 1 (1943), 666.

9 *Vita Constantini*; siehe »The Byzantine Mission to the Slavs« (1966), in: *Selected Writings* VI, a.a.O., 101 ff. [Hg.]

10 *Vita Methodii*, vgl. a.a.O. [Hg.].

11 Diese wichtige und chronische Spannung wurde im historischen Schrifttum eingehend dargestellt, und zwar seit Erscheinen der Pioniermonographie von A. Lapôtre S. J., *L'Europe et le Sainte-Siège à l'époque carolingienne*, Paris 1895, bis zum grundlegenden Buch von Abbé Fr. Dvorník, *Les légendes de Constantin et de Méthode vues de Byzance*, Prag 1933, und der instruktiven Untersuchung von P. J. Alexander, »The Papacy, the Bavarian Clergy, and the Slavonic Apostles«, in: *The Slavonic and East European Review* 20 (1941), 266–293.

12 Diese Treue zur heiligen nationalen Idee, oft in direktem Gegensatz zum Opportunismus und den Ausflüchten der Politik des Herrschers, wird besonders in den verschiedenen Legenden über Prokop, den großen tschechischen Heiligen des 11. Jahrhunderts, immer wieder hervorgehoben und steht in scharfem Kontrast zur Hoftreue der mittelalterlichen Tendenzen in Westeuropa.

13 Zur tiefgreifenden Wirkung des byzantinischen Ferments auf die Vitalität und Macht des russischen Staates und seiner Kultur, siehe die ausgezeichnete Untersuchung von S. H. Cross, »The Results of the Conversion of the Slavs from Byzantium«, in: *Annuaire de l'Institut de Philologie et d'Histoire Orientales et Slaves* 7 (1944).

Linguistische Aspekte der Übersetzung
[1959]

Verstehen heißt übersetzen, etwas (Strukturiertes) als etwas (Strukturiertes) erfassen. Die Bedeutung einer sprachlichen Äußerung zu kennen bedeutet, sie mit einer anderen Äußerung wiedergeben zu können. Es ist nicht möglich, ein neues Wort mit bloßer Ostension einzuführen, ohne metasprachlichen Kommentar, ohne die Hilfe bereits vertrauter Wörter. Zwischensprachliche Übersetzung gründet auf dieser kognitiv und sprachlich fundamentalen Fähigkeit zur innersprachlichen Paraphrase und ist eingebettet in die umfassendere Fähigkeit zur intersemiotischen Übersetzung, zur Wiedergabe von Zeichen eines Systems in solche eines andersartigen Systems. Im übrigen unterscheiden sich Sprachen weniger durch das, was in ihnen (mehr oder weniger leicht) gesagt werden kann, als durch das, was in ihnen aufgrund obligatorischer grammatischer Struktur gesagt werden muß: Vergleiche die morphologisch notwendige Geschlechtsangabe bei der Rede von Freunden im Lateinischen: amica *vs.* amicus *im Gegensatz zur fakultativ lexikalischen Geschlechtsangabe im Englischen:* (girl- *vs.* boy-)friend.[1] *– Die Abhängigkeit der Stimmung und des Sinns dichterischer Texte von deren lautlicher und grammatischer Struktur ist der Grund dafür, daß Dichtung unübersetzbar ist und höchstens schöpferisch in eine Form mit einem ähnlichen Ausdruckspotential übertragen werden kann.*

Nach Bertrand Russell[2] »kann kein Mensch das Wort *Käse* verstehen, wenn er nicht eine nicht-sprachliche Bekanntschaft mit Käse gemacht hat«. Wenn wir jedoch Russells Grundregel folgen und unseren »Nachdruck auf die linguistischen Aspekte der traditionellen philosophischen Fragestellungen« legen, dann müssen wir feststellen, daß niemand das Wort *Käse* verstehen kann, wenn ihm die Bedeutung, die diesem Wort im lexikalischen Code des Deutschen zukommt, nicht bekannt ist. Jeder Vertreter einer kulinarischen Kultur, in der Käse unbekannt ist, wird das deutsche Wort *Käse* verstehen, wenn er weiß, daß es in dieser Sprache ›Nahrungsmittel, das aus gepreßter, geronnener Milch gewonnen wird‹ bedeutet und wenn er zumindest eine sprachliche Erfahrung mit *geronnener Milch* gemacht hat. Wir haben nie Ambrosia oder Nektar zu uns genommen und kennen die Wörter *Ambrosia, Nektar* und *Götter* – der Name der mythischen Wesen, denen sie als Nahrung dienen – nur durch die Sprache; nichtsdestoweniger verstehen wir diese Wörter und wissen, in welchen Kontexten jedes von ihnen verwendet werden kann.

Die Bedeutung der Wörter *Käse, Apfel, Nektar, Erfahrung, aber, bloß* und eines jeden Wortes oder einer jeden Redewendung, welcher auch immer, ist entschieden ein sprachliches oder – um genauer und weniger eng zu sein – ein semiotisches Faktum. Das einfachste und zutreffendste Argument gegen jene, für die nicht das Zeichen, sondern nur die Sache selbst eine Bedeutung (*signatum*) hat, wäre, daß kein Mensch je die Bedeutung von *Käse* oder von *Apfel* gerochen oder geschmeckt hat. Es gibt kein *signatum* ohne *signum*. Die Bedeutung des Wortes *Käse* kann nicht durch eine nichtsprachliche Bekanntschaft mit Emmentaler oder mit Camembert ohne die Zuhilfenahme eines Sprachcodes erschlossen werden. Um ein unbekanntes Wort einzuführen, braucht man eine Anzahl sprachlicher Zeichen. Das bloße Zeigen wird uns nicht lehren, ob *Käse* die Bezeichnung für die gegebene Sorte oder für jede Schachtel Camembert oder für Camembert im allgemeinen oder für jede Art Käse, jedes Milchprodukt, jedes Nahrungsmittel, jede Erfrischung oder vielleicht jede Schachtel unabhängig von ihrem Inhalt ist. Bezeichnet schließlich ein Wort nur die betreffende Sache oder impliziert es solch eine Bedeutung wie Angebot, Verkauf, Verbot, Verfluchung? (Das Zeigen auf etwas kann tatsächlich Verfluchung bedeuten; in einigen Kulturen, besonders in Afrika, ist es eine unheilvolle Geste.)

Für uns als Sprachwissenschaftler wie als ganz gewöhnliche Wortbenutzer ist die Bedeutung jedes sprachlichen Zeichens seine Übersetzung in ein anderes, alternatives Zeichen, insbesondere ein Zeichen, »in dem es voller entwickelt ist«, wie Peirce, der Wissenschaftler, der das Wesen der Zeichen am weitesten erforscht hat, nachdrücklich feststellte. Das Wort *bachelor* (›Junggeselle‹) kann in eine explizitere Bezeichnung überführt werden, *unmarried man* (›unverheirateter Mann‹)[3], wann immer größere Explizitheit verlangt wird. Wir unterscheiden drei Arten der Wiedergabe eines sprachlichen Zeichens: Es kann übersetzt werden in andere Zeichen derselben Sprache, in eine andere Sprache oder in ein anderes nicht-sprachliches Symbolsystem. Diese drei Arten der Übersetzung sollen unterschiedlich bezeichnet werden:

1. Die innersprachliche Übersetzung oder *Paraphrase* ist eine Wiedergabe sprachlicher Zeichen mittels anderer Zeichen derselben Sprache,

2. die zwischensprachliche Übersetzung oder *Übersetzung im eigentlichen Sinne* ist eine Wiedergabe sprachlicher Zeichen durch eine andere Sprache,

3. die intersemiotische Übersetzung oder *Transmutation* ist eine Wiedergabe sprachlicher Zeichen durch Zeichen nicht-sprachlicher Zeichensysteme.

Die innersprachliche Übersetzung eines Wortes benützt entweder ein anderes, mehr oder weniger synonymes Wort oder greift auf eine Umschreibung zurück. Synonymie ist jedoch in der Regel keine völlige Äquivalenz; so gilt zum Beispiel *every celibate is a bachelor, but not every bachelor is a celibate*. Ein Wort oder eine idiomatische Wortgruppe, kurz eine Codeeinheit der höchsten Ebene, kann nur durch eine gleichwertige Verbindung von Codeeinheiten völlig übersetzt werden, das heißt eine Mitteilung, die sich auf diese Codeeinheit bezieht: *every bachelor is an unmarried man, and every unmarried man is a bachelor* oder *every celibate is bound not to marry, and everyone who is bound not to marry is a celibate*.

Auf der Ebene der zwischensprachlichen Übersetzung gibt es desgleichen im allgemeinen keine völlige Gleichwertigkeit zwischen den Codeeinheiten, während Mitteilungen als adäquate Wiedergabe fremder Codeeinheiten oder Mitteilungen dienen können. Das englische Wort *cheese* kann nicht völlig mit seinem russischen Standardheteronym *syr* identifiziert werden, da *cottage cheese* ein Käse, aber kein *syr* ist. Russen sagen: *prinesi syr i tvorogu*, ›bring Käse und (sic) Hüttenkäse [Quark]‹. In der russischen Standardsprache wird das Nahrungsmittel, das aus geronnener, gepreßter Milch gemacht wird, nur dann *syr* genannt, wenn dazu ein Ferment benützt worden ist.

Bei der Übersetzung von einer Sprache in eine andere werden jedoch sehr häufig Mitteilungen nicht Codeeinheit für Codeeinheit, sondern als ganze Aussagen einer anderen Sprache wiedergegeben. Diese Art der Übersetzung ist eine berichtete Rede: Der Übersetzer benützt für eine Mitteilung, die er von einer anderen Quelle erhalten hat, einen neuen Code und übermittelt sie. Die Übersetzung impliziert somit zwei gleichwertige Mitteilungen in zwei verschiedenen Codes.

Gleichwertigkeit in Verschiedenheit ist das Grundproblem der Sprache und der Hauptgegenstand der Sprachwissenschaft. Wie jeder Empfänger sprachlicher Mitteilungen handelt der Sprachwissenschaftler als ihr Interpret. In der Sprachwissenschaft kann kein Beispiel ohne eine Übersetzung seiner Zeichen in andere Zeichen desselben Systems oder in Zeichen eines anderen Systems interpretiert werden. Jeder Vergleich von zwei Sprachen impliziert eine Prüfung ihrer wechselseitigen Übersetzbarkeit; die weit verbreitete Praxis der zwischensprachlichen Kommunikation, besonders die Übersetzungstätigkeit, muß von der Sprachwissenschaft ständig verfolgt werden. Es ist schwer, die dringende Notwendigkeit und die theoretische und praktische Bedeutung kontrastiver zweisprachiger Wörterbücher, die alle entsprechenden Einheiten in ihren Intensionen und Extensionen sorgfältig und vergleichend definieren, zu überschätzen. In gleicher Weise sollten kontrastive zweisprachige Grammatiken darlegen, was die beiden Sprachen bei der Selektion und der Abgrenzung der grammatischen Begriffe verbindet und was sie voneinander unterscheidet.

Sowohl die Praxis als auch die Theorie der Übersetzung sind voller Schwierigkeiten, und von Zeit zu Zeit werden Versuche unternommen, den Gordischen Knoten dadurch zu lösen, daß man das Dogma der Unübersetzbarkeit verkündet. »Herr Jedermann, der Naturlogiker«, wie ihn B. L. Whorf lebhaft vorgestellt hat, wird zu der folgenden Überlegung vorgedrungen sein: »Fakten sind für Sprecher, deren sprachlicher Hintergrund sie diese anders formulieren läßt, nicht gleich.«[4] In den ersten Jahren der russischen Revolution gab es fanatische Visionäre, die in sovjetischen Zeitschriften für eine radikale Revision der traditionellen Sprache kämpften und besonders für die Ausmerzung solch irreführender Ausdrücke wie ›Sonnenaufgang‹ oder ›Sonnenuntergang‹. Trotzdem verwenden wir weiterhin diese ptolemäischen Vorstellungen, ohne daß wir damit eine Verwerfung der kopernikanischen Lehre implizieren, und wir können leicht unsere alltägliche Rede über die auf- und untergehende Sonne in ein Bild der Erdumdrehung verwandeln, einfach deshalb, weil jedes Zeichen übersetzbar ist in ein Zeichen, das uns vollkommener entwickelt und genauer scheint.

Die Fähigkeit, eine gegebene Sprache zu sprechen, impliziert die Fähigkeit, über diese Sprache zu sprechen. Solch eine »metalinguistische« Operation ermöglicht die Revision und erneute Definition des benützten Vokabulars. Der komplementäre Charakter der beiden Ebenen – Objektsprache und Metasprache – ist von Niels Bohr herausgestellt worden: Jede gut definierte experimentelle Gegebenheit muß in gewöhnlicher Sprache ausgedrückt werden, »in der der praktische Gebrauch jedes Wortes in komplementärer Beziehung zu Versuchen, sie genau zu definieren, steht«.[5]

Jede Erfahrung und ihre Klassifikation kann in jeder existierenden Sprache wiedergegeben werden. Wann immer man eine Unzulänglichkeit feststellt, kann die Terminologie näher bestimmt und erweitert werden durch Lehnwörter oder Lehnübersetzungen, durch Neologismen oder durch semantische Verschiebungen und schließlich durch Umschreibungen. So wird in der noch ganz jungen Literatursprache des Chukchee im Nordosten Sibiriens ›Schraube‹ wiedergegeben als ›Drehnagel‹, ›Stahl‹ als ›hartes Eisen‹, ›Blech‹ als ›dünnes Eisen‹, ›Kreide‹ als ›Schreibseife‹, ›Uhr‹ als ›hämmerndes Herz‹. Selbst scheinbar widersprüchliche Umschreibungen wie *èlektričeskaja konka* (›elektrischer Pferdewagen‹), die erste russische Bezeichnung für die Straßenbahn ohne Pferde, oder *jeŋa paraqot* (›fliegendes Dampfschiff‹), die koryakische Bezeichnung für das Flugzeug, bezeichnen einfach das elektrische Analogon des Pferdewagens und das fliegende Analogon des Dampfers und bedeuten kein Hindernis in der

Kommunikation, genauso wie es bei dem doppelten Oxymoron *cold beef-and-pork hot dog* kein semantisches »Rauschen« und keine Verwirrung gibt.

Das Fehlen gewisser grammatischer Verfahren in der Zielsprache macht die wörtliche Übersetzung der ganzen begrifflichen Information, die in der Ausgangssprache enthalten ist, nicht unmöglich. Zu den traditionellen Konjunktionen ›und‹, ›oder‹ gesellt sich heute eine neue, sie verbindende – ›und/oder‹ –, die vor einigen Jahren in dem geistreichen Buch *Federal Prose – How to Write in and/or for Washington*[6] erörtert worden ist. Von diesen drei Konjunktionen kommt nur die letzte in einer der samojedischen Sprachen vor.[7] Trotz dieser Unterschiede im Inventar der Konjunktionen können alle drei in der *Federal Prose* festgestellten Arten der Mitteilung sowohl deutlich ins traditionelle Englisch als auch ins Samojedische übersetzt werden: *Federal Prose*: 1. Peter und Paul, 2. Peter oder Paul, 3. Peter und/oder Paul werden kommen. Traditionelles Englisch: 3. Peter und Paul oder einer von ihnen wird (werden) kommen. Samojedisch: 1. Peter und/oder Paul werden beide kommen, 2. Peter und/oder Paul, einer von beiden wird kommen.

Wenn in einer gegebenen Sprache eine grammatische Kategorie nicht vorhanden ist, dann mag ihre Bedeutung in dieser Sprache mit lexikalischen Mitteln übersetzt werden. Dualformen wie altrussisch *brata* werden mit Hilfe von Zahlwörtern übersetzt: ›zwei Brüder‹. Schwieriger ist es, dem Original treu zu bleiben, wenn wir in eine Sprache übersetzen, die eine bestimmte grammatische Kategorie hat, die in der Ausgangssprache nicht existiert. Wenn wir den deutschen Satz *Sie hat Brüder* in eine Sprache übersetzen, die einen Dual und einen Plural unterscheidet, dann sind wir gezwungen, entweder unsere eigene Wahl zwischen den beiden Aussagen ›Sie hat zwei Brüder‹ – ›Sie hat mehr als zwei‹ zu treffen oder die Entscheidung dem Hörer zu überlassen und zu sagen ›Sie hat entweder zwei oder mehr als zwei Brüder‹. Ebenso ist man, wenn man von einer Sprache, die keinen grammatischen Numerus unterscheidet, ins Deutsche übersetzt, gezwungen, eine der beiden Möglichkeiten zu wählen: *Bruder* oder *Brüder* oder den Empfänger dieser Mitteilung vor die Alternative zu stellen: *Sie hat entweder einen oder mehr als einen Bruder.*

Wie Boas treffend bemerkt hat, bestimmt die grammatische Struktur einer Sprache (im Gegensatz zu ihrem lexikalischen Inventar) jene Aspekte der Erfahrung, die in der gegebenen Sprache ausgedrückt werden müssen: »Wir haben zwischen diesen Aspekten zu wählen, und der eine oder der andere muß gewählt werden.«[8] Um den englischen Satz *I hired a worker* richtig zu übersetzen, braucht ein Russe zusätzliche Information, ob diese Handlung vollendet war oder nicht, und ob der Arbeiter ein Mann oder eine Frau war, da er eine Wahl zu treffen hat zwischen einem Verb mit kompletivem oder nichtkompletivem Aspekt – *nanjal* oder *nanimal* – und zwischen einem Substantiv männlichen oder weiblichen Geschlechts – *rabotnika* oder *rabotnicu*. Wenn ich den Sprecher des englischen Satzes danach frage, ob der Arbeiter ein Mann oder eine Frau war, dann kann meine Frage als irrelevant oder indiskret angesehen werden, wohingegen in der russischen Version dieses Satzes eine Antwort auf diese Frage notwendig ist. Andererseits wird die Übersetzung, welches auch immer die Wahl der grammatischen Formen des Russischen für die Übersetzung der zitierten englischen Aussage ist, keine Antwort geben auf die Frage, ob ich den Arbeiter ›einstellte‹ oder ›eingestellt habe‹, oder ob er/sie ein(e) bestimmte(r) oder unbestimmte(r) Arbeiter(in) (›ein‹ oder ›der‹) war. Da die Information, die die grammatische Struktur des Englischen und des Russischen erfordern, unterschiedlich ist, stehen wir vor einer recht unterschiedlichen Wahl von Alternativsituationen; deshalb könnte eine Kette von Übersetzungen ein und desselben isolierten Satzes vom Englischen ins Russische, und umgekehrt, solch einer Mitteilung ihren anfänglichen Gehalt völlig nehmen. Der Genfer Linguist S. Karcevskij pflegte solch einen allmählichen Verlust zu vergleichen mit einer Reihe ungünstiger Geldtransaktionen. Offenbar ist jedoch der Informationsverlust um so geringer, je reicher der Kontext einer Mitteilung ist.

Sprachen unterscheiden sich im wesentlichen durch das, was sie vermitteln *müssen* und nicht durch das, was sie vermitteln *können*. Jedes Verb einer gegebenen Sprache wirft in imperativer Weise eine Anzahl ganz bestimmter Ja-oder-nein-Fragen auf, wie zum Beispiel: Wird das berichtete Geschehen mit oder ohne Bezug auf seine Vollendung gesehen? Wird das berichtete Geschehen als dem Sprechereignis vorhergehend oder nicht vorgestellt? Die Aufmerksamkeit einheimischer Sprecher und Hörer wird natürlich ständig auf die Einzelheiten gerichtet sein, die in ihrem Sprachcode obligatorisch sind.

Die Sprache hängt in ihrer Erkenntnisfunktion in sehr geringem Maße von der grammatischen Struktur ab, da die Bestimmung unserer Erfahrung in komplementärer Beziehung zu den metasprachlichen Operationen steht – die Erkenntnisebene der Sprache läßt nicht nur die Interpretation durch eine andere Codierung, das heißt Übersetzung, zu, sondern fordert sie geradezu. Jede Annahme, daß es Erkenntnisse gäbe, die unaussprechbar oder unübersetzbar seien, wäre ein Widerspruch in sich selbst. Im Scherz, in Träumen, in der Magie, kurz in dem, was man die Sprachmythologie des Alltags nennen könnte, und vor allem in der Dichtung, haben die grammatischen Kategorien jedoch große semantische Bedeutung. Unter diesen Bedingungen wird die Frage der Übersetzung noch verwickelter und umstrittener.

Selbst solch eine Kategorie wie das grammatische Geschlecht, das oft als rein formale Kategorie angeführt wird, spielt in dem mythologischen Verhalten einer Sprachgemeinschaft eine große Rolle. Im Russischen kann das Femininum keine männliche Person bezeichnen, noch kann das Maskulinum eine weibliche Person charakterisieren. Die Arten der Personifizierung oder der metaphorischen Interpretation unbelebter Substantive wird durch ihr Geschlecht beeinflußt. Ein Test im Psychologischen Institut der Universität Moskau (1915) hat gezeigt, daß Russen, die dazu neigen, die Wochentage zu personifizieren, Montag, Dienstag und Donnerstag durchweg als männlich darstellten und Mittwoch, Freitag und Sonnabend als weiblich, ohne dabei zu merken, daß diese Distribution auf dem männlichen Geschlecht der drei ersten Namen (*ponedel'nik, vtornik, četverg*) im Gegensatz zum weiblichen Geschlecht der anderen (*sreda, pjatnica, subbota*) beruht. Die Tatsache, daß das Wort für ›Freitag‹ in einigen slavischen

Sprachen männlichen, in anderen weiblichen Geschlechts ist, spiegelt sich in den Volkstraditionen der entsprechenden Völker wider, die sich in ihrem Freitagsritual unterscheiden. Der weitverbreitete russische Aberglaube, daß ein heruntergefallenes Messer einen männlichen Gast und eine heruntergefallene Gabel einen weiblichen Gast ankündet, wird durch das männliche Geschlecht von *nož* ›Messer‹ und das weibliche von *vilka* (›Gabel‹) im Russischen bestimmt. In slavischen und in anderen Sprachen, in denen ›Tag‹ männlichen und ›Nacht‹ weiblichen Geschlechts ist, wird der Tag von den Dichtern als Geliebter der Nacht dargestellt. Der russische Maler Repin wunderte sich, warum die Sünde von deutschen Künstlern als Frau dargestellt worden war: Er wußte nicht, daß ›Sünde‹ im Deutschen feminin, im Russischen aber männlich (*grech*) ist. Desgleichen wunderte sich ein russisches Kind, als es eine Übersetzung deutscher Märchen las, daß der Tod, der doch ganz offensichtlich eine Frau ist (russ. *smert'* = fem.) als alter Mann dargestellt wurde (dt. *der Tod* = mask.). *My Sister Life*, der Titel eines Gedichtbandes von Boris Pasternak, ist im Russischen ganz normal, wo ›Leben‹ weiblichen Geschlechts ist (*žizn'*), er brachte jedoch den tschechischen Dichter Josef Hora bei seinem Versuch, diese Gedichte zu übersetzen, zur Verzweiflung, da dieses Substantiv im Tschechischen männlich ist (*život*).

Welches war das erste Problem, vor dem die slavische Literatur ganz an ihrem Anfang stand? Erstaunlicherweise scheinen die Schwierigkeit des Übersetzers, die Symbolik der Genera beizubehalten, und die Irrelevanz dieser Schwierigkeit, was die Erkenntnis als solche anbelangt, das Hauptthema des ersten originellen slavischen Werkes zu sein: des Vorworts zur ersten Übersetzung des *Evangeliums,* die in der ersten Hälfte der sechziger Jahre des 9. Jahrhunderts von dem Begründer der slavischen Schrift und Liturgie, Konstantin dem Philosophen gemacht und kürzlich von A. Vaillant rekonstruiert und interpretiert worden ist.[9] »Das Griechische kann, wenn es in eine andere Sprache übersetzt wird, nicht immer völlig wiedergegeben werden und dies gilt für jede Sprache, die übersetzt wird«, sagt der Slavenapostel. »Substantive wie ποταμός ›Fluß‹ und ἀστήρ ›Stern‹, die im

Griechischen maskulin sind, sind in einer anderen Sprache feminin wie im Falle von slavisch *reka* und *zvezda*.« Nach Vaillants Kommentar macht diese Divergenz die symbolische Identifizierung der Flüsse mit Dämonen und der Sterne mit Engeln in der slavischen Übersetzung zweier Bibelverse von Matthäus (7,25 und 2,9) unmöglich. Diesem dichterischen Hindernis stellt der heilige Konstantin jedoch entschieden die Lehre von Dionysius dem Areopagiten entgegen, nach der das Hauptinteresse den Erkenntniswerten (*silě razumu*) zukommt und nicht den Wörtern selbst.

Sprachliche Gleichungen werden in der Dichtung zu einem Aufbauprinzip des Textes. Syntaktische und morphologische Kategorien, Wurzeln und Affixe, Phoneme und ihre Komponenten (distinktive Eigenschaften) – kurz, alle Konstituenten des Sprachcodes – werden einander gegenübergestellt, nebeneinander gestellt, in eine Kontiguitätsbeziehung nach dem Prinzip der Ähnlichkeit und des Kontrasts gebracht und tragen ihre eigene autonome Bedeutung. Phonologische Ähnlichkeit wird als semantische Verwandtschaft empfunden. Das Wortspiel oder – um einen gebildeteren und vielleicht genaueren Terminus zu gebrauchen – die Paronomasie herrscht in der Dichtkunst vor, und Dichtung ist, ob ihre Vorherrschaft nun absolut oder eingeschränkt ist, *per definitionem* unübersetzbar. Möglich ist nur schöpferische Übertragung: entweder die innersprachliche – von einer dichterischen Form in eine andere – oder die zwischensprachliche – von einer Sprache in eine andere – oder schließlich die intersemiotische Übertragung – von einem Zeichensystem in ein anderes, zum Beispiel von der Sprachkunst in die Musik, den Tanz, den Film oder die Malerei.

Wenn wir den traditionellen Ausspruch *Traduttore, traditore* ins Deutsche zu übersetzen hätten als ›der Übersetzer ist ein Verräter‹, dann würden wir dem reimenden Epigramm des Italienischen seinen ganzen paronomastischen Wert nehmen. In kognitiver Einstellung würden wir uns deshalb gezwungen sehen, diesen Aphorismus in eine explizitere Aussage umzuwandeln und auf die Fragen: Übersetzer welcher Mitteilungen? Verräter welcher Werte? zu antworten.

Anmerkungen

1 Vgl. Jakobsons Beispiel in »Der Begriff der grammatischen Bedeutung bei Boas« (1959), in: *Form und Sinn*, München: Fink 1974, 71; *Selected Writings* II, The Hague: Mouton 1971, 492. Dieser Aufsatz ist seine ausführlichste Diskussion obligatorischer grammatischer Bedeutungen. [Hg.]
2 Bertrand Russell, »Logical Positivism«, in: *Revue Internationale de Philosophie* 4 (1950), 18; vgl. 3.
3 Vgl. John Dewey, »Peirce's Theory of Linguistic Signs, Thought, and Meaning«, in: *The Journal of Philosophy* 43 (1946), 91.
4 Benjamin Lee Whorf, *Language, Thought, and Reality*, Cambridge, MA 1956, 235; deutsch: *Sprache, Denken, Wirklichkeit*, Reinbek 1963.
5 Niels Bohr, »On the Notions of Causality and Complementarity«, in: *Dialectica* 1 (1948), 317f.
6 James R. Masterson und Wendell Brooks Phillips, *Federal Prose*, Chapel Hill, NC 1948, 40f.
7 Vgl. Knut Bersland, »Finsk-ugrisk og almen språkvitenskap«, in: *Norsk Tidsskrift for Sprogvidenskap* 15 (1949), 374f.
8 Franz Boas, »Language«, in: *General Anthropology*, Boston 1938, 132f.
9 André Vaillant, »La Préface de l'Évangeliaire vieux-slave«, in: *Revue des études slaves* 24 (1948), 5f.

Implikationen der sprachlichen Universalien
für die Linguistik
[1963]

Außerhalb der Sprachwissenschaft wird der Neuaufschwung der Universalienforschung gewöhnlich mit dem Namen Chomsky verbunden. Aber einige Jahre bevor Chomsky um 1965[1] sprachliche Universalien als theoretische Konstrukte zur Erklärung der erstaunlichen Komplexitäten im Aufbau der einzelnen Sprachen einführte, für welche die behavioristischen Lernmodelle nicht ausreichen, hatte bereits eine Hinwendung zu empirisch im Sprachvergleich feststellbaren Universalien eingesetzt, die hauptsächlich von Joseph H. Greenberg vorangetrieben worden war. Die erste, aufsehenerregende Manifestation dieser Bewegung war eine »Tagung über Sprachuniversalien« in Dobbs Ferry, New York, im Frühjahr 1961.[2] Der vorliegende Aufsatz Jakobsons war der abschließende Vortrag.

Die neuere Universalienforschung, deren Verbindung mit den fast zwei Jahrzehnte liegengebliebenen Vorarbeiten im Prager Kreis sowie mit den traditionellen Universalienlehren (von den mittelalterlichen Modisten über die spekulativen Grammatiken des 17. und 18. Jahrhunderts bis zu Husserl und Marty in diesem Jahrhundert) Jakobson zu betonen pflegte, setzt sich dennoch in markanter Weise von den klassischen Grammatica-universalis-*Lehren ab. Diese befaßten sich fast ausschließlich mit* a priori *begründbaren Universalien, die neuere Forschung (systematisch als erster Anton Marty) dagegen mit empirisch (funktional, biologisch und psychologisch) zu erklärenden Universalien. Während phonologische Universalien von ihrer perzeptualen und artikulatorischen Struktur her bestimmt sind, werden grammatische zu einem guten Teil von ihrer Bedeutung her festgelegt.*

Mit der apriorischen Begründung wird auch die Ausnahmslosigkeit aufgegeben. Empirische Erklärungen beziehen sich auf universale Tendenzen, auf »Beinahe-Universalien«. Aber noch in einer anderen Hinsicht wird vom Absolutheitsdenken Abstand genommen: Besonders die von Jakobson und

Greenberg freigelegten Universalien betreffen nicht einzelne Kategorien für sich genommen, sondern ihr (implikatives) Verhältnis zueinander. Neben den absoluten Universalien von der Art »Alle Sprachen haben Pronomina« gibt es implikative Universalien von der Art »Wenn eine Sprache nasale Vokale hat, dann hat sie auch nasale Konsonanten; wenn sie einen Dual hat, dann auch einen Plural; wenn sie ein Wort für ›seicht‹ hat, dann auch ein Wort für ›tief‹, aber nicht notwendigerweise auch umgekehrt.« In der Tradition wurde nur die Grundstruktur der Sprachen als universal angenommen. Die neuere Forschung hat universale Gesetzmäßigkeiten bis in die Feinstruktur der Sprache hinein aufgezeigt. Schließlich waren für die klassischen Universalienlehren nach dem Denkschema »gleicher Inhalt – verschiedene Form« nur die Bedeutungskategorien Kandidaten für die Universalienforschung, nicht aber die Ausdruckskategorien. Die wissenschaftsgeschichtliche Brisanz der neueren Universalienforschung besteht dagegen darin, daß sie gerade auf der Ebene der Ausdruckskategorien einsetzte und ihre ersten und modellhaften Erfolge erzielte.[3]

Kein Zweifel, die hier versammelten Sprachwissenschaftler haben auf den wissenschaftlichen Fortschritt dieser anregenden Konferenz mit einem Gefühl froher Erleichterung reagiert. Es ist oft gesagt worden, daß die Sprachwissenschaft eine Brücke zwischen den Natur- und Geisteswissenschaften bilde, aber es hat lange gedauert, bis die Einheit der Sprachwissenschaft mit den exakten Wissenschaften fest gesichert wurde.

Hermann Helmholtz (1862: 23 f.) sagte voraus, daß sich »die Individuen genöthigt sehen werden, strengere Schulen des Denkens durchzumachen, als die Grammatik zu gewähren im Stande ist«. Dieser große deutsche Wissenschaftler des letzten Jahrhunderts war entsetzt, eine »gewisse Trägheit und Unsicherheit des Denkens« bei den Philologen anzutreffen und besonders eine »gewisse Laxheit in der Anwendung streng allgemeingültiger Gesetze« zu bemerken. »Die grammatischen Regeln, an denen sie sich geübt haben, sind in der That meist mit langen Verzeichnissen von Ausnahmen versehen; sie sind deshalb nicht gewöhnt, auf die Sicherheit einer legitimen Consequenz eines streng allgemeinen Gesetzes unbedingt zu trauen.« Dagegen sind nach Helmholtz »mathematische Studien das beste Heilmittel; da giebt es absolute Sicherheit des Schliessens, und da herrscht keine Autorität als die des eigenen Verstandes«.

Unser Jahrhundert ist Zeuge eines schrittweisen, spektakulären *rapprochement* zwischen linguistischem und mathematischem Denken. Der fruchtbare Begriff der Invarianz, der in der synchronischen Linguistik zuerst auf den innersprachlichen Vergleich variabler Kontexte angewandt wurde, ist schließlich auf den zwischensprachlichen Vergleich übertragen worden. Die typologische Gegenüberstellung verschiedener Sprachen enthüllt universale Invarianten; oder – um das Eröffnungsreferat der gegenwärtigen Konferenz, das *Memorandum concerning Language Universals* von Greenberg, Osgood und Jenkins (1963) zu zitieren – »trotz ihrer Verschiedenheit sind alle Sprachen gewissermaßen nach demselben Muster geformt«. Wir sehen immer neue, unvorhergesehene, aber nunmehr vollkommen unterscheidbare »Gleichförmigkeiten eines universalen Rahmens« entstehen, und wir sind froh, wiederzuerkennen, daß die Sprachen der Welt als vielfältige Variationen eines einzigen, weltweiten Themas angegangen werden können – der menschlichen Sprache.

Diese Auffassung ist uns besonders willkommen, nachdem in den vierziger Jahren unter amerikanischen Linguisten eine strikte Feindschaft gegen jede Art eines *typologischen* Sprachvergleichs herrschte, der *mutatis mutandis* die gleichzeitige sovjetrussische Ächtung vergleichender *historischer* Studien durch das damals diktatorische Marrsche Dogma entsprach.

Die Spannung zwischen zwei polaren Zügen – zwischen Kirchturmspartikularismus und allumschlingender Solidarität –, die Saussure (1916: 281) in der Sprache beobachtete, gilt auch für die Sprachwissenschaft: »individualsprachlich orientierte Definitionen« und die Konzentration allein auf Unterschiede wechseln hier mit der Suche nach dem gemeinsamen Nenner. Unter den scholastischen Sprachtheoretikern erklärte etwa Pierre Hélie, der berühmte Pariser Gelehrte des

12. Jahrhunderts, es gebe so viele Arten der Grammatik wie Sprachen; während im 13. Jahrhundert die *grammatica universalis* als notwendig angesehen wurde, um der Grammatik wissenschaftlichen Status zu verschaffen. Roger Bacon lehrte: *Grammatica una et eadem est secundum substantiam in omnibus linguis, licet accidentaliter varietur* (Wallerand 1913: 43). Heute freilich steht den Sprachwissenschaftlern das nötige methodologische Rüstzeug zur Verfügung, um ein adäquates universales Modell zu konstruieren.

Der streng relationale, topologische Charakter der fraglichen übersprachlichen Invarianten ist im Laufe unserer Überlegungen wiederholt herausgestellt worden. Die früheren Versuche, die zwischensprachlichen Invarianten in *absoluten* metrischen Ausdrücken zu definieren, konnten nur fehlschlagen. Es gibt einen Bestand an einfachen Beziehungen, der allen Sprachen der Welt gemeinsam ist. Solche Beziehungen betreffen sowohl den frühen Erwerb der Kindersprache als auch die festgefügten sprachlichen Eigenheiten bei den Arten des aphatischen Verlusts, der sich spiegelbildlich zur Entwicklung der Kindersprache vollzieht. In der Phonemik kann dieses Repertoire (vgl. Jakobson 1962/71: 484 ff.) an so einfachen Beziehungen veranschaulicht werden wie *kompakt/diffus* (universal realisiert im Vokalismus und in den meisten Sprachen auch im Konsonantismus), *dunkel/hell* (findet sich universal im Konsonantismus und/oder im Vokalismus, im ersten beinahe universal) und *nasal/nicht-nasal* (beinahe universal im Konsonantismus). Um einfache Beziehungen unter den grammatischen Universalien anzuführen, können wir auf den Unterschied der Klasse der Nomina und der Verben verweisen (die ihren Referenten die Rolle von Seiendem bzw. von Geschehendem zuschreiben, wie Sapir [1930: 1; 1949: 123] sich ausdrückte).

Dieser Unterscheidung entspricht der ebenfalls universale Unterschied zweier syntaktischer Funktionen, ohne jedoch mit ihm zusammenzufallen – der von Subjekt und Prädikat. Noch einige Beispiele: die besondere Klasse der Pronomina (oder, in Charles S. Peirce' Terminologie [1932: 2.275 ff.], der ›indexikalischen Symbole‹); die Kategorie des Numerus mit ihrer Grundunterscheidung von Singular und Plural; und

die Kategorie der Person, mit ihrer Gegenüberstellung von unpersönlichen (›dritte Person‹) und persönlichen Formen, die wiederum die Gegenüberstellung von Empfänger (›zweite Person‹) und Sender (›erste Person‹) enthält: die beiden Numeri und die drei Personen finden sich, wie J. H. Greenberg (1963: 96) beobachtet, bei den Pronomina universal.
Eine weitere und sehr viel reichere Gruppe von Universalien bilden Implikationsregeln, die eine zwingende Verbindung von zwei verschiedenen relationalen Eigenschaften der Sprache herstellen. So ist in der Phonemik die Kombinierbarkeit von distinktiven Eigenschaften in Bündel oder Folgen beschränkt und von einer beachtlichen Anzahl von universalen Implikationsregeln bestimmt. So impliziert zum Beispiel die Verbindung der Nasalität mit der Eigenschaft der Vokalität deren Verbindung mit der konsonantischen Eigenschaft. Ein kompakter nasaler Konsonant (/ɲ/ oder /ŋ/) impliziert die Anwesenheit von zwei diffusen Konsonanten, der eine hell (/n/) und der andere dunkel (/m/). Die Opposition *hell – dunkel* der kompakten nasalen Konsonanten (/ɲ/ *vs.* /ŋ/) impliziert eine identische Opposition von kompakten oralen Verschlußlauten (/c/ *vs.* /k/). Jede weitere tonale Opposition von nasalen Konsonanten setzt die entsprechende Opposition bei oralen Konsonanten voraus; und eine beliebige Opposition von nasalen Vokalen impliziert die entsprechende Opposition bei oralen Vokalen (vgl. Ferguson 1963).
Die heutigen Untersuchungen der hierarchischen Anordnung phonemischer Systeme ermöglicht es uns, die Grundlage für jede der behaupteten Implikationsregeln aufzudecken. Je komplexer eine phonemische Entität ist, um so resistenter ist sie gegenüber weiteren Spaltungen. Die wichtige Rolle, die den Kompensationsgesetzen in der grammatischen Struktur der Sprache von dem verstorbenen Viggo Brøndal (1943: 105 ff.) zugeschrieben wurde, ist vielleicht für ihre phonemische Gestaltung noch bedeutsamer (vgl. Jakobson 1962/71: 491 ff.). Zum Beispiel resultiert der merkmalhaltige Charakter von nasalen in ihrer Beziehung zu oralen Lauten aus der schlechteren Kombinierbarkeit der Nasalität mit weiteren Eigenschaften. Der merkmalhaltige Charakter der Kompaktheit in der Opposition *kompakt/diffus* der Konsonanten

erklärt den beinahe universalen Charakter der diffusen Nasallaute und die begrenzte Verbreitung ihrer kompakten Gegenstücke. Umgekehrt erkärt der merkmalhaltige Charakter von Diffusheit in der Opposition *diffus/nicht-diffus* von Vokalen, warum es weniger diffuse als nicht-diffuse Phoneme bei nasalen Vokalen in der Welt gibt (vgl. Issatschenko 1937). Andererseits findet von den beiden Oppositionen *hell/dunkel* und *kompakt/diffus* die erste vor allem in der phonemischen Schichtung des Konsonantenbaus statt; deshalb setzt die Opposition *kompakt/diffus* bei Nasalen, wie oben gezeigt, die Opposition *hell/dunkel* voraus (vgl. Greenbergs überzeugende Folgerungen, die wichtig für die Unterscheidungen sind, die sich in einer merkmallosen morphologischen Kategorie finden, aber in ihrem merkmalhaltigen Gegenstück neutralisiert sind).

Die Ursachen für phonemische Universalien liegen durchweg in der Beziehungsstruktur der Lautgestalt. So werden zum Beispiel in Sprachen ohne die Opposition von Verschlußlauten und kontinuierlichen Lauten die Engelaute immer oder vorwiegend als Verschlußlaute realisiert, da es gerade die Verschlußlaute sind, die in einem größtmöglichen Kontrast zu den Vokalen stehen.

Wenn wir die wenigen letzten Gegensatzpaare untersuchen, die dem ganzen phonemischen Bau der Sprache zugrunde liegen, und uns mit den Gesetzen ihrer Wechselbeziehung beschäftigen, greifen wir bei der Erforschung zwischensprachlicher Invarianten auf dieselben isomorphischen Prinzipien zurück wie bei der Herausarbeitung innersprachlicher Invarianten und kommen so mit dem Aufspüren der Typologie der existierenden phonemischen Gestalten und ihrer universalen Grundlagen besser voran. Der hartnäckige Glaube, daß die Verschiedenheit der Sprachen in der Phonemik größer ist als in der Grammatik, steht im Widerspruch zu den beobachteten Tatsachen.

Die »logischen Operationen«, die der hervorragende holländische Sprachtheoretiker H. J. Pos (1939) in den binaren Oppositionen der distinktiven Eigenschaften erfaßte, bilden in der Tat die rein formale Grundlage für eine genaue Untersuchung der Sprachtypologie und -universalien. Sol

Saportas (vgl. 1963: 62 f.) Trennung der Bezugnahme auf Vokale (als »einer in formalen Ausdrücken definierten Klasse«) von der Bezugnahme auf Nasale (als einer »Phänomenklasse, die in substantiellen Ausdrücken definiert ist«) ist grundlos, weil jede distributionale Definition von Vokalen voraussetzt, daß wir Phoneme in einer gegebenen Position als solche identifizieren, die eine gemeinsame oppositive Eigenschaft, Vokalität, besitzen, die genauso wie die nasalen Phoneme die oppositive Eigenschaft der Nasalität haben. In beiden Fällen müssen wir uns mit den relationalen Begriffen befassen, die den sinnlichen Daten aufgesetzt sind.

Die Unterscheidung von phonemischen Entitäten, die »per definitionem universal vorliegen, das heißt universal notwendig sind« (wie die Phoneme), von solchen, die »universal durch empirische Beobachtung vorliegen« (wie die Silben), ist überhaupt sinnlos. Saporta (1963: 66) behauptet, daß »in einer Sprache, in der alle Silben genau ein Phonem lang sind, die Unterscheidung zwischen Silbe und Phonem verschwindet«; aber eine solche Sprache ist absolut unmöglich, da die einzige universal zugelassene Silbenform aus der Folge »Konsonant plus Vokal« besteht. Saportas Annahme ist genauso zwecklos und willkürlich, als wenn er sich auf irgendeine imaginäre Sprache bezöge, in der alle Wörter nur ein Phonem lang sind oder in der jedes Phonem nur eine Eigenschaft hat. Die Hierarchie universaler sprachlicher Einheiten, von der Äußerung bis zu den distinktiven Eigenschaften, muß eine formale Definition sein, die auf weltweite sprachliche Erfahrungen anwendbar ist. Wir sehen uns mit der Frage nach allgemeinen Gesetzen konfrontiert, die die Beziehungen zwischen sprachlichen Einheiten regeln, die sich in ihrem hierarchischen Rang unterscheiden. So können wir für das Phonem wie für das Wort sagen, daß, je kleiner die Anzahl der Phoneme und ihrer Kombinationen und je kleiner die Wortgestalten in einer gegebenen Sprache sind, die funktionale Belastung der Phoneme desto größer ist. Nach J. Krámský (1946/48) gilt, daß, je höher der prozentuale Anteil an Konsonanten im Code ist, die Erscheinungsrate im Korpus um so niedriger ist. Sollte sich diese Behauptung als richtig erweisen, würde dies bedeuten, daß distinktive Eigenschaften zu einer universal konstanten Häufigkeit im Korpus tendieren.

Auf der grammatischen Ebene ist J. H. Greenbergs Auflistung (1963: 73–113) von 45 implikativen Universalien eine eindrucksvolle Leistung. Auch wenn die weitere Forschung die Anzahl der ausnahmslos geltenden Universalien etwas verringern und die der Beinahe-Universalien vermehren sollte, bleiben diese Daten unschätzbare und unentbehrliche Voraussetzungen für eine neue Sprachtypologie und für eine systematische Übersicht der universalen Gesetze der grammatischen Schichtung. Skeptische Mahnungen, daß es noch eine Anzahl unerforschter Sprachen gibt, sind kaum überzeugend. Erstens ist die Anzahl der analysierten oder der Analyse vorliegenden Sprachen gewaltig; und zweitens könnte – selbst wenn möglicherweise die Beinahe-Universalien (entsprechend einer Abnahme der ausnahmslos gültigen Universalien) weiter zunehmen sollten – dieses Ergebnis das augenblickliche Forschungsinteresse nicht mindern. Statistische Regelmäßigkeiten mit einer Wahrscheinlichkeit, die kaum kleiner ist als eins, sind nicht weniger bedeutsam als Regelmäßigkeiten mit der Wahrscheinlichkeit eins. Wir dürfen jedoch erwarten, daß mit dem Fortschreiten dieser Untersuchung und mit der Verfeinerung ihrer Methoden viele neue grammatische Universalien zusammen mit neuen Beinahe-Universalien entdeckt werden.

Greenberg schlägt in seinen Ausführungen zu Universalien in der »Anordnung der bedeutungstragenden Elemente« zu Recht den Begriff einer »dominanten« Ordnung vor (1963: 76 ff.). Wir werden daran erinnert, daß die Idee der Dominanz nicht auf häufigeren Erscheinungen einer gegebenen Ordnung beruht: Was hier mit dem Begriff der Dominanz in die »Ordnungstypologie« eingeführt wird, ist in Wirklichkeit ein stilistisches Kriterium. Zum Beispiel erscheinen von den sechs mathematisch möglichen Ordnungen eines nominalen Subjekts, eines Verbs und eines nominalen Objekts – SVO, SOV, VSO, VOS, OSV und OVS – im Russischen alle sechs: Der Satz »Lenin zitiert Marx« kann umgeformt werden in SVO (*Lenin citiruet Marksa*), SOV (*Lenin Marksa citiruet*), VSO (*Citiruet Lenin Marksa*), VOS (*Citiruet Marksa Lenin*),

OVS (*Marksa Lenin citiruet*) und schließlich OVS (*Marksa citiruet Lenin*); jedoch ist nur die Ordnung SVO stilistisch neutral, während alle »rezessiven Alternativen« von den alltäglichen Sprechern und Hörern als verschiedene Ausdruckswechsel aufgefaßt werden. SVO ist die einzige Wortordnung, die anfangs von russischen Kindern gebraucht wird; und in einem Satz wie *Mama ljubit papu* [›Mama liebt Papa‹] neigen kleine Kinder dazu, den Satz falsch aufzufassen, wenn die Wortstellung von S und O umgekehrt wird – *Papu ljubit mama* –, nämlich als ›Papa liebt Mama‹, als wenn man gesagt hätte *Papa ljubit mamu*. Entsprechend könnte Greenbergs erstes Universale (1963: 77) folgendermaßen neu formuliert werden: In Aussagesätzen, die ein nominales Subjekt und Objekt enthalten, *ist die einzige oder neutrale (merkmallose) Ordnung fast immer die, in der das Subjekt vor dem Objekt steht*. Wenn in einer Sprache wie dem Russischen das nominale Subjekt und Objekt nicht durch morphologische Mittel unterschieden sind, ist die Ordnung SO obligatorisch – *Mat' ljubit doč'* [›Mutter liebt Tochter‹]; bei der Umkehrung der Nomina würde der Satz bedeuten ›Die Tochter liebt die Mutter‹. In Sprachen ohne unterscheidende Kennzeichen von Objekt und Subjekt ist die Anordnung SO die einzig zulässige.

Die Hauptaufgabe der Herleitung empirischer Universalien »aus einer möglichst geringen Zahl allgemeiner Prinzipien« – was im großen und ganzen in der Phonemik erreichbar ist – ist von Greenberg auf der grammatischen Ebene mit mehr als bloß verheißungsvollen Ergebnissen mutig angegangen worden. Besonders fruchtbar sind seine Bemerkungen zu dem, was wir in Charles Peirce' Terminologie den ›ikonischen‹ Aspekt der Wortordnung nennen wollen: »Der Anordnung der Elemente in der Sprache entspricht die Anordnung in der physikalischen Erfahrung oder in der Ordnung des Erkannten« (Greenberg 1963: 103). Die Anfangsstellung eines Wortes in nicht-emphatischer Redeweise kann nicht nur eine Vorgängigkeit in der Zeit, sondern auch eine Priorität im Rang widerspiegeln (die Wortfolge ›der Präsident und der Staatssekretär‹ ist sehr viel gängiger als die Umkehrung), oder sie kann die vorrangige, nicht veränderbare Rolle in einer gegebenen Nachricht wiedergeben. In den Sätzen *Lenin citiruet Marksa* [›Lenin zitiert Marx‹] und *Marks citiruetsja Leninym* [›Marx wird von Lenin zitiert‹] – mit den rezessiven Alternativen *Marks Leninym citiruetsja, Citiruetsja Marks Leninym, Citiruetsja Leninym Marks, Leninym Marks citiruetsja* und *Leninym citiruetsja Marks* (jede Variation mit einer eigenen stilistischen Nuance) – kann nur das erste der beiden Nomina, das Subjekt, nicht ausgelassen werden, während der abhängige Ausdruck, der Akkusativ *Marksa* und der Instrumentalis *Leninym*, wegfallen kann. Die beinahe universale Vorgängigkeit des Subjekts gegenüber dem Objekt verweist, wenigstens in merkmallosen Konstruktionen, auf eine Hierarchie in der Fokussierung. Es ist kein Zufall, daß Greenbergs Referat die grammatischen Universalien »unter besonderer Berücksichtigung der Wortordnung der bedeutsamen Elemente« (der syntaktischen oder morphologischen Bestandteile) behandelt.

Im allgemeinen zeigen die ›ikonischen Symbole‹ der Sprache eine besonders deutlich universalistische Neigung. So kann in einer grammatischen Korrelation ein Null-Affix niemals einer merkmalhaltigen Kategorie und ein Nichtnull- (oder reales) Affix einer merkmallosen Kategorie zugeordnet werden. So gibt es zum Beispiel nach Greenberg (1963: 94) »keine Sprache, in der der Plural nicht irgendein Nichtnull-Allomorph hat, während es Sprachen gibt, in denen der Singular nur durch Null ausgedrückt ist. Der Dual und der Trial haben niemals das Null-Allomorph.« Ebenso wie der Singular im Verhältnis zu den anderen Numeri wird in einem Deklinationsmuster der Null-Fall behandelt (»der unter seinen Bedeutungen die des Subjekts des intransitiven Verbs enthält«). Kurz, die Sprache neigt dazu, einen Chiasmus von Paaren merkmalloser/merkmalhaltiger Kategorien einerseits und von geregelten Paaren von Null-/Nichtnull-Affixen (oder von einfachen/zusammengesetzten grammatischen Formen) andererseits zu vermeiden.

Phonemische Kenntnisse können nützliche Anreize für die Erforschung und Deutung grammatischer Universalien sein. Im besonderen kann man erwarten, daß die Ordnung des kindlichen Spracherwerbs und des aphatischen Verlusts neues Licht auf die Schichtung der morphologischen und syntaktischen Systeme wirft.

Wie wir bereits gesehen haben, kann die unerklärliche Furcht, in die phonetische Substanz abzugleiten, die phonemische Typologie der Sprachen und die Entdeckung allgemeiner phonologischer Gesetze behindern. Ebenso wäre die Ausschließung semantischer Betrachtungen (die ein verlockendes Experiment in den grammatischen Beschreibungen gewesen ist) hinsichtlich der Typologie ein glatter Widerspruch. Greenbergs Behauptung ist zuzustimmen, daß es unmöglich wäre, grammatische Phänomene in Sprachen mit verschiedenen Strukturen zu identifizieren, ohne »semantische Kriterien zu gebrauchen«. Morphologische und syntaktische Typologie sowie die universale Grammatik als ihre Grundlage beschäftigen sich hauptsächlich mit »grammatischen Begriffen«, wie Sapir sie nennt. Offensichtlich gibt es in der Grammatik keine begriffliche Opposition ohne eine entsprechende formale Unterscheidung; doch damit ist nicht unterstellt, daß diese Unterscheidung, sei es auf der innersprachlichen oder auf der zwischensprachlichen Ebene, nur einen einzigen »grammatischen Prozeß« verwendete. So wird im Englischen das eine Gegensatzpaar Singular/Plural sowohl durch das Suffix als durch vokalischen Wechsel ausgedrückt (*boy:boys; man:men*). Wenn eine Sprache diese Opposition nur durch das Suffix und eine andere nur durch den Vokalwechsel ausdrückt, so läßt sich nichtsdestoweniger der Nachweis führen, daß die Grundunterscheidung der beiden grammatischen Numeri beiden Sprachen gemeinsam ist.

Nicht nur grammatische Begriffe, sondern auch ihre Wechselbeziehung mit grammatischen Prozessen (die wir oben durch die Analyse der Wortordnung verdeutlicht haben) und schließlich die Strukturprinzipien solcher Prozesse erheischen eine Aufdeckung implikativer Universalien.

Glücklicherweise teilt Greenberg in seiner Suche nach Universalien der Grammatik nicht das wunderliche Vorurteil gegen »semantisch orientierte Definitionen«, das, so seltsam es auch scheinen mag, sogar in unsere Tagung über sprachliche Universalien eingedrungen zu sein scheint. Wir sind mit Uriel Weinreichs witziger Bemerkung vollkommen einverstanden, daß »wir uns kaum auf einer Tagung über phonologische Universalien getroffen hätten« (1963: 142f.), wenn wir in der Phonologie nur ein paar Allgemeinplätze über allgemeinsprachliche Eigenschaften hätten, und ferner, daß vereinzelte Binsenwahrheiten über universale semantische Eigenschaften der Sprachen nicht dazu ermutigen würden, »weiterzugehen«. Ein realistischer Zugang zu diesem Gebiet eröffnet einen immer besseren Ausblick auf höherstufige Verallgemeinerungen. Eine *conditio sine qua non* für eine solche Untersuchung ist die folgerichtige Unterscheidung zwischen grammatischen und lexikalischen Bedeutungen (oder, mit den Worten Fortunatovs, zwischen formalen und realen Bedeutungen; siehe Krámský, 1946–48: Kap. 7), die trotz der methodologischen Wegbereitung besonders durch die hervorragenden amerikanischen und russischen Pioniere in der Sprachwissenschaft bestimmte Sprachforscher immer noch befremdet und irritiert. Einige von ihnen scheinen sogar durch Elementarfragen verwirrt zu werden, zum Beispiel: Was bedeutet in einem sprachlichen Code eigentlich der Plural oder die Vergangenheitsform oder das unbestimmte Geschlecht? Und hat es im allgemeinen irgendeine Bedeutung?

Eine umsichtige und fortgesetzte Suche nach innersprachlichen und damit zwischensprachlichen semantischen Invarianten in den Beziehungen grammatischer Kategorien – wie etwa des verbalen Aspekts, des Tempus, Genus oder Modus – wird in der Tat ein dringendes und durchaus erreichbares Ziel der gegenwärtigen Sprachwissenschaft. Diese Untersuchung wird uns in die Lage versetzen, äquivalente grammatische Oppositionen innerhalb von »Sprachen mit unterschiedlicher Struktur« zu identifizieren und die universalen Implikationsregeln zu erforschen, die einige dieser Oppositionen miteinander verbinden. Der bedeutende Mathematiker A. Kolmogorov, der auch ein Kenner der Sprachwissenschaft ist, hat die grammatischen Fälle klug als die Nominalklasse definiert, die »vollkommen äquivalente Zustände« hinsichtlich ihrer Bezugsgegenstände ausdrückt (vgl. Uspenskij 1975).

Wir zerlegen einen grammatischen Fall in seine wesentlichen

semantischen Bestandteile und behandeln diese wesentlichen Bestandteile genauso wie distinktive Eigenschaften in der Phonemik; das heißt, wir definieren beide als Glieder *invarianter* Oppositionen und entsprechend als *Varianten,* die von verschiedenen Kontexten oder von verschiedenen Subcodes (Sprachstilen) abhängen. Obwohl es, nebenbei gesagt, sein kann, daß in bestimmten Kontexten der Gebrauch eines gegebenen Falles obligatorisch ist und daß sich in diesem Fall seine Bedeutung als redundant herausstellt, erlaubt es uns dieser Umstand nicht, eine Bedeutung, auch wenn sie vorhersagbar ist, mit Bedeutungslosigkeit gleichzusetzen. Es wäre jedoch ein glattes Mißverständnis, würde man sich vorstellen, daß diese gelegentlichen Redundanzen die Suche nach der allgemeinen Bedeutung grammatischer Fälle in irgendeiner Weise ungültig machten. Es ist richtig, daß die russische Präposition *k* [›zu‹] den Dativ nach sich zieht; der russische Dativ impliziert jedoch nicht eine vorhergehende Präposition *k* und bewahrt so seine eigene allgemeine Bedeutung ›gerichtet nach‹, genauso wie das russische Nomen *chleb* [›Brot‹] nicht seine Bedeutung verliert, wenn das Adjektiv *peklevannyj* [›Vollkorn‹] vorhergeht, obwohl *chleb* das einzige Nomen ist, das nach diesem Attribut erwartet werden kann. In einer Folge von zwei englischen Engelauten muß, wenn der erste stimmlos ist, der zweite auch stimmlos sein: [kukt] *cooked*. In diesem Fall jedoch ist die offensichtliche Analogie von grammatischen und phonemischen Folgen mißverständlich. Redundanz nimmt der phonemischen Eigenschaft ihren distinktiven Wert, sie kann jedoch bedeutungsvollen Einheiten nicht ihren eigentümlichen Sinn rauben.

Naive Versuche, sich mit Variationen zu beschäftigen, ohne das Problem der Invarianten anzugreifen, sind zum Scheitern verurteilt. Solche Unternehmungen verwandeln die hierarchische Struktur des Kasussystems in ein summatives Aggregat und verbergen die implikativen Universalien, die tatsächlich den Angelpunkt des Deklinationsmusters bilden. Ein zwischensprachlicher Unterschied von kontextuellen Varianten berührt nicht die Gleichwertigkeit der invarianten Gegensatzpaare. Obwohl der Genitiv der Negation im Polnischen und Gotischen, nicht jedoch im Tschechischen oder Altgriechischen existiert, fungiert der Genitiv in all diesen vier Sprachen als ein Quantor.

Gegenwärtig »gibt es eine unausrottbare Überzeugung«, wie H. M. Hoenigswald in seinem gedankenreichen Referat bemerkt, »daß die Universalien eine Art autonomes System bilden« (1963: 31). Die große Anzahl grammatischer Universalien, die auf einem »semantischen Kriterium« beruhen, erweist eindrucksvoll den von Weinreich zitierten traditionellen Glauben als falsch, wonach »die semantische Auflistung des Universums durch die Sprache im Prinzip willkürlich ist« (vgl. 1963: 142).

Den lohnendsten Teil von Weinreichs Referat »Über semantische Universalien« bildet sein Versuch (1963: 184ff.), die Frage zu beantworten: »Welche Verallgemeinerungen können über irgendeinen Wortschatz als eine strukturierte Menge gemacht werden, so unvollkommen die Strukturierung auch sein mag?« Die Gedanken zur Sprache von Weinreichs sechsjähriger Tochter (die uns von ihrem Vater zwischen den Tagungssitzungen mitgeteilt wurden) sind besonders wertvolle und realistische Ergänzungen zu seiner Argumentation. »Die Standardarbeiten zur Semantik« führt Weinreich aus, »sind im großen und ganzen von dem einen semiotischen Prozeß der Benennung in Beschlag genommen.« Seine Tochter, die überrascht erfährt, daß es tausend und abertausend Wörter in einer Sprache gibt, vermutet, daß die meisten von ihnen »Namen« (sie meint Nomina) sein müssen, und gibt andererseits zu, daß diese große Anzahl von Wörtern nicht so erdrückend ist, da sie in Paaren (von Antonymen) zusammen stehen, wie *auf* und *ab, Mann* und *Frau. Wasser,* erklärt die kleine Shifra, muß *trocken* entgegengesetzt werden und *einkaufen selbermachen* (da sie gewohnt ist, zu kaufen, nicht aber zu verkaufen, gibt es keinen Wortwechsel *kaufen/verkaufen* in ihrem Denken). Das gescheite Kind hat zwei wichtige Eigenschaften des Wortschatzes beobachtet: seine strukturierte Anordnung und den unterschiedlichen Status der verschiedenen Wortklassen, besonders den offeneren, erweiterbaren Charakter der Nominalklasse.

Das Studium der Wortbildung wäre leichter und produktiver,

wenn es nicht wie gewöhnlich mit Nomina, sondern mit engumschriebenen Wortklassen beginnen würde. Die Bande zwischen semantischen Unterklassen und ihren verschiedenen syntaktischen Behandlungen erwiese sich als besonders erhellend. So zeigt die Untersuchung, die von Professor Gerta Worth (UCLA) im Rahmen unseres Projekts an der Harvard-Universität (Beschreibung und Analyse des gegenwärtigen Standardrussisch) begonnen wurde, daß die Unterteilung aller primären (präfixlosen) russischen Verben in solche, die mit einem gegebenen Kasus oder einem Infinitiv verbunden sein *müssen, können* oder *nicht sein können*, zu einer Menge von Verbklassen führt, die sowohl formal wie semantisch substantiviert ist. Eine ähnliche zweiseitige Aufteilung der Nominalklassen ist mühseliger, aber doch durchführbar. Zum Beispiel wird im Slavischen und vielen anderen Sprachen die Klasse der Nomina, die eine Zeitausdehnung bezeichnen, syntaktisch durch die Tatsache begründet, daß nur sie im Akkusativ mit intransitiven Verben (russisch *bolel nedelju* [›war eine Woche krank‹]) und als ein zweiter Akkusativ mit transitiven Verben stehen können (russisch *gody pisal knigu* [›seit Jahren ein Buch schreibend‹]). Eine innersprachliche Klassifikation der Wörter, die schließlich die Probleme der Lexikologie und der Grammatik verbinden würde, ist eine wesentliche Voraussetzung für die zwischensprachliche Untersuchung lexikalischer Einförmigkeiten.

Wahrscheinlich würde die allgemeine Freude über die weiten Ausblicke, die diese Konferenz bietet, in ein Gefühl der Enttäuschung umschlagen, wenn sich bei den Schlußdebatten keine Perspektive auf die weitere Forschungsarbeit und deren künftige Organisation ergäbe. Da klar ist, daß die Typologie und die Universalien nicht von der Tagesordnung genommen werden können, und da ohne eine anhaltende kollektive Anstrengung diese Forschung nicht angemessen vorangetrieben werden kann, möchte ich wenigstens eine konkrete Maßnahme vorschlagen.

Wir brauchen höchst dringend eine systematische weltweite Auflistung der sprachlichen strukturalen Eigentümlichkeiten: der distinktiven Eigenschaften, der inhärenten wie prosodischen, sowie ihrer Typen des Mit- und Nacheinanders, der grammatischen Begriffe und der Prinzipien ihres Ausdrucks. Die erste und leichter zu erfüllende Aufgabe wäre ein phonemischer Weltatlas. Vorbereitende Diskussionen mit dem Ziel eines solchen Atlanten wurden auf einem internationalen Treffen der Phonologen in Kopenhagen am 29. August 1936 geführt und 1939/40 von der bemerkenswerten Gesellschaft der Osloer Linguisten weitergeführt; doch wurde die Arbeit durch die deutsche Invasion unterbrochen. Heute würde unsere linguistische Abteilung des Zentrums für Kommunikationswissenschaften am M. I. T. gern mit der Arbeit an diesem Atlas beginnen; die Durchführung des Projekts erfordert jedoch eine weitreichende Zusammenarbeit mit dem *Social Science Research Council* und seinem Komitee für Linguistik und Psychologie. Linguisten aus verschiedenen in- und ausländischen Instituten wollen sich an der Arbeit unseres Teams beteiligen.

Die Anzahl der Sprachen und Dialekte, deren phonemische Struktur der Linguistik zugänglich ist, ist ziemlich groß, und wir wollen zugeben, daß es zu Beginn gegensätzliche Auffassungen geben wird und einige weiße Flecken auf der Landkarte bleiben werden. Trotzdem, die Existenz unerforschter Gebiete kann niemals als Argument gegen die Erstellung einer Karte verwendet werden. Auch wenn die erreichten Isophone nur Annäherungen sein sollten, werden sie für die Linguistik und Anthropologie höchst nützlich sein. In geeigneter Weise miteinander verbunden, werden diese Isoglossen zweifellos neue Implikationsgesetze enthüllen und die phonemische Sprachtypologie in ihrem geographischen Aspekt offenlegen. Die phonemischen Verwandtschaften benachbarter Sprachen, die auf die weite Streuung phonemischer Eigenschaften zurückzuführen ist, wird in dem Atlas erschöpfend dargestellt werden. Die Arbeit an phonemischen und grammatischen Weltatlanten wird nur ein Teil der ausgedehnten internationalen Zusammenarbeit sein, die notwendig ist, um die großen Ziele zu erreichen, die unsere Konferenz anstrebt.

Fassen wir zusammen: Wir alle scheinen darüber einig zu sein, daß die Sprachwissenschaft vom bloßen Studium verschiedener Sprachen und Sprachfamilien zu einer systematischen *typologischen* Untersuchung und allmählichen *Integration* übergeht, um schließlich zur universalen Sprachwissenschaft zu werden. Jahrhundertelang ist dieses Gebiet Niemandsland gewesen, und nur wenige philosophische Beiträge – von der mittelalterlichen *Grammatica speculativa* über Johannes Amos Comenius' *Glottologia* (Miškovská 1959) und die rationalistischen Versuche des 17. und 18. Jahrhunderts bis zu den phänomenologischen Meditationen von Husserl (1901/13) und Marty (1908) und schließlich bis zu den modernen Arbeiten zur symbolischen Logik – haben es gewagt, die Grundlagen für eine Universalgrammatik zu legen.

Als ich von meinem Prüfer an der Moskauer Universität nach der Möglichkeit einer Universalgrammatik gefragt wurde, zitierte ich als Antwort des Professors ablehnende Haltung zu Husserls *reiner Grammatik*. Aufgefordert, meine eigene Meinung dazu zu äußern, antwortete ich zum Unwillen des Fragers mit dem Hinweis auf die Notwendigkeit von linguistischen Untersuchungen auf diesem Gebiet.

Wenn sich heute die Sprachwissenschaftler – mit ihrer eigenen strengen Methodologie und einem reichen Tatsachenwissen gewappnet – endlich diesem Problem zuwenden, sollten sie die bestehenden theoretischen Konstruktionen einer Revision unterziehen und verbessern; sie sind jedoch keinesfalls berechtigt, die reichen philosophischen Hinweise der Vergangenheit und Gegenwart mit der zweifelhaften Entschuldigung zu ignorieren oder zu unterschätzen, daß man in dieser Literatur manchmal apriorischen Aussagen und einer Nachlässigkeit gegenüber verifizierbaren Realitäten begegnet. So ist Weinreichs Ablehnung der angeblich »neuen Scholastik« in Carnaps und Quines jüngsten Schriften kaum berechtigt. Ebenso bleibt die philosophische Unterscheidung von autokategorematischen und synkategorematischen Zeichen für den Aufbau einer Universalgrammatik unersetzlich, auch wenn einige ihrer traditionellen Interpretationen sich als »völlig unhaltbar« erwiesen haben. Eine sorgfältige empirische Prüfung der verschiedenen allgemeinen Prinzipien, die von der philosophischen Grammatik eingeführt wurden, könnte eine wirksame Hilfe bei der linguistischen Erfor-

schung von Universalien sein, aber auch unökonomische und überflüssige Wiederentdeckungen sowie die gefährlichen Irrtümer vermeiden helfen, von denen der sogenannte schleichende Empirismus zu oft bedroht ist.
Diese Konferenz hat eindrucksvoll bekundet, daß der Isolationismus in seinen verschiedenen Formen aus der Linguistik verschwindet, wenn das Verfahren der technischen Separation seinen nützlichen experimentellen Zweck erfüllt hat. Das Besondere und das Allgemeine entstehen als zwei einander bedingende Momente, und ihre Synthese bestätigt erneut die unauflösbare Einheit der äußeren und inneren Seite jedes sprachlichen Zeichens. Die Linguistik wird sich ihrer wechselseitigen Verbindungen mit den benachbarten Sprach-, Denk-, und Kommunikationswissenschaften bewußt und bemüht sich, sowohl die besonderen Eigentümlichkeiten der Sprache wie ihre nahe Verwandtschaft zu anderen Zeichensystemen aufzuzeigen. Die Frage nach sprachlichen Universalien führt unvermeidlich zu dem umfassenderen Problem durchgehender semiotischer Konstanten. Die Innenschau der Sprache wird nun um einen Vergleich der Sprachgestalten mit anderen Trägern menschlicher Kommunikation ergänzt. Die intensive Zusammenarbeit der Linguisten mit Kulturanthropologen und Psychologen auf der Konferenz über sprachliche Universalien deutet an, daß der heutige Sprachwissenschaftler dabei ist, den apokryphen Schlußsatz, den die Herausgeber von Saussures *Cours* (1916: 317; vgl. Godel 1957) beigefügt haben, zurückzuweisen: »Der wahre und alleinige Gegenstand der Sprachwissenschaft ist die Sprache an und für sich betrachtet.« Begreifen wir heute nicht die Sprache als ein Ganzes »an und für sich« und gleichzeitig als einen die Kultur und Gesellschaft konstituierenden Teil? So wird die Linguistik eine Zweifronten-Wissenschaft, die sich beständig mit der Wechselbeziehung zwischen Teil und Ganzem beschäftigt. Schließlich hat uns die von H. M. Hoenigswald (1963) gestellte Frage, die hier lebhaft diskutiert wurde – »Gibt es Universalien des Sprachwandels?« –, ermöglicht, die starrste aller gewohnten Trennungen, die vermeintliche Kluft zwischen der Untersuchung von *Konstanz* und *Wandel* kenntlich zu machen. Die Suche nach Universalien ist orga-

nisch mit allen anderen Erscheinungsformen einer einheitlichen Einstellung zur Sprache und Sprachwissenschaft verbunden.

Anmerkungen des Herausgebers

1 Noam Chomsky, *Aspects of the Theory of Syntax*, Cambridge, MA: M.I.T. Press, 1965, 27ff.; deutsch: *Aspekte der Syntax-Theorie*, Frankfurt: Suhrkamp 1969.
2 Die meisten Vorträge sind in Greenbergs Sammelband von 1963 aufgenommen worden.
3 Einen Überblick in philosophischer und wissenschaftsgeschichtlicher Perspektive über die Universalienforschung in den Sprachwissenschaften seit 1960 bietet E. Holenstein, *Sprachliche Universalien. Eine Untersuchung zur Natur des menschlichen Geistes*, Bochum: Studienverlag Brockmeyer 1985.

Literatur

Brøndal, Viggo, 1943, *Essais de linguistique générale,* Kopenhagen.
Ferguson, Charles A., 1963, »Assumptions about Nasals«, in: Joseph H. Greenberg (Hg.), *Language Universals*, Cambridge, MA: M.I.T. Press, 2. Auflage 1965, 53–60.
Godel, Robert, 1957, *Les sources manuscrites du Cours de linguistique générale de F. de Saussure*, Genf.
Greenberg, Joseph H. (Hg.), 1963, *Language Universals*, Cambridge, MA: M.I.T. Press, 2. Auflage 1965.
–, Charles E. Osgood und James J. Jenkins, »Memorandum Concerning Language Universals«, in: a.a.O., XV–XXVIII.
Helmholtz, Hermann, 1862, »Über das Verhältnis der Naturwissenschaften zur Gesamtheit der Wissenschaft«, in: *Populäre wissenschaftliche Vorträge*, 1. Heft, Braunschweig: Vieweg 1865, 1–30.
Hoenigswald, Henry M., 1963, »Are There Universals of Linguistic Change?«, in: Joseph H. Greenberg (Hg.), *Language Universals*, Cambridge, MA: M.I.T. Press, 2. Auflage 1965, 30–52.

Husserl, Edmund, 1901/13, *Logische Untersuchungen* II, Halle: Niemeyer; *Husserliana* XIX, Den Haag: Nijhoff 1984.

Issatschenko, A., 1937, »Á propos des voyelles nasales«, in: *Bulletin de la Société de linguistique de Paris* 113.

Jakobson, Roman, 1962/71, *Selected Writings* I, The Hague: Mouton.

Krámský, J., 1946/48, »Fonologické využití samohláskových fonémat«, in: *Linguistica Slovaca* 4/5, 39 ff.

Marty, Anton, 1908, *Untersuchungen zur Grundlegung der allgemeinen Grammatik und Sprachphilosophie,* Halle: Niemeyer.

Miškovská, V. F., 1932, »La Panglottie de J. A. Komenský«, in: *Philologica Pragensia* 2/4, 97 ff.

Peirce, Charles Sanders, 1932, *Collected Papers* 2, Cambridge, MA: Harvard University Press.

Porzeziński, W., 1913, *Vvedenie v jazykovedenie,* Moskau, 3. Auflage.

Pos, Hendrik J., 1939, »Perspectives du structuralisme«, in: *Travaux du Cercle linguistique de Prague* 7, 71 ff.

Sapir, Edward, 1930, *Totality,* LSA, Language Monographs 6.

–, 1949, *Selected Writings,* Berkeley: California University Press.

Saporta, Sol, 1963, »Phoneme Distribution and Language Universals«, in: Joseph H. Greenberg (Hg.), *Language Universals,* Cambridge, MA: M. I. T. Press, 2. Auflage 1965, 61–72.

Saussure, Ferdinand de, 1916, *Cours de linguistique générale,* Paris: Payot, 3. Auflage 1931; deutsch: *Grundfragen der allgemeinen Sprachwissenschaft,* Berlin: de Gruyter, 2. Auflage 1967.

Uspenskij, V. A., 1957, »K opredeleniju padeža po A. N. Kolmogorovu«, in: *Bjulleten' ob-edinenija po problemam mašinnogo perevoda* 5, 11 ff.

Wallerand, G., 1913, *Les œuvres de Siger de Courtrai,* Louvain.

Weinreich, Uriel, 1963, »On the Semantic Structure of Language«, in: Joseph H. Greenberg (Hg.) *Language Universals,* Cambridge, MA: M. I. T. Press, 2. Auflage 1965, 142–216.

Siebter Teil
Zur Zeichenstruktur
des menschlichen Geistes

Brief an zwei Prager Kabarettisten über Noetik und Semantik von Jux
[1937]

Was der osteuropäische Strang der Semiotik mit seinen ersten Zentren in Petersburg, Moskau und Prag den beiden westlichen Strängen im Ausgang von Peirce und Saussure augenfällig voraus hat, ist seine Entwicklung in engem Kontakt mit den Künstlern und Dichtern der Zeit.

> ...der Begriff *Ulk*,
> den wir zu verteidigen versuchten...
> (V + W)[1]

Freunde, man hat mich um einen Beitrag zu Eurem zehnjährigen Jubiläum gebeten. Allerdings gibt es in diesem Schuljahr so viel Arbeit mit den Hundertjahrfeiern – Mácha und Puškin[2], – daß Ihr möglicherweise zu lange Schlange stehen müßtet. Darum skizziere ich einstweilen in einem ins Unreine formulierten Brief einige Gedanken zum beißenden Ulk, Eurem kulturhistorischen Hauptverdienst, über den ich gerne einmal eine saubere Abhandlung schreiben würde. Ich wiederhole: Hauptverdienst! Ich mag zwar Eure Gesellschaftssatire und die vielfältige literarische Parodie, aber das größte Novum, Euer originellster und aktuellster Beitrag ist, so behaupte ich, »die gegenstandslose, reine Komik..., die fähig ist, den Zuschauer in die Zauberwelt der Absurdität zu führen«.
Die Sache ist eine ernsthafte Untersuchung wert. Besonders angebracht wäre sie in einer Zeit, in der allerlei luftdicht voneinander isolierte Autarkien in üppiger Blüte stehen[3]: In ernsten Erwägungen kommt angeblich nichts zum Lachen vor, und Humor darf sich nicht mit ernsten und ehrwürdigen Gegenständen befassen. Vorbei ist die Zeit der Romantik, die leidenschaftlich die Grenze zwischen dem Tragischen und dem Komischen verwischte. Vorbei sind die liberalen Zeiten des schönen *Mastičkář*[4], wo selbst ein Osterspiel in beneidenswerter Selbstverständlichkeit eine derbe Parodie auf die Auferstehung einschließen konnte:

> Wehe, wehe, wehe, ach,
> Siehe, Meister, ich bin wach.
> Auferstanden bin ich wohl,
> Scheiß mir fast die Hose voll.
> Großer Meister, Dank sei Dir,
> Solche Ehr beweist Du mir.[5]

Die letzten beiden Zeilen parodieren direkt den Gebetsreim: »Großer Gott, gelobt seist Du, soviel Wunder wirkest Du!« Damals wertete man die Posse nicht als Blasphemie, genauso wie im russischen Volk Bylinen und beißende Parodien dieser Heldenepen (*nebylicy*) friedlich zusammenleben.

Hier geht es mir jedoch nicht um die heutige Zensur, die den Schuß der Posse auf die Bylinenhelden oder das »Labyrinth der Welt« verbietet. Ich denke eher an die heutige Akademie, deren Desinteresse am Jux mir überzogen vorkommt. Die Literaturgeschichte verzeichnet zwar, wen und was die Satire des berühmten Dichters X geißelt, aber die Technik des Komischen wird selten untersucht. Mir geht es aber nicht um die Literaturwissenschaft. Der einzige Zweck dieser Zeilen (neben dem herzlichen Glückwunsch zu Eurer zehnjährigen, fast ununterbrochenen Unbeugsamkeit) ist, auf die Bedeutung Eurer Produktion für die Grenzprobleme der Noetik[6] und Linguistik aufmerksam zu machen.

Ihr seid zu sehr *au courant,* als daß ich Euch daran zu erinnern hätte, daß die moderne Philosophie (Phänomenologie, Logistik usw.[7]) schrittweise und Hand in Hand mit der allgemeinen Sprachwissenschaft das Verhältnis der Zeichen, besonders der sprachlichen Zeichen, zum Reich der Gegenstände untersucht und daß dies eines der schwierigsten, schwindelerregendsten und verantwortungsvollsten geisteswissenschaftlichen Probleme unserer Zeit ist. Die Forschung der letzten Jahre hat besonders auf den bedeutenden Unterschied zweier Sprachfunktionen aufmerksam gemacht: einerseits die darstellende, auf Vollständigkeit, Geschlossenheit und größtmögliche Unabhängigkeit vom außersprachlichen Kontext abzielende Sprache; andererseits die Sprache, die den Kontext nur ergänzt, sich stets auf die Situation bezieht und außerhalb dieser unverständlich wird. Jede konkrete Äußerung oszilliert zwischen diesen beiden Extrempunkten. Elemente, die beide Funktionen erfüllen, durchdringen sich gegenseitig. Es ist notwendig, sie zu bestimmen, und ein höchst wichtiges Experiment bestünde darin, unsere Sprache aus der Situation herauszulösen. So wie es eine interessante Aufgabe für Lobačevskijs[8] Geometrie war, das Modell eines Raumes zu konstruieren, für den das Euklidsche Parallelenaxiom nicht gilt, genauso braucht die heutige Bedeutungsforschung ein Dialogmodell, in dem die Partner von der Dialogsituation absehen.

Ihr habt dieser dringlichen Nachfrage seitens der Sprachwissenschaft unwillkürlich entsprochen. Die Personen, die Ihr vorstellt, liegen, wie Ihr ausgezeichnet angemerkt habt, »unter allen Umständen daneben: sie sind unter allen Umständen von Berufs wegen neutral, weil die Zugehörigkeit zu einer der kriegführenden Parteien ihre Clownfreiheit stören würde, die es ihnen erlaubt, sich den ganzen Abend in ihrer eigenen Welt absurder Fiktion und weitreichender Mißverständnisse zu bewegen. So sehr kämpfen sie mit der Wirklichkeit, die ihnen ein unbegreifliches Ding ist, so metaphysisch blöd sind sie, usw. [...] Sie können nicht einer ohne den anderen sein, weil sie sich ununterbrochen um die Methoden streiten, mit denen der bösen Wirklichkeit und ihren Tücken beizukommen wäre; sie einigen sich nur dann, wenn sie alle beide vollständig irren.«

Brauchen wir einen besseren Beleg zur Veranschaulichung der Bühlerschen These über das Pronomen als reines Situationswort, »Zeigwort«[9], als den Dialog aus der *Vest Pocket Revue*?

Brötchen (blasiert): Hör er zu, neulich war ich im Club und sprach dort mit diesem langen Doktor, er weiß schon. Und er hat mir erzählt, daß er im Zbraslaver Ritz so 'nen Skandal hatte. So geh ich ihn danach fragen.
Hand: Geh er nur, geh er, ich werd ihn nicht aufhalten.
Brötchen: Wie denn das, er versteht mich nicht, jetzt bin ich hier, so muß er mir das sagen.
Hand: Hör er, Bobby, er ist komisch, wie kann er ihm das sagen, wo er doch nicht da ist.
Brötchen: Wer?
Hand: Na, er!

Brötchen: Aber ich bin doch hier!
Hand: So hatte er den Skandal, Bobby, also erzähl er!
Brötchen: Aber nein! Zieh er mich nicht da hinein, von wem spricht er da eigentlich? Von ihm oder von ihm?
Hand: Verzeihung, Bobby, wenn ich von ihm sprechen würde, so sagte ich *er*, nicht wahr? Aber wenn ich von ihm spreche, was ich auch tue, da sag ich *er*, nicht wahr?
Brötchen: Jetzt hat er mir da mindestens sechs Leute hineingezogen, und dabei ist doch nur und nur er darin.

Hier rächt sich der Versuch, das Personalpronomen in seinen verschiedenen Funktionen aus der Situation wegzudenken. Noch lehrreicher ist der Wirrwarr um das Wort *man* in *Robin Zbojník* [»Räuber Robin«], wo sich die Rolle des fiktiven Subjekts mit der Zeigwort-Rolle vermengt:

Röhre: ... dann geht man irgendwohin und weiß es nicht. Man weiß nicht. Man kommt, man ist hier und man weiß nicht. Man ist blöd!
Rohr: Man hält die Schnauze und klappt das Klappbett auf, hört man?
Röhre: Wen beschimpft man? Man hat doch am allerwenigsten etwas zu sagen!
Rohr: Wer?
Röhre: Man.
Rohr: Und wer ist das?
Röhre: Welcher?
Rohr: Der, der beschimpft hat?
Röhre: Man hat beschimpft.
Rohr: Da hat man mich *man* genannt! Da sollte man sich in acht nehmen, ja?

Der klassische Dialog *Naše řeč* [»Unsere Sprache«] ist vornehmlich aus kanonischen Situationselementen gebaut und bringt einen gegenstandslosen Ersatz darstellender Rede hervor:

Staub: Und das ist am besten, es geht einem gleich so oder so...
Asche: ...ja, richtig...
Staub: ...und überhaupt!
Asche: ...ja...
Staub: ...und dann, wissen Sie? Und dann...
Asche: ...ja, und warum nicht?
Staub: ...da haben Sie recht!
Asche: ... Da bin ich aber froh, daß Sie auch aus Prag sind, da haben wir uns wenigstens was zu erzählen.

[...]
Mein Brief droht eine Einführung in die Werich-Kunde zu werden, deshalb nur noch eine kurze Beobachtung zur *Vest Pocket Revue,* dieser Urgroßmutter all des heutigen Ulks, dieser unerschöplichen Fundgrube von Musterbeispielen in allen Fragen der Bedeutungslehre. So sehen wir, daß die Nachbarschaft der Zeichen keineswegs immer mit der Nachbarschaft der bezeichneten Sachen gleichzusetzen ist:

Ja, N-III-529. Und überlege er, da lese ich in einem Magazin, daß in Golčův Jeníkov der Wagen mit der Nr. N-III-530 gestohlen wurde. Hätte sich der Dieb nur um eine einzige Nummer vergriffen, hätten wir keinen Wagen mehr.

Das Wahrheitskriterium betrifft nur die Aussage, die Frage ist eine Form *sui generis:*

Haben Sie mich auch damals belogen, als Sie mich gefragt haben: ›Petura, warst Du im Wald?‹ – Ja, auch damals hab ich gelogen, denn Du warst nicht im Wald!

Hier sind wir bei Brentanos[10] Problematik, und auch hier gibt es zur seit jeher verwickelten Frage des »negativen Gegenstandes«, die der tiefsinnige Brentano für ungeheuer wichtig für Logik und Verständnis von Sprache gehalten hat, ein glänzendes Beispiel:

Brötchen: Also ein Škoda-Sentinel. Weiß er, diese Haube, aus Nickel, sechs Meter lang.
Hand: Na klar, das ist mein Traum.
Brötchen: Na sieht er, also so eine Haube, die habe ich gar nicht! Aber dagegen die Auspuffröhren, weiß er, diese sechs Auspuffröhren so schön übereinander...
Hand: Na klar, die kenn ich!
Brötchen: Also die habe ich auch nicht!

Es ist freilich nicht gerade die Absicht des Juxes, den Semasiologen und Semiologen (Sematologen)[11] als Versuchskaninchen zu dienen, sondern er ist für den Hörer (wie die Dichtung überhaupt, nur ist der Jux eben mutiger und aufdringlicher) ein wirksames Memento, das den Charakter und die Eigenart der Sprache, ja der Zeichenwelt überhaupt und ihre komplizierte, mehrdeutige Beziehung zur Welt der Dinge bloßlegt. Der Jux stört den Automatismus der Gewohnheit und lehrt uns, Ding und Zeichen neu zu betasten, zu begreifen und zu bewerten. Darin liegt die hohe kulturelle Sendung »des Ulks oder der gegenstandslosen Komik«.

Anmerkungen des Herausgebers

1 Kürzel von Jiří Voskovec (1905–1981) und Jan Werich (1905–1980), den beiden Adressaten des Briefes.
2 Siehe Jakobsons Studien zu Karel Hynek Mácha (1810–1836) und Aleksandr Sergeevič Puškin (1799–1837) in *Selected Writings* V, The Hague: Mouton 1979, 237–298 und 433–485. – Vgl. zum Folgenden die Ausführungen im ersten Puškin-Aufsatz (239) zur (geschichtlichen und auch biographischen) Situation eines Gedichtes: »Die Situation ist eine Komponente der Rede; die poetische Funktion transformiert sie wie jede andere Komponente der Rede: manchmal, indem sie diese als ein wirksames formales Kunstelement hervorhebt; manchmal, indem sie diese zurückdrängt. Ob aber ein Werk die Situation positiv oder negativ einschließt, es ist ihr gegenüber nie gleichgültig.«
3 Siehe dazu die Einleitung zu R. Jakobson, *Poetik,* Frankfurt: Suhrkamp 1979, 34 ff.
4 Siehe Jakobsons Studie zum alttschechischen *Mastičkář* (Quacksalber, lat. *Unguentarius:* Salbenkrämer): in diesem Band, 335 ff.
5 Siehe das alttschechische Original in diesem Band, 344.
6 In der Brentano-Schule gebräuchlicher Ausdruck für die Erkenntnistheorie (mit einer starken psychologischen Komponente).
7 1935 weilte Husserl zu Vorträgen in Prag. Zur gleichen Zeit lehrte Carnap an der dortigen Deutschen Universität. Beide waren Gäste im *Cercle linguistique de Prague.* Siehe E. Holenstein. *Linguistik-Semiotik-Hermeneutik,* Frankfurt: Suhrkamp 1976, 18 ff.
8 Nikolaj Ivanovič Lobačevskij (1792–1856). Jakobson verweist mehrfach auf ihn. Siehe *Selected Writings* II, The Hague: Mouton 1971, Index.
9 Vgl. Karl Bühler, *Sprachtheorie* (1934), Stuttgart: Fischer 1965, 109.
10 Zur Bedeutung von Franz Brentano (1838–1917) und seiner Schule für den *Cercle linguistique de Prague* siehe E. Holenstein, *Linguistik-Semiotik-Hermeneutik,* a. a. O., 17 ff.
11 Diverse Bezeichnungen der Semiotik in möglicherweise wohlbe-

dachter Reihenfolge: Semasiologie (Marty 1908; Gomperz 1908), Semiologie (Saussure 1916), Sematologie (Bühler 1934). Zum weiten, sich zum Teil mit dem heutigen Titel ›Semantik‹ deckenden Gebrauch von ›Semasiologie‹ als »Funktionslehre« der Sprache und als Teil der Sprachpsychologie siehe Marty, *Untersuchungen zur Grundlegung der allgemeinen Grammatik und Sprachphilosophie*, Halle: Niemeyer 1908, 51 ff. (Marty war ein Brentano-Schüler, der 1880–1913 in Prag lehrte.) Zu einem älteren Gebrauch (Smart 1831) von ›Sematologie‹: Winfried Nöth, *Handbuch der Semiotik*, Stuttgart: Metzler 1985, 18.

Über die linguistische Einstellung zum Problem des Bewußtseins und des Unbewußten
[1978]

Im französischen (Post-)Strukturalismus ist das Schlagwort vom »Tod des Subjekts« aufgekommen. Ein Strukturalismus wie der von Jakobson, der die Sprache – ein biologisch verankerter und integraler Teil der mentalen Entwicklung des Kindes – für einen einflußreichen Faktor des menschlichen Geistes und seines Selbstverständnisses hält, wird diesem Schlagwort mutmaßlich geringe Stabilität und Lebensdauer zubilligen.[1] Zu sehr ist (1) der Sprachgebrauch gleich auf zwei Subjekte, Sprecher und Hörer, bezogen[2], (2) die allgemeine linguistische Kompetenz von der Fähigkeit zu Intuition und metasprachlicher Reflexion und (3) die kommunikative Kompetenz (der variable rollen- und handlungsspezifische Gebrauch der Sprache) vom eigenen, gesellschaftlich bedingten Selbstverständnis und der Möglichkeit zu flexiblen subjektiven Einstellungsänderungen abhängig.[3] Die metasprachliche Reflexion und der anhaltende Rollenwechsel in der Kommunikation halten den Fluß zwischen Bewußtsein und Unbewußtem in einem dynamischen Zustand.

Nach einem Überblick über die Stellungnahmen von Baudouin de Courtenay, Kruszewski, Saussure, Boas, Sapir und Fortunatov zum Thema, in denen – zum Teil angeregt von der philosophischen Literatur des ausgehenden 19. Jahrhunderts zum Unbewußten (Eduard von Hartmann) – vor allem das Ausmaß unbewußter »Kräfte« im Sprachgebrauch abgesteckt wird, präsentiert Jakobson eindrückliche Daten aus der Phase des kindlichen Spracherwerbs zum Sprachbewußtsein, das im Fall der spezifisch menschlichen Kommunikationsfähigkeit immer auch ein Sprecher- und Hörerbewußtsein ist und überdies ein Bewußtsein von der sozialen Stellung, die man als Teilnehmer einer kommunikativen Handlung innehat.

In der zweiten Hälfte des neunzehnten Jahrhunderts erfreute sich das Problem des »Unbewußten«, wie der Autor eines kritischen Überblicks (Bassin 1968: 55) bemerkt, besonderer Beliebtheit. Es wurde als ein wichtiger Faktor anerkannt, der bei der Behandlung verschiedener Themen der Verhaltenstheorie beachtet werden müsse. Unter den damaligen Sprachwissenschaftlern wurde dieses Problem am klarsten und eindringlichsten von dem jungen *Baudouin de Courtenay* (1845–1929) und seinem glänzenden Schüler *Mikołai Kruszewski* (1851–1887) erörtert. In der Besprechung eines 1908 erschienenen Buches seines Studenten A. Sechehaye erklärte F. de Saussure (1974: 43), der bereits das Ende seiner Lehrtätigkeit erreicht hatte, daß Baudouin de Courtenay und Kruszewski »einem theoretischen Zugang zur Sprache näher gekommen sind als irgend jemand sonst, ohne das Gebiet der reinen Sprachwissenschaft zu überschreiten; und trotzdem sind sie den meisten der westlichen Gelehrten unbekannt«. Die bedauernswerte Unbekanntheit der theoretischen Ansichten dieser beiden Gelehrten ist von westlichen Sprachwissenschaftlern wiederholt bezeugt worden.

In seiner ersten wissenschaftlichen Studie, seiner Warschauer Dissertation *Zagovory* [Zaubersprüche] – einer Arbeit über ein weites ethnologisches Gebiet, die im Januar 1875 beendet und im folgenden Jahr veröffentlicht wurde –, setzte Kruszewski der herrschenden Lehre von der Sprache als »einem Produkt bewußter menschlicher Aktivität« seine eigene These gegenüber, daß das »menschliche Bewußtsein und sein Wille« »nur wenig Einfluß« auf die Entwicklung der Sprache habe.

In seinen frühen Warschauer Studienjahren hatte Kruszewski versucht, sich in Baudouins erste Universitätsvorlesung einzuarbeiten, die dieser im Dezember 1870 in St. Petersburg gehalten hatte und die im *Žurnal Ministerstva Narodnogo Prosveščenija* 1871 unter dem Titel »Nekotorye obščie zamečanija o jazykovedenii i jazyke« [Einige allgemeine Bemerkungen zur Sprachwissenschaft und zur Sprache] (siehe Baudouin 1963: 1.47–77) abgedruckt wurde. Beim ersten Annäherungsversuch an diesen Text erwiesen sich Baudouins Gedanken jedoch, wie Kruszewski später selbst gesteht, als zu tief und zu weit für die Kräfte des Anfängers. Als er jedoch fünf Jahre später in Troick in der Provinz Orenburg Schulunterricht erteilte und sich so die Mittel für seine wissenschaftliche Ausbildung bei Baudouin an der Universität Kazan verdiente, las er, und diesmal mit großem Verständnis, die Vorlesung von 1870 erneut und drückte in einem Brief an Baudouin vom September 1876 seine »Neigung zu einer philosophischen oder besser logischen Auffassung der Sprachwissenschaft« aus. Der Brief spielt auf Baudouins Liste der »in der Sprache wirkenden Kräfte« an: »Ich muß sagen, daß ich nichts kenne, was mich ähnlich magnetisch zur Sprachwissenschaft anziehen könnte, wie der unbewußte Charakter der Sprachkräfte, der Sie veranlaßte, wie ich erst jetzt bemerke, den Ausdruck *unbewußt* folgerichtig in Ihrer Liste dieser Kräfte anzuführen. Dies stimmt glücklicherweise genau mit einem Begriff überein, den ich schon sehr lange mit mir herumtrage – ich meine den Gedanken unbewußter Vorgänge im allgemeinen, einen Gedanken, der radikal von Hartmanns Standpunkt abweicht. Um mir den Unterschied klarzumachen, habe ich meine Ferien mit dem mühseligen und langwierigen Studium von Hartmanns Philosophie in Kozlovs Version verbracht. Im Augenblick sind natürlich die Aufgaben für die Schulstunden an Hartmanns Stelle getreten, aber ich hoffe, zu ihm zurückzukehren.«[4]

In einem der Hauptpunkte von Baudouins Magisterthese von 1870 (in Leipzig unter dem Titel »O drevnepol'skom jazyke do XIV-go stoletija« [Das Altpolnisch bis zum vierzehnten Jahrhundert] erschienen und von ihm an der Historisch-Philosophischen Fakultät der Universität von St. Petersburg verteidigt) heißt es bereits: »Es ist notwendig, bei der Betrachtung selbst der anscheinend einfachsten Vorgänge, die es in der Sprache gibt, die Kraft der unbewußten Verallgemeinerung, mit der ein Volk alle Phänomene seines geistigen Lebens unter bestimmte allgemeine Kategorien faßt, zu beachten« (1963: 1.46). In Baudouins St. Petersburger Antrittsvorlesung, deren Betonung unbewußter Faktoren Kruszewski so stark beeindruckt hatte, bezeichnet der Ausdruck *Kräfte* »allgemeine Faktoren, die die Entwicklung der Sprache veranlassen und ihre Struktur und ihren Inhalt bedingen«. In der Zusammenfassung, die der veröffentlichten Vorlesung beigegeben ist, sind die individuellen Faktoren zum größten Teil durch einen Verweis auf ihren unbewußten Charakter gekennzeichnet (1963: 1.53). Unter diesen Faktoren sind die bedeutendsten »*Gewohnheit*, das heißt unbewußtes Gedächtnis« und andererseits »unbewußtes *Vergessen* und Nichtverstehen (Vergessen, was nicht bewußt erkannt war und Nichtverstehen von dem, was nicht bewußt verstanden werden konnte); solches Vergessen und Nichtverstehen bewirkt nicht etwas Inkonsequentes und Negatives (wie es bei bewußten geistigen Operationen der Fall wäre), sondern Produktives, Positives und Innovatorisches, und zwar durch ihre treibende, in neue Richtungen führende unbewußte Verallgemeinerung«. Diese Neigung, Gedächtnisarbeit zu ersparen und das Gedächtnis von einem Übermaß an wechselseitig angebundenen Details zu befreien, nennt Baudouin später (in seinem Derpt-Aufsatz von 1888) »eine besondere Art unbewußter [*nieświadomą*] Gedächtniskunst« (1963: 71).

Kruszewski erweiterte den Gedanken seines Lehrers, daß das Verschwinden eine wesentliche Bedingung der Entwicklung sei, indem er auf eine Analogie in der Biologie hinwies, und in seinem *Očerk nauki o jazyke* [Ein Abriß der Sprachwissenschaft] (1883: Kap. 7 und 8) vertritt er folgerichtig die Auffassung, daß »destruktive Faktoren« für die Sprache überaus nützlich seien. Ungefähr fünfzehn Jahre später wurde das Thema des »Vergessens« als regulärer Grundlage für sprachwissenschaftliche Transformationen – das Thema, das Baudouin zu Beginn seiner wissenschaftlichen Laufbahn kühn herausgestellt hatte – von Arsène Darmesteter (1846–1888) im Kapitel »Oubli ou catachrèse« seines tiefschürfenden Semantikbuches (1886) erneut zur Diskussion gestellt.

In Baudouins Vorlesung von 1870 (1963: 1.38) wurde die »unbewußte Verallgemeinerung« als »*Apperzeption*, das heißt eine Kraft, durch die die Menschen alle Erscheinungen ihres geistigen Lebens unter bestimmte allgemeine Kategorien bringen«, charakterisiert, was er in einem Vergleich der Systeme von Sprachkategorien, die »durch die Kraft der unbewußten Verallgemeinerung verbunden« sind, mit »den

Systemen der himmlischen Körper, die sich unter dem Einfluß der Anziehungskraft bewegen«, verdeutlichte. Wenn der Zusammenhang zwischen einer gegebenen sprachlichen Entität und verwandten Gebilden »im Gefühl eines Volkes vergessen« ist, tritt sie zurück, bis sie unter den Einfluß »einer neuen Wortfamilie oder Formkategorie« gerät. Baudouin besteht darauf, daß »das Sprachgefühl des Volks keine Fiktion, keine subjektive Illusion ist, sondern eine reale und positive Kategorie (Funktion); es kann in bezug auf seine Eigenschaften und Wirkungen definiert sowie objektiv verifiziert und faktisch bewiesen werden« (1963: 1.60). Im Interesse terminologischer Genauigkeit zogen es Baudouin und, ihm dabei folgend, Kruszewski vor, statt von »Sprachbewußtsein« genauer von »einem Gefühl für Sprache« zu sprechen, das heißt ihrer unbewußten intuitiven Apprehension.

Wenn die »unbewußte Verallgemeinerung, Apperzeption« – in Übereinstimmung mit Baudouins Klassifikation – »die zentripetale Kraft in der Sprache repräsentiert«, dann erlaube »die unbewußte *Abstraktion*, die unbewußte Neigung, zu unterteilen und zu unterscheiden«, umgekehrt einen Vergleich mit der »Zentrifugalkraft«, wobei der »Kampf all der aufgezählten Kräfte die Entwicklung der Sprache bedingt«.

Später in seinem »Obščij vzgljad na grammatiku« [Ein allgemeiner Blick auf die Grammatik], einem Abschnitt seiner *Podrobnaja programma lekcij* [Kommentiertes Vorlesungsverzeichnis], die er an der Universität Kazan während des akademischen Jahres 1876/77 gehalten hat (1963: 1.102), kehrte Baudouin zu einer Untersuchung aller in der Sprache wirkenden Kräfte, die er früher identifiziert hatte, zurück und bestand aufs neue auf ihrem unbewußten Charakter. Diesmal werden Gesetze und Kräfte einer parallelen Untersuchung unterworfen, nämlich als »*statische*, das heißt in einer synchronen Stellung (Zustand) der Sprache fungierende«, und als »*dynamische*, die Entwicklung der Sprache antreibende«. Durch die Behandlung der Frage nach dem Einfluß von Büchern »auf die Sprache der Gebildeten« war Baudouin sowohl in seinem Kazaner Programm von 1876/77 wie in seiner Vorlesung von 1870 (1963: 1.102 und 58f.) darauf vorbereitet, eine weitere in der Sprache wirkende Kraft anzuerkennen; doch diesmal ist es eine »vergleichsweise nicht sehr starke« Kraft, nämlich »der Einfluß des menschlichen *Bewußtseins* auf die Sprache«: »Obwohl der Einfluß des Bewußtseins auf die Sprache nur in bestimmten Individuen eine vollkommen bewußte Erscheinung ist, findet sich seine Wirkung gleichwohl auf das ganze Volk verteilt, und auf diese Weise kann der Einfluß des Bewußtseins die Entwicklung der Sprache nicht aufhalten. Er wirkt dem Einfluß unbewußter Kräfte entgegen – Kräfte, die im großen und ganzen eine schnellere Entwicklung der Sprache begünstigen –, und dies hat genau den Zweck, aus der Sprache ein allgemeines Instrument für die Vereinigung und wechselseitige Verständigung aller zeitgenössischen Mitglieder einer Nation sowie ihrer Vor- und Nachfahren zu machen. Daraus ergibt sich ein gewisses Trägheitsmoment in den Sprachen, die dem Einfluß des menschlichen Bewußtseins ausgesetzt sind, im Gegensatz zu der schnellen natürlichen Bewegung der Sprachen, die diesem Einfluß nicht ausgesetzt sind.«

Bei Kruszewski (1881b: 6) heißt es: »Die Sprache ist etwas in der Natur ganz Einzigartiges.« Dies verdankt sie der Teilhabe an *unbewußtpsychischen Erscheinungen,* die spezifischen Gesetzen unterliegen. Der Versuch, die Gesetze der sprachlichen Struktur sowie ihre Entwicklung herauszuarbeiten, war einer der originellsten und gleichzeitig fruchtbarsten Beiträge aus Kruszewskis allzu kurzer Laufbahn.

Was Baudouin anbelangt, so begann er zu Anfang des Jahrhunderts, im Gegensatz zu seiner eigenen früheren nachdrücklichen Bezugnahme auf »unbewußte Faktoren«, immer größere Bedeutung »der unwiderlegbaren Tatsache des bewußten Eingriffs in das Leben der Sprache« beizumessen. In seinen Worten: »Die Tendenz zu einer idealen sprachlichen Norm« hängt mit »der Teilnahme des menschlichen Bewußtseins am Leben der Sprache« zusammen. Im besonderen involviert »jeder sprachliche Kompromiß zwischen Menschen verschiedener Sprachen« unvermeidlich »ein bestimmtes Maß an bewußter Kreativität« (aus einem Artikel von

1908, »Vspomogatel'nyj meždunarodnyj jazyk« [Eine internationale Hilfssprache]; siehe 1963: 2.152).

Im ganzen gesehen entwickelte sich Baudouins Ansicht über die geistige Grundlage sprachlicher Erscheinungen dahin, die Kluft zwischen dem Bewußten und dem Unbewußten zu überbrücken. Am Ende seiner Rede, die er 1899 vor der Kopernikus-Gesellschaft von Krakau (siehe 1903: 107f.) gehalten hat, verglich er das Bewußtsein mit einer Flamme, die Licht auf einzelne Stufen der geistigen Aktivität wirft: Unbewußte [*nieświadome*] psychische Prozesse haben zwar auch die Fähigkeit, bewußt [*uświadomianie*] zu werden, ihr potentielles Bewußtsein ist jedoch in Wirklichkeit mit dem Unbewußten [*nieświadomość*] identifizierbar.

Äußerungen von *Ferdinand de Saussure* (1857–1913) während seiner Zeit als Professor in Genf zu dem in Frage stehenden Thema stimmen mit den frühen Grundansätzen von Baudouin und Kruszewski weitgehend überein. Saussure trennt scharf zwischen der »unbewußten Aktivität« [*l'activité inconsciente*] der Teilnehmer an sprachlicher Kommunikation und den »bewußten Operationen« [*opérations conscientes*] des Sprachwissenschaftlers (1967: 310). Nach Saussure (1967: 226) »sind die Ausdrücke *a* und *b* an und für sich unfähig, die Bewußtseinssphäre zu erreichen, während zugleich der Unterschied selbst von *a* und *b* vom Bewußtsein immer wahrgenommen wird«. Entwürfe seiner Genfer Antrittsvorlesung (die im November 1891 gehalten wurde) enthalten eine Diskussion darüber, inwiefern der Willensakt an Spracherscheinungen teilnimmt. Im Verlauf dieser Vorlesung deckt Saussure eine Reihe von Abstufungen sowohl im bewußten wie im unbewußten Willen [*dans la volonté consciente ou inconsciente*] auf. In bezug auf alle anderen Handlungen scheint für Saussure der Charakter der Sprachhandlung »der am wenigsten überlegte, der am wenigsten vorsätzliche und gleichzeitig der unpersönlichste von allen« zu sein [*le moins réfléchi, le moins prémédité, en même temps que le plus impersonnel de tous*]. Trotz der beachtlichen Tragweite der von ihm diskutierten Unterschiede läßt Saussure gleichzeitig nur die quantitativen Unterschiede [*différence de deg-*

rés] als reale gelten, während er die qualitativen Unterschiede [*différence essentielle*] einfach als tiefsitzende Illusionen abtut (1974: 6).

Bei *Franz Boas* (1858–1942), dem Begründer der amerikanischen Anthropologie und Linguistik, findet das Thema des unbewußten Faktors im Leben der Sprache große Beachtung, vor allem in seiner ausführlichen »Einleitung« zum ersten Teil des mehrbändigen *Handbook of American Indian Languages* (1911). Ein Abschnitt des zweiten Kapitels der »Einleitung«, der den Titel »Unbewußtheit der phonetischen Elemente« trägt, beginnt mit der Bemerkung, daß »der einzelne Laut als solcher keine unabhängige Existenz hat« und daß er niemals in das Bewußtsein des Sprechers tritt, sondern nur »als Teil eines Lautkomplexes, der eine bestimmte Bedeutung vermittelt«, existiert. Phonetische Elemente »werden bewußt« nur als Ergebnis der Analyse. Ein Vergleich von Wörtern, die nur in einem einzigen Laut voneinander abweichen, macht deutlich, daß »die Isolierung von Lauten das Ergebnis einer sekundären Analyse ist« (Boas 1911: 23f.).

In einem wichtigen Abschnitt (67–73) des vierten Kapitels derselben »Einleitung« kehrt Boas zum »unbewußten Charakter sprachlicher Erscheinungen« zurück. Dieses Kapitel ist dem Verhältnis von Sprachwissenschaft und Ethnologie gewidmet. Es endet mit einer Diskussion von Themen der allgemeinen Sprachwissenschaft, wobei das fünfte und letzte Kapitel (78–143) sich direkt den »Eigentümlichkeiten der amerikanischen Sprachen« zuwendet. Die bereits erwähnte These Saussures vom »Unterschied im Grad des Bewußtseins« zwischen sprachlicher Struktur und parallelen ethnologischen Gebilden ähnelt Boas' Gedanken von »der Beziehung des unbewußten Charakters sprachlicher Erscheinungen zu den bewußteren ethnologischen Erscheinungen«. Boas glaubt, daß es sich hier um einen »bloß scheinbaren« Gegensatz handelt und daß »gerade die Tatsache der Unbewußtheit sprachlicher Vorgänge uns hilft, ein besseres Verständnis der ethnologischen Erscheinungen zu gewinnen, ein Punkt, dessen Wichtigkeit nicht unterschätzt werden darf

[...]. Man könnte annehmen, daß der wesentliche Unterschied sprachlicher Einteilungen nie bewußt wird, während sie bei anderen ethnologischen Erscheinungen, obwohl derselbe unbewußte Ursprung vorherrscht, öfter zum Bewußtsein kommen und so eine sekundäre Rationalisierung und Reinterpretation veranlassen« (67). Von den Erscheinungen, die vom Individuum und vom ganzen Volk »vollständig unterbewußt« erfahren werden, führt der Autor Beispiele aus den Bereichen des Gefühls, der Mode, des Benehmens und die Regeln der Sittsamkeit an (67–70).
Boas sah den großen Vorteil der Sprachwissenschaft in dem vollständig unbewußten Charakter der sprachgeformten Kategorien, der es ermöglicht, die diesen Kategorien zugrundeliegenden Prozesse zu untersuchen, ohne durch »Störfaktoren sekundärer Erklärungen« fehlgeleitet zu werden, »die [...] im allgemeinen die tatsächliche Entwicklungsgeschichte von Ideen gänzlich verdunkeln« (71).
Gerade die unbewußte Bildung grammatischer Kategorien und ihre Wechselbeziehungen, die in der Sprache am Werk sind, ohne ins Bewußtsein zu treten, veranlaßt Boas, die verfügbaren Kräfte der Sprachwissenschaft auf eine objektive Analyse der systematischen Zusammenstellung grammatischer Begriffe anzusetzen, die für eine gegebene Sprache oder einen territorialen Bund charakteristisch sind. »Das Vorhandensein der grundlegendsten grammatischen Kategorien in allen Sprachen muß als Beweis für die Einheit der fundamentalen psychologischen Vorgänge angesehen werden« (71). Gleichzeitig warnt Boas die Forscher vor wiederholten egozentrischen Bemühungen, entfernten Sprachen das eigene grammatische Kategoriensystem zu unterstellen oder dasjenige Kategoriensystem, an das sich der Gelehrte bei der Arbeit an Sprachen, die mit seiner eigenen verwandt sind, gewöhnt hat (35 ff.).

Das Problem der Unbewußtheit gewinnt in der Arbeit von *Edward Sapir* (1884–1939), dem bedeutendsten Fortsetzer von Boas' linguistischen und anthropologischen Einsichten, noch größere Bedeutung. In seiner offenen Besprechung der Probleme, die sich der Sprachwissenschaft stellen, vertritt

Sapir in *The Grammarian and his Language* (1924) die These, daß das »den Linguisten am meisten interessierende Problem die innere Struktur der Sprache in bezug auf unbewußte psychische Vorgänge ist« (1949:152). Wenn es in einer Sprache bestimmte formale Möglichkeiten gibt, Kausalbeziehungen auszudrücken, dann hat das Vermögen, diese aufzunehmen und weiterzugeben, überhaupt nichts mit dem Vermögen zu tun, Kausalität als solche zu erfassen. Das zweite der beiden Vermögen hat einen bewußten, intellektuellen Charakter und verlangt, wie die meisten Bewußtseinsvorgänge, eine langsamere und mühsamere Entwicklung, während das zuerst genannte Vermögen unbewußt ist und sich früh ohne intellektuelle Anstrengungen entwickelt (155). In Sapirs Urteil erscheint die zeitgenössische Psychologie nicht als völlig adäquat, um die Bildung und Übertragung solcher verborgener formaler Systeme zu erklären, wie sie sich uns in den Sprachen der Welt zeigen. Der Sprachlernprozeß, »insbesondere der Erwerb eines Gefühls für das formale Inventar der Sprache«, ein Prozeß, der weitgehend unbewußt ist, könnte möglicherweise, »da die psychologische Analyse subtiler wird«, neues Licht auf den Begriff der »Intuition« werfen. Diese Intuition »ist vielleicht nicht mehr und nicht weniger als das ›Gefühl‹ für Beziehungen« (156).

In »Sound Patterns in Language« (1925), einer Arbeit, in der er scharfsinnig die Frage nach den Sprachlautsystemen stellt, argumentiert Sapir, daß eine wesentliche Voraussetzung für das Verständnis phonetischer Vorgänge das Wiedererkennen einer allgemeinen Gestaltung der Sprachlaute sei. Ein unbewußtes Gefühl für die Beziehung zwischen Lauten in der Sprache erhebe sie zu echten Elementen eines selbstgenügsamen »Systems symbolisch nutzbarer Spielmarken« (1949: 35). Die Vertiefung in das Studium der Lautstruktur der Sprache half Sapir, in seinem Artikel »The Psychological Reality of Phonemes« (1933) eine Theorie im Hinblick auf unbewußte »phonologische Intuitionen« zu entwickeln. Insbesondere ließ sich seine eigene fruchtbare These erhärten, die sich ihm in jahrelanger Feldarbeit zu schriftlosen Eingeborenensprachen Amerikas und Afrikas nahegelegt hatte, daß es nicht phonetische Elemente, sondern Phoneme sind,

die das eingeborene Mitglied einer Sprachgemeinschaft hört (1949: 47 ff.).
Von allen Forschungsarbeiten Sapirs ist es der Aufsatz »The Unconscious Patterning of Behavior in Society«, in dem das Unbewußte am ausführlichsten behandelt wird. Sapir schrieb diesen Aufsatz für das Symposium »Über das Unbewußte«, das im Frühjahr 1927 in Chicago stattfand. Der Autor beginnt mit der Annahme, daß alles menschliche Verhalten, sowohl individuelles wie gesellschaftliches, im wesentlichen dieselben Typen mentaler Prozesse enthüllt, sowohl bewußte wie unbewußte, und daß die Begriffe des Gesellschaftlichen und des Unbewußten sich keineswegs wechselseitig ausschließen (544). Sapir fragt, warum wir geneigt sind, Formen gesellschaftlichen Verhaltens, von denen das gewöhnliche Individuum kein klares Wissen hat, wenn auch nur metaphorisch als sozial unbewußt zu bezeichnen. Er beantwortet seine Frage, indem er herausstellt, daß all jene »Beziehungen zwischen Elementen der Erfahrung, die dazu dienen, ihnen ihre Form und Bedeutung zu geben, sehr viel stärker ›gefühlt‹ und ›intuitiv erfaßt‹ als bewußt wahrgenommen« werden (548). »Es ist gut möglich«, fährt er fort, »daß jeder Versuch, selbst die höheren Formen des gesellschaftlichen Verhaltens einer rein bewußten Kontrolle zu unterwerfen, wegen der Grenzen des bewußten Lebens in einem Desaster enden muß.« Am lehrreichsten ist nach Sapir die Fähigkeit des Kindes, die hochkomplizierten sprachlichen Strukturen zu beherrschen, während »ein ungewöhnlich analytischer Denktyp erforderlich ist, um die bloßen Elemente dieses unglaublich feinen sprachlichen Mechanismus zu definieren, der für das Unbewußte des Kindes nur ein Spielzeug ist« (549).
Unbewußtes Gestalten durchzieht das ganze Gebiet der Sprecheigenschaften, das Inventar an Lauteinheiten und -konfigurationen ebenso wie die unmittelbar bedeutsamen Formen. Unbewußtes Gestalten gehört zur alltäglichen Praxis eines gewöhnlichen Mitglieds einer Sprachgemeinschaft oder, in Sapirs Worten, »der unbewußten und wunderbar loyalen Anhänger der vollständig sozialisierten phonetischen Gestalten« (555). Bemerkenswert ist die Schlußfolgerung des

Aufsatzes. Sapir glaubt, daß »es in alltäglichen Lebensangelegenheiten für das Individuum nutzlos und sogar schädlich ist, die bewußte Analyse der Verhaltensmuster seiner Kultur mit sich herumzutragen. Dies sollte den Fachleuten überlassen werden. Ein gesundes Unbewußtsein der Formen sozialisierten Verhaltens, denen wir unterworfen sind, ist für die Gesellschaft so notwendig wie die Unkenntnis oder besser, das Nicht-Gewahren des Funktionierens der Eingeweide für die Gesundheit des Körpers« (558 f.).

Im letzten Drittel des vorigen und dem ersten Drittel unseres Jahrhunderts wurde das Thema des Bewußten und Unbewußten als zwei in der Sprache zusammenwirkender Faktoren Gegenstand weitläufiger Diskussionen in den Arbeiten der führenden Sprachtheoretiker, wie schon aus unserem kurzen Überblick der Ansichten von Baudouin, Kruszewski, Saussure, Boas und Sapir deutlich wird. Ungeachtet ihrer großen Bedeutung kann kaum bezweifelt werden, daß ihre Grundannahmen einer sorgfältigen und gründlichen Überprüfung bedürfen.

Erst in jüngster Zeit hat die Sprachwissenschaft von der »metasprachlichen Funktion« als einer der sprachlichen Grundfunktionen Kenntnis genommen. Mit anderen Worten, Äußerungen können unmittelbar auf den sprachlichen Code und seine Bestandteile Bezug nehmen. In einer sehr bemerkenswerten Vorlesung, die *Filipp F. Fortunatov* (1848–1914) auf einer Russischlehrer-Tagung (1903) hielt, führte er gute Gründe dafür an, daß »die Phänomene der Sprache in bestimmter Hinsicht zum Phänomen des Denkens gehören« (1957: 435). Metasprachliche Operationen bilden einen wichtigen und unentbehrlichen Teil unserer Sprachhandlungen. Über Paraphrase, Synonymie oder die ausdrückliche Aufschlüsselung elliptischer Formen ermöglichen sie die volle und genaue Verständigung zwischen Sprechern.[5] Anstelle unbewußt automatisierter Ausdrucksmittel bringt die metasprachliche Funktion die Kenntnisnahme sprachlicher Komponenten und deren Beziehungen ins Spiel, wodurch die Anwendbarkeit der hartnäckigen Meinung, die auch von Boas (1911: 68) wiederholt wurde, erheblich eingeschränkt wird, daß nämlich »der Sprachgebrauch so automatisch sei, daß es für die Grundbegriffe gar keine Gelegenheit gibt, ins Bewußtsein zu gelangen« und zum Gegenstand unseres Denkens zu werden.

1929 gab *Aleksandr Gvozdev,* ein hingebungsvoller Erforscher der Kindersprache, eine engagierte Antwort auf die entscheidende, aber lange vernachlässigte Frage, »wie Kinder im Vorschulalter die Phänomene der Sprache sehen« (1961: 31–46). Diese Antwort führte zu einer Reihe umfangreicher, obwohl keineswegs vollständiger Untersuchungen, die eine Menge beweiskräftiges Material zu diesem Thema zutage förderten, wie wir es zum Beispiel in den Arbeiten von Čukovskij, Švačkin, Kaper und Ruth Weir[6] finden. Alle diese Untersuchungen und ebenso unsere eigenen Beobachtungen bezeugen eine durchgängige »Reflexion über die Sprache von der Seite der Kinder«; mehr noch, der anfängliche Spracherwerb des Kindes wird von einer parallelen Entwicklung der metasprachlichen Funktion begleitet und gesichert, die das Kind in die Lage versetzt, die Sprachzeichen, die es beherrscht, abzugrenzen und ihre semantische Anwendbarkeit sich selbst klar zu machen. Gvozdev erklärt, daß »der Tendenz nach jedes neue Wort beim Kind eine Anstrengung anregt, seine Bedeutung zu interpretieren«, und zitiert, diese Erklärung vor Augen, typische Fragen und Gedanken von Kindern. Zum Beispiel: »Sind *sdochla* und *okolela* dasselbe?« (beide Verben lassen sich mit ›ist gestorben‹ übersetzen, mit verschiedenen emotionalen Färbungen und auf ein Tier bezogen); »Von den Leuten sagst du *tolstyj* [›dick‹], aber von einer Brücke sagst du *širokij* [weit]«; »*Ubirajut* [›wegnehmen‹ oder ›anrichten‹] meint *ukrašajut* [›schmücken‹], nicht wahr?« lautete eine Frage angesichts des Weihnachtsbaums. Morphologische Analysen erscheinen sowohl im kindlichen Erfinden von Wörtern als auch in der bewußten Übersetzung eines neugeschaffenen lexikalischen Ausdrucks in die gewohnte Sprache: »Der Ofen ist ganz versiebt [*prorešetela*].« – Vater: »Was?« – »Er ist wie ein Sieb [*rešeto*] geworden« (Gvozdev 1961: 38, 40).
Die metasprachliche Kompetenz läßt das Kind vom zweiten

Lebensjahr an zu einem Kritiker und Korrektor der Sprache seiner Umgebung werden (Švačkin 1954: 127) und weckt in ihm nicht nur einen unbewußten, sondern auch einen »vorsätzlichen Widerstand« gegen die »Erwachsenensprache«: »Mama, laß uns folgendes vereinbaren: Du kannst sie auf deine Weise *poloz'ja* [›Schlitten‹] nennen und ich nenn sie auf meine Weise *povoz'ja*. Schließlich tun sie *vozjat* [von dem Verb *vozit'*, ›mit einem Wagen befördern‹] und nicht *lozjat* [eine *Ad-hoc*-Bildung des Kindes]« (Čukovskij 1966: 62). Als die von Čukovskij beobachteten Kinder die pejorative Färbung des Verkleinerungssuffixes *-ka* bemerkten, fingen sie an, gegen den ausgiebigen Gebrauch dieses Morphems zu protestieren: »Es ist nicht schön, schlechte Worte zu sagen. Du solltest *igola s nitoj* [eine *Ad-hoc*-Bildung des Kindes], nicht *igolka s nitkoj* [›Nadel und Faden‹] sagen.« Oder: »Sie ist eine *koša* [*Ad-hoc*-Bildung des Kindes für das gewöhnliche *koška*, ›Katze‹], weil sie lieb ist. Ich werde sie nur dann *koška* nennen, wenn sie böse ist.« In der »Eroberung der Grammatik« durch das Kind regt sein bewußtes Gewahrwerden sprachlicher Kategorien schöpferische Experimente an, mit so komplizierten morphologischen Vorgängen wie etwa die Aspekt-Opposition in Verben – »*vyk, vyk i privyk*« [›wöhnte, wöhnte und ist gewöhnt‹; *vyk* ist eine *Ad-hoc*-Bildung des Kindes und das Gegenstück der unvollendeten Vergangenheitsform zu der vollendeten Vergangenheit von *privyk*] (Čukovskij 1966: 42).

Zudem kann die Anstrengung des Kindes, eine bewußte Beziehung zwischen der Form und der Vorstellung des grammatischen Geschlechts herzustellen, zu seltsamen Ergebnissen führen. »*Luna* [›Mond‹, Femininum] ist die Frau von *mesjac* [›Mond‹, Maskulinum], während *mesjac* wie ein Mann aussieht.« – »Ist *stol* [›Tisch‹, Maskulinum] ein Papa? *Tarelka* [›Teller‹, Femininum] eine Mami?« (Gvozdev 1961: 44). Weitere typische Beispiele desselben »linguistischen Bewußtseins« finden sich in Čukovskijs Buch (1966: 44): »Warum ist er *papa*? Er sollte *pap* sein, nicht *papa* [*pap* ist die willkürliche Anwendung der maskulinen Deklination auf die hauptsächlich feminine Deklination von *papa*].« – »Du, Tanja [ein Mädchenname], wirst die *sluga* [›Diener‹, wegen der vorherrschend femininen Deklination als ein feminines Nomen interpretiert] sein und Vova [ein Jungenname] wird ein *slug* sein [in ein rein maskulines Paradigma umgeformt].« – »Du bist ein *muščin* [eine *ad hoc* gebildete hypermaskuline Version des Kindes von *muščina*, ›Mann‹, ein maskulines Nomen einer hauptsächlich femininen Deklination].« – »Kann sein, daß Musja [ein Mädchenname] eine *carapina* [›Schramme‹, Femininum] haben kann, aber ich bin ein Junge – ich kann nur einen *carap* haben [eine *ad hoc* gebildete maskuline Form von *carapina*].« – »*Pšenica* [›Weizen‹, Femininum] ist die Mammi und *pšeno* [›Hirsekorn‹, Neutrum] ihr Kind.« – Vergleiche den Zwang, den das grammatische Geschlecht und das possessive Adjektiv im Kindervers ausüben: »Für die Frau den *rož'* [›Roggen‹, Femininum], für den Mann *oves* [›Hafer‹ Maskulinum], für das Mädchen *greča* [›Buchweizen‹, Femininum], für das Kindchen *proso* [›Hirse‹, Neutrum]« – mit der gleichen kindlichen Interpretation des Neutrums.

Eine von Gvozdev (1961: 39) aufgezeichnete humorvolle Szene beruht auf dem bewußten Gewahrwerden der rein syntaktischen Form: Die Mutter sitzt und strickt. Papa fragt: »Wer ist das?« Der zweijährige Ženja antwortet, nach Gvozdev offensichtlich absichtlich: »Papa.« – »Und macht was?« – »Schreiben.« – »Schreibt was?« – »Apfel.« Er ist dabei sehr zufrieden mit seinen Antworten. Die minimale sprachliche Komponente, die der Gegenstand einer bewußten Prüfung des Kindes wird, wird passend ergänzt. Nach Gvozdev machte ein Kind, nachdem es das Wort *došlyj* [›erfahren‹] in einem Gespräch gehört hatte, die Bemerkung: »*Došlyj* – das ist leicht mit *dochlyj* [›tot‹] zu verwechseln«, als wenn es »sich selbst vor der Verwechslung der beiden ähnlichlautenden Wörter warnen wollte«, die sich nur durch eine einzige distinktive Eigenschaft unterscheiden.

Es gibt Belege dafür, daß Laute und Formen, die seine sich nach Alter, Herkunft und Dialekt von ihm unterscheidenden Spielkameraden gebrauchen, vom Kleinkind bewußt wahrgenommen werden. Schließlich sind Hinweise, die Beobachter bezüglich des komplexen Zeitaspekts im Sprachrepertoire des kleinen Kindes gemacht haben, höchst lehrreich. Solche

Kinder entwickeln nicht selten eine erstaunliche Fähigkeit, sich der Stadien, die sie gerade durchlaufen oder die sie bereits durchlaufen haben, in ihrer eigenen Spracherfahrung zu erinnern. Kinder zeigen eine ambivalente Einstellung dem neuen Sprachmaterial gegenüber, das sie gerade erworben haben. Entweder sie gehen mit großem Eifer daran, das neue Material so weit wie möglich zu gebrauchen, oder sie sind im Gegenteil mißtrauisch und widerwillig. So antwortete zum Beispiel ein vierjähriges Mädchen, als sein Vater es fragte, weshalb es so gerne *vov* sage, obwohl ihm doch beigebracht worden sei, daß das Wort richtig *volk* [›Wolf‹] ausgesprochen werde: »Es ist nicht so scheußlich und gemein.« (Gvozdev 1961: 36)

Die aktive Rolle der metasprachlichen Funktion bleibt das ganze Leben hindurch in Kraft, wobei sie allerdings beachtlichen Veränderungen unterliegt. Sie hält den ständigen Fluß zwischen dem Bewußten und dem Unbewußten in unserer Sprechaktivität aufrecht. Übrigens ermöglicht eine in diesem Zusammenhang produktive Analogie von ontogenetischen und phylogenetischen Beziehungen einen Vergleich der aufeinanderfolgenden Phasen der kindlichen Sprachentwicklung mit der Dynamik der Sprachgemeinschaft, in der aufeinanderfolgende Veränderungen, die von der Gemeinschaft erfahren werden, von der Seite des Sprechers bewußt wahrgenommen werden können. Dies geschieht, insofern der Anfang und das Ende jeden Wandels immer eine Phase mehr oder weniger verlängerter Koexistenz durchläuft, die dem Anfangs- oder dem Endpunkt der Entwicklung unterschiedliche stilistische Ausdrucksmöglichkeiten zuordnet. Wenn zum Beispiel eine sprachliche Veränderung im Verlust einer phonologischen Unterscheidung besteht, wird der Sprachcode zeitweise beide, sowohl den expliziten Anfang der Entwicklung und sein elliptisches Ende zulassen, wobei jede Form eine stilistische Variante im Gesamtcode wird und außerdem ein bewußtes Gewahrwerden erlaubt.

In unserem gewöhnlichen Gebrauch der Sprache bleibt jedoch die tiefste Grundlage der Sprachstruktur dem Sprachbewußtsein verborgen. Die inneren Beziehungen des ganzen Kategoriensystems funktionieren unbestreitbar, sie funktionieren jedoch, ohne den Teilnehmern der sprachlichen Kommunikation ins rationale Gewahrsein zu gelangen. Nur mit der Hilfe eines erfahrenen, mit einer strengen wissenschaftlichen Methodologie ausgestatteten linguistischen Denkens ist es möglich, sich dem innersten Funktionieren der Sprachstruktur anzunähern. Wir haben einmal einige graphische Beispiele verwendet, um zu zeigen, daß die unbewußte Ausarbeitung der verborgensten sprachlichen Grundlagen oft gerade das eigentliche Wesen der Wortkunst ausmacht.[7] Man kann so den Unterschied zwischen Schillers Glauben, daß die poetische Erfahrung »nur mit dem Bewußtlosen« beginnt, und Goethes radikalerer These ermessen, die das Unbewußtsein aller wirklich poetischen Schöpfungskraft behauptet und den Wert aller rationalen Überlegungen des Dichters in Zweifel zieht.

Die von den Sprachwissenschaftlern beobachtete Tatsache, daß die bewußten und unbewußten Faktoren ein festes Band in der sprachlichen Erfahrung bilden, bedarf einer ergänzenden Interpretation durch Psychologen. Wir nutzen die Gelegenheit, auf dem Internationalen Symposium von Tiflis über das Unbewußte der Hoffnung Ausdruck zu geben, daß nun der Begriff der ›Einstellung‹ [*ustanovka*[8]], der heute in der Georgischen Schule der Psychologen ausgearbeitet wird, es ermöglicht, den ständigen Anteil der dualen Komponenten in jeder beliebigen Art von Sprechhandlung näher zu definieren. Wie *D. N. Uznadze* (1886–1950), der hervorragende Initiator der Erforschung »der experimentellen Grundlagen der Psychologie der Einstellung«, in seinen Arbeiten feststellt, erschöpfen die bewußten Vorgänge unseren Bewußtseinsinhalt nicht. Neben solchen Prozessen findet etwas anderes im Menschen statt, von dem man nicht sagen kann, daß es sich im Bewußtsein abspielt, und das dennoch entscheidenden Einfluß auf den ganzen Inhalt des mentalen Lebens ausübt. Das ist es, was ›Einstellung‹ genannt wurde. Uznadze neigte zu der Ansicht, daß ohne ihre Teilnahme »kein Prozeß als bewußtes Phänomen überhaupt existieren könnte« und daß die Anwesenheit einer aktiven Einstellung wesentlich ist, damit das Bewußtsein ein Interesse in irgendeine bestimmte Richtung zeigen kann (Uznadze 1966: 179ff.).

In seiner Untersuchung der Leitprinzipien des Bewußtseins gab A. S. Prangišvili (1967: 56) dem Begriff ›Einstellung‹ eine neue, allgemeinere Definition: »Einstellungen wirken beständig als ein integrales System mit einer konstanten Gruppe charakteristischer Eigenschaften.« Mit dieser Formulierung kommt er der sprachwissenschaftlichen Diagnose sehr viel näher.

A. E. Šerozija, der die bewußten und unbewußten Erfahrungen als wechselseitig untergeordnete und gleichwesentliche Elemente innerhalb »eines einzigen Beziehungssystems« betrachtet, wendet auf diese Erfahrungen den von Niels Bohr formulierten »Grundsatz der Komplementarität« an und besteht auf der Notwendigkeit einer systematischen Gegenüberstellung dieser beiden »korrelativen Begriffe«, in Anbetracht der Tatsache, daß »der Begriff des Unbewußten sinnlos ist, wenn man ihn unabhängig von dem Begriff des Bewußtseins verstehen will und umgekehrt« (Šerozija 1969: 2.8). Indem Šerozija die Gedanken Uznadzes zu »einer spezifischen Einstellung auf die Sprache« verfolgt, zeigt er den Weg zu einer psychologischen Erklärung und dialektischen Lösung sprachlicher Antinomien, wie »der Dualität der Natur des Wortes – seiner Individualität und seiner Allgemeinheit«. Besonders eine Behauptung Šerozijas, daß unsere Wörter »immer eine größere Menge an Information enthalten, als unser Bewußtsein zu verarbeiten in der Lage ist, da ihnen unbewußte Einstellungen zugrunde liegen« (446), entspricht Sapirs Annahme (1947: 162), daß zu einem großen Teil »die ›reale Welt‹ sich unbewußt auf den Sprachgewohnheiten einer gegebenen Gruppe aufbaut« und daß in der Verschiedenheit der Sprachen nicht dieselbe Welt »mit unterschiedlichen Etiketten«, sondern implizite Unterschiede der Weltauffassung – »verschiedene Welten« zum Ausdruck kommen. Ebendieser Grundsatz wurde von Sapirs scharfsinnigem Schüler B. L. Whorf erweitert und verschärft. Whorf richtete seine Aufmerksamkeit auf die Untersuchung der Wirkung, die die Unterschiede in der grammatischen Struktur der Sprachen auf die Unterschiede in der Wahrnehmung und Einschätzung äußerlich ähnlicher Gegenstände der Beobachtung haben.

Dem zitierten Gedanken Sapirs, wonach es eine Notwendigkeit gibt, in der Alltagspraxis die bewußte Analyse der Sprache zu beschränken, kommt Šerozija (1973: 2.453) mit einer überzeugenden Vermutung nahe: »Wenn wir von unserem Bewußtsein verlangen würden, alles, was in unserer Sprache und Rede erscheint, zu beherrschen, [...] müßte es diese endlose Aufgabe zurückweisen.«

Die Theorie des integralen Systems von Beziehungen zwischen bewußten und unbewußten mentalen Erfahrungen, die jetzt auf dem »Grundsatz der Beziehung« *(princip svjazi)* aufgebaut wird, verspricht neue Einblicke und unerwartete Funde im Bereich der Sprache, vorausgesetzt selbstverständlich, daß sich Psychologen und Sprachwissenschaftler auf eine wirkliche und aufeinander abgestimmte Zusammenarbeit einlassen, die zwei Hindernisse überwindet – Uneinheitlichkeit in der Terminologie und übervereinfachte Schemata.

Anmerkungen des Herausgebers

1 Dem Behaviorismus, der schon früher den »Tod des Subjekts« verkündet hatte, waren knappe fünf Jahrzehnte beschieden. Siehe Jakobsons Stellungnahme zum behavioristischen Antimentalismus in *Selected Writings* VIII, Berlin: Mouton de Gruyter 1985, 275f.
2 Daß alle Sprachen über Personalpronomina verfügen und überhaupt die Bedeutung dieser Deiktika für den Sprachgebrauch sind Einsichten, die gerade für die Sprachwissenschaft und -philosophie dieses Jahrhunderts charakteristisch sind und die man nirgendwo in der Sprachphilosophie früherer Zeiten angemessen gewürdigt findet.
3 Vgl. dazu das Kapitel 2.2 »Objekt und Subjekt« in E. Holenstein, *Roman Jakobsons phänomenologischer Strukturalismus*, Frankfurt: Suhrkamp 1975, 55–75.
4 Das polnische Original dieses Briefes wurde in Baudouins *Szkice językoznawcze*, Warschau 1904, 134 veröffentlicht. »Hartmanns Philosophie« ist dessen *Philosophie des Unbewußten*, Berlin: Dunkker 1869, russisch 1873–75.

5 Siehe Jakobsons Presidential Address »Metalanguage as a Linguistic Problem« (1956) vor der Linguistischen Gesellschaft Amerikas, *Selected Writings* VII, a.a.O., 113–121. – In adaptierter Form ist dieser Text in den ersten Teil von »Linguistik und Poetik« (1960) aufgenommen worden, in: *Poetik,* Frankfurt: Suhrkamp 1979, 88–94.
6 Zu Weirs Buch *Language in the Crib* The Hague: Mouton 1962, hat Jakobson ein Vorwort geschrieben: »Anthony's Contribution to Linguistic Theory«; wieder in: *Selected Writings* II, The Hague: Mouton 1971, 285–288.
7 Siehe »Unterbewußte sprachliche Gestaltung in der Dichtung« (1970/71, in: *Poetik*, Frankfurt: Suhrkamp 1979, 311–327.
8 *Ustanovka* ist das russische Wort für ›Einstellung‹; ein Begriff, den die russischen Formalisten aus der deutschen Psychologie und Phänomenologie übernommen haben. Vgl. Jakobsons Rede von der poetischen »Einstellung auf den Ausdruck« in: »Die neueste russische Poesie«: Wolf-Dieter Stempel [Hg.], *Texte der russischen Formalisten* II, München: Fink 1972, 31 und 81, dort mit ›Ausrichtung‹ ins Deutsche zurückübersetzt. In Georgien vermochte sich der Einfluß der Phänomenologie über einen ehemaligen Husserl-Schüler bis heute zu erhalten. In der englischsprachigen Psychologie hat sich für dasselbe Phänomen der Ausdruck *attitude* durchgesetzt.

Literatur

Bassin, Filipp Venjaminovič, 1968, *Problema bessoznatel'nogo*, Moskau.

Baudouin de Courtenay, Jan, 1903, »O psychicznych podstawach zjawisk językowych«, in: *Przegląd filozoficzny* 4, Warschau, 153–171.

–, 1904, *Szkice językoznawcze* I, Warschau.

–, 1963, *Izbrannye trudy po obščemu jazykoznaniju* 1–2, Moskau.

Boas, Franz, 1911, »Introduction«, *Handbook of American Indian Languages* I, Washington.

Čukovskij, Kornej, 1966, *Ot dvuch do pjati*, 19. Auflage, Moskau.

Darmesteter, Arsène, 1886, *La vie des mots étudiée dans leurs significations*, Paris: Delagrave 1886.

Fortunatov, Filipp Fedorovič, 1957, *Izbrannye trudy* 2, Moskau.

Gvozdev, A. N., 1961, *Voprosy izučenija detskoj reči*, Moskau.

Hartmann, Eduard, von, 1869, *Philosophie des Unbewußten*, Berlin: Duncker; russisch: *Filosofija bessoznatel'nogo*, Moskau, 1873–75.

Jakobson, Roman, 1979, *Poetik*, Frankfurt: Suhrkamp.

–, 1985, *Selected Writings* VII, Berlin: Mouton de Gruyter.

Kaper, Wilhelm, 1959, *Einige Erscheinungen der kindlichen Spracherwerbung im Lichte des vom Kinde gezeigten Interesses für Sprachliches*, Groningen: Wolters.

Kruszewski, Mikołaj Habdank, 1876, »Zagovory kak vid russkoj narodnoj poèzii«, in: *Izvestija Varšavskogo Universiteta*.

–, 1881a, »K voprosu o gune«, in: *Russkij filologičeskij vestnik* 5.

–, 1881b, *Über die Lautabwechslung*, Kazan.

–, 1883, *Očerk nauki o jazyke*, Kazan.

Prangišvili, A. S., *Issledovanija po psichologii ustanovki*, Tiflis 1967.

Sapir, Edward, 1949, *Selected Writings*, Berkeley: University of California Press.

Saussure, Ferdinand de, 1967/1974, *Cours de linguistique générale*. Kritische Ausgabe, hg. von R. Engler, Wiesbaden: Harrassowitz; II (1967); IV (1974).

Sechehaye, Charles Albert, 1908, *Programme et méthodes de la linguistiques théorique*, Genf: Eggimann.

Šerozija, Appolon Epifanovič, 1969–73, *K probleme soznanija i bessoznatel'nogo psichičeskogo*, 1–2, Tiflis.

Švačkin, N. Ch., 1954, »Psichologičeskij analiz rannich suždenij rebenka: Voprosy psichologii reči i myšlenija«, in: *Izvestija Akademii Pedagogičeskich Nauk*, 6, Moskau.

Uznadze, Dimitrij, Nikolaevič, 1966, *Psichologičeskie issledovanija,* Moskau.

Weir, Ruth Hirsch, 1962, *Language in the crib,* The Hague: Mouton.

Whorf, Benjamin Lee, 1956, *Language, Thought and Reality,* Cambridge, MA: M.I.T. Press; deutsch: *Sprache, Denken, Wirklichkeit,* Reinbek: Rowohlt 1963.

Mehr über den Aufklärer
[1982]

Einer der letzten Texte Jakobsons, geschrieben drei Monate vor seinem Tod, als Epilog zum sechsten Band der Selected Writings. *In frei wiedergegebenen Worten Konstantins des Philosophen (der 826–867 lebte und als Slavenapostel besser bekannt ist unter seinem Mönchsnamen Kyrill)[1] richtet Jakobson einen Appell an die – durch die Gleichberechtigung aller Sprachen befreite – Vernunft.*

Einige Tage, nachdem die verstreuten Bemerkungen meines »Retrospect«[2] zum Druck gegangen waren, wurde ich von dem prominenten Byzantinisten D. D. Obolenskij am Wellesley College in sein Seminar über Konstantins mährische Mission eingeladen. So kehrte ich abermals zum Erbe des Aufklärers zurück.

Ich habe immer mehr gelernt, die geschichtliche Leistung des Philosophen in ihrer wahren Bedeutung zu schätzen. Der polemische Spitzname »pilatianische Dreisprachen-Häresie«[3], mit dem dieser kühne und geniale Schöpfer der slavischen Schrift und Liturgie diejenigen bedachte, die außer Lateinisch, Griechisch und Hebräisch – den drei Sprachen, die Pilatus für seine blasphemische Inschrift am Kreuz benützt hatte – alle übrigen Sprachen vom kirchlichen Gebrauch ausschließen wollten und ihre Verwendung in der Kirche untersagten, traf mit Ausnahme der Befürworter seiner und seines Bruders Methodius Mission auf alle europäischen Autoritäten seiner Zeit zu. Die Kyrillo-Methodianische Ideologie, wie sie in Lobgesängen, Kanones und Zitationen heiliger Texte festgehalten ist, hat zum Ziel das gleiche Recht jedes Volkes und jedes einzelnen, den Schlüssel zur Erkenntnis zu erwerben. Wenn die beiden Brüder dafür gepriesen werden, daß sie die apostolische Gnade des Heiligen Geistes über alle Länder der Erde verbreitet und die ganze Welt gelehrt hätten, ihre Andachten in allen Sprachen und Schriften zu verrichten, ist das keine rhetorische Übertreibung, sondern der Ausdruck einer anregenden Überzeugung.

Ein Prager Text aus dem zehnten Jahrhundert ging so weit, zu verkünden, daß die Gleichheit der Abstieg Gottes zur Erde sei, im Anschluß an Konstantins Verurteilung der venezianischen Dreisprachler[4], die bereit waren, Gott als ohnmächtig und daher unfähig anzusehen, Gleichheit zu stiften, oder ihn aber für eifersüchtig und daher unwillig hielten, sie durchzusetzen. »Neue« Zungen wurden nicht nur als den heiligen Sprachen ebenbürtig, sondern selbst als für die neue Lehre besser geeignet ausgerufen, gemäß den Worten des Evangeliums (Lukas 5,38): »Neuer Wein muß in neue Schläuche!«
Der Anspruch auf Gleichheit blieb gleichzeitig untrennbar mit dem von der Bibel eingegebenen Grundsatz der Besonderheit verbunden. So pries Fürst Vladimir Monomach († 1125) in Übereinstimmung mit der altkirchenslavischen Tradition die universale Verschiedenheit der Menschen als Gottes größtes Wunder.
Außerhalb der slavischen Welt verstrichen Jahrhunderte, ohne daß Konstantins Lehre rezipiert worden ist. Die nächste volkssprachliche Schrift und Liturgie, die eingeführt werden sollte, wurde nach Konstantins Vorbild von einem russischen Mönch, Stefan von Perm († 1396), für die Komi, ein ostfinnisches Volk am nordöstlichen Rand des alten Rußland, geschaffen. Die Fäden der tschechischen Kyrillo-Methodianischen Erinnerungen wurden mit dem Gottesdienst in der Volkssprache während der Hussitenbewegung im fünfzehnten Jahrhundert wiederaufgegriffen und anschließend zu einer Inspiration für Luthers historische Initiative und die internationale Verbreitung der Reformation. Erst vor kurzem wurde, nicht ohne Verweis auf Konstantins slavischen Gottesdienst, die Idee der Messe in der Volkssprache auch in der römisch-katholischen Welt sanktioniert.
Das universale Verständnis des Gottesdienstes und der Schrift war das Herzstück von Konstantins Leistung und inspirierte den *Proglas*[5] seiner Übersetzung der vier Evangelien. Ein tieferes Eingehen auf dieses homiletische Gedicht enthüllt seine architektonische Gekonntheit. Das Gedicht enthält sieben Passagen, jede von einer einzigen Gattung, mit keinen zwei benachbarten Passagen von derselben Gattung. Die Einleitungs- und die Schlußpassage sowie die mittlere

sind Zitate heiliger Texte. Die erste verweist auf die Propheten, die mittlere auf den hl. Paulus und die letzte auf die Doxologie. Die zwei Passagen, die der Einleitungs- und der Schlußpassage angefügt sind, enthalten Befehlssätze, und die zwei Passagen, welche die mittlere umgeben, bestehen aus Gleichnissen. So sind der Anfang und das Ende des Gedichtes mit einer Spiegelsymmetrie ihrer Passagen verbunden: 1 – 2 – 3 : 3 – 2 – 1.
Beide Befehlspassagen nehmen symmetrisch denselben, zweiten Teil des ersten und letzten der insgesamt vier Abschnitte des Gedichts mit je achtundzwanzig (7 · 4) zwölfsilbigen Versen [...] ein. In ähnlicher Weise wird das Thema des Hörens mit Verständnis als die Essenz des Gedichtes vorgestellt:

[23]»Hört nunmehr mit Eurem eigenen Verstand!«
[87]»Öffnet weit die Tore Eurer Vernunft!«

Anmerkungen des Herausgebers

1 Siehe oben, 461 ff.
2 »Retrospect« zu *Selected Writings* VI, Berlin: Mouton de Gruyter 1985, 889–897, hauptsächlich der »Kyrillo-Methodianischen Tradition« gewidmet.
3 Siehe »Toward the History of the Oldest Slavic Hymnody« (1963), in: *Selected Writings* VI, a.a.O., 296 f.
4 Konstantin hatte 868 eine Disputation über die Berechtigung der Volkssprachen in Venedig, wo nach seiner *Vita* »lateinische Bischöfe, Priester und Mönche auf ihn einstürzten wie Krähen auf einen Falken«. Siehe *Selected Writings* VI, a.a.O., 192, 297, 892.
5 »Prolog«, in Altkirchenslavisch und in englischer Übersetzung abgedruckt in *Selected Writings* VI, a.a.O., 194–199; Auszug oben, 464 f.

Anhang

Quellennachweis

Roman Jakobson hatte noch selbst die Genehmigung zu diesem Semiotikband erteilt. Nach seinem Tod 1982 gingen die Rechte für den Wiederabdruck und die Übersetzung der einzelnen Aufsätze an seine Witwe Krystyna Pomorska über. Sie hat die Druckerlaubnis schriftlich erneuert. Seit ihrem Tod 1986 befinden sich die Rechte beim *Jakobson Trust* (Stephen Rudy, New York University; Linda R. Waugh, Cornell University, und Elmar Holenstein, Ruhr-Universität Bochum). Ich bin meinen *co-trustees* für die freundliche Bestätigung der Druckerlaubnis zu Dank verpflichtet.

Bei den Aufsätzen, die in die bisher erschienenen Bände der *Selected Writings* (früher: The Hague: Mouton; heute Berlin: Mouton de Gruyter) aufgenommen wurden, werden in der folgenden Übersicht in der Regel nur die bibliographischen Daten dieser Ausgabe zitiert. Über ihre Erstpublikation orientieren diese *Selected Writings* sowie Roman Jakobson, *A Complete Bibliography of His Writings 1912–1982*, hg. von Stephen Rudy, Berlin: Mouton de Gruyter (im Druck).

Elmar Holenstein

1. *Futurismus*
   »Futurizm« (1919), in: *Selected Writings* III, 1981, 717–722. Übersetzt von Iris Stephanie Knoop.

2. *Über die heutigen Voraussetzungen der russischen Slavistik*
   In: *Slavische Rundschau* 1 (1929), 629–646.

3. *Gemeinsame Kultursprache*
   In: *Prager Presse* 6. Juni 1935.

4. *Suche nach dem Wesen der Sprache*
   »Quest for the Essence of Language« (1965), in: *Selected Writings* II, 1971, 345–359. Übersetzt von Regine Stein. Mit freundlicher

Genehmigung des Fink Verlags übernommen aus: Roman Jakobson, *Form und Sinn,* hg. von Eugenio Coseriu, München: Fink 1974, 14–30. Von Dieter Münch für diese Ausgabe neu bearbeitet.

5. *Peirce, Bahnbrecher in der Sprachwissenschaft*
 »A Few Remarks on Peirce, Pathfinder in the Science of Language« (1977), in: *Selected Writings* VII, 1985, 248–253. Übersetzt von Dieter Münch.

6. *Ein Blick auf die Entwicklung der Semiotik*
 »Coup d'oeil sur le développement de la sémiotique« in: *Studies in Semiotics* 3, Bloomington, IN: Indiana University Publications 1975; englische Fassung: »A Glance at the Development of Semiotics« (1980), in: *Selected Writings* VII, 1985, 199–219. Übersetzt von Dieter Münch.

7. *Die eigenartige Zeichenstruktur des Phonems*
 »Zur Struktur des Phonems« (1939), in: *Selected Writings* I, 1962/71, 280–310.

8. *Zur sogenannten Vokal-Alliteration im germanischen Vers*
 »On the So-called Vowel Alliteration in Germanic Verse« (1963), in: *Selected Writings* V, 1979, 189–197. Übersetzt von Tarcisius Schelbert.

9. *Schluß mit der dichterischen Kleinkrämerei*
 »Konec básnického umprumáctví a živnostnictví«, in: *Pásmo. Revue internationale moderne* (Prag) 13/14 (1925) 1–2. Übersetzung und Annotation von Jindřich Toman.

10. *»Die Katzen« von Charles Baudelaire*
 Mitverfasser: Claude Lévi-Strauss. »›Les chats‹ de Charles Baudelaire« (1962), in: *Selected Writings* III, 1981, 447–464. Übersetzt von E. Köhler, V. Kuhn, R. Posner und D. Wunderlich. Mit geringfügigen Anpassungen an die Terminologie dieser Ausgabe übernommen aus: *Sprache im technischen Zeitalter* 29 (1969), 2–19.

11. *Henri Rousseaus poetischer Zusatz zu seinem letzten Bild*
 Auszug aus »On the Verbal Art of William Blake and Other Poet-Painters« (1970), in: *Selected Writings* III, 1981, 331–338. Übersetzt von Dieter Münch. (Der dritte Teil des Aufsatzes ist übersetzt in: *Hölderlin-Klee-Brecht,* Frankfurt: Suhrkamp 1976, 97–105: »Der Maler Paul Klee als Dichter«.)

12. *Die Anwesenheit Diotimas. Ein Briefwechsel*
    © Stroemfeld/Roter Stern, Basel/Frankfurt/Main. Aus: *Le pauvre Holterling*. Blätter zur Frankfurter Ausgabe, Nr. 4/5, 1980, 15–18. Michael Franz ist Mitherausgeber der Frankfurter Hölderlin-Ausgabe.

13. *Die entschwindende Welt. Ein Film der sterbenden Folklore*
    In: *Prager Presse*, 11. September 1932, 5 f.

14. *Verfall des Films?*
    »Úpadek filmu?«, in: *Listy pro umění a kritiku* (Praha) 1 (1933), 45–49. Englische Fassung: »Is the Film in Decline?«, in: *Selected Writings* III, 1981, 732–739. Übersetzt von Gustav Just. Aus: *Sprache im technischen Zeitalter* 27 (1968), 185–191. In Anpassung an die englische Übersetzung und die Terminologie dieser Ausgabe überarbeitet.

15. *Gespräch über den Film*
    »Conversazione sul cinema con Roman Jakobson a cura di Adriano Aprà e Luigi Faccini«, in: *Cinema e Film* 2 (1967), 157–162. Übersetzt von Iris Stephanie Knoop und Anika Makosch.

16. *Musikwissenschaft und Linguistik*
    in: *Prager Presse*, 7. Dezember 1932; *Selected Writings* II, 1971, 551–553.

17. *Visuelle und auditive Zeichen*
    »Visual and Auditory Signs« (1964) und »On the Relation between Visual and Auditory Signs« (1967), in: *Selected Writings* II, 1971, 334–344. Übersetzt von Dieter Münch.

18. *Russische Folklore*
    Auszug aus dem »Retrospect« (1966), in: *Selected Writings* IV, 1966, 637–644. Übersetzt von Tarcisius Schelbert.

19. *Der russische Frankreich-Mythus*
    in: *Slavische Rundschau* 6 (1931), 636–642.

20. *Um den russischen Wortschatz*
    In: *Slavische Rundschau* 8 (1936), 80–90.

21. *Mittelalterliches Spottmysterium*
    »Medieval Mock Mystery« (1958), in: *Selected Writings* VI, 1985, 666–690. Übersetzung (mit leichten Kürzungen) von Tarcisius Schelbert.

22. *Die Biologie als Kommunikationswissenschaft*
    Auszug aus: *Main Trends in the Science of Language* (1970), New York: Harper & Row 1974, 44–61; frühere Fassung: *Selected Writings* II, 1971, 672–689. Übersetzt von Regine Kuhn. Mit freundlicher Genehmigung der Nymphenburger Verlagsanstalt (mit geringfügigen Anpassungen an die Terminologie dieser Ausgabe) übernommen aus: Roman Jakobson, *Aufsätze zur Linguistik und Poetik,* hg. von Wolfgang Raible, München: Nymphenburger 1974, 189–210.

23. *Leben und Sprechen. Ein Gespräch zwischen François Jacob, Roman Jakobson, Claude Lévi-Strauss und Philippe L'Héritier*
    »Vivre et parler: Un débat entre François Jacob, Roman Jakobson, Claude Lévi-Strauss et Philippe L'Héritier«, in: *Les lettres françaises* 1221 (Février 14, 1968), 3–7, und 1222 (Février 21, 1968), 4–5. Übersetzt von Britta Reif-Willenthal und Friedrich Griese. Mit geringfügigen Kürzungen und Anpassungen an die Terminologie dieser Ausgabe übernommen aus: *Antworten der Strukturalisten,* hg. von Adelbert Reif, Hamburg: Hoffmann & Campe 1973, 45–70.

24. *Zeichen und System der Sprache*
    (1962), in: *Selected Writings* II, 1971, 272–279.

25. *Zur Struktur der Sprache und ihren mathematischen Aspekten*
    »Introduction to the Symposium on the Structure of Language and Its Mathematical Aspects« (1960), in: *Selected Writings* II, 1971, 568–569. Übersetzt von Dieter Münch.

26. *Anstrengungen zu einem Mittel/Ziele-Modell der Sprache in der europäischen Linguistik der Zwischenkriegszeit*
    »Efforts Towards a Means-Ends Model of Language in Interwar Continental Linguistics« (1963), in: *Selected Writings* II, 1971, 522–526. Übersetzt von Dieter Münch.

27. *Strukturalismus und Teleologie*
    »Structuralisme et téléologie« (1975), in: *Selected Writings* VII, 1985, 125–127. Übersetzt von Dieter Münch.

28. *Über die phonologischen Sprachbünde*
    (1931), in: *Selected Writings* I, 1962/1971, 137–143.

29. *Der Anfang der nationalen Selbstbestimmung in Europa*
    »The Beginning of National Self-Determination in Europe« (1945),
    in: *Selected Writings* VI, 1985, 115–128. Übersetzt von Tarcisius
    Schelbert.

30. *Linguistische Aspekte der Übersetzung*
    »On Linguistic Aspects of Translation« (1959), in: *Selected Writings* II, 1971, 260–266. Übersetzt von Gabriele Stein. Mit freundlicher Genehmigung des Fink Verlags (mit Anpassungen an die Terminologie dieser Ausgabe) übernommen aus: Roman Jakobson, *Form und Sinn*, hg. von Eugenio Coseriu, München: Fink 1974, 154–161.

31. *Implikationen der sprachlichen Universalien für die Linguistik*
    »Implications of Language Universals for Linguistics« (1963), in: *Selected Writings* II, 1971, 580–592. Übersetzt von Dieter Münch.

32. *Brief an zwei Prager Kabarettisten über Noetik und Semantik von Jux*
    »Dopis Jiřím Voskovcovi a Janu Werichovi o noetice a semantice švandy« (1937), in: *Selected Writings* III, 1981, 757–762. Teilübersetzung in: *Interscena* (Praha) 3 (1969), Nr. 1/2, 23–25; für diese Ausgabe überarbeitet und ergänzt von Jindřich Toman.

33. *Über die linguistische Einstellung zum Problem des Bewußtseins und des Unbewußten*
    »K jazykovedčeskoj problematike soznanija i bessoznatel'nosti«, in: *Bessoznatel'noe* 3, hg. von F. V. Bassin und anderen, Tbilisi: Mecniereba 1978, 156–167; englische Fassung: »On the Linguistic Approach to the Problem of Consciousness and the Unconscious« (1980), in: *Selected Writings* VII, 1985, 148–162. Übersetzt nach der englischen Fassung von Dieter Münch.

34. *Mehr über den Aufklärer*
    »More on the Enlightener« (1982), in: *Selected Writings* VI, 1985, 898f. Übersetzt von Elmar Holenstein.

Sammelwerke

1. *Selected Writings (SW)*

Texte in deutscher, englischer, französischer, italienischer, polnischer, russischer und tschechischer Sprache. Geplant sind 10 Bände, von denen bislang acht erschienen sind. The Hague: Mouton, seit 1985 Berlin: Mouton de Gruyter.

SW I: *Phonological Studies*, 1962/71.
SW II: *Word and Language*, 1971.
SW III: *Poetry of Grammar and Grammar of Poetry*, 1981.
SW IV: *Slavic Epic Studies*, 1966.
SW V: *On Verse, Its Masters and Explorers*, 1979.
SW VI/1–2: *Early Slavic Ways and Crossroads*, 1985.
SW VII: *Contributions to Comparative Mythology; Studies in Linguistics and Philology 1972–1982*, 1985.
SW VIII: *Completion Volume I, Major Works 1976–1980*, 1988.

2. *Anthologien in deutscher Sprache*

Aufsätze zur Linguistik und Poetik, hg. von Wolfgang Raible, München: Nymphenburger 1974; Taschenbuchausgabe: Frankfurt: Ullstein 1979.
Form und Sinn, hg. von Eugenio Coseriu, München: Fink 1974.
Hölderlin – Klee – Brecht, hg. von Elmar Holenstein, Frankfurt: Suhrkamp 1976.
Poetik. Ausgewählte Aufsätze 1921–1971, hg. von Elmar Holenstein und Tarcisius Schelbert, Frankfurt: Suhrkamp 1979.

Kommentarwerke

Roman Jakobson und Krystyna Pomorska, *Poesie und Grammatik. Dialoge,* Frankfurt: Suhrkamp 1982.
Roman Jakobson, Hans-Georg Gadamer und Elmar Holenstein, *Das Erbe Hegels* II, Frankfurt: Suhrkamp 1984.
Elmar Holenstein, *Roman Jakobsons phänomenologischer Strukturalismus,* Frankfurt: Suhrkamp 1975.
Elmar Holenstein, *Linguistik – Semiotik – Hermeneutik,* Frankfurt: Suhrkamp 1976.

Namenregister

Aksakov 319, 322f.
Alexander, P. J. 480
Alexandre, A. 234
Aljagrov (Pseudonym Jakobsons) 203
Andersen 375
Andronicus 471
Annenkov 321
Apel 28
Apollinaire 204, 233f., 239, 242
Apollonio 49
Aprà 267–279
Aref'ev 306
Aristoteles 47, 49, 388
Arnaudov 355f., 362
Aronson 287, 289, 299
Artymovyč 282
Ascher 397
Asoh 34, 36
Augustinus 29, 78, 256, 258, 276, 435
Avalle 124, 133f.

Babeuf 324
Bachtin 27, 30, 35, 359
Bacon, R. 495
von Baer 55
Bäschlin 360, 362
Bajdin 295
Bakunin 324
Balázs 261, 266
Balbín 478
Bally 82, 120, 125, 134, 171, 181, 429
Bal'mont 319, 322
Baratynskij 321
Bartol'd 51
Bassin 523, 542, 553
Batjuškov 319, 322, 324
Baudelaire 206–232

Baudouin de Courtenay 105, 141, 437f., 443, 449f., 522–528, 533, 540, 542
Baumgarten 22, 30, 34, 36
Beadle, G. & M. 376, 395
Beatty 354, 362
Becking 281–285, 367, 382–384, 396
Beethoven 125
Belinskij 318–320, 324
Belyj 321, 324
Benediktsson, E. 183, 185f., 190
Benediktsson, H. 184, 193
Beneš 252
Benveniste 83, 98, 102, 108, 133, 230, 378, 395, 428, 442, 445
Berg 55, 401
Bergson 335f.
Bernštejn 380, 386, 391, 395–397, 419
Bersland 491
Beucler 258
Bhartrhari 296
Bigelow 385, 396
Bjarnason 186
Blake 241f.
Blin 228, 231
Bloch 67
Blok 306, 320, 324
Bloomfield 70, 78, 82, 103, 372, 394, 438
Boas 487, 491, 522, 529f., 533, 542
Bogatyrev 303, 311f., 314, 356f., 361f., 394
Bogdanov 46, 310
Bohr 275, 384, 396f., 433f., 485, 491, 539
Bolinger 83, 91

Bolzano 35f., 108, 112–115, 119, 133
Bonaccorsi 345, 362
Borel 438
Botticelli 43
Bouret 239, 242
Braun 112, 133
Braque 448
Brecht 436
Brentano 48, 144, 519–521
Brik 277
Brizeux 228
Broch 455
Brøndal 140, 176, 179, 181, 442, 496, 510
Bruner 18, 36, 397
Bubrich 54, 56, 369, 394, 442
Bühler, Ch. 303
Bühler, K. 35, 146, 152f., 157, 160, 170, 180f., 517, 520f.
Bulachovskij 57
Bunak 53
Buñuel 264
Butor 229, 231

Caesar 85
Campbell 385, 396
Carnap 12, 36, 149, 508, 520
Carrà 46, 49
Cartwright 87
Cassirer 125, 133
Cézanne 42, 46
Chambers 337f., 348, 354–356, 359f., 362
Champfleury 208
Chaney 291, 299
Chaplin 264, 267–270
Cherry 437
Chlebnikov 97, 201–203, 205, 303f., 307f., 358, 449
Chrabr 474
Chruščev 292
Chomjakov 321, 323

Chomsky 14, 19, 25, 36, 70, 180, 394, 437, 492, 510
Chopin 292
Chvol'son 46
Cejtlin 277
Cetlin 387, 396
Classen 187f., 193
Cohen 352, 354, 361f.
Comenius 478, 508
Cooper 291, 299
Cosbey 340, 362
Coseriu 48, 550, 553f.
Craig 359, 362
Craigie 183, 193
Crawford 351, 362
Crépet 228, 231
Crick 376, 378, 395
Cross 480
Crusoe 81
Croxton 354
Curtius 351f., 362
Cvetaeva 68

Čapek 59
Čechov 265, 319f.
Černy 352f., 359, 362
Čukovskij 534f., 542
Čurkin 308–310

Dal' 331
Damourette 83, 238, 242
Danilevskij 54f., 320
Danilov 311
Darlington 396
Darmesteter 525, 542
Darwin 372, 420, 423
Daudet 230
Dawkins 356, 362
Delluc 257, 259, 266
De Morgan 99
Derrida 139, 178
Dewender 33
Dewey 491

Dickens 269, 280
Dillard 194
Diogenes Laertius 25, 35f.
Dionysius Areopagita 490
Dobzhansky 389, 397
Dokučaev 55
Doležal 197
Dostoevskij 54f., 318–324
Dovženko 254, 272
Dürre 342, 349, 362
Dupont 233
Durand 216, 230
Durnovo 57
Durych 200, 205
Dvornik 480

Eco 35f.
Eden 395
Effenberger 242
Egorov 52
von Ehrenfels 131, 133
Ehrenburg 319, 324, 326
Eigen 424
Einarsson 188, 193
Einstein 48
Eisenring 110, 133
Eisenstein 254, 264, 267, 269f. 272, 274, 280
Èjchenbaum 29, 258, 266, 277, 287
Eleonskaja 311
Emerson 385, 395f.
Engler 14, 36, 121, 134, 524
Epstein 260, 266
Erasmus von Rotterdam 352
Erben 200, 205, 337, 362
von Essen 182, 184, 188, 193
Euklid 517

Faccini 267–279
Fant 193f.
Fedin 322
Fedorov 54
Ferguson 496, 510
Fischer, O. 200, 205
Fischer-Jørgensen, E. 139
Fluck 348, 352, 362
Fonvizin 318f., 321f.
Forš 323f.
Fortunatov 15, 503, 522, 533, 542
Franko 479
Franz 243–246
Freese 378
Freud 270

Gadamer 554
Galambos 371, 394
Galan 48
Garbo 316
Gardiner 336, 350, 362
Gaumont 264
Gayley 337, 359, 362
Gebauer 341, 362
Georgievskij 54
Gering 18, 193
Geschwind 397
Giedion-Welcker 242
van Ginneken 281
Gleizes 42, 47–49
Godel 120, 133, 509f.
Goethe 374, 383, 538
Gogol' 265, 319f., 323
Gombocz 442
Gomperz 442
Gončarova 278
Gontard 243–247
Gor'kij 324
Grammont 208, 215f., 230f.
Graur 429
Greenberg 86, 88, 492–494, 496f., 499–502, 510f.
Gregoire 480
Griese 552
Griffith 261, 267, 269f.
Grigorovič 321

de Groot 442
Grzybek 33
Gvozdev 534–537, 542

Habermas 460
Hadamard 439
Halle 180, 193f., 437
Hammerich 188, 193
Hamsun 150, 180
Hanka 59
Hansen-Löve 29, 36, 48, 279, 359
Hanson 23, 36
Harary 87
von Hartmann 522, 524, 542
Hašek 59, 202
Haugen 183–185, 194
Havlík 345, 362
Hawking 23
Heffner 189, 191, 194
Heflin 340
Hegel 75
Heine 265, 383
Heinrich I. 473
Heinzel 359, 363
Hélie 494
Helmholtz 493f., 510
Henri 146
Herder 297
Hermogenes 81f.
Herrick 397
Herzen 319–322, 324, 326
Heusler 183, 189, 194
Hieronymus von Prag 476
Hintze 429
Hippius 318, 320–323
Hjelmslev 139f., 174, 179, 442
Hockett 397
Höfler 349, 363
Hölderlin 243–247
Hoene-Wroński 108, 111f., 133
Hoenigswald 505, 509f.
Hoffmann 375

Holenstein 114
Hollmérus 183, 194
Holton 48
Holub 363
Homer 263
Hopkins 128f., 134
Hora 489
Hořejší 202, 205
Hrabák 359, 363
von Humboldt, W. 78
Hus 336f., 476f., 545
Húsek 253
Husserl 25, 48, 108, 112, 114f., 119, 121, 134, 144, 156, 492, 508, 511, 520, 541

Ignat'ev 59
Illarion 474
Inber 322
Isidorus Hispalensis 132
Issatschenko 497, 511
Ivanov 27

Jackson 392, 397
Jacob 377f., 387, 395f., 398–424
Jakovlev 303, 311, 313
Jakubec 363
James, W. 100
Jansen (Pseudonym Jakobsons) 479
Jaros, A. & M. 358
Jastrebov 59
Jenkins 494, 510
Jespersen 83, 148, 161
Jiriczek 187, 194
Jochelson 356
Johann von Luxemburg 341
Johannes, Evangelist 339
Johannes von Salisbury 96
Jordanus von Sachsen 369
Jourdain 435

Joyce 269
Jurkin 280
Just 551

Kafka 12, 37
Kandinskij 295
Kant 9, 21, 34, 37
Kaper 534, 542
Karamzin 317, 322
Karcevskij 487
Karl der Große 463
Kas'janov 280
Kästner 265
Katz 303
Kaufman, M. A. 253
Kaufmann, F. 187, 194
Kazanskij 277
Kimura 291, 299
Klee 242
Klein 105
von Kleist 205
Klusák 253
Knoop 549, 551
Koch 34
Kock 188, 194
Köhler 550
Kollár 65
Kolmogorov 503
Kondakov 57
Konstantin-Kyrill 461, 464–468, 470f., 479, 489, 544–546
Kopečný 363
Korolenko 322
Korš 374, 394
Kozlov 524
Krámský 498, 503, 511
Krasnov 68
Kress 188, 194
Kručenych 203
Kruszewski 428, 436, 443, 522–528, 533, 542
Küppers 424
Kuhn 550, 552

Kul'bakin 57
Kulešov 257, 266, 276f., 280
Kunstmann 347, 359f., 363
Kurial 252
Kuryłowicz 430, 442, 444

Lacan 256
Lalande 446
Lambert 108, 110–112, 115, 119, 134
Lange 394
Lapôtre 480
Larin 331
Larionov 278, 295
Lausberg 132, 134
Lavoisier 67, 75
Lavrov 324
Lawrence 183, 194
von Laziczius 155, 162, 442
Lednicki 61
Lehmann 187, 194
Lenin 330f.
Lenneberg 372, 394f., 397
Leonardo da Vinci 47
Leont'ev 54, 318, 320, 324f.
Lerch 343, 363
Lermonotov 322
Leskov 324
Lessing 297f.
Lévi-Strauss 98, 140, 179, 206–232, 256, 268, 274, 395, 398–423
L'Héritier 395, 398–423
Liberman, A. M. 291, 299
Lieb 115f., 119, 134
Lieberman, Ph. 179
Ljapunov 394
Lobačevskij 102, 517, 520
Locke 9, 25–27, 37, 108–112, 115, 119, 134
Lomonosov 74f.
Lotman 27
Lotz 287, 299

Lübbe, H. 359
Lübbe-Grothues, G. 247
Ludwig der Deutsche 469
Luhmann 359
Lumière 257
Luria 242, 295 f., 299, 392, 397
Luther 466, 477, 480, 545
Lwoff 396

Macha 265, 515, 520
Máchal 344, 346, 350, 352, 359 f., 363
McCarey 268
McKay 295, 388, 397
McLean 358
Maegaard 131, 134
Mätzner 337, 363
de Maistre 98
Majakovskij 201, 277 f., 317, 330
Makosch 551
Maksimov 355, 363
Malevič 295
Mallarmé 94
Malone 183, 188, 194
Malson 394
Manly 354, 363
Mann, H. 33
Mansikka 356, 363
Marler 394
Marr 494
Martin 261
Marty 492, 508, 511, 521
Marx 75
Marx Brothers 268 f.
Masterson 491
Matějček 336, 363
Mathesius 440–442, 445 f.
Matthäus, Evangelist 490
Mayr 395
Mazon 62
Meillet 61 f., 82, 402
Mendel 372

Mendeleev 105, 275, 410 f., 414
Menjou 316
Methodius 464, 466–468, 470 f., 544
Metz 273, 280
Metzinger 42, 47–49
Meyer, L. 130, 134
Meyer, W. 342, 363
Michael III. 468
Miller, A. I. 37
Miller, G. A., 18, 37, 297, 300
Miller, V. F. 310
Miškovská 508, 511
Molière 19
Monod 388, 396
Morris 18, 22, 27–29, 37, 103
Moszyński 355, 363
Mozart 292
Münch 33, 550–553
Münchhausen 264
Mukařovský 29 f., 133
Musil 33

Narskij 311
Naumann 98
Naville 120, 134
Nečaev 309 f.
Nejedlý 344, 347, 363
Nekrasov 66
Neumann 197, 199, 204
Nezval 205, 252, 278
Nöth 9, 37, 521
Noreen 170
Norman 87

Obolenskij 544
Ockham 79
Oldenburg 71 f., 76
Osgood 494, 510
Oleša 305
Otfried von Weißenburg 477
Osipov 309
Ožegov 331

560

Pacaluyko 358
Palacký 59
Parsons 397
Pasolini 274, 280
Pasternak 68, 201, 489
Patera 363
Paul, H. 158, 181
Paulus, Apostel 465, 467, 471, 546
Pavlov 164
Peirce 27–29, 37, 77, 79–81, 83–87, 90, 96–134 *passim*, 288, 291, 299, 388, 397, 418, 429, 433, 437, 482, 495, 500, 511, 515
af Petersens 194
Phillips 491
Picasso 449
Pichon, C. 230
Pichon, E. 83, 238, 242
Pilatus 544
Pírková 252, 255, 278
Pittendrigh 387, 396
Platon 81f., 84, 90, 143
Plicka 253, 348, 363
Polivanov 33, 442, 449
Polivka 61
Pomorska 179, 266, 479, 549, 554
Pope 95
Porte 261
Porzeziński 511
Pos 167, 181, 442, 497, 511
Posner 34, 229, 550
Prangišvili 539, 542
Pribram 18, 37, 397
Primas 22, 37
Prokof'ev 68
Prokop von Sázava 480
Propp 255, 358, 363, 374, 394
Puchmajer 265
Pudovkin 272
Pumphrey 397

Puškin 266, 315, 319, 322, 515, 520

Quine 508

Rádl 466
Raffael 43
Raible 552, 554
Ramain 261
Rapp 187, 194
Rasputin 312
Rastislav von Mähren 468f.
Ratner 395, 424
Rehn 49
Reif, A. 552
Reif-Willenthal, B. 552
Reinach 335, 358, 363
Repin 489
Ricœur 18, 37
Rictus 205
Riffaterre 229
Rodčenko 295
Romains 94
Romanovič 295
Rosenblith, W. 294
Rosenblueth, A. 385, 396
Rosetti 442
Rousseau, H. 233–242, 264
Rousseau, J.-J. 264
Rozanov 204
Rudrauf 231
Rudy 35, 38, 549
Russell 481, 491
Ruwet 276
Rževkin 165

Sacharov 308
Sainte-Beuve 228
Salk 387, 396
Saltykov 319, 322, 324
Saran 141, 180, 186, 194
Sapir 9, 86, 287, 299, 375, 395, 442, 495, 502, 511, 522, 530–533, 539f., 542

Saporta 498, 511
de Saussure 14, 27–29, 38, 77–98 *passim*, 101f., 108, 119–125, 129f., 134, 139–181 *passim*, 284, 373, 402, 418, 427–429, 431, 437, 443f., 448f., 452, 460, 494, 509, 511, 515, 521–523, 528f., 533, 542
Savič 326
Savickij 53, 66, 457, 460
Schapiro 276, 358
Schelbert 550–554
Schiller 383, 538
Schleiermacher 21, 34, 38
Schmidt, W. 343, 363
Schmitt, A. 144f.
Schnelle 397
Schönberg 131
Scott 358
Sečenov 296
Sechehaye 82, 120, 125, 134f., 449, 523, 542
Seifert 196, 201, 204f.
Seliščev 57
Sewell 310
Sievers 188f., 194, 382–384, 396
Simeon der Große 472
Simpson 387, 395–397
Slotty 442
Smart 521
Sokrates 81f.
Sologub 319
Solov'ev 54, 318
Sommerfelt 442
Speirs 339, 353, 363
Spitzer 358
Srb 372, 385, 394, 396
Stalin 75
Starobinski 123, 129, 135
Stefan von Perm 474, 545
Stein 549, 553
Steiner 48

Steinitz 436
Stetson 186, 194
Strachov 55
Stravinsky 68, 130, 135
Striedter 133
Stumpf 42, 48
Stumpfl 355, 361, 363
Sturluson 183, 191f., 194f.
Sturtevant 189, 191f., 194f.
Suslova 318–320
Svjatopolk-Mirskij 68
Svolinský 363
Sweet 443

Šachmatov 331
Ščerba 56, 449
Šerozija 539f., 542
Šiškov 309
Šklovskij 29, 197, 204, 277
Šmal'gauzen 386, 396
Špet 52
Švačkin 534f., 542
Švejk 265

Takemitsu 194
Tanfil'ev 52f.
Tauský 252
Teige 205
Tesnière 240, 242, 442
Tiddy 354, 363
Timošenko 262, 266
Titchener 70
Thom 106, 125, 135, 437
Thomas von Aquin 155, 290, 294
Thorpe 371, 373, 394, 396
Todorov 326
Tolstoj 305, 321f., 324
Toman 33, 359f., 550, 553
Tomaševskij 331, 442
Toporov 27
Trautmann 347, 364
Trediakovskij 320
Tréguer 398–423

Triolet 322
Trost 354, 364
Trubetzkoy 35, 54, 57, 61, 64, 66, 70, 142, 155, 157, 162, 176, 180, 282, 287, 326, 379, 395, 407, 442, 444f., 451f., 459
Truhlář 344, 349, 364
Turgenev 319–324
Tynjanov 29, 259, 266, 277, 279, 442
Tzara 237, 242

Uhde 234
Úlehla 251–255
Ullmann 94
Umov 46
Ušakov 331
Uspenskij 324, 503, 511
Uznadze 538f., 543

Vaillant 489–491
Valfells 193
Vallier 242
Vančura 261, 278f.
Vavilov 55
Vendryès 82
Verrier 141, 180, 278
Vertov 253, 272
Viëtor 193, 195
Vilikovský 193, 195
Vinogradov 55, 64, 306
Vinokur 277, 331, 442
Višnevskij 53
Vjazemskij 315, 321
Vladimir Monomach 545
Vodička 133
Volf 363
Vološin 322
Voskovec 205, 515–521
Vrchlický 197, 204
Vuillermoz 266
Vygotskij 70

Wace 355, 364
Waddington 386, 396
Wagner 283
Waldhauser 360
Wallace 372, 385, 394, 396
Wallerand 495, 511
Walser, R. 33
Watson, J. B. 14, 38
Watson, J. D. 395
Watt 338f., 364
Waugh 37, 179, 314, 549
Weber 70
Webster 291, 299
Weingart 61
Weinreich 503, 505, 508, 511
Weir 534, 541, 543
Weiss, A. P. 70
Weiss, E. 33
Weisskopf 424
Welby 116
Wenzeslaus, Herzog 472
Werfel 33
Werich 515–521
Weyl 395
Whitney 82f., 122
Whiting 358
Whorf 90, 437, 442, 484, 491, 539, 543
Wiclif 337
Wiener, N. 385, 396, 419
Wiener, P. P. 102
van Wijk 142, 146
Wilde 199
Wilmotte 335, 364
Winter 325f.
Winteler 443
Wirth 360, 364
Wittgenstein 196
Wolfson 358
Worth 506
Wunderlich 550

Yanofsky 376, 395
Young 346f., 354, 359, 364

Zelenin 52, 54, 66, 454
Zdanevič 203
Zíbrt 349, 351, 355, 360f., 364

Zich 305
Zieliński 263, 266
Zweig 33
Żebrovskij 309
Žinkin 391, 397
Žukovskij 321

Suhrkamp Verlag GmbH
Torstraße 44, 10119 Berlin
info@suhrkamp.de
www.suhrkamp.de